조영남 趙英男

2002년부터 현재까지 서울대학교 국제대학원 교수로 재직하고 있다. 서울대학교 동양사학과를 졸업(1989년)하고 정치학과에서 석사 및 박사학위(1999년)를 받았다. 중국 베이징대학(北京大學) 현대중국연구센터 객원연구원(1997~1998년), 난카이대학(南開大學) 정치학과 방문학자(2001~2002년), 미국 하버드-옌칭연구소(Harvard-Yenching Institute) 방문학자(2006~2007년)를 역임했다. 연구 성과로는 『덩샤오핑 시대의 중국』(2016) 3부작(『개혁과 개방』, 『파벌과 투쟁』, 『톈안먼 사건』), 『중국의 꿈』(2013), 『중국의 법치와 민주주의』(2012), 『용과 춤을 추자』(2012), 『중국의 법원 개혁』(2012), 『Local People's Congress in China』(Cambridge University Press, 2009), 『21세기 중국이 가는 길』(2009), 『후진타오 시대의 중국 정치』(2006), 『중국 정치개혁과 전국인대』(2000) 등 모두 열다섯 권의 저서와 많은 학술 논문이 있다. 현재는 중국의 통치체제, 중국 현대 정치사, 중국의 이데올로기를 집중적으로 연구하고 있다.

중국의 엘리트 정치
마오쩌둥에서 시진핑까지

중국의 엘리트 정치

마오쩌둥에서
시진핑까지

조영남

민음사

일러두기

이 저서는 2016년 정부(교육부)의 재원으로 한국연구재단의 지원을 받아 수행한 연구
(NRF-2016S1A6A4A01017817)이다.

차례

	왜 엘리트 정치인가?	7
1장	중국의 엘리트 정치	15

I부 마오쩌둥과 덩샤오핑 시대의 엘리트 정치

2장	마오쩌둥 시대의 일인지배	63
3장	마오쩌둥 일인지배의 확립: 1935-1956년	101
4장	마오쩌둥 일인지배의 발전: 1957-1965년	133
5장	마오쩌둥 일인지배의 비극: 1966-1976년	183
6장	덩샤오핑 시대의 원로지배	237

II부 덩샤오핑 이후의 엘리트 정치 1: 집단지도와 권력 운영

7장	집단지도의 등장	317
8장	파벌 정치와 집단지도	353
9장	집단지도의 실제	395

III부 덩샤오핑 이후의 엘리트 정치 2: 집단지도와 권력 승계

10장	권력 승계의 규칙	443
11장	평화롭고 안정적인 권력 승계	473

IV부 덩샤오핑 이후의 엘리트 정치 3: 집단지도와 권력 공고화

12장	권력 공고화의 내용과 전략	519
13장	권력 공고화의 실제	549

14장	결론: 집단지도의 분화와 전망	619
	주(註)	643

왜 엘리트 정치인가?

중국 정치, 더 나아가서는 중국 전체를 제대로 이해하기 위해서는 엘리트 정치의 이해가 다른 그 무엇보다 중요하기 때문이다. 중국은 사회주의 국가로서, 공산당 일당제를 가장 중요한 정치적 특징으로 한다. 학자들은 이를 '당-국가(party-state)'라고 부른다. 이는 공산당과 국가가 인적 및 조직적으로 결합되어 있고, 실제 정치 과정에서 공산당이 국가를 종종 대체하는 정치 체제를 가리킨다. 중국에도 국무원이라는 중앙 정부가 있고, 전국인민대표대회라는 중앙 의회도 있다. 그런데 이들 기관은 공산당의 '영도(領導)'에 따라, 공산당이 사전에 결정한 방침을 각자의 상황에 맞추어 집행할 뿐이다. 따라서 엘리트 정치를 이해하지 못하면 국가의 활동, 더 나아가서는 중국 전체의 활동을 이해할 수 없다. 중국 정치와 중국 전체를 제대로 이해하기 위해 반드시 엘리트 정치를 이해해야만 하는 이유는 이 때문이다. 특히 중국과 한국의 정치 체제는 완전히 다르기 때문에 그 필요성은 더욱 크다.

2019년은 중국이 건국된 지 70주년이 되는 해이다. 그동안 엘리트 정치는 세 단계의 변화를 겪었다. 마오쩌둥 시대의 '일인지배'에서 덩샤오핑 시대의 '원로지배'로, 이것이 다시 덩샤오핑 이후 시대의 '집단지도'로 바뀐 것이다. 일인지배는 마오가 황제처럼 모든 중요한 문제를 결정하는 일인 독재 체제다. 원로지배는 덩샤오핑을 중심으로 하는 혁명 원로들이 마오가 담당했던 역할을 수행하는 체제다. 이와 다르게 집단지도는 최고 지도자 개인이나 소수의 지도자가 아니라, 공산당 정치국과 정치국 상무위원회가 집단적으로 권력을 행사하는 체제를 말한다. 이는 장쩌민 시기에 시작되어 후진타오 시기를 지나, 현재의 시진핑 시기까지 이어지고 있다.

이 책에서 나는 덩샤오핑 이후 시대의 집단지도에 초점을 맞추어 중국의 엘리트 정치를 체계적이면서도 깊이 있게 살펴보려고 한다. 예컨대, 최고 권력 기관들이 어떻게 구성되어 운영되는지, 권력 승계는 어떻게 이루어지고, 공산당 총서기의 권력은 어떻게 공고화되는지를 살펴볼 것이다. 또한 현재의 집단지도를 이해하기 위해 마오 시대의 일인지배와 덩 시대의 원로지배도 함께 살펴볼 것이다. 이 세 가지의 엘리트 정치 유형을 비교 검토함으로써 집단지도를 좀 더 잘 이해할 수 있기 때문이다.

또한 이론과 사례를 함께 살펴봄으로써, 혹은 이론 분석과 역사 서술의 방법을 함께 사용함으로써 엘리트 정치를 더욱 쉽고 정확하게 설명하려고 시도할 것이다. 예를 들어, 엘리트 정치를 일인지배, 원로지배, 집단지도로 나누는 기준을 제시하고, 이들 유형이 각각 어떤 특징을 갖고 있는지를 이론적인 측면에서 설명할 것이다. 이때에는 중국뿐만 아니라 베트남과 소련의 엘리트 정치도 함께 분석하여, 사회주의 국가의 엘리트 정치에서 나타나는 특징을 정리할 것이다. 중국의 엘리트 정치를 이론 측면에서 알고 싶어 하는 독자에게는 이것이 좋은 길잡이가 될 것이다.

그런데 중국의 엘리트 정치를 이론적으로만 설명하는 데는 한계가 있다. 그래서 역사와 사례도 함께 살펴보려고 한다. 예를 들어, 마오 시대의 일인지배가 어떤 과정을 거쳐 어떻게 형성되었는지를 자세히 살펴볼 것이다. 독자들은 이를 읽음으로써 흥미진진하게 전개된 권력 투쟁과 각종 사건들을 간단명료하게 파악하는 기쁨을 맛볼 수 있을 것이다. 덩 시대의 원로지배도 이런 방식으로 설명할 것이다. 다만 이에 대해서는 내가 이미 다른 책에서 자세히 살펴보았기 때문에 여기서는 간략하게 다룰 것이다. 집단지도의 권력 운영, 권력 승계, 권력 공고화를 분석할 때에도 마찬가지다. 먼저 이들에 대한 핵심 내용을 제시한 다음에, 실제 정치 과정에서 그것이 어떻게 나타났는지를 보여 주기 위해 다양한 사례를 분석할 것이다.

책의 구성에 대해 살펴보자. 서론(1장)은 책의 주장을 담고 있는 핵심 부분이다. 여기서는 일인지배, 원로지배, 집단지도라는 세 개의 엘리트 정치 유형을 제시하고, 각각의 특징을 설명한다. 시간이 없는 독자들은 서론만 읽어도 중국의 엘리트 정치를 파악하는

데 문제가 없을 것이다. 결론(14장)에서는 집단지도의 두 가지 다른 유형을 제시한 다음에, 이들이 각각 어떤 특징을 갖고 있는지를 설명한다. 또한 2022년에 개최 예정인 공산당 20차 당대회를 기점으로 현재의 집단지도가 시진핑의 일인지배로 변화할 것인지도 검토한다. 미래의 중국 권력 구도에 관심이 많은 독자라면 결론에 주목할 필요가 있다.

본론은 모두 네 개의 부(部)로 구성된다. I부 「마오쩌둥과 덩샤오핑 시대의 엘리트 정치」는 본론의 전반부에 해당한다. 여기서는 마오 시대의 일인지배와 덩 시대의 원로지배를 집중적으로 살펴본다. 먼저 2장에서는 마오의 일인지배를 이론 측면에서 분석한다. 이후 3장부터 5장까지는 마오의 일인지배가 형성되는 과정과 결과를 역사적으로 추적한다. 세 개의 장을 할애하면서까지 길게 서술하는 이유는, 이것이 이후의 엘리트 정치를 이해하는 데 매우 중요하기 때문이다. 6장은 덩 시대의 원로지배가 갖고 있는 특징과, 그것이 등장하여 발전하고 소멸하는 과정을 분석한다.

II부부터 IV부까지는 본론의 후반부이자 책의 중심 내용이다. 여기서는 집단지도를 집중적으로 분석한다. II부 「덩샤오핑 이후의 엘리트 정치 1: 집단지도와 권력 운영」에서는 집단지도의 권력 운영을 살펴본다. 이를 위해 집단지도의 규칙(7장), 집단지도와 파벌(8장), 집단지도의 운영 사례(9장)를 차례로 분석한다. III부 「덩샤오핑 이후의 엘리트 정치 2: 집단지도와 권력 승계」에서는 집단지도가 권력 승계라는 어려운 문제를 어떻게 해결하는지를 분석한다.

먼저 권력 승계와 관련된 규칙(10장)을 살펴본 다음에, 이를 바탕으로 장쩌민에서 후진타오로, 다시 후진타오에서 시진핑으로 권력이 승계된 사례(11장)를 분석한다. IV부 「덩샤오핑 이후의 엘리트 정치 3: 집단지도와 권력 공고화」는 공산당 총서기의 권력 공고화 문제를 살펴본다. 앞의 분석 방식처럼 여기서도 먼저 권력 공고화의 내용과 전략(12장)을 살펴본 다음에, 장쩌민, 후진타오, 시진핑의 사례(13장)를 분석한다.

나는 10여 년 전에 그동안 내가 해왔던 연구를 집대성하여 독자적으로 '현대 중국 연구 시리즈'를 출간하기로 결심하고, 지금까지 이를 위한 연구와 집필에 몰두해 왔다. 한국에서 중국 정치 연구를 더욱 발전시키기 위해서는, 또한 중국에 대한 우리 사회의 이해를 한 단계 높이기 위해서는 학문의 기초를 튼튼히 다지는 연구가 필요하고, 이를 위해 나부터 작은 힘이나마 보태야 한다는 사명감에서 출발한 일이었다. 2016년에 출간한 '덩샤오핑 시대의 중국' 3부작인 『개혁과 개방』, 『파벌과 투쟁』, 『톈안먼 사건』은 이런 노력의 첫 번째 결과물이었다.

세 권의 책에 대해 고맙게도 학계와 언론계는 칭찬과 격려를 아끼지 않았다. 그동안 무리한 연구과 집필로 몸과 마음이 지치고 상해 있던 내게 이와 같은 기대 이상의 성원은 더할 나위 없는 큰 위안이 되었다. 이에 힘입어 새로운 연구를 시작할 수 있었고, 그 결과 3년의 노력 끝에 두 번째 연구 결과물인 이 책을 내놓게 되었다. 개혁 개방의 정치사를 살펴본 다음에는 엘리트 정치를 살펴보는 것이 중국 정치를 이해하는 데 논리적으로나 실제적으로 적절하다는 판단에서 엘리트 정치를 두 번째 연구 주제로 선택했다. 원래의 기획 의도대로 이 책이 우리 학계의 중국 정치 연구를 더욱 발전시키는 데, 또한 우리 사회가 한층 성숙한 자세로 중국을 이해하는 데 도움이 되었으면 좋겠다.

책을 쓰면서 여러분들로부터 많은 도움을 받았다. 먼저 집필 과정에서 격려를 아끼지 않으신 서울대 국제대학원의 선후배 동료들과 학생들에게 깊이 감사드린다. 또한 이번에도 초고를 꼼꼼하게 읽고 좋은 논평을 해주신 서강대학교의 전성흥 교수, 한림국제대학원대학교의 김태호 교수, 인천대학교의 안치영 교수께 감사드린다. 전성흥 교수의 거시적이고 논리적인 지적은 책의 전체 구성과 장절의 제목을 수정하는 데 매우 큰 도움이 되었다. 김태호 교수는 건강이 좋지 않은 상황에서도 많은 시간을 내어 두 번씩이나 초고를 통독하고, 세밀한 내용까지 일일이 검토하여 보완 사항을 제시해 주셨다. 안치영 교수는 내가 잘 모르거나 잘못 알고 있던 내용을 찾아내어 수정 방향과 함께 자료도 제공해 주셨다. 안 교수의 도움이 없었으면 여러 곳에서 잘못된 사실(史實)을 독자에게 전달하는 실수를 범할 뻔했다. 그래프를 잘 만들어 주었을 뿐만 아니라 오탈자를 꼼꼼하게 잡아준 차영윤, 정수아 조교에게도 감사한다. 그래도 남아있는 부족한 점은 선후배 학자들과 독자들의 도움을 받아 계속 보완해 나갈 것이다. 많은 분들의 아낌없는 가르침을 고대한다.

한국연구재단은 연구와 저술에 필요한 비용을 제공해 주셨다. 이 전 책도 그랬고, 이번 책도 재단의 재정 지원이 있었기 때문에 완성할 수 있었다. 이 자리를 빌려 다시 한번 깊이 감사드린다. 이번에도 편집을 맡아 준 민음사의 양희정 편집부장과 이한솔 편집자에게도 감사드린다. 양 부장님은 출판 전문가의 빼어난 안목으로 이 책을 더욱 멋있고 읽기 쉽게 만드는 데 크게 기여하셨다. 이 선생님은 중국어를 능수능란하게 구사하는 '중국 전문가'로서 편집과 사진 선정 등 여러 면에서 수고를 아끼지 않으셨다. 이처럼 여러분들의 도움과 노력으로 이 책이 좀 더 좋아질 수 있었다.

마지막으로 중국 공부라는 멀고도 험난한 길에 이제 막 첫발을 디딘 아들과, 오늘도 중국 연구에 매진하고 있는 우리 학생들에게 따뜻한 격려의 말을 전한다.

2019년 9월
서울대 연구실에서
조영남

1장 중국의 엘리트 정치

　중국과 같은 공산당 일당제 국가에서는 엘리트 정치(菁英政治, elite politics)가 매우 중요하다. 중국이 실행하는 주요 정책은 소수의 정치 지도자가 결정하기 때문이다. 다른 국가처럼 중국에도 의회가 있고 정부도 있다. 예를 들어, 전국인민대표대회(전국인대)는 「헌법」에 의하면 단순한 입법 기관이 아니라 "최고 국가 권력 기관"이다. 그래서 중앙 정부인 국무원뿐만 아니라 최고인민법원과 최고인민검찰원에 대해 인사권과 감독권을 행사할 수 있다. 실제로 전국인대는 매년 봄에 2주 일정으로 정기회의(例會)를 개최하여 정부의 업무 보고와 예산안을 심의한다. 또한 전국인대는 국무원, 최고인민법원과 검찰원의 주요 구성원을 선출한다. 그러나 그 누구도 현실 정치에서 전국인대를 최고의 권력 기구로 간주하는 사람은 없다. 전국인대가 결정하는 정책 대부분은 사전에 '중공(中共) 중앙'이 결정했다는 사실을 잘 알고 있기 때문이다.

그러나 중국의 엘리트 정치를 이해하기는 쉽지 않다. 한국과 같은 자유 민주주의 국가와는 달리 정치적 투명성이 매우 낮기 때문이다. 한마디로 '중공 중앙'에서 실제로 무슨 일이 일어나는지를 제대로 알 수가 없다. 공산당은 외국인은 말할 것도 없고 자국인에게도 최고 권력 기구가 실제로 어떻게 움직이는지 제대로 설명하지 않는다. 다만 그동안 투명도가 점점 높아져 온 것은 사실이다. 예를 들어, 정치국의 업무 규칙이 간접적인 방식으로 대외에 공개되어 정치국 운영에 대해 개략적으로 알 수 있게 되었다. 또한 후진타오(胡錦濤) 시기(2002~2012년)에 들어 정치국의 회의 결과가 공개되었기 때문에 의제도 파악할 수 있다. 그러나 이뿐이다. 공산당의 차기 총서기와 국무원의 차기 총리가 어떻게 추천되어 결정되는지, 주요 정책이 어떤 절차를 거쳐 어떻게 결정되는지 자세한 내막은 알지 못한다.

더욱이 중국의 엘리트 정치를 다른 국가의 엘리트 정치와 비교하여 특징을 파악하기도 쉽지 않다. 무엇보다 현존하는 사회주의 국가는 북한, 중국, 베트남, 쿠바 등 달랑 네 나라뿐이다. 분석할 표본이 네 개밖에 없기 때문에, 또한 나머지 세 개 국가의 정치적 투명성도 낮기 때문에 이들을 비교 분석해 보았자 나올 내용이 별로 없다. 그밖에도 중국과 베트남을 비교할 수는 있어도 중국과 북한, 중국과 쿠바를 비교하는 것은 타당성이 떨어진다. 북한은 여전히 '수령제 국가'이고, 쿠바는 정치 체제가 너무 이질적이기 때문이다. 그렇다고 현재의 중국을 과거의 소련이나 현재의 러시아와 단순 비교할 수도 없다. 체제가 달라졌기 때문이다. 굳이 비교를 하자면 마오쩌둥(毛澤東) 시대(1949-1976년)의 엘리트 정치와 스탈린 시대(1927~1953년)의 엘리트 정치를 비교할 수는 있다. 이것도 의미 있는 연구지만, 그렇게 해서 얻을 결론은 역사적 함의 외에는 없다.

따라서 중국의 엘리트 정치를 연구할 때 가장 좋은 방법은 과거와 현재를 비교 분석하는 것이다. 다시 말해, 엘리트 정치가 마오쩌둥 시대(1949~1976년), 덩샤오핑(鄧小平) 시대(1978~1992년), 덩샤오핑 이후 시대(1992년-현재)에 각각 어떻게 운영되었는지를 비교 분석하는 방법이 가장 적절하다. 중국은 1949년 건국 이후 지금까지 공산당 일당제를 운영하고 있다. 따라서 정치 체제가 '근본적으로' 변한 일은 없다. 그러나 공산당 일당제라고 해서 엘리트 정치에 변화가 없었던 것은 결코 아니다. 마오쩌둥에게 권력이 집중된 때의 엘리트 정치와 정치국 상무위원 사이에 권력이 분산된 장쩌민 시기의 엘리트 정치가 같을 수는 없기 때문이다. 이를 분석하면 우리는 중국의 엘리트 정치가 어떻게 변화되어 왔고 현재의 엘리트 정치는 어떤 특징을 갖고 있는지를 자세히 이해할 수 있다. 이때 필요하다면 소련과 베트남의 엘리트 정치를 참고할 수 있을 것이다.

이 책에서 하려고 하는 연구가 바로 이것이다. 이 책은 현재 중국에서 작동 중인 엘리트 정치를 체계적이고 깊이 있게 이해하는 것을 목적으로 한다. 그래서 책의 반 이상을 현재의 엘리트 정치, 소위 '집단지도'를 분석하는 데 할애했다. 그런데 현재의 엘리트 정치를 제대로 이해하려면, 그것이 마오쩌둥 및 덩샤오핑 시대의 엘리트 정치와 어떻게 다른지도 알아야 한다. 그렇지 않으면 잘못된 판단을 내릴 수 있다. 그래서 마오쩌둥과 덩샤오핑 시대의 엘리트 정치도 자세히 살펴보려고 한다.

예를 들어, 일부 학자와 언론은 시진핑(習近平)이 총서기에 취임한 이후 그에게 권력이 집중되는 현상에 주목하여 시진핑의 '일인지배'가 등장했다고 주장한다. 문제는 일인지배가 구체적으로 무엇을 의미하는지 정확히 정의하지 않고 이런 주장을 하고 있다는 점이다. 중국 현대 정치사에서 일인지배는 마오쩌둥 시대에 이미 나타난 적이 있다. 따라서 마오쩌둥 시대의 엘리트 정치와 시진핑 시기의 엘리트 정치를 비교 분석하면 시진핑의 '일인지배'가 등장했는지 여부를 판단할 수 있다. 그런데 지금까지 이런 식으로 비교 분석한 연구는 거의 없다. 이 책은 이를 하려고 한다.

1. 중국 엘리트 정치의 범위와 내용

중국의 엘리트 정치를 분석하기 위해서는 먼저 두 가지를 분명히해야 한다. 첫째는 엘리트 정치의 범위를 설정해야 한다. 학자마다 조금씩 견해가 다르므로, 어느 범위까지를 엘리트 정치로 볼 것인지를 먼저 분명히해 두어야 한다. 둘째는 엘리트 정치의 내용을 확정해야 한다. 정치의 핵심은 공공 정책의 결정과 그것을 담당하는 사람들의 활동이다. 그렇다면 엘리트 정치는 이런 정치 일반과 비교했을 때 어떤 특징적인 내용을 갖고 있는지를 밝혀야 한다.

(1) 중국 엘리트 정치의 범위

중국에서 일반적인 의미로 통치 엘리트(ruling elite)라고 할 때는 공산당 중앙위원회(中央委員會, Central committee)의 구성원인 중앙위원을 가리킨다. 개혁기에 중앙위원은 약 200인의 정(正)위원과 약 150인의 후보 위원(투표권 없음)을 합쳐 350인 전후다. 여기에는 공산당 중앙, 국무원, 전국인대, 중국 인민정치협상회의 전국위원회(전국정협), 인민해방군의 지도부가 포함된다. 또한 지방 31개 성급(省級) 단위의 당(黨)서기 및 성장·시장·주석, 중요한 인민 단체의 지도자, 중앙 소속 일부 국유 기업의 최고 경영자(CEO)도 포함된다. 이처럼 중앙위원회는 중국을 통치하는 정치·경제·사회·군사 등 전 분야의 엘리트를 포괄하는 권력 기구다. 그래서 중국의 통치 엘리트를 분석할 때에는 중앙위원을 대상으로 하는 것이 일반적이다.[1]

그런데 중앙위원회를 중심으로 엘리트 정치를 분석할 경우 몇 가지 문제가 발생할 수 있다. 먼저, 중앙위원회는 5년에 한 번 개최되는 공산당 전국대표대회(全國代表大會, National party congress, 당대회)가 폐회 중일 때 그 권한을 행사하는 권력 기구다. 따라서 법적으로는 막강한 권한을 갖고 있지만 실제로는 종이호랑이에 불과한 경우가 많다. 왜냐하면 중앙위원회는 1년에 많아야 2회, 보통은 1회만 개최되기 때문이다. 1년에 1~2회 개최되는 권력 기구가 일상적인 정치 과정에서 법적으로 주어진 막강한 권한을 제대로 행사할 수는 없다. 대신 중앙위원회는 정치국과 같은 다른 권력 기구, 혁명 원로의 비공식 모임, 혹은 중앙 공작회의에서 이미 결정된 내용을 사후에 추인하는 역할에 머무는 일이 많다. 따라서 중앙위원회에 초점을 맞추어 분석할 경우에는 일상적으로 벌어지는 엘리트 정치를 파악할 수 없다.

또한, 중앙위원회의 구성원 대다수는 엘리트 정치에 일상적으로 참여하지 않는다. 예를 들어, 인민해방군 장성은 수적으로 중앙위원 전체의 20퍼센트 정도를 차지하는데, 이들은 1989년 6월 톈안먼(天安門) 민주화 운동에서 계엄령이 선포되어 진압을 위해 출동한 사례와 같은 아주 특별한 상황을 제외하고는 일상 정치에 참여하지 않는다. 또한 지방의 성급 단위의 중앙위원인 당서기와 성장·시장·주석도 몇 안 되는 정치국원(예컨대 4대 직할시인 베이징, 톈진, 상하이, 충칭의 당서기)을 제외하고는 중앙의 엘리트 정치에 참여하지 않는다. 그 밖에 인민 단체의 지도자, 국유 기업의 최고 경영자인 중앙위원도 마찬가지다. 따라서 중앙위원회를 중심으로 엘리트 정치를 분석하는 것은 적절하지 않다.

대신 엘리트 정치는 약 25인으로 구성되는 중앙 정치국(政治局, Politburo)을 중심으로 전개된다. 중국에서 일상 시기에 '중공 중앙'이라고 말할 때에는 정치국을 가리킨다. 당대회와 중앙위원회가 폐회 중일 때 정치국이 그 권한을 대행하기 때문이다(정치국이 폐회 중일 때에는 다시 정치국 상무위원회가 '중공 중앙'이다). 이 이외에도 덩샤오핑 시대에는 혁명 원로, 장쩌민(江澤民) 이후 시기에는 정치 원로가 엘리트 정치의 중요한 행위자였다. 리버설(Kenneth Lieberthal) 교수는 덩 시대에 25~35인의 최고 지도자가 중국을 통치했다고 주장했는데,[2)] 이는 정치국원에 혁명 원로를 더한 수치다.

구체적으로 정치국은 다음과 같은 권력 기구의 구성원으로 구성된다. 첫째는 공산당 중앙위원회 주석(主席, Party chairman, 당 주석) 혹은 총서기(總書記, General secretary)다. 1982년 공산당 12차 당대회에서 당 주석이 폐지되기 이전에는 주석, 그 이후에는 총서기가 공산당을 대표하는 최고 지도자다. 그래서 마오는 마오 주석이지만 장쩌민, 후진타오, 시진핑은 그냥 총서기다. 참고로 1982년에 공산당이 당 주석을 폐지한 것은 마오쩌둥 같은 '독재자'가 다시 출현하는 것을 방지하기 위해서였다.

둘째는 정치국 상무위원회(政治局常務委員會, Politburo standing committee)다. 정치국 상무위원회는 공산당 중앙, 국무원, 전국인대, 전국정협, 중앙 기율검사위원회(중앙기위) 등 중앙의 당정 기관을 대표하는 '5대 권력 기구'의 현직 최고 지도자로 구성된다. 공산당의 일상적인 권력은 이 기구가 행사하기 때문에, 정치국 상무위원회가 실제적인 최고 권력 기구라고 할 수 있다. 중국의 엘리트 정치를 분석할 때에는 반드시 정치국 상무위원회에 주목해야 하는 것은 바로 이 때문이다. 좁은 의미에서 중국의 엘리트 정치는 정치국 상무위원회를 중심으로 벌어지는 정치 현상을 가리킨다.

셋째는 중앙 서기처(書記處, Secretariat)다. 서기처는 정치국 상무위원회와 정치국을 보조하여 일상적인 업무를 처리하는 사무 기구

[그림1-1] 중국공산당 조직도(2019년 6월 기준)

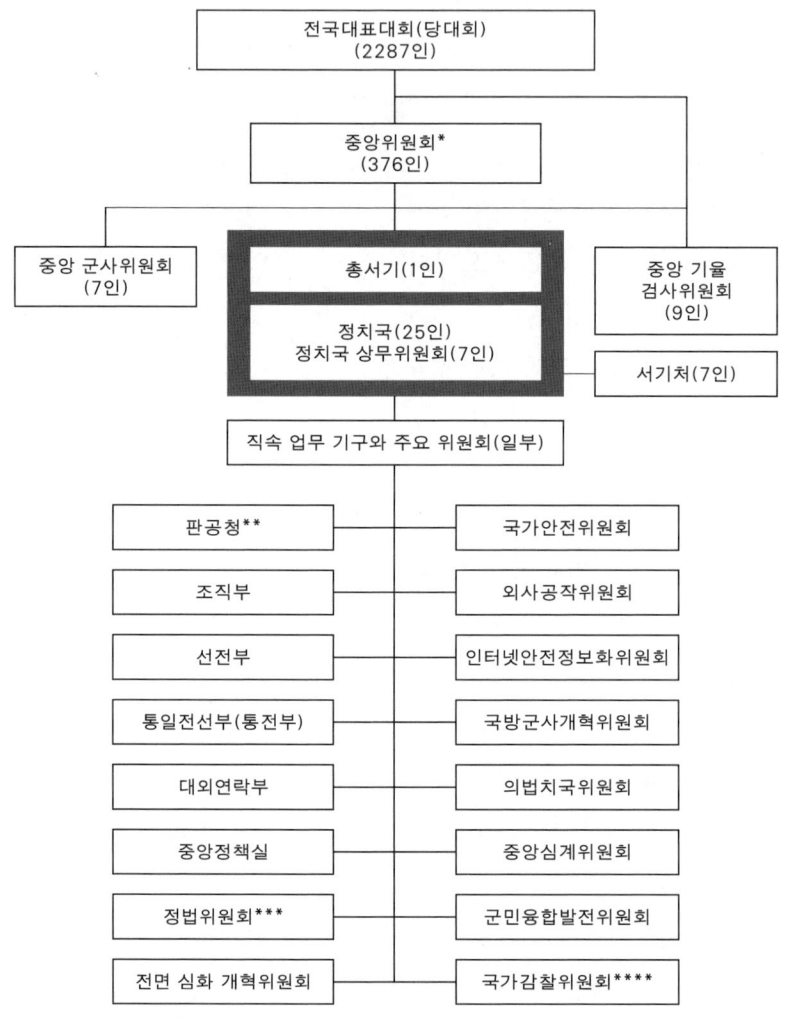

<출처> 필자 작성
<해설> * 중앙위원회(376인)는 정위원(204인)과 후보위원(172인: 투표권 없음)으로 구성된다. 당대회 대표와 중앙위원의 규모는 2017년 10월 공산당 19차 당대회에 참석했던 대표와 선출된 중앙위원을 가리킨다; ** '판공청'부터 '중앙정책실'까지는 공산당 중앙 직속의 '업무 기구(工作機構)'로, 공산당의 일상적인 업무를 담당한다. 조직부 부장과 선전부 부장 등 각 기구의 부장은 대개 '서기처'의 서기를 겸직한다; *** '정법위원회'부터 '외사공작위원회'까지는 '의사 조정 기구(議事調協機構)'로, 정치국 상무위원회와 정치국이 결정하는 정책을 준비하고, 결정된 정책의 집행을 감독하는 등 비일상적인 업무를 담당한다. 공산당 중앙 소속의 각종 위원회는 정치국 상무위원이 주임(主任)을 맡고 있고, 당·정·군의 관련 부서 책임자(부장이나 주임)가 위원으로 참여한다. 단 정법위원회는 정치국원이 서기를 맡고, 최고인민법원과 최고인민검찰원 원장 등이 위원으로 참여한다; **** '국가감찰위원회'는 2018년 3월 13기 전국인대 1차 회의에서 신설된 전문 감독 기구로, 중앙 기율검사위원회(중앙기위)와 인원 및 조직이 같은 하나의 기구로 운영된다.

(辦事機構)다. 서기처는 대개 공산당 중앙 판공청 주임, 조직부 부장, 선전부 부장, 통일전선부(통전부) 부장, 정법위원회 서기 등으로 구성된다. 이처럼 서기처는 공산당 중앙 직속 부서의 책임자가 다수를 차지한다. 서기처를 실질적으로 책임지는 서기처 상무 서기는 정치국 상무위원에 선임되며, 총서기를 도와 공산당 업무(黨務) 중에서도 조직, 이념(ideology), 선전을 담당한다. 총서기의 후계자가 결정될 경우에는 그 후계자가 서기처 상무 서기를 맡는 경우가 일반적이다. 후진타오와 시진핑이 그랬다.

넷째는 인민해방군을 지도하는 중앙 군사위원회(중앙군위)의 지도자 중에서 2인이 정치국원에 선임된다. 1997년 공산당 15차 당대회 이후에는 현역 군인이 정치국 상무위원회에 선임되지 않는 것이 관례가 되었다. 대신 2인의 현역 군인이 정치국원에 선임된다. 대개 현역 장성으로 중앙군위 부주석을 맡고 있는 군 지도자 중에서 두 명이 정치국원이 된다. 중앙군위 주석은 민간인인 공산당 총서기가 겸직하는 경우가 대부분이다. 따라서 정치국 상무위원회에서는 중앙군위 주석을 겸직하는 총서기가 군을 대표한다고 할 수 있다.

다섯째는 지방을 대표하는 4대 직할시(베이징, 톈진, 상하이, 충칭)와 중요한 성급 단위(즉 성과 자치구)의 당서기다. 예를 들어, 2017년 공산당 19차 당대회 직후에 선출된 지방 대표 정치국원은 4대 직할시 당서기와 광둥성 당서기, 신장 자치구 당서기 등 모두 6인이었다. 4대 직할시는 중국에서 가장 큰 대도시를 대표하여, 광둥성은 경제가 가장 발달한 지역을 대표하는 동시에 중앙에 대한 재경 기여도가 가장 큰 공로를 인정받아서, 신장 자치구는 소수민족 자치구의 대표로서 정치국 구성원에 포함되었다. 지방 대표 중에서 4대 직할시는 고정이지만 나머지 성과 자치구는 바뀔 수 있다. 마지막으로 국무원의 부총리 중에서 상무 부총리를 제외한 3인(상무 부총리는 정치국 상무위원)과 전국인대의 상임 부위원장 1인도 정치국원에 선임된다.

따라서 이 책에서 엘리트 정치라고 말할 때에는 공산당 정치국, 그중에서도 특히 정치국 상무위원회를 중심으로 일상적으로 전개되는 '중앙 정치'를 말한다. 다만 정치국 이외의 다른 회의, 예를 들어 당대회, 중앙위원회 회의, 각종 중앙 공작회의에서도 중요한 정책 결정과 지도부 선임이 이루어지기 때문에, 필요할 경우에는 이들 기구와 회의를 살펴볼 것이다.

(2) 중국 엘리트 정치의 내용

오랫동안 관찰한 경험으로 볼 때 중국의 엘리트 정치는 크게 세 가지 내용을 중심으로 전개된다. 권력 운영, 권력 승계, 권력 공고화가 바로 그것이다.

① 권력 운영

첫째는 권력 운영(power exercise)이다. 이는 엘리트 정치의 주요 권력 기구를 구성하고, 이렇게 구성된 권력 기구가 권력을 행사하는 일을 말한다. 주요 권력 기구로는 당 주석 혹은 총서기, 정치국 상무위원회, 정치국, 서기처가 있다. 이 중에서도 정치국 상무위원회가 특히 중요하다. 이를 어떻게 구성할 것인지는 엘리트 정치의 핵심 내용이다. 또한 이렇게 구성된 권력 기구가 정책 결정권, 인사권(후계자 선임 포함), 군 통수권을 행사하는데, 이들이 어떤 권한을 어떻게 행사하는지도 매우 중요하다. 그래서 이것이 엘리트 정치의 첫 번째 내용이 된다.

중국의 경우 군 통수권은 중앙군위 주석이 배타적으로 행사하는데, 중앙군위 주석은 당 주석 혹은 총서기가 겸직하는 경우가 많다. 마오쩌둥이 그랬고 장쩌민, 후진타오, 시진핑이 그랬다. 단 덩샤오핑 시대에는 그렇지 않았다. 즉 총서기는 후야오방(胡耀邦)과 자오쯔양(趙紫陽)이었지만 중앙군위 주석은 계속 덩이었다. 정책 결정권과 인사권은 당 주석 혹은 총서기, 정치국 상무위원회, 정치국이 모두 행사하는데 각 권력 기구의 권한은 시기에 따라 큰 차이가 난다. 예를 들어 마오쩌둥 시대에는 당 주석인 마오가 최종 결정권을 행사했고 정치국 상무위원회와 정치국은 마오의 결정을 합법화하는 기구에 불과했다. 반면 장쩌민 시기 이후에는 정치국 상무위원회와 정치국이 집단적으로 주요 정책과 인사 문제를 결정한다.

또한 이들 권력 기구가 권한을 행사하는 방식에 따라 엘리트 정치의 유형이 달라진다. 예를 들어, 정책 결정권, 인사권, 군 통수권을 당 주석이나 총서기 개인이 독점하여 행사한다면 일인지배(一人支配, one-man rule)가 된다. 마오쩌둥 시대가 그랬다. 반면 혁명 원로 등 소수의 최고 지도자가 이런 권한을 행사한다면 원로지배(元老支配, gerontocracy)라고 부를 수 있다. 덩샤오핑 시대의 엘리트 정치가 그랬다. 만약 정치국 상무위원과 정치국원이 이런 권한을 집단적으로 행사한다면 엘리트 정치는 집단지도(集體領導, collective leadership)가 된다. 장쩌민, 후진타오, 시진핑 시기의 엘리트 정치는 기본적으로 집단지도다.

② 권력 승계

둘째는 권력 승계(power succession)다. 여기서 가장 중요한 것이 공산당 총서기와 국무원 총리의 후계자를 결정하는 일이다. 마오쩌둥 시대에는 최고 통치 엘리트의 연령 제한과 임기 제한이 없었다. 당시에는 고위 당정 간부의 경우 종신제(終身制, life tenure)가 실시되었던 것이다. 그래서 마오쩌둥이 살아 있을 때에는 권력 승계가 일어나지 않았다. 비록 마오가 류샤오치(劉少奇), 린뱌오(林彪), 화궈펑(華國鋒)을 공식 후계자로 결정했어도 실제로 권력 승계가 이루어진 것은 1976년 그가 죽고 난 후였다. 그때 화궈펑이 당 주석, 국무원 총리, 중앙군위 주석을 승계했다.

반면 덩샤오핑 시대부터는 최고 지도자가 살아 있을 때에 권력 승계가 이루어졌다. 덩을 포함한 혁명 원로들이 장쩌민뿐만 아니라 장쩌민 이후의 후계자인 후진타오를 선임한 것이 이를 잘 보여 준다. 특히 장쩌민, 후진타오, 시진핑 시기에는 한 세대 지도자에서 다음 세대 지도자로 권력이 집단적으로 승계되는 특징, 소위 '세대별 권력 승계'를 보여 주었다. 이와 같은 권력 승계를 둘러싸고 각 권력 기구와 최고 지도자가 어떻게 활동하는지가 엘리트 정치의 두 번째 내용이 된다.

민주주의 국가와는 달리 사회주의 국가에서는 안정적이고 평화롭게 권력을 승계하는 정치 제도가 없다. 민주주의 국가에서는 선거를 통해 권력 승계가 이루어지지만 사회주의 국가에서는 그렇지 않다는 것이다. 그래서 많은 경우에 권력 승계는 심각한 권력 투쟁과 정책 혼란을 초래한다. 소련에서 스탈린 사후에 나타났던 권력 투쟁, 중국에서 마오쩌둥 사후에 나타났던 권력 투쟁이 이를 잘 보여 준다.

그런데 장쩌민 시기 이후에는 권력 승계가 10년을 주기로 한 세대에서 다음 세대로 평화롭게 안정적으로 이루어졌다. 당정 기관의 임기가 5년이고, 보통은 지도자들이 연임을 하기 때문에 10년을 주기로 권력이 승계되는 것이다. 예를 들어, 2002년 공산당 16차 당대회에서는 장쩌민을 중심으로 하는 '제3 세대' 지도자(1920~1930년대 출생자)에서 후진타오를 중심으로 하는 '제4 세대' 지도자(1940년대 출생자)로, 2012년 공산당 18차 당대회에서는 이것이 다시 시진핑을 중심으로 하는 '제5 세대' 지도자(1950년대 출생자)로 평화롭게 안정적으로 권력이 승계되었다. 이런 점에서 개혁기 엘리트 정치는 마오쩌둥 시대의 엘리트 정치와는 완전히 달라졌다고 평가할 수 있다.

③ 권력 공고화

셋째는 권력 공고화(power consolidation)다. 공산당 총서기를 포함하여 새로운 지도부가 권력을 승계 받았다고 해서 주어진 권한을 온전히 행사할 수 있었던 것은 아니다. 덩샤오핑 시대 화궈펑, 후야오방, 자오쯔양의 선례가 보여 주듯이, 개혁기의 지도자들은 권력 기반이 굳건하지 못할 경우 총서기의 권한을 제대로 행사해 보지도 못하고 중도에 쫓겨날 수 있었다. 따라서 총서기에 선임된 이후 최고 지도자들은 권력 기반을 공고히하기 위해 최선을 다해야 했다. 역사를 보면 집권 초기에 권력 기반이 취약하여 총서기로서 제대로 권한을 행사 못 할 것 같던 장쩌민과 후진타오도 모두의 예상을 뒤엎고 3~4년이 흐른 뒤에는 권한을 행사할 수 있었다. 권력 공고화에 성공한 결과였다.

[표1-1] 중국 엘리트 정치의 범주와 주요 내용

범주 \ 내용	주요 내용
권력 운영	· 당 주석·총서기, 정치국 상무위원회, 정치국, 서기처 구성 · 각 권력 기구의 운영: 각 기구의 권한과 결정 방식
권력 승계	· 최고 지도자(총서기) 후보 결정: 과정과 절차 · 공산당 권력 기구 구성원 결정: 정치국 상무위원, 정치국원, 서기처 서기 · 국가 기관 지도자 결정: 국무원 총리, 전국인대 위원장, 전국정협 주석
권력 공고화	· 자파 세력 충원: 새로운 정치 집단(파벌)의 등장 · 정풍 운동과 부패 척결 운동 전개: 경쟁 세력 약화 · 통치 이념의 공산당 지도 이념화: 이념적 권위 확보

〈출처〉 필자 작성

　　개혁기 총서기의 권력 공고화는 시기별로 내용과 방식이 비슷하다. 새롭게 선임된 총서기는 먼저 주어진 인사권을 최대한 활용하여 자파 세력을 권력 기관의 요직에 앉힌다. 장쩌민의 상하이방(上海幇), 후진타오의 공청단파(共青團派), 시진핑의 '시진핑 세력' 등 다양한 파벌은 이렇게 해서 만들어졌다. 다음으로 이들은 정풍 운동(整風運動, rectification campaign)과 부패 척결(反腐敗, anti-corruption) 운동을 전개하여 자신의 권위를 높이고 경쟁 세력이나 반대파를 굴복시킨다. 장쩌민, 후진타오, 시진핑이 집권하자마자 정풍 운동과 부패 척결 운동을 전개한 것은 권력 공고화와 밀접한 관련이 있다. 마지막으로 총서기는 여세를 몰아 자신의 통치 이념을 공산당의 지도 이념으로 승격시킴으로써 최고 지도자로서의 권위를 확립한다. 장쩌민의 '삼개대표(三個代表) 중요 사상,' 후진타오의 '과학적 발전관

(科學發展觀),' 시진핑의 '시진핑 신시대 중국 특색의 사회주의 사상' (일명 '시진핑 사상')은 이렇게 해서 지도 이념이 되었다.

표 I-I은 지금까지 살펴본 내용을 정리한 것이다.

이 책에서 마오쩌둥 시대에서 시진핑 시기에 이르는 70년 동안의 엘리트 정치가 이 세 가지 내용을 중심으로 어떻게 전개되었는지를 체계적, 종합적으로 살펴볼 예정이다. 또한 덩샤오핑 이후 시대의 엘리트 정치인 집단지도를 집중적으로 분석할 것이다. 따라서 이 책을 통해 중국 엘리트 정치의 역사와 함께 현재 운영되고 있는 집단지도를 모두 잘 이해할 수 있을 것이다.

구체적으로 이 책의 II부「덩샤오핑 이후의 엘리트 정치 1: 집단지도와 권력 운영」에서는 엘리트 정치의 첫 번째 내용인 권력 기구의 구성과 운영을 살펴볼 것이다. 이어서 III부「덩샤오핑 이후의 엘리트 정치 2: 집단지도와 권력 승계」에서는 엘리트 정치의 두 번째 내용인 권력 승계를 분석할 것이다. 마지막으로 IV부「덩샤오핑 이후의 엘리트 정치 3: 집단지도와 권력 공고화」에서는 엘리트 정치의 세 번째 내용인 총서기의 권력 공고화를 검토할 것이다. 이들을 분석할 때에는 각각의 규칙과 함께 실제 사례를 자세히 살펴볼 것이다.

2. 중국 엘리트 정치의 분류

2019년은 중화인민공화국(PRC)이 건국된 지 70년이 되는 해이다. 지난 70년의 중국 현대사는 편의상 둘로 나눌 수 있다. 첫째는 마오쩌둥 시대다. 1949년 중국의 건국부터 마오가 사망한 1976년까지의 28년을 가리킨다. 다음은 개혁기다. 이는 1977년부터 현재(2019년)까지의 42년을 가리킨다. 개혁기는 다시 덩샤오핑 시대(1978~1992년)와 덩샤오핑 이후(post-Deng Xiaoping) 시대(1992년부터 현재)로 나눌 수 있다. 우리가 잘 알고 있듯이, 덩샤오핑 이후 시대는 장쩌민 시기(1992~2002년), 후진타오 시기(2002~2012년), 시진핑 시기(2012년부터 현재)로 구성된다.

중국은 1978년부터 개혁 개방을 본격적으로 추진한 이후, 경제와 사회뿐만 아니라 정치도 커다란 변화를 겪었다. 엘리트 정치도 마찬가지다. 그렇다면 변화된 엘리트 정치를 시대별로 어떻게 분류할 수 있을까? 또한 그와 같이 엘리트 정치를 분류하는 기준은 무엇일까? 결론적으로 말하면, 중국의 엘리트 정치는 크게 일인지배, 원로지배, 집단지도로 나눌 수 있다. 그리고 이 세 가지 유형이 각각 마오쩌둥 시대, 덩샤오핑 시대, 덩샤오핑 이후 시대의 엘리트 정치를 대표한다.

(1) 엘리트 정치의 유형

첫째는 마오쩌둥의 일인지배다. 이는 마오쩌둥이 사회주의 혁명을 성공적으로 이끈 혁명 지도자로서 또한 중화인민공화국을 건립한 건국의 아버지로서 거의 모든 권력을 독점적으로 보유하고 자의적으로 행사하던 엘리트 정치를 가리킨다. 당시에도 마오 외에 류샤오치, 저우언라이(周恩來), 주더(朱德) 등 다른 혁명 원로가 있어서 마오와 함께 공산당 중앙 서기처나 정치국 상무위원회를 구성했다. 그래서 형식적으로는 이들이 집단적으로 주요 권한을 보유하고 행사한 것처럼 보인다. 그러나 실제로 그렇게 한 시기는 길어야 건국 후 7~8년에 불과했다.

반면 나머지 대부분의 시기에는 마오쩌둥이 '압도적 지위(predominant status)'를 이용하여 주요 문제를 독자적으로 결정하고, 다른 사람은 마오를 추종하는 방식으로 엘리트 정치가 운영되었다. 한마디로 말해, 마오 시대의 엘리트 정치는 마오가 권력을 '독재적 방식'으로 행사하는 일인지배였다. 이런 점에서 일부 학자들은 중국 역사에서 위안스카이(袁世凱)가 아니라 마오쩌둥이 '최후의 황제'였다고 주장한다. 마오가 전통 시대의 황제처럼 '절대 권력'을 행사했고, 나머지 정치국 상무위원은 황제를 보필하는 신하처럼 행동했다는 것이다.[3]

둘째는 혁명 원로의 원로지배다. 이는 덩샤오핑과 천윈(陳雲) 등 소수의 혁명 원로들이 공식 직위 유무와 상관없이 실제 권력을 배타적으로 보유하고 행사하던 엘리트 정치를 가리킨다. 이는 덩 시대의 엘리트 정치 유형이다. 덩 시대에도 혁명 원로 외에 공산당과 국가 기관의 최고 직위를 차지한 공식 정치(formal politics)의 지도자가 있었다. 예를 들어, 공산당 총서기였던 후야오방(1987년 1월 사직), 자오쯔양(1989년 5월 사직), 장쩌민(2002년 퇴임), 국무원 총리였던 리펑(李鵬, 1997년 퇴임), 전국인대 위원장이었던 차오스(喬石, 1997

년 퇴임)가 이들이다. 그러나 이들은 「헌법」과 「당헌(黨章)」이 부여한 권한을 행사하는 '최고 정책 결정권자'가 아니었다. 대신 이들은 혁명 원로들이 비공식 모임이나 회의에서 결정한 사항을 각각 공산당과 국가 기관에서 집행하는 '최고 정책 집행자'에 불과했다.

그런데 덩샤오핑 시대의 원로지배는 마오쩌둥 시대의 일인지배와는 결정적으로 다른 차이가 있다. 덩은 마오와 달리 혁명 원로들과의 관계에서 권력을 독점하고 자의적으로 행사할 수 있는 그런 '압도적 지위'의 지도자가 아니었고, 주요 정책과 인사 문제를 결정할 때에는 반드시 천원과 상의해야만 했다. 총서기나 정치국 상무위원 등 중요한 인사 문제를 결정할 때에는 다른 혁명 원로들과도 협의해야 했다. 이런 점에서 덩은 공식 정치의 지도자에게는 '절대권력자'였지만, 혁명 원로 사이에서는 '맏형(elder brother)' 정도의 지위에 있었다.[4] 그래서 우리는 덩 시대의 엘리트 정치를 덩의 일인지배가 아니라 혁명 원로들의 원로지배라고 부르는 것이다.

또한 덩샤오핑 시대의 원로지배는 소수의 최고 엘리트들이 주요 권한을 행사하는 '소수 지도자의 지배'라는 점에서는 집단지도와 유사하다. 그러나 원로지배는 이중 정치 구조(dual political structure) 속에서 운영된다는 점에서 공식 정치 속에서 운영되는 집단지도와는 결정적으로 다르다. 여기서 이중 정치 구조란, 정치가 혁명 원로가 주도하는 비공식 정치(informal politics) 혹은 원로 정치와 공식 지도자들이 주도하는 공식 정치로 구성되고, 실제 정치 권력은 공식 정치가 아니라 비공식 정치(원로 정치)가 행사하는 정치 체제를 가리킨다.

반면 덩샤오핑 이후 시대의 집단지도에서는 혁명 원로가 모두 사망하면서 이들이 주도했던 비공식 정치(원로 정치)가 사라지고 공식 정치 하나만 남게 되었다. 그 결과 공산당 중앙, 국무원, 전국인대, 전국정협, 중앙기위 등 당·정·군의 주요 권력 기관을 책임지는 현직의 최고 지도자들로 구성된 정치국 상무위원회와 정치국이 정치 권력을 집단적으로 행사할 수 있게 되었다. 이처럼 정치국 상무위원회와 정치국이 주도하는 집단지도는 혁명 원로가 주도하는 원로지배와 분명히 다르다.

셋째는 정치국 상무위원회와 정치국의 집단지도다. 집단지도는 특정 지도자 개인과 정치 세력(파벌)이 권력을 독점하고 자의적으로 행사하는 것을 방지하기 위해 복수의 정치 지도자와 정치 세력이 권력을 분점(分占)하고, 이렇게 분점한 권력을 정해진 절차에 따라 집단적으로 행사하는 엘리트 정치를 가리킨다.[5] 주요 정책과 인사 문제를 결정할 때, 집단지도에서는 특정 정치인 개인이나 파벌이 아니라, 정치국 상무위원회와 정치국이 하나의 주체가 되어 집단적으로 권한을 행사한다. 집단지도는 장쩌민, 후진타오, 시진핑 시기의 엘리트 정치 유형이다.

집단지도는 마오쩌둥이나 덩샤오핑 같은 카리스마적 지도자가 정치 무대에서 퇴장한 후 공산당과 국가 기관을 책임지는 현직 지도자들이 협의와 타협을 통해 주요 정책과 인사 문제를 결정하는 새로운 엘리트 정치가 출현했다는 사실을 보여 준다. 집단지도가 등장함으로써 공산당은 권력 승계를 포함한 중요한 문제를 평화적이고 안정적으로 처리할 수 있게 되었다. 그 결과 중국은 개혁 개방의 추진에 필요한 정치 지도력을 확보했을 뿐만 아니라, 많은 어려운 과제를 처리하면서도 정치적 안정을 유지할 수 있었다.

참고로 집단지도는 주로 중국의 엘리트 정치를 가리킬 때 사용되는 개념이다. 사실 집단지도라는 말 자체가 중국에서 쓰는 '집체영도(集體領導)'라는 말의 번역어다. 반면 이전 소련이나 동유럽 사회주의 국가의 엘리트 정치에서는 집단지도라는 개념 대신에 과두제(oligarchy: 소수의 지배를 의미)라는 개념이 주로 사용된다. 또한 과두제는 사회주의 국가뿐만 아니라 민주주의 국가의 엘리트 정치에서도 사용된다. 그래서 정치학의 엘리트 정치와 관련된 논의에서는 집단지도보다는 과두제가 더 보편적으로 사용되는 개념이라고 할 수 있다.

집단지도와 과두제는 한 명의 최고 지도자가 아니라 여러 명의 지도자가 정치 권력을 공유한다는 점에서는 같다. 그러나 양자 간에 결정적인 차이가 있다. 과두제는 주로 소수의 권력자가 권력을 '공유'한다는 점을 강조한다. 반면 집단지도는 다수의 권력자나 복수의 파벌이 권력을 공유할 뿐만 아니라 권력을 행사하는 주체가 정치국 상무위원회와 정치국과 같은 '공식 제도'라는 점을 강조한다. 이런 이유에서 집단지도는 중국과 베트남에서 주로 나타나는 과두제의 한 유형을 가리킨다.

(2) 엘리트 정치의 분류 기준

그렇다면 중국의 엘리트 정치를 일인지배, 원로지배, 집단지도로 분류하는 기준은 무엇일까? 나는 세 가지 기준으로 중국의 엘리트 정치 유형을 나눌 수 있다고 생각한다. 표 I-2는 이를 정리한 것이다.

〈표1-2〉 중국 엘리트 정치의 유형과 분류 기준

기준 \ 유형	일인지배 (마오쩌둥 시대)	원로지배 (덩샤오핑 시대)	집단지도 (덩샤오핑 이후 시대)
권력원과 권력 집중도	· 개인 권위 · 당 주석에 권력 집중	· 개인 권위 · 혁명 원로에 권력 집중	· 제도 권위 · 정치국 상무위원과 정치국원에 권력 분산
권력 행사 방식	마오쩌둥이 공산당과 국가 위에 군림 (당상(黨上) 황제)	혁명 원로가 공산당과 국가 밖에서 통치 (당외(黨外) 원로)	최고 지도자들이 공산당과 국가 내에서 활동 (당내(黨內) 지도자)
지도자 간의 권력 관계	주종 관계	· 주종관계(공식 정치) · 평등한 관계(비공식 정치)	평등한 관계

〈출처〉 필자 작성

① 권력원과 권력의 집중도

첫째는 권력원(權力源, power sources)과 권력의 집중도다. 최고의 정치 엘리트가 행사하는 권력이 어디에 근거를 두고 있으며, 또한 권력은 정치 엘리트 사이에 얼마나 집중되어 있는지가 첫 번째 기준이다.

마오쩌둥 시대의 일인지배와 덩샤오핑 시대의 원로지배에서는 혁명 원로들이 사회주의 혁명을 승리로 이끈 혁명 지도자이면서 중화인민공화국을 세운 건국의 아버지라는 카리스마적 권위에 근거하여 정치 권력을 장악했다. 이들의 권력원은 개인 권위(個人權威, personal authority)였던 것이다. 따라서 이들에게 공산당과 국가 기관의 직위는 권력 행사를 위한 필수 요소는 아니었다. 다시 말해 이들이 그런 직위가 없으면 권력을 행사할 수 없었던 것은 아니었다.

반면 집단지도에서 장쩌민, 후진타오, 시진핑은 「헌법」과 「당헌」이 규정한 공산당 총서기, 국가 주석, 중앙군위 주석 자리를 차지함으로써 최고 지도자가 될 수 있었다. 권력원은 공식 직위였고, 이들의 권위는 제도 권위(制度權威, institutional authority)인 것이다.[6] 따라서 이들은 공산당과 국가의 공식 직위를 잃으면 권력을 상실한다. 또한 이들이 행사하는 권한의 내용은 「헌법」과 「당헌」에 규정되어 있다. 따라서 이들은 「헌법」과 「당헌」의 범위 내에서 법률과 당규가 정한 절차에 따라 이런 권한을 행사해야만 한다.

또한 마오쩌둥 시대의 일인지배는 권력이 고도로 집중된 엘리트 정치 체제였다. 앞에서 말했듯이, 마오는 전통 시대의 황제처럼 정책 결정권, 인사권, 군 통수권을 독점하고, 공산당과 국가 기관의 각종 규정을 무시하면서 자의적으로 권한을 행사할 수 있었다. 물론 마오의 총괄 지도 아래 공산당과 국가 기관을 담당했던 다른 정치 엘리트들에게도 일정한 권한이 허용되었다. 예를 들어, 류샤오치는 정치국, 덩샤오핑은 서기처, 저우언라이는 국무원, 천원은 경제, 펑더화이(彭德懷)와 린뱌오는 군을 맡아 관리했다. 그러면서 이들은 일상적인 문제에서는 결정권을 행사할 수 있었다. 그러나 주요 정책이나 인사 문제는 결정할 권한이 없었고, 그럴 때에는 반드시 마오의 결정과 지시를 따라야만 했다.

덩샤오핑 시대의 원로지배도 역시 권력이 혁명 원로에게 집중된 엘리트 정치 체제였다. 다만 마오쩌둥과는 달리 덩이 권력을 독점할 수 없었다는 점, 다시 말해 다른 혁명 원로들과 권력을 공유해야만 했다는 점에서 마오 시대에 비해 권력이 분산된 체제였다. 이런 점에서 덩샤오핑 시대의 원로지배는 혁명 원로들로 구성된 비공식 정치에서는 원로들이 권력을 공유하고 집단적으로 결정하는 일종의 '집단지도'였다고 말할 수 있다. 그러나 혁명 원로들은 공식 정치의 지도자들과는 권력을 공유하지 않았기 때문에, 동시에 이들이 행사한 것은 비공식적인 개인 권위였기 때문에, 이 시대의 엘리트 정치는 집단지도라고 부를 수 없다.

또한 원로지배에서도 마오쩌둥 시대의 일인지배와 유사하게 공식 정치를 담당하는 지도자인 공산당 총서기, 국무원 총리, 중앙군위 부주석 등에게도 일정한 권한이 허용되었다. 그러나 공식 정치의 지도자들은 어디까지나 혁명 원로들이 결정한 주요 정책과 인사 문제를 집행하는 차원에서 결정권을 행사할 수 있었던 것이지, 이들이 주요 정책과 인사 문제를 결정할 수 있었던 것은 결코 아니다. 이런 점에서 마오 시대의 류샤오치나 저우언라이와 비교했을 때, 덩샤오핑 시대에 공식 정치를 담당한 지도자들은 지위가 훨씬 낮았고 권한도 더욱 미약했다.

반면 집단지도는 권력이 크게 세 가지 측면에서 분산된 엘리트 정치 체제다. 첫째, 주요 권한이 공산당 내에서도 총서기, 정치국 상무위원, 정치국원 사이에 분산되어 있다. 이들 권력 기구가 행사하는 권한은 공식 규정과 비공식 규범으로 정해져 있고, 이들은 이런 규정 및 규범에 따라 권한을 행사해야만 한다. 둘째, 공산당 중앙, 국무원, 전국인대, 전국정협 등 공산당과 국가 기관 사이에 권한이 분산되어 있다. 개혁 개방이 본격적으로 추진되면서 공산당 외에 정부와 의회도 고유한 권한을 갖게 되었고, 이들 기관의 지도자는 그 권한을 행사할 수 있게 된 것이다. 예를 들어, 국무원 총리는 경제 관리와 행정, 전국인대 위원장은 입법과 감독의 권한을 갖고 있다. 이런 권한은 공산당 총서기라도 함부로 침해할 수 없다.

셋째, 권력은 다양한 파벌 사이에도 분산되어 있다. 원칙적으로 공산당은 파벌을 엄격히 금지했지만, 현실 정치에서는 파벌이 존재했다. 정치 성향에 따라 구분되는 개혁파와 보수파, 출신 지역에 따라 구분되는 상하이방(上海幇), 베이징방(北京幇), 간쑤방(甘肅幇), 근무 기관과 혈연에 따라 구분되는 공청단파(共靑團派: 공산주의청년단 출신자), 석유방(石油幇: 석유 계통 출신자), 태자당(太子黨: 혁명 원로의 자제), 그리고 출신 대학에 따라 구분되는 칭화방(淸華幇: 칭화대학 출신자)과 베이다방(北大幇: 베이징대학 출신자) 등이 그것이다. 이 중에서 장쩌민의 상하이방과 태자당, 후진타오의 공청단파가 가장 유명했다. 이런 상황에서 공산당은 당 지도부(총서기, 정치국 상무위원, 정치국원), 국무원 지도부(총리, 부총리, 국무위원), 전국인대 지도부(위원장과 부위원장)를 구성할 때 각 파벌에게 일정한 자리를 보장하는 방식으로 세력 균형을 유지했다. 그 결과 하나의 파벌이 주요 직위를 독점할 수는 없었다.

② 권력의 행사 방식

둘째는 권력의 행사 방식이다. 이는 정치 엘리트가 권력을 행사할 때 특정 개인이나 소수의 지도자가 규정된 절차와 과정을 무시하고 독자적인 방식으로 행사하는지, 아니면 다수의 지도자가 제도화된 방식으로 집단적으로 행사하는지를 묻는 것이다. 마오쩌둥 시대의 일인지배에서는 마오 개인이 누구와도 상의 없이 주요 정책과 인사 문제를 최종적으로 결정했다. 또한 마오는 공산당과 국가가 정한 규정이나 절차를 준수하지 않았다. 마오가 공산당 중앙위원회와 정치국이 결정한 사항을 부정하거나 바꾼 경우는 여러 번 있었다. 이런 점에서 마오는 공산당 위에 군림하는 '당상(黨上) 황제'였다.

반면 덩샤오핑 시대의 원로지배에서는 덩이 천윈 등 혁명 원로와 협의하여 주요 정책과 인사 문제를 결정했다. 이때 혁명 원로도 마오쩌둥처럼 공산당과 국가가 정한 규정이나 절차를 무시하는 경우가 있었다. 이런 점에서 이들은 비록 마오처럼 공산당 위에 군림할 수는 없었지만, 공산당의 공식 기구를 벗어난 '당외(黨外) 원로'였다고 말할 수 있다. 다만 마오와 달리 혁명 원로들은 개혁 개방을 추진하기 위해 공산당과 국가 제도를 정비해야만 했다. 따라서 이들이 법과 제도를 완전히 무시할 수는 없었다.

덩샤오핑 이후 시대의 집단지도에서는 권력 행사 방식이 완전히 달라졌다. 장쩌민, 후진타오, 시진핑은 총서기였지만 이들이 주요 정책과 인사 문제를 개인적으로 결정할 수는 없었다. 대신 이들은 반드시 정치국 상무위원회와 정치국 회의를 개최하여 주요 문제를 심의한 후에 집단적으로 결정해야만 했다. 특별히 중대한 사안일 경우에는 중앙위원회를 개최하여 결정해야 했다. 또한 이들이 권한을 행사할 때에는 공산당과 국가가 정한 규정과 절차를 준수해야만 했다. 이런 점에서 이들은 공산당 아래에서 활동하는 '당내(黨內) 지도자'였다.

③ 최고 지도자와 다른 정치 지도자 간의 권력 관계

셋째는 최고 지도자인 당 주석 혹은 총서기와 다른 정치국 상무위원 간의 권력 관계다. 공산당의 역사를 보면, 원래 공산당 중앙서기처 서기나 정치국 상무위원 간에는 평등한 동지 관계가 유지되었다. 그래서 서기처 회의나 정치국 상무위원회 회의가 개최될 때, 이들은 서로 대등한 입장에서 문제를 토론하고 결정했다. 그러나 이런 평등한 동지 관계는 1949년 중국이 성립되면서 더 이상 존재할 수 없었다. 최고 지도자인 마오쩌둥이 정치, 군사, 이념 등 거의 모든 분야의 권력을 독점하면서 마오와 다른 동료 간의 관계가 주종 관계(主從關係)로 변화했기 때문이다.

마오쩌둥과 다른 정치 지도자 간의 주종 관계를 표현하는 말로 공산당 내에서 가장 많이 사용된 용어는 '선생-학생(老師學生) 관계'다. 마오가 사회주의 혁명과 국가 건설을 지도하는 선생이고, 다른 정치 지도자들은 마오의 가르침을 받고 따르는 학생이라는 의미다. 마오의 통치 이념인 마오쩌둥 사상이 1945년 공산당 7차 당대회에서「당헌」에 삽입되어 공산당의 지도 이념이 되면서 '선생-학생 관계'는 보편적으로 사용되었다. 그러나 학자들은 이보다는 마오가 황제고 다른 정치 지도자들은 그의 신하인 '군신 관계(君臣關係)'가 더 적절하다고 주장한다.7) 이처럼 1949년 건국 이후에 마오와 다른 지도자 간의 권력 관계는 주종 관계였다.

덩샤오핑 시대에는 좀 더 복잡한 모습을 띠었다. 당시의 엘리트 정치는 이중 정치 구조 속에서 움직였기 때문이다. 쉽게 말해 '2선'으로 물러난 혁명 원로들이 실권을 장악하고, '1선'에서 일하는 이후 세대의 공식 지도자를 통제했다. 이런 이중 정치 구조 속에서 혁명 원로와 공식 정치의 지도자, 예를 들어 후야오방(공산당 총서기), 자오쯔양(국무원 총리, 후에 공산당 총서기), 완리(국무원 부총리), 차오스(전국인대 위원장) 간의 관계는 주종 관계였다. 자오쯔양이 고백했듯이 그는 비록 공산당 총서기였지만 실제로는 원로들의 '비서실장(秘書長)'에 불과한 존재였다. 이런 면에서 보면 덩샤오핑 시대의 혁명 원로와 공식 지도자 간의 관계는 주종 관계, 구체적으로는 '군신 관계'였다고 말할 수 있다.

반면 비공식 정치의 구성원인 혁명 원로 간에는 상대적으로 평등한 동지 관계가 유지되었다. 다시 말해 혁명 원로 사이에서 덩샤오핑은 마오쩌둥처럼 '압도적 지위'에 있는 최고 지도자가 아니었다. 그래서 덩이 중요한 문제를 결정할 때에는 최소한 천원과 상의해야 했다. 공산당 총서기나 정치국 상무위원, 국무원 총리를 결정할 때에는 반드시 다른 혁명 원로와도 상의해야만 했다. 다만 혁명 원로들은 덩을 최고 지도자로 인정했다. 어떤 조직에서나 지도자는 있어야 하고, 덩은 혁명과 건국 과정에서 누구 못지않게 큰 공헌을 했기 때문이다. 특히 혁명 원로 중에서 공산당과 군 모두에 영향력을 행사할 수 있는 지도자는 덩샤오핑뿐이었다. 그래서 앞에서 말했듯이 덩은 혁명 원로들의 '맏형'과 같은 존재였다.

덩샤오핑 이후 시대의 집단지도에서는 공산당 총서기와 다른 정치국 상무위원 간에 평등한 관계가 다시 회복되었다. 동시에 총서기와 다른 정치국 상무위원 간의 구체적인 임무와 역할을 공산당 규약인 당규(黨規)로 좀 더 명확하게 규정했다. 1987년과 2002년에 제정된 정치국, 정치국 상무위원회, 서기처의 업무 규칙이 이를 잘 보여 준다. 이에 따르면, 총서기는 공산당을 대표하여 각종 회의의 의제를 결정하고, 정치국 및 정치국 상무위원회의 각종 회의를 주재하며, 회의에서 결정된 내용을 공포하는 임무를 맡고 있다.

이를 통해 우리는 마오쩌둥 시대 당 주석과 개혁기 공산당 총서기의 지위와 역할이 완전히 다르다는 점을 확인할 수 있다. 단적으로 마오 시대의 당 주석은 모든 문제에서 '최후 결정권'을 행사했지만, 개혁기의 총서기는 결코 그렇지 않다. 그래서 개혁기 총서기와 다른 정치국 상무위원 간의 관계는 '동급자 중 일인자(primus inter pares, first among equals)'로 표현한다. 총서기와 정치국 상무위원은 원칙적으로 직급이 같은 '동급자'(실제로 이들은 모두 '국가급(國家級)' 지도자로 분류한다.)고, 다만 총서기가 공산당을 대표하여 당을 관리하는 사람이라는 의미에서 '일인자'라는 것이다.

〈표1-3〉 중국 엘리트 정치의 내용과 유형별 차이

유형 내용	일인지배 (마오쩌둥 시대)	원로지배 (덩샤오핑 시대)	집단지도 (덩샤오핑 이후 시대)
권력 운영	마오쩌둥의 권력 독점과 독자적 권한 행사	혁명 원로의 권력 독점과 덩샤오핑 주도 하의 집단적 권한 행사	정치국 상무위원과 정치국원의 권력 분점(分占)과 집단적 권한 행사
권력 승계	마오쩌둥의 독자적 결정과 일인 권력 승계	혁명 원로의 집단적 결정과 집단적 권력 승계	정치 지도자들의 집단적 결정과 집단적 권력 승계
권력 공고화	공산당 7차 당대회 (1945년)에서 권력 확립(마오 시대의 개막)	공산당 12차 당대회 (1982년)에서 혁명 원로의 권력 확립	·자파 세력(파벌)의 확대 ·정풍운동과 경쟁 세력 약화 ·통치 이념의 공식 이념화

〈출처〉 필자 작성

표 I-3은 앞에서 살펴본 엘리트 정치의 주요 내용과 엘리트 정치의 유형을 종합하여 정리한 것이다. 이에 따르면, 엘리트 정치의 유형에 따라 엘리트 정치의 내용은 크게 다른 모습을 보여 준다. 따라서 덩샤오핑 이후 시대의 집단지도를 제대로 이해하기 위해서는 마오쩌둥 시대의 일인지배와 덩샤오핑 시대의 원로지배를 먼저 살펴보는 것이 필요하다. 이 세 가지 엘리트 정치 유형을 비교 검토함으로써 집단지도의 특징을 더욱 분명하게 이해할 수 있기 때문이다.

이런 이유로 이 책은 덩샤오핑 이후 시대의 집단지도를 집중적으로 살피기 전에 마오쩌둥 시대의 일인지배와 덩샤오핑 시대의 원로지배에 대해 자세히 들여다볼 것이다. 이 책의 I부 「마오쩌둥과 덩샤오핑 시대의 엘리트 정치」는 이런 이유로 작성되었다. 이처럼 마오 시대의 일인지배와 덩 시대의 원로지배를 이해한 다음에, 덩 이후 시대의 집단지도에 대한 이해로 넘어간다. 이런 논리적 흐름에 따라, 이 책의 II부부터 IV부까지는 덩샤오핑 이후 시대의 집단지도에 초점을 맞추어 엘리트 정치의 세 가지 내용인 권력 운영(II부), 권력 승계(III부), 권력 공고화(IV부)를 자세히 살펴본다.

3. 집단지도에서 일인지배로의 역(逆)이행?

지금까지 살펴본 세 가지 엘리트 정치 유형 중에서 원로지배는 마오쩌둥 시대의 일인지배에서 장쩌민 이후 시기의 집단지도로 넘어가는 과도기에 일시적으로 존재했던 특수한 유형의 엘리트 정치다. 원로지배가 등장한 가장 중요한 이유는, 1976년에 마오쩌둥이 사망하면서 문혁이 끝나고, 그 결과로 숙청되었던 수많은 혁명 원로가 정치에 복귀했기 때문이다. 이들은 기본적으로 마오쩌둥, 저우언라이, 류샤오치 등과 같은 혁명 세대로서, 후대의 정치 지도자들이 갖지 못한 카리스마적 권위를 갖고 있었다. 이를 바탕으로 공식 직위의 유무와 상관없이 엘리트 정치에서 중요한 역할을 담당했던 것이다.

그러나 1992년 공산당 14차 당대회를 분기점으로 대부분의 혁명 원로가 사망하거나 병으로 활동을 중지하면서 원로지배는 역사의 뒤편으로 사라졌다. 장래에도 원로지배가 다시 등장할 가능성은 없다. 장쩌민 시기 이후의 정치 원로들(정치국 상무위원을 역임한 지도자를 지칭), 예를 들어 장쩌민과 후진타오 등은 혁명 원로와 같은 개인 권위가 없기 때문에 공식 직위에서 물러난 이후에도 막후에서 실권을 행사할 수는 없다는 것이다. 따라서 현재도 그렇고 미래에도 그렇고 대표적인 엘리트 정치 유형은 일인지배와 집단지도다.

여기서 우리는 중요한 질문을 던질 수 있다. 중국의 엘리트 정치가 일인지배에서 원로지배를 거쳐 집단지도로 이행했는데, 그 반대의 가능성은 없는가? 다시 말해 집단지도가 변질되거나 붕괴하고 이를 대신하여 일인지배가 등장할 가능성은 없는가? 소련의 사례가 보여 주듯이, 집단지도는 내적인 딜레마를 안고 있기 때문에 언제든지 일인지배로 역이행(reverse transition)할 가능성이 있다. 반면 베트남의 사례는 집단지도가 안정적으로 유지될 수도 있는 가능성을 보여 준다. 그렇다면 중국은 소련의 사례를 따를 것인가, 아니면 베트남의 사례를 따를 것인가?

(1) 소련과 베트남의 엘리트 정치

엘리트 정치를 어떻게 안정적이면서도 효율적으로 유지할 것인가는 중국뿐만 아니라 모든 사회주의 국가가 당면한 핵심 과제였다. 실제로 사회주의 국가들에서는 집단지도와 일인지배, 혹은 과두제와 개인 독재가 반복해서 출현해 일정한 유형의 엘리트 정치 체제를 유지하지 못했다. 소련과 베트남을 사례 삼아 이 문제를 살펴볼 수 있다.

① 소련의 엘리트 정치: 과두제의 딜레마

소련의 엘리트 정치는 다른 사회주의 국가와 마찬가지로 '원칙적으로는' 일인지배 혹은 개인 독재가 아니라, 집단지도 혹은 과두제를 기본으로 삼았다(앞에서 말했듯이 소련 정치 연구에서는 '집단지도' 대신에 '과두제'라는 용어가 주로 사용되었으므로 과두제라고 하겠다). 심지어 개인 독재의 대명사였던 스탈린(Joseph Stalin) 시대에도 원칙은 과두제였다.[8]

예를 들어, 소련 정치의 전문가인 릭비(T.H. Rigby) 교수에 따르면, 소련 통치 체제는 실제로 독재(dictatorship)였지만, 그것은 일인 독재가 아니라 다섯 가지 특징을 가진 과두제적 독재였다. 첫째, 과두제의 구성원은 선거나 승계가 아니라 포섭(cooption)에 의해 지정된다. 즉 전임 최고 지도자가 후임 지도자를 선정한다. 둘째, 과두제 권력이 국민의 통제를 받지 않는다. 셋째, 엄격한 관료적 위계 체제(hierarchy)를 통해 실현된다. 넷째, 공산당 정치국, 서기국, 정부 내각 등의 내부 기구를 갖추고 있다. 다섯째, 제도화가 미비하여 운영 여부가 구성원의 의지에 달려 있다. 예를 들어 공산당 서기장(general secretary)이 과두제를 파괴하려고 한다면 그렇게 할 수도 있다.[9]

그런데 이런 원칙과는 달리, 소련 엘리트 정치의 현실은 과두제와 일인지배가 반복되는 특징을 보여 주었다. 스탈린 시대를 예로 들면, 1922~1929년에는 불안정하고 무질서한 과두제, 1930~1936년 기간에는 스탈린이 주도하는 과두제가 등장했다. 그러나 1937년부터 그가 사망한 1953년까지는 철저한 개인 독재가 계속되었다. 이때 스탈린은 개인 독재를 위해 개인 숭배를 강화하고, 경찰과 정보 기관을 이용한 공포 정치를 실시했다. 또한 그는 공산당과 국가의 공식 기구를 우회하여 정책을 결정하고 집행했다.[10] 스탈린의 뒤를 이은 흐루쇼프(Nikita Khrushchev)나 브레즈네프(Leonid Brezhnev)도 마찬가지였다. 다시 말해, 처음에는 정치국과 서기국이 중심이 되어 중요한 문제를 집단적으로 결정하는 과두제로 시작해서, 일정 시점이 지난 후에는 서기장의 일인지배로 엘리트 정치가 바뀌었다는 것이다.

그렇다면 왜 소련의 엘리트 정치에서는 과두제가 일인지배로 바뀌는 현상이 나타났을까? 이에 대해 릭비 교수를 포함한 많은 연구자들은 과두제의 딜레마(dilemma of oligarchy)를 제시한다. 이는 과두제가 두 가지의 문제를 동시에 해결해야 하나 실제로 그렇게 할 수 없는 상황을 가리킨다. 첫째, 과두제는 정책을 총괄 지도하고 판결하는 최고 지도자가 없어야 한다. 만약 최고 지도자가 등장할 경우라도 그 지도자가 독재적인 권력을 축적하여 과두제를 파괴하지 못하도록 막을 방안을 마련해야 한다. 둘째, 이런 상황에서 일관된 정책을 결정할 수 있는 효율적이고 효과적인 결정 기제(mechanism)를 마련해야 한다. 그런데 현실적으로는 이 두 가지의 문제를 동시에 해결하기가 어렵다. 그래서 최고 지도자가 등장하여 결국은 개인 독재로 귀결되고 만다는 것이 과두제의 딜레마다.[11]

과두제의 딜레마로 인해 과두제가 일인지배로 변질되는 과정, 다시 말해 최고 지도자(소련의 경우 공산당 서기장)가 권력을 축적하여 과두제가 붕괴되는 과정을 설명하는 이론이 권력의 순환 이론(circular flow of power theory)이다. 이 이론에 따르면, 공산당 서기장은 정책 집행의 권한을 갖고 있고, 이를 이용하여 지방 당서기에 대한 인사권을 행사할 수 있다. 이 때문에 지방 당서기는 서기장에게 충성한다. 예를 들어, 지방 당서기는 서기장을 지지하는 사람을 당대회 대표로 선출하고, 당대회 대표는 다시 서기장을 지지하는 중앙 집행위원회 위원을 선출한다. 이 위원들이 서기장의 뜻에 따라 정치국원과 서기국 서기를 선출한다. 이런 과정을 통해 서기장의 권한은 강화되고, 그렇게 되면서 과두제는 일인지배로 변질된다.[12]

사실 이와 같은 권력의 순환 이론은 중국에도 변형된 형태도 적용된다. 새로 선출된 총서기는 권력 강화를 위해 인사권을 최대한 이용하여 자파 세력을 중앙과 지방의 요직에 임명한다. 이렇게 해서 총서기를 지지하는 파벌이 형성된다. 상하이방(장쩌민 시기)과 공청단파(후진타오 시기)가 대표적이다. 그러면 이들은 총서기를 위해 여러 가지의 일을 추진한다. 예를 들어, 총서기가 자신의 명성을 높이기 위해 추진하는 중점 정책을 앞장서서 홍보하고 집행한다.

시진핑의 '중국의 꿈(中國夢)'이 대표적이다. 또한 이들은 총서기의 지시에 따라 총서기의 권력 행사에 저항하거나 소극적인 정치 세력을 약화시키기 위해 정풍 운동과 부패 척결 운동을 전개한다. 마지막으로 총서기를 지지하는 파벌의 지도자들은 당대회에 참석할 대표를 선출할 때 총서기를 지지하는 사람들이 선출될 수 있도록 영향력을 행사한다.

이런 과정을 거쳐 중국의 총서기는 집권 2기가 시작되면 집권 1기 때보다 훨씬 강화된 권력 기반을 갖게 되고, 이를 배경으로 총서기로서의 권한을 제대로 행사할 수 있게 된다. 장쩌민이 그랬고, 후진타오도 그랬다. 다만 중국의 총서기는 소련의 서기장과는 달리 집단지도를 붕괴시킬 정도로까지 권력을 축적하지는 못했다. 그래서 지금까지 중국의 엘리트 정치에서는 소련의 엘리트 정치와 달리 집단지도가 유지되는 것이다.

② 베트남의 엘리트 정치: 안정된 집단지도

소련의 엘리트 정치와는 달리, 베트남의 엘리트 정치는 1969년 호찌민(Hồ Chí Minh, 胡志明)의 사망 이후 지금까지 집단지도를 안정적으로 유지하고 있다. 이런 면에서 베트남 공산당에는 과두제의 딜레마가 적용되지 않는다고 평가할 수 있다. 혁명 과정에서부터 베트남 엘리트 정치에서는 '동급자 중 일인자'조차도 없을 정도로 공산당 총비서(general secretary)의 권한이 강력하지 않았다. 이는 전적으로 호찌민의 덕이다. 그는 소련의 레닌이나 스탈린, 중국의 마오쩌둥이나 덩샤오핑과 달리, 비록 혁명 원로로서 최고의 권위를 갖고 있었지만 정치 권력을 독점하여 자의적으로 행사하지는 않았다.

호찌민이 죽은 뒤에도 베트남의 엘리트 정치는 권력을 공산당 총비서, 국가 주석, 정부 총리 등 몇 사람의 지도자가 나누어 갖는 분권형의 권력 구조가 안정적으로 자리 잡았다. 그래서 베트남의 집단지도는 총비서, 주석, 총리 3인이 이끄는 '삼두체제(三頭體制, troika)'라고 불린다. 이후 1990년대에 들어서는 베트남 국회의 지위가 높아지고, 입법과 감독 등 국회의 역할이 대폭 강화되면서 최고 권력자에 국회 의장이 추가되었다.[13] 이처럼 현재 베트남에서는 공산당 총비서, 국가 주석, 정부 총리, 국회 의장이 권력을 공유하고 집단적으로 주요 정책과 인사 문제를 처리하는 집단지도가 운영되고 있다.

여기에 더해 베트남 공산당은 각종 규정을 통해 정치 권력을 분산시키고, 주요 정책이 민주적인 절차를 통해 집단적으로 결정되도록 다양한 제도적 장치를 마련했다. 예를 들어, 공산당의 권력은 중앙 집행위원회(당 중앙위원회), 정치국, 서기국으로 분산되었다. 여기서 중앙 집행위원회는 주요 정책과 인사 문제에 대한 결정권, 정치국은 일상적이고 사소한 정책과 인사 문제에 대한 결정권을 행사한다. 반면 서기국은 공산당의 일상 업무를 처리한다.

또한 베트남 공산당은 9차 당대회(2001년)에서 「당헌」 수정을 통해 당 총비서의 임기를 2회(再任)로 제한함으로써 권력 축적의 가능성을 원천적으로 봉쇄했다. 베트남 공산당 10차 당대회(2006년)

에서는 여기서 한 발 더 나아가 당대회 대표들이 당 총비서 후보를 복수로 추천하면, 중앙 집행위원회가 이들 후보 중에서 당 총비서를 선출하는 획기적인 제도를 도입했다.[14] 이는 당 총비서의 선임권을 사실상 당대회 대표에게 이양한 것이다.

물론 베트남의 집단지도에 문제가 없는 것은 아니다. 베트남 정치 전문가인 파이크(Douglas Pike) 교수에 따르면 다른 동남아시아 국가들의 정치 제도가 매우 약한 데 비해 베트남은 "과대 제도화된(over-institutionalized)" 정치 제도를 갖고 있다는 특징이 있다. 집단지도를 예로 들면, 베트남의 통치 엘리트들은 집단지도를 충실히 이행하기 위해 정치 지도자 간의 합의(consensus)를 통한 정책 결정을 매우 중시한다. 지난 시기에 한 세대의 지도자에서 다른 세대의 지도자로 정치 권력이 질서정연하게 이양된 것은 이런 철저한 합의 정신이 잘 지켜졌기 때문이다.

그러나 "과대 제도화된" 집단지도는 두 가지 문제를 안고 있다. 첫째는 불확정성(uncertainty) 증후군이다. 이는 지도자 간에 철저한 합의를 중시하다 보니 정책 결정이 자주 지연되고, 일부 결정된 정책이 번복되는 현상을 말한다. 둘째는 파벌주의(factionalism)의 만연이다. 집단지도가 유지되는 베트남의 엘리트 정치에서는, 공산당의 통합과 단결을 깨지 않는다는 전제 하에 다양한 정치 세력(파벌) 간에 경쟁이 허용된다. 이로 인해 파벌주의가 보편적인 정치 현상이 되었다.[15]

베트남의 엘리트 정치는 비록 불확정성 증후군과 파벌주의 문제는 있지만 호찌민 시대부터 지금까지 집단지도를 안정적으로 유지하고 있다. 여기서 더 나아가 공산당의 민주적인 의사 결정과 집행을 위해 다양한 제도를 마련했다. 공산당 중앙 집행위원회의 권한 강화, 공산당 총비서 임기 제한, 공산당 총비서 후보자 추천권을 당대회 대표에게 이관한 것 등이 이를 잘 보여 준다. 이런 점에서 베트남의 사례는 공산당 일당제 하에서 운영되는 집단지도가 그렇게 불안정하지 않고 일시적으로만 운영되는 엘리트 정치 체제도 아니라는 사실을 보여 준다.

(2) 중국에서 일인지배가 다시 등장하기 위한 조건

그렇다면 중국의 엘리트 정치는 어떨까? 장쩌민 시기부터 시진핑 시기까지의 상황을 놓고 보면, 중국의 엘리트 정치는 소련의 경험보다는 베트남의 경험에 더 가깝다. 개혁기의 집단지도가 일인지배로 역이행하는 대신 점점 더 안정적이고 제도화된 모습으로 발전해 왔다는 것이다. 이런 점에서 최소한 현재까지는 중국의 엘리트 정치도 과두제의 딜레마에서 벗어났다고 평가할 수 있다. 물론 일부 연구자들은 중국의 집단지도가 과거에도 불안정했고 미래에도 그럴 것이라고 주장했다.[16] 지난 30년의 경험은 이들의 주장이 옳지 않다는 사실을 보여 주었다.

그러나 중국에서도 소련에서처럼 집단지도가 일인지배로 바뀔 가능성은 언제나 열려 있다. 다만 이런 역이행이 실제로 일어나기 위해서는 하나의 조건이 충족되어야 한다. 최고 지도자가 '충분한 권위'를 확보하여 당·정·군의 권력을 독점하고, 다른 정치 지도자들이 이를 인정하고 수용해야만 한다는 것이다. 물론 최고 지도자가 군사력을 동원하여 다른 정치 지도자를 억압하는 방식, 일종의 '군사 쿠데타'를 생각할 수 있지만, 이것은 실행 가능성이 높지 않기 때문에 여기서는 논외로 한다.

여기서 '충분한 권위'는 두 가지를 의미한다. 하나는 다른 정치 지도자들이 최고 지도자를 무한히 신뢰하고 존경하여 그의 권력 독점과 행사를 기꺼이 수용할 정도로 최고 지도자에게 권위가 있어야 한다는 것이다. 다른 하나는 최고 지도자가 자신의 권력에 저항하거나 반대하는 다른 지도자를 마음대로 처벌할 수 있을 만큼의 권위가 있어야 한다는 것이다. 마오쩌둥이 이랬다. 반면 덩샤오핑은 공식 정치의 지도자에게는 이럴 수 있었지만, 혁명 원로에게는 이럴 정도의 '충분한 권위'를 갖지 못했다. 그래서 마오 시대의 엘리트 정치는 일인지배였지만, 덩 시대의 엘리트 정치는 원로지배였던 것이다.

그렇다면 어떤 조건에서 최고 지도자가 이와 같은 '충분한 권위'를 확보할 수 있을까? 지금은 혁명과 전쟁의 시대가 아니기 때문에 카리스마적 권위를 갖기가 쉽지 않다. 그렇다고 '충분한 권위'를 확보하기 위해 다시 혁명을 하거나 전쟁을 일으킬 수는 없다. 따라서 현재 그러한 조건을 충족시키기 위해서는 다른 방법을 사용해야 한다. 제도 변경을 통해 가능한 조건을 만드는 것이다. 이는 집단지도를 지탱하는 각종 규정과 규범을 일인지배에 유리하도록, 혹은 일인지배를 정당화하도록 바꾸는 것이다.

첫째, 공산당과 국가 기관의 연령제와 임기제가 수정되어야 한다. 현재 상황에서는 전체 당정 간부와 공직자를 대상으로 연령제와 임기제를 폐지하거나 수정할 수는 없다. 그러나 최소한 최고 지도자, 예를 들어 공산당 총서기와 정치국 상무위원을 대상으로 하는 연령제와 임기제는 폐지되거나 수정되어야 한다. 이렇게 해야만 최고 지도자가 권좌에 오랫동안 머물 수 있고, 오랫동안 권좌에 머물러야만 '충분한 권위'를 확보할 수 있기 때문이다.

예를 들어, 최고 지도자가 20년이고 30년이고 장기 집권해야 국민들 사이에 명성을 쌓을 수 있다. 또한 이렇게 오랫동안 집권해야 다른 정치 엘리트를 설득할 만한 업적도 쌓을 수 있다. 그 밖에도 이렇게 오랫동안 집권해야 당·정·군의 요직을 자파 세력으로 채워 권력을 마음대로 행사할 수 있고, 반대자나 저항 세력을 마음대로 억압하거나 처벌할 수 있다. 1999년에 옐친(Boris Yeltsin) 대통령의 뒤를 이어 임시 대통령에 취임하여 2024년까지 권좌에 머물 수 있는 푸틴(Vladimir Putin) 러시아 대통령 사례가 이를 잘 보여 준다.

둘째, 공산당 중앙위원회 주석 제도를 부활해야 한다. 앞에서 말했듯이, 공산당 총서기와 당 주석은 큰 차이가 있다. 마오쩌둥 시대에도 총서기가 있었다. 공산당은 1954년에 마오의 업무 부담을 덜어 주기 위해 비서장(秘書長) 제도를 두고 덩샤오핑을 비서장에 임명했다. 덩은 비서장 판공회의를 주재하면서 마오를 보좌했다. 1956년 공산당 8차 당대회에서는 비서장 판공회의가 서기처로 승격되고, 비서장이 총서기로 바뀌었다. 따라서 총서기를 한국어로 번역한다면 '사무총장'이 적절하다. 실제로 마오는 총서기였던 덩을 활용하여 류샤오치의 권력을 견제하는 한편 공산당 중앙을 장악하여 자신의 정책을 추진할 수 있었다. 예를 들어, 1958년에 시작된 대약진운동은 저우언라이가 관리하던 국무원이 아니라 덩이 관리하던 중앙 서기처가 주도했다.

공산당의 '사무총장' 신분으로는 일인지배를 실현할 수 없다. 그래서 총서기를 폐지하고 대신 당 주석을 부활해야 한다는 것이다. 이렇게 하면 몇 가지 이점이 있다. 먼저, 마오쩌둥을 흉내 내어 카리스마적 권위를 '창조'할 수 있다. 마오는 살아 있을 때에도 그랬지만 죽어서도 여전히 '마오 주석'으로 불린다. 화궈펑도 자신의 카리스마적 권위를 만들기 위해 '화 주석'으로 불리도록 선전했다. 여기에 마오가 '위대한 지도자'였던 것에 빗대어 '영명(英明)한 지도자'라는 별칭도 만들었다. 이는 북한의 김정은 국무위원장이 외모와 말투를 할아버지 김일성 주석과 비슷하게 흉내 내어 카리스마적 권위를 확보하려고 노력하는 것과 유사한 전략이다.

또한 공산당 총서기에서 당 주석으로 명칭이 바뀌면 최고 지도자의 권한을 다시 규정할 수 있다. 「공산당 정치국 상무위원회 업무 규칙」에 의하면 총서기는 '최후 정책 결정자'가 아니라 '정책 조정자'에 가깝다. 그런데 당 주석 제도를 부활시키면 당 주석의 역할을 새롭게 규정하여 '최후 정책 결정자'로 만들 수 있다. 마오쩌둥이 합법적으로 이런 권한을 행사했기 때문에 당 주석 제도가 부활되면 이렇게 해도 문제가 없다. 그 밖에도 당 주석 제도를 부활해야 최고 지도자와 정치국 상무위원 간의 권력 관계를 바꿀 수 있다. 총서기의 경우에는 다른 정치국 상무위원과 평등한 관계지만, 당 주석이 되면 그것을 주종 관계로 바꿀 수 있다는 것이다.

여기에 다른 제도적 장치가 필요한가? 일부는 최고 지도자의 통치 이념을 공산당의 지도 이념으로 확립하는 것이 중요하다고 강조한다. 이는 반만 맞고 반은 틀리다. 최고 지도자의 통치 이념을 단순히 「당헌」에 삽입하는 것으로는 큰 의미가 없다. 예를 들어, 마오쩌둥 사상은 1945년 공산당 7차 당대회에서 「당헌」 수정을 통해 최초로 공산당의 지도 이념으로 확정되었다. 그런데 1956년 공산당 8차 당대회에서 마오 사상은 「당헌」에서 삭제되었다. 마오의 개인 숭배를 방지하기 위한 조치였다. 그렇다면 1956년 이후에 마오는 '최후 정책 결정자'로서의 권한을 행사하지 못했는가? 전혀 그렇지 않다. 뒤에서 자세히 살펴보겠지만, 1958년 대약진운동이 시작되면서 마오의 개인 숭배는 일상화되었고, 그의 권력은 전보다 더욱 강해졌다. 또한 마오는 이런 권력을 마치 독재자처럼 아무런 거리낌 없이 행사했다.

따라서 중요한 것은 최고 지도자의 통치 이념이 공산당의 지도 이념으로 「당헌」에 삽입되느냐 여부가 아니라, 정치 엘리트와 일반 국민이 실제로 그것을 얼마나 지도 이념으로 인정하고 수용하느냐다. 현재 시점에서 보면, 장쩌민의 '삼개대표 중요 사상'과 후진타오의 '과학적 발전관'이 현실 정치에서 무슨 역할을 하는가? 얼마나 많은 당정 간부들이 그것을 기억하고 그에 맞추어 정책을 집행하는가? 임기가 끝난 뒤에도 중국 국민들과 당정 간부들이 '시진핑 사상'을 숭배하고 노래할 것인가?

영도소조(領導小組)나 위원회와 같은 임시 기구도 마찬가지다. 일인지배에서 중요한 것은 최고 지도자가 얼마나 많은 기구의 수장이 되느냐가 아니다. 설사 하나의 기구만 갖고 있더라도 최고 지도자는 자신이 갖고 있는 권력을 이용하여 얼마든지 자신의 정책을 추진할 수 있다. 문혁 시기에 마오가 '중앙 문화혁명 소조(문혁소조)'를 만들어 문혁을 지도한 것이 대표적이다. 당시에 문혁소조는 정치국과 정치국 상무위원회를 대신했을 뿐만 아니라, 국무원과 중앙군위를 대신하는 최고의 권력 기구였다. 이것이 일인지배다. 따라서 수많은 임시 기구를 만들고 최고 지도자가 그런 기구의 수장으로 수많은 감투를 쓴다고 해서 일인지배가 실현되는 것은 아니다.

이런 요소들을 종합적으로 고려할 때, 현재와 가까운 미래에 집단지도가 일인지배로 역이행할 가능성은 높지 않다. 현재 상황에서는 누가 총서기가 되어도 앞에서 말한 '충분한 권위'를 확보하기가 쉽지 않기 때문이다. 물론 누군가는 이런 시도를 할 것이다. 과거에 장쩌민이 이런 시도를 했다가 뜻대로 되지 않아 중단했다. 현재 시진핑도 이를 일부 시도하고 있는 것으로 보인다. 「헌법」 수정을 통해 국가 주석의 연임 제한 규정을 폐지한 것이 대표적이다. 그러나 이런 무리한 시도가 실제로 성공할지는 미지수다. 마오쩌둥이 '당상 황제'였던 데 비해 시진핑은 '당내 지도자'에 불과하기 때문이다.

만약 시진핑이 마오쩌둥처럼 '충분한 권위'를 갖기 위해 과도한 정책을 추진한다면, 국내에서뿐만 아니라 국제적으로도 상당한 반대와 저항에 직면할 것이다. 이때 '당내 지도자'에 불과한 시진핑이 이를 극복하기는 쉽지 않을 것이다. 마오는 당외 세력인 홍위병(紅衛兵) 학생과 조반파(造反派) 노동자를 동원해서 당정 간부의 저항을 극복했다. 시진핑도 이렇게 할 수 있을까? 쉽지 않을 것이다. 결론적으로, 현재 상황에서 보면 집단지도에서 일인지배로 역이행하는 일은 발생하지 않을 것이다. 다만 집단지도가 '분권형 집단지도'에서 '집권형 집단지도'로 변화되고, 그것이 가까운 미래에도 지속될 가능성이 있다. 이에 대해서는 결론에서 자세히 살펴볼 것이다.

I부

마오쩌둥과 덩샤오핑 시대의 엘리트 정치

2장　마오쩌둥 시대의 일인지배
3장　마오쩌둥 일인지배의 확립: 1935~1956년
4장　마오쩌둥 일인지배의 발전: 1957~1965년
5장　마오쩌둥 일인지배의 비극: 1966~1976년
6장　덩샤오핑 시대의 원로지배

2장 　마오쩌둥 시대의 일인지배

마오쩌둥 시대(1949~1976년)의 엘리트 정치는 마오의 일인지배를 특징으로 한다. 이와 관련하여 두 가지 점을 말해 두고 싶다. 먼저, 마오는 통치 기간 내내 최고 지도자로서 정책 결정, 인사 선임, 후계자 지명, 군대 동원과 관련된 권한을 독자적으로 행사할 수 있었다. 예를 들어, 그는 중요한 회의를 소집하여 공산당의 노선이나 방침을 결정하거나 변경할 수 있었다. 또한 후계자를 자기 마음대로 선정하거나 취소할 수도 있었다.[1] 이런 점에서 마오는 평생 동안 그 누구의 도전도 받지 않는 '압도적 지위(predominant status)'를 누린 최고 지도자였다.[2]

그러나 '압도적 지위'에 있었다고 해서 마오쩌둥이 항상 독재자로 군림했던 것은 아니다. 1949년 중국 건국부터 1958년 대약진운동 추진 전까지 마오는 동료들과 협의하여 주요 문제를 결정하는 방식으로 권한을 행사했다. 반면 1958년부터 1976년 사망할 때까지는 독재자처럼 모든 권력을 독점하고 권한을 자의적으로 행사했다.[3)] 이처럼 최고 지도자로서 마오의 '압도적 지위'는 평생 변함이 없었지만 권력을 행사하는 방식은 '협의적 방식'에서 '독재적 방식'으로 변화했다. 따라서 마오 시대의 일인지배를 제대로 이해하기 위해서는 1958년 이후 시기를 중심으로 살펴보는 것이 좋다.

또한 이 책의 I장에서 살펴본 엘리트 정치의 유형을 분류하는 세 가지 기준, 즉, 권력원과 권력의 집중도, 권력의 행사 방식, 최고 지도자와 다른 정치국 상무위원 간의 권력 관계에 따라 살펴보면 마오쩌둥의 일인지배에는 세 가지 특징이 있다. 첫째는 카리스마적 권위와 권력 독점이다. 둘째는 제도와 절차를 무시하고 공산당 위에 군림하는 '사회주의 황제'의 양상이다. 셋째는 동료 지도자와 주종 관계를 형성한 것이다.

그런데 이런 요소들은 서로 밀접히 연관되기 때문에 억지로 구분하기 어려운 경우가 많다. 즉, 마오는 카리스마적 권위를 이용하여 권력을 독점함으로써 공산당 위에 군림하는 황제처럼 행동할 수 있었다. 또한 이로 인해 마오와 동료 간의 관계는 황제와 신하의 관계처럼 주종 관계를 이루었다. 따라서 마오의 일인지배를 이해할 때에는 이런 세 가지 요소를 종합적으로 보아야 한다. 다만 논의의 편의를 위해 이 세 요소를 분리해 살펴볼 수는 있을 것이다.

1. 카리스마적 권위와 권력 독점

공산당은 혁명에 성공하여 1949년 10월 1일 중화인민공화국 성립을 선포했다. 이 무렵에 마오쩌둥은 최고의 혁명 지도자이자 건국의 아버지로서 이미 "공산당, 정부, 군을 주재하는 모든 것의 주석(Chairman of everything)"이 되어 있었다. 그래서 티위스(Frederick Teiwes) 교수는 건국 이후 "마오쩌둥에게 거의 절대적인 권력이 있었다는 점은 의심의 여지가 없다."라고 주장한다. 국제적으로도 1953년에 스탈린이 사망하면서 마오쩌둥의 권력을 견제할 만한 사회주의권의 지도자가 더 이상 존재하지 않았다.[4]

(1) 마오쩌둥의 카리스마적 정통성

일반 국민들뿐만 아니라 동료 지도자들도 마오쩌둥의 카리스마적 권위를 인정하고 그의 일인지배를 수용했다. "마오쩌둥이 곧 공산당이고, 공산당이 곧 마오쩌둥"이었기 때문이다.[5] 1959년 8월에 개최된 유명한 루산(廬山) 회의에서 외교부 제1 부부장이던 장원톈(張聞天)은 마오쩌둥의 권위를 이렇게 찬양했다. "마오 주석의 권위는 개인의 권위가 아니라 전당(全黨)의 권위다. 마오 주석의 권위를 훼손하는 것은 전당의 권위를 훼손하는 것이고, 당과 전국 인민의 이익을 훼손하는 것이다."[6] 이처럼 마오의 권위를 인정하고 그의 지배에 따르는 것이 바로 공산당의 영도를 인정하고 수용하는 일이며, 반대로 그의 권위에 도전하고 지배를 부정하는 것은 곧 공산당의 권위에 도전하고 공산당의 영도를 부정하는 일이었다.

마오쩌둥의 권위를 인정하고 일인지배를 수용한 사례를 우리는 당시 정치 지도자들의 말에서 확인할 수 있다.

[어느 한 혁명 원로가 나에게 충고했다.] "설사 마오 주석의 말이 옳지 않다고 생각되어도 절대로 말하지 말고 돌아가 생각해 보아라. 그러면 천천히 마오 주석이 정확했음을 알게 될 것이다." 그 결과 우리의 뇌리에 하나의 생각 틀이 형성되었다. 마오 주석이 옳다고 하면 옳은 것이고, 틀리다고 하면 틀린 것이다. 모두들 마오 주석의 옳고 그름으로 옳고 그름을 판단해야 한다.(1959년 8월 루산 회의에서 국가계획위원회 주임이던 보이보(薄一波)가 들은 충고)

내가 여러분을 떠나면서 다시 한번 크게 외친다. 위대하고 영광스럽고 정확한 중국 공산당 만세! 우리의 경애하는 영수 마오 주석 만세! 위대한 마오쩌둥 사상 승리 만세! 사회주의와 공산주의의 위대한 사업의 전 세계 승리 만세!(1966년 5월 18일 베이징시 부시장이던 덩퉈(登拓)가 반당분자로 몰려 자살하면서 유서에 남긴 말)

당의 영도는 마오쩌둥 사상의 영도다. 모든 당 조직, 모든 당원은 이 문화대혁명 중에 마오쩌둥 사상의 검증을 받아야 한다.(1966년 7월 27일 군중대회에서 한 천보다(陳伯達)의 연설)

당의 영도는 곧 마오 주석의 영도고, 바로 마오쩌둥 사상의 영도다.(1966년 10월 1일 군중대회에서 한 장춘차오(張春橋)의 연설)

[마오] 주석의 위신이 높아 그는 말 한마디로 누구든지 타도(打倒)할 수 있다.(1971년 3월 21일 마오를 제거하기 위한 쿠데타를 모의하면서 린뱌오의 아들 린리궈(林立果)가 한 말)[7]

그렇다며 마오쩌둥의 권위는 어디에서 나오는가? 1959년 4월에 개최된 2기 전국인민대표대회(전국인대) 1차 회의에서 류샤오치는 마오를 대신하여 국가 주석에 취임했다. 그 전까지 마오는 공산당 중앙위원회 주석(당 주석), 중앙 군사위원회(중앙군위) 주석, 국가 주석을 겸직한 당·정·군의 최고 지도자였다. 이런 점에서 보면 그의 권위는 공식 직위에서 나온 것처럼 보인다. 그러나 실제는 그렇지 않았다. 1958년 3월 당내 토론회에서 한 정치 지도자가 말한 것처럼, 공식 직위는 마오 권위의 원천이 아니었다. "(마오) 주석의 역할은 주석을 맡는지 맡지 않는지의 문제가 아니고, 법률상 혹은 명예상의 문제가 아니며, 실제상의 영수(領袖)다."[8]

마오쩌둥의 권위는 혁명의 성공과 국가 수립 과정에서 그가 누구보다 많은 기여를 했다는 사실을 다른 정치 지도자와 국민이 인정함으로써 만들어졌다. 마오는 카리스마적 정통성(charismatic legitimacy)을 획득함으로써 '압도적 지위'를 차지할 수 있었던 것이다.[9] 혁명 과정에서 마오는 동지들에게 유토피아적인 미래를 약속하고 중국인의 무기력함을 초월하는 영감을 주는 최고 지도자였다. 또한 마오는 직계 가족 중에서 여섯 명이나 희생(두 번째 부인과 아들, 형이 혁명 과정에서 사망한 것 등)하면서 혁명에 헌신한 모범적인 혁명가이기도 했다.[10]

여기에 국제 공산주의 운동의 전통과 중국의 역사 전통은 마오쩌둥의 권위를 더욱 높여 주었다. 국제 공산주의 운동은 조직원들에게 최고 지도자에게 이념적으로 순종하고 명령에 복종할 것을 강조했다. 이에 따르면, 당원이 공산당 지도에 복종하는 것은 곧 지도자의 말을 듣는 것이고, 지도자가 무엇을 말하든 주저 없이 '예' 해야만 하는 것이다. 인치(人治) 사상이 지배했던 중국의 역사 전통도 최고 지도자에 대한 복종을 강조했다.[11]

(2) 마오쩌둥의 절차적 정통성

마오쩌둥의 카리스마적 정통성은 공산당의 결정을 통해 공식화됨으로써 절차적 정통성(procedural legitimacy)까지 갖출 수 있었다. 1943년 3월 20일 공산당은 정치국 회의를 개최하여「중앙 기구 조정(精簡) 결정」을 통과시켰다. 이「결정」에서는 정치국과 서기처의 권한을 분명히 규정했다. 정치국은 중대한 문제를 결정할 권한을 보유하지만 일상 업무는 서기처가 담당한다. 이로써 서기처가 실질적인 최고 권력 기구가 되었다. 또한 마오쩌둥, 류샤오치, 런비스(任弼時)를 서기처 서기, 마오를 서기처 주석으로 선출했다. 여기에 더해 "서기처 회의 중에 토론하는 문제는 주석이 최후 결정권을 갖는다."는 규정을 명시했다. 그 결과 서기처 주석인 마오가 공식적으로 주요 문제에 대한 '최후 결정권'을 갖게 되었다.[12]

법적으로만 보면 마오쩌둥의 '최후 결정권'은 1년 2개월 동안만 존재했다. 1944년 5월에 중앙 서기처는 공산당 6기 중앙위원회 7차 전체회의(6기 7중전회) 기간, 즉 1944년 5월부터 1945년 4월까지 1년 동안 마오, 주더, 류샤오치, 런비스, 저우언라이 등 5인으로 주석단(主席團)을 구성하여 모든 일상 업무를 책임진다고 결정했다. 동시에 정치국과 서기처는 회의 개최를 중지한다고 결정했다. 이로써 서기처의 업무가 자동으로 정지되었고, 마오가 서기처 주석으로서 가졌던 '최후 결정권'도 소멸되었다.[13]

그러나 이는 법적인 문제고, 실제로는 그렇지 않았다. 1945년 4월에 공산당 7차 당대회가 개최되어 서기처 및 주석의 권한을 강화하는 결정을 통과시켰다. 또한 마오쩌둥이 중앙위원회 주석에 선출되면서 「당헌」의 규정에 따라 자동적으로 정치국 주석과 서기처 주석도 겸직하게 되었다. 이렇게 마오는 당내 모든 권력 기구의 최고 지도자가 되었던 것이다. 그 결과 비록 「당헌」에 서기처 주석이 '최후 결정권'을 보유한다는 규정이 없었어도 마오는 자연스럽게 1943년에 부여된 권한을 계승했다.

(3) 마오쩌둥의 자의적 권력 행사

마오쩌둥이 카리스마적 권위를 이용하여 권력을 독점하고 권한을 자의적으로 행사한 사례는 매우 많다. 특히 이는 1958년 대약진운동을 추진할 무렵부터 분명히 나타났다. 그중에서 한 가지만 살펴보자. 중국은 제1차 5개년(1953~1957년) 경제 발전 계획을 성공적으로 완수한 후, 1957년부터 제2차 5개년(1958~1962년) 계획의 준비에 들어갔다. 그 과정에서 경제 발전 목표를 어느 정도로 잡을 것인가는 매우 중요한 문제였다. 그런데 마오가 이를 즉흥적으로 결정했다. 그것도 실현 가능성이 전혀 없는 무모하고 무책임한 목표였다.

마오쩌둥은 1957년 11월에 중국 대표단을 이끌고 소련의 모스크바에서 열린 세계 공산당 및 노동당 대회에 참석했다. 당시에 소련 공산당 서기장인 흐루쇼프는 11월 6일에 개최된 최고 소비에트(Supreme Soviet) 회의에서 향후 15년 후에 소련이 미국을 추월할 것이라고 엄중히 선포했다. 이를 전해 들은 마오는 11월 18일의 한 회의에서 다음과 같이 선언했다. "흐루쇼프가 우리에게 말하기를 15년 후에 소련이 미국을 추월할 수 있다고 했다. 우리도 말할 수 있다. 15년 후에 영국을 쫓아가거나 영국을 추월할 수 있다."

마오쩌둥의 이와 같은 목표 설정은 사전에, 혹은 사후에라도 공산당 중앙이나 국무원에서 토론하거나 분석한 것이 아니었다. 그냥 흐루쇼프의 연설을 전해 듣고 그에 맞추어 발표했던 것이다. 이후 류샤오치가 1957년 12월 2일에 개최된 중국 노동조합 총연합회(總工會) 8차 전국대표대회에서 마오의 모스크바 구상을 대외에 공포함으로써 그것이 중국의 목표가 되었다.[14)] 대약진운동 기간의 구호 "10년 내에 영국을 추월하고, 15년 내에 미국을 추월하자!"는 이렇게 만들어졌다.

제3차 5개년(1966~1970년) 경제 발전 계획을 작성하는 과정에서도 비슷한 일이 벌어졌다. 1963년 4월 리푸춘(李富春) 주임은 국가계획위원회 회의에서 「제3차 5개년 계획의 초보 구상(報告提綱)」을 발표했다. 기본 방침은 국민의 생활 문제를 해결하기 위해 "먹고 입고 쓰는(吃穿用)" 계획을 편성한다는 것이었다. 1963년 4월 29일에는 서기처 총서기였던 덩샤오핑이 관련 회의를 개최하여 이 구상을 심의했다. 이후 같은 해 5월 10~12일에 국가 계획 영도소조는 마오쩌둥에게 이 구상을 보고했고, 마오는 이에 동의했다.

그런데 마오쩌둥의 생각이 갑자기 바뀌면서 경제 발전 방침과 내용이 180도 달라졌다. 1964년 5월에 국가 계획 영도소조가 마오에게 수정 보완된 「제3차 5개년 계획의 초보 구상」을 다시 보고했을 때, 마오는 "두 개의 주먹(兩個拳頭: 농업과 국방 공업)과 한 개의 엉덩이(一個屁股: 기초공업)를 해야 한다."라고 지시했다. 그러면서 소련과 미국의 침략에 대비하여 중국 내륙의 오지에 중화학 공업 기지를 건설한다는 '삼선 건설(三線建設)'을 핵심 과제로 결정했다.

마오쩌둥의 지시에 따라 제3차 5개년 계획의 구상이 인민의 생활 개선 중심에서 '삼선 건설' 중심으로 완전히 바뀌었다. 또한 마오의 결정에 따라 공산당 중앙은 1965년 1월에 위추리(余秋里)를 조장으로 하는 계획참모부(計劃參謀部)를 설치했다. 이는 국무원 국가계획위원회와는 다른 기구로서 '작은 계획위원회(小計委)'로 불렸다.[15] 이처럼 마오는 누구와도 상의하지 않고 독자적으로 경제 발전 방침을 바꾸었고, 이를 추진하기 위한 별도의 기구도 설립했던 것이다.

2. 공산당 위에 군림하는 '사회주의 황제'

마오쩌둥 시대의 일인지배에서 마오는 공산당의 각종 규정(rule)과 규범(norm)을 무시하면서 자의적인 방식으로 권력을 행사했다. 그래서 일부 학자들은 마오를 중국 전통의 '황제'에다 사회주의 전통의 '공산당 일당제'를 더한 '사회주의 황제'라고 부른다.[16] 실제로 마오는 자신을 "마르크스에 황제를 더한 존재(Marx+皇帝)"라고 불렀다.[17] 한마디로 말해, 마오는 공산당 위에 군림하는 황제였다.

이런 현상은 1958년에 대약진운동을 시작하면서 본격적으로 나타났다. 마오쩌둥의 정치 비서였던 후차오무(胡喬木)의 회고에 의하면, 1958년 무렵부터 마오는 정치국 회의에 거의 참석하지 않았고, 토론 내용에 대한 지시만 하달했다. 그러면 나머지 정치국원이 마오의 지시에 따라 토론하고 결정했다. 그 결과 마오는 정치국 위에 군림하는 황제가 되었다.

[회의가 개최되어] 정치국원들이 모두 착석한 후에 마오는 옆방에서 나와 의견을 말하고는 다시 나가서 일을 보았다. 그러면 모

두는 그의 지시를 토론했다. 이 이후로 중앙 정치국 회의에서는 다른 의견이 없었으며, 모두 거수로 표결하고, 소수는 다수에 복종하는 것이 방식이 되었다. 모두 마오가 총결(總結)하고 최종 결정했다(拍板定案).[18]

중앙 정치국은 이미 마오쩌둥과 평등하게 문제를 토론할 수 없었다. 마오는 실제로 정치국의 상급(上級)이 되었다. 이것이 대약진운동을 매우 빠르게 발동할 수 있게 한 하나의 원인이었다.[19]

정치국이 처음부터 이런 방식으로 운영된 것은 결코 아니었다. 주요 정책 결정과 관련하여 공산당 내에는 두 가지 원칙이 있다. 혁명 과정에서 만들어져 마오쩌둥 시대는 물론이고 지금까지도 유효한 원칙이다.

첫째 원칙은 민주 집중제(民主集中制, democratic centralism)다. 민주 집중제가 「당헌」에 최초로 명시된 것은 1927년이다. 이는 "민주 기초 위에서의 집중과, 집중 지도 하의 민주"로서 네 가지 규정으로 구성되는데, 이 중 정책 결정 및 집행에 대한 규정은 세 번째와 네 번째다. 세 번째 규정은 "당원 개인은 소속 당의 조직에 복종하고, 소수는 다수에 복종하고, 하급 조직은 상급 조직에 복종하며, 부분 조직은 중앙에 통일적으로 복종한다." 네 번째는 "당 기율을 엄격히 준수하고, 결의를 무조건 집행한다."이다. 둘째 원칙은 개인 숭배 반대와 집단지도다. 이는 1956년 공산당 8차 당대회에서 개정된

「당헌」에 명시되었다. 이에 따르면 "어떤 당 조직도 모두 집단지도와 개인 책임의 상호 결합 원칙을 엄격히 준수해야 한다."[20]

(1) 마오쩌둥의 희미한 집단지도 의식

그렇다면 마오쩌둥은 어떻게 민주 집중제와 집단지도의 원칙을 무시하고 공산당 위에 군림할 수 있었을까? 가장 중요한 원인은 마오의 카리스마적 권위를 동료들이 인정하고 그의 일인지배를 수용했다는 점이다. 이에 대해서는 이미 앞에서 살펴보았다. 이것 못지않게 중요한 원인은, 마오가 언제부터인가 이런 원칙을 '자기 방식'으로 해석했고 동료들이 그것을 수용했다는 점이다.

공식 해석에 따르면 집단지도는 마오쩌둥도 단지 한 표의 권리를 갖는 것을 의미한다. 그러나 실제로는 그렇게 해석되지 않았다. 마오가 어떤 결정을 내리기 전에 동료들에게 의견을 묻는 방식이 집단지도고, 동료들은 이것을 '당내(黨內) 민주'로 수용했던 것이다. 어쩌면 혁명에 대한 기여 정도에 따라 권력을 갖는 것이 당연하다는 규범이 작동했을 수도 있다. 마오는 혁명에 결정적인 기여를 했고, 따라서 그가 많은 권리를 갖는 것이 당연하다는 것이다.[21]

마오쩌둥은 집단지도에 대한 자신의 생각을 솔직하게 말한 적이 있다. 1959년 8월 대약진운동의 문제를 토론하기 위해 최고 지도자들이 모인 루산 회의에서였다. 이 회의에서 국방부장 펑더화이와 장원톈은 민주 집중제, 특히 당내 민주주의의 부재와 집단지도의 소멸이 문제의 한 원인이라고 지적했다. 한마디로 말해 마오의 개인 독재가 횡행하면서 공산당이 잘못된 결정을 내리는 일이 발생했으며, 대약진운동의 문제도 이에 해당한다는 것이었다.

마오는 긴 연설로 이런 주장을 반박했다. 그중에는 '집단지도를 해야 하는가?'라는 질문도 들어 있었다.

> 집단지도는 흐루쇼프가 특별히 강조한다. 중국 내에 집단지도가 없는가? 민주와 자유가 없는가? 지금 100여 명이 모여 회의를 하고 있고, 내가 [모든 문제를] 혼자 결정할 수는 없다. 집단지도의 요구를 만족하고 있다. 이후 모두가 찬성하면 한 달에 한 번 중앙위원회 전체회의를 열어도 좋다. 한 달에 한 번, 1년에 열두 번, 매일 열어도 좋다. (……) 집단지도와 민주 자유는 두 종류다. 하나는 반동적이고, 하나는 혁명적이다. 그들의 집단지도는 종파주의적(宗派主義的)이고, 당에 불리하고, 민족에 불리하고, 사회주의에 불리하다. 우리 것은 사회주의에 유리하고, 중국의 발전에 유리하며, 생산력 발전에 유리하다.[22]

이를 보면 마오쩌둥에게 집단지도는 회의를 개최해 자신이 제기한 문제를 토론하여 확정하는 것을 의미할 뿐이었다. 자신도 여러 지도자 중 한 명으로 문제 결정에서 하나의 발언권과 결정권만을 갖고 있다는 생각은 아예 없었다. 특히 집단지도는 마오가 비판했던 수정주의의 '괴수' 흐루쇼프가 강조하는 제도로, 이를 강조하는 사람은 흐루쇼프를 지지하는 수정주의자라는 뉘앙스까지 풍긴다. 이를 보면 이 무렵에 마오의 머릿속에는 집단지도란 개념이 더 이상 존재하지 않았다는 사실을 알 수 있다.

이런 마오쩌둥의 집단지도에 대한 생각으로 인해 이 무렵에는 '집단지도와 개인 책임(集體領導個人負責)'의 결합이라는 집단지도의 원칙이, '개인지도와 집단 책임(個人領導集體負責)'의 결합이라는 일인지배의 원칙으로 대체되었다.[23] 다시 말해, 정치국원 전체가 집단적으로 정책을 결정하면('집단지도') 개별 정치국원이 자기 분야의 정책 집행을 책임지는('개인 책임') 원칙에서, 마오 개인이 정책을 결정하면('개인지도') 나머지 정치국원은 마오가 결정한 정책의 집행을 책임지는('집단 책임') 원칙으로 변화했던 것이다.

(2) '사회주의 황제' 마오쩌둥

마오쩌둥이 공산당 위에 군림한 황제 같은 모습은 여러 가지 사실로 확인할 수 있다.

① 지방 여행과 정치국 회의 불참

마오는 1958년 무렵부터 정치국 회의에 거의 참석하지 않았다.[24] 대신 그는 베이징을 벗어나 지방에 머물면서 정치국에 지시를 내리고 회의 결과를 보고받았다. 티위스 교수의 연구에 따르면, 마오는 1958년부터 3분의 1에서 절반에 이르는 기간을 베이징 밖에서 지냈다고 한다.[25] 맥파커(Roderick MacFaquhar) 교수와 숀할스(Michael Schoenhals) 교수는 더욱 구체적으로 지적한다. 예를 들어 문화대혁명 10년 동안 마오는 일곱 차례 지방에 내려갔고, 그 기간을 더하면 2년 8개월이나 된다는 것이다.[26]

마오쩌둥이 원래부터 정치국 회의에 참석하지 않았던 것은 아니다. 표 2-1이 보여 주듯이, 1950년대 중반까지 마오는 정치국 회의에 참석하여 회의를 주재했다. 이를 통해 우리는 이 무렵까지는 마오가 '최후 결정권'을 행사하기는 했으나 직접 주재하는 정치국을 통해서 그렇게 했다는 사실을 확인할 수 있다.

〈표2-1〉 마오쩌둥이 참석한 정치국 회의 사례

일시	주요 안건	기타
1953년 6월	「자본주의 공업 중의 공사 관계 문제」의 조사 보고서 심의	
1953년 5월	교육 문제 토론	마오 발언
1953년 7월	통일전선 문제 토론	마오 발언
1953년 12월	마오 부재 시 중앙 업무를 류샤오치가 주재하는 문제 결정	마오 발언
1955년 5월	저우언라이가 제기한 외교 문제 토론	
1956년 4월	원자탄 개발 문제 토론	마오 발언
1956년 3~4월	소련 공산당 20차 당대회 토론	마오 발언

〈출처〉 龐松, 『毛澤東時代的中國I(1949-1976)』(北京: 中共黨史出版社, 2003), pp. 202, 420, 410, 435, 475, 452.

그러나 1958년 대약진운동 전후로 그 이후에는 그렇지 않았다. 마오는 정치국 회의에 불참했고, 필요한 경우에 한해 토론 방침이나 의제를 지시했다. 간혹 정치국 회의에 참석한 경우는 직접 회의를 주재함으로써 자신의 주장을 관철시키기 위해서였다. 마오가 참석하지 않은 회의는 류샤오치 혹은 다른 사람이 주재했다. 이후 류샤오치, 덩샤오핑, 저우언라이나 마오의 '대리인'이 회의 결과를 마오에게 직접 보고했다. 만약 마오가 동의하면 토론 내용은 공식 정책으로 확정되었지만, 그렇지 않으면 마오의 지시에 따라 다시 심의해야만 했다.

이런 사례는 매우 많은데, 그중 하나가 바로 문혁(문화대혁명)을 공식 결정하기 위해 1966년 5월 4일에서 26일까지 개최된 정치국 확대회의였다. 이 회의에는 정치국원뿐만 아니라 당·정·군의 부서 책임자, 지방의 당서기 등 약 80명이 참석했다. 그래서 이를 정치국 '확대회의'라고 부른다. 마오쩌둥은 문혁을 결정하는 이 회의에조차 참석하지 않았다. 대신 3인의 대리인, 즉 캉성(康生), 장춘차오(張春橋), 린뱌오(林彪)가 참석하여 마오의 생각을 전달하고 토론을 주도했다.

캉성은 여덟 시간 동안 발언했다. 발언의 요지는 두 가지였다. 먼저 베이징시 당서기인 펑전(彭眞)과 중앙 선전부가 우파를 비호하고 좌파를 억압하면서 혁명을 방해한 사실을 비판했다. 특히 캉성은 펑전을 가리키며 현재 공산당 중앙에 수정주의가 출현했는지를 분명히 하는 것이 핵심이라고 지적했다. 또한 전 당이 좌파를 지지하여 새로운 문화 학술의 대오를 형성하여 문혁을 진행하자고 주장했다. 장춘차오와 천보다도 펑전을 신랄하게 비판했다. 이후 회의는 「중국 공산당 중앙위원회 통지」, 일명 「5·16 통지」를 통과시켰다. 「통지」에 따라 문혁을 지도할 핵심 기구로 '중앙 문화혁명 소조(문혁소조)'가 설립되었고, 앞으로 전면적인 계급 투쟁을 전개할

것을 선포했다. 이렇게 해서 문혁이 시작되었다.[27]

1970년에 정치국 회의를 개최하여 헌법 개정 문제를 토론할 때도 마찬가지였다. 먼저 저우언라이가 그해 2월에 정치국 회의를 개최하여 국가 주석 직위의 설치 문제를 논의한 다음 마오에게 보고했다. 마오는 3월 7일에 설치하지 말라는 의견을 하달했다. 저우는 다음 날 정치국 회의를 소집하여 마오의 의견을 전달했고, 모두 마오의 의견에 동의했다. 같은 해 8월에 헌법 개정 문제를 다시 토론하기 위해 정치국 확대회의가 개최되었다. 이번 회의는 린뱌오가 주재했다. 저우언라이와 캉성은 회의에 불참한 마오의 지시를 전달했다. 지시 사항은 국가 주석을 설치하지 말 것과, 국가 주석 설치를 주장하는 천보다와 우파셴(吳法憲)은 오류를 범했다고 비판하는 내용이었다. 마오의 비판 앞에 이들은 자신의 생각을 거두고 자기비판을 해야만 했다.[28]

참고로 22년 동안 마오쩌둥의 주치의로 근무했던 리즈수이(李志綏) 박사는, 마오가 광저우, 항저우, 상하이, 우한 등을 자주 여행한 이유로 "정치적 전략"을 지적한다. 마오는 중앙의 공산당과 정부의 관료 조직을 통하지 않고, 지방 지도자들과 직접적인 접촉과 소통을 유지하기 위해 자주 여행했다는 것이다.[29] 이는 마오가 "정치적 전략"에 기초하여 의도적으로 추진한 조치였다.

먼저, 마오쩌둥은 이를 통해 지역 군 사령관을 포함한 지방 지도자의 지지를 확보할 수 있다. 이는 마오가 중앙의 지도자들과 투쟁할 때 필요한 힘이 된다. 또한, 전국 상황을 직접 확인하면서 정책 결정에 필요한 정보를 구할 수 있다. 장기적이고 전략적인 정책을 구상하는 데는 이와 같은 각 지방의 정보와 의견이 필요하다. 마오는 이렇게 만들어진 구상, 예컨대 농업 집단화와 인민공사 설립 구상을 가지고 중앙 지도자를 압박할 수 있었다. 마지막으로 여행지와 만난 사람 등을 중앙 지도자들에게 숨김으로써 자신의 정치적 의도에 대한 궁금증과 불안감을 유발할 수 있었다.

② 중앙 공작회의의 전성시대

마오쩌둥 시대에는 중앙 공작회의라는 비공식 기구가 중앙위원회와 같은 공식 기구를 사실상 대체했다. 마오쩌둥이 참석하지 않는 정치국은 권위를 가질 수 없었다. 또한 정치국이 어떤 결정을 내려도 마오의 비준이라는 관문을 통과해야만 했기 때문에 가급적 많은 사람의 의견을 모을 필요가 있었다. 중앙 공작회의가 대안으로 제시되었던 것이다. 중앙 공작회의는 정치국 회의나 중앙위원회 회의와는 다르게 참석자나 규모에 제한이 없기 때문에 의제에 따라 다양한 사람을 얼마든지 모아 토론할 수 있었다. 또한 비공식 기구이기 때문에 정해진 절차에 얽매이지 않고 필요할 경우 수시로 회의를 개최할 수 있었다.

중앙 공작회의를 분석한 모리 가즈코(毛里和子) 교수에 따르면, 중앙 공작회의는 1958년부터 2003년까지 모두 27회 개최되었다. 이 중 마오 시기(1958~1976년)가 21회(연평균 1.2회)로 전체의 77.8 퍼센트를 차지했다.[30] 자오젠민(趙建民) 교수도 1960년대 전반기는

'공작회의의 전성시대'였다고 주장한다. 1960년부터 1966년까지의 6년 동안 모두 19회(연평균 3.2회)의 각종 공작회의가 개최되었기 때문이다.

이렇게 되면서「당헌」이 규정한 최고 권력 기구인 공산당 전국대표대회(당대회)와 중앙위원회는 유명무실한 기구로 전락했다. 실제로 당대회는 1956년에 8차 당대회가 열리고 13년 뒤인 1969년에야 9차 당대회가 열렸다(참고로 1977년 공산당 11차 당대회부터는 5년에 한 번씩 정기적으로 열린다). 또한 중앙위원회도 공산당 8기 시기(1956~1968년)에는 12회(평균 연 1회)가 개최된 데 비해, 9기 시기(1969~1972년)에는 2회(평균 연 0.5회), 10기 시기(1973~1977년)에는 3회(평균 연 0.4회)만 개최되었다(공산당 11차 당대회 이후로는 매년 1~2회씩 정기적으로 개최되고 있다).[31]

다른 비공식 회의도 활용되었다. 마오쩌둥이 즐겨 사용한 '지방(성·시·자치구) 당위원회 서기 회의'가 바로 그것이다. 베이징을 벗어나 지방에 머무는 동안 마오는 지방 지도자의 지지를 모아 자신의 급진 정책을 관철시키기 위해 이런 회의를 자주 개최했다. 이럴 경우 회의는 대개 개최지 이름을 따서 "○○ 회의"라고 불렸다. 물론 이와 같은 지방 당위원회 서기 회의가 개최될 때에는 사안에 따라 류샤오치, 저우언라이, 덩샤오핑과 같은 중앙의 지도자들도 참석했다. 이럴 경우에는 회의가 지방에서 개최되었어도 이름은 중앙 공작회의라고 불리기도 했다.

예를 들어, 마오쩌둥은 1955년 7월에 중앙 농업부 부장 덩쯔후이(鄧子恢)의 회의적인 견해를 무시하고 농업 집단화(소련식 집단농장 건설)을 가속화하기 위해 지방 당위원회 서기 회의를 개최했다. 1957년 7월에는 산둥성 칭다오(靑島)에서 반우파(反右派) 투쟁을 전 당적으로 전개하기 위해 마오가 지방 당서기 회의를 소집했다. 또한 마오는 지방 당서기의 지지세를 몰아 중앙 지도자를 압박하여 대약진운동을 추동하기 위해 1958년 1월부터 3월까지 연속해서 저장성 항저우(杭州), 광시 자치구 난닝(南寧), 쓰촨성 청두(成都)에서 지방 당위원회 서기 회의, 각각 일명 '항저우 회의,' '난닝 회의,' '청두 회의'를 개최했다. 이런 지방 당서기 회의에는 중앙의 지도자들도 참석해서 마오를 지지하는 지방 지도자들의 주장을 경청해야만 했다.[32]

(3) '1-2선 체제'

마오쩌둥이 공산당 위에 군림하는 일인지배는 소위 '1-2선 체제'로 정당화되었다. 1-2선 체제는 공식적으로는 1956년 공산당 8차 당대회에서 결정되었다. 이는, 마오는 '2선'에 물러나 핵심 정책만 담당하고, 다른 지도자는 '1선'에 남아 당정 기관의 일상 업무를 담당하는 일종의 분업 체제를 말한다. 1선 지도자 중에서 류샤오치는 공산당 정치국, 덩샤오핑은 공산당 서기처, 저우언라이는 정부, 천윈은 경제를 담당했다. 인민해방군은 마오가 펑더화이, 1959년 루산회의 이후에는 린뱌오를 통해 직접 지도했다.[33] 이 체제는 1980년대에 덩샤오핑에 의해 다시 도입되었다. 덩을 포함한 혁명 원로는 2선에 물러나 핵심 정책과 인사만 결정하고, 각 기관의 일상 업무는 '2.5세대' 지도자였던 후야오방, 자오쯔양, 완리(萬里), 시중쉰(習仲勳) 등에게 맡겼다.

사실 1-2선 체제의 도입이 본격적으로 논의된 것은 1952~1953년 무렵이었다. 마오쩌둥은 과도한 일상 업무의 부담에서 벗어나 거시적이고 장기적인 전략을 고민하기 위해 이를 제안했다. 동시에 자신의 후계자이자 이인자였던 류샤오치에게 1선을 맡아 달라고 부탁했다. 그러나 류샤오치는 마오의 제안에 반대했다. 중국이 건국된 지 얼마 되지 않은 상황에서 마오가 1선에서 직접 업무를 챙기는 것이 필요하다는 근거에서였다. 대신 마오의 일상 업무를 줄여 주고자 덩샤오핑을 비서장으로 임명하여 마오를 보좌하는 방안을 제시했다. 마오가 이 제안을 수용함으로써 1-2선 체제는 몇 년 후에 도입되었다.[34] 1-2선 체제가 도입된 이후 마오는 자유롭게 베이징을 떠나 지방을 시찰할 수 있었다.

그런데 1-2선 체제는 예상하지 못한 문제를 낳았다. 당정의 일상 업무를 맡았던 1선 지도자와 마오쩌둥 사이에 현실 인식과 정책 문제를 두고 커다란 간극이 발생했고, 시간이 가면서 그것이 더욱 확대되었던 것이다. 1선 지도자들은 눈앞에서 벌어지는 실제적인 업무를 처리해야만 했기 때문에 현실적이고 실용적인 '관료'로 변할 수밖에 없었다. 또한 1선 지도자들은 담당 기관의 이익을 수호하는 책임을 맡았기 때문에 '부문(部門) 이기주의(departmentalism)'의 경향을 띨 수밖에 없었다.

반면 마오쩌둥은 현실에서 한 발 물러나 철학적이고 이론적인 관점에서 혁명과 건설 과제를 고민하면서 현실과 점점 괴리되었다. 동시에 그의 눈에는 현실 문제 해결과 부문 이익에만 매달리는 1선 지도자들이 사회주의 혁명 노선에서 벗어나 자본주의의 길로 접어든 수정주의자로 보였다. 그래서 마오는 1965년 1월의 중앙 공작회의에서 베이징에는 현재 "두 개의 독립 왕국"이 있다고 말했다. 하나는 마오가 주도하는 '사회주의 왕국'이고, 다른 하나는 1선 지도자들이 주도하는 '수정주의 왕국'이다. 같은 해 10월에 개최된 '대행정구(大區) 당위원회 제1 서기 회의'에서는 "만약 중앙에 수정주의가 출현하면 조반(造反: 반란을 일으킴)하라!"고 촉구했다.[35] 이처럼 마오의 현실감은 점점 떨어졌고, 동료들과의 관계에서 고립감과 소외감도 더욱 깊어 갔다.

마오쩌둥은 1966년 10월 25일에 1-2선 체제의 도입과 그 부작용에 대해 직접 설명했다. 그러면서 자신이 왜 1-2선 체제를 폐지할 수밖에 없었고, 이를 위해 왜 문혁이 필요했는지를 강조했다.

[1953년 소련에서] 스탈린 사후에 말렌코프(Georgy M. Malenkov)를 막지 못해 문제가 발생하고 수정주의가 출현한 것을 거울삼아, 중국의 국가 안전을 위해 1-2선을 실시했다. 지금 보면 잘못한 일이다. 나는 2선에 있고 다른 동지들이 1선에 있었는데, 결과는 [권력의] 분산(分散)이었다. (……) [당권파들이] 1선을 차지하면서 상당한 독립 왕국이 출현했다. 그래서 [1966년 8월에 개최된 공산

당 8기 중앙위원회] 11차 전체회의에서 I-2선 문제를 바꾸었다. 내게 책임이 있다. (……) 첫째, 내가 서기처와 정치국 상무위원회에 처음으로 I-2선을 제기했다. 또한 [류샤오치와 덩샤오핑 같은] 다른 사람들을 너무 믿었다.[36]

이런 자기반성의 결과 마오쩌둥은 류사오치와 덩샤오핑을 중심으로 하는 중앙의 I선 지도자를 비판하고, 만약 그들이 저항한다면 제거할 목적으로 문혁을 일으켰다. 다시 말해, 마오가 문혁을 일으킨 중요한 정치적 목적이 바로 수정주의자로 변질되어 자본주의의 길을 걷고 있는 중앙의 I선 지도자, 소위 '주자파(走資派)'를 청산하고 자신이 생각하는 사회주의의 이상사회를 건설하기 위한 것이었다. 그리고 마오의 입장에서 보면 중앙의 I선은 이미 '주자파'가 장악했기 때문에 학생과 노동자 등 '혁명 대중'과 마오 사상으로 무장한 인민해방군을 동원해서 타파해야만 했던 것이다.[37]

3. 동료들과 주종 관계 형성

사회주의 혁명 시기와 건국 이후를 합쳐서 마오쩌둥과 다른 정치 지도자들 간의 관계를 지칭하는 용어로 가장 많이 사용된 것이 '선생-학생 관계'였다. 마오를 선생, 다른 정치 지도자를 학생으로 칭하는 것이다. 이는 마오가 아니라 다른 정치 지도자들이 그렇게 규정한 것이다. 그런데 많은 학자들은 마오와 다른 정치 지도자 간의 관계를 '선생-학생 관계'보다는 '군신 관계'로 보는 것이 타당하다고 주장한다.

(1) '선생-학생 관계'

마오쩌둥과의 관계에서 마오를 선생으로, 자신을 학생으로 비유하는 정치 지도자들은 아주 많았다. 예를 들어, 1959년 8월의 루산 회의에서 장원톈은 마오의 비판을 수용하여 자기의 오류를 인정한 다음에 선언했다. "이후 더욱 충실하게 마오쩌둥 동지의 학생이 되겠다."[38] 장원톈은 1935년 1월 정치국 확대회의, 일명 쭌이(遵義) 회의에서 보구(博古)를 이어 공산당의 총책임을 맡았던 지도자였다.

마오쩌둥의 후계자이면서 권력의 이인자였던 류샤오치도 예외는 아니었다. 1958년 3월 청두 회의에서 류가 마오 앞에서 한 말은 이를 잘 보여 준다.

> [마오] 주석은 우리들에 비해 훨씬 고명(高明)하다. 사상, 관점, 역할, 방법 어느 방면을 불문하고 우리는 그에 비해 한참 부족하다. 우리의 임무는 그를 열심히 학습하는 것이다. (……) 당연히 주석의 어떤 곳은 우리가 쫓아갈 수 없다. 그처럼 풍부한 역사 지식, 그처럼 풍부한 이론 지식, 그처럼 풍부한 혁명 경험, 강한 기억력 등 이 모든 것은 누구도 배울 수 없다.[39]

린뱌오는 여러 지도자 중에서도 학생을 자처하기로 특히 유명했다. 1930년대 징강산(井岡山) 근거지 시기부터 린은 마오의 충실한 학생으로 시종일관 마오의 입장을 지지하고 충성을 다했다.[40] 그 결과 1956년 공산당 8차 당대회가 개최될 무렵에 사람들은 린을 '군대 내 마오의 최고 학생'으로 인정했다.[41] 1959년에 펑더화이를 대신해서 국방부장에 임명된 린은 1966년 문혁이 시작된 직후에는 마오의 후계자로 인정받았다. 이때도 린은 충실한 학생으로 마오에 대한 무조건적인 복종을 미덕으로 삼고 실천했다. 예를 들어, 린은 마오의 모든 결정을 준수했고, 마오가 분명히 의견을 말하기 전에는 자신의 결정을 미루었다.[42]

다른 정치 지도자들이 마오쩌둥을 선생으로 모시는 모습은 회의가 개최될 때에도 그대로 나타났다. 1958년 1월에 마오는 대약진 운동을 추진하기 위해 난닝 회의를 개최했다. 이때 마오는 '모진(冒進: 무모한 돌진)' ─ 이 용어는 1958년 4월 우한 회의에서 '약진(躍進: 비약적인 발전)'으로 공식 대체된다. ─ 을 반대했던 천윈을 지명 비판했다. 또한 그는 앞으로 '반모진(反冒進: 모진 반대)'이라는 용어를 사용하지 말라고 지시했다. 저우언라이도 마오의 비판을 받아 경제 문제에 대한 발언권을 상실했다.

이 난닝 회의에서 보여 준 마오쩌둥과 다른 지도자 간의 관계는 교실에서 흔히 나타나는 선생과 학생 간의 관계 바로 그 자체였다. 회의장에서 마오는 선생처럼 강의를 하면서 다른 사람의 문제점을 조목조목 비판했다. 그러면 비판을 받은 사람들은 학생처럼 마오의 말을 듣고 마오의 관점을 이해하기만 바랄 뿐 감히 아무런 반박도 하지 못했다.[43] 류샤오치, 저우언라이, 천윈 등 모두가 이런 모습이었다.

(2) '군신 관계'

그런데 마오쩌둥과 다른 정치 지도자 간의 관계는 '선생-학생 관계'보다는 '황제-신하 관계' 혹은 '군신 관계'가 더 적절하다. 1949~1956년 기간의 엘리트 정치, 특히 1953~1954년에 있었던 '가오강(高崗) 사건'을 분석한 티위스 교수는 마오와 다른 지도자 간의 관계를 설명하기 위해 전통 시대 중국에서 흔히 나타났던 '궁정 정치(court politics)'의 개념을 다시 소환했다.

구체적으로 '궁정 정치'에서 마오는 황제고, 다른 지도자들은 마오의 의중(意中)을 살피면서 마오의 뜻을 거스르지 않게 행동하려는 신하였다. 궁정 정치에서는 마오가 중심이었다. 마오를 통해서만 공산당의 단결과 파벌 간의 세력 균형이 유지되었기 때문이다. 또한 궁정 정치에서도 다른 지도자들은 각자가 속한 조직이나 기관의 이익을 위해 마오에게 다양한 의견을 말할 수 있었다. 이는 마오의 동의와 지지를 얻기 위한 일종의 경쟁이었다. 마오는 이 기간 동안 때로는 단호했지만 대체로 인자한 통치자의 모습을 보여주었다.[44]

대약진운동의 비극을 실증적으로 분석한 양지성(楊繼繩) 기자는 당시의 엘리트 정치를 궁정 정치보다 더욱 심각한 '회의 정치(會

議政治)'로 묘사했다. 회의 정치는 '영수(領袖)가 한번 결정하면 나머지는 모두 자신의 생각을 버리고 영수를 추종하는 정치'를 말한다. 예를 들어, 1959년 7~8월에 개최된 루산 회의에서 마오가 펑더화이를 비판하자 그 전까지 펑에 우호적이었던 사람들은 모두 입장을 완전히 바꾸어 펑을 맹렬히 비판했다. 류샤오치와 저우언라이도 마찬가지였다.

양지성 기자에 따르면, 마오쩌둥 시대의 회의 정치는 티위스 교수가 말한 '황권 정치(皇權政治)'보다 해악이 더욱 심각하다. 황권 정치에서는 수많은 사람이 황제를 추종하여 함께 들고 일어나지는 않지만, 다시 말해 황권 정치에서는 '다수의 독재'가 나타나지 않고 그래서 황제 한 사람만 처리하면 되지만, 회의 정치는 그렇지 않기 때문이다.[45] 회의 정치는 구조적인 문제를 안고 있고, 따라서 지도자 한두 사람을 처리한다고 해서 문제가 해결될 수 있는 상황이 아니다.

그렇다면 마오쩌둥은 실제로 자신을 황제로 생각했을까? 앞에서 살펴보았듯이, 마오는 자신을 "마르크스에 황제를 더한 존재"라고 불렀다. 또한 리즈수이 박사의 회고록에 따르면, 마오는 "자신을 중국의 황제들과 동일시할 뿐만 아니라, 잔인하고 무례한 폭군들을 숭상했다." 예를 들어, 그는 폭군의 대명사인 은(殷)의 주왕(紂王), 진의 시황제(秦始皇帝), 수의 양제(隋煬帝), 당의 측천무후(則天武后)를 존경했다. 그 이유는 이들이 중국 역사에서 새로운 시대를 여는 과감한 개혁을 추진했기 때문이었다.

예를 들어, 수의 양제는 중국의 강이 서에서 동으로 흐르는 상황에서, 대운하를 건설하여 남과 북을 일직선으로 연결하는 업적을 이루었다. 마오의 눈에는 퇴폐적이고 향락적인 풍요에 빠져 백성의 고통을 외면한 양제의 모습은 중요하지 않았던 것이다. 특히 마오는 진의 시황제를 존경하여 종종 자신을 그와 비교했다. 은의 주왕처럼 진의 시황제도 중국의 영토를 확장하고 소국을 통합하여 통일왕국을 건설했다. 또한 그는 도량형을 통일하고 전국적으로 도로망을 구축했다. 진의 시황제가 유학자들을 죽인 것은 국가 통일에 방해가 되었기 때문에 그런 것으로, "그것이 무슨 비극인가?"라고 마오는 반문했다.[46]

마오쩌둥이 평생 동안 중국 역사에 관심을 갖고 열심히 공부한 일은 잘 알려진 사실이다. 마오는 역대 왕조의 정사(正史)인 24사(史)를 수차례 읽었고, 『자치통감(資治通鑑)』을 옆에 두고 늘 참고했다. 이는 마오가 자신을 황제로 생각하고, "현실을 이해하고 타파하기 위해 중국의 과거를 이용했던 것"이다. 또한 이는 "장래 중국 역사에서 자기가 공헌할 수 있는 것은 무엇일까라는 관점에서 자신을 바라보았던" 것이다. 이처럼 "마오의 사고는 마르크스-레닌주의보다는 중국 고대 황실의 족적에서 더 많은 영향을 받았음이 분명했다."[47]

마오쩌둥과 저우언라이 간의 군신 관계는 오래되었다. 1935년 1월의 쭌이 회의 이전에는 저우가 마오보다 당내 지위가 높았다. 그러나 쭌이 회의 이후 저우는 마오의 군사 지도력을 인정하고 그에게 군 통수권을 이양할 수밖에 없었다. 이후 저우는 마오의 충실한 '추종자'가 되었다. 옌안 정풍 운동(1941~1945년)은 이들의 관계를 군신 관계로 바꾸어 놓았다. 저우는 충심에서 마오의 지도력을 인정하고, '영웅'을 보좌하는 '충신'의 역할을 자임했던 것이다. 저우에게 마오는 1943년에 해체된 국제 공산주의 운동의 지도조직, 즉 코민테른(Comintern: Communist International)을 대신하는 신성한 존재였던 것이다.[48]

1949년 중국의 성립 이후에는 마오쩌둥과 저우언라이 간의 군신 관계가 더욱 확고해졌다. 저우는 '황제'를 보필하는 '재상'으로서 자기의 의견을 내세우기보다는 마오의 생각을 추종하고 충실히 집행하는 역할을 맡았던 것이다. 저우의 순종은 마오의 잘못된 생각이 계속 발전하게 만드는 데 큰 몫을 담당했다.[49] 1958년 5월에 개최된 공산당 8기 당대회 2차 회의에서 저우언라이가 마오쩌둥의 비판을 받아들여 '반모진' 정책을 추진한 자신의 잘못을 인정하면서 한 말은 이를 잘 보여 준다.

> 중국에서 수십 년 동안 있었던 혁명과 건설의 역사 경험은 증명한다. 마오 주석은 진리의 대표라고. 그의 영도와 지시를 이탈하거나 위반하면 항상 방향을 잃고 착오가 발생하여 당과 인민의 이익에 손해를 끼친다. 내가 범한 몇 차례의 착오는 이 점을 충분히 증명한다.[50]

마오쩌둥과 류샤오치 간의 관계도 마찬가지였다. 류샤오치는 1959년 4월 2기 전국인대 1차 회의에서 마오를 대신하여 국가 주석에 선출되었다. 이는 마오가 주장한 1-2선 체제를 좀 더 분명하게 만들기 위해 1958년 말에 이미 결정된 사항을 공식적으로 추인한 것이었다. 이때부터 류샤오치에 대한 호칭이 '샤오치 동지'에서 '류 주석'으로 서서히 변화되었다. 그러면서 중국에는 두 명의 주석, 즉 '마오 주석'과 '류 주석'이 함께 존재하는 시대가 열렸다.

그러나 국가 주석으로서 류샤오치는 비록 명의상으로는 마오쩌둥 다음의 이인자였지만 실제로는 여전히 마오의 신하에 불과했다. 류의 운명은 마오에 의해 결정되었기 때문이다. 따라서 류는 마오의 얼굴색을 살피면서 신중하게 행동할 수밖에 없었다. 또한 류는 국가 주석이어도 마오를 직접 만나 자신의 생각을 말할 수가 없었다. 대신 훨씬 지위가 낮은 정치 비서 후차오무를 통해서만 마오에게 자신의 뜻을 전달할 수 있었다. 이는 과거 전통 시대에 재상이 측근을 통해 황제에게 의견을 전달하던 것과 같았다.[51]

(3) 마오쩌둥 개인 숭배

마오쩌둥과 혁명 동료들 간의 관계가 동지 관계에서 군신 관계로 변화한 데에는 마오에 대한 개인 숭배가 큰 역할을 담당했다. 마오 개인 숭배는 옌안(延安) 시대(1935~1948년: 1935년 10월 홍군이 대장정을 마치고 산시성에 도착한 때부터 1948년 3월 공산당 중앙이 옌안을 떠날 때까지의 13년)에 본격화되었다. 다시 말해 1940년대 이전에는 특정 지도자를 찬양하거나 숭배하는 일이 없었다. 그리고 이를 주도한 지도자 중 한 명이 바로 류샤오치였다. 단적으로 '마오쩌둥 사상'이라는 용어는 류가 1943년 7월 6일에 《해방일보(解放日報)》에 기고한 글에서 사용하면서 널리 유행하게 되었고, 1945년 공산당 7차 당대회에서는 공식 용어로 확정되었다. 물론 그 직전에 왕자샹(王稼祥)도 이 용어를 사용했지만 사람들의 주목을 받지는 못했다.[52] 류샤오치는 자신이 마오를 최고 지도자로 높이고, 마오쩌둥 사상을 공산당의 지도 이념으로 확정하기 위해 노력했다는 사실을 자랑스럽게 이야기했다. 당시 상황에서는 이것이 필요했기 때문이다.

먼저, 중국 공산당이 소련과 국제 공산주의 조직인 코민테른의 '잘못된 지도'에서 벗어나기 위해서는 마르크스-레닌주의와는 다른 독자적인 혁명 이론을 수립해야만 했다. 그래서 마오쩌둥 사상을 공산당의 공식 지도 이념으로 만들었던 것이다. 또한 옌안의 공산당 중앙이 전국에 산재하는 다양한 정치 세력(파벌)을 통합하여 막강한 국민당 및 일본군과 맞서 싸우기 위해서는 마오의 권위를 높일 필요가 있었다. 당시에 이런 통합과 단결을 이룩할 수 있는 인물은 마오뿐이었기 때문이다. 이렇게 시작된 마오 개인 숭배는 1949년 건국 이후에도 계속되었다.

그런데 류샤오치는 1959년에도 마오쩌둥 개인 숭배가 여전히 필요하다고 주장했다. 이는 1959년 8월 17일 루산 회의를 정리하기 위해 개최된 중앙 공작회의에서 류가 발표한 정치 보고에 잘 나타나 있다.

우리 중국당[중국 공산당을 말함], 중국당 중앙의 영도, 마오쩌둥의 영도는 좋은 영도인가 아닌가? 가장 정확한 영도인가 아닌가? 내가 보건대 그렇다고 할 수 있다. [1956년의] 공산당 8차 당대회 이후 개인 숭배를 반대하는 사람이 있는데, 펑더화이가 그렇다. 나는 적극적으로 개인 숭배를 하자, [마오 주석] 개인의 위신을 높이자고 한 사람이다. 나는 [1945년의] 공산당 7차 당대회 이전에 마오쩌둥 동지의 위신을 선전했고, 「당헌」에 마오쩌둥 사상을 지도 사상으로 넣었다. 당에는 영수가 필요하고, 영수는 곧 위신이 있어야 한다.

[1956년 2월 소련 공산당 20차 당대회 이후] 스탈린 개인 숭배 반대 운동은 흐루쇼프가 한 짓으로, 정확하지 않아 [중국에서는] 마땅히 해서는 안 된다. 소련 공산당 20차 당대회 이후 어떤 사람은 마오 동지 개인 숭배를 반대하는데, 내가 보건대 그것은 완전히 정확하지 않다. 그것은 실제로는 공산당, 무산계급 사업, 인민 사업에 대한 파괴 활동이다.[53]

옌안 시대의 마오쩌둥 개인 숭배와는 달리, 1958년 이후의 개인 숭배에서는 마오 자신이 이를 주장하면서 더욱 확대되었다는 특징이 있다. 마오는 대약진운동을 추진하는 데 필요한 광범위한 대중의 지지와 참여를 동원하고자 개인 숭배를 이용했다. 단적으로 마오는 1958년 3월에 개최된 청두 회의에서 독특한 개인 숭배론을 제기했다. 개인 숭배에는 '정확한 숭배'와 '부정확한 숭배'가 있는

데, '정확한 숭배'는 필요하다는 것이다.⁵⁴⁾ 이에 호응하여 당시 광둥성 당서기였던 타오주(陶鑄)는 "마오 주석에 대해서는 미신(迷信)해야 한다."라고 주장했다. 상하이시 당서기였던 자칭스(賈慶施)도 이에 질세라 "마오 주석에 대한 믿음은 미신의 정도까지 믿어야 하며, 마오 주석에 대한 복종은 맹목적인 정도까지 복종해야 한다."라고 주장했다.⁵⁵⁾

사실 1959년 8월의 루산 회의에서 펑더화이가 마오쩌둥뿐만 아니라 류샤오치와 저우언라이 등 다른 지도자들로부터 맹렬히 비판받은 이유 중의 하나는 바로 펑이 마오 개인 숭배에 반대했다는 것이었다. 펑은 1956년의 공산당 8차 당대회에서 마오쩌둥 사상을 「당헌」에서 삭제할 것을 주장했고, 실제로 그렇게 되었다. 이는 6개월 전에 개최된 소련 공산당 20차 당대회에서 있었던 흐루쇼프의 스탈린 개인 숭배 반대 운동에 영향받은 결과였다. 사실 그 전에도 펑은 마오의 개인 숭배를 비판했다. 그래서 1952년에는 마오가 자신의 사상을 「당헌」에서 삭제하라고 요구하기도 했다.

공산당의 민주 집중제와 집단지도의 원칙에 의하면, 마오쩌둥에 대한 개인 숭배를 반대하는 것은 정당하고 필요한 일이었다. 그런데 1958년 무렵에는 이것이 커다란 정치적 오류로 간주되고, 급기야 이를 언급한 지도자들이 숙청되는 일이 벌어졌다. 마오 개인 숭배가 이미 되돌릴 수 없는 대세이며 '진리'가 된 것이다. 또한 그것은 마오와 일반 국민 간의 관계뿐만 아니라 마오와 다른 정치 지도자 간의 관계를 규정하는 족쇄가 되었다. 그 결과 마오와 동료들의 동지 관계는 군신 관계로 더욱 명확하게 전락했다.

한편 티위스와 순 교수에 따르면, 다른 지도자들이 마오쩌둥을 숭배하고 그의 일인지배를 수용한 것은 두 가지 심리적 요소가 동시에 작용한 결과였다. 먼저, 동료들에게는 혁명을 성공시킨 마오에 대한 강한 신뢰(faith)가 있었다. 그는 새로운 혁명 이론을 제시하면서 공산당을 승리로 이끈 위대한 지도자였다. 그래서 1958년에 마오가 대약진운동을 결정했을 때에도 동료들은 마오의 목표에 동조하고 기꺼이 설득당할 준비가 되어 있었다. 이는 마오가 새로운 경제 발전 방식을 발견했을지도 모른다는 희망, 또한 부국강병을 바라는 모든 지도자들의 열망에서 나온 것이었다.

또한 동료들은 마오쩌둥에게 두려움(fear)을 품고 있었다. 이들은 마오에 반대하는 일이 불가능하며 사실상 정책을 변경시킬 수 없다는 사실을 잘 알고 있었다. 그래서 정치적으로 신중함을 유지하고 어떤 상황에서도 마오에게 복종하는 태도가 합리적인 처신이라고 판단했다. 특히 1955년 무렵부터 경제 문제를 정치 노선 문제로 간주하여 비판하는 마오의 모습을 본 이상 그 누구도 감히 그와 다른 의견을 말할 수 없었다.[56]

그 밖에도 정치 지도자들은 마오쩌둥이 곧 공산당이고 혁명인 상황에서 마오에 반대하는 것은 혁명가로서의 정체성을 상실하는 일이며 공동의 대의에도 어긋나는 일이라고 생각했다. 이런 관점에서 추(Jin Qiu) 교수는 저우언라이가 마오의 '집사' 역할에 머문 이유로 두 가지를 제시했다. 첫째, 저우는 개인적으로 마오에 맹목적으로 헌신했다. 이는 카리스마적 지도자를 추종하는 사람들에게서 흔히 나타나는 현상이다. 둘째, 저우는 자신의 평판을 유지하기 위해서도 마오에게 복종했다. 혁명 과정에서 마오가 곧 공산당인 상황에서 마오에게 충성하는 일은 의무였고, 그 과정에서 얻은 충실한 당원으로서의 평판을 유지하기 위해서는 여전히 마오에게 충성해야 했다는 것이다.[57]

4. 전체주의와 마오쩌둥의 일인지배

사람들은 사회주의 독재 체제라고 하면 흔히 소련의 스탈린 독재와 함께 중국의 마오쩌둥 독재를 떠올린다. 북한의 수령제도 독재 체제의 하나지만, 북한이 소련이나 중국과 견줄 수 있는 국가가 아니기 때문에 상대적으로 주목을 덜 받았다. 이 중에서 스탈린 독재 체제에 대해서는 이미 많은 연구가 이루어졌고, 이를 지칭하는 개념으로 전체주의(全體主義, totalitarianism)가 보편적으로 사용되고 있다. 전체주의에는 스탈린 체제 외에도 제2차 세계 대전을 일으킨 독일의 나치즘, 이탈리아의 파시즘, 일본의 군국주의가 포함된다.[58] 마오쩌둥 치하의 중국 정치 체제도 기본적으로는 전체주의의 한 유형으로 분류할 수 있다.[59]

그런데 마오쩌둥의 일인지배를 단순히 전체주의로 규정하기에는 미흡한 점이 있다. 전체주의는 엘리트 정치뿐만 아니라 전체 정치 구조와 정치 과정을 규정하는 거시적인 개념이기 때문이다. 예를 들어, 린츠(Juan Linz) 교수는 전체주의의 특징으로 세 가지를 제시한다. 첫째는 일원적인 권력 중심(monistic center of power) 및 다원주의적인 제도와 조직의 소멸이다. 둘째는 최고 통치자와 특정 정당의 통치를 정당화하고 국민을 조작하기 위해 사용되는 정교한 이데올로기의 존재다. 셋째는 정치적이고 사회적인 목표를 달성하기 위한 국민의 적극적인 참여와 동원이다.[60] 이 세 가지 특징은 마오 시대의 정치에 그대로 적용될 수 있다. 그러나 이것이 마오의 일인지배가 갖는 특징을 잘 설명하는 것은 아니다.

따라서 우리는 마오쩌둥의 일인지배라는 엘리트 정치의 특정한 유형을 구체적으로 분석할 수 있는 미시적인 차원의 접근이 필요하다. I장에서 나는 세 가지 기준으로 엘리트 정치의 유형을 구분했다. 이는 일인지배, 원로지배, 집단지도에 동일하게 적용되는 기준이다. 첫째는 권력원과 권력 집중도, 둘째는 권력의 행사 방식, 셋째는 최고 지도자와 다른 정치 지도자 간의 권력 관계가 그것이다. 이 세 가지 기준을 통해 마오쩌둥의 일인지배가 보여 주는 특징을 구체적으로 파악할 수 있다.

첫 번째 기준에서 보면, 마오쩌둥의 일인지배는 카리스마적 권위와 권력 독점을 특징으로 한다. 마오는 혁명 지도자이자 건국의 아버지로서 카리스마적 정통성을 갖고 있었다. 이는 다른 지도자와 국민들이 마오의 일인지배를 기꺼이 수용하게 만드는 가장 중요한 근거가 되었다. 1943년의 정치국 회의와 1945년의 공산당 7차 당대회를 통해 마오가 '최후 결정권'을 확보함으로써 절차적 정통성까지 갖추게 되었다. 이런 점에서 마오의 권력원에는 개인 권위 외에 제도적 권위도 포함된다. 또한 마오의 일인지배에서는 정책 결정권, 인사권, 군 통수권이 마오 개인에게 집중되었다. 권력의 이인자이자 마오의 후계자였던 류샤오치조차도 마오와 권력을 공유할 수 없었다.

　두 번째 기준에서 보면, 마오쩌둥은 공산당 위에 군림하는 '사회주의 황제' 혹은 '당상 황제'였다. 그는 공산당과 국가가 정한 제도나 절차는 무시하고 자의적으로 권력을 행사했다. 마오에게는 민주 집중제와 집단지도에 대한 의식이 희박했다. 동시에 1956년 공산당 8차 당대회를 통해 공식화된 'I-2선 체제'는 마오의 독재적인 권력 행사를 정당화했다. 실제로 그는 정치국 회의에 자주 불참했고, 당대회와 중앙위원회와 같은 공식 기구를 무시했다. 대신 자신의 뜻을 관철시키기에 유리한 공작회의나 지방 당서기 회의와 같은 비공식 기구를 활용했다. 그가 많은 사람들의 반대를 무시하고 대약진운동과 문혁을 일으킬 수 있었던 이유가 바로 이것이다.

　세 번째 기준에서 보면, 마오쩌둥과 다른 정치 지도자 간의 권력 관계는 주종 관계였다. 처음부터 마오와 다른 지도자 간의 관계가 이랬던 것은 아니다. 혁명 과정에서 마오와 동료들은 동지로서 평등한 관계를 유지했다. 그러나 혁명이 성공하여 중국이 건국되면서 선생-학생 관계가 되고, 이것은 다시 군신 관계로 변화했다. 이는 마오에 대한 개인 숭배가 일상화되면서 나타난 결과 중의 하나였다. 마오와 다른 지도자 간의 군신 관계는 대약진운동과 문혁 과정에서 그대로 표출되었다. 마오와 다른 생각을 갖고 있던 지도자들이 마오의 말 한마디에 숙청된 것이다.

　　이와 같은 마오쩌둥의 일인지배는 덩샤오핑 시대의 원로지배 및 덩 이후 시대의 집단지도와는 확연히 구분되는 분명한 특징이 있다. 따라서 우리는 마오의 일인지배를 하나의 기준으로 삼아 다른 시대의 엘리트 정치가 일인지배인지 아닌지의 여부를 판단할 수 있다. 예를 들어, 일부 학자와 언론은 시진핑 시기에 들어 엘리트 정치가 집단지도에서 일인지배로 변하고 있다고 주장한다. 그런데 이런 주장은 공통적으로 일인지배의 기준이 무엇인가를 제시하지 않는다. 이럴 때 우리는 마오의 일인지배를 기준으로 이런 주장의 타당성을 평가할 수 있다. 이런 점에서 마오의 일인지배가 갖는 특징을 정확히 이해하는 것은 매우 중요하다.

3장 | 마오쩌둥 일인지배의 확립

1935~1956년

　마오쩌둥의 '압도적 지위'는 1949년 중국의 건국과 함께 확립되어 1976년 그가 사망할 때까지 흔들리지 않았다. 그러나 마오가 항상 자신의 권력을 독재적인 방식으로 행사했던 것은 아니다. 1956년 공산당 8차 당대회까지는 정해진 절차를 비교적 잘 준수하면서 동료들과 협의하여 주요 정책과 인사 문제를 결정했다. 그러나 1957년 하반기, 특히 1958년 대약진운동을 시작하면서는 완전히 다른 모습을 보여 주었다. 마오는 '사회주의 황제'가 되어 권력을 독점했을 뿐만 아니라, 그것을 자의적으로 행사했던 것이다. 그리고 1966년 문화대혁명(文化大革命, 1966~1976년/문혁)을 시작하면서부터는 스탈린과 다를 바 없는 독재자처럼 권력을 행사했다.
　여기서는 마오쩌둥이 최고 권위를 확립하고 권력을 행사하는 방식에 초점을 맞추어 마오의 일인지배가 어떤 과정을 거쳐 변화되어 가는지를 자세히 살펴보려고 한다. 편의상 이를 네 시기로 나눌

수 있다.[1)]

첫째는 1935년 쭌이 회의(遵義會議)부터 1949년 중국 건국 직전까지의 시기다. 이 기간에 최고 지도자로서 마오의 지위가 확립되었다. 이때 등장한 마오를 중심으로 하는 엘리트 정치 체제를 '옌안 체제'라고 부른다. 둘째는 1949년 중국 건국부터 1956년 공산당 8차 당대회까지의 시기다. 건국과 함께 마오의 '압도적 지위'가 확립되었지만 마오는 '협의적 방식'으로 권력을 행사했다. 공산당과 학자들은 이 시기를 중국 공산당의 '황금시기'라고 부른다.

셋째는 대약진운동을 준비하는 1957년 하반기부터 문혁을 결정하기 직전인 1965년까지의 시기다. 이때에는 마오가 권력을 독점하고 자의적으로 행사했고, 그 결과 '독재적 방식'의 일인지배가 뚜렷한 모습을 나타내기 시작했다. 마지막은 1966년 문혁 시작부터 1976년 마오 사망까지의 시기다. 이 시기에는 마오의 일인지배가 극단화되었고, 중국은 전체주의 체제로 전락했다.

마오쩌둥 시대의 변화를 자세히 분석하려면 많은 지면이 필요하다. 그래서 여기서는 앞에서 말한 네 단계의 변화를 세 개의 장(章)으로 나누어 살펴보려고 한다. 만약 마오 시대의 엘리트 정치에 큰 관심이 없는 독자라면 I부 「마오쩌둥과 덩샤오핑 시대의 엘리트 정치」의 2장과 6장만 읽고 나머지 장들은 건너뛰어도 좋다. 즉 2장과 6장을 읽은 후에 II부에서 IV부까지 덩샤오핑 이후 시대의 집단지도에 대한 내용으로 넘어가도 좋다는 말이다. 그렇게 해도 일인지배와 집단지도를 비교 검토하는 데는 아무런 문제가 없다. 다만 독자들이 조금만 인내력을 갖고 이를 읽는다면, 다른 책에서는 알 수 없었던 마오 시대의 독특한 모습을 발견할 수 있을 것이다.

1. 마오쩌둥 권위의 확립: 1935~1948년

마오쩌둥의 권위가 확립되는 시기를 살펴보자. 마오는 세 단계를 거쳐 최고 지도자로서의 지위를 확립할 수 있었다. 첫 단계는 1935년 1월 15~17일에 구이저우성 쭌이에서 개최된 정치국 확대회의, 일명 쭌이 회의다. 둘째는 1943년 3월에 개최된 정치국 회의와 이때 통과된 「중앙 기구 조정 결정」이다. 셋째 단계는 1945년 4월에 개최된 공산당 7차 당대회다.

(1) 쭌이 회의와 마오쩌둥의 군 통수권

공산당은 1921년 창당 이후 지금까지 모두 두 차례에 걸쳐 자신의 역사를 평가했다. 첫째는 1945년 4월 공산당 6기 중앙위원회 7차 전체회의(6기 7중전회)에서 통과된 「약간의 역사 문제 결의」다. 둘째는 1981년 6월 공산당 11기 중앙위원회 6차 전체회의(11기 6중전회)에서 통과된 「건국 이래 당의 약간의 역사 문제 결의」다. 이 두 결의는 마오의 지위 확립과 관련하여 쭌이 회의를 높이 평가한다. 덩샤오핑도 이때부터 공산당에 제대로 된 지도부가 등장했다고 주장한다.

쭌이 회의는 모든 힘을 집중하여 당시 결정적 의의가 있는 군사상 및 조직상의 오류를 시정했는데, 이는 완전히 정확하다. 이 회의는 마오쩌둥 동지를 우두머리로 하는 중앙의 새로운 영도를 시작했다. 이는 중국당[중국 공산당을 말함] 내 가장 역사적 의의가 있는 전환이다. (1945년「약간의 역사 문제 결의」)

1935년 1월에 당 중앙 정치국이 장정(長征) 도중에 거행한 쭌이 회의는 홍군(紅軍)과 당 중앙에 마오쩌둥 동지의 영도 지위를 확립했다. (……) 이것은 당의 역사에서 생사(生死)가 걸린 전환점이었다. (1981년「건국 이래 당의 약간의 역사 문제 결의」)[2]

역사상 쭌이 회의 이전에 우리 당은 성숙한 당 중앙을 형성한 적이 없었다. 천두슈(陳獨秀), 취추바이(瞿秋白), 샹중파(向忠發), 리리산(李立山)에서 왕밍(王明)에 이르기까지 [다양한 지도자들이 당을 이끌었지만] 모두 능력 있는 중앙을 형성하지 못했다. 우리 당의 집단지도는 쭌이 회의 이후 점차로 형성되었다.[3]

1935년 1월에 개최된 쭌이 회의는 정치국 '확대회의'였다. 여기에는 정치국의 정위원과 후보 위원뿐만 아니라 주요 군 책임자 등 모두 20인이 참석했다. 1934년 공산당 중앙은 국민당의 제5차 포위 공격을 막아내지 못해 장시성 루이진(瑞金)의 혁명 근거지를 포기하고 다른 곳으로 도망쳐야만 했다. 쭌이 회의는 그 과정에서 개최된 회의였다. 군사적 패배를 초래한 공산당 책임자인 보구의 정치 노선, 코민테른(Comintern)의 군사 고문인 리더(李德, 독일명 Otto Braun)의 군사 노선을 바로잡고 새로운 혁명 근거지를 결정하기 위해 이 회의가 개최되었다.

쭌이 회의에서는 격렬한 토론을 거쳐 모두 네 가지 결정이 내려졌다. 첫째, 마오를 서기처 상무위원에 선출한다. 둘째, 뤄푸(洛甫, 장원텐)에 위탁하여 결의 초안을 작성하고, 서기처 상무위원이 그것을 심의한 후에 당 지부(支部)에 보내 토론한다. 셋째, 서기처 상무위원들은 다시 적당하게 업무를 분담(分工)한다. 넷째, 보구, 리더, 저우언라이로 구성된 3인단(三人團: 당시까지의 군 지휘부)을 취소한다. 단 여전히 최고 군사 수장인 주더와 저우언라이는 군사 지휘자다. 특히 저우언라이는 당내에서 군사 지휘를 위탁받은 "최후 결정(決心) 책임자"다. 여기서 알 수 있듯이 마오는 다시 최고 지도부의 일원이 되었지만, 군권을 행사하는 최고 지도자는 여전히 저우였다. 다시 말해 쭌이 회의 그 자체를 통해 마오가 최고 지도자가 된 것은 아니었다.[4]

이후 같은 해 2월 5일에 서기처 상무위원들의 업무 분담이 이루어졌다. 뤄푸(장원텐)가 공산당 중앙을 총괄 책임지고, 마오, 저우언라이, 왕자샹 3인으로 '3인단'을 구성하여 군사를 지휘한다.[4] 이후에 저우언라이가 마오의 지도를 인정하고 지도권을 넘김으로써 마오가 군사 지휘권을 확보했다. 구체적으로 1935년 8월에 열린 정치국 상무위원회 회의에서 마오가 저우의 군권을 대행하는 결정이 내려졌다(당시 저우는 병중이라 이 회의에 참석하지 못했다). 이어서 같은 해 9월에 열린 정치국 확대회의에서 군사위원회가 설립되고, 마오가 주석, 저우가 부주석을 맡음으로써 군권은 마오에게 확실하게 넘어갔다. 당시는 전시 상황이었기 때문에 군사 지휘권을 확보한 마오가 사실상 최고 지도자가 된 것이다.[6]

마오쩌둥의 지도하에 온갖 역경을 이겨내고 1935년 10월에 세 개의 주력 부대인 홍일방면군(紅一方面軍), 홍이방면군, 홍사방면군이 산시성(陝西省)에 결집함으로써 대장정이 성공적으로 끝났다. 1934년 10월 장시성 루이진을 출발할 당시에 8만 6,000명이었던 홍군의 규모는 1년 동안의 대장정을 거치면서 약 4만 명으로 줄어들었다. 이로부터 옌안(延安) 시대(1935~1948년)가 본격적으로 시작되었다.

(2) 정치국 확대회의(1943년)와 공산당 7차 당대회(1945년)

1943년 3월에 개최된 정치국 확대회의에서는 정치국과 서기처의 직책이 명확히 정리되었다. 이때 서기처 주석으로 선출된 마오쩌둥이 '최후 결정권'을 공식적으로 갖게 되었다. 이에 대해서는 이미 앞에서 살펴보았다.

또한 이 회의를 통해 중앙 기구가 일부 조정되었다. 선전위원회와 조직위원회가 신설된 것이 대표적이다. 이 두 위원회를 설립한 목적은 지방에 대한 중앙의 통일적인 지도를 강화하기 위해서였다. 선전위원회는 마오, 왕자샹, 보구, 카이펑(凱豐)으로 이루어졌고, 마오가 서기를 맡았다. 조직위원회는 류샤오치, 왕자샹, 캉성(康生), 천윈(陳雲), 장원톈(張聞天), 덩파(鄧發), 양상쿤(楊尚昆), 런비스(任弼時)로 이루어졌고, 류가 서기를 맡았다. 이로써 류가 권력의 이인자이면서 동시에 마오의 후계자로 부상하게 되었다. 이는 류가 마오의 권위 확립에 기여한 공이 인정받은 결과였다.[7)]

2년 뒤인 1945년 4월에는 공산당 7차 당대회가 개최되었다. 이는 1941년부터 시작된 옌안 정풍 운동의 성과를 모아 마오쩌둥을 공산당의 최고 지도자로, 마오쩌둥 사상을 공산당의 공식 지도 이념으로 확정한 중요한 회의였다. 한마디로 말해, 공산당 7차 당대회에서 '마오의 시대'가 개막되었다고 평가할 수 있다.

먼저, 마오쩌둥은 중앙위원회 주석, 정치국 주석, 서기처 주석으로 선출됨으로써 당내 최고 권리 기구의 수장이 되었다. 참고로 이때 「당헌」을 수정하여 정치국 상무위원회를 취소하고, 대신 중앙 서기처를 사실상의 최고 권력 기구로 확정했다. 이는 소련 공산당을 모방하여 지도 기구를 개편한 것이었다. 서기처는 마오, 주더(朱德), 류샤오치, 저우언라이, 런비스 등 소위 '5대 서기'로 구성되었다. 이후 런비스가 사망한 후에는 천윈이 서기로 임명되었다.

또한 공산당 7차 당대회에서는 「당헌」이 수정되어 마오쩌둥 사상이 공산당의 모든 사업을 지도하는 이념으로 확정되었다. 이로써 공산당은 마르크스-레닌주의와 구별되는 독자적인 혁명 이론을 갖게 되었다.

중국 공산당은 마르크스-레닌주의의 이론과 중국 혁명의 실천을 통일한 사상, 즉 마오쩌둥 사상을 우리의 모든 업무의 지침으로 삼고, 어떤 교조주의적 혹은 경험주의적 편향에도 반대한다. 중국 공산당은 마르크스주의의 유물 변증법과 역사 유물론을 기초로, 중국과 외국의 역사 유산을 비판적으로 흡수하며, 어떤 유심주의적(唯心主義的) 혹은 기계주의적 세계관에도 반대한다.[8]

그런데 공산당 7차 당대회를 통해 류샤오치도 저우언라이 등 다른 지도자들을 제치고 권력의 이인자로서의 지위, 마오쩌둥의 후계자로서의 지위를 굳혔다는 사실을 기억해야 한다. 마오가 혁명 근거지, 일명 '홍구(紅區: 주로 중국 내륙의 농촌 지역)'를 대표하는 지도자라면, 류는 국민당과 일본군의 점령지, 일명 '백구(白區: 주로 중국 연해 지역의 도시)'를 대표하는 지도자였다. 공산당은 이처럼 '홍구'와 '백구'의 공산당 및 군사 조직들로 구성된 연합체였다. 특히 류는 마오를 제외한 다른 지도자 중에서 이론적 능력이 뛰어난 지도자로 인정받았다. 따라서 논리적으로나 현실적으로나 마오가 권력의 일인자, 류가 이인자가 되고 이 둘이 협력하여 공산당 중앙을 지도하는 것이 타당했다.

류샤오치의 이인자 지위를 잘 보여 주는 것이 1945년 8월 28일 마오쩌둥과 저우언라이가 충칭으로 날아가 국민당과 정치 담판을 시작하기 직전에 공산당 중앙이 내린 결정이다. 만일의 경우를 대비하여 류를 당 중앙 주석 대리(代理)에 임명한 것이다. 이어 9월 19일에 정치국은 마오와 저우가 충칭에서 보낸 전보에 입각하여 다음과 같이 결정했다. "옌안의 정치국 위원이 과반이 안 될 경우 정치국은 서기처, 당 중앙 주석 및 주석 대리에게 정치국의 권한을 위임한다."

이 두 가지 결정의 결과, 중앙 서기처는 공산당 중앙의 최고 지도 기구 및 정책 결정 기구의 역할을 담당할 수 있게 되었다. 또한 당 주석(즉 마오쩌둥) 및 주석 대리(즉 류샤오치)의 정책 결정권도 더욱 강화되었다. 실제로 류는 이런 강화된 권한을 이용하여 동북 지역에서 일본군의 항복을 받기 위해 군대를 파견하는 결정을 내렸다.[9] 이처럼 류는 이미 이때부터 마오가 없을 때에는 그 역할을 대신하는 그런 존재였다.

(3) 옌안 체제의 등장

한편 공산당 7차 당대회(1945년)를 계기로 소위 '옌안 체제'라는 정치 구조가 등장했다. 이는 건국 후의 엘리트 정치를 이해하는 데도 매우 중요하다. 황징(Jing Huang) 교수에 의하면, 옌안 체제는 마오를 정점으로 여러 '산봉우리(山頭, mountaintop)'로 불리는 혁명 집단 혹은 정치 세력(파벌)이 모여서 만들어진 권력 구조다.

먼저, 옌안 체제는 앞에서 말한 대로 '홍구'를 대표하는 마오쩌둥과 '백구'를 대표하는 류샤오치의 연합체였다. 또한, 이는 공산당 체제와 홍군(紅軍) 체제의 연합체였다. 마오는 개인 권위에 입각하여 두 체제를 모두 통제할 수 있는 유일한 지도자였다. 류는 이인자였지만 군에 대한 영향력이 없었기 때문에 마오의 역할을 대체할 수 없었다. 한마디로 옌안 체제는 마오의 지도 하에서만 여러 정치 세력들, 그리고 공산당과 홍군이 통합과 단결을 유지할 수 있었다. 이것이 가능했던 이유는, 공산당 7차 당대회에서 마오 사상이 공산당의 지도 이념으로 확정되면서 마오가 최고 지도자로서의 권위를 갖게 되었다는 것이었다.[10]

더욱이 옌안 체제는 지방 혁명 세력의 연합체였다. 마오쩌둥도 인정했듯이 중국과 같이 큰 나라에서 공산당은 필연적으로 각 지역에서 활동하던 '산봉우리'가 결합하여 이루어질 수밖에 없었다.[11] 교통과 통신이 발달하지 않았던 당시에, 또한 주요 도시와 지역을 국민당과 일본군이 점령하고 있던 상황에 옌안에 있던 공산당 지도부가 각 혁명 근거지의 군대와 주요 도시의 공산당 조직을 일사불란하게 지휘한다는 것은 불가능한 일이었다. 실제로 홍군과 공산당 지부는 여러 지역의 혁명 근거지와 도시에서 사실상 독자적인 활동을 전개했다.

표 3-1은 1948~1949년에 인민해방군(홍군)의 네 개의 야전군이 어느 지역에서 누구의 지도 하에 활동했는가를 보여 준다. 표 3-2는 1949년에 공산당 중앙이 각 지역에 통치 권한을 위임한 대(大)행정구인 '중앙국(中央局)'의 분포와 이를 이끈 주요 지도자를 정리한 것이다. 이들 각 지역에서 활동했던 사람들이 각각 하나의 '산봉우리(파벌)'를 이루었고, 옌안 체제는 이런 '산봉우리'의 연합체였던 것이다.

[표3-1] 인민해방군(홍군)의 야전군 주둔 지역과 주요 지도자(1948~1949년)

야전군 명칭	원래 명칭/활동 지역	주요 지도자
제1 야전군	서북(西北)야전군/서북	펑더화이(彭德懷), 허룽(賀龍)
제2 야전군	중원(中原)야전군/서남과 중부	류보청(劉伯承), 덩샤오핑(鄧小平)
제3 야전군	화동(華東)야전군/동부	천이(陳毅), 쑤위(粟裕)
제4 야전군	화북(華北)야전군/동북과 남부	린뱌오(林彪), 뤄룽환(羅榮桓)

〈출처〉龐松, 『毛澤東時代的中國I (1949-1976)』(北京: 中共黨史出版社, 2003), pp. 12-14.

[표3-2] 1949년 12월에 설립된 중앙국(대행정구)의 분포

중앙국(中央局)	정식 명칭	주요 지도자
동북국(東北局)	동북국 인민정부	가오강(高崗)
화북국(華北局)	중앙 인민정부 화북사무부	류샤오치(劉少奇), 펑전(彭眞), 루딩이(陸定一), 리셴녠(李先念), 보이보(薄一波)
화동국(華東局)	화동국 군정위원회	라오수스(饒漱石), 천이, 탄전린(譚震林)
중남국(中南局)	중남국 군정위원회	린뱌오, 덩쯔후이(鄧子恢), 예젠잉(葉劍英)
서북국(西北局)	서북국 군정위원회	펑더화이, 시중쉰(習仲勛)
서남국(西南局)	서남국 군정위원회	덩샤오핑, 류보청, 허룽

〈출처〉龐松, 『毛澤東時代的中國I (1949~1976)』(北京: 中共黨史出版社, 2003), p. 16; Jing Huang, *Factionalism in Chinese Communist Party* (New York: Cambridge University Press, 2000), pp. 152-155; Frederick C. Teiwes, *Politics at Mao's Court: Gao Gang and Party Factionalism in the Early 1950s* (Republished) (London and New York: Routledge, 2015), pp. 22-24.

표 3-2에서 특히 눈여겨보아야 할 중앙국은 화북국이다. 1949년 1월 공산당이 베이징(당시에는 베이핑(北平)이라고 불렀다.)을 점령하여 임시 중앙 정부를 구성할 때, 그 지역에서 활동하던 화북국 지도자들이 주도적인 역할을 담당했다. 그 결과 건국 초기의 중앙 정부에서 화북국 지도자들이 중요한 지위를 차지했다. 예를 들어, 류샤

오치는 마오와 함께 공산당 중앙과 국가를 대표했다. 펑전은 베이징시 당서기를 맡았고, 루딩이는 공산당 중앙 선전부장을 맡았다. 리셴녠은 정무원(1954년 국무원으로 명칭 변경) 재정부장, 보이보는 정무원 재정경제위원회 부주임을 맡았다.

이런 상황에서 마오쩌둥은 화북국의 권력 독점을 막고, 지방에 대한 중앙의 통제를 강화하기 위해 1952~1953년에 중앙국의 주요 지도자들을 중앙으로 불러들였다. 예를 들어, 가오강(동북국)은 국가계획위원회 주임, 라오수스(화동국)는 중앙 조직부 부장, 덩쯔후이(중남국)는 중앙 농촌공작부 주임, 덩샤오핑(서남국)은 정무원(政務院: 국무원의 전신) 부총리, 시중쉰(서북국)은 정무원 비서장(秘書長)을 맡게 되었다. 이를 '오마진경'(五馬進京: 다섯 명의 지도자가 베이징에 들어왔다.)이라고 부른다.[12] 참고로 린뱌오(중남국)는 건강 문제로 휴직 중이었고, 펑더화이(서북국)는 '중국 인민지원군(人民志願軍)' 총사령관으로 한국전에 참전하고 있었다.

옌안 체제와 1949년에 건국된 정치 체제에서 마오쩌둥이 직위와 권력을 분배할 때에는 항상 파벌 간의 균형을 고려해야만 했다. '산봉우리,' 즉 각기 다른 혁명 집단은 공통의 정체성을 갖고 이익들 도모했고, 이들 집단이 공산당 내에서 과도하게 권력을 요구하지 않는 한 이들의 이익 도모는 정당한 것으로 인정되었다. 이런 파벌은 정책과는 상관이 없고, 주로 자리 분배와 관련되었다. 만약 특정 '산봉우리'가 부당한 방법으로 다른 '산봉우리'를 몰아내려고 하면, 그것은 분파 활동 혹은 파벌 투쟁으로 간주되어 처벌되었다.

1953~1954년에 마오쩌둥의 의중을 잘못 파악하여 류샤오치를 몰아내려고 시도했던 가오강과 라오수스가 반당 집단으로 몰려 처벌을 받은 일, 일명 '가오강 사건'이 바로 이런 사례다.[13]

2. 마오쩌둥의 협의적 권력 운영: 1949~1956년

1981년의 「건국 이래 당의 약간의 역사 문제 결의」는 사회주의 개조(改造)가 이루어진 1949~1956년 기간을 매우 높이 평가한다. "공산당이 확정한 지도 방침과 기본 정책은 정확했고, 획득한 승리는 빛났다." 이 기간에 있었던 토지 개혁, 국민당 잔존 세력의 무력 진압, 항미원조(抗美援朝: 한국전쟁 참전), 1951년의 3반(三反) 운동(독직 반대, 낭비 반대, 관료주의 반대), 1952년의 5반(五反) 운동(뇌물 수수 반대, 탈세 반대, 국가 재산 절도 반대, 임금과 기자재 절도 반대, 국가 경제 정보 절도 반대), 이를 통한 경제 회복은 모두 성공적이었다. 1956년의 '백화제방(百花齊放) 백가쟁명(百家爭鳴)'이라는 학술 문예 운동도 긍정적으로 평가한다. 1956년 공산당 8차 당대회의 노선도 높이 평가한다. 유일한 결점은 사회주의 개조 과정에서 나타났던 "네 가지 과도함(四過)"이다. "요구가 과도하게 급했고, 업무가 과도하게 조악했고, 개조와 변화가 과도하게 빨랐고, 형식이 과도하게 단순하고 획일적이었다."[14]

외국의 중국 연구자들도 이 시기를 높이 평가한다. 예를 들어,

리버설 교수는 이 기간에 공산당 지도부가 단결을 유지하면서 내부 갈등을 해소했고, 공산당과 국가에 대한 국민의 위신이 높아졌다고 평가한다. 자오젠민 교수도 이 기간에 공산당은 마오의 지도 하에 정책 결정의 제도화에 많은 노력을 경주했고 실제로 성과도 있었다고 주장한다. 특히 티위스 교수는 "전반적인 성과는 매우 성공적이었다."라고 평가하면서 두 가지를 강조한다. 먼저, 공산당 정권은 사회 질서를 안정시키고, 경제 발전을 추동하여 국민의 생활 조건을 개선했고, 민족의 자존심을 회복시킨 업적으로 대중의 광범위한 지지를 획득했다. 또한, 중국은 사회 및 제도의 사회주의 개조를 완성하여 1956년 무렵에는 이미 사회주의 단계로 진입했다.[15]

이 기간에 엘리트 정치도 매우 안정되었다. 이를 단적으로 보여주는 것이 정치국원의 낮은 교체율이다. 1945년 공산당 7차 당대회에서 선출된 22인의 정치국원 중에서 가오강(1954년)과 펑더화이(1959년)만이 불명예 퇴진하고, 나머지는 1966년 문혁이 시작되기 전까지 20년 동안 직위를 그대로 유지했다. 참고로 천윈은 1962년에 마오쩌둥의 비판을 받고 스스로 활동을 중단했다. 비슷하게 공산당 7차 당대회에서 선출된 중앙위원도 1956년 공산당 8차 당대회에서 거의 그대로 재선되었다. 이는 소련에서 스탈린이 혁명 원로 대부분을 숙청한 것과는 큰 대조를 이룬다.[16]

티위스 교수는 이 기간 동안 마오쩌둥이 '협의적 방식'으로 권력을 행사하면서 공산당의 통합과 단결에 노력한 사실을 강조한다. 먼저, 마오는 집단지도와 민주 토론을 비교적 잘 지켰다. 예를 들어, 1950년에 한국전쟁 참전 문제를 논의할 때, 다양한 견해를 제기하도록 장려하고 논의를 통해 합의를 이끌어내기 위해 노력했다. 또한 마오는 정통적이고 주류적인 입장을 유지함으로써 공산당의 단결을 유지했다.[17] "좌경(左傾)"의 과도함과 "우경(右傾)"의 소심함 사이에서 균형 잡힌 경로를 잘 선택했다는 것이다. 마지막으로 마오는 지위와 권력 분배에서 각 혁명 집단을 고려하는 세력 균형 전략을 잘 구사했다. 특정 '산봉우리'가 자리와 권력을 독점하는 일이 없도록 했다는 것이다.[18]

실제로 이 기간에 마오쩌둥은 주요 정책을 결정할 때 자신의 '압도적 지위'를 이용하여 동료들을 압박하면서 동의를 유도하는 '독재적 방식'을 사용하지 않았다. 대신 그는 동료들이 최대한 다양한 견해를 자유롭게 개진하도록 장려했고, 토론을 통해 이견이 좁혀져 합의에 이를 수 있도록 인내력을 갖고 조정했다. 또한 그는 정치국 회의나 중앙위원회 회의와 같은 공식 기구를 통해 합의된 내용을 공산당과 국가의 공식 정책으로 전환하여 집행될 수 있도록 노력했다.

마오쩌둥이 이 기간 동안에 '협의적 방식'으로 권력을 운영했다는 사실을 보여 주는 사례로는 여러 가지를 들 수 있다. 1950년에 제정된 「토지개혁법」,[19] 1951년부터 1954년까지 3년 동안 제정된 「제1차 5개년(1953~1957년) 경제 발전 계획」,[20] 1952년에 마오가 제기하고 1953년에 확정된 「사회주의 총노선」,[21] 1953년에 전국적으로 추진된 농업 호조조(互助組: 낮은 수준의 농민 협력체) 설립 운동이 대표적인 사례다.[22] 다만 여기서는 지면이 부족하여 이에 대해 자세히 논의할 수는 없다.

(1) 옌안 체제의 재편

이 시기의 엘리트 정치와 관련하여 가장 중요한 일은 옌안 체제의 재편(1952~1954년)과 이를 둘러싸고 발생한 '가오강 사건'(1953~1954년), 그리고 이를 수습하면서 다시 안정된 권력 구조를 수립한 공산당 8차 당대회(1956년)다.

앞에서 살펴보았듯이, 파벌 연합체의 성격을 띤 옌안 체제는 시간이 가면서 문제점을 드러냈다. 단적으로 중앙과 지방 관계에서 지방의 자율성이 큰 반면 중앙의 통제력은 부족했다. 또한 공산당과 정부의 관계에서 정부의 자율성이 강한 반면 공산당의 통제력은 제한적이었다. 당시 중국이 당면한 여러 가지의 과제를 해결하기 위해서는 이와 같은 '분권형 권력 체제'를 '집권형 권력 체제'로 바꾸는 것, 다시 말해 지방에 대한 중앙의 통제를 강화하고 정부에 대한 공산당의 통제를 강화하는, 더 나아가 그것을 최고 지도자인 마오쩌둥의 통제 하에 두는 새로운 체제로 전환하는 것이 필요했다.

① 지방에 대한 중앙의 통제 강화

먼저, 중앙국의 지도자를 베이징으로 불러들여 사실상 지방의 권력을 약화시켰다. 앞에서 살펴본 '오마진경'이 대표적이다.[23] 이는 또 류샤오치를 필두로 하는 화북국 출신 지도자로 권력이 집중되는 현상을 막기 위한 조치이기도 했다. 다시 말해 류의 권력을 견제하기 위한 마오쩌둥의 전략이었다. 1954년에는 중앙국을 완전히 폐지했다(참고로 공산당 중앙은 1960년에 지방 간 협조가 부족한 문제를 해결하기 위해 여섯 개의 중앙국을 다시 설치했다. 이후 문혁이 발발하여 지방에 혁명위원회가 설립되면서 1966~1967년 겨울에 다섯 개, 1967년 8월에 나머지 한 개의 중앙국이 자연스럽게 사라졌다).[24] 이는 지방에 대한 중앙의 통일된 지도를 강화하기 위한 시도로, 1952~1953년부터 추진해온 정책을 가속화한 것이다. 이로써 제도적으로 중앙 집권적인 체제를 갖출 수 있었다.[25]

② 정무원(국무원)에 대한 공산당 중앙의 통제 강화

저우언라이 총리가 주도하는 정무원(1954년에 국무원으로 명칭 변경)의 자율성을 약화시키고, 대신 공산당 중앙, 정확히는 마오쩌둥의 통제를 강화하기 위한 조치도 취해졌다.

먼저, 1953년 3월 10일 공산당 중앙은 중앙 인민정부의 각 부서에 대한 공산당 중앙의 지도를 강화하는 문건을 하달했다.[26] 여기에는 두 가지 조치가 담겨 있었다. 첫째, 정무원 당조 간사회(黨組幹事會)를 폐지한다. 이 간사회는 정무원의 각 부서 내에 조직된 당조(黨組: 공산당의 지도 조직)의 책임자로 구성되어 있었다(일반적으로 당조 책임자는 부장 혹은 주임이었다). 저우는 이 조직을 통해 정무원 각 부서를 지도했으며, 반면 정치국은 이로 인해 정무원의 각 부서를 직접 지도할 수 없었다. 이제 이를 폐지함으로써 정치국이 정무원의 각 부서를 직접 지도할 수 있게 된 것이다. 둘째, 정무원은 중요한 방침, 정책, 계획 및 중대 사항을 독자적으로 집행할 수 없다. 대신 이를 반드시 사전에 정치국에 보고하고, 정치국이 토론을 거쳐 결정 및 비준한 후에 집행해야 한다. 이 조치로 인해 저우의 정무원 통제권은 다시 한번 축소되었다.[27]

[표3-3] 1953년 중앙 인민정부의 업무 분담

업무 분야(口)	담당자
외교(外事)	저우언라이(周恩來)
계획과 8개 공업부(工業部)	가오강(高崗), 리푸춘(李富春), 자퉈푸(賈拓夫)
정법(政法)(공안·검찰·법원 포함)	둥비우(董必武), 펑전(彭真), 뤄루이칭(羅瑞卿)
재정, 금융, 무역	천윈(陳雲), 보이보(薄一波), 쩡산(曾山), 예지좡(葉季壯)
철도, 교통, 우편, 전기	덩샤오핑(鄧小平)
농업, 임업, 수리, 농업 합작화	덩쯔후이(鄧子恢)
노동, 임금	라오수스(饒漱石)
문화, 교육	시중쉰(習仲勛)

〈출처〉薄一波, 『若干重大決策與事件的回顧(上)』(修訂本)(北京: 人民出版社, 1997), pp. 318-319;
龐松, 『毛澤東時代的中國I(1949-1976)』(北京: 中共黨史出版社, 2003), p. 431

이어서 마오쩌둥은 중앙 정부에 대한 통제를 강화하기 위해, 동시에 저우언라이 총리의 정부 권력을 제한하기 위해 중앙 인민정부의 업무를 세분하고 당정의 주요 지도자들이 각 업무 영역(일명 '커우(口)')을 담당하도록 하는 새로운 분업 구조(分工)를 만들었다. 표 3-3은 이를 정리한 것이다. 이는 정무원뿐만 아니라 공산당 중앙의 지도자들이 정부 업무를 하나씩 맡는 독특한 구조였다. 여기서 우리는 몇 가지 특징을 발견할 수 있다.

첫째, 저우언라이 총리의 고유 업무는 외교로 한정되고, 다른 업무에 대한 지도권을 상실했다. 특히 정무원의 핵심 업무였던 계획과 공업, 재정·금융·무역 업무가 각각 가오강과 천윈에게 넘어가면서 저우는 큰 타격을 입었다. 다만 총리로서 정무원에 대한 총괄 책임자라는 지위는 지켰다. 둘째, 류샤오치의 구체적인 업무 영역이 없다. 그 결과 그가 권력의 이인자로서 중앙 정부의 활동에 직접 개입할 방법이 없어졌다. 이는 마오가 류를 견제한 결과로 해석할 수 있다. 셋째, 다양한 '산봉우리' 출신자에게 업무를 골고루 배분하여 세력 균형을 유지하려는 마오의 배려가 보인다.

③ 공산당 중앙에 대한 마오쩌둥의 통제 강화

마지막으로 공산당 중앙 업무에 대한 류샤오치의 권력을 약화시키고 마오쩌둥이 이를 직접 관리하려는 조치가 취해졌다. 첫째, 1953년 5월에 마오는 류와 중앙 판공실 주임인 양상쿤에게 다음과 같이 지시했다. "향후 공산당 중앙의 명의로 문서나 전보를 보낼 때에는 사전에 나에게 보여라. 그러지 않으면 무효다." 이는 류나 그 밖의 어떤 지도자도 '당 중앙'의 명의로 지시를 내릴 수 없고, 오직 마오만이 그렇게 할 수 있다는 점을 분명히 밝힌 명령이었다.[28] 공산당 중앙의 일상 업무를 담당하고 있던 류의 권력을 제한하려 한 조치다.

둘째, 마오쩌둥은 1954년 4월에 가장 신뢰하던 부하 중 하나인 덩샤오핑을 공산당 비서장(秘書長: 1956년 공산당 8차 당대회 이후에는 총서기로 명칭이 변경)과 중앙 조직부장에 임명했다. 덩을 비서장에 임명한 명분은 마오의 일상 업무를 줄여 주자는 것이었다. 또한 덩을 조직부장에 임명한 것은 가오강 사건 이후 라오수스가 처벌을 받아 공석이 된 자리를 채운 것이었다. 그러나 이는 마오가 류를 견제하기 위한 조치이기도 했다. 덩이 비서장과 조직부장에 임명됨으로써 류는 공산당 내의 양대 권력인 정보 통제와 조직 업무의 권한을 빼앗겼기 때문이다.[29] 이처럼 마오는 덩을 통해 류를 견제하는 한편, 자신이 직접 공산당의 정보와 조직을 통제할 수 있게 되었다.

(2) 가오강 사건(1953~1954년)

가오강 사건은 옌안 체제 재편 과정에서 발생했다. 1953년에 마오쩌둥은 가오강과 세 차례에 걸쳐 대화를 나누면서 류샤오치와 저우언라이의 문제점을 비판했다. 첫째, 사회주의 개조를 너무 느리게 추진한다. 둘째, 세금 우대 정책을 포함하여 민족 자본가에 대해 미온적인 정책을 추진하고 있다. 셋째, 농업 집단화 속도가 너무 느리다. 가오강은 마오의 이런 비판을 듣고 마오가 류를 제거하려 한다고 판단했다.

마오쩌둥과 대화한 후 가오강은 라오수스와 함께 공개 석상에서 류샤오치를 공격했다. 1953년 6~8월에 개최된 전국 재정 공작회의, 1953년 9~10월에 개최된 전국 조직 공작회의가 대표적이다. 예를 들어, 당시 국가 계획위원회 주임이던 그는 재정공작회의에서

"류샤오치를 겨냥하여 보이보를 비판(批薄射劉)"했고, 당시 중앙 조직부장이던 라오수스는 "류샤오치를 공격하기 위해 안쯔원(安子文)을 비판(討安伐劉)"했다. 보이보(당시 국무원 재정부장)와 안쯔원(당시 중앙 조직부 부부장)은 모두 류와 함께 활동했던 화북국 출신 지도자였다.

또한 가오강은 중앙과 지방의 여러 지역을 돌아다니면서 '류샤오치 타도 연맹(聯盟)'을 구축하려고 시도했다. 류와 그 세력은 백구 출신으로 기여도보다 더 큰 지위와 권력을 누리는 반면 홍구 출신 지도자와 군인은 그렇지 못하다는 논리로 사람들을 설득했던 것이다. 가오강이 접촉한 중앙 지도자에는 덩샤오핑과 천윈도 포함되어 있었고, 군 지도자 중에는 린뱌오와 펑더화이가 있었다.

마오쩌둥이 혹 류샤오치를 견제하려는 생각을 갖고 가오강을 사주했든, 아니면 가오강이 마오의 생각을 잘못 이해하여 활동했든 이러한 가오강의 '류 타도 연맹' 구축 행위는 방관할 수 없는 일이었다. 이를 허용할 경우 전면적인 파벌 투쟁이 일어나 걷잡을 수 없는 혼란이 발생할 터이기 때문이었다. 특히 가오강은 동북국 출신 장군으로 군내에 영향력이 컸다. 그가 린뱌오와 펑더화이를 만나 어느 정도 공감대를 형성했다는 점은 마오가 가오강의 행위를 결코 묵과하지 못할 이유였다. 군에 대한 지휘권은 오직 마오만이 행사할 수 있어야 했기 때문이다. 이런 점에서 보면 가오강은 군에 영향력이 없는 류샤오치보다 훨씬 위험한 인물이었다.

가오강의 활동을 보고 받은 마오쩌둥은 1953년 11월 무렵 저우언라이에게 가오강을 조사할 것을 지시했다. 이와 함께 공산당은 다양한 회의를 개최하여 당의 단결을 강조하고, 그에 반하는 가오강과 라오수스의 행동을 비판했다. 1954년 2월에 개최된 공산당 7기 중앙위원회 4차 전체회의(7기 4중전회)와 이어 개최된 두 번의 중앙 서기처 좌담회가 대표적이다. 그러나 이런 조사에 가오강은 완강하게 버텼고, 좌담회에 출석하여 해명하라는 요구도 거절했다. 가오강은 저항의 표시로 그해 2월 17일 자살을 기도했고 이때에는 실패했으나, 8월 17일에 다시 자살을 기도하여 사망했다.

이후 공산당은 가오강 사건 정리 수순에 들어갔다. 1955년 3월에 일종의 '비상회의'인 공산당 전국대표대회의가 개최되어 「가오강, 라오수스 반당 연맹의 결의」가 통과되었다. 가오강과 라오수스는 '반당 연맹'을 꾸려 반당 활동을 한 혐의로 당적이 박탈되었다. 다만 가오강이 만났던 다른 고위급 지도자, 예컨대 펑더화이와 린뱌오는 처벌되지 않았다. 파장이 만만치 않을 터였기 때문이다. 대신 낮은 직급의 간부 20여 명만 처벌되었다.[30]

(3) 공산당 8차 당대회(1956년)

건국 이후의 경험을 총괄하고 새로운 지도부를 구성하기 위해 1956년 9월에 공산당 8차 당대회가 열렸다. 이는 1945년 7차 당대회 이후 11년 만에 열리는 큰 행사였다. 또한 1949년 건국 이후 처음 열리는 회의이기도 했다. 공산당은 8차 당대회를 공산당 역사에서 빛나는 하나의 "이정표"로서 "사상과 이론뿐만 아니라, 「당헌」

규정과 제도 설계 면에서도 당내 민주주의 발전의 제도화 건설을 새로운 수준으로 높인" 것으로 높이 평가한다.[31]

먼저, 이 회의에서 각 지도자가 어떤 임무를 맡았는지를 보면 이 당대회를 통해 '1-2선 체제'가 확립되었다는 점을 알 수 있다. 마오쩌둥은 당대회의 개회사를 맡았다. 이는 유일한 '2선' 지도자로서 마오가 일상 업무에서 벗어나 공산당과 국가의 방향을 제시하는 자리에 있음을 암시한다. 반면 다른 '1선' 지도자들은 각자의 역할 분담에 따라 해당 업무를 맡았다. 공산당을 총괄하는 류샤오치는 정치국 업무 보고(일명 '정치 보고'), 공산당 서기처 총서기에 선임되어 공산당의 실무를 책임지는 덩샤오핑은 공산당 「당헌」의 수정 보고를 맡았다. 국무원 총리로서 정부 관리를 맡은 저우언라이는 「제2차 5개년(1958~1962년) 경제 발전 계획」의 보고를 맡았다.

① 주요 모순의 규정과 마오쩌둥의 부정

류샤오치의 정치 보고는 공산당의 핵심 과제에 관한 중요 내용을 담고 있다. 먼저, 중국의 주요 모순이 변화했다. 사회주의 개조에서 결정적인 승리를 달성하여 무산계급과 자산계급 간의 모순은 기본적으로 해결되었다. 그 결과 이 시점에 국내의 주요 모순은 선진 공업국을 건설하고자 하는 인민의 요구와 낙후된 농업국이라는 현실 간의 모순, 경제 문화의 신속한 발전을 바라는 인민의 수요와 현재의 경제와 문화가 인민의 수요를 만족시키지 못하는 상황 간의 모순이었다.

이런 주요 모순을 해결하기 위해 모든 역량을 집중하여 낙후된 농업국에서 선진 공업국으로 빨리 바꾸는 것이 향후 공산당의 중요 임무였다. 목표는 "최대한 빨리 선진 공업국을 실현하고, 체계적이고 절차에 맞게 국민 경제의 기술 개조를 달성하여, 중국이 강력하고 현대화된 공업, 현대화된 농업, 현대화된 교통 운수 및 현대화된 국방을 갖도록 하는 것"이었다. 이를 위한 경제 방침이 바로 "보수도 반대하지만 모진도 반대(旣反保守又反冒進)한다."이며, 이는 "종합적으로 균형을 유지한 상태에서 안정적으로 전진하려는 경제 건설의 방침"이었다.32)

그러나 이와 같은 주요 모순의 규정과 경제 방침은 불과 1년 만에 마오쩌둥에 의해 완전히 바뀐다. 1957년 9~10월에 개최된 공산당 8기 중앙위원회 3차 전체회의(8기 3중전회)에서 마오쩌둥이 주요 모순에 대한 새로운 규정을 들고 나온 것이다. 마오는 주장했다. "모든 (사회주의) 이행 시기에 전체 모순은 사회주의와 자본주의 간, 무산계급과 자산계급 간의 모순이다." "작년에 소유제는 개혁되었지만 사람은 개혁되지 않았고, 개조(改造)되지 않았다. 무산계급과 자산계급 간의 모순, 사회주의와 자본주의 간의 모순은 모든 이행 시기의 주요 모순이다."

당시에 마오쩌둥의 주장에 대해 일부 중앙위원은 동의했지만 대다수는 동의하지 않았다. 그러나 중요한 것은 마오의 생각이었고, 그의 생각이 최종 결정에 그대로 반영되었다. 1년 전 공산당 8차 당대회(1956년)에서 결정한 주요 모순에 대한 규정이 공식적으로 바뀐 것이다.[33)] 이는 공산당 8기 3중전회(1957년)의 공식 결정에 명확히 나타나 있다.

> 생산 수단(生産資料)의 소유제 방면에서 사회주의 혁명이 기본적으로 완성된 이후에도 계급 투쟁은 아직 끝나지 않았다. 자산계급과 무산계급 간의 투쟁, 자본주의 길과 사회주의 길의 투쟁은 여전히 [사회주의] 이행(過渡) 시기의 주요 모순이다. (……) 사회주의와 자본주의 두 길의 투쟁은 이미 적대적 모순(敵我矛盾)으로 표현되고, 또한 인민 내부 모순으로 표현될 수도 있다.[34)]

이 결정은 1957년 12월 28일자 《인민일보》에 「당의 정확한 노선을 견지하여 각 전선에서 정풍 운동의 승리를 쟁취하자」가 발표되면서 대외적으로 공개되었다. 사실상 이때부터 계급 투쟁을 중심으로 하는 마오쩌둥의 관점이 공산당을 전면적으로 지배하기 시작했다. 마오는 이를 토대로 대약진운동을 추동하기 시작했던 것이다. 이런 점에서 대약진운동은 이미 이때부터 추동되었다고 말할 수 있다.

② 당내 민주주의와 집단지도 규정

공산당 8차 당대회(1956년)에서는 공산당 개혁과 관련해서도 중요한 조치가 취해졌다. 당 주석-정치국-정치국 상무위원회-서기처의 4중 구조가 등장하여, 일종의 권력 분립형 체제가 형성된 것이다. 이는 6개월 전에 개최된 소련 공산당 20차 당대회가 폭로한 공산당 지도 체제의 폐단을 막기 위한 조치였다.

먼저, 공산당 중앙위원회 주석 1인(마오쩌둥)과 4인의 부주석(류샤오치, 저우언라이, 주더, 천윈)을 둔다. 또한 정치국과 정치국 상무위원회를 설치하여, 중앙위원회 폐회 기간에 그 권한을 행사하도록 한다. 중앙 서기처는 1954년 4월 설립된 '비서장 공작회의'가 명칭을 바꾼 것으로, 정치국과 정치국 상무위원회의 지도 하에 공산당 중앙의 일상 실무를 처리한다. 이를 지도하는 직위로 총서기(덩샤오핑)을 설치한다. 참고로 이전에는 중앙 서기처가 정치국 상무위원회를 대체한 최고의 권력 기구였다.

이로써 첫째, '1인의 당 주석-4인의 당 부주석'이라는 '방풍림'이 설치되었다. 이는 공산당의 집단지도를 안정적으로 유지해, 소련처럼 스탈린 1인이 사망하여 혼란이 발생하는 문제를 피하고자 한 조치였다. 둘째, '정치국 상무위원회(정치국)-서기처의 이원 체제'가 만들어졌다. 이는 공산당 중앙 내부의 권력을 합리적으로 배치하는 데 의의가 있었다. 정치국 상무위원회(정치국)는 주요 정책을 결정하는 곳인 반면, 서기처는 공산당 중앙의 일상 실무를 담당하는 단순한 집행 기구다. 이로써 공산당 중앙의 권력이 정책 결정을 담당하는 정치국 상무위원회(정치국)와 정책 집행을 담당하는 중앙 서기처로 분리되었다.[35]

또한 공산당 8차 당대회는 당내 민주주의 및 집단지도의 확대 면에서도 모범적인 모습을 보여 주었다. 이는 소련 공산당 20차 당대회에서 나온 스탈린 개인 독재와 개인 숭배 비판이 중국에도 영향을 미친 결과다. 동시에 가오강 사건의 교훈, 즉 정책 결정과 지도 관계를 안정시키기 위해서는 정책 과정을 제도화해야 한다는 교훈이 작용한 결과이기도 했다.[36]

첫째, 당대회 상임제(黨代會常任制)가 「당헌」에 명시되었다. 1921년 창당 초기 공산당은 매년 당대회를 개최했다. 그러나 현실적인 어려움으로 인해 이후에는 당대회가 비정기적으로 열렸고, 정치국이나 서기처가 당대회의 권한을 행사하면서 권력 집중 문제가 발생했다. 이를 해결하기 위해 창당 초기처럼 당대회를 매년 개최하자는 것이었다. 이렇게 하면 당대회에 참가하는 대표들은 국회의원들처럼 일상적으로 활동하면서 정책 결정에 참여할 수 있다. 하나 이후의 실제 상황을 보면, 1958년 5월에 공산당 8기 당대회 2차 회의가 개최된 이후 당대회가 열리지 않아 당대회 상임제 규정은 사문화되었다.

둘째, 당내 민주주의를 활성화하기 위해 상급 당 조직과 하급 당 조직 간의 민주 집중제를 명확히 규정하는 새로운 내용이 추가되었다. 수정된 「당헌」은 "공산당은 반드시 유효한 방법을 채택하여 당내 민주주의를 발양하도록 해야 한다. 또한 모든 당원과 당의 기층 조직 및 지방 조직이 적극성과 창조성을 발휘하도록 장려해야 한다. 더욱이 상급 당 조직과 하급 당 조직 간에 살아 움직이는 활발한 연계를 강화해야 한다."라고 규정했다. 그와 함께 이를 위한 구체적인 세부 조치를 명시했다.

셋째, 집단지도를 강조하고, 개인 숭배를 반대했다. 수정된 「당헌」은 집단지도의 원칙으로 "어떤 공산당 조직도 모두 집단지도와 개인 책임의 상호 결합 원칙(集體領導與個人負責相結合的原則)을 엄격히 준수해야 한다."라고 규정했다. 또한 개인 숭배를 막기 위한 세부 사항도 명시했다. 특정 지도자 개인의 공덕을 칭송하는 노래 반대, 당 지도자의 만수무강 기원 반대, 당 지도자의 이름을 딴 지명·도로명·기업명의 사용 금지, 지도자의 축전 금지, 예술 작품에서 지도자의 역할 과장 금지가 그것이다.[37] 이런 조치가 실제로 집행되어 중국에는 현재까지 마오쩌둥이나 류샤오치 등 유명한 지도자의 이름을 딴 도시나 도로가 없다. 참고로 1925년에 사명한 쑨원(孫文)을 기리기 위해서는 광둥성 쑨원의 고향 도시가 중산시(中山市)로 개명되고, 전국의 많은 도시에 중산로(中山路)라는 도로명이 생긴 바 있다. 중산(中山)은 쑨원의 호다.

그러나 이런 「당헌」의 규정은 마오쩌둥의 일인지배를 막는 데 완전히 실패했다. 불과 1년이 못 되어 마오는 당내 민주주의와 집단지도에 대한 규정을 완전히 무시하고 권력을 자의적으로 행사하기 시작했던 것이다. 처음부터 마오는 공산당 8차 당대회의 결정에 불만이 많았고, 그래서 이런 결정을 지킬 생각이 조금도 없었다. 결국 마오 시대의 엘리트 정치에서 중요한 것은 법과 제도가 아니라 지도자 개인들이 어떤 생각으로 어떻게 행동하느냐였다. 중국처럼 인치(人治)의 전통이 강하고 법치(法治)의 전통이 미약한 국가에서는 아무리 좋은 법과 제도를 두어도 최고 통치자의 생각과 행동을 막을 수 없었던 것이다.

③ 지도부 선출과 평가

마지막으로 공산당 8차 당대회(1956년)의 지도부 선임을 살펴보자. 마오쩌둥은 가오강 사건을 염두에 두고 공산당 지도부를 구성할 때 주요 '산봉우리' 간에 세력 균형을 유지할 수 있도록 세심한 주의를 기울였다.

먼저, 정치국 상무위원회에는 마오쩌둥, 류샤오치, 저우언라이, 주더, 천윈, 덩샤오핑 등 6인이 선출되었다. 이 중에서 마오는 중앙위원회 주석(당 주석), 류·저우·주더·천윈 등 4인은 당 부주석, 그리고 덩은 총서기에 선출되었다. 이와 같은 6인의 정치국 상무위원 중에서 마오, 류, 저우와 주더는 공산당 7차 당대회에서 선출된 서기처의 '5대 서기'에 들어 있었고 천윈도 런비스의 사망 이후 그를 계승하여 '5대 서기'에 진입한 인물이라 새로울 것이 없었다. 반면 덩은 이때 처음으로 최고 지도자의 반열에 올랐다.

이런 점에서 덩샤오핑은 가오강 사건과 공산당 8차 당대회의 최대 수혜자라고 할 수 있다. 이는 마오쩌둥이 덩을 중용한 결과였다. 황징 교수에 따르면 이때까지 덩은 세 번의 '벼락출세'를 경험했는데 모두 마오가 결정한 대로였다. 첫째는 1938년 초에 홍군 129사단의 정치위원에 임명된 일이다. 둘째는 1948년 11월 6일부터 1949년 1월 10일까지 국민당 군과 화이하이 전역(淮海戰役)을 벌일 때 최전선위원회(總前敵委員會) 서기로 임명되어 제2 야전군을 지휘한 일이다. 당시 최전선위원회는 덩뿐만 아니라 류보청(劉伯承), 천이(陳毅), 쑤위(粟裕), 탄전린(譚震林)이 위원으로 참여하고 있었는데 덩의 상관인 류보청과 천이가 아니라 덩이 서기에 임명된 것이었다.38) 셋째는 1954년에 보이보가 맡았던 중앙 재경위원회 제1 주임과 국무원 재정부장을 물려받은 일이다.39)

정치국에 선출된 정위원(17인)과 후보 위원(6인)을 보면 몇 가지 특징이 있다. 첫째, 백구 출신 지도자들이 가오강 사건에도 불구하고 여전히 강세를 보였다. 류샤오치와 펑전이 정치국원에 선출되고, 보이보가 정치국 후보 위원에 선출된 것이다. 둘째, 군 지도자가 대거 정치국원에 선출됨으로써 가오강 사건의 수혜자가 되었다. 앞에서 보았듯이, 가오강은 홍구 출신의 군 지도자들이 권력 배분에서 소외되었다는 사실을 근거로 류샤오치에 반대하는 연맹을 구축하려고 시도했다. 펑더화이, 린뱌오, 뤄룽환, 천이, 류보청, 허룽이 정치국원에 선출되었다. 반면 녜룽전(聶榮臻), 쉬샹첸(徐向前), 예젠잉(葉劍英)은 그렇지 못했다. 셋째, 경제 관료가 3인이나 정치국원에 선출되었다. 국가계획위원회 주임 리푸춘(李富春), 재정부 부장 리셴녠(李先念), 국가경제위원회 주임 보이보(薄一波)가 이들이다. 이들은 천윈과 함께 경제를 주도하게 된다.40)

종합적으로 티위스 교수는 공산당 8차 당대회의 인선 결과를 긍정적으로 평가했다. 먼저, 정치국과 중앙위원회를 볼 때 균형적인 안배가 이루어졌다. 강조점은 각 '산봉우리'에게 일정한 몫을 할애하는 것이고, 이는 공산당의 단결과 안정을 위해 필요한 조치였다. 또한 문민통치(文民統治)가 강화되었다. 정치국에서 민간인과 군인 간의 비율이 2 대 1이고, 중앙위원회에서는 3 대 1이 되었다. 참고로 전임 중앙위원회에서 공산당, 정부, 군의 비율은 6 대 5 대 4였다. 마지막으로 당정 최고 간부의 관료화 현상이 심화되었다. 이는 관료적 형식주의의 증가, 기구의 팽창, 실제 상황을 알아보지 않고 사무실에서 정책을 결정하는 관료주의 풍조의 증가 가능성을 의미했다. 마오쩌둥은 이후에 관료화 현상에 대해 신랄하게 비판하고 이 문제를 해결하기 위해 다양한 정풍 운동을 전개한 바 있다.[41]

이렇게 하여 공산당 8차 당대회는 무사히 끝마쳤다. 마오쩌둥을 제외한 공산당 지도자들은 공산당의 집단지도를 강화하고 민주집중제를 다시 한번 분명히 한 데 크게 만족했다. 이로써 중국에서는 소련에서 나타났던 것과 같은 스탈린식 개인 독재가 출현하지 않을 것이라고 생각했기 때문이다. 또한 사회주의 개조가 완성되고, 1차 5개년 경제발전 계획이 성공적으로 끝나면서 국민의 생활 수준도 개선되었다. 그 결과 공산당과 국가에 대한 국민의 지지도 전보다 더욱 높아졌다. 만약 공산당이 당시까지 했던 것처럼 엘리트 정치를 운영하고 당 노선을 계속 추진한다면, 중국의 앞날은 밝게 빛날 것이 분명해 보였다. 그러나 실제 역사는 그렇게 전개되지 않았다.

4장 | 마오쩌둥 일인지배의 발전

1957~1965년

　　마오쩌둥의 일인지배는 1957년 이후에는 전과는 다른 방식으로 발전했다. 한마디로 말해, 마오가 권력을 운영하는 방식이 '협의적 방식'에서 '독재적 방식'으로 변화되었던 것이다. 이렇게 되면서 마오의 일인지배는 이전 시기의 건강한 모습을 상실했다. 대신 그것은 동료를 억압하고, 무리한 정책을 자의적으로 결정하고 집행하는 폭압적이고 폭력적인 모습을 띠기 시작했다. 마오의 '독재적 방식'의 일인지배는 엘리트 정치의 안정을 파괴했을 뿐만 아니라, 중국 국민에게도 커다란 불행을 몰고 왔다.

　　마오쩌둥의 이와 같은 '독재적 방식'의 권력 행사는 이 시기에 발생한 주요한 사건을 통해 확인할 수 있다. 1958년에 시작되어 1960년에 끝난 대약진운동(大躍進運動), 1959년 7~8월에 개최된 루산(廬山) 회의와 펑더화이(彭德懷) '반당 집단'의 처벌, 그리고 그 후 전개된 '반우경 투쟁(反右傾鬪爭),' 마지막으로 1963년부터 1966년 상반기까지 '수정주의' 청산을 위해 주로 농촌에서 전개된 '사회주의 교육 운동,' 일명 '사청(四淸) 운동'이 대표적이다. 이런 사건들은 결국 문혁으로 이어졌다. 그래서 맥파커(Roderick MacFaquhar) 교수는 이런 사건들을 문혁의 '기원(起源)'이라고 불렀다.[1] 이 장에서는 이와 같은 주요 사건을 중심으로 마오의 일인지배가 어떻게 '독재적 방식'으로 변질되었는지를 자세히 살펴볼 것이다.

1981년에 통과된 공산당의 「건국 이래 당의 약간의 역사 문제 결의」는 이 시기의 업적과 함께 문제점을 지적한다. 먼저, 사회주의의 전면적인 건설이 시작된 1957~1966년은 "매우 커다란 성취"를 획득했고, "중요한 경험을 축적했다." 동시에 공산당의 업무 지도에 "과중한 실수"가 있었다. 1957년의 반우파 투쟁(反右派鬪爭)은 "완전히 정확하고 필요한 것"인데, "단지 엄중히 확대되었다."는 점이 문제다.

반면 3면홍기(三面紅旗), 즉 과도기 총노선, 대약진운동, 인민공사 운동에 대해서는, 과도기 총노선은 평가를 유보하고(즉 긍정도 부정도 하지 않고), 뒤의 두 가지는 부정한다. 경솔하게 대약진운동과 인민공사 운동을 발동했고, 높은 지표(高指標), 맹목적 지휘(瞎指揮), 과장풍(誇張風), 공산풍(共産風)을 주요 내용으로 하는 "엄중한 좌경적인 오류"를 범했다는 것이다. 1959년 8월의 루산 회의 사건은 마오쩌둥이 펑더화이의 비판을 잘못 판단하여 반우경 투쟁을 발동한 것이다. 이로 인해 정치 경제적으로 엄중한 후과를 초래했다. 마지막으로 1960년대 초에 실시된 경제 조정(調整) 정책에서 류샤오치, 저우언라이, 천윈, 덩샤오핑은 긍정적인 역할을 수행했다.[2]

1. 마오쩌둥의 독재적 권력 행사 배경

이 시기에 마오쩌둥의 독재적 권력 행사가 본격화된 것은, 국내외 상황이 전과 다르게 변화했고, 그 속에서 마오가 이전과는 다른 정책을 독자적으로 결정하고 추진했기 때문이다.

(1) '1-2선 체제'의 부작용

앞에서 살펴보았듯이 마오쩌둥은 1959년 4월 2기 전국인대 1차 회의에서 국가 주석 직위를 류샤오치에게 물려주고 '2선'으로 후퇴했다. 이로써 1952~1953년 무렵부터 추진되어 온 1-2선 체제가 완성되었다. 그런데 1-2선 체제는 마오가 예상하지 못했던 부작용을 초래했고, 그것은 시간이 가면서 해소되기는커녕 더욱 악화되었다. 이것이 마오를 몹시 당혹스럽고 불안하게 만들었다. 그리고 이것이 마오가 독재적 방식으로 일인지배를 운영하게 된 하나의 중요한 배경이 되었다.

첫째, 류샤오치의 지위가 강화되었다. 그는 '1선'을 책임지는 지도자로서 다른 지도자의 신뢰를 얻었고, 일상 업무를 처리하면서 권한을 강화할 수 있었다. 특히 덩샤오핑과 류의 관계는 밀접하게 변화했고, 이것이 마오쩌둥을 화나게 만들었다. 또한 1959년 2기 전국인대 1차 회의에서 류가 국가 주석을 물려받은 이후에 '류 주석'이라는 호칭이 등장했다. '마오 주석'과 '류 주석'이라는 '두 주석 체제'가 형성된 것이다. 그 이전까지 류는 '샤오치 동지'로 불렸고, 오직 마오만이 '마오 주석'으로 불렸다. 이는 류의 정치적 권위가 매우 높아졌다는 사실을 의미했다. 마오는 이를 불안한 눈초리로 바라보았다.

둘째, 마오와 '1선' 지도자(마오는 이들을 '당권파(當權派)'라고 불렀다.) 간의 간극이 깊어졌다. 앞에서 말했듯이, 마오는 일상에서 벗어나 넓은 철학적인 문제를 숙고했고, 베이징을 벗어나 전국을 유람하면서 사회주의 전략을 구상했다. 반면 '1선' 지도자들은 베이징에서 공산당과 정부의 일상 업무를 처리하느라 정신이 없었다. 그 결과 다양한 정책 문제를 놓고 마오와 '1선' 지도자 간의 관점 차이가 점점 벌어졌다.³⁾ 이는 마오가 '1선' 지도자를 불신하게 되고, 때가 되면 '1선' 지도자의 일부 혹은 전부를 '청산'해야 한다고 결심하게 만든 배경이 되었다.

(2) 소련과의 갈등 심화

또한, 1956년 2월 소련 공산당 20차 당대회에서 흐루쇼프가 스탈린 격하 운동을 시작한 이후 중국과 소련 간의 관계가 악화되기 시작했다. 흐루쇼프는 1958년에 시작된 대약진운동을 공개적으로 비판했는데, 이것이 마오쩌둥을 크게 자극했다. 급기야 1960년에는 소련이 중국에 제공했던 모든 물질적 기술적 원조를 중단하기에 이르렀다. 이 무렵 동유럽 일부 국가에서 민중 시위가 일어나면서 마오쩌둥은 소련과 동유럽의 사회주의 노선에 문제가 없는지 우려하기 시작했다. 동시에 소련을 모델로 진행해 온 사회주의 건설 경험을 비판적으로 평가하면서 중국에 맞는 노선을 진지하게 고민하게 되었다.

이런 반성과 고민을 바탕으로 마오쩌둥은 1956년 4월에 「10대 관계론(論十大關係)」을 발표했다. 이는 매우 중요한 의미가 있다. 앞으로 소련 모델에서 벗어나 중국만의 모델을 찾겠다는 점을 공개적으로 선포한 것이기 때문이다.[4]

> 우리의 방침은 이렇다. 모든 민족과 모든 국가의 장점은 배워야 한다. 정치, 경제, 과학, 기술, 문학, 예술의 모든 진정한 좋은 것은 모두 배워야 한다. 단 반드시 분석적이고 비판적으로 배워야 하며, 맹목적으로 배워서는 안 된다. 모든 것을 그대로 베껴도 안 되고, 기계적으로 가져와도 안 된다. 소련과 기타 사회주의 국가의 경험에 대해서도 마땅히 이와 같은 태도를 채택해야 한다.[5]

「10대 관계론」은 마오쩌둥이 발표한 글이지만 마오 개인만의 작품은 아니었다. 류샤오치는 마오와 유사한 고민과 반성에서 출발하여 실제 상황을 점검하기 위해 1955년 12월부터 1956년 3월까지 건국 이래 최초로 34개 중앙 부서의 보고를 청취했다. 또한 그해 4월부터는 지방의 보고도 청취했다. 이를 본받아 마오도 1955년 12월 21일부터 1956년 1월 12일까지 중국 현지를 시찰했다. 이후 그는 중앙의 24개 정부 부서의 보고도 청취했다.[6] 이런 현지 조사와 보고 청취를 근거로 「10대 관계론」을 작성했다. 이 점에서 이는 중앙과 지방 지도자들의 공감대를 기초로 만들어진 '합동 보고서'라고 할 수 있다.

소련 모델을 근거로 추진된 1차 5개년 경제 발전 계획은 성공적이었다고 평가되었지만, 많은 문제를 초래한 것도 사실이었다. 예를 들어, 도시의 기반 산업과 중화학 공업을 발전시키기 위해 부족한 자원을 마련하려고 농촌 지역을 착취하면서 농업이 낙후되고 농민의 생활 수준이 떨어지는 문제가 발생했다. 이는 중국의 현실이 소련과는 달랐던 점을 간과한 결과였다. 단적으로 1957년 중국의 1인당 생산량은 1928년 소련의 1인당 생산량의 절반 정도였다. 또한 소련과 달리 중국의 인구 대다수는 농민이었다. 예를 들어, 소련 공산당원은 70퍼센트 이상이 도시민이었으나 중국 공산당원의 70퍼센트 이상은 농민이었다. 이 문제를 해결하기 위해 중국은 1957년 하반기부터 농업 생산량을 제고하는 동시에 중화학 공업을 신속히 발전시키기 위한 전략에 몰두할 수밖에 없었다.[7]

(3) 흐루쇼프와의 경쟁 심리

여기에 더해 마오쩌둥은 흐루쇼프를 수정주의자로 규정하여 비판했을 뿐만 아니라, 소련을 대신하여 중국이 사회주의권의 지도국이 되어야 한다는 일종의 사명감 혹은 경쟁심을 갖고 있었다. 왜 마오가 그렇게 성급하고 무모하게 대약진운동을 추진했는가를 반성하면서 보이보는 마오의 경쟁심을 하나의 근거로 들었다. 국제 공산주의 운동의 '바통(接力棒)'을 누가 장악할 것인가의 문제와, 당시 흐루쇼프가 취한 조치가 마오에게 영향을 미쳤다는 것이다. 흐루쇼프는 1952년에 소련에서 사회주의 건설 임무가 완수되었고, 현재는 공산주의로 이행하는 시기라고 선언했다. 소련 내부에서는 1959년부터 계산하여 12년 정도면 공산주의에 도달할 수 있다고 자신했다. 흐루쇼프가 15년 이내에 소련이 미국을 추월하겠다고 선언한 것은 이런 계산을 바탕으로 한 것이었다.

    마오쩌둥은 흐루쇼프에 뒤지지 않기 위해 중국도 빨리, 그것도 소련보다 더욱 빨리 공산주의에 진입해야 한다고 생각했다. 앞에서 살펴보았듯이, 1957년 11월 모스크바를 방문한 마오가 15년 이내에 영국을 추월하겠다고 선언한 것은 흐루쇼프가 15년 내에 미국을 추월하겠다고 선언한 것을 모방한 것이었다. 원래 중국은 사회주의에서 공산주의로 진입하기 위해서는 15~20년 혹은 그 이상의 시간이 필요하다고 판단했다. 그러나 1958년 8월 「인민공사 결의(公社決議)」가 발표될 때에는 판단이 완전히 바뀌었다. "공산주의는 우리나라의 현실에서 이미 어떤 요원한 장래의 일이 아니다."라는 것이다.[8]

2. 대약진운동(1958~1960년)

　대약진운동은 일련의 회의를 거쳐 1958년 5월 공산당 8기 당대회 2차회에서 공식 결정되었다. 표 4-1은 이를 정리한 것이다.
　무엇보다 대약진운동은 마오쩌둥이 추동했다. 만약 마오가 아니었으면 이 운동은 없었을지도 모른다. 그렇다고 다른 지도자들이 마오의 대약진운동 추진에 공개적으로든 비공개적으로든 반대한 것은 결코 아니었다. 1959년 8월 루산 회의에서 대약진운동의 문제점을 비판한 펑더화이와 장원텐도 초기에는 마오의 생각을 지지했다.
　2장에서 이미 살펴보았듯, 이 무렵에는 그 누구도 마오쩌둥의 생각에 반대할 수 없었고, 설사 반대한다 한들 마오의 생각이 바뀔 가능성도 없었다. 표 4-1이 보여 주듯이, 1957년 하반기부터 마오는 '모진'(바뀐 용어는 '약진')에 반대한 주요 지도자들을 지명 비판하고 앞으로 '반모진'이라는 말을 쓰지 말 것을 지시했다. 그러면서 1958년에 들어서는 매 회의마다 '반모진' 정책을 비판했다. 이런 상황에서는 설사 다른 생각을 갖고 있더라도 감히 마오 앞에서 견해를 말할 수 없었다.

[표4-1] 대약진운동 결정과 관련된 주요 회의

일시	회의 명칭	주요 내용(마오쩌둥의 발언과 결정)
1957년 9~10월	공산당 8기 3중전회	주요 모순 재규정과 '반모진' 비판
1957년 12월	항저우(杭州) 회의	우경 보수 비판, '반모진' 주도한 저우언라이 비판
1958년 1월	난닝(南寧) 회의	'반모진' 금지, 저우언라이 비판과 자기비판
1958년 3월	청두(成都) 회의	'반모진' 비판, 올바른 개인 숭배론 제기
1958년 4월	우한(武漢) 회의	'반모진' 비판, 용어를 모진(冒進)에서 약진(躍進)으로 변경
1958년 5월	공산당 8기 당대회 2차 회의	대약진운동 공식 결정, '반모진' 비판, 저우언라이, 천윈, 리셴녠, 보이보의 자기비판
1958년 8월	베이다이허(北戴河) 회의	인민공사 공식 결정

〈출처〉薄一波,『若干重大決策與事件的回顧(下)』(修訂本)(北京: 人民出版社, 1997), pp. 657-680; 陳麗鳳,『中國共産黨領導體制的歷史考察: 1921-2006』(上海: 上海人民出版社, 2008), pp. 213-218; Frederick C. Teiwes and Warren Sun, *China's Road to Disaster: Mao, Central Politicians, and Provincial Leaders in the Unfolding of the Great Leap Forward, 1955-1959* (Armonk: M.E. Sharpe, 1999), pp. 84-111.

다만 대약진운동에 대한 적극성 면에서 지도자들 간에 차이가 있었던 것은 사실이다. 예를 들어, 류샤오치와 덩샤오핑은 적극적이었다. 저우언라이와 천윈은 1956년 4월부터 1957년 여름까지 1년 남짓 '반모진' 정책을 주도해 마오의 눈 밖에 났고, 급기야 마오의 비판을 받아 경제 정책에 대한 주도권을 상실했다.[9] 그래서 공산당 중앙 서기처가 국무원을 대신하여 대약진운동을 추진하게 되었다. 이를 담당하던 류와 덩이 중심 인물로 떠오른 것이다.

반면 국무원의 권한 상실을 우려한 저우언라이와, 균형 발전 전략을 추진해야 한다는 신념을 갖고 있던 천윈은 소극적이었다. 그렇다고 천원이 주어진 임무를 태만히한 것은 결코 아니었다. 1958년 8월 베이다이허 회의에서 마오는 천원에게 철강 생산을 총괄하는 책임을, 리푸춘과 보이보에게는 그를 보좌하는 책임을 맡겼다. 이후 천원은 충실한 공산당원으로서 임무 수행에 최선을 다했다.[10] 저우도 마오의 대약진운동을 비판하거나 반대한 적은 없었다. 그는 언제나처럼 이번에도 '마오 편'이었다.

리버설 교수에 따르면, 대약진운동은 몇 가지 전략으로 구성된다. 첫째는 대중 동원이다. 공산당은 공업과 농업에서 부족한 자본과 기술을 보충하기 위해 남아도는 불완전 고용 상태의 노동력을 총동원했다. 이는 소련의 기술과 자본 지원이 축소 혹은 중단된 상황에서 중국이 선택할 수 있는 유일한 방법이기도 했다. 또한 공산당은 농업 문제를 해결하고, 이어서 이를 통해 도시의 공업 발전을 지원하려고 시도했다. 이런 점에서 대약진운동은 옌안 시대의 대중 운동을 차용했다고 말할 수 있다.

둘째는 높은 계획 목표(지표)의 수립과 집행이다. 공산당은 공업에서는 철강 생산, 농업에서는 식량 생산을 경제 발전의 핵심 영역으로 간주했다. 예를 들어, 영국을 15년 내에 쫓아가자고 주장했을 때 그 기준은 철강 생산량이었다. 이런 이유로 마오는 철강 생산과 식량 생산에서 중국이 달성해야 할 목표치를 매우 높게 설정했다. 그런 다음에 다른 경제 영역에서도 철강 생산과 식량 생산의 목표치를 따라잡도록 하라고 다그쳤다. 그 결과, "첫째, 고통을 두려워하지 않고, 둘째, 죽음을 두려워하지 않는다(一不怕苦 二不怕死)!"

가 생산을 독려하는 대표적인 구호가 되었다.

셋째는 현대적인 생산 방식 외에도 전통적인 생산 방식으로 공업 생산량을 증대하는 것이다. 높은 생산 목표치를 달성하기 위해 농촌 마을마다 용광로를 설치하여 철강을 생산하도록 독려한 것이 대표적이다. 넷째는 전문가와 전문 지식 및 기술의 무시다. 대약진운동의 구호는 "더 많이, 더 빠르게, 더 좋게, 더 절약해서(多快好省)!"였다. 그런데 이 중에서 단순한 양적 증가와 생산 속도를 강조하는 "더 많이"와 "더 빠르게"가 질적 증가와 생산 효율성을 강조하는 "더 좋게"와 "더 절약해서"를 압도했다.[11]

그러나 대약진은 과도한 목표를 설정했다는 사실 하나만으로 이미 실패가 예견된 운동이었다. 예를 들어, 1956년 최고 국무회의에서 통과된 「1956년에서 1967년 전국 농업 발전 요강(綱要)」을 보면, 1967년 식량 생산 목표는 1조 근(斤)(5억 톤)이었다. 그러나 1967년의 실제 생산량은 4,374억 근(2억 1,870만 톤)으로 목표량의 절반에도 미치지 못했다. 1993년에 가서야 9,000억 근(4억 5,000만 톤)을 겨우 달성할 수 있었다. 또한 「요강」에 의하면, 1956년부터 5~7년 후에 문맹을 완전히 해소한다는 목표를 설정했다. 그런데 2000년에 실시된 제5차 전국 인구 조사(census)에 의하면, 문맹 인구는 8,507만 명으로 문맹률은 6.72퍼센트에 달했다. 다시 말해 5~7년은 고사하고 45년이 지난 뒤에도 문맹은 해소할 수 없었다.[12]

3. 인민공사 운동

공산당 8기 당대회 2차 회의가 폐막된 지 3개월 뒤인 1958년 8월에 베이다이허에서 정치국 확대회의가 열렸다. 이때 인민공사 설립 운동이 공식 결정되었다.「중국 공산당 중앙의 농촌 인민공사 건립 문제 결의」가 채택된 것이다.

(1) 급속한 농업 집단화

소련과 달리 중국의 농업 개조는 호조조(互助組: 낮은 수준의 농민 협력체)에서 초급 농업 생산 합작사(合作社)로, 여기서 다시 고급 농업 생산 합작사로 단계적으로 이행했다. 초급 및 고급 합작사는 세 가지 측면에서 차이가 있었다. 첫째, 토지와 농기구 등 생산 수단의 소유제에 차이가 있었다. 초급 합작사는 농민이 토지와 농기구를 개인적으로 소유하는 기초 위에(즉 개인적 소유권을 어느 정도 인정한 상태에서) 집단 경작을 실시한다. 반면 고급 합작사는 소련의 협동농장과 유사하게 토지와 농기구를 완전히 집단 소유로 귀속시킨다. 즉 사유제를 폐지한다.

둘째, 분배 방식이 다르다. 초급 합작사는 노동에 따른 분배 방식을 실행하고, 토지와 농기구를 제공했을 경우에는 기여 정도에 따라 이익을 분배받는다. 반면 고급 합작사는 생필품의 공급제(供給制)와 노동의 임금제(貢資制)를 실행한다. 농민들은 필요한 생필품을 무상으로 공급받고, 공장의 노동자처럼 정해진 월급을 받는다는 것이다. 셋째, 규모가 다르다. 초급 합작사는 평균 20여 농가가 참여한 반면, 고급 합작사는 평균 200여 농가가 참여하여 집중 생산, 통일 경영, 통일 계산을 실현한다.[13]

처음에 농업 집단화는 순조롭게 진행되었다. 그런데 마오쩌둥이 덩쯔후이와 류샤오치의 반대를 무릅쓰고 1955년 여름에 갑자기 호조조에서 초급 합작사로, 여기서 다시 고급 합작사로 급속히 전환할 것을 지시했다. 이때 마오는 급속한 농업 집단화를 찬성하는 입장과 반대하는 입장을 '두 가지 노선의 분화(兩條路線的分歧)'로 규정하여, 다시 말해 반대 입장을 사회주의 반대 노선으로 몰아 비판했다. 그 결과 1955년 10월에 개최된 공산당 7기 중앙위원회 6차 전체회의(7기 6중전회)에서 덩쯔후이는 자기비판하고, 급속한 농업 집단화가 당론으로 결정되었다. 이후 농업 집단화는 급속히 진행되었다. 불과 1년 만인 1956년 말에 전국 농가의 93.3퍼센트가 농업 합작사에 가입했고, 그 중에서 87.7퍼센트가 고급 합작사에 가입했다.[14]

(2) 인민공사의 설립

인민공사는 고급 합작사의 기반 위에서 추진되었다. 마오쩌둥은 인민공사에 매우 집착했다. 농민을 통제하고 농산물을 징발하기가 편리했기 때문이다. 또한 그는 이를 사회주의 건설의 속도를 높이고, 궁극적으로는 공산주의로 이행하는 적극적인 준비로 간주했다. 그에게 인민공사는 공산주의 사회를 위한 실험이었던 것이다. 그가 젊은 시절에 즐겨 읽었던 캉유웨이(康有爲)의 『대동서(大同書)』

에 나오는 이상사회의 모습이 인민공사에 투영되었다고도 할 수 있다. 공동 식당 제도는 이를 잘 보여 준다. 마오는 "밥을 먹고 돈을 내지 않는 것이 공산주의다."라는 말을 자주 했다. 그래서 그는 공동 식당을 인민공사 제도의 핵심 요소로 생각하고, 이를 끝까지 고수하려고 했다. 그러나 공동 식당은 대기근으로 인해 3년 만에 문을 닫았다.

인민공사는 '첫째, 크고, 둘째, 공적이다(一大二公).'를 특징으로 한다. 먼저 여기서 '크다(大)'는 것은 규모를 말한다. 전국적으로 보면 평균 5,000호의 농가가 하나의 인민공사를 구성했다. 이렇게 토지와 농민의 규모가 커진 인민공사는 모든 것을 종합적으로 경영하고 관리하는 자기완결적인 단위가 되었다. "공업·농업·상업·학교·군대(工農商學兵)를 함께하고, 농업·임업·목축업·부업·어업(農林牧副漁)을 함께한다."는 구호는 이를 표현한 말이다. 참고로 인민공사는 1980년대 초에 농촌의 기층 단위인 향(鄕)으로 바뀌게 된다.

한편 '공적(公)이다'라는 말은 공유제를 강화한다는 의미다. 첫째, 농업 합작사의 토지, 가축, 농기구 등 생산 수단과 공공 재산은 모두 인민공사의 소유로 하고, 인민공사가 이를 통일적으로 관리한다. 둘째, 농민이 소유했던 텃밭(自留地)도 인민공사로 귀속시켜 사유제의 잔재를 철저히 일소한다. 셋째, 국가가 식량, 산업, 재정, 은행 등과 관련된 공공 기관을 인민공사에 넘겨 관리하게 한다.[15] 이처럼 인민공사는 사적 소유제를 사실상 폐지하고 공동으로 생산하고 공동으로 생활하는 공산주의 사회의 '원형(原型)'이었다.

농업 집단화가 그랬듯이, 인민공사도 급속히 설립되었다. 1958년 9월 29일까지 티베트를 제외한 전국의 27개 성·자치구·직할시에서 모두 23,384개의 인민공사가 건립되었다. 이는 농가 총 수의 90.4퍼센트를 포괄했으며, 12개 성(省)에서는 100퍼센트의 농민이 인민공사로 편입되었다. 그해 10월 말에는 인민공사가 26,576개로 늘어, 농가 총 수의 99.1퍼센트가 참가했다. 1956년 상반기에는 전국에 모두 70만여 개의 고급 농업 생산 합작사가 존재했는데, 이것이 불과 2년 만에 2만 6,000여 개의 인민공사로 개조된 것이다(평균 28개의 농업 합작사가 1개의 인민공사 구성). 이때 각 농촌에서는 265만여 개의 공동 식당이 운영되어 농촌 인구의 70~80퍼센트(일부 지역에서는 90퍼센트)를 수용했다. 탁아소와 유치원도 475만 개가 있었다.[16]

그러나 인민공사는 심각한 문제를 일으켰다. 양지성의 표현처럼, 이는 "전체주의 제도의 표현"이었다. 먼저 인민공사는 정사합일 (政社合一: 정치와 공사의 통일)의 제도로, 경제 조직이면서 기층 정권이었다. 당시 농촌에는 '생산대(生産隊)-생산대대(生産大隊)-인민공사'라는 3층 구조가 있었고, 각 층위마다 간부가 각각 5인, 10인, 30인 이상이었다. 전국적으로 52,781개의 인민공사, 69만 개의 생산대대, 481만 개의 생산대가 있었기 때문에, 이들의 크고 작은 간부를 합하면 6,000만 명이나 되었다. 이는 농촌 인구의 7퍼센트로, 이들의 수입이 농촌 수입의 10~30퍼센트를 차지했다. 간부는 노동에 참여하지 않았고, 공동 식당과 기타 생필품 공급에서도 특권을 누렸다. 그 결과 이들은 전통 시대에 농민을 착취하던 '지방 토호(土

豪)'와 다를 바가 없어졌다.

또한 인민공사에서는 공급제가 시행되면서 '전시(軍時) 공산주의'가 실현되었다. '7개 공급 보장(7包)' 방침에 따라 식사, 의복, 출산, 거주, 교육, 간병, 혼례와 상례는 인민공사가 보장했다. 그러나 품질은 최저 생계에도 미치지 못하는 조악한 수준이었다. 더욱 심각한 문제는, 당 간부가 공급제를 통해 농민 생활을 통제하면서 농민의 지위가 크게 하락한 점이다. 일부 당 간부들은 공급제를 통해 농민을 노예처럼 부렸다. 예를 들어, 말을 듣지 않는 농민을 공동 식당에서 퇴출시킴으로써 굶주려 죽게 만들었다. 여기에 군사 조직을 일상생활에 도입하여 '조직 군사화, 행동 전투화, 생활 집단화'를 실행했다. 이는 궁극적으로 가족의 소멸을 목표로 한 것이었다.[17]

또한 인민공사는 다른 문제도 낳았다. 당 간부들은 인민공사의 규모가 커지면서 행정, 생산, 유통, 위생, 교육 등 모든 면에서 제대로 관리하지 못했다. 그럴 능력도 없고 의지도 없었던 것이다. 그래서 획일적이고 강압적인 행정 명령, 일명 '명령풍(命令風)'이 농촌을 휩쓸었다. 그 결과 농업의 생산 효율은 저하되고, 각종 자원이 심각하게 낭비되었다. 농민은 당연히 현실도 모르면서 명령과 지시만 일삼는 당 간부에 대해 강한 불만을 품게 되었다. 노동 의욕이 생길 리 만무했다.

공급제도 다른 문제를 야기했다. 농민들은 겨우 생명을 유지할 정도의 최저 생계 수준에 맞춰 음식물이 공급되는 공동 식당에서 식사했는데, 이것이 이들의 노동 의욕을 더욱 저하시켰다. 예를 들어, 당시에 인민공사와 공동 식당에는 소위 '4다(多) 4소(少)'와 '3화(化)' 현상이 널리 퍼져 있었다. '4다 4소'는 밥 먹는 사람은 많은데 출근하는 사람은 적고, 병난 사람은 많은데 약 먹는 사람은 적고, 게으름을 배우는 사람은 많은데 부지런함을 배우는 사람은 적고, 독서하는 사람은 많은데 노동하는 사람은 적다는 말이다. '3화'란 '출근(出工)의 자유화, 식사의 전투화, 노동 집계(收工)의 집단화'를 말한다.

(3) 참담한 결과와 마오쩌둥의 고집

대약진운동과 인민공사 운동은 참담한 결과를 초래했다. 1959년에서 1962년에 이르는 4년 동안에 전국적으로 대기근이 발생하여 수많은 사람이 '비정상적으로' 사망했던 것이다. 예를 들어, 디쾨터(Frank Dikötter) 교수는 이 기간에 4,500만 명이 기근과 질병 등으로 비정상적으로 사망했다고 주장했다. 양지성 기자는 그 숫자를 3,600만 명으로 기록했다.[18] 중국 정부와 다수의 관방 학자들은 이보다는 적은 사망자가 발생했다고 주장한다. 즉 대약진운동 이후에 약 1,700만 명의 비정상적인 사망자가 발생했다는 것이다.[19]

이처럼 대규모의 사망자가 나온 이유는 몇 가지다. 첫째로 철강 생산에 대량의 농촌 노동력이 투입되면서 농사지을 사람이 부족했다. 즉, 가을 추수기에 들판에 곡식이 여물었는데도 수확할 사람이 없어 그대로 방치할 수밖에 없었다. 모두 철강 생산에 투입된 결과였다. 둘째로 중앙에 농업 생산량을 허위로 과다 보고하고, 이를 기준으로 중앙이 곡물을 과다 징발하면서 대규모의 아사자가 발생했다. 그 밖에도 농민의 텃밭까지 다 없애고, 공동 식당을 운영하면서 농가의 부엌마저 없앤 것이 사망자를 늘렸다. 국가가 식량을 공급하지 않으면 굶어죽을 수밖에 없는 구조가 만들어진 것이다.

이처럼 과도한 목표를 설정하고 시작한 대약진운동은 1958년 말부터 곧바로 문제점이 드러났다. 마오쩌둥은 다양한 보고와 지방 시찰을 통해 이를 알아차리고 문제점을 시정하려고 노력했다. 1958년 11월에 개최된 정저우(鄭州) 회의는 그 시작이었다. 물론 다른 정치 지도자들도 문제점을 잘 알고 있었지만, 당시 상황에서는 문제를 제기할 수 있는 사람이 오직 마오 한 사람뿐이었다.

그러나 마오쩌둥은 근본적인 문제 해결에는 반대했다. 마오의 입장은 분명했다. 과도기 총노선, 대약진운동, 인민공사라는 '삼면홍기'는 정확한 노선이므로 바꿀 수 없다. 현재의 문제는 이를 집행하는 과정에서 발생한 부수적인 현상이다. 따라서 문제만 고친다면 '삼면홍기'는 성공할 수 있다. 이때 마오가 즐겨 사용한 비유가 바로 "아홉 손가락 대 한 손가락"이다. 대약진운동의 90퍼센트는 성과고, 문제는 단지 10퍼센트에 불과하다는 것이다.

4. 루산 회의(1959년)와 펑더화이 숙청

그러나 시간이 갈수록 대약진운동의 문제는 더욱 확대되었다.

이를 허심탄회하게 토론하고 중앙과 지방의 지도자를 설득할 생각으로 마오쩌둥은 1959년 7~8월에 루산 회의를 개최했다. 루산은 장시성에 있는 명산으로, 여름철 피서지로 특히 유명한 곳이다. 마오는 피서를 겸해 이곳에서 회의를 개최하기로 결정한 것이었다.

루산 회의는 엘리트 정치에서 하나의 분수령이 되는 사건이다. 이 회의를 통해 몇 가지의 변화가 있었기 때문이다. 먼저, 마오쩌둥의 '불패 신화'가 깨지고, 동료들 간에 마오에 대한 불신과 회의가 확산되었다. 마오의 카리스마적 정통성에 금이 가기 시작한 것이다. 또한 이 회의 전에는 그래도 자신의 의견을 표현했던 정치 지도자들이 이 회의를 기점으로 더 이상 그렇게 하지 않았다. 정당한 문제 제기나 타당한 의견 제시도 계급 투쟁의 관점에서 비판받고 숙청될 수 있었기 때문이다. 마지막으로 이 회의를 기점으로 마오에 대한 개인 숭배가 일상화되었고, 그것은 문혁에까지 이어졌다.[20]

루산 회의는 1959년 7월 2일부터 8월 16일까지 진행되었는데, 세 시기로 나눌 수 있다. 첫째는 7월 2일부터 7월 16일 펑더화이가 마오쩌둥에게 편지를 보내기 전까지의 시기다. 이때는 참석자들이 편안한 마음으로 명산에서 한담(閑談)을 나눈다는 의미에서 회의를 '신선회(神仙會)'라고 불렀다. 둘째는 7월 16일부터 8월 1일 정치국 확대회의까지의 시기다. 마오가 펑의 편지를 공개하고, 7월 23일에는 그것을 공개 비판한 것이 전환점이 되었다. 이후에 회의는 펑에 대한 비판으로 모아졌다. 셋째는 8월 2일부터 16일까지의 시기로, 이 기간에 공산당 8기 중앙위원회 8차 전체회의(8기 8중전회)가 개

최되었다. 이때 펑 등의 '반당 집단'에 대한 결의가 통과되었다.[21]

루산 회의 전에 대약진운동에 대한 평가 기조와 토론 주제는 마오가 이미 결정했다. 마오는 대약진운동에 대해 "성과는 위대하고(成績偉大), 문제는 적지 않지만(問題不少), 앞길은 밝다(前途光明)."라고 평가했다. 또한 그는 과도기 총노선, 대약진운동, 인민공사라는 '삼면홍기'를 "절대적으로 긍정"하고, "철강 중심의 방침(以鋼為綱)"을 유지하며, 인민공사의 공동 식당도 유지하여 1959년에도 계속 약진해야 한다고 주장했다. 마오는 특히 대약진운동에서 보여준 농민들의 "혁명 열기"를 어떻게 하면 계속 유지할 수 있을 것인지에 골몰해 있었다. 따라서 이에 찬물을 붓는 행위나 말은 용납할 수 없었다.

한편 루산 회의 의제는 모두 19개였다.(『루산 회의 실록』을 작성한 리루이는 의제가 18개였다고 주장한다.) 여기에는 독서 과제, 형세 평가, 향후 임무, 체제 문제, 공동 식당 문제, 공업 관리, 군중 노선, 협력 문제 등 마오가 선정한 국내 문제 18개와, 저우언라이가 제기한 국제 문제 1개가 포함되었다.[22]

(1) 펑더화이의 편지와 마오쩌둥의 비판

그런데 토론이 진행되면서 몇몇 지도자들은 이렇게 한담하듯이 논의해서는 문제를 야기한 원인을 제대로 규명하여 해결할 수 없다고 생각했다. 펑더화이(당시 국방부장), 장원톈(당시 외교부 제1 부부장), 황커청(黃克誠: 당시 인민해방군 총참모장), 저우샤오저우(周小舟:

후난성 당서기)가 대표적이다. 이들은 소모임에서 토론할 때 좀 더 적극적으로 대약진운동의 문제점을 지적했고, 그것을 야기한 원인에 대해서도 솔직하고 날카롭게 분석했다.

특히 펑더화이는 여기서 더 나아가 개인적으로 마오쩌둥에게 편지를 작성하여 자신의 생각을 전달했다. 그런데 마오가 펑의 동의 없이 사적인 편지를 회의 참가자에게 공개했던 것이다. 사실 편지 내용은 별것이 없었다. 먼저 "1958년 대약진의 성과는 의심할 여지없이 긍정적"이라고 평가했다. 이어서 경제의 균형 상실 문제와 그것을 초래한 원인, 즉 경험 부족, 중국의 낙후성을 지적했다. 특히 "과장풍(誇張風)"과 "소자산계급의 광풍(狂熱性)"이 대약진운동의 문제를 야기한 원인이라고 했다. 마지막으로 모두가 단결하여 문제를 극복하자고 호소했다.[23]

이처럼 펑더화이는 대약진운동의 성과를 긍정적으로 평가했다. 다만 문제를 초래한 원인에 대해 마오쩌둥과 다른 생각을 갖고 있었을 뿐이다. 대약진운동에 대한 지도자의 생각과 방법, 사업 태도(作風)에 문제가 있는데, "소자산계급의 광풍"이 "군중 노선과 실사구시(實事求是)"를 위반해서 문제가 생겼다는 것이다. 따라서 문제를 해결하려면 지도 사상에서 좌경적인 요소를 시정해야 한다고 주장했다. 이런 이유로 마오가 7월 23일 펑의 편지를 비판하기 전까지 대부분의 참석자들은 펑의 편지에 공감하고 지지했다.

그러나 마오쩌둥은 그렇게 생각하지 않았다. 7월 23일에 있었던 마오의 긴 연설은 참석자 모두에게 충격이었다. 펑더화이를 "동요분자,""우파(右派)와의 거리 30킬로미터"(즉 사실상 우파와 차이가 없는 주장), "자산계급 및 소자산계급의 동요성" 등의 용어를 사용하여 비판했기 때문이다. 특히 마오는 『맹자(孟子)』의 「양혜왕(梁惠王) 상편」에 나오는 "사람 인형을 처음 만들어 무덤에 부장품으로 넣은 사람은 자손이 끊어질 것이다(始作俑者 其無後乎)."라는 구절을 인용하면서 감정적으로 펑을 비판했다. 이 구절은 원래 인간의 존엄성을 강조한 말이다.

'시작용자 기무후호(始作俑者 其無後乎)'라는 말이 있다. 내게 후사(後嗣)가 없는가? 중국의 습관에서 아들은 후사로 부르지만 딸은 후사로 치지 않는다. 내 아들 하나는 전사했고[장남 마오안잉(毛岸英)이 한국전쟁에서 전사한 것을 말한다.], 아들 하나는 미쳤다[차남 마오안칭(毛岸青)이 일곱 살 때 국민당 군인에게 맞은 후유증으로 정신이상자가 된 것을 말한다.]. 내가 보건대 후사가 없다. 대대적인 철강 제련과 인민공사, 대약진의 발명권은 내게 있다. (……) 인형을 만든 자는 나니, 마땅히 자손이 절멸(絶滅)해야 한다.[24]

마오쩌둥이 이 부분을 말할 때에는 눈가에 눈물이 맺혔다고 한다. 또한 이를 들은 참석자들은 마오가 무엇을 암시하는지 알았다고 한다. 그의 장남 마오안잉은 펑더화이가 총사령관으로 지휘했던 한국전쟁에 러시아어 통역 장교로 참전했다가 미군 폭격으로 사망했다. 이 사실을 잘 아는 사람들에게는 이 말이 펑에 대한 마오의 개인적인 서운함과 원망을 표현한 것으로 들렸던 것이다.[25] 이처럼 마오는 펑에 대한 비판에서 자신이 그동안 갖고 있던 서운하고 원망스러운 감정을 모두 쏟아냈다.

또한 마오쩌둥은 펑더화이의 편지가 새로운 내용은 없고 대약진운동의 여러 문제를 나열한 것으로, 지난 8~9개월 동안 여러 사람들이 이미 말한 것 이상은 아니라고 비판했다. 더욱이 펑은 과거에도 몇 차례 이에 대해 말할 기회가 있었는데 조용히 있다가 이제 와서 움직이는 것은 불순한 동기가 있다고 판단했다.

여기에 더해 일부 표현은 마오를 자극했다. "소자산계급의 광풍"이 특히 그랬다. 이에 대해 마오쩌둥은 반박했다. "5억 명의 농민은 농민의 다수고, 매우 적극으로 (공동) 식당을 열고, 대규모로 힘을 모으고 있다. 이는 빈곤을 벗어나고자 하는 노력인데, 이것이 소자산계급의 광풍인가?" 앞에서 말했듯이, 똑같은 현상에 대해 마오는 펑과는 완전히 다르게 '혁명 열기'로 보았던 것이다.

또한 펑더화이가 대약진운동의 득실(得失)을 평가하면서 "잃은 것도 있고, 얻은 것도 있다(有失有得)."고 '득'과 '실'의 순서를 바꾸어 표현한 것도 마오쩌둥의 눈에 거슬렸다. 일반적으로는 성과를 앞에 쓰고 문제를 뒤에 쓰는 것이 관례인데, 펑은 이를 반대로 씀으로써 대약진운동이 성과보다 문제가 더 크다는 점을 의도적으로 부각시켰다는 것이다.[26] 펑은 나중에 비서가 정서(淨書)하는 과정에서 실수로 그런 것이라고 해명했다. 이런 자구 하나하나에 신경이 거슬렸다는 점은, 마오가 펑에 대해 기본적인 신뢰조차 없었다는 사실을 보여 준다.

결국 마오쩌둥은 펑더화이의 편지를 자신의 권위에 대한 정면 도전으로 간주했다. 사실 마오에게 편지 내용은 중요한 것이 아니었을지도 모른다. 회의에 참석했던 보이보의 회고에 따르면, 마오의 말 중에서 두 가지에 특히 주의할 필요가 있다고 한다. 첫째, "남이 나를 범하지 않으면 나도 남을 범하지 않지만, 남이 나를 범하면 나도 반드시 남을 범한다(人不犯我 我不犯人, 人若犯我 我必犯人). 현재 이 원칙은 결코 방기할 수 없다." 둘째, "만약 해방군이 나를 따르지 않으면 — 내가 보건대 해방군은 나를 따를 것인데 — 나는 농촌에 가서 다른 조직을 꾸리겠다." 마오의 발언 이후 모든 참석자들은 펑 비판에 가담했다.[27]

일부 연구자들은 마오쩌둥이 단순히 펑더화이가 보낸 편지 때문에 화가 난 것은 아니라고 본다. 마오는 펑에게 옛날부터 많은 불만과 원한을 품고 있었는데, 이번 기회를 이용하여 그를 '청산(淸算)'하려고 결심했다는 것이다. 실제로 8월 1~2일의 정치국 상무위원회 회의는 펑의 '역사 청산'을 목적으로 열렸다. 이때 펑이 혁명에 참가한 이후부터 당시까지 보여 준 모든 언행이 적나라하게 폭로되었다. 참석자들은 작은 문제 하나하나를 놓치지 않고 비판했다.[28]

그간 마오쩌둥과 펑더화이 사이에는 몇 가지 사건이 있었다. 첫째, 1935년 대장정 시에 마오는 전체 대오의 안전을 위해 4회의 도강(渡江)을 주장했는데, 펑은 군대의 희생이 늘 수 있다는 이유로 이에 반대했다. 이때 마오는 펑이 자신의 권위에 도전한다고 생각했다. 둘째, 1940년에 있었던 백단대전(百團大戰: 허베이, 산시, 내몽골, 베이징, 톈진 등에서 약 100개의 군 부대(團)가 일본군과 벌인 전투)에 대해 둘은 달리 평가했다. 펑은 독자적으로 전투를 진행하고 나중에 옌안에 보고했다. 펑은 비교적 성공한 전투로 보지만, 마오는 그렇지 않았다. 셋째, 펑은 '가오강 사건'에 연루되었다. 다만 그때는 문제를 확대시키지 않기 위해 가오강만 처벌했다. 넷째, 펑은 마오의 개인숭배를 반대했고, 그래서 마오는 1952년에 「당헌」에서 마오 사상을 삭제할 것을 요구하기도 했다. 그 밖에도 마오는 펑이 소련과 내통하고 있다고 의심했다.[29]

(2) '반당 집단' 결의와 '반우경 투쟁'

8월 2일에는 펑더화이 '반당 집단' 사건을 처리하기 위해 중앙위원회가 소집되었다. 「중국 공산당 8기 8중전회 펑더화이 동지를 수괴로 하는 반당 집단의 착오 결의」가 통과되었다. 단 당시에는 이 「결의」가 외부로 발표되지 않았다.

먼저, 사건의 성격을 규정했다. "펑더화이 동지를 수괴로, 황커청, 장원톈, 저우샤오저우 등 동지를 포함하는 우경 기회주의 반당 집단"은 루산에서 "공산당의 총노선, 대약진, 인민공사를 반대하는 맹렬한 공격"을 발동했다. 펑의 편지와 발언은 "우경 기회주의자가 공산당을 향해 공격하는 강령을 대표"한다. 특히 그것은 "공산당 중앙과 마오쩌둥 동지의 영도를 향해 맹렬한 공격을 자행한 것이다."

이어서 처분이 내려졌다. 펑더화이, 황커청, 장원톈, 저우샤오저우의 직위, 즉 각각 국방부장, 인민해방군 총참모장, 외교부 제1부부장, 허난성 제1 서기의 직무를 면직한다. 다만 이들의 당내 직위(중앙위원과 후보 위원, 정치국원과 후보 위원)는 유지한다. 이들을 대신하여 린뱌오를 국방부장, 뤄루이칭(羅瑞卿)을 인민해방군 총참모장에 임명한다. 또한 「당의 총노선을 보위하고 우경 기회주의를 반대하기 위한 투쟁」이 통과되었다. 이에 따르면, "우경 기회주의는 이미 현재 당내의 주요한 위험이 되었다. 사회주의 총노선을 보위하고, 우경 기회주의의 진공을 격퇴하는 것은 당의 현재 주요한 전투 임무"였다.[30]

이렇게 루산 회의는 일단락되었다. 그러나 파장은 그 후에도 1~2년 동안 계속되었다. 전국적으로 '우경 기회주의 분자'를 타도하기 위한 계급 투쟁인 반우경 투쟁이 전개되었던 것이다. 그동안 대약진운동과 인민공사 설립을 비판하거나 이에 불만을 표시했던 사람, 펑더화이 '반당 집단'을 옹호하는 사람, 공산당의 방침을 최선을 다해 집행하지 않는 사람은 '우경 기회주의 분자'로 비판 받았다. 약 365만 명에 달하는 당정 간부가 '우경 기회주의 분자'로 낙인찍혔던 것이다.[31] 이들은 문혁 기간에 다시 한번 혹독한 시련을 견뎌야만 했다.

5. '7,000인 대회'(1962년), 마오쩌둥과 류샤오치의 분열

펑더화이 '반당 집단'의 문제를 처리했다고 해서 대약진운동의 문제가 해결된 것은 아니었다. 결국 대약진운동은 1960년에 중단되었다. 이를 대신하여 농업 생산을 회복하여 굶주림 문제를 해결하기 위한 조정 정책이 결정되었다.

표 4-2에 나와 있듯이, 1961년 1월에 공산당 8기 9중전회가 개최되어 '조정(調整), 공고(鞏固), 충실(忠實), 제고(提高)'라는 '8자 방침(八字方針)'이 공식 확정되었다. 여기서 핵심은 '조정'이다. 이는 경제의 불균형 문제를 해결하는 방침을 말한다. 예를 들어, 철강 생산을 줄이고 생필품과 농산물 생산에 더 많이 투자하는 것이다. '공고'는 지금까지 생산과 건설에서 획득한 성과를 다지는 것, '충실'은 신흥 산업과 부족한 생산물의 생산을 늘리는 것, '제고'는 생산물의 질량과 경제 효율을 높이는 것을 말한다.

[표4-2] 대약진운동의 문제를 수습하기 위한 주요 회의와 내용

일시	회의 명칭	주요 내용
1958년 11월	1차 정저우(鄭州) 회의	대약진운동 문제점 토론
1958년 11~12월	우창(武昌) 회의/ 공산당 8기 6중전회	인민공사 완화, 철강 목표 완화, 공산주의 이행 시기 완화 논의
1959년 1월	베이징 회의	대약진운동의 총노선 고수 천명
1959년 2~3월	2차 정저우 회의	생산대(生産隊)를 인민공사 계산 단위로 모색
1959년 3~4월	상하이(上海) 회의/ 공산당 8기 7중전회	류샤오치의 국가 주석 계승 승인
1959년 7~8월	루산(廬山) 회의/ 공산당 8기 8중전회	펑더화이 '반당 집단' 비판
1960년 7~8월	베이다이허(北戴河) 회의	공동 식당 폐지(대기근 확대가 원인)
1961년 1월	공산당 8기 9중전회	'조정, 공고, 충실, 제고' 방침의 확정
1962년 1~2월	7,000인 대회	대약진운동의 문제와 대응 방안 토론
1962년 9월	공산당 8기 10중전회	흑암풍·단간풍·번안풍 비판, 계급 투쟁 강조, '사회주의 교육 운동' 실시 결정

〈출처〉楊繼繩, 『墓碑: 1958-1962年中國大飢荒紀實(下)』(最新修訂本)(香港: 天地, 2015), pp. 278-231; 李忠誠 主編, 『中國共產黨70年紀事』(重慶: 重慶出版社, 1992), pp. 320-356; Frederick C. Teiwes and Warren Sun, *China's Road to Disaster: Mao, Central Politicians, and Provincial Leaders in the Unfolding of the Great Leap Forward, 1955-1959* (Armonk: M.E. Sharpe, 1999), pp. 125-154.

그러나 경제 정책 조정 방침은 지방에서 제대로 집행되지 않았다. 대약진운동의 열풍에 휩싸였던 지방의 당정 간부들이 이를 무시했기 때문이다. 그래서 지방 지도자의 사상을 통일할 목적으로 1962년 1~2월에 '7,000인 대회'가 개최되었다. 약 한 달 동안 진행된 회의에는 중앙부터 현급(縣級)까지 당정의 책임자 7,118명이 참석했다고 해서 '7,000인 대회'로 불렸다. 보이보는 이 모임을 민주적으로 자신의 의견을 말할 수 있는 풍토를 조성하여 1958년에 대

약진운동이 시작된 이후의 경험과 교훈을 초보적으로 평가하고 정리한 회의였다고 긍정적으로 평가했다.[32]

그러나 7,000인 대회는 엘리트 정치와 관련하여 매우 중요한 결과를 낳았다. 마오쩌둥과 '1선' 지도자 특히 류샤오치 간에 커다란 인식 차이가 존재하고, 이 차이는 쉽게 해결될 수 없다는 사실을 확인시켜 주었기 때문이다. 이때부터 마오와 류 사이에 의견 분화와 갈등이 본격적으로 시작되었다고 평가할 수 있다.

먼저, 현재의 어려움에 대한 평가가 달랐다. 마오쩌둥과 일부 지방의 지도자들은 형세가 이미 근본적으로 호전되어 "1958년의 힘이 다시 일어났고," "생산의 높은 파도(高潮)가 다시 도래하기 시작했다."라고 평가했다. 반면 류샤오치와 다수의 지방 지도자들은 상황이 개선되기는커녕 여전히 상당히 심각하다고 평가했다. 1961년에 공업과 농업의 생산은 전년 대비 약 40퍼센트 감소했고, 그래서 인민의 생활은 전과 마찬가지로 어렵다는 것이다.

재난을 초래한 원인 분석에서도 차이가 났다. 마오쩌둥은 원인을 주로 자연재해로 돌렸다. 다른 지도자들도 노선의 오류는 말할 것도 없고 지도상의 오류를 원인으로 지목하기는 감히 엄두조차 내지 못했다. 반면 류샤오치는 인재가 주요 원인이라는 "천재 30퍼센트(三分天災), 인재 70퍼센트(七分人禍)"론을 주장했다. 7,000인 대회를 위해 준비한 류의 공식 보고서에는 이런 내용이 들어 있지 않았지만, 류가 실제로 보고할 때에는 이를 언급했다. 이는 마오의 심기를 매우 불편하게 만들었다.[33]

전국적으로 보면, 결점과 성과의 관계가 [마오 주석이 말한 것처럼] 한 손가락 대 아홉 손가락의 관계가 아니라, 세 손가락 대 일곱 손가락의 관계일 것이다[즉 결점이 30퍼센트고, 성과가 70퍼센트다]. 어떤 지방에서는 결점과 착오가 세 손가락에 머물지 않을 것이다. (……) 내가 후난(湖南)의 한 지방에 갔는데, 농민들이 '삼분천재 칠분인화(三分天災 七分人禍)'라고 말했다. 여러분이 [이 점을] 인정하지 않으면 사람들을 설득할 수 없다. 전국의 어떤 지역에서는 결점과 착오가 주(主)고, 성과는 주가 아니다.[34]

굶주림 문제를 해결하기 위한 정책에서도 마오쩌둥과 류샤오치는 큰 차이가 있었다. 특히 농업 분야에서 그랬다. 마오는 인민공사의 생산 및 계산 단위를 생산소대(生産小隊)로 축소하는 정책에는 동의할 수 있으나, 그 이상의 후퇴는 용납하지 않았다. 집단 영농을 잠시 보류하고 조별영농(組別營農)과 호별영농(戶別營農)을 실시하자는 주장에는 반대했던 것이다. 반면 류, 천윈, 덩샤오핑 등은 안후이성의 일부 지방에서 이미 실시되고 있던 조별영농과 호별영농을 합법화하는 내부 문건의 기초를 지시했다. 이 무렵에 덩샤오핑은 쓰촨성 속담인 흑묘황묘론(黑猫黃猫論), 즉 '검은 고양이건 누런 고양이건 쥐를 잘 잡는 고양이가 좋은 고양이다.'를 인용하면서 이를 정당화했다. 그러나 이를 마오에게 보고하자 마오는 신랄하게 비판했고, 결국 조별영농과 호별영농은 모두 취소되었다.[35] 특히 안후이성의 호별영농을 주도했던 당서기 쩡시성(曾希聖)은 마오로

부터 "방향성의 오류를 범했다."라는 비판을 받고 파면되었다.[36]

재난을 초래한 책임 문제에 대해서도 견해가 달랐다. 7,000인 대회에서는 합의된 인식이 존재하기는 했다. "주요 책임은 중앙이 져야 하고, 그 다음의 책임은 성·자치구·직할시의 일급 당위원회가, 그 다음의 책임은 성급(省級) 아래의 각급 당위원회가 져야 한다."는 것이다. 문제는 마오가 어느 정도의 책임을 져야 하는가였다.

이에 대해 베이징시 당서기 평전은 마오의 책임 문제를 과감하게 제기했다.

> 우리의 착오는 우선 [덩샤오핑이 총서기로 있는] 중앙 서기처가 져야 한다. 마오 주석, 류샤오치 및 중앙의 상무위원 동지는 여기에 포함되어야 하는가? 포함해야 하는 것은 포함해야 하고, 어느 정도의 착오는 어느 정도의 착오다. 마오 주석은 어떤 착오도 없는가? 3~5년 내에 [사회주의에서 공산주의로] 이행(過渡)한다는 문제와 공동 식당은 모두 마오 주석이 비준한 것이다. 마오 주석의 권위는 히말라야 산맥이 아니고 태산(泰山)일 뿐이다. 현재 당내의 한 경향은 감히 의견을 말하지 못하고, 착오를 감히 검토하지도 못한다. 한번 검토하면 바로 붕괴한다[즉 문제를 제기하면 바로 실각한다].[37]

천보다는 평전의 발언을 즉각 비판했다. 대약진운동의 문제를 초래한 책임은 마오쩌둥 개인이 아니라 공산당 중앙 전체가 져야 한다는 것이다. 린뱌오와 저우언라이도 이에 동의했다. 대약진운동을 적극적으로 추진했던 상당수의 지방 지도자들, 예를 들어 상하이시 당서기인 자칭스(賈慶施) 등도 이런 생각을 갖고 있었다.

> 어제 펑전이 마오 주석에 대해 말한 것은 연구할 필요가 있다. 우리가 잘못한 일을 마오 주석이 책임져야 하는가? 마오 주석의 업무(工作)를 비판적으로 검토(檢討)해야 하는가? 펑전은 설명해야 할 것이다. 펑전처럼 마오 주석을 비평할 수 있다는 말은 인심을 얻지 못할 것이다. 모든 사람은 비평할 수 있지만 마오 주석은 비평할 수 없고, 그것은 좋지 않다.[38]

이런 상황에 직면하여 마오쩌둥은 공개적으로 '자기 검토'(일종의 자기비판)를 해야만 했다. 이전에도 마오는 정치국 회의나 공작 회의에서 애매모호하게 자기의 문제점을 말한 적은 있었다. 그러나 이처럼 자신의 책임을 공개적으로 인정하고 자기 비판한 것은 역사상 처음 있는 일이었다. 그것도 중앙과 지방의 주요 책임자들 앞에서 말이다.

> 작년 6월 12일, 중앙이 베이징에서 공작회의를 열던 마지막 날에, 나는 내 결점과 착오에 대해 말했다. (……) 무릇 중앙이 범한 착오는 직접적으로 나의 책임이고, 간접적으로도 내 몫이다. 왜냐하면 내가 중앙 주석이기 때문이다. 나는 다른 사람에게 책임을

떠넘기지 않을 것이다. 기타 다른 동지들도 책임이 있다. 그러나 제I의 책임은 마땅히 나다.[39]

이처럼 마오쩌둥은 마지못해 '자기 검토'를 했지만 마음속으로는 이를 결코 수용할 수 없었다. 특히 류샤오치가 재난이 발생한 원인의 70퍼센트가 인재(人禍), 즉 마오 자신의 잘못된 결정과 지도라고 지적한 데 대해서는 일종의 배신감마저 느꼈다. 그동안 류와 좋은 협조 관계를 유지해 왔던 마오는 7,000인 대회를 기점으로 류에 대에 크게 실망했다. 마오는 류를 후계자에서 배제하는 것은 물론 숙청까지 고려하기 시작했다.

6. 공산당 8기 10중전회(1962년): '계급 투쟁' 중심의 노선

7,000인 대회 뒤에도 경제 문제는 호전되지 않았다. 공산당은 당정 간부의 사상을 통일하여 경제 문제를 극복하기 위해 6개월 만에 다시 대규모 회의를 조직했다. 1962년 7~9월에 개최된 공산당 8기 중앙위원회 10차 전체회의(8기 10중전회)와 이를 위한 사전 준비회의가 그것이다. 중국에서는 이 두 회의를 묶어 베이다이허 회의라고 부른다. 회의 의제는 경제 발전을 위한 대안 모색, 구체적으로 농업, 식량, 상업에 대한 정책과 국가의 농업 지원이었다.

그런데 류샤오치와 덩샤오핑이 주도하는 경제 회복 정책에 강한 불만을 품고 있던 마오쩌둥은 회의 초반에 이런 흐름을 바꾸기 위해 계급 투쟁을 강조하는 연설문을 발표했다. 이는 6개월 전의 7,000인 대회에서 마오가 보여 주었던 소극적인 태도에서 벗어나 자신의 입장을 강력하게 주장하여 정책의 주도권을 확고히 다지기 위한 시도였다. 당연히 마오의 연설은 회의의 원래 의제와는 완전히 다른 것이었다.

마오쩌둥 연설의 핵심 주장은 이렇다. 사회주의 국가에도 계급은 존재하고, 따라서 계급 투쟁도 계속된다. 소련에서처럼 국내에도 이를 부정하는 경향이 있는데, 우리는 이를 경계해야 한다. 이어서 마오는 계급 투쟁의 관점에서 농업 생산을 회복하기 위해 일부 지방에 도입되었던 조별영농과 호별영농을 '수정주의(修正主義)'로 몰아서 비판했다. 앞에서 보았듯이, 마오는 1957년 9~10월에 개최된 공산당 8기 3중전회에서 계급 투쟁론을 언급한 이후 한동안 조용히 있었다. 그런데 이번에 이를 다시 강력하게 제기한 것이다. 전과 다른 점은, 이번에는 마오가 계급 투쟁론을 단순히 강조하는 것을 넘어 실제 운동을 전개하여 행동으로 옮기려고 했다는 점이다.

마오쩌둥의 연설 이후 회의의 의제는 경제 회복에서 수정주의 비판으로 급선회했다. 회의에서 논의된 핵심 내용은 계급 투쟁의 관점에서 대약진운동에 문제를 제기하는 세 가지 풍조를 비판하는 것이었다. 현재의 정세를 심각하게 판단하는 '흑암풍(黑暗風),' 집단 영농을 부정하고 조별영농과 호별영농을 주장하는 '단간풍(單幹風),' 대약진운동을 비판하다가 숙청된 펑더화이의 사면을 주장하는 '번안풍(飜案風)'이 그것이다. 또한 이를 조장하는 세력으로 지목된 류샤오치와 덩샤오핑 등은 자기비판을 해야만 했다.

회의가 끝난 후에 발간된 「공보(公報)」는 원래 계획했던 경제 회복을 위한 정책이 아니라 마오쩌둥이 강조한 계급 투쟁의 불가피성과, 그것이 공산당 내에 반영되었다는 섬뜩한 주장으로 채워졌다.

> 무산계급[프롤레타리아] 혁명과 무산계급 독재(專政)의 전체 역사 시기, 자본주의에서 공산주의로 이행하는 전체 역사 시기에는 무산계급과 자산계급 간의 계급 투쟁이 존재하고 사회주의와 자본주의 간의 두 가지 노선 투쟁이 존재한다. 전복된 반동 통치 계급은 멸망을 달가워하지 않고 모두 복벽(復辟)을 기도한다. 동시에 사회에는 자산계급의 영향과 구(舊) 사회의 관습을 유지하는 세력이 존재하고, 일부 소생산자의 자발적인 자본주의 경향도 존재한다. 이로 인해 아직도 사회주의로 개조되지 않은 사람들이 존재한다. 그들은 수적으로는 많지 않지만, 단지 인구의 100분의 몇을 차지하지만, 일단 기회가 오면 사회주의의 길에서 벗어나서 자본주의의 길로 가려고 기도한다. 이런 상황에서 계급 투쟁은 피할 수 없다. (……)
>
> 이런 계급 투쟁은 불가피하게 당내에 반영된다. 국외 제국주의의 압력과 국내 자산계급의 영향이 존재하는 것이 당내에 수정주의 사상을 생산하는 사회적 근원이다. 국내외의 계급 적대 세력과 투쟁을 진행하는 동시에, 우리는 반드시 당내에 존재하는 각종 기

회주의 사상의 경향을 제때에 경고하고 굳건히 반대해야 한다.[40]

베이다이허 회의 이후 공산당은 마오쩌둥의 지시에 따라 도시와 농촌에 존재하는 수정주의를 일소하기 위해 '사회주의 교육 운동'이라는 이름으로 계급 투쟁을 전개하기로 결정했다. 이는 1966년에 시작된 문혁을 준비하는 전초전이었고, 중국에 대약진운동보다 더 큰 정치적 재앙이 도래함을 알리는 신호탄이었다.

7. 사회주의 교육 운동(1963~1966년): 마오쩌둥과 류샤오치의 공개 충돌

사회주의 교육 운동은 1962년 9월 공산당 8기 10중전회에서 실시가 결정되어 1963년부터 1966년 상반기까지 약 4년 동안 전국적으로 전개되었다. 실제 활동을 보면, 이는 주로 농촌 중심의 운동이었다. 운동의 성격은, 마오쩌둥이 중국에서도 이미 확산되고 있다 한 소련의 수정주의를 반대(反修) 및 예방(防修)하기 위한 계급 투쟁이었다. 엘리트 정치를 살펴보는 데 이것이 중요한 이유는 이 운동을 둘러싸고 마오와 류샤오치 간의 갈등이 더욱 심해지고 공개적으로 표출되었기 때문이다.

표 4-3은 이 운동의 전개 과정을 정리한 것이다. 사회주의 교육 운동을 지도하기 위해 제정된 문건은 모두 세 가지다. 1963년 5월의 「현재 농촌 업무(工作) 중 약간의 문제 결정」(소위 「전10조」), 1963

년 11월의 「농촌 사회주의 교육 운동 중 구체적인 정책 규정」(「후10조」), 1964년 말과 1965년 초의 「농촌 사회주의 교육 운동 중 현재 제출된 몇 가지 문제」(「23조」)가 그것이다.

[표4-3] 사회주의 교육 운동과 관련된 주요 회의와 내용

일시	회의 명칭	주요 내용
1963년 2월	중앙 공작회의	마오쩌둥의 사회주의 교육 운동 독려
1963년 5월	항저우 회의	「전10조(前十條)」 결정
1963년 11월	정치국 회의	「후10조(後十條)」 결정
1964년 5~6월	중앙 공작회의	마오쩌둥의 수정주의 출현 경고
1964년 9월	중앙 공작회의	「후10조」 수정: "전체 운동은 공작대가 영도한다"
1964년 12월~1965년 1월	중앙 공작회의	마오쩌둥과 류샤오치 간의 공개 충돌 「23조(二十三條)」 결정

〈출처〉 薄一波, 『若干重大決策與事件的回顧(下)』(修訂本)(北京: 人民出版社, 1997), pp. 1140-1170.

사회주의 교육 운동의 주요 내용은 원래 '4청(淸)'과 '5반(反)'이었다. '4청'은 농촌 지역에서 네 가지, 즉 장부, 창고, 재무, 업무 분업(工分)을 '깨끗이 정리한다(淸理).'라는 의미다. '5반'은 도시 지역에서 다섯 가지, 즉 부패와 절도, 투기와 차익, 포장과 낭비, 분산주의(分散主義), 관료주의를 반대한다는 의미다. 이후 1964년부터는 농촌과 도시 모두에서 정치, 경제, 조직, 사상 등 네 가지 분야를 깨끗이 정리한다는 의미로 '사청(四淸) 운동'으로 불렸다.[41]

(1) 「전10조」와 「후10조」

사회주의 교육 운동이 실제 어떤 성격을 띠고 있었는가는 「현

재 농촌 업무 중 약간의 문제 결정」의 내용을 통해 확인할 수 있다. 여기에는 모두 열 개 항목이 있다(그래서 「전10조」라고 불렀다). 그중에서 가장 중요한 것이 바로 계급 투쟁을 통한 수정주의 출현 방지다. 먼저, 계급 투쟁을 강조해야 하고, 중국 사회에 엄중하고 첨예한 계급 투쟁이 출현했음을 인식해야 한다. 또한 일부 지방의 인민공사와 생산 대대의 주도권(領導權)은 실제로 지주(地主) 분자의 손에 떨어졌고, 기타 여러 기관의 모든 고리(環節)마다 그들의 대리인이 있다. 이를 해결하여 수정주의가 출현하는 것을 방지하기 위해서는 "계급 투쟁이 핵심이다(階級鬪爭 一抓就靈)."[42]

「전10조」 제정 이후 전국에서는 격렬한 계급 투쟁이 전개되었다. 그 과정에서 여러 가지의 부작용이 속출했다. 당정 간부들이 수정주의 분자로 의심되는 사람들을 폭행하고 고문하는가 하면, 자기의 맘에 들지 않는 사람들에게 수정주의의 '모자'를 씌워 박해했다. 이 문제를 해결하기 위해 류샤오치의 주도 하에 1963년 9월에는 중앙 공작회의, 10월에는 서기처 회의가 열렸다. 이런 회의에서의 논의를 기반으로 11월에는 정치국 회의가 개최되었다. 그리고 이 회의에서 「농촌 사회주의 교육 운동 중 구체적인 정책 규정」(「후10조」)이 통과되었다.

「후10조」는 「전10조」와 같이 계급 투쟁 강조와 수정주의 방지를 목적으로 "계급 투쟁을 핵심(綱)으로!"라는 구호를 제창했다는 점에서는 큰 차이가 없다. 차이점은 "95퍼센트 이상의 간부를 단결"시키고, "95퍼센트 이상의 군중을 단결"시키라는 조항이다. 이는 사회주의 교육 운동을 통해 가급적 많은 기층 간부와 군중을 단결시켜야 한다는 사실을 강조한 것이다. 이를 위해서는 무조건 폭행하고 고문하는 일은 주의해야 한다.[43] 마오쩌둥은 자신이 직접 지시하여 제정된 「전10조」를 대신하여 류샤오치가 「후10조」를 제정한 것에 대해 큰 불만을 품었다.

(2) 류샤오치의 좌경화

그러나 '4청 운동'이 진행되면 될수록 마오쩌둥의 현실 인식은 더욱 비관적으로 바뀌었다. 예를 들어, 1964년 5~6월의 중앙 공작회의에서 마오는 수정주의의 방지와 관련하여 경고했다. "국가의 3분의 1정도의 권력이 우리의 손에 있지 않다." 이와 함께 만약 소련에서처럼 중국에서도 수정주의가 출현하면 어떻게 할 것인가 하는 문제를 제기했다.[44] 이는 사실 노동자와 농민 등 일반 민중을 향한 경고가 아니었다. 다시 말해, 공산당과 정부의 일상 업무를 담당하고 있는 '1선' 지도자(당권파)를 향한 경고였다. 다만 류샤오치나 덩샤오핑 등의 1선 지도자들은 당시에 마오의 말뜻과 의도를 정확히 파악하지 못했다.

그런데 운동이 진행되면서 류샤오치도 급격히 "좌경화"되었다. 사실 사회주의 교육 운동은 마오가 결정했지만, 집행은 1선 지도자로서 공산당을 총괄하고 있던 류가 담당했다. 보이보는 회고에서, 류가 주도한 '4청 운동'이 기층 간부와 군중에게 심각한 타격을 주어 문혁 시기에 여러 지역에서 무장 투쟁이 발생하게 되는 하나의 단초를 제공했다고 평가했다.⁴⁵⁾ 다시 말해, 일부 지역에서 '4청 운동'으로 박해를 당한 당정 간부나 대중 운동 지도자들이 이를 기억하고 있다가 문혁 시기에 보복하는 무장 투쟁을 전개했다는 것이다.

티위스 교수도 류샤오치가 '4청 운동'을 철저하게 집행하면서 당시 베이징시 당서기였던 펑전과 마찰을 빚었다고 주장한다. 이때 류가 좌경화된 이유는, 그가 마오의 요구를 집행해야 하는 최종 책임을 지고 있었기 때문이었다. 또한 마오의 정책은 공산당 8기 10중전회에서 이미 승인을 받았고, 따라서 당 규율 면에서도 반드시 집행해야만 했던 것이다. 어떤 점에서는 류의 개인적인 성향 때문일 수도 있다. 류는 1962년 가을에 마오로부터 심하게 비판을 받은 이후, 이념적으로 왔다 갔다 하면서 마오의 새로운 관점을 이론적으로 정당화하기 위해 노력했다.⁴⁶⁾

'타오위안 경험(桃園經驗)'의 전국 배포와 해결 지시는 당시의 좌경화된 상황을 잘 보여 주는 대표적인 사례다. 1964년 7월 5일에 류의 부인인 왕광메이(王光美)는 허베이성 공산당 위원회의 한 공작회의에서 타오위안 지역의 상황을 보고했다. 그해 8월 27일에는 마오쩌둥이 이를 전국에 배포할 것을 지시했다. 보고의 내용은 농촌 계급 투쟁의 형세를 과장한 것이었다. 타오위안 지역의 공산당 지부는 "기본적으로 공산당이 아니며," "반혁명의 두 얼굴을 가진 정권(兩面政權)이다." 당 지부 서기는 당내에 침투한 "악질 분자"고, "국민당 분자"다. 보고는 또한 이를 해결하기 위해 상부에서 공작대(工作隊)를 파견하여 운동을 지도해야 한다고 주장했다.

이후 대규모의 공작대가 파견되어 농촌의 사회주의 교육 운동을 지도하면서 운동은 급격히 "좌경화"(즉 과격화)되었다. 당시 공산당 중앙 조직부장이던 안쯔원(安子文)의 설명에 의하면, 전국적으로 '4청 운동'을 위해 모두 156만 명의 간부가 동원되었다. 다른 예로, 당시 중앙의 공업과 교통 운수의 16개 부(部) 및 국(局)에서 3,901명의 간부가 차출되었다. 이는 간부 총수의 26퍼센트에 해당된다. 그 중에서 장차관급(正副部長)과 국장급(司局長)의 고위 간부는 각각 34퍼센트와 31퍼센트였다.

이렇게 대규모로 파견된 공작대는 사회주의 교육 운동을 전개하면서 농촌의 기층 간부를 밀어내고 권력을 장악(奪權)했고, 그 결과 농촌 간부들은 우경 기회주의 분자로 몰리면서 큰 박해를 받았다. 예를 들어, 베이징 교외의 퉁현(通縣) 지역에서는 모두 2만여 명의 공작대가 파견되었는데, 110여 명의 공작대가 사람들을 구타했다. 그 결과 자살한 사건이 70여 건 발생했고, 사망한 사람만 50여 명이 넘었다. 산시성 훙둥현(洪洞縣)에서도 사망자가 40~50명에 달했다.[47]

(3) 마오쩌둥과 류샤오치 간의 갈등 심화

그런데 사회주의 교육 운동이 진행되면서 마오쩌둥과 류샤오치 간의 의견 차이가 분명해지고, 급기야는 1964년 12월에서 1965년 1월까지 개최된 중앙 공작회의에서 공개적으로 충돌하는 일이 벌어졌다. 류가 마오에게 특정한 문제를 놓고 공개적으로 반대한 것은 처음 있는 일이라고 한다. 쟁점은 두 가지였다. 첫째는 주요 모순과 사회주의 교육 운동의 성질 문제다. 둘째는 운동의 방법(提法)이다.

먼저, 당시의 주요 모순에 대해 류샤오치는 '4청(淸)'과 '4불청(不淸)' 간의 모순이 주요 모순이라고 주장했다. 대다수 농민은 정치, 경제, 조직, 사상 면에서 깨끗한(즉 '4청') 데 반해, 일부 농민들은 이 네 가지 면에서 깨끗하지 않은 것(즉 '4불청')이 주요 모순이라는 것이다. 이는 인민 내부 모순과 적대적 모순(敵我矛盾)이 함께 섞여 있는 모순이다. 반면 마오쩌둥은, 주요 모순은 사회주의 대 자본주의의 모순이고, 이는 적대적 모순이라고 주장했다. 공식 결정은 마오의 입장을 따랐다. 두 가지의 표현법(提法) 즉 '4청'과 '4불청' 간의 모순과 당내외 모순의 교차, 혹은 적대적 모순과 인민 내부 모순의 교차라는 관점과, 사회주의 대 자본주의의 모순이라는 관점 중에서 "뒤의 표현법이 비교적 타당하며, 문제의 성질을 포괄하고 있다." 현재 타도의 "중점은 모든 자본주의의 길(부패와 절도, 투기 포함)을 걷는 당권파다."[48]

또한 마오쩌둥과 류샤오치는 운동의 방법에서도 분명한 대조를 보였다. 류는 이전의 경험에 따라 상부에서 공작대를 파견하여 군사 작전과 같은 방식으로 운동을 추진해야 한다고 주장했다. 그 결과 앞에서 살펴본 것처럼 운동의 과격화 문제가 발생했다. 반면 마오는 처음부터 공작대를 파견하는 방식에 대해 불만을 표시했다. 대신 그는 군중의 자발성에 의존하는 아래로부터의 운동을 강조했다. 이를 통해서만 당정 기관의 '당권파'를 공격할 수 있기 때문이다. 마오가 볼 때, 공작대를 파견하는 방식은 군중에게 "냉수를 뿌리는 일(潑冷水)"이고, 인민에게 불리한 방법이다. 동시에 이는 국민당이 학생 운동과 농민 운동을 억압하기 위해 사용했던 방법과 다를 바가 없다.⁴⁹⁾

중앙 공작회의가 개최 중이던 1965년 1월의 한 모임에서 마오쩌둥은 이름을 거명하지 않는 방식으로 류샤오치의 방식을 조목조목 비판했다. 먼저 '4청' 공작대는 많은 인원을 모아 인해전술(人海戰術)을 시행하고 있다. 또한 공작대는 문건을 40일 동안 학습하면서 촌에는 가지 않고 "번잡한 철학"만 한다. 그리고 이들은 다른 사람의 우경(右傾)을 반대하는데, 실제로는 "자기들이 우경을 한다." 더욱이 이들은 군중에 의지하지 않고 "튼실한 연대(扎根串連)"를 한다고 하는데, 실제로는 "싸늘할 따름(冷冷淸淸)"이다. 결국 '4청 운동'은 "첫째 문건을 읽는 것이 아니고, 둘째 사람이 많이 필요가 없으며, 셋째 튼실한 연대를 하지 말고 군중에 의지하여 소수 사람을 깨끗하게(淸) 하면 된다. (문제가) 있으면 청산하고, 없으면 청산하지 않으면 된다."⁵⁰⁾

1962년 1월에 개최된 7,000인 대회에서 마오쩌둥과 류샤오치는 상호 간에 의견 대립이 있음을 확인했다. 이때 마오는 류의 발언에 크게 실망하고 가슴 깊이 분노를 삼켜야만 했다. 그에 이어 이번에는 두 사람이 공개적으로 대립 충돌했던 것이다. 이는 마오가 류를 제거하기로 결심하게 된 결정적인 계기가 되었다. 마오 자신의 말을 통해 이런 사실을 확인할 수 있다.

예를 들어, 1968년 8월 5일 마오쩌둥은 공산당 8기 중앙위원회 11차 전체회의(8기 11중전회)에서 「사령부를 포격하라: 나의 대자보」를 발표하면서 류샤오치의 죄상을 고발했다. 류는 "1964년에 겉으로는 좌(左)였지만, 실제로는 우(右)의 착오를 범하는 경향"이 있었다는 것이다. 또한 1970년 12월 18일에 마오는 『중국의 붉은 별(Red Star Over China)』의 저자인 에드거 스노(Edgar Snow)와 인터뷰할 때, '언제 류를 정치적으로 제거해야겠다고 느꼈는가?'라는 질문을 받고 이렇게 대답했다. "(나는) 다른 사람들(즉 류샤오치, 덩샤오핑, 펑전)을 너무 믿었다. 이 문제(류가 마오에게 대든 것)가 나의 경각심을 불러일으킨 것은, (1964년 12월에서 1965년 1월까지 개최된 중앙 공작회의에서) 「23조」가 제정될 즈음이었다."[51]

결국 마오쩌둥은 1965년 하반기부터 '4청 운동'에 흥미를 잃기 시작했다. '4청 운동'이나 문화계 비판을 통해서는 그가 우려하는 수정주의의 발현, 특히 '당권파'의 수정주의 경향을 방지하거나 해소할 수 없다고 판단했기 때문이다. 이런 마오의 좌절은 류샤오치, 덩샤오핑, 펑전 등 공산당과 정부에서 일상 업무를 담당하고 있던 '1선' 지도자에 대한 불신과 불만이 가중되면서 더욱 깊어만 갔다. 마오는 수정주의를 청산하고 1선의 당권파를 척결하기 위해 문혁을 발동해야 한다는 결심을 굳혀 갔다.

8. 마오쩌둥의 고민과 두려움

한편 마오쩌둥은 1962년부터 1965년 무렵까지 세 가지 고민에 빠졌고, 한 가지 두려움에 떨고 있었다. 그리고 이것은 앞에서 살펴본 마오의 수정주의에 대한 우려와 I선 지도자에 대한 불만을 더욱 가중시켰다. 어쩌면 반대로, 이런 세 가지 고민과 한 가지 두려움이 있었기 때문에 마오가 수정주의를 더욱 우려했고 I선 지도자에 대해 더욱 불만을 품었을 수도 있다.

(1) 마오쩌둥의 세 가지 고민

첫 번째 고민은 중국에서도 소련에서처럼 수정주의가 등장하고 있고, 이를 방지하지 않으면 사회주의 혁명이 물거품이 될 수 있다는 것이었다. 1960년 이후 중·소 분쟁은 공개적인 이념 논쟁의 양상으로 전개되면서 양국 간의 갈등이 더욱 증폭되었다. 이에 마오는 국제 공산주의 운동 내에 소련의 수정주의 세력과 이에 맞서는 반(反) 수정주의 세력이 존재한다고 판단했다. 국내에서는 류샤오치와 덩샤오핑이 주도하는 경제 조정 정책이 수정주의적 색채를 띠고 있고, 이를 그대로 방치할 경우에는 사회주의 노선에서 자본주의 노선으로 후퇴할 수 있다고 걱정했다.

이런 문제에 대항하기 위해서는 계급 투쟁 중심의 지도사상을 확립하여 영원히 마르크스-레닌주의를 견지하고 영원히 사회주의 방향을 견지해야 한다고 마오쩌둥은 생각했다. 실제로 마오는 1965

년 9~10월의 중앙 공작회의에서 여러 차례 주장했다. "만약 중앙에 수정주의가 출현하면 어떻게 할 것인가? 그것은 가능성이 매우 높고 위험한 일이다. 그러면 우리는 즉시 조반(造反: 반란을 일으킴)해야 한다."52)

두 번째 고민은 미국 '제국주의' 세력이 중국의 사회주의를 평화적인 방식으로 변화시키려는 음모인 화평연변(和平演變, peaceful evolution)을 막아야 한다는 것이다. 화평연변은 1953년에서 1959년까지 미국의 국무장관을 역임한 덜레스(John Foster Dulles)가 1953년 1월에 강조하면서 세상에 알려졌다. 마오쩌둥은 1960년대에 들어 소련의 수정주의 세력과 더불어 미국의 제국주의 세력도 중국의 사회주의 노선을 좌절시키려고 화평연변 전략을 추진하고 있다고 굳게 믿었다.

이를 방지하기 위해서는 정치 운동을 전개해야 한다고 마오쩌둥은 판단했다. 마오가 "인민해방군을 학습하자!"라는 구호를 제기하고, 각 기관에 정치 기구를 설립하여 사상 정치 공작을 강화해야 한다고 주장한 것은 이 때문이었다. 참고로 인민해방군은 1959년에 국방장관이 된 린뱌오의 지도 하에 '정치 우선'을 강조하면서 정치 운동을 전개해 왔다. 예를 들어, 마오는 1963년 12월 16일에 개최된 전국 공업 및 교통 공작회의에서 「해방군 학습과 정치 공작 강화 비준(批示)」을 발표했다. 또한 1965년 5월 11일에 공산당 중앙은 「전국 공업 및 교통 계통의 정치 공작 기구 설립 결정」을 하달했다. 이에 따라 중앙부터 지방의 현 단위까지 '공업 교통 정치부'가

설립되었다.⁵³⁾

세 번째 고민은 수정주의와 화평연변을 방지하고 무산계급(프롤레타리아) 혁명을 굳세게 계승하기 위해서 '혁명 후계자(接班人)'을 양성해야 한다는 것이다. 이 고민은 1962년 1월의 7,000인 대회 이후 류샤오치와 I선 지도자에 대한 마오의 불신이 깊어지면서 더욱 절실하게 다가왔다. 구체적으로 마오쩌둥은 1964년 6월 16일의 정치국 상무위원회 회의와, 같은 해 5~6월의 '대행정구(大區) 공산당 제1 서기 회의'에서 수정주의를 방지할 후계자의 조건으로 다섯 항목을 제시했다. '마르크스-레닌주의, 인민, 다수, 민주, 자기비판'이 그것이다.

구체적으로 첫째, 마르크스-레닌주의를 학습하고 수정주의를 반대해야 한다('마르크스-레닌주의'). 둘째, 인민을 교육하고, 인민에 의지하며, 인민을 위해 복무해야 한다('인민'). 셋째, 다수를 단결시킬 수 있어야 한다. 어느 '산봉우리' 사람이건 가리지 말고, 묵은 원한(舊怨)을 갖고 있으면 안 된다('다수'). 넷째, 민주적인 사업 태도(作風)을 견지해야 한다. 동지와 상의해야 하고, 다양한 의견을 들어야 하며, 반대 의견도 말하게 하고, 자기 말만 고집(一言堂)하면 안 된다('민주'). 다섯째, 자기에게 착오가 있으면 자기비판해야 한다. 항상 자기만 옳다고 하지 말고 비교해야 한다('자기비판').⁵⁴⁾

이후 마오쩌둥은 '혁명 후계자'를 양성하기 위해 두 가지 정책을 실시했다. 하나는 혁명 간부 양성을 위한 노동 훈련이다. 구체적으로, 1965년 6월에 마오의 지시에 따라 대학생들이 대규모로 농촌에 파견되었다. 이는 대학생들이 노동을 통해서만 혁명 간부로 양성될 수 있다는 판단에 따른 결정이었다. 이는 후에 문혁 과정에서도 사용되었다. 즉 1968년 하반기 무렵부터 많은 홍위병들이 혁명 교육을 위해 농촌에 하방(下放)되었던 것이다.

다른 하나는 교육 제도의 개선이다. 마오쩌둥은 당시 교육 제도에 큰 불만이 있었다. "죽은 독서"만 하고, "시험용 공부"만 한다는 것이다. 이를 개선하기 위해 첫째, 학생 모집 시 정치 기준을 강조하여 일정 수의 우수한 청년, 퇴역 군인, 재직 간부도 선발했다. 둘째, 학교 교육 과정에 정치 이론 과목을 증설하여 정치 사상 교육을 강화했다. 셋째, 청년 학생이 '4청 운동'에 참여하여 투쟁 중에 단련되도록 했다. 넷째, 학생을 군부대에 동원하여 군사 훈련에 참여하도록 했다. 다섯째, 공장에서 일하면서 공부하는 제도(半工半讀), 농촌에서 일하면서 공부하는 제도(半農半讀)를 도입했다.[55]

(2) 마오쩌둥의 한 가지 두려움

한편 마오쩌둥은 1964년 이후 한 가지 두려움에 떨고 있었다. 소련에서 흐루쇼프가 쫓겨났는데, 중국에서도 그런 일(즉 자신이 쫓겨나는 일)이 발생할지도 모른다는 생각에서였다. 1964년 10월 16일에 소련 서기장 흐루쇼프가 쫓겨나고, 그를 대신하여 브레즈네프가 제1 서기장에 취임했다. 그해 11월에는 저우언라이를 단장, 허룽(賀龍)을 부단장으로 하는 중국 대표단이 소련을 방문하여 볼셰비키 혁명 47주년 축하 기념식에 참석했다.

당시 인민해방군 부참모장이었던 우슈취안(伍修權)의 회고에 의하면, 이 방문 기간 중에 소련의 국방부장이며 원수인 말리노프스키(Rodion Malinovsky) 장군이 허룽에게 중·소 관계를 개선할 방법이 있다고 하면서 도발적인 제안을 했다. "우리는 이미 흐루쇼프를 처리했다. 당신들도 마땅히 우리를 모방하여 마오쩌둥을 실각시켜라. 이렇게 하면 우리들은 화해할 수 있을 것이다." 허룽은 이를 즉시 저우언라이에게 보고했고, 저우는 소련 정부에 강력히 항의했다. 이에 브레즈네프 서기장은 사과는 했지만 별다른 조치는 하지 않았다.

이와 같은 소련의 도발이 마오쩌둥에게 어떤 영향을 미쳤는지 정확히 알 수 없다. 그러나 영향을 미친 것은 분명하다. 마오는 베이징에서 자신을 제거하기 위한 반혁명 정변(政變)이 일어날 수 있다고 두려워했다. 예를 들어, 그는 몇 차례 사람들에게 "만약 베이징에서 정변이 일어나면 당신들은 어떻게 할 것인가?"라는 질문을 던졌다. 또한 마오는 "수정주의는 단지 문화계뿐만 아니라 당·정·군, 주로 당과 군에서 나타나는데, 이는 매우 위험하다."라고 주장했다. 1966년 5월 정치국 확대회의에서 펑전, 루딩이(陸定一), 양상쿤, 뤄루이칭의 '반당(反黨) 집단'이 군사 정변을 모의한 혐의로 비판받고 직무가 정지된 것은 이와 무관하지 않다.[56)]

이처럼 1960년대 중반 마오쩌둥은 수정주의 방지, 화평연변 대비, 혁명 후계자 양성, 쿠데타 발생에 대한 대비 등 여러 가지 고민과 두려움 속에 자신이 생각하는 사회주의 노선을 지킬 방법을 고

만하게 되었다. 특히 마오가 주장하여 추진한 사회주의 교육 운동이 류샤오치에 의해 내용과 방법이 '변질'되면서 마오에게는 선택의 여지가 남아 있지 않았다. 결국 마오는 이 모든 문제를 일거에 해결하기 위해서는 전면적인 계급 투쟁만이 유일한 해결책이라는 결론에 도달했다. 문혁은 이렇게 해서 시작되었다.

5장 | **마오쩌둥 일인지배의 비극**

1966~1976년

　마오쩌둥의 일인지배는 대약진운동(1958~1960년)을 거치면서 그 누구도 통제할 수 없는 기형적이고 예측 불가능한 형태로 발전했다. 문화대혁명(1966~1976년)은 그 일인지배가 어떻게 전 사회를 대재앙의 비극으로 몰아갔는지를 생생하게 보여 주는 대표적인 사례다. 문혁에서 보여 준 마오의 권력 행사는 소련에서 스탈린이 보여 주었던 독재자의 모습 그대로였다. 이 장에서는 문혁을 중심으로 마오의 일인지배가 어떻게 극단화되어 비극을 초래했는지를 상세히 살펴보려고 한다.
　공산당은 문혁을 아주 부정적으로 평가한다. 1981년의 「건국 이래 당의 약간의 역사 문제 결의」에 따르면, 마오가 문혁을 시작한 주요 논리인 "무산계급 독재 하의 계속혁명"은 완전히 잘못된 이론이다. 또한 문혁은 어떤 의미에서도 "혁명"이나 "사회 진보"가 아니다. 문혁은 마오가 잘못 발동하고 린뱌오와 '사인방(四人幇)'이라는 반혁명 집단에 의해 이용되었다. 그 결과 문혁은 공산당과 국가, 그리고 전 인민에게 엄중한 재난을 초래한 "내란(內亂)"일 뿐이다.[1]

문혁을 오랫동안 연구한 왕녠이(王年一) 연구원에 의하면, 문혁은 크게 네 단계로 구분할 수 있다.[2] 첫째는 준비 단계로, 1965년 11월에 「해서파관(海瑞罷官)」이라는 희곡 작품을 비판하는 글이 상하이에서 발표된 때부터 1966년 4월까지의 시기다. 둘째는 제1 단계로, 1966년 5월 정치국 확대회의에서 「5·16 통지」가 결정된 때부터 1969년 4월 공산당 9차 당대회까지의 시기다. 좁은 의미의 문혁은 이 시기의 활동을 말한다.[3] 이 시기에 학생이 중심이 된 홍위병(紅衛兵) 활동과 조반파(造反派) 노동자의 활동이 가장 왕성했다. 이들은 류샤오치와 덩샤오핑 등 '자산계급 사령부'를 파괴했고, 전국적으로 당권파의 권력을 뺏는 '정권 탈취(奪權)' 운동을 전개했다.

셋째는 제2 단계로, 1969년 5월부터 1973년 8월의 공산당 10차 당대회까지의 시기다. 이 시기에 발생한 일 중에서 가장 중요한 것이 바로 1971년 9월 13일에 일어난 '린뱌오 사건' 혹은 '9·13 사건'이다. 이는 린뱌오 가족이 비행기를 타고 소련으로 도망가다가 추락하여 사망한 사건을 말한다. 넷째는 제3 단계로, 1973년 9월부터 1976년 10월 '사인방'이 체포되기까지의 시기다. 이 시기에는 덩샤오핑이 복권되어 병석에 있던 저우언라이를 대신하여 정부 업무를 주관했다. 또한 마오의 사망 직후에 화궈펑이 사인방을 체포하면서 문혁이 끝났다.

1. 문화대혁명: 마오에 의한, 마오를 위한, 마오의 계급 투쟁

많은 기존 연구가 지적하듯이, 대약진운동(1958~1960년)과 마찬가지로 문혁도 마오쩌둥이 아니었으면 불가능한 일이었다. 문혁의 시작과 전개, 대중과 군 동원, 저항 세력과 이탈 세력 처단, 새로운 권력 기구의 설립과 폐지, 당·정·군 내의 '당권파' 제거 등 모든 일이 마오의 지시에 의해, 혹은 마오의 인가를 받아 진행되었다.

(1) 문화대혁명의 발동: 「5·16 통지」(1966년 5월)

문혁은 두 가지 공식 문건에 의해 시작되었다. 첫째는 1966년 5월 정치국 확대회의에서 통과된 「중국 공산당 중앙위원회 통지」, 일명 「5·16 통지」다. 둘째는 같은 해 8월 공산당 8기 중앙위원회 11차 전체회의(8기 11중전회)에서 통과된 「중국 공산당 중앙위원회의 무산계급 문화대혁명 결정」, 일명 「16조」다. 「16조」는 중앙위원회에서 통과된 문건으로 정치국에서 통과된 「5·16 통지」보다 권위가 있다. 따라서 중앙과 지방의 모든 당 조직과 당원은 이를 반드시 집행해야만 했다.

1966년 5월 4일부터 26일에 정치국 확대회의가 개최되었다. 여기에는 정치국원뿐만 아니라 각 부서의 책임자 등 약 80명이 참석했다. 마오쩌둥은 이 회의에 불참했고, 대리인인 캉성(康生), 장춘차오(張春橋), 린뱌오가 회의를 주도했다. 「5·16 통지」는 크게 두 가지 내용을 담고 있다. 하나는 문혁의 성격과 내용에 대한 규정이다. 이에 따르면, 문혁은 전면적인 계급 투쟁이고, 타도 대상은 자산계급 학술 권위다.

무산계급의 자산계급에 대한 투쟁, 무산계급의 자산계급에 대한 독재(專政), 각 문화 영역을 포함한 상층 구조에서의 무산계급 독재, 자산계급이 공산당 내에 뚫고 들어와서는 홍기(紅旗)를 들고서 홍기를 반대하는 대표 인물에 대한 무산계급의 지속적인 청산, 이런 기본 문제에서 설마 어떤 평등을 허용해야 하는가? (……) 사실 당내에는 자산계급 학벌(學閥)을 지지하며 자본주의의 길을 걷는 당권파, 당내를 뚫고 들어와 자산계급 학벌을 비호하는 자산계급 대표 인물이 [존재한다.] (……)
학술계, 교육계, 언론계, 문화계, 출판계의 자산계급 반동 사상을 철저히 비판하고, 이런 문화 영역에서의 주도권(領導權)을 탈취해야 한다. 여기에 이르러서는 동시에 당 내, 정부 내, 군대 내, 문화 영역의 각계 내에 섞여 들어온 자산계급 대표 인물을 비판하고, 그들을 청소하며, 그들의 직무를 옮겨야 한다.[4]

다른 하나는 문혁을 주도할 권력 기구로 '중앙 문화혁명 소조(문혁소조)'를 설치한 일이다. 마오쩌둥은 문화계와 학계의 수정주의를 청산하기 위해 1964년 7월 7일에 '문화혁명 5인 소조(小組)'를 설립했다. 조장은 펑전이었고, 조원은 루딩이(陸定一), 저우양(周揚), 캉성, 우렁시(吳冷西)였다. 그런데 이 5인 소조는 마오의 생각처럼 움직이지 않았다. 그래서 「5·16 통지」를 통해 이를 해체하고 새로운 기구를 구성한 것이다.

새로 만들어진 중앙 문혁소조의 고문은 캉성, 조장은 천보다(陳伯達), 부조장은 장칭(江青: 마오의 부인), 왕런중(王任重), 류즈젠(劉志堅), 장춘차오였다. 조원으로는 셰탕중(謝鏜忠), 인다(尹達), 왕리(王力), 관펑(關鋒), 치번위(戚本禹), 무신(穆欣), 야오원위안(姚文元)이 있었다. 훗날 이들 중에서 장칭, 장춘차오, 야오원위안 3인과 상하이의 노동 운동 지도자인 왕훙원(王洪文)을 합하여 '사인방'이라고 불렀다. 문혁은 마오의 지시를 받아 사인방이 주도했다는 것이 공산당의 공식 평가다.

참고로 '사인방'이 정식으로 구성되어 활동을 시작한 것은 1973년 11~12월 무렵이었다. 이때 마오쩌둥은 자신의 사전 허락 없이 저우언라이가 미국의 국무장관인 키신저(Henry Kissinger)와 군사 협력 문제를 논의했다는 구실로 정치국 회의를 개최하여 저우를 전면적으로 비판하라고 지시했다. 이는 중국과 미국 간의 협상 과정을 통해 저우의 국제적 권위가 높아진 데에 불만을 품은 마오가 저우를 견제하기 위해 내린 조치였다. 저우 비판은 장칭이 주도했다. 그녀는 이를 위해 '저우 비판 지원소조(批周幫助小組)'라는 사조직을 만들었다. 여기에는 장칭을 포함하여 장춘차오, 왕훙원, 야오원위안, 화궈펑, 왕둥싱이 참여했는데, 화궈펑과 왕둥싱은 곧 모임에서 퇴출되고 네 사람만 남았다. 사람들은 이들을 '사인방'으로 불렀던 것이다.[5]

중앙 문혁소조는 공산당 「당헌」에 규정된 공식 기구가 아니었지만, 문혁 기간 중에 사실상 최고 권력 기구의 역할을 담당했다. 「16조」에 따르면, 중앙 문혁소조는 정치국 상무위원회에 소속된 '문혁의 권력 기구'로, 정치국과 서기처의 권한을 대행한다. 마오쩌둥은 류샤오치와 덩샤오핑 등 '당권파'가 장악한 정치국과 서기처를 유명무실하게 만들고, 대신 중앙 문혁소조를 통해 문혁을 직접 지도했던 것이다.

중앙 문혁소조의 실제 역할을 보면, 1967년 2월에 있었던 혁명원로들의 문혁에 대한 저항, 소위 '2월 역류(二月逆流)' 이후에는 정치국과 서기처를 대체했다. 또한 당시에 중앙 문건은 "중공 중앙, 국무원, 중앙군위, 중앙 문혁소조"의 공동 명의로 하달되었다. 그러나 1969년 공산당 9차 당대회 이후 정치국 상무위원회가 다시 활동을 시작하면서 중앙 문혁소조는 자연스럽게 소멸되었다.[6] 이때 문혁의 지도자들이 정치국 상무위원에 선임되었기 때문에 더 이상 문혁소조라는 임시 기구를 통해 문혁을 지도할 필요가 없어졌기 때문이다.

(2) 문화대혁명의 공식화: 「16조」(1966년 8월)

1966년 8월 공산당 8기 11중전회에서 통과된 「16조」는 「5·16 통지」보다 더욱 분명하게 문혁의 목적, 방법, 조직, 지도 사상을 밝히고 있다. 먼저, 문혁의 목적은 "투쟁(鬪), 비판(批), 개혁(改)"이다. 첫째, "자본주의의 길을 걷는 '당권파'와 투쟁하여 타도한다('투쟁').” 둘째, "자산계급의 반동 학술 권위를 비판하며, 자산계급과 착취계급의 이데올로기를 비판한다('비판').” 셋째, "교육과 문예를 개혁하고, 사회주의 경제 토대에 조응하지 못하는 모든 상부 구조를 개혁한다('개혁').”[7]

문혁의 방법은 대중 동원이다. 그래서 "군중이 자기를 해방하도록 하고, 혼란을 두려워하지 않는다.” 이는 사회주의 교육 운동이 상급에서 파견한 공작대를 중심으로 진행된 것과는 정반대의 방법이다. 또한 문혁의 중점은 "당내에서 자본주의의 길을 걷는 모든 당권파의 타도”다. 지도 조직으로 "중앙 문혁소조, 문혁위원회, 문혁 대표 대회는 무산계급 문화혁명의 권력 기구”다. 마지막으로, 지도 사상은 "마오쩌둥 사상의 위대한 기치를 높이 들고, 무산계급의 정치 우선을 실행하는 것”이다.[8]

한편 공산당 8기 11중전회에서는 「16조」가 통과된 것 외에 공산당 중앙 지도부도 새롭게 구성되었다. 먼저, 기존의 정치국원에 6인이 증원되었다. 타오주(陶鑄), 천보다, 캉성, 쉬샹첸(徐向前), 녜룽전(聶榮臻), 예젠잉(葉劍英)이 그들이다. 장군인 쉬, 녜, 예를 제외하면 모두 문혁을 주도하는 인물이다. 군인들은 정치국원이 되었지만 실제 활동은 거의 하지 않았다. 정치국 상무위원은 7인에서 11인으로 확대되었다. 마오쩌둥, 린뱌오, 저우언라이, 타오주, 천보다, 덩샤오핑, 캉성, 류샤오치, 주더, 리푸춘(李富春), 천윈(陳雲)이 그들이다. 중앙 서기처 서기도 셰푸즈(謝富治)와 류닝이(劉寧一) 2인이 증원되었다. 마지막으로 공산당 중앙 부주석은 재선이 이루어지지 않아 린

뱌오만이 유일한 부주석으로 남았다.⁹⁾

　이와 같은 지도부 선출은 몇 가지 특징을 보여 준다. 첫째, 린뱌오가 류샤오치를 대신하여 권력 2위에 올랐고, 동시에 마오의 후계자가 되었다. 정치국 상무위원의 권력 서열에서 린뱌오는 마오 다음인 2위로 승진한 반면, 류는 8위로 하락한 것이다. 또한 공산당 중앙 부주석이 공식적으로 선출되지 않았기 때문에 린뱌오만이 유일한 부주석으로 인정받았다. 둘째, 1956년 공산당 8차 당대회에서 등장했던 '1-2선 체제'가 사라졌다. 대신 모든 권력이 마오에게 집중되고, 마오는 중앙 문혁소조를 통해 권력을 행사할 수 있게 되었다. 셋째, 류샤오치와 덩샤오핑은 정치국 상무위원으로 재선되었지만 실제로는 업무에서 배제되었다. 이후에 정치국은 린뱌오가 주재했고, 정부는 저우언라이가 관리했다.¹⁰⁾

　그러나 앞에서 이미 말했듯이, 정치국과 정치국 상무위원회, 서기처는 실제로 제 역할을 하지 못했다. 대신 중앙 문혁소조가 마오쩌둥의 지시를 받아 문혁을 지도했다. 방식은 '중앙 문혁 간담회(碰頭會)'를 통해서였다. 이 간담회는 1967년 3월에 설립되어 주요 문제를 토론하고 결정했다. 이 간담회는 명의상으로는 저우언라이가 주재했지만 실제 성원 대다수는 중앙 문혁소조의 구성원(소위 '장칭 일파')이었다. 이들 외에도 셰푸즈, 양청우(楊成武), 예췬(葉群: 린뱌오의 부인), 왕둥싱(汪東興: 중앙 경호국 국장)이 배석(列席: 발언권은 있으나 투표권은 없음)했는데, 이들도 정치 성향 면에서는 중앙 문혁소조 구성원과 차이가 없었다. 정리하면, 마오의 지도 하에 중앙 문혁소조가 중앙 문혁 간담회라는 형식을 이용하여 주요 정책을 결정했다.

마오쩌둥이 생각하는 문혁의 성격을 잘 보여 주는 것으로, 1967년 1월 1일 《인민일보》와 《홍기(紅旗)》에 발표된 「무산계급 문화대혁명을 철저히 진행하자」라는 글이 있다. 이 글은 마오의 비준하에 발표되었다. 이에 따르면 문혁은 "정신 혁명"이다. 마오는 문혁이라는 "정신 혁명"을 통해 중국인을 "공산주의 인간"으로 바꾸고, 궁극적으로는 자신이 생각하는 공산주의 사회를 건설하겠다는 생각을 갖고 있었다.

> 무산계급 문화혁명은 인민의 영혼을 건드리는(抵觸) 대혁명이다. 그것은 인민의 근본적인 정치 입장을 건드리며(觸動), 인민의 세계관의 깊은 곳을 건드리며, 각 개인이 가는 길과 장차 갈 길을 건드리며, 모든 중국 혁명의 역사를 건드린다. 이것은 인류가 경험하지 못한 가장 위대한 혁명이자 변혁이다. 그것은 굳건한(堅剛) 공산주의자의 한 세대를 단련시켜 낼 것이다.[11]

2. 대중 동원과 새로운 지방 권력 기구의 등장

마오쩌둥은 문혁을 통해 공산당 중앙과 지방의 당권파를 정리하기 위해서는 당정 기구 밖에 있는 '혁명적인' 군중과 정치 세력을 동원해야 한다고 판단했다. 첫째는 중고등학교 및 대학교 학생이고, 둘째는 노동자였다. 이들은 대자보(大字報)와 홍위병 운동 등을 통해 문혁에 적극 참여했다. 학생과 노동자가 폭력적인 방식으로 활동을 전개하면서 통제할 수 없을 지경에 이르자, 마오는 셋째로 인민해방군을 동원했다. 이 모두는 마오의 승인 하에서만 가능했던 일이다.

(1) 홍위병, 조반파 노동자, 인민해방군

홍위병(紅衛兵: '사회주의를 수호하는 병사'라는 의미)이 공식적으로 인정받은 것은 1966년 8월에 개최된 공산당 8기 11중전회에서였다. 이때 마오쩌둥은 최초의 홍위병이었던 칭화대학 부속중학교의 홍위병을 인정하는 편지를 공개했다. 그러나 홍위병이 전국적으로 확산된 것은 그해 8월 18일에 베이징에서 개최된 '무산계급 문화대혁명 경축 대회'를 통해서였다. 이 대회에는 베이징과 지방에서 온 100만 명의 홍위병이 참석했다. 대회는 마오의 요구에 의해 개최되었다. 이때 마오는 홍위병 학생들처럼 군복을 입고 완장을 찼다. 또한 마오는 주석단에 등장하여 홍위병 지도자를 접견했다. 마오의 이런 모습은 홍위병이 "정식으로 정치 무대"에 등장했음을 의미한다. 이후 홍위병의 붉은 물결은 3년 동안 전국을 휩쓸었다. "홍위병이 없으면 문혁이 없는 상황"이 초래된 것이다.[12]

노동자의 문혁 참여를 공식적으로 허용하고 장려한 것도 마오쩌둥이었다. 1966년 11월 6일에 상하이에서는 17개 공장의 조반파(造反派: 혁명파) 노동자를 대표하여 왕훙원 등이 '상하이 노동자 혁명 조반 총사령부,' 약칭으로 '공총사(工總司)'를 결성했다. 타오주는 장춘차오에게 공산당 중앙의 입장을 전달했다. "당 중앙은 노동자가 전국 규모 혹은 전 시(市) 규모로 군중 조직을 결성하는 데 동의하지 않으며, 상하이의 공총사와 그들의 행동도 인정할 수 없다."라는 것이다. 그러나 장춘차오는 마오쩌둥의 지시에 따라 그해 11월 13일에 상하이에 도착해서 공산당 중앙의 지시를 무시하고 공총사의 5개 요구를 완전히 인정했다. 그리고 이 사실을 공산당 중앙이 아니라 마오에게 직접 보고했다. 마오는 11월 16일에 공총사를 공식적으로 인정했다.[13] 이를 계기로 마오는 학생들의 홍위병 운동에 희망을 걸었던 것에서 조반파 노동자 운동에 희망을 걸기 시작했다.

또한 마오쩌둥은 조반파 노동자들이 홍위병처럼 전국을 돌아다니면서 혁명을 전파하고 상호 교류하는 연대 활동, 소위 '대연합(大串聯)'을 승인했다. 이는 매우 중요한 의미를 갖는다. 이로 인해 기업의 활동이 큰 피해를 입었기 때문이다. 원래 공산당 중앙은 이를 허용하지 않았다. 구체적으로, 1966년 11월에 공산당 중앙은 공업 및 교통 기업(工交企業) 좌담회, 전국 계획회의 등을 개최하여 노동자의 조반 활동 문제를 논의했다. 이후 「공업 및 교통 기업의 문화대혁명 진행의 약간 규정」, 일명 「15조」를 제정했다.

「15조」는 조반파 노동자의 활동을 억제하는 데 초점을 맞추고 있다. 이에 따르면, 공장 내에서 진행되는 문혁은 '4청 운동'과 결합해야 한다. 활동 내용은 분기별로 전면적인 교육을 진행하는 것이다. 또한 노동자는 학생 홍위병과 다르게 '사대(四大),' 즉 대명(大鳴:

크게 말함), 대방(大放: 자유롭게 말함), 대변론(大辯論), 대자보를 해서는 안 된다. 당연히 '대연합'도 해서는 안 된다. 마지막으로 노동자들은 8시간 노동 규정을 준수해야 한다. 그런데 마오가 그해 11월 22일에 「15조」를 무효화한다.[14] 이후 노동자들의 조반 활동은 전국적으로 확산되었다.

인민해방군의 문혁 참여도 마오쩌둥의 지시에 의해 이루어졌다. 당시 국방부장이었던 린뱌오는 군의 문혁 참여에 매우 소극적이었다. 군이 '사인방'과 같은 문혁 세력에 의해 이용되어 정치에 개입할 경우 전문성과 전투 준비 태세에 문제가 발생하고, 이는 궁극적으로 군의 권위 저하로 이어질 수 있기 때문이다.[15] 그래서 1966년 10월 5일 중앙군위, 인민해방군 총정치부는 「긴급 지시」를 하달했다. 이에 따르면 군대와 각종 군사 학교는 지방에서 전개되는 문혁에 간섭해서도 안 되고, 개입해서도 안 되었다.

그런데 마오쩌둥은 1967년 1월 21일 이 「긴급 지시」를 무효화했다. 대신 그는 해방군에 '세 가지 지원과 두 가지 군 임무(三支兩軍)'를 지시했다. '세 가지 지원(三支)'이란 군의 좌파 세력 지원(支左), 농민 지원(支農), 노동자 지원(支工)을 말한다. '두 가지 군 임무(兩軍)'란 군사 관제(軍管)와 군사 훈련(軍訓)이다. 이는 지방에서 벌어지고 있는 좌파 세력의 정권 탈취를 군이 나서서 적극 지원하라는 지시였다.[16] 이후 해방군은 지방에서 설립된 혁명위원회에 적극 참여했다. 그 결과 혁명위원회는 사실상 군이 주도하는 '군사 관제 정부'의 성격을 띠었다.

(2) '정권 탈취'와 지방의 혁명위원회

앞에서 살펴보았듯이, 베이징에는 마오쩌둥의 지시 하에 문혁을 지도하는 새로운 권력 기구인 중앙 문혁소조가 등장했다. 또한 공산당 8기 11중전회를 통해 문혁을 주도하는 세력이 정치국과 서기처를 장악했다. 반면 당권파로 지목되었던 류샤오치, 덩샤오핑, 펑전 등은 직위에서 물러났다. 이처럼 중앙의 권력 기구는 1966년 하반기에 재편이 완료되었다.

지방에서는 1967년 초부터 좌파 세력이 당권파의 권력을 빼앗는 활동, 일명 '정권 탈취(奪權) 운동'을 본격적으로 전개했다. 그 중심은 사인방의 본거지인 상하이였다. 1966년 12월 18일에 상하이시 공산당 위원회 내에는 조반파 간부로 구성된 새로운 조직, 즉 '상하이 시위원회 기관 혁명 조반 연락점(上海市委機關革命造反連絡站),' 약칭으로 '기련점(機連站)'이 설립되었다. 기련점은 중앙 문혁소조 구성원인 장춘차오의 지도를 받아 1967년 1월 6일에 상하이시의 '정권 탈취 완료'를 선언했다. 이때부터 상하이시 당위원회와 인민정부는 활동이 정지되었고, 대신 기련점이 공산당과 정부의 권력을 장악했다.

상하이에서 정권 탈취가 완료된 직후인 1967년 1월 8일에 마오쩌둥은 회의를 개최하여 상하이의 정권 탈취를 높이 평가했다. "이것은 대혁명이고, 한 계급이 다른 계급을 뒤엎은 대혁명이다." "상하이에서 혁명 역량이 일어나서 전국에 비로소 희망이 생겼다. 이것은 화동(華東: 중국 동부 지역)에만 영향을 미치는 것이 아니다. 전국의 각 성과 시에 영향을 미친다." 그해 1월 16일에 마오는 이를 공식 비준했다.

그런데 사실 상하이의 정권 탈취 운동은 마오쩌둥의 사전 지시에 따라 추진된 것이었다. 1966년 12월 26일, 마오는 73세 생일을 축하하기 위해 린뱌오와 캉성을 제외한 중앙 문혁소조 구성원, 즉 천보다, 장춘차오, 야오원위안, 왕리(王力), 관펑(關鋒), 치번위(戚本禹)를 자기 집에 초청하여 만찬을 베풀었다. 이 자리에서 마오는 "전국에서의 전면적인 내전(內戰) 전개를 위해 건배!"라는 건배사를 제창했다. 이 건배사는 《인민일보》의 신년 사설에 "1967년은 전국적으로 전면적인 계급 투쟁의 해가 될 것이다."라는 표현으로 실렸다. 그리고 이 만찬에 참석했던 장춘차오와 야오원위안이 마오의 뜻을 받들어 다음 해 1월에 상하이에서 정권 탈취를 실제로 추진했다.[16]

한편 새로운 권력 기관의 명칭을 두고 약간의 논란이 있었다. 1967년 2월 5일에 마오쩌둥은 새로운 권력 기관을 '상하이 인민공사(人民公社)'로 부르는 것에 동의했다. 1871년 프랑스 파리의 노동자들에 의해 만들어진 최초의 노동자 정권인 파리 코뮌(Paris Commune)을 모방하여 이름을 그렇게 지었던 것이다('코뮌'의 중국어가 '공사'다). 그런데 그해 2월 11일에 열린 정치국 간담회에서 예젠잉(葉劍英)은 정치국의 공식 결정 없이 지방 정부의 이름을 함부로 변경한 것에 대해 엄중히 비판했다. 마오는 이를 수용하여 2월 13일에 명칭을 '상하이 혁명위원회'로 변경할 것을 지시하고, 장춘차오를 책임자인 주임(主任)에 임명했다. 이렇게 이름을 변경한 것은 중국의 국가 명칭인 중화인민공화국과 관련이 있다. 만약 상하이 정부를 '상하이 인민공사'로 부르면 중국 정부를 '중화 인민공사'로 불러야 하느냐는 것이다.[18]

이후 전국적으로 정권 탈취가 일어나 혁명위원회가 지방 정부를 대체했다. 그런데 혁명위원회는 설립 직후부터 문제가 발생했다. 먼저, 이질적인 요소가 결합하여 구성한 탓에 응집력과 통합성이 매우 낮았다. 그 결과 혁명위원회는 효과적이고 효율적인 지방 권력 기관이 되기에는 한계가 있었다. 각 지역의 혁명위원회는 마오쩌둥의 지시에 따라서 '세 가지 혁명 세력'인 군 지도자, 혁명 간부, 군중 단체 간부로 구성되었다. 그런데 이들은 매우 이질적인 세력으로, 성격도 다르고 활동도 달라 서로 간에 협조가 잘 이루어지지 않았던 것이다.

또한 실질적으로 군인이 혁명위원회의 설립과 운영을 주도함에 따라 지방 정부로서 마땅히 담당해야 하는 역할을 제대로 수행하지 못하는 문제가 발생했다. 1971년 8월 전국의 29개 성급 행정단위의 혁명위원회 상황을 보면, 22곳에서 군인이 혁명위원회 제1서기였고, 성 서기급 간부의 62퍼센트가 군인이었다. 군인들은 기본적으로 생산과 건설을 제대로 이해하지 못했고, 각종 복잡한 행정 관계나 주민과의 문제도 제대로 처리하지도 못했다. 더욱이 소수의 군인들이 권력을 이용하여 사익을 도모하면서 혁명위원회는 지역 주민의 불만을 야기했다.[19]

(3) 중앙 군사위원회 지도 조직의 변화

마오쩌둥에 의해 인민해방군도 중요한 정치 세력으로 문혁에 참여했다. 특히 군이 지방에 설립된 혁명위원회를 주도하면서 중앙 군사위원회(중앙군위)의 지도 조직을 개편하는 일이 매우 급해졌다. 원래 중앙군위의 일상 업무를 주관하는 기구는 중앙군위 상무위원회였다. 문혁이 시작되면서 이는 유명무실해지고, 대신 중앙군위 간수소조(軍委看守小組)가 그 기능을 대체했다. 그런데 1967년 9월 24일 중앙 문혁 간담회에서 이를 중앙군위 판사조(軍委辦事組)로 바꾸기로 결정했다. 중앙군위 판사조는 공산당 중앙, 중앙군위, 중앙 문혁소조의 직접 지도 하에 베이징에 주둔하는 군 계통의 문혁 업무를 지도하는 책임을 맡았다.

중앙군위 판사조의 구성원은 양청우(楊成武), 우파셴(吳法憲), 예췬(葉群: 린뱌오의 부인), 추후이줘(邱會作), 리줘펑(李作鵬)이었고, 조장은 양청우였다. 양청우를 제외한 나머지 사람들은 린뱌오와 밀접히 연관된 '린뱌오 세력'이었다. 이를 보면, 마오쩌둥이 린뱌오를 통해 인민해방군을 장악하기 위해 중앙군위 판사조를 새롭게 설치했다는 사실을 알 수 있다. 이후 1968년 3월 25일에 중앙군위 판사조의 조장이 양청우에서 황융성(黃永勝)으로 바뀌었다. 참고로 우파셴, 추후이줘, 리줘펑, 황융성은 린뱌오의 '사대금강(四大金剛: 네 명의 호위 장군)'으로 불렸다. 또한 3일 뒤에는 마오의 지시에 따라 중앙군위 판사조가 중앙군위 상무위원회를 공식적으로 대체했다.

한편 1971년 9월에 있었던 '린뱌오 사건' 이후 인민해방군의 지도 조직은 다시 개편되었다. 마오쩌둥은 린뱌오 세력을 일소한 후에 믿을 수 있는 장군들로 중앙군위 지도부를 재편해야만 했던 것이다. 1971년 10월 3일에 마오의 비준을 받아 중앙군위 판사조가 해체되고, 대신 중앙군위 판공회의(辦公會議)가 설립되었다. 당시 중앙군위 부주석이었던 예젠잉이 이를 주재했다. 셰푸즈, 장춘차오, 리셴녠, 리더성(李德生), 지덩쿠이(紀登奎), 왕둥싱 등이 구성원으로 참여했다. 중앙군위 판공회의는 중앙군위의 지도 하에 군의 일상 업무를 담당했다.

3. '2월 항쟁(二月抗爭)'(1967년 2월)과 문화대혁명의 장기화

문혁 10년 동안의 상황을 보면, 정치 지도자들이 문혁에 대해 집단적으로 저항한 일은 딱 한 번 있었다. 1967년 2월에 있었던 '2월 항쟁'이 그것이다. 참고로 문혁 주도 세력은 이를 '2월 역류(二月逆流)'라고 불렀다. 이는 인민해방군 원로 장성들이 정치국 간담회에서 문혁에 대한 불만을 표출한 사건을 가리킨다. 정확히는 1967년 2월 11일과 16일 중난하이(中南海: 공산당 지도자들의 거주 지역이자 사무 지역) 내의 화이런탕(懷仁堂)에서 있었던 정치국 간담회(碰頭會)에서의 항의와, 2월 17~18일 정치국 간담회에서의 항의를 가리킨다. 이 중에서 특히 문제가 된 것이 두 번째 항의였다.

(1) '2월 항쟁'과 마오쩌둥의 비판

　1967년 2월에 들어 인민해방군 장성들은 문혁의 진행 상황에 대해, 특히 여러 혁명 원로들이 홍위병들에게 박해를 받는 모습과 상하이에서 정권 탈취가 일어난 일을 목격하면서 강한 불만을 표출하였다. 그러던 중 2월 11일과 16일에 저우언라이가 화이런탕에서 정치국 간담회를 개최했다. 이때 예젠잉과 쉬샹첸 등 장군들이 문혁의 문제점을 비판했고, 동석했던 캉성과 천보다가 문혁을 옹호하면서 격렬한 논쟁이 벌어졌다.

　"당신들이 당과 정부에 난리를 일으키고, 공장과 농촌에 난리를 일으키는데, 그렇게 하면서 당신들은 무슨 생각을 하고 있어? [문화대]혁명은 당의 영도가 필요 없어? 군대도 필요 없어? 상하이의 정권 탈취 이후에 상하이 공사(公社)라고 이름을 바꾸었어. 그런데 이처럼 큰 문제, 국가 체제에 관련된 문제를 정치국에서 토론도 하지 않고 당신들 마음대로 명칭을 바꿔? 도대체 무슨 생각을 하고 있는 것이야?"(예젠잉의 말)

　"예젠잉 원수(葉帥), 당신이 그렇게 말하니까 내가 쥐구멍이라도 들어가고 싶네!"(천보다의 빈정거리는 말)

　"군대는 무산계급 독재의 기둥(支柱)이야. 당신들은 군대에서도 난리를 일으키는데, 그렇다면 기둥이 필요 없다는 거야! 설마 우리 같은 사람이 필요 없다는 말이야? 그러면 콰이다푸(蒯大富:

칭화대학의 홍위병 지도자)를 데려다가 군대를 지휘하지 그래?"(쉬샹첸의 말)

"군대는 당신 쉬샹첸의 것이 아니야! 당신이 무슨 대단한 사람이야?"(캉성의 반박)[20]

이어서 2월 16일에 저우언라이가 주재하는 정치국 간담회가 다시 개최되었다. 그런데 회의 직전에 원로 장군인 탄전린(譚震林)이 크게 화를 내면서 혁명 원로를 핍박하는 문제를 강도 높게 비판했다. 다른 장군들도 탄전린의 비판에 가세하여 문혁 세력에게 맹공을 퍼부었다.

[당신들은] 항상 무슨 군중, 군중 하는데 당의 영도는 있어? 당의 영도가 없이 처음부터 끝까지 군중이 자기를 해방하고, 자기를 교육하고, 자기를 혁명한다! 그게 무슨 말이야? 형이상학(形而上學)이지! 당신들의 목적은 노간부(老幹部)를 완전히 제거하는 것이야. 당신들은 노간부를 하나하나 패 없애고 있어. 노간부가 하나하나 정리되면, 40년의 혁명은 집이 망하고, 사람이 흩어지며, 처(妻)는 떠나고 자식은 흩어지는 결과가 돼 버려. (……)
나는 평생 울어 본 적이 없는데, 최근에 세 번이나 울었어. 우는데 울 곳이 없어서 비서 앞에서도 울고, 아들 앞에서도 울었어. (……) 징강산(井岡山)[최초의 혁명 근거지]에서 현재에 이르기까지 당신들이 한번 검토해 봐, 내가 단 한 번이라도 마오 주석에 반

대한 적이 있는지. 나는 나를 위해서 이러는 것이 아니라, 전체 노간부를 위해서, 전체 당을 위해서 이러는 거야.[21]

정치국 간담회에서 도저히 비판에 맞설 수 없었던 장춘차오, 야오원위안, 왕리는 그날 바로 「2월 16일 화이런탕 회의」라는 보고서를 작성하여 마오쩌둥에게 전달했다. 마오는 이를 보고 2월 18일에 정치국 회의를 소집하여 탄전린 등 원로 장성들을 격렬히 비판했다. 마오는 한바탕 연설을 하고는 곧바로 회의장을 나가 버렸다.

중앙 문혁소조는 당의 8기 11중전회의 결정을 집행하는 것이야. 착오는 100분의 1, 2, 3 정도고, 100분의 99는 정확해. 중앙 문혁을 반대하는 사람은 내가 그 누구라도 굳건히 반대할 거야! 당신들이 문혁을 부정하려고 하는데, 그렇게는 안 될 거야. 예췬 동지! 린뱌오에게 말해, 린뱌오의 지위도 안정적이지 않다고. 어떤 사람이 린뱌오의 권한을 빼앗으려고 하니 준비를 잘 하라고. 이번 문혁이 실패하면 나와 그[린뱌오]는 베이징을 떠나 다시 징강산에 올라가 유격전을 전개할 것이야.
당신들은 장칭, 천보다는 안 된다고 하는데, 그럼 당신 천이(陳毅)가 중앙 문혁소조 조장을 맡고, 천보다와 장칭을 체포해서 총살시켜! 나도 물러나겠으니 당신들이 왕밍(王明)[이전의 총서기]을 데려다 주석을 시켜! 당신 천이가 옌안 정풍을 뒤엎으려고 하는데, 전 당이 응하지 않을 것이야. 당신 탄전린은 노당원이라고 할 수 있는데, 왜 계속 자산계급 노선에 서서 말해? (……) 나는 이 사건을 정치국 회의를 열어 토론해야 한다고 제의해. 한 번에 안 되면 두 번 하고, 한 달에 안 되면 두 달에 해. 정치국이 해결하지 못하면 전체 당원을 발동하여 해결하겠어.[22]

이후 마오쩌둥의 지시에 따라 1967년 2월 25일에서 3월 18일까지 5회에 걸쳐 정치국 민주생활회(民主生活會: 간부들이 비판과 자기비판 하는 모임)가 개최되었다. 이 회의에서 장칭, 캉성, 천보다, 셰푸즈 등은 '2월 역류'의 죄를 물어 탄전린, 천이, 쉬샹첸을 집중 비판했다. 예를 들어, 캉성은 이렇게 비판했다. "이것은 (공산당 8기) 11중전회 이후 발생한 엄중한 반당(反黨) 사건이다! 이것은 정변의 예행 연습이요, 자본주의 복벽의 예행 연습이다!" 천보다의 비판도 비슷했다. "문혁에 대한 반대는 마오 주석을 우두머리로 하는 무산계급 사령부를 포격하는 일이다. 이는 위에서 아래로의 자본주의 복벽이며, 무산계급 독재의 전복이다!"[23] 이후 비판을 받은 장군들은 현직에서 물러나야만 했다.

그런데 그해 3월에 들어 마오쩌둥은 원로 장성들의 비판을 일부 수용하면서 화해의 몸짓을 보였다. 먼저, 예젠잉의 비판을 수용하여 상하이 인민공사의 명칭을 상하이 혁명위원회로 바꾸었다. 또한 3월 1일에 《홍기》에 「간부를 반드시 정확히 대해야 한다」라는 글을 게재하여 노간부에 대한 무차별 공격을 완화했다. 마지막으로 4월 30일 밤에는 저우언라이, 리푸춘, 천이, 예젠잉, 쉬샹첸, 녜룽

전, 탄전린, 리셴녠, 위추리, 구무(谷牧) 등을 자기 집에 불러 만찬을 베풀었다.[24]

(2) '2월 항쟁'의 영향: 문화대혁명의 장기화와 류샤오치 숙청

그런데 '2월 항쟁'은 예상하지 못한 두 가지 결과를 불러왔다. 먼저, 마오쩌둥이 이 사건을 겪으면서 문혁을 장기적으로 추진해야 하는 운동으로 생각하기 시작했다. 마오가 실제로 문혁을 얼마나 오랫동안 추진할 생각이었는지는 아무도 모른다. 그가 1966년 7월 8일에 장칭에게 보낸 편지에서는 7~8년에 한 번씩 "전면적인 계급투쟁"이 필요하다고 말하기는 했다.[25] 일부 연구자들에 의하면, 마오는 짧게는 2~5개월, 길면 2~3년 정도의 시간이면 '자산계급 반동 노선'과 '자산계급 사령부'를 격파할 수 있을 것으로 예상했다고 한다. 그런데 '2월 항쟁'을 겪으면서 생각이 바뀌었다. 마오가 예상했던 것보다 많은 당정 간부들이 문혁을 비판하면서 저항하고 있다는 사실을 발견했기 때문이다.[26]

사실 문혁은 마오쩌둥이 어떤 생각을 했는가와 상관없이 장기적인 운동으로 확대될 수밖에 없었다. 통제할 수 없는 군중 운동이 펼쳐졌기 때문이다. 마오는 1967년에 2~4개의 성에서 정권 탈취가 완료되면 문혁도 마지막 단계에 접어들 것으로 생각했다. 그러나 그렇게 되지 않았다. 정권 탈취의 기치 하에 각지에서 대립하던 여러 파벌이 각기 다른 조직을 결성했고, 이들 간에 자파 이익의 수호를 위한 격렬한 투쟁이 전개되었기 때문이다. 그래서 여러 파벌들의 정권 탈취 시도가 끊임없이 이어졌고, 그것은 점차로 상호 간에 대규모 살상을 동반하는 무장 투쟁으로 발전했다. 문혁은 '문화(文化)'대혁명에서 '무화(武化)'대혁명으로 변질되고, 군대를 동원해야만 통제할 수 있는 지경에 이르렀던 것이다.[27]

'2월 항쟁'이 남긴 또 하나의 후유증은, 류샤오치 등 정치 지도자에 대한 대규모 숙청이었다. 마오쩌둥이 류 숙청을 언제 결심했는지에 대해서는 다양한 주장이 있다. 그중 하나가 앞에서 살펴본 '1965년 1월설'이다. 그런데 일부 학자들은 그 시점이 1967년 2월이었다고 주장한다. 예를 들어, 문혁 시기의 류를 분석한 디트머(Lowell Dittmer) 교수는 '2월 항쟁'의 영향으로 마오가 류를 숙청하기로 결심했다고 주장한다. 마오는 문혁을 지속하기 위해 어쩔 수 없이 군 원로들에게 양보해야 했고, 그래서 군에 대한 타격을 중지시키고 비판을 류와 소수의 지정된 목표에 집중하도록 했다는 것이다.[28] 그 일환으로 홍위병들에게 류 공개 비판을 허용했다. 류와 그의 부인 왕광메이는 홍위병의 비판 대회에 불려나가 혹독한 고초를 겪었다. 류는 그 후유증을 제대로 치료받지 못하여 1969년에 감옥에서 사망했다.

중국 학자들도 비슷한 주장을 한다. 예를 들어, 정첸(鄭謙)과 장화(張化)는 문혁 초기까지 마오쩌둥은 류샤오치를 처단할 생각이 없었다고 한다. 그런데 각 대학에 파견된 문혁 공작조(工作組) 문제 등이 불거지면서 류에 대한 불신이 깊어졌다. 여기에 사인방이 마오가 전에는 알지 못했던 갖가지 류 관련 자료를 제공하면서 불신을 부채질했다. 그 결과 마오는 류를 "당내 최대의 자본주의 길을 걷는 당권파," "중국의 흐루쇼프," "자산계급 반동 노선을 제기 및 추진하는 우두머리"로 규정하고 처단을 결심했다. 그 시점이 대략 1967년 3월 무렵이었다.²⁹⁾ 가오윈첸(高文謙)도 류에 대한 마오의 처리 방침이 처음부터 정해졌던 것은 아니라고 주장한다. 마오는 류의 문제를 문혁 초기에는 '당내 문제'로 처리할 생각이었는데, 이후 상황이 바뀌면서 대중 비판을 통한 '공개 처리'로 방침이 바뀌었다. 그 시점이 대략 상하이에서 정권 탈취가 이루어질 무렵이었다.³⁰⁾

특히 마오쩌둥이 1967년에 들어 홍위병이 류샤오치 부부를 비판할 수 있도록 허용한 것은, 정부의 통제를 벗어나 전국을 휩쓸고 있던 홍위병의 관심을 일부 최고위급 지도자로 돌리기 위한 조치이기도 했다.³¹⁾ 이렇게 해서 한편으로는 홍위병의 공격 대상을 일부에 국한시키고, 다른 한편으로는 마오가 통제할 수 있는 범위 내로 홍위병 운동을 통제하려 했던 것이다. 그러나 마오는 홍위병이 덩샤오핑을 불러내 공개적으로 비판하는 행위는 허용하지 않았다. 류와 달리 덩은 마오를 직접적으로 비판하거나 '배신한' 적이 없었던 점이 참작되었다. 이처럼 마오는 류와 덩을 달리 대우했다.

4. 공산당 9차 당대회(1969년)

1969년 4월에 개최된 공산당 9차 당대회는 이전 3년 동안 전국적으로 맹렬하게 전개된 문혁을 정리하는 회의였다. 중국의 한 연구는 마오가 실제로 이 당대회를 계기로 문혁을 수습할 생각이 있었다고 한다.32) 물론 결과는 그렇게 되지 않았다.

공산당 9차 당대회는 4월 1일에서 27일까지 개최되었다. 참석한 대표는 모두 1,521명이었다. 회의 의제는 '정치 보고' 심의, 「당헌」 수정, 중앙위원 선출의 세 가지였다. 린뱌오가 맡은 정치 보고는 특별한 정책의 제시 없이 그냥 문혁을 찬양하는 내용뿐이었다.

(1) 「당헌」 수정과 린뱌오 후계자 확정

「당헌」 수정에서는 두 가지의 중요한 변화가 있었다. 첫째, 마오쩌둥 사상이 다시 마르크스주의, 레닌주의와 함께 공산당의 공식 지도 이념으로 확정되었다. 1956년 공산당 8차 당대회에서는 마오에 대한 개인 숭배를 완화한다는 목적으로 마오 사상이 「당헌」에서 삭제되었는데, 그것을 원래대로 되돌린 것이다.

흥미로운 점은, 마오쩌둥 사상에 대한 성격 규정이 바뀌었다는 사실이다. 공산당 7차 당대회(1945년)에서는 마오 사상을 "마르크스-레닌주의의 이론과 중국 혁명의 실천을 통일한 사상"으로 규정했는데, 이번에는 아예 "새로운 시대의 마르크스-레닌주의"라고 규정했다. 마오 사상을 마르크스-레닌주의와 동급으로, 어쩌면 그를 대체하는 이념으로까지 치켜세운 것이다.

중국 공산당은 마르크스주의, 레닌주의, 마오쩌둥 사상을 지도 사상의 이론적 기초로 삼는다. 마오쩌둥 사상은 제국주의가 전면적으로 붕괴하고 사회주의가 전 세계에서 승리하는 시대의 마르크스-레닌주의다.[33]

둘째, 린뱌오가 마오쩌둥의 후계자임을 「당헌」에 명시했다. 이런 점에서 공산당 9차 당대회의 최대 수혜자는 린뱌오였다.[34] 다만 그것은 불과 3년을 넘기지 못하고 린뱌오 본인뿐만 아니라 전 가족에게 비극을 불러온 '불행의 씨앗'이 되었다. 이때에는 이에 대해 그 누구도 예상하지 못했다. 사실 린뱌오는 「당헌」에 마오의 이름을 넣는 데는 적극 찬성했지만, 자신의 이름을 넣는 데에는 반대했다. 그런데 장칭이 정치상의 필요로 이를 적극 주장해서 관철시켰다. 린뱌오의 이름을 「당헌」에 명시해야 "다른 사람이 쓸데없는 야심(覬覦之心)을 갖지 않는다."는 이유에서였다.[35]

> 린뱌오 동지는 일관되게 마오쩌둥 사상의 붉은 기를 높이 들었고, 가장 충성스럽고 가장 굳건히 마오쩌둥 동지의 무산계급 혁명 노선을 집행하고 호위했다. 린뱌오 동지는 마오쩌둥 동지의 친밀한 전우이자 후계자(接班人)다.[36]

여기서 우리는 마오쩌둥이 왜 린뱌오를 후계자로 지명했는가를 살펴볼 필요가 있다. 기존 연구에 의하면 몇 가지 이유가 있다. 첫째, 문혁을 성공적으로 추진하기 위해서는 군의 지지가 필요했다. 린뱌오는 국방부장으로서 군을 관리하는 총책임자고, 따라서 마오에게 필요한 존재였다. 이보다 더욱 중요한 이유는 린이 군내에서 신망이 매우 두텁다는 사실이었다. 혁명 과정에서 린뱌오가 급성장할 수 있었던 데는 마오의 지원도 한몫 했지만, 그보다 더 큰 요인은 린이 주요 전쟁에서 승리해 빛나는 명성을 얻었다는 것이었다. 최소한 군대 내에서는 린뱌오가 마오 다음으로 권위가 높았다.

둘째, 린뱌오는 혁명 과정에 큰 공헌을 했기 때문에 마오쩌둥이 린을 후계자로 지명할 경우 고위 당정 간부들이 수용할 가능성이 매우 높았다. 실제로 1966년 8월 공산당 8기 11중전회에서 마오가 류샤오치를 대신해 린뱌오를 공식적으로 이인자로 확정했을 때, 공산당 내에서는 아무런 반대가 없었다. 류샤오치조차 이전부터 마오뿐만 아니라 린뱌오와 덩샤오핑에 대한 개인 숭배도 필요하다고 주장했다. '마오의 가장 충실한 전우'라는 호칭은 저우언라이가 지어준 것이다. 앞에서 말했듯이, 린의 혁혁한 전공으로 인해 거의 모든 혁명 원로와 장군들이 린의 특별한 지위를 인정했던 것이다.

셋째, 린뱌오는 마오쩌둥이 가장 신뢰하는 부하 중 하나였다. 린뱌오는 1930년대에 징강산에서 마오와 함께 활동을 시작한 이후 한번도 마오를 배신한 적이 없었다. 1950년대에 건강상의 이유로 활동을 하지 않았는데도 1959년 루산 회의에서 펑더화이를 대신하여 국방부장으로 임명된 것은 마오가 린을 그만큼 신뢰했다는 사실을 보여 준다. 린뱌오는 마오의 신뢰에 부응하여 항상 마오를 옹호하면서 "정치 우선(突出政治)"을 강조했다. 그 밖에도 당시 최고 지도자 집단에서 린뱌오의 나이가 가장 적었다는 점도 있다. 1966년에 덩샤오핑은 62세였던 데 비해 린뱌오는 60세였다.37)

그런데 재미있는 사실은, 린뱌오는 마오쩌둥이 자신을 후계자로 지명하는 데 반대했다는 점이다. 추 교수의 연구에 의하면, 린뱌오는 몇 차례에 걸쳐 마오에게 후계자 지명을 철회해 줄 것을 요청했다. 그러나 마오는 이를 거절했고, 그래서 린도 어쩔 수 없이 수용했다. 참고로 추 교수는 '린뱌오의 장군'으로 분류되어 린 몰락 이후 함께 숙청된 우파셴 장군의 딸로, 린과 관련된 '내부 이야기'를 잘 알 만한 사람이다. 비슷하게 가오원첸도 린이 후계자 지위를 마지못해 수용했다고 주장한다.38)

린뱌오가 후계자 지명을 꺼린 이유는 두 가지였다. 먼저, 중국의 역사를 보면 강력한 카리스마적 지도자 옆에 있는 이인자의 지위는 매우 취약하다. 예를 들어, 역대 왕조가 창건된 후에는 주요 개국 공신들이 대부분 죽임을 당하거나 비참한 최후를 맞이했다. 사회주의 중국도 예외가 아니었다. 류샤오치의 죽음이 이를 잘 보여 준다. 따라서 마오의 후계자가 된다는 것, 권력의 이인자가 된다는 것은 머지않아 비참한 최후를 맞이할 가능성이 높다는 것을 의미했다.

또한, 린뱌오는 마오의 성격을 너무나 잘 알고 있었다. 그는 1949년에 한 지인에게 다음과 같이 말했다.

그[마오쩌둥]는 당신의 의견을 조작한 다음에 당신의 의견을 바꿀 것이다. 그것은 진짜 당신의 의견이 아니라 그가 조작한 의견이다. 이런 기본 술책에 주의해야 한다.

그는 자신을 숭배하고 자신을 맹신한다. 그는 자기 숭배가 너무 심해 모든 업적은 자신에게 돌리고, 반대로 모든 잘못은 다른 사람이 저지른 것으로 만든다.[39]

이처럼 중국의 역사와 마오쩌둥의 성격을 잘 알고 있던 린뱌오는 후계자로 지명된 후 생존을 위해 몇 가지 자신만의 전술을 실천했다. 첫째, 마오에게 무조건 복종한다. 실제로 그는 항상 마오의 결정을 준수하고, 마오가 자신의 의견을 분명히 말하기 전까지는 결정을 미루었다. 둘째, 도가(道家)가 숭상하는 '무위(無爲: 아무 것도 하지 않음) 전술'을 구사한다. 린뱌오는 문혁이나 후계자 지위 등 모든 것에 흥미를 보이지 않았다. 그는 병을 핑계로 대부분의 시간을 집에 머물렀고, 마오가 부를 경우에만 잠깐 회의에 참석했다. 또한 자신의 마음을 잘 표현하지 않았다. 말을 해야 할 때에는 가급적 간단하게 요점만 말했다.

셋째, 그러나 군 문제에서는 분명한 입장을 취한다. 앞에서 보았듯이, 린뱌오는 가급적 군을 문혁에 개입시키지 않으려고 노력했다. 군이 손상 없이 마오쩌둥의 뜻에 따라 문혁에 개입하는 것은 불가능하다는 점을 알고 있었기 때문이다.[40] 넷째, 겸손한 자세를 유지한다. 린뱌오는 자신을 두드러지게 하는 일, 혹은 자신을 숭배하는 일에 대해서는 반대 입장을 분명히 표시했다. 예를 들어, 마오와 중앙 문혁소조에 전달되는 문서에 린뱌오에 대한 새로운 표현(호칭)이 들어 있으면, 비서들은 반드시 린뱌오에게 이를 알려 주어야만 했다.[41]

(2) 지도자 선출과 평가

공산당 9차 당대회(1969년)의 주요 지도자 선출을 살펴보자. 중앙위원회는 정위원 170명과 후보 위원 109명 등 모두 279명이 선출되었다. 이 중에서 8기 중앙위원은 53명으로 전체의 19퍼센트에 불과했다. 즉 중앙위원 중에서 81퍼센트가 새로 선출되었던 것이다. 이는 문혁을 통해 대부분의 중앙위원이 숙청되었고, 이들을 대신하여 문혁을 지지하는 새로운 세력이 대거 충원되었음을 의미한다.

구체적인 중앙위원의 구성을 보면, 군 출신이 전체의 45퍼센트를 차지함으로써 압도적인 우위를 보였다.(8기에는 19퍼센트였다.) 군이 문혁을 지지하고 추진하는 데 대하여 마오가 이런 식으로 보상해 준 것이다. 군중 조직의 대표는 전체의 19퍼센트를 차지함으로써 군 다음으로 많은 비중을 점했다. 이도 역시 문혁 주도 집단에 대한 마오의 배려였다. 중앙과 지방의 비율을 보면, 지방 대표가 전체의 3분의 2(8기에는 38퍼센트)를 차지하면서 중앙 대표를 크게 능가했다. 이상을 정리하면, 9기 중앙위원은 대부분 새로 선출되었고, 주로 지방 출신의 군 대표와 군중 조직 대표로 구성되었다.[42]

한편 중앙위원회 주석에는 마오쩌둥, 부주석에는 린뱌오가 선출되었다. 이로써 린뱌오는 유일한 당 부주석으로서 마오의 후계자로 다시 한번 확정되었다. 정치국 상무위원회는 마오쩌둥, 린뱌오, 천보다, 저우언라이, 캉성 등 5인으로 구성되었다. 여기서도 린뱌오는 마오 다음에 위치함으로써 권력 2위의 지위를 보여 주었다. 또한 마오를 제외한 5인 중에서 린뱌오, 천보다, 캉성은 문혁 주도 인물들이다. 저우는 문혁 주도 세력은 아니었지만 마오에 충성했던 인물로 이들과 다를 바가 없었다. 이런 면에서 문혁 주도 세력이 정치국 상무위원회를 장악했다고 평가할 수 있다.[43]

이처럼 마오쩌둥과 문혁 주도 세력이 정치국 상무위원회를 장악함으로써 중앙 문혁소조는 이제 최고 권력 기구로서의 생명을 다하게 되었다. 정치국 상무위원회가 직접 문혁을 지도하면 되지, 굳이 이를 우회해서 중앙 문혁소조를 이용할 필요가 없었기 때문이다. 실제로 공산당 9차 당대회 이후 중앙 문혁소조는 사실상 활동을 정지했다.

정치국에는 정위원 21인과 후보 위원 4인 등 모두 25인이 선출되었다. 정치국원에는 마오의 부인 장칭, 린뱌오 부인 예췬이 포함되어 당시 항간에 떠돌던 '여인천하(婦人天下)'의 모습을 보여 주었다. 중앙 문혁소조 구성원 중에는 장칭, 천보다, 캉성, 야오원위안, 셰푸즈 등 모두 6인이 포함되었다. 또한 린뱌오의 '장군'으로 황융성(黃永勝), 리줘펑(李作鵬), 우파셴(吳法憲), 추후이줘(邱會作) 등 4인, 린뱌오와 관련이 없는 지방 사령관 5인 등 모두 9인의 장군이 정치국원이 되었다. 나머지 정치국원으로는 예젠잉, 류보청, 주더(朱德),

쉬스유(許世友), 둥비우(董必武)가 선임되었다.⁴⁴⁾

군 지도자를 살펴보면, 중앙 군사위원회(중앙군위) 주석에는 마오쩌둥, 부주석에는 린뱌오, 류보청, 천이, 쉬샹첸, 녜룽전, 예젠잉 등 6인이 선출되었다. 또한 중앙군위 위원에는 이들 주석과 부주석을 포함하여 모두 47인이 선출되었다. 이는 중요한 장군을 모두 중앙군위 위원에 포함시킨 결과였다. 그러나 실제로 중앙군위 업무를 주관하는 권력 기구는 중앙군위 판사조(辦事組)였기 때문에 중앙군위 위원이 누구인가는 별 의미가 없다. 새롭게 구성된 중앙군위 판사조 조장에는 황융성, 부조장에는 우파셴, 조원에는 예췬, 리줘펑, 추후이줘 등 7인이 선임되었다. 이를 보면 중앙군위 판사조는 린뱌오 세력이 장악했음을 알 수 있다.⁴⁵⁾

5. '린뱌오 사건'(1971년)

그러나 마오쩌둥과 린뱌오 간의 관계, 혹은 장칭 세력과 린뱌오 세력 간의 밀월 관계는 불과 1년을 못 가서 파탄이 나고 만다. 양자 간의 갈등은 사실 1969년 공산당 9차 당대회 직후부터 시작되었다고 볼 수 있다. 맥파커 교수는 갈등 요인으로 세 가지를 지적한다.

(1) 마오쩌둥과 린뱌오 사이의 세 가지 갈등 요인

첫째는 공산당의 재건 문제다. 1967년 2월 상하이의 정권 탈취 이후 전국적으로 혁명위원회가 설립되었다. 그런데 문제는 인민해방군이 혁명위원회 설립을 주도하면서 군이 과대 대표되었다는 점이다. 앞에서 이미 살펴보았듯이, 1971년 8월 무렵에 전국 29개 성급 단위의 혁명위원회 중에서 22곳에서 현역 군인이 제1 서기를 맡았고, 성 서기급 간부의 62퍼센트를 군인이 차지했다. 마오쩌둥은 이런 결과에 대해 강한 불만을 품고 있었다. 군과 국가를 통제할 수 있는 문민정부를 수립하라는 자신의 지시를 린뱌오와 그의 장군들이 제대로 집행하지 않았다는 이유 때문이다. 마오는 린뱌오가 군에 이어 국가까지 지배하려 한다는 위기의식을 갖게 되었다.

둘째는 외교 정책상의 이견이다. 1969년 3월에 헤이룽장성 우쑤리강(烏蘇里江)의 전바오다오(珍寶島, Damansky)에서 중국군과 소련군이 충돌하는 사건이 발생했다. 또한 신장(新疆) 위구르 지역에서 중국군과 인도군이 충돌하는 사건이 발생했는데, 이때 소련은 인도 편을 들었다. 이처럼 중·소 간에 긴장이 고조되자 그해 9월에 저우언라이 총리와 소련의 코시긴(Alexei Kosygin) 총리가 만나 긴장 완화 문제를 협의했다. 이 문제에 대한 마오와 린의 정책이 달랐다. 마오는 1969년 사태를 계기로 소련이 국경에서 강경 노선을 취할 것이고, 중국이 이에 대항할 수 없으니 미국의 닉슨(Richard Nixon) 행정부와 협력해야 한다고 주장했다. 반면 린뱌오는 미·소 강대국 간의 갈등에서 중국은 미국보다 소련과 협력하는 것이 좋다고 판단했다.[46]

셋째는 국가 주석 설치 문제다. 1969년에 국가 주석이었던 류샤오치의 사망과 함께 국가 주석은 공석이 되었다. 따라서 앞으로 개최될 4기 전국인대 1차 회의에서「헌법」을 수정할 때 국가 주석을 어떻게 할 것인가가 쟁점으로 부각되었다. 마오쩌둥은 1970년 3월 8일에 국가 주석 설치를 반대한다는 의견을 분명히 했다. "만약 국가 주석을 설치한다면, 나는 맡지 않을 것이다."라는 말도 덧붙였다.

마오쩌둥이 국가 주석 설치를 반대한 것은 류샤오치 숙청과 관련 있었다고 한다. 마오의 마음속에는 아직 류를 숙청한 감정의 여운이 남아 있었던 것이다. 동시에 마오는 린뱌오가 국가 주석이나 부주석에 취임하면 군과 국가가 통합될 수 있으므로 이를 막기 위해 반대하기도 했다. 이는 마오가 린을 견제하는 조치였다.[47] 그런데 1970년 4월 12일에 개최된 정치국 회의에서는 마오의 의견이 아니라 린뱌오의 의견에 따라 국가 주석을 설치하고, 마오가 취임하는 것이 좋다는 결정이 내려졌다. 이를 마오에게 보고했을 때, 마오는 다시 한번 국가 주석 설치에 반대한다는 의견을 냈다.

왜 린뱌오는 마오쩌둥의 반대에도 불구하고 국가 주석 설치를 주장했을까? 일부 연구는 린뱌오의 권력욕 혹은 야심을 강조한다. 예를 들어, 맥파커 교수는 다른 사람의 연구를 인용하면서 두 가지를 이유로 제시한다. 먼저, 린뱌오는 후계 구도를 확실히하기 위해 국가 주석 설치를 주장했다. 정부 내 권력 서열에서 린은 부총리와 국방부장이기 때문에 총리인 저우언라이에게 밀린다고 생각했다는 것이다. 또한, 질병과 기질에 따른 상대적 고립감을 탈피하고자 하는 목적도 있었다. 린은 국가 주석에 취임함으로써 후계자 지위를 확실히 보장 받기를 원했다. 그 밖에도 린은 마오가 약해졌다는 생각에서, 또한 천보다의 도움을 받아 장칭 집단을 압도할 수 있다는 자신감에서 마오의 반대를 무릅쓰고 국가 주석 설치를 주장했다.[48] 황징 교수와 가오원첸도 비슷한 주장을 한다.[49]

그러나 추 교수와 중국 연구자들은 다른 주장을 한다. 린뱌오의 부인인 예췬이 그렇게 했을 수는 있다. 즉 그녀는 국가 주석을 다시 설치하여 마오를 주석, 린뱌오를 부주석에 앉히기 위해 활동했을 수 있다는 것이다. 예췬의 입장에서 보면, 만약 마오가 국가 주석을 끝내 고사하여 린이 국가 주석에 취임하면 더욱 좋은 일이다. 그러나 린뱌오가 예췬의 활동을 알고 있었는지는 명확하지 않다. 왜냐하면 린은 국가 주석이나 부주석 자리에 관심이 없었기 때문이다. 린은 건강이 좋지 않고 내성적인 성격이라 대외 활동을 기피했다. 또한 그는 외빈을 맞는 일을 매우 싫어했다. 더욱이 「당헌」에 린이 마오의 후계자라고 명시했기 때문에 실권도 없는 국가 주석이나 부주석을 탐낼 이유가 전혀 없었다.[50]

그렇다면 린뱌오가 국가 주석 설치를 주장한 진짜 이유는 무엇일까? 린이 명목적으로 내세운 이유는, 국가 주석이 없으면 국가에 우두머리가 없는 것인데, 이것은 타당하지 않다는 것이다.[51] 그러나 실제 이유는 다른 곳에 있었다. 추 교수는 두 가지를 제시한다. 첫째, 문혁을 빨리 끝내고 군을 원래 임무에 복귀시키기 위해서는 정상적인 국가 기관이 회복되어야 한다. 따라서 국가 주석의 재설치가 필요하다. 둘째, 개인적인 이유로, 린뱌오는 국가 주석이 되면 마오의 후계자라는 어색한 지위를 벗어날 수 있을 것으로 믿었다. 국가 주석 혹은 부주석은 일상 업무를 맡기 때문에 마오의 후계자로서 해야 하는 번거로운 일에서 벗어날 수 있었다는 것이다.[52]

이유야 어찌 되었건 마오쩌둥의 뜻과 다르게 린뱌오가 국가 주석 설치를 계속 주장하면서 양 세력은 공개적으로 충돌할 수밖에 없었다. 드디어 1970년 8~9월 루산에서 열린 공산당 9기 중앙위원회 2차 전체회의(9기 2중전회)에서 충돌이 일어났다. 이 회의에서는 두 가지 쟁점을 두고 양 세력이 논쟁을 벌였다. 하나는 국가 주석 설치 문제다. 린뱌오를 대변한 천보다가 '마오 천재론(天才論)'과 함께 국가 주석 설치를 강력하게 주장했다. 반면 장칭, 장춘차오, 야오원위안, 왕훙원 등 장칭 세력은 마오의 뜻에 따라 이를 반대했다. 다른 하나는 마오쩌둥 사상을 「헌법」에 넣을 것인가 여부였다. 공산당 9차 당대회(1969년)에서 마오 사상이 「당헌」에 삽입되었는데, 이를 「헌법」에도 삽입해야 하는가 하는 문제가 제기되었다. 천보다 등 린뱌오 세력은 강력히 주장했지만, 장칭 세력은 반대했다.

결과는 린뱌오 세력의 패배였다. 마오쩌둥이 이들의 주장을 비판하고 장칭 세력의 주장을 옹호했기 때문이다. 먼저, 마오에게는 문혁을 지속하기 위해 장칭 세력이 더 필요했다. 그래서 마오는 린뱌오 세력 대신에 이들을 지지했다. 또한, 마오는 린뱌오가 국가 주석을 탐내고 있다고 생각해 그를 경계했다. 이미 지방에서 군인이 혁명위원회를 차지하고 있는데, 만약 린뱌오가 국가 주석이나 부주석에 취임하면 군 세력이 더욱 커질 수 있다는 것이다. 마오의 입장에서 볼 때 이는 결코 용납할 수 없는 일이다. 마지막으로, 마오는

자신이 계속 반대했음에도 린뱌오가 국가 주석 설치를 주장하는 것은 자신에 대한 도전이라고 생각했다.[53]

이 문제를 계기로 마오쩌둥의 린뱌오에 대한 신뢰는 땅에 떨어졌고, 급기야는 린을 제거해야겠다고 결심하기에 이른다. 이에 대한 린뱌오의 대응 과정에서 '린뱌오 사건'이 발생했던 것이다.

(2) 마오쩌둥의 린뱌오 '음모' 분쇄 전략

마오쩌둥은 공산당 9기 2중전회가 끝난 직후부터 린뱌오의 '음모'를 분쇄하기 위한 활동에 들어갔다. 뒷날 마오는 세 가지 조치를 취했다고 설명했다. 첫째는 "돌 던지기(甩石頭)"다. 이는 린뱌오의 대변인으로 활동하고 있던 천보다를 비판함으로써 린뱌오의 '음모'를 폭로하는 전략이다.[54] 마오의 지시에 따라 공산당은 1970년 10월부터 1971년 상반기까지 '천보다 비판(批陳) 운동'을 전개했다.

먼저, 1970년 11월에 「고급 간부 학습 문제 통지」와 「천보다 반당(反黨) 문제의 전달 지시」가 하달되었다. 이에 따르면, 천보다가 공산당 9기 2중전회에서 보인 행동은 음모 활동으로, "반당(反黨), 반(反)마르크스-레닌주의, 반(反)마오쩌둥 사상의 엄중한 죄행"이다. 1970년 12월 22일에는 '화북(華北) 회의'가 개최되었다. 여기에는 모두 449명의 당정 간부들이 참석하여 천보다의 죄상을 폭로, 비판했다. 또한 이와 관련된 리쉐펑(李雪峰) 장군 등도 함께 비판을 받았다. 이후 이들은 모두 면직되었다. 이후 1971년 1월 26일에 「반당 분자 천보다의 죄상 자료」를 발표하여 천보다의 죄상을 천하에 공포했다.

둘째는 "모래 섞기(摻沙子)"다. 이는 린뱌오 세력이 장악하고 있던 군과 중앙 기구를 다시 장악하기 위한 전략이다. 구체적으로 마오쩌둥은 1970년 11월 16일에 「중앙 조직선전조(組織宣傳組) 설립 결정」을 비준했다. 중앙 조직선전조는 캉성이 조장을 맡고, 장칭의 나머지 세력이 조원으로 참여했다. 린뱌오 세력의 약화를 목적으로 설립된 것이다. 또한 마오는 1971년 4월 7일에 지덩쿠이(紀登奎)와 장차이첸(張才千)을 중앙군위 판사조에 증원했다. 앞에서 보았듯이, 중앙군위 판사조는 린뱌오 장군들이 장악하고 있었다. 이를 희석하기 위해 다른 장군들을 끼워 넣은 것이었다.

셋째는 "벽 구석 허물기(挖牆角)"다. 이는 베이징 경비 부대의 사령관을 린뱌오 장군에서 마오쩌둥의 심복으로 교체하여 만일의 사태에 대비하는 전략이다. 구체적으로 1971년 1월 24일에 마오의 지시에 따라 저우언라이가 베이징 군구(軍區)의 지도부를 개편했다. 리더성(李德生)을 사령원, 셰푸즈(謝富治)를 제1 정치위원에 임명한 것이다.[55)]

이와 같은 세 가지 전략으로 중앙의 권력 기반을 다진 후, 마오쩌둥은 지방 지도자와 군 사령관의 지지를 동원하고자 지방 시찰에 나섰다. 1971년 8월 14일부터 9월 12일까지 약 한 달 동안 11개의 성과 직할시를 방문했다. 이때에는 우한, 광저우, 푸저우, 난징, 베이징의 5대 군구의 사령관과 정치위원도 면담했다. 마오는 이 지방 시찰을 린뱌오에게 통보하지 않았고, 또한 여행 중에 나눈 대화를 린뱌오에게 절대로 비밀로 할 것을 지시했다.

지방 시찰 중에 마오쩌둥이 한 말을 보면, 린뱌오에 대해 그가 어떤 생각을 갖고 있었는지를 알 수 있다.

> 마르크스주의를 해야지 수정주의를 하면 안 된다. 단결해야지 분열하면 안 된다. 공명정대하게 해야지 음모 술책을 부리면 안 된다. 이 세 가지의 기본 원칙은 사상 노선과 정치 노선이 정확한지를 결정하는 기준이다.
>
> 린뱌오, 천보다, 황융성, 우파셴, 예췬, 리쭤펑, 추후이쭤 등에게는 계획도 있고, 조직도 있고, 강령도 있다. 강령은 국가 주석 설치, '[마오] 천재론,' 공산당 9차 당대회 노선 반대, 공산당 9기 2중전회 세 가지 의제의 번복이다. 그들의 '마음에 귀신이 있다.' [린뱌오가] 국가 주석이 되어 권력을 탈취하려고 조급해한다.
>
> 베이징에서 공작 회의가 열리고 있다. 몇 명의 대장(大將)은 자기 검토를 하는데 린뱌오는 입을 열지 않는다. 대원칙의 착오, 노선과 방향의 착오에는 우두머리가 있다. 착오를 범하면 바꾸기가 어렵다.[56]

(3) '연합함대(聯合艦隊)'와 「571 프로젝트 요점」

중국 연구자들에 의하면, 린뱌오의 장남으로 공군에서 고급장

교로 근무하던 린리궈(林立果)는 1970년부터 만일의 사태에 대비하여 '반혁명 별동부대'를 조직했다고 한다. 이들은 함께 일본 해군을 다룬 영화를 보고 나서 조직의 이름을 '연합함대'라고 지었다. 린리궈는 이와 함께 '상하이 소조'와 광둥성 광저우의 '전투 소분대'를 설립했다. 또한 베이징, 상하이, 광저우, 베이다이허에 비밀 거점을 마련하고 무기를 준비하는 등의 활동을 벌였다.[57]

「571 프로젝트 요점(五七一工程紀要)」은 린리궈가 조직원들과 함께 공산당 9기 2중전회(1970년) 이후 작성한 일종의 '반혁명 쿠데타 계획'이라고 한다. '571'을 중국어로 발음하면 '우치이'인데, 이는 무장 기의(武起義)의 중국어 발음인 '우치이'와 같다. 따라서 「571 프로젝트 요점」은 '무장 기의 프로젝트 요점'을 뜻한다. 「요점」은 완성된 문장으로 된 치밀한 계획서가 아니라 개조 식으로 된 세 쪽짜리 간략한 메모다. 이 작은 문건은 뒷날 린뱌오 집단의 '반혁명 음모'를 뒷받침하는 중요한 근거로 제시되었다.

그런데 「571 프로젝트 요점」의 내용을 보면, 한 국가의 최고 지도자인 마오쩌둥을 살해하려는 쿠데타 계획서라고 보기에는 너무 엉성하고 부실하기 짝이 없다. 만약 이 문건이 사실이라면 이것은 '계획서'라기보다 간단한 '의견' 혹은 '구상'이라고 보는 것이 타당하다. 구체적으로, 「요점」은 먼저 쿠데타의 "가능성"을 검토한다. 이후 "우리 측의 역량"을 분석한다. 그 다음에 쿠데타의 "필요성과 필연성"을 분석한다. 마지막으로 쿠데타의 "시기"와 "방법"을 설명한다.[58]

린리궈 일당은 마오쩌둥이 린뱌오를 숙청하려고 한다는 사실을 알고 먼저 마오를 제거할 계획을 세웠다고 한다. 거사일은 마오가 지방 시찰을 마치고 베이징으로 돌아오는 날이다. 방법은 그가 탄 열차를 폭파하는 것이었다. 그런데 마오가 이를 미리 알고 예정보다 일찍 베이징으로 돌아오면서 암살 계획은 물거품이 되었다. 이후 린뱌오 가족들은 베이다이허 휴양지에 집결했다. 이들은 한밤중에 몰래 비행기를 타고 북쪽으로 도망가다가 몽골 지역에서 추락했다. 탑승자는 모두 사망한 것으로 알려졌다. 이것이 1971년 9월 13일에 발생한 린뱌오 가족의 비행기 추락 사고, 일명 '9·13 사건'이다.[59]

'린뱌오 사건'은 공개된 자료가 부족하여 현재까지도 제대로 평가할 수 없다. 학계에서도 이에 대해서는 다양한 주장이 있다. 그런데 이를 전문적으로 분석한 추 교수의 연구, 티위스 및 순 교수의 연구는 중국 당국의 설명뿐만 아니라 기존 학계의 설명과도 다른 새로운 주장을 제기하고 있다.[60] 먼저, 린뱌오가 사전에 마오쩌둥에 반하는 어떤 계획에 연루되었다는 근거는 없다. 또한 그가 소련으로 탈출하려는 계획에 적극 개입되었다는 중국 관방의 주장을 뒷받침할 근거도 없다.

또한, 린뱌오 가족의 갑작스러운 죽음은, 마오의 공격에 어떻게 대응할 것인가에 대해 린의 가족들이 합의를 보지 못한 결과였다. 린뱌오의 대응은 조용히 있으면서 아무것도 안 하는 것이었다. 반면 아들 린리궈는 다른 목적을 갖고 있었다. 마오의 도전에 맞서 린리궈는 급진적인 계획을 고안했을 수도 있다. 그러나 그가 동료들과 함께 이런 계획을 실행에 옮겼다는 증거는 없다. 린의 부인 예췬은 아들의 계획에 대해 알지 못했을 수도 있다. 그러나 그녀는 최소한 마지막 순간에 가족들이 베이다이허를 급하게 떠나는 결정에는 개입했다.

마지막으로, 군내에 있는 많은 '린뱌오의 장군' 중에서 그 누구도 '9·13 사건'에 관계되거나, 마오 암살 음모에 관계된 사람은 없었다. 또한 그때까지 마오쩌둥이 취한 행동, 즉 린뱌오와 관련 세력을 청산하려는 각종 준비 활동을 진행했던 것을 놓고 보건대 린뱌오와 그의 장군들은 설사 아무것도 하지 않았더라도 마오에 의해 숙청당했을 가능성이 높다.[61]

린뱌오 사건은 마오쩌둥과 정치 지도자뿐만 아니라 일반 국민들에게도 커다란 충격을 주었다. 무엇보다 마오와 문혁은 큰 타격을 받았다. 불과 2년 전 공산당 9차 당대회(1969년)에서 「당헌」을 수정해 린뱌오를 "마오쩌둥 동지의 친밀한 전우이자 후계자"라고 천하에 공포한 터였다. 그런 린뱌오가 마오를 배신하여 '반혁명 쿠데타'를 모의했다는 것은 도저히 상상할 수 없는 일이었다. 어떻게 마오는 그렇게 오랫동안 린뱌오의 본질을 모르고 있었을까?

대부분의 혁명 원로들은 린뱌오 사건이 일어나기 전까지는 마오쩌둥을 믿고 존중했기 때문에 문혁이 많은 문제를 일으켰지만 여전히 그에 대한 판단을 유보하고 언급을 회피했다. 그러나 린뱌오 사건 이후, 이들은 문혁에 대해 더욱 회의적으로 생각하게 되었고,

아주 냉담한 태도로 공개적으로 문혁을 비판하기 시작했다. 일반 국민들도 '9·13 사건' 이후 문혁이라는 미몽에서 깨어나기 시작했다.[62] 마오가 꿈꿨던 문혁은 이때 사실상 끝났다고 할 수 있다.

6. 공산당 10차 당대회(1973년)와 그 후

린뱌오 사건의 후유증을 해소하고 공산당의 통합과 단결을 높이기 위해 공산당 10차 당대회가 1973년 8월 24~28일에 개최되었다. 그 직전인 같은 해 7월 10일에는 중앙 전안조(中央專案組)가 「린뱌오 반당 집단의 반혁명 죄행 심사 보고」를 제출했다. 이는 린뱌오 사건에 대한 종합적인 조사 보고서였다. 이 보고서가 제출되었다는 것은 린뱌오 사건이 일단락되었다는 사실을 의미한다.

(1) 공산당 10차 당대회

공산당 10차 당대회에는 1,249명의 대표가 참석했다. 이번에 참석한 대표는 이전과는 다른 방식으로 선출되었다. 이전에는 당원들이 참여하는 지방 당대회에서 '선거'로 대표가 선출되었는데, 이번에는 당위원회 확대회의에서 '민주 협상' 방식으로 선발되었던 것이다. 그래서 엄격히 말하면 이런 대표들이 참석하는 모임은 전국대표'대회'가 아니라 전국대표'회의'라고 해야 한다. 그러나 공산당은 이를 '대회'라고 불렀다. 그만큼 공산당 10차 당대회를 개최할 무렵에는 당 조직이 이완되어 제대로 작동하지 않았던 것이다.

이번 당대회의 의제는 세 가지였다. 저우언라이가 중앙위원회를 대표하여 정치 보고를 맡았다. 상하이 노동 운동의 지도자였던 왕훙원(王洪文)이 '벼락출세'하여 「당헌」의 수정 보고를 맡았다. 마지막으로 공산당 10기 중앙위원회 선거가 있었다. 저우의 정치 보고는 별 내용이 없었다. 먼저, 공산당 9차 당대회(1969년)에서 결정한 공산당의 노선이 정확했다고 강조했다. 이는 문혁에 대한 긍정이다. 또한, 린뱌오 '반당 집단'을 비판했다. 마지막으로, 현재의 정세와 향후 임무에 대해 보고했다. 왕훙원의 「당헌」 수정 보고는 예상대로 린뱌오와 관련된 모든 내용을 삭제하는 것이었다.[63]

이후 대표들의 중앙위원 선거가 있었다. 이번 선거를 통해 195명의 정위원과 124명의 후보 위원 등 모두 319명의 중앙위원이 선출되었다. 가장 중요한 특징으로, 이번 중앙위원 선거에서는 덩샤오핑과 천윈이 당선되었다. 이는 덩과 천윈이 곧 복권될 수 있다는 사실을 의미했다. 실제로 덩은 곧 복권되어 중앙의 일상 업무를 담당했다. 8월 28일에는 공산당 10기 중앙위원회 1차 전체회의(10기 1중전회)가 개최되어, 공산당 중앙 지도부에 대한 인선이 결정되었다.

먼저, 공산당 중앙위원회 주석(당 주석)에 마오쩌둥이 선출되었다. 5명의 부주석에는 저우언라이, 왕훙원, 캉성, 예젠잉, 리더성(李德生)이 선출되었다. 이 중 왕훙원과 리더성은 각각 대중 조직 대표와 군 대표로 당 부주석에 선출된 인물이다. 그런 면에서 이 두 사람은 '샛별'이라고 할 수 있다. 또한 9명의 정치국 상무위원회에는 마오를 비롯하여 왕훙원, 예젠잉, 주더, 리더성, 장춘차오, 저우언라이, 캉성, 둥비우가 선출되었다. 정치국에는 21명의 정위원과 4명의 후보 위원 등 모두 25명이 선출되었다.

재미있는 사실은, 이번 당대회에서는 중앙군위 주석, 부주석, 위원에 대한 인선이 없었다는 점이다. 이로 인해 공산당 9차 당대회에서 선출된 군 지도부가 그대로 계승되었다. 그러나 군을 지도하는 실질적인 지도 기관은 린뱌오 사건 직후인 1971년 10월에 재편되었다. 중앙군위 판사조를 대신하여 중앙군위 판공회의(辦公會議)가 신설된 것이다. 판공회의의 주재자(主持人)는 예젠잉이고, 성원은 셰푸즈, 장춘차오, 리셴녠, 리더성, 지덩쿠이, 왕둥싱 등 9명이었다. 이후 1973년 5월에는 왕훙원, 그해 12월에는 덩샤오핑이 증원되었다.[64]

공산당 10차 당대회의 지도부 선출(인선)을 평가하면, 먼저, 왕훙원이 마오쩌둥의 후계자로 결정되었다는 사실이 가장 중요하다. 왕은 이번 당대회에서 당 부주석, 정치국 위원, 정치국 상무위원에 선출되었다. 특히 정치국 상무위원의 권력 서열에서는 왕이 마오 다음에 놓임으로써 마오의 후계자임을 분명히 보여 주었다. 마오는 저우언라이에 대한 불만이 쌓여 가면서 왕훙원을 당 부주석으로 임명하여 중앙의 업무를 주재하게 했다. 마오는 왕이 빈농 출신으로 인민해방군에서 복무했고, 나이가 젊고, 다방면에서 실천으로 단련되었다고 칭찬했다. 한마디로 말해, 마오는 왕이 신세대 노동자 출신의 지도자로서 문혁을 계승할 적임자라고 보았던 것이다. 그러나 마오는 왕이 장칭, 장춘차오, 야오원위안과 함께 '사인방'을 결성했다는 사실을 나중에 알고는 그에 대한 기대를 접었다. 대신 1973년에 복직된 덩샤오핑을 후계자로 고려하기 시작했다.[65]

또한 이번 지도부 인선에서는 장칭 세력의 권력이 강화되었다. 정치국에 장칭, 장춘차오, 야오원위안, 왕훙원 등 '사인방'이 모두 진입한 사실이 이를 잘 보여 준다. 마오쩌둥은 여전히 이들을 신뢰했고, 이들에 의존하여 문혁을 정리하고 싶었던 것이다. 이처럼 공산당 10차 당대회는 린뱌오 세력을 대신하여 장칭 세력이 엘리트 정치의 중심에 진출한 회의로 평가할 수 있다. 그러나 이들의 '천하제패'는 끝내 완성될 수 없었다. 덩샤오핑이라는 새로운 강자가 등장했기 때문이다.

마지막으로 공산당 10차 당대회를 통해 저우언라이의 권력이 약화되었다. 1971년 9월 린뱌오 사건의 최대 수혜자는 저우였다. 그는 린뱌오를 대신해서 정부뿐만 아니라 공산당 중앙(즉 정치국과 정치국 상무위원회)도 관리하는 핵심 인물이 되었다. 이와 같은 상황에서 마오는 공산당 10차 당대회의 인선을 통해 저우를 견제하려고 했다. 먼저, 저우는 5인의 당 부주석 중 한 명으로 지위가 강등되었다. 또한 25인의 정치국원 중에서 저우와 가까운 협력자는 3인뿐이었다. 나머지는 문혁을 지지하는 장칭 세력과 마오 지지자였다. 마지막으로 덩샤오핑이 복직하여 공산당 중앙을 관리하면서 저우의 입지는 더욱 좁아졌다.

덩샤오핑의 복귀와 관련해서는 상반된 주장이 존재한다. 중국

연구자들은 대부분 저우언라이의 지원으로 덩이 업무에 복귀할 수 있었다고 주장한다. 반면 황징 교수는 그렇지 않다고 주장한다.[66] 그의 연구에 따르면, 당시 저우를 포함하여 그 누구도 덩의 복귀를 주장하지 않았다. 덩과 다른 혁명 원로가 복귀하면 자신들의 지위를 잃을 가능성이 컸기 때문이다. 저우는 특히 덩의 복귀에 소극적이었다. 덩의 권력 강화는 곧 저우의 권력 약화를 의미했기 때문이다. 덩이 맡을 역할은 행정, 외교, 군사, 경제인데, 이 모두가 당시에 저우의 통제 하에 있는 영역이었다.

결국 덩샤오핑의 복귀는 마오쩌둥과 장칭 세력이 주장하여 이루어질 수 있었다. 그들은 덩의 복귀를 통해 저우언라이를 견제 혹은 대체하고자 했다.[67] 예를 들어, 1973년 12월에 복귀한 덩이 곧 군에 대한 통제권을 확보했다. 그러자 장칭 세력이 저우를 비판하는 '비림비공(批林批孔)' 운동(여기서 '림'은 린뱌오, '공'은 공자를 말하는데, 사실은 저우를 가리킨다.)을 전개했는데, 이는 결코 우연이 아니다. 다시 말해, 장칭 세력은 덩이 복귀하여 저우를 견제 혹은 대체할 수 있게 되자 저우를 비판하는 운동을 전개하기 시작했다는 것이다.

(2) 공산당 10차 당대회 이후의 세 가지 사건

1973년 공산당 10차 당대회가 끝나고 1976년 마오쩌둥이 사망할 때까지 약 3년 동안에는 몇 가지 사건이 있었다.

첫째, 덩샤오핑이 일시적으로 권력을 장악하여 경제 조정 정책을 실시했다. 소위 '정돈(整頓)' 정책이 그것이다. 이를 통해 덩은 문혁 과정에서 파괴된 공업과 운수 등 일부 산업 분야를 정상화시킬 수 있었다. 또한 덩은 정돈 정책을 통해 1977년 복권 이후 중국이 추진할 개혁 개방에 대한 청사진을 그릴 수 있었다.

그러나 덩샤오핑의 집권은 오래가지 못했다. 마오쩌둥은 '정돈' 정책이 덩이 1962년 무렵에 실시했던 '수정주의' 정책과 성격상 차이가 없다고 간주했다. 따라서 덩이 계속해서 집권할 경우에는 사회주의 노선을 이탈할 가능성이 있다고 우려했다. 더욱이 덩은 마오의 요구와는 정반대로 문혁에 대해 비판적인 태도를 계속 견지했다. 이런 상황에서 마오가 죽고 난 뒤에 덩이 권력을 장악하면 문혁이 중단될 뿐만 아니라, 마오에 대해서도 부정적인 평가를 내릴 것이 확실해 보였다. 결국 마오는 장칭 세력이 요구하는 덩 축출에 동의했다.[68]

둘째, 마오쩌둥이 죽기 6개월 전인 1976년 4월 30일 화궈펑을 후계자로 최종 결정했다. 이때 마오는 화궈펑에게 세 가지 '최고 지시'를 하달했다. "천천히 하고 서두르지 마라." "과거의 방침에 따라 일을 처리해라." "네(화궈펑)가 일을 하면 나는 마음이 놓인다(放心)." 화궈펑에게 마오의 이런 세 가지 지시는 누구도 무찌를 수 있는 강력한 '보검(寶劍)'이었다. 자신이 마오의 공식 후계자로서 마오의 권력을 승계하는 것이 정당하다는 사실을 보여 주는 증거였기 때문이다.[69]

그런데 황징 교수에 따르면, 마오가 화궈펑을 후계자로 선택한 데는 분명한 이유가 있었다. 화궈펑은 문혁의 다른 수혜자들과 달리 다양한 지방 통치 경험이 있고, 이를 통해 일정한 기반과 능력을 갖추고 있었다. 반면 사인방은 마오 자신의 지지 외에는 아무런 권력 기반이 없었다.[70] 동시에 문혁을 추진한 것 외에는 다른 통치 경험도 없었다. 따라서 마오는 화궈펑을 후계자로 지명함으로써 화궈펑이 사인방과 힘을 모아 자신의 혁명 유지를 잘 받들어 이행할 것으로 기대했다.

셋째, 마오쩌둥의 후계자가 된 화궈펑이 마오의 사망 직후인 1976년 10월 6일에 장칭, 장춘차오, 야오원위안, 왕훙원 등 사인방을 전격 체포했다. 이는 마오의 신임을 배신한 행위였지만, 이후의 대규모 선전을 통해 정당화했다. 예를 들어, 사인방이 그해 10월 10일을 전후해서 정권 탈취를 목적으로 정변을 준비했다고 선전했다. 또한 마오가 생전에 사인방이 반혁명 활동을 전개할 것을 우려하여 예젠잉에게 이를 막으라고 당부했는데, 화궈펑이 마오의 유지를 받들어 사인방을 체포한 것으로 했다.[71] 어쨌든 이들이 체포됨으로써 문혁은 대단원의 막을 내렸다. 이로써 마오쩌둥 시대도 종말을 고했다.

7. 마오쩌둥의 일인지배와 중국의 비극

마오쩌둥의 일인지배는 보는 관점에 따라 두 가지 다른 시기로 구분할 수 있다. 첫째는 마오의 '압도적 지위'가 확립된 시점을 기준으로 마오 주도의 집단지도와 일인지배로 나누는 것이다. 이 경우 마오의 일인지배는 1945년 공산당 7차 당대회에서 수립되었기 때문에 이를 기점으로 그 전과 후로 나눌 수 있다. 그 이전에는 마오와 동료들이 비교적 평등한 관계에서 중요한 문제를 결정하는 집단지도가 유지되었다. 단 이때의 집단지도는 마오가 '동급자 중 일인자'의 지위에 있던 집단지도였다. 1935년 1월에 개최된 쭌이 회의 이후 마오는 군 통수권을 확보하면서 사실상의 최고 지도자가 되었기 때문이다.

그런데 1945년 공산당 7차 당대회를 기점으로 마오쩌둥의 '압도적 지위'가 확립되면서 일인지배가 등장했다. 먼저 마오는 당 주석, 정치국 주석, 서기처 주석이 되면서 공산당의 최고 직위를 모두 차지했다. 또한 마오 사상이 「당헌」에 삽입되면서 이론적 권위가 확립되었다. 여기에 더해 1943년 정치국 회의에서 마오에게 부여된 '최후 결정권'도 자연스럽게 그대로 남았다. 따라서 만약 마오의 '압도적 지위'가 확립된 시점을 기준으로 한다면 7차 당대회가 기점이 된다.

둘째는 마오쩌둥이 독재자가 되어 권력을 자의적으로 행사하는 시점을 기준으로 마오의 일인지배를 나누는 것이다. 이 경우 마오의 일인지배는 1958년 대약진운동을 기점으로 그 전과 후로 나눌 수 있다. 1945년 공산당 7차 당대회부터 대약진운동 무렵까지는 비록 마오가 '압도적 지위'를 차지했어도 권력을 독점하여 자의적으로 행사하지는 않았다. 따라서 이 시기에는 마오의 '압도적 지위'

와 '협의적 권력 행사'가 결합된 일인지배라고 말할 수 있다. 반면 그 이후에는 마오가 권력을 독점하여 자의적으로 행사했다. 즉 이 시기에는 마오의 '압도적 지위'와 '독재적 권력 행사'가 결합된 일인지배라고 말할 수 있다. 즉 압도적 지위는 1945년 공산당 7차 당대회 이후 변함이 없었지만, 독재적 권력 행사는 1958년 무렵에야 나타난 현상이라고 말할 수 있다.

마오쩌둥의 '압도적 지위'와 '협의적 권력 행사'가 결합된 일인지배는 공산당과 중국에 '황금시대'를 가져다주었다. 공산당 지도부는 굳건히 단결하여 정확한 지도력을 행사했다. 공산당의 이념적 통합도 매우 높았고, 이를 바탕으로 정치적 안정도 잘 유지되었다. 이는 스탈린 치하의 소련 엘리트 정치와 큰 대조를 이룬다. 더욱이 마오와 동료 지도자들은 현실과 이론을 균형 있게 결합하여 중국 실정에 맞는 정책을 추진했다. 그 결과 도시와 농촌의 사회주의 개조는 큰 폭력 없이 성공적으로 마무리되었다. 소련의 지원과 지도 하에 실행된 제1차 5개년 경제 발전 계획도 기대 이상의 성과를 거두었다. 이런 측면에서 모든 일인지배의 엘리트 정치가 나쁘다고 말할 수는 없다. 다시 말해, 경우에 따라서는 일인지배도 충분히 긍정적인 성과를 낼 수 있는 엘리트 정치다.

그러나 마오쩌둥의 '압도적 지위'와 '독재적 권력 행사'가 결합된 일인지배는 중국에 대재앙을 초래했다. 수십만 명의 지식인에게 고통을 준 1957년 하반기의 반우파 투쟁은 그 시작이었다. 소련의 흐루쇼프를 이기기 위해 고안된, 또한 마오가 공산주의를 빨리 실현해야 한다는 망상에 사로잡혀 중국의 현실을 과대평가하여 시작한 1958년의 대약진운동과 인민공사 운동은 인민들에게 씻을 수 없는 고통과 참혹한 결과를 안겼다. 굶주림과 질병으로 비정상적으로 사망한 사람만 3,000만 명에서 4,000만 명에 달했던 것이다.

1959년의 루산 회의는 엘리트 정치에서 하나의 전환점이 되었다. 이는 동료들을 근거도 없이 숙청함으로써 '독재자 마오쩌둥'이 등장했음을 알리는 신호탄이었다. 이후에 전개되는 반우경 투쟁을 통해 365만 명이나 되는 당정 간부들이 '우경 기회주의자'로 낙인찍혀 고통을 받았다. 1963년에서 1965년 기간에 실시된 사회주의 교육 운동은 마오가 도시와 농촌의 수정주의를 일소하겠다고 벌인 계급 투쟁이었다. 이는 1966~1976년 기간에 진행된 문혁의 전주곡이었다. 문혁은 마오와 그를 추종하는 소수의 정치 지도자를 제외한 모든 당정 간부와 국민에게 커다란 고통을 초래한 "내란(內亂)"이었다.

이처럼 마오쩌둥의 '압도적 지위'와 '독재적 권력 행사'가 결합된 일인지배는 중국에 비극을 불렀다. 다행히 1976년 마오의 사망 이후 중국에서는 원로지배와 집단지도가 등장하면서 더 이상 이와 같은 일인지배의 비극은 반복되지 않았다. 특히 집단지도는 마오와 같은 독재자가 다시 출현하는 것을 막기 위해 덩샤오핑 등 혁명 원로들이 고안한 정치 구조가 안착되면서 등장한 새로운 엘리트 정치 유형이다. 혁명 원로들의 희망대로 지금까지는 집단지도가 정치 엘리트의 단결과 정치적 안정을 가져다주었다.

그러나 앞으로도 중국에 비극을 초래한 일인지배가 다시 등장하지 않는다는 보장은 없다. 세계의 민주화 경험은 하나의 반면교사다. 1974년에 포르투갈의 민주화에서 시작하여 1991년 소련의 붕괴로 일단락된 '제3의 민주화 물결(the third wave of democratization)'은 한국을 포함한 수많은 국가에 급격한 정치 변화를 초래했다. 그런데 이 기간 동안에 민주화를 경험한 100여 개의 국가 중에서 약 80퍼센트의 국가에서 '역이행(reverse transition)'이 발생했다. 그 결과 이와 같은 '역이행'을 경험한 80여 개 국가는 완전한 독재 체제도 아니고 그렇다고 민주주의도 아닌, 어정쩡한 '회색 지대(gray area)'에 머물러 있다.[72] 현재 푸틴(Vladimir V. Putin) 대통령 치하의 러시아, 두테르테(Rodrigo R. Duterte) 대통령 치하의 필리핀, 아르도안(Recep T. Erdoğan) 대통령 치하의 터키 등이 대표적인 사례다.

이런 사실은 중국에 시사하는 바가 있다. 현행의 집단지도도 경우에 따라서는 일인지배로 역이행하여 중국과 세계에 또 다른 비극을 가져올 수 있다는 점을 보여 주기 때문이다. 그러므로 만약 중국에서 마오쩌둥과 같은 '위대한 지도자'가 되기를 꿈꾸는 새로운 정치 지도자가 나타난다면, 중국과 세계는 반드시 그를 의심의 눈초리로 바라보고 경계해야 할 것이다.

6장 덩샤오핑 시대의 원로지배

덩샤오핑 시대(1978~1992년)는 정치와 경제 등 여러 가지 면에서 마오쩌둥 시대(1949~1976년)는 물론 덩샤오핑 이후 시대, 즉 장쩌민 시기(1992~2002년), 후진타오 시기(2002-2012년), 시진핑 시기(2012년~현재)와도 다른 특징을 갖고 있다. 이런 특징을 초래한 근본적인 요인은, 덩 시대에 공산당이 새로운 노선을 채택했고, 이를 혁명 원로들이 주도했다는 사실이다.

먼저, 덩샤오핑을 중심으로 하는 혁명 원로들은 1978년 공산당 11기 중앙위원회 3차 회의(11기 3중전회)를 기점으로 마오쩌둥 시대의 '프롤레타리아 독재 하의 계속혁명' 노선, 일명 문화대혁명(文化大革命, 1966~1976년/문혁) 노선을 과감히 폐기했다. 대신 공산당은 '사회주의 현대화 건설'을 새로운 당 노선으로 결정했다. 그리고 새로운 노선을 실천하기 위해 공산당은 '개혁 개방' 정책을 본격적으로 추진하기 시작했다. 사유화(私有化, privatization), 시장화(市場化,

marketization), 개방화(開放化, opening-up), 분권화(分權化, decentralization)가 바로 그것이다.

또한 덩샤오핑 시대에는 사회주의 혁명과 건국을 주도했던 혁명 원로들이 엘리트 정치를 주도하는 원로지배(gerontocracy)가 나타났다.[1] 이는 마오쩌둥의 일인지배를 벗어난 과도기의 엘리트 정치체제로, 장쩌민 시기에 들어 집단지도가 등장하면서 소멸했다. 이런 면에서 엘리트 정치는 마오 시대의 일인지배, 덩 시대의 원로지배, 덩 이후 시대의 집단지도의 단계를 밟아왔다고 말할 수 있다.

원로지배는 문혁이 끝난 후에 마오쩌둥에 의해 숙청되었던 혁명 원로들이 대규모로 사면 복권되면서 등장할 수 있었다. 반면 소련의 엘리트 정치에서는 이런 현상이 나타나지 않았다. 스탈린의 대규모 숙청으로 인해 혁명 원로들이 정치 무대에서 완전히 사라졌기 때문이다.[2] 중국에서도 정상적인 상황이었다면, 혁명 원로들은 마오 등 혁명 I세대들의 사망과 함께 점진적으로 정치 무대에서 사라졌을 가능성이 있다. 그러나 문혁으로 숙청된 까닭에 마오의 사망과 함께 새롭게 정치 무대에 등장할 수 있게 된 명분과 조건이 만들어졌다. 따라서 문혁이 없었더라면, 덩샤오핑 시기의 사면 복권이 없었더라면, 원로지배는 없었을 것이다.

그렇다면 덩샤오핑 시대의 원로지배를 어떻게 이해해야 할 것인가? 나는 덩 시대의 엘리트 정치를 분석하기 위해 이중 정치 구조(dual political structure)라는 개념을 제시했다. 먼저, 덩 시대의 엘리트 정치는 혁명 원로를 중심으로 하는 비공식 정치(informal politics)

혹은 원로 정치와, 공식 당정 기구의 책임자를 중심으로 하는 공식 정치(formal politics)라는 두 가지 정치로 구성되었다. 여기서 원로 정치는 기본적으로 원로들의 개인 권위(명성과 인맥)에 입각하여 권력을 행사하기 때문에 비공식 정치의 성격을 띠었다. 그래서 중국의 엘리트 정치를 연구하는 학자들은 덩 시대를 비공식 정치 혹은 파벌 정치(factional politics)의 전성시대라고 부른다.[3]

우리가 덩샤오핑 시대의 엘리트 정치를 이해하려면 이와 같은 이중 정치 구조의 내용을 살펴보아야 한다. 비공식 정치(원로 정치)와 공식 정치의 구성과 운영, 이중 정치 구조의 근본적인 문제 등이 그것이다. 또한 이중 정치 구조의 형성과 해체를 살펴보아야 한다. 이중 정치 구조는 1982년 공산당 12차 당대회에서 시작되어 1987년 13차 당대회에서 절정에 이르고, 1992년 공산당 14차 당대회에서 해체되었다.

마지막으로 이중 정치 구조 속에서 작동하는 원로지배의 실제 사례를 살펴보아야 한다. 엘리트 정치에서 공산당 총서기와 정치국 상무위원의 선임은 매우 중요한 문제이기 때문에 이를 중심으로 보면 좋을 것이다. 그래서 후야오방(胡耀邦)의 실각(1986~1987년), 공산당 13차 당대회(1987년)의 지도부 선출, 1989년 톈안먼(天安門) 사건 과정에서 나타난 자오쯔양(趙紫陽)의 실각과 장쩌민의 총서기 임명을 살펴보려고 한다.

1. 이중 정치 구조

덩샤오핑 시대의 엘리트 정치에서는 두 가지를 강조할 필요가 있다.[4] 먼저, 덩 시대의 엘리트 정치에서 원로 정치가 차지하는 특수성과 중요성을 강조해야 한다. 앞에서 말했듯이, 원로 정치는 덩 시대에만 나타난 현상이다. 마오쩌둥 시대에는 당연히 이런 현상이 없었고, 장쩌민 시기 이후에는 집단지도가 등장하면서 사라졌다. 이런 원로 정치는 원로들의 개인 권위(명성과 인맥)에 기초하여 정치적 영향력을 행사하면서 나타난 현상으로, 기본적으로 비공식 정치의 특징을 갖고 있다.

이와 함께 덩샤오핑 시대의 엘리트 정치에서는 공식 정치가 점점 중요해지기 시작했다는 점을 강조해야 한다. 이는 정치 제도화가 진행되면서 나타난 결과다. 덩샤오핑을 중심으로 하는 개혁 세력들은 문혁이 초래한 사회 정치적 혼란을 바로잡고 정치 질서를 회복하기 위해 과거에 파괴되었던 정치 제도를 복원했다. 또한 개혁 개방을 추진하기 위해 새로운 정치 제도를 도입하기도 했다. 이런 과정을 통해 공산당과 국가 기구는 정비되었고, 정책 결정과 지도부 선출 등 중요한 정치 활동은 정비된 법률과 제도에 입각하여 이루어졌다. 이에 따라 덩 시대에는 엘리트 정치의 제도화가 진행되었고, 그 결과 공식 정치가 중요해졌다.

따라서 덩샤오핑 시대의 엘리트 정치를 이해할 때에는 비공식 정치(원로 정치)와 공식 정치를 함께 분석해야 한다. 이중 정치 구조는 이를 위한 개념이다. 즉 이중 정치 구조는 덩 시대의 엘리트 정치가 비공식 정치(원로 정치)와 공식 정치로 구성되며, 양자의 상호작용과 갈등 속에서 엘리트 정치가 전개되었다는 사실을 강조하는 개념이다. 또한 이중 정치 구조는 덩 시대의 엘리트 정치가 비공식 정치의 특징을 보여 주지만 동시에 정치 제도화가 진행되면서 공식 정치가 점차 중요해졌다는 사실을 강조하는 개념이기도 하다.

이중 정치 구조는 장쩌민 시기에 들어서 해체되었다. 대부분의 혁명 원로들이 사망함으로써 원로 정치가 사라졌고, 정치 제도화가 더욱 진행되면서 공식 정치가 엘리트 정치를 주도하는 현상이 나타났기 때문이다. 집단지도는 이런 변화의 산물이다.

(1) 원로 정치와 공식 정치

원로 정치와 공식 정치는 구성, 권한, 운영 방식이 다르다. 따라서 이를 자세히 살펴볼 필요가 있다.

① 원로 정치

원로 정치는 덩샤오핑 시대의 '8대 원로'인 덩샤오핑(鄧小平, 1904~1997년), 천윈(陳雲, 1905~1995년), 리셴넨(李先念, 1909~1992년), 예젠잉(葉劍英, 1897~1986년), 펑전(彭眞, 1902~1997년), 양상쿤(楊尚昆, 1907~1998년), 보이보(薄一波, 1908~2007년), 덩잉차오(鄧穎超, 1904~1992년)를 포함한 혁명 원로들이 주도하는 정치를 말한다. 이 중에서 덩과 천윈이 핵심적인 역할을 수행했다. 이처럼 정치 권력을 소수의 혁명 원로가 장악하고, 주요 정책과 인사 문제를 이들이 주도했다는 점에서 당시의 엘리트 정치를 원로지배라고 말할 수 있다. 이는 마오쩌둥 시대의 일인지배와는 분명히 다른 엘리트 정치체제다.

이 책의 I장에서 이미 살펴보았듯이, 원로지배에서 혁명 원로들은 공산당과 국가의 공식 직위를 맡을 수도 있고 맡지 않을 수도 있다. 이들이 행사하는 권력은 개인 권위(카리스마)에서 기인하기 때문에 공식 직위가 이들의 영향력 행사의 필수 요소는 아니었다.[5] 이런 이유로 원로 정치는 기본적으로 비공식 정치라고 말할 수 있다. 이들의 개인 권위는 크게 두 가지 내용으로 구성된다.[6]

하나는 사회주의 혁명과 건국 과정에서 담당했던 역할을 통해 얻은 명성이다. 소위 '혁명 원로'와 '건국의 아버지' 혹은 '개국 공신'이라는 칭호가 이를 보여 준다. 그러나 원로들이 이런 명성만으로 현실 정치에서 권력을 행사할 수 있었던 것은 아니다. 다른 하나는 원로들이 구축한 광범위한 개인적인 관계망(personal networks) 혹은 인맥이다. 중국에서는 이를 '관시(關係, personal ties)'라고 한다. 원로들은 사회주의 혁명 과정에서는 공산당과 인민해방군의 지도자로, 건국 이후에는 공산당과 국가 지도자로 활동하면서 광범위한 인맥을 형성할 수 있었다. 이런 인맥을 통해 원로들은 공식 직위의 유무와 상관없이 당·정·군에 막대한 영향력을 행사할 수 있게 된 것이다.

물론 원로 정치에서 공식 직위가 무의미한 것은 아니었다. 단적으로 화궈펑(華國鋒) 체제가 5년(1976~1980년) 동안 지속될 수 있었던 것은 그가 공산당 주석, 국무원 총리, 중앙 군사위원회(중앙군위) 주석 등 당·정·군의 삼권을 모두 장악했기 때문이다. 덩샤오핑과 천윈 등 원로들은 비록 막강한 개인 권위를 갖고 있었지만 공식 절차를 통해 삼권을 장악한 화궈펑을 권좌에서 쉽게 몰아낼 수 없었다. 그래서 그의 권력 기반을 허물기 위해 '진리 기준 논쟁'을 통한 이념 공세, 문혁 피해 세력의 복권을 통한 자파 세력 결집, 역사 평가를 통한 화궈펑 집권의 정당성 비판을 시도했던 것이다. 이처럼 화궈펑 체제의 해소는 개인 권위를 갖지 못한 공식 정치의 한계를 보여 주는 동시에 공식 정치의 중요성을 보여 주는 것이기도 하다.[7]

이와 비슷하게 1982년 공산당 12차 당대회에서 원로들의 퇴임을 유도하기 위해 임시로 중앙 고문위원회(고문위)와 지방의 성·자치구·직할시 고문위를 설치한 것도 공식 직위가 엘리트 정치에서 얼마나 중요한지를 보여 준다. 덩샤오핑의 강력한 요청에도 불구하고 중앙과 지방의 혁명 원로들은 공식 직위에서 물러날 것을 거부했다. 그래서 이들에게 일은 하지 않으면서 현직의 특권은 누릴 수 있는 새로운 자리를 마련해 주기 위해 만든 조직이 바로 고문위였다. 이후 혁명 원로들이 나이가 들어 활동을 할 수 없게 되자 고문위는 1992년 공산당 14차 당대회에서 폐지되었다.

그 밖에도 1987년 공산당 13차 당대회를 준비하면서 덩샤오핑은 천윈, 리셴녠 등 주요 혁명 원로에게는 정치국 상무위원회에서 퇴임할 것, 다른 원로들에게는 모든 공직에서 완전히 퇴임할 것을 제안했다. 그런데 이때에도 원로들은 덩의 제안에 크게 반발했다. 결국은 타협이 이루어져 덩의 제안이 수용되었지만, 원로들의 반발은 공식 직위가 중요하다는 점을 다시 한번 보여 준다. 이런 점에서 원로 정치라는 비공식 정치는 당·정·군의 공식 제도 속에서, 동시에 공식 정치와의 밀접한 관계 속에서 존재한다고 말할 수 있다.[8] 이 점이 덩 시대의 엘리트 정치가 마오 시대의 엘리트 정치와 다른 점이기도 하다.

또한 원로 정치에서는 혁명 원로 간에 일정한 역할 분담이 이루어졌다. 예를 들어, 덩샤오핑은 정치와 외교, 예젠잉은 군사, 천원과 리셴녠은 경제를 주로 담당했다. 또한 비공식 규범이기는 하지만 이들 간에는 견제와 균형의 원리 혹은 집단지도의 규범이 작동했다. 1980년 2월 공산당 11기 중앙위원회 5차 전체회의(11기 5중전회)에서 제정된 「당내 정치 생활의 준칙」은 이를 잘 보여 준다.[9] 실제로 주요 정책이나 인사 문제는 덩샤오핑과 천원을 포함한 원로들의 협의와 합의를 통해서 결정되었다. 마지막으로 원로 정치의 주된 역할은 인사를 포함한 주요 정책을 결정하는 것이다. 특히 정치국원과 정치국 상무위원, 즉 공식 정치의 구성원을 결정하는 일은 원로의 고유한 권한이었다. 이런 점에서 이들은 '2선' 지도자라고 할 수 있다.

여기서 원로 정치는 혁명 원로 간의 집단지도로 운영되었다는 점, 다시 말해 덩샤오핑은 결코 마오쩌둥처럼 '절대 권력'을 행사하지 못했다는 점을 다시 강조해야 한다.[10] 단적으로 덩은 마오와 달리 다른 원로들을 승복시킬 수 있는 '압도적 지위'와 권위를 갖고 있지 못했다. 오히려 공산당 내의 서열로 말하면 천윈이 덩샤오핑보다 앞서서 정치국과 정치국 상무위원회에 진입했다. 이런 이유로 덩과 다른 원로들 간의 관계는 마오쩌둥과 다른 지도자들 간의 주종 관계와는 달리 평등한 관계였다.

물론 혁명 원로 간의 개인 권위와 실제 권력의 행사가 완전히 평등하지는 않았다. 예를 들어, 덩샤오핑과 천윈은 원로 정치를 이끈 핵심 지도자였지만, 이 두 사람의 권력이 동등했던 것은 결코 아니다. 덩은 공산당과 정부뿐 아니라 군에도 견실한 인맥을 갖고 있었고, 이를 기반으로 원로 중에서 가장 높은 권위와 실제 권력을 행사했다. 그래서 덩을 원로 정치의 '맏형'이라고 불렀던 것이다. 반면 천윈은 혁명 과정에서 군을 통솔한 경험이 없었기 때문에 군내에는 인적 기반이 없었고, 그래서 그의 권위와 권력에는 한계가 있었다. 단 경제 정책에서는 덩이 아니라 천윈이 최고 권위자로 인정받았다.

실제 주요 정책의 결정과 지도부의 인선을 보면, 덩샤오핑이 단독으로 결정한 것이 아니라, 최소한 천윈과 상의해서 결정했다는 사실을 알 수 있다. 아주 중요한 사안, 예컨대 공산당 총서기와 정치국 상무위원 인선과 같은 사안의 경우 덩이 원로 전체의 의견을 듣고 결정했다. 이는 1980년대 전 기간에서 확인할 수 있는 사실이다. 특히 1989년 톈안먼 사건의 처리 과정에서는 이런 특징이 분명하게 나타났다. 계엄령 선포, 자오쯔양의 총서기 직무 정지, 장쩌민 총서기 임명 등이 바로 그것이다. 따라서 덩을 마오쩌둥처럼 '황제 (emperor)'로 부르는 것은 타당하지 않다.[11] 이에 대해서는 뒤에서 자세히 검토할 것이다.

　이중 정치 구조의 존재와 작동은 후야오방과 자오쯔양의 말을 통해서도 확인할 수 있다. 후야오방은 1981년 6월 29일 공산당 11기 중앙위원회 6차 전체회의(11기 6중전회)에서 공산당 중앙위원회 주석(당 주석)에 선임되었을 때, 혁명 원로들의 실권을 인정하는 솔직하고 겸손한 수락 소감을 발표했다. 실제 권위와 명망으로 보아 덩샤오핑이 주석이 되어야 하나 특수한 역사적 상황에서 자신이 주석이 되었다는 것이다. 그래서 설사 자신이 주석이 될지라도 "노(老)혁명가," 즉 혁명 원로들이 최고 지도자로서의 역할을 수행한다는 사실은 변함이 없다고 말했다.[12]

　또한 자오쯔양에 따르면, 그는 비록 1987년 1월에 후야오방의 뒤를 이어 공산당 총서기가 되었지만, 실제 지위와 역할을 보면 혁명 원로들의 '비서실장(秘書長)'에 불과했다. 실권은 혁명 원로들이 행사했고, 자신은 원로들의 결정 사항을 공산당 내에서 집행하는 존재였다는 것이다. 특히 덩샤오핑과 천윈이 합의하면 다른 원로들이 그 합의를 존중했고, 그래서 모든 문제는 거의 결정되었다고 한다.[13]

　② 공식 정치

　반면 공식 정치는 공산당과 국가의 공식 직위, 예를 들어 공산당 총서기, 정치국원, 정치국 상무위원, 서기처 서기, 국무원 총리,

전국인대 위원장 등을 맡은 지도자들로 구성된다. 다시 말해, 이들의 권력원(源)은 공산당과 국가의 공식 직위고, 이들에게는 혁명 원로들이 누리는 개인적인 명성과 광범위한 인맥이 없다.[14] 이런 이유로 이들은 공식 직위에서 물러나면 바로 대부분의 권력을 잃는다. 화궈펑이 그랬고, 후야오방과 자오쯔양도 그랬다.

공식 정치는 원로 정치와 달리 두 가지 규정을 따라야 한다. 하나는 국가 법률과 공산당 규정인 당규(黨規)다. 혁명 원로들이 법률과 당규를 무시할 수 있는 것과는 다르게, 공식 정치의 구성원은 법률과 당규에 따라 공식 권력을 행사해야만 한다는 것이다. 예를 들어, 공산당 총서기는 「당헌」과 당규가 정한 절차에 따라 총서기의 권한, 국무원 총리는 「헌법」과 법률이 정한 절차에 따라 총리의 권한을 행사해야 한다. 다른 하나는 원로 정치가 규정하는 비공식 규범, 상황에 따라 수시로 변화하는 원로들의 개별적인 지시다. 이것은 명확히 규정된 것은 아니기 때문에 매우 애매하고 자의적이지만, 실제 정치 과정에서는 법률이나 당규 못지않게 공식 정치를 규정한다.

[표6-1] 덩샤오핑 시대의 이중 정치 구조

	원로 정치	공식 정치
구성원	혁명 원로: 덩샤오핑, 천윈, 리셴넨, 예젠잉, 보이보, 양상쿤, 펑전, 덩잉차오	공산당과 국가 기구의 공식 지도자: 후야오방, 자오쯔양, 완리, 후차오무 등
권력원	·개인적인 명성과 권위(카리스마) ·개인적인 관계망(인맥)	·공산당과 국가 기관의 공식 직위
역할	·주요 정책 결정(혹은 비준) ·공식 정치의 구성원 결정	·원로 정치의 결정 사항 집행 ·당·정·군의 일상 업무 담당
문제점	·비공식적이고 불분명한 권한과 절차	·원로 정치의 비공식 규범 지배 ·원로 간의 갈등에 따른 어려움
주요 직위	국가 주석, 전국정협 주석, 중앙군위 주석, 중앙고문위 주석	공산당 총서기, 서기처 서기, 국무원 총리, 전국인대 위원장

〈출처〉조영남, 『개혁과 개방: 덩샤오핑 시대의 중국 I(1976~1982년)』(서울: 민음사, 2016), p. 500.

한편 공식 정치의 주된 역할은 원로 정치가 결정한 주요 정책을 공산당과 국가 기관이 제대로 집행하도록 지도하고 감독하는 일이다. 이 점에서 공식 정치는 주요 정책을 결정하는 역할을 맡지 않는다. 대신 원로 정치가 중대한 문제를 결정할 수 있도록 방안을 마련하고 제안하는 역할을 담당한다. 또한 공식 정치는 당·정·군의 영역 혹은 기관의 책임자로 구성되기 때문에 이런 영역과 기관의 일상 업무를 담당한다. 이때 공식 정치는 일정한 범위 내에서 정책 결정권과 인사권을 행사할 수 있다. 예를 들어, 국무원 총리는 행정에 필요한 결정을 내릴 수 있고, 국무원 각 부서의 책임자(부장과 부부장)를 임명할 수 있다. 이 점에서 이들은 '1선' 지도자라고 말할 수 있다.

이상에서 검토한 내용을 정리한 것이 표 6-1이다.

(2) 이중 정치 구조의 문제점

이중 정치 구조는 심각한 문제를 안고 있었고, 그렇기에 지속될 수 없었다. 먼저 권한 문제가 있다. 원로 정치는 비공식 규범에 의해 운영되기 때문에 원로의 권한과 직무가 분명하지 않았다. 즉 원로들이 결정할 사항이 무엇이고, 어떤 근거에서 그런 권한을 갖는지 분명하지 않았다. 1987년 무렵 대부분의 원로들이 공산당과 국가 기관의 공식 직위에서 물러나게 되자, 이 문제는 더욱 크게 부각되었다. 공식 정치는 원로 정치의 눈치를 보면서 상황과 조건에 따라 원로에 위임할 사항은 위임하고 자체적으로 결정할 사항은 결정하여 집행해야 했다. 이는 결코 쉬운 일이 아니었다.

또한 절차 문제가 있었다. 주요 정책 결정과 관련하여 대략의 절차는 있었다. 예를 들어, 공산당 총서기나 국무원 총리가 개인 혹은 정치국 상무위원회의 명의로 어떤 정책을 원로들에게 제안하면, 원로들은 집단적으로나 개별적으로 이를 심의하여 동의하거나 반대했다. 그러나 공식 절차가 없기 때문에 정책 건의와 결정에 문제가 생길 수 있었다. 총서기가 원로들에 어떤 것을 보고해야 하고 어떤 것을 보고하지 않아도 되는지 명확하지 않았기 때문이다. 또한 어떤 것을 공식 정치의 어느 지도자가 원로들 중 누구에게 보고해야 하는지도 명확하지 않았다. 이 모두는 상황에 따라 달라졌다.

이중 정치 구조에는 이 밖에도 두 가지 문제가 더 있었다. 먼저 파벌 정치로 인해 원로 정치와 공식 정치 간의 관계가 더욱 복잡해졌다. 덩샤오핑 시대의 엘리트 정치에는 보수파와 개혁파 등 다양한 파벌이 존재했고, 이는 원로 정치와 공식 정치 모두에 영향을 미쳤다. 단적으로 공식 정치의 보수파(예를 들어, 덩리췬, 후차오무, 야오이린)는 원로 정치의 보수파(예를 들어, 천윈과 리셴녠)와 연결되어 있었다. 공식 정치의 개혁파(예를 들어, 후야오방, 자오쯔양, 완리)도 원로 정치의 개혁파(예를 들어, 덩샤오핑)와 연결되어 있었다. 이 때문에 '원로 정치 대 공식 정치'의 갈등에 더해 '보수파 대 개혁파'의 대립이 발생해 엘리트 정치는 매우 혼란스럽게 전개되었다.

또한 공식 정치에서는 지도자들이 각자 속한 조직, 예를 들어 공산당 서기처라든가 국무원의 이익을 대변하기에 이들 조직 간에 이익 분화와 대립이 발생하게 마련이었다. 같은 개혁파에 속했지만 공산당 서기처를 중심으로 개혁을 주도하던 후야오방이 국무원 총리로서 경제 업무를 담당하고 있던 자오쯔양과 자주 갈등을 빚었던 것이 대표적인 사례다. 동시에 자신이 속한 조직의 이익을 추구해야 하는 공식 정치 지도자와, 특정 이데올로기나 개인 권력의 극대화를 추구하는 원로 간에 괴리가 발생할 수밖에 없었다. 이는 마오쩌둥 시기에도 나타났던 현상이었다. 앞에서 살펴본 'I-2선 체제'의 문제점이 그것이다.

이상의 몇 가지 이유로 인해 공식 정치와 원로 정치 간에는 오해와 갈등이 빈번하게 발생하기에 이른다. 혁명 원로들은 공식 정치의 지도자들에 대해 "마음을 놓을 수 없고(不放心)," 공식 정치의 지도자들은 원로들과의 관계에서 "감히 손을 놓을 수 없다(不敢放手)."[15] 그래서 원로 정치는 공식 정치에 끊임없이 간섭하고, 공식 정치는 이에 반감을 가지면서도 어쩔 수 없이 따랐다. 만약 원로 정치와 공식 정치 간에 심각한 갈등이 발생하면, 실권을 가진 원로 정치가 공식 정치를 압도했다. 특히 원로 정치 내에, 예를 들어 덩샤오핑과 천원 간에 갈등이 생기면 공식 정치의 지도자들은 진퇴양난에 빠졌다. 총서기는 이럴 경우 '두 주인을 섬기는 종(一僕二主)'처럼 난처한 신세가 된다.[16] 후야오방이 그랬고, 자오쯔양도 그랬다.

실제로 후야오방은 자신이 처했던 어려움을 총서기에서 물러난 후에 솔직하게 말했다. 공산당 중앙 조직부 부부장을 역임한 리루이(李銳)와의 인터뷰에서 후야오방은 총서기로서 덩샤오핑과 천원 간의 갈등 속에 업무를 수행하면서 말로 다할 수 없는 고통과 어려움을 겪었다고 토로했다. 후야오방에 따르면 그는 "온 힘을 다해 두 노인(즉 덩과 천원) 간의 소통과 조정을 위해 노력했고, 큰일은 반드시 보고하고 지시(請示)를 받았다." 특히 덩뿐만 아니라 천원의 의견도 존중하기 위해 "1년에 한 번은 천원의 집을 방문했다."[17] 이런 노력에도 불구하고 후야오방은 항상 천원의 비판을 받았고, 나중에는 덩의 신뢰마저 잃어 총서기직에서 물러나야만 했다.

이상에서 살펴본 구조적인 문제로 인해 이중 정치 구조에서는 공식 정치의 구성원, 즉 총서기, 정치국 상무위원, 정치국원, 서기처 서기가 원로 정치의 결정에 의해 언제든지 임명되거나 파면될 수 있었다. 만약 공식 정치의 구성원이 원로 정치를 존중하지 않을 뿐만 아니라 원로들의 결정을 제대로 집행하지 않는다고 원로들이 판단할 때, 원로 정치는 공식 정치를 개편했다. 후야오방과 자오쯔양의 실각은 이런 이중 정치 구조의 구조적 모순에서 기인한 것이었다. 즉 이들은 이중 정치 구조의 희생물이었다. 만약 이들의 실각을 단순히 정치 지도자들 간의 파벌(보수파 혹은 개혁파) 문제로, 혹은 개인적인 기질이나 성격 문제, 예컨대 후야오방은 너무 즉흥적이고 직선적이어서 원로들의 불신을 받았다는 등의 문제로 보는 것은 핵심을 놓치는 것이다.

이중 정치 구조의 문제점은 집단지도가 수립됨으로써만 해결될 수 있다. 이것은 장쩌민 시기에 시작되어 후진타오 시기에 완성되었다. 이를 위한 가장 중요한 조건은 원로 정치의 종결이었다. 원로 정치는 개인적 명성과 인맥이라는 정치적 자산을 가진 혁명 원로들이 주도한 것으로, 원로들이 정치 무대에서 사라져야만 끝날 수 있었다. 1992년에 리셴녠, 1993년에 왕전, 1994년에 야오이린, 1995년에 천윈이 사망했다. 덩샤오핑은 1993년 말부터 병으로 활동할 수가 없었다. 그래서 양지성(楊繼繩) 기자는 원로 정치가 끝날 무렵에 정치 무대에 등장하여 원로들의 간섭에서 벗어날 수 있었던 장쩌민을 "행운아"라고 부른다.[18]

집단 지도의 다음 조건은 정치 제도화였다. 먼저 연령제와 임기제가 정착해 누구도 개인적인 명성을 쌓고 광범위한 인맥을 구축할 정도로 오랫동안 권력을 행사하지는 못하게끔 된다. 총서기나 정치국 상무위원도 은퇴하면 그것으로 끝이어야 한다. 또한 집단지도의 원칙과 규범이 정착되고, 당내 민주주의가 확대되어야 한다. 그래야 정치국 상무위원이 동등하게 권한을 행사할 수 있다. 마지막으로 공산당, 의회, 정부 간에 역할이 분담되고, 각 기관과 그것을 맡고 있는 책임자(즉 공식 지위 보유자)의 고유한 권한이 인정되어야 한다. 이 모든 것이 장쩌민 시기에 들어 시작되었고, 그 결과 장쩌민 시대의 엘리트 정치는 덩샤오핑 시대와 다르게 변화했다.

2. 이중 정치 구조의 형성과 해소

1976년 마오쩌둥의 사망부터 1981년 6월 공산당 11기 중앙위원회 6차 전체회의(11기 6중전회)까지의 기간은 원로 정치가 등장하기 위한 준비 기간이라고 말할 수 있다. 먼저, 이 기간에 덩샤오핑과 천윈 등 원로들이 복권되면서 정치 무대에 복귀했다. 그러나 혁명 원로들이 복귀했다고 해서 이들이 엘리트 정치를 주도할 수 있었던 것은 아니었다. 화궈펑 체제가 존재했기 때문이다. 따라서 원로 정치가 엘리트 정치를 주도하기 시작한 것, 다시 말해 이중 정치 구조가 형성된 것은 1982년 공산당 12차 당대회라고 할 수 있다.

(1) 이중 정치 구조의 형성: 공산당 12차 당대회(1982년)

공산당 12차 당대회는 엘리트 정치와 관련하여 몇 가지 특징이 있다. 먼저, 혁명 원로들이 중요한 공식 지위를 차지하면서 비공식 권위뿐만 아니라 공식 권력도 행사하는 현상이 나타났다. 구체적으로 6인으로 구성된 정치국 상무위원회에서 후야오방(총서기)과 자오쯔양(총리)을 제외한 4인, 즉 덩샤오핑, 천윈, 리셴녠, 예젠잉이 원로였다. 또한 '8대 원로' 중 나머지 4인, 즉 왕전, 양상쿤, 펑전, 덩잉차오도 28인으로 구성된 정치국원에 포함되었다. 중앙군위는 주석 1인(덩샤오핑)과 부주석 4인(예젠잉, 쉬샹첸, 녜룽전, 양상쿤)이 모두 원로였다.[19] 이런 면에서 공산당 12차 당대회 시기(1982~1987년)에 원로 정치는 원로들의 개인 권위에 더해 제도적 권력도 함께 보유한 공식 정치의 모습을 보였다고 평가할 수 있다.

또한 당·정·군의 고위 직위를 갖고 있는 않은 원로들도 정책 결정에 공식적으로 참여할 수 있는 통로가 만들어졌다. 바로 중앙고문위가 신설된 것이다. 1978년 공산당 11기 3중전회 이후 사면 복권을 통해 수십만 명의 원로 간부가 직무에 복귀했다. 이들은 고령과 저학력 외에도 개혁 개방 추진에 필요한 능력이 부족하다는 문제가 있었다. 그래서 만든 기구가 중앙고문위다. 즉 고위직의 노간부들이 일선 업무에서는 물러나지만 정치적 권리와 물질적 대우는 그대로 유지하는 '반은퇴(半退) 기구,' 또는 '영도직무(領導職務)의 종신제를 폐기하기 위한 과도기적 방법'이 바로 중앙고문위였다.[20]

1982년 9월에 개정된 「당헌」에 의하면, 중앙고문위는 중앙위원회의 "정치상의 조수고 참모"다. 또한 중앙고문위는 주임과 부주임, 상무위원과 위원을 두고, 주임은 정치국 상무위원 중에서 선임한다. 임무는 공산당이 방침과 정책을 제정하고 집행할 때 의견을 제시하고 자문에 응하기, 중앙위원회가 중요한 문제를 처리할 때 협조하기, 공산당의 중대한 방침과 정책을 선전하기 등이다. 주의할 점은, 중앙고문위 구성원들에게는 특권이 법적으로 보장되었다는 사실이다. 일반 위원은 중앙위원회 전체회의, 부주임과 상무위원은 정치국 전체회의에 배석(列席)할 수 있는 권한이 있었다.[21]

이런 「당헌」의 규정에 따라 중앙고문위에 소속된 혁명 원로들은 정치국 위원이 아니지만 정치국 확대 회의에 참석하여 주요 정책과 인사 결정에 영향을 미쳤다. 원로들의 참여는 1989년 톈안먼 사건의 처리 과정, 예컨대 계엄령 선포와 집행, 자오쯔양 퇴진과 장쩌민 및 새로운 지도부 선발 과정에 특히 두드러지게 나타났다. 이처럼 원로의 공식 회의 참여는 「당헌」에 따른 합법적인 활동이었다.

한편 공산당 12차 당대회에서는 당·정·군의 실무를 담당하는 공식 정치의 지도자들이 후야오방과 자오쯔양을 제외하고 모두 11인으로 구성된 서기처에 배치되었다. 완리(萬里), 시중쉰(習仲勳), 덩리췬(鄧力群), 위추리(余秋里), 후치리(胡啓立), 야오이린(姚依林), 차오스(喬石) 등이 바로 이들이다. 이 중에서 하오젠슈(郝建秀)는 여성이면서 동시에 47세로 최연소인 정치국 후보 위원이었다. 차오스도 59세로 53세인 후치리와 함께 신세대 지도자로 발탁되었다.[22] 이렇게 구성된 서기처는 총서기인 후야오방이 주도했다.

서기처는 원래 1980년 2월 공산당 11기 5중전회에서 다시 설치되었다. 이는 1956년 공산당 8차 당대회의 공산당 지도 체제를 모델로 한 것이다. 당시에 정치국 상무위원회와 서기처를 동시에 설치하는 '이원 체제'가 수립되었다. 그 결과 정치국 상무위원회가 일상적으로 주요 정책을 결정하는 사실상의 최고 기구가 되었다.

반면 서기처는 정치국 산하에 설치된 사무 기구로서 이들의 결정 사항을 집행하는 역할을 맡았다. 또한 서기처의 총책임자로 총서기가 신설되어 덩샤오핑이 임명되었다. 참고로 당시의 최고 지도자는 공산당 중앙위원회 주석인 마오쩌둥이었다.[23]

1980년 2월 공산당 11기 5중전회에서 서기처가 복구된 이유는 크게 세 가지였다. 첫째는 후계자를 집단적으로 양성하여 권력 교체를 준비하려는 것이다. 마오쩌둥 시기에는 1인 후계 체제를 유지했다. 시간 순서대로 말하면, 류샤오치(劉少奇), 린뱌오(林彪), 왕훙원(王洪文), 덩샤오핑(鄧小平), 화궈펑(華國鋒)이다.[24] 그런데 이제부터는 집단적으로 후계자를 양성하겠다는 의도였다. 젊고 유능한 차세대 지도자가 서기처에 배치된 것은 이 때문이었으며, 그래서 서기의 숫자가 많았다. 즉, 공산당 11기 5중전회(1980년)와 12차 당대회(1982년)의 서기처 서기는 각각 11인이었다.

둘째는 집단 지도를 운영하기 위한 것이다. 서기처는 두 가지 운영 원칙을 준수했다. 하나는 집단 지도 견지다. 서기처 서기는 평등하고, 표결에서 모두 한 표만 행사한다. 중요한 문제는 집단적으로 토론하여 결정한다. 다른 하나는 집단 사무(集體辦公) 견지다. 원로 정치는 문서 회람 서명(傳閱畫圈圈) 방식을 주로 사용했다. 이는 정책을 결정할 때 회의를 개최하는 대신 원로들이 개별적으로 문건을 회람한 후에 서명하는 방식이다. 그래서 1980년대에는 극히 중요한 경우를 제외하고는 정치국 및 정치국 상무위원회가 거의 개최되지 않았다. 서기처는 이와 달리 반드시 회의를 개최하여 공동으

로 정책을 결정해야 했다.²⁵⁾

셋째는 공산당의 지도 기구를 분산하여 각 기구 간의 상호 견제를 강화하자는 것이다. 앞에서 말했듯이, '1-2선 체제'는 이원 체제로 권력 분산의 목적을 갖고 있었다. 이 체제에서는 정책 결정과 정책 집행이 분리되기 때문이다. 이것은 새로 설치된 서기처에도 그대로 적용된다. 단적으로 일상적인 공산당 지도 기구는 정치국-정치국 상무위원회-서기처 등 모두 3층 구조로 되었다. 그 결과 이들 간에 권력 분산과 상호 제약이 가능해졌다.²⁶⁾

이처럼 이중 정치 구조는 단순히 인적 구성 면에서 구분될 뿐만 아니라, 당정의 조직 구성 면에서도 구분되는 모양새를 갖추고 등장했다. 원로 정치는 정치국 상무위원회와 중앙고문위를 중심으로, 공식 정치는 주로 공산당 서기처와 국무원을 중심으로 운영되었다. 원로 정치와 공식 정치를 연결하기 위해 공식 정치의 후야오방과 자오쯔양이 정치국 상무위원에 임명되었고, 이들은 각각 서기처와 국무원을 책임졌다.

(2) 이중 정치 구조의 완성: 공산당 13차 당대회(1987년)

공산당 12차 당대회(1982년)에서 형성된 이중 정치 구조는 13차 당대회에서 완성되었다. 이는 몇 가지 사실로 확인할 수 있다. 먼저, 덩샤오핑, 천윈, 리셴녠 등 혁명 원로는 사실상의 공산당 최고 권력 기구인 정치국 상무위원회에서 은퇴했다. 반면 자오쯔양, 리펑, 차오스, 후치리, 야오이린 등 공식 정치의 지도자들이 이를 구성했다.[27] 대신 원로 정치의 주요 지도자들은 다른 조직의 최고 책임자가 되었다. 덩샤오핑은 중앙군위 주석, 천윈은 중앙고문위 주임, 리셴녠은 전국정협 주석, 양상쿤은 국가 주석이 된 것이다. 이들을 제외한 다른 원로들은 모두 공식 직위에서 물러났다.

참고로 정치국 상무위원회 인선과 관련하여, 자오쯔양은 덩샤오핑의 잔류를 적극 주장했다. 덩은 당내 직위와 상관없이 어차피 최고 지도자의 역할을 할 것이기 때문에 공식 조직 내에서 그렇게 하는 것이 좋다고 판단했기 때문이다. 또한 덩이 남아 있지 않으면 정치국 상무위원회는 권위가 약화되기 때문에 업무 처리를 위해서도 덩의 잔류가 필요했다. 그러나 덩은 이런 제안을 거절했다. 그 결과 자오쯔양이 우려했던 일이 현실화되었다. 즉 정치국 상무위원회는 주요 정책을 결정하는 '최고 결정 기구'가 아니라, 원로들이 결정한 정책을 집행하는 '최고 집행부'로 전락한 것이다. 총서기도 공산당의 대표가 아니라 원로 정치의 '비서실장'에 불과하게 되었다.

중앙군위의 인선 결과, 즉 주석 덩샤오핑, 제1 부주석 자오쯔양, 상무 부주석 양상쿤, 위원 류화칭(劉華淸)에서는 더욱 우스운 모양새가 만들어졌다. 공산당 총서기인 자오쯔양(중앙군위 부주석)이 중앙군위에서는 공산당 내에서는 아무런 직위도 없는 평당원인 덩샤오핑(중앙군위 주석)의 수하에 있는 현상이 나타났던 것이다. 1982년의 공산당 12차 당대회 시기에는 그래도 덩샤오핑이 정치국 상무위원이었기 때문에, 공산당 총서기(후야오방)와 중앙군위 주석(덩샤오핑)이 달랐어도 어느 정도 모양새는 갖추었다. 그러나 이제는 덩이 정치국 상무위원회에서 은퇴하면서 그런 모양새조차 갖추지 못했다.

그렇다고 혁명 원로들이 정책 결정에 영향력을 행사하지 않은 것은 결코 아니다. 뒤에서 자세히 보겠지만, 공산당 13차 당대회의 인선을 포함하여 1989년 자오쯔양 경질과 장쩌민 총서기 선임 등에서 원로들은 막강한 권한, 사실상의 전권을 행사했다. 또한 중앙 고문위가 건재하면서 천윈 등 원로들은 이 기구를 이용하여 합법적으로 정치국과 정치국 상무위원회의 결정에 영향을 미쳤다. 이런 이유로 엘리트 정치의 이중 정치 구조가 공산당 13차 당대회에서 완성되었다고 말하는 것이다.

(3) 이중 정치 구조의 해소: 공산당 14차 당대회(1992년)

그런데 원로 정치와 공식 정치로 구성된 이중 정치 구조는 공산당 14차 당대회를 기점으로 해소되었다. 이는 엘리트 정치의 변화에서 매우 중요한 의미를 갖는다. 이를 분기점으로 엘리트 정치의 제도화가 시작되고, 이를 통해 공식 정치의 주도로 평화롭고 안정적인 권력 교체, 협의와 합의를 통한 주요 정책 결정이 가능해졌기 때문이다. 이는 의식적인 노력과 자연적인 현상이 합쳐져 만들어진 결과였다.

먼저, 혁명 원로들이 정계에서 은퇴했다. 야오이린과 쑹핑(宋平)이 정치국 상무위원에서 물러났고, 양상쿤·완리·친지웨이(秦基偉) 등이 정치국에서 물러났다. 비록 양바이빙(楊白冰)이 정치국에 남았지만, 이는 명예직에 불과해 그가 무엇을 할 수 있는 것은 아니었다. 중앙군위 부주석에 임명된 류화칭과 장전(張震)도 과도기의 인물일 뿐이었다. 실제로 1995년 9월에 장완녠(张萬年)과 츠하오톈(遲浩田)이 중앙군위 부주석으로 승진하면서 이들은 사실상 일선에서 물러났다.

또한 주요 원로들이 사망하거나 병으로 활동을 중단하면서 원로 정치는 급속히 축소되었다. 1992년에는 6월에 리셴녠, 7월에 덩잉차오, 9월에 후차오무(胡喬木)가 사망했고, 1993년 3월에 왕전이 사망했다. 또한 1993년 말부터 덩샤오핑이 병으로 활동을 중단했다. 이후 천윈이 1995년 4월, 펑전이 1997년 4월에 사망했다. 이처럼 원로 정치의 주요 구성원이 모두 사라지면서 엘리트 정치는 이제 공식 정치 하나만 남았다. 그 결과 정치국 상무위원회가 명실상부한 최고의 권력 기관이 되었다. 다시 말해 이제 공식 정치는 더 이상 원로 정치의 집행부가 아니었다.

더욱이 중앙고문위가 폐지되면서 남아 있는 혁명 원로들이 정치적 영향력을 행사할 수 있는 공식 통로가 사라졌다. 이것은 매우 중요한 의미를 갖는다. 원로들이 개별적으로 이야기하는 것과, 중앙고문위라는 공산당의 공식 기구를 통해 집단적으로 이야기하는 것은 그 무게감이 완전히 다르기 때문이다. 또한 중앙고문위의 상무위원은 정치국 회의 등 중요한 회의에 배석할 수 있는 특권이 있기 때문에, 이들은 다양한 방식으로 공식 정치에 막강한 영향력을 행사할 수 있었다. 이제 중앙고문위가 폐지되면서 이것이 모두 불가능하게 되었던 것이다. 이는 덩샤오핑의 결정이었다.

이런 상황에서 7인으로 이루어진 정치국 상무위원회의 구성에 새로운 '규범'이 형성되었다. 당·정·군의 주요 권력 기구 책임자들이 정치국 상무위원회를 구성하기 시작했다. 구체적으로 공산당 총서기 겸 중앙군위 주석(장쩌민), 국무원 총리(리펑), 전국인민대표대회(전국인대) 상무위원회 위원장(차오스), 전국정협 주석(리루이환(李瑞環)), 국무원 상무 부총리(주룽지(朱鎔基)), 중앙 서기처 상무 서기(후진타오)가 정치국 상무위원이 되었다. 이런 규범은 이후에도 적용되면서 하나의 '제도'로 정착되었다.[28]

이와 유사하게 22인의 정치국(7인의 정치국 상무위원 포함)도 당·정·군, 중앙 및 지방을 모두 배려하여 구성되었다. 예를 들어, 정치국 상무위원회에서 배제되었던 현역 군 장성에 두 자리가 할당되었다. 또한 베이징, 톈진, 상하이, 광둥 등 네 곳의 당서기가 정치국원에 선임되었다. 그 밖에도 전국인대 상무위원회 부위원장 2인, 총 4인의 국무원 부총리 중에서 상무 부총리(정치국 상무위원에 선임)를 제외한 3인도 정치국원이 되었다. 이처럼 정치국 상무위원회와 정치국이 중앙의 주요 조직과 지방의 주요 책임자를 포함함으로써 명실상부한 최고 권력 기관의 위상을 회복할 수 있었다.

3. 이중 정치 구조의 운영 사례

지금까지 이중 정치 구조의 내용과 그 변화 과정을 살펴보았다. 그렇다면 이중 정치 구조는 실제로 어떻게 작동했을까? 이를 살펴보기 위해 인사 결정, 특히 총서기의 권력 승계 사례를 분석할 것이다. 인사 결정은 엘리트 정치의 정책 결정에서 매우 중요한 사안이며, 총서기 선임은 더욱 그렇다.[29] 따라서 이를 사례로 이중 정치 구조의 운영 실태를 살펴보는 것은 적절하다.

(1) 후야오방의 실각(1986~1987년)

후야오방은 공식적으로는 1987년 1월 16일에 개최된 정치국 확대회의에서 총서기직에서 물러났다. 사실 총서기는 중앙위원회가 임면권을 갖기 때문에 정치국 확대회의에서 총서기를 경질한 것은 엄연한 「당헌」 위반이다. 더 심각한 문제는 이런 공식 결정조차도 요식행위에 지나지 않았다는 사실이다. 후야오방 경질은 원로 정치가 사전에 결정한 일이었다.[30]

자오쯔양에 따르면, 후야오방의 퇴진은 이미 1986년 여름 베이다이허 회의 때에 원로들 사이에서 결정되었다. 학생들의 자유화 요구에 대한 후야오방의 우유부단한 태도, 덩샤오핑을 비롯한 원로들의 퇴진 문제 거론 등 몇 가지 이유로 인해 원로들은 후야오방이 총서기직을 맡는 것이 더 이상 적합하지 않다고 판단했다. 다만 당시의 결정은 1987년 가을에 개최 예정인 공산당 13차 당대회에서 모양새 있게 후야오방의 직무를 총서기에서 중앙고문위 주임으로 교체하자는 것이었다. 덩은 이런 인사 변경을 사적으로 후야오방과 논의했고, 후야오방도 기꺼이 받아들였다고 한다.[31] 그런데 1986년 12월에서 1987년 1월 사이에 발생한 학생 운동으로 인해 원래 예정된 후야오방의 퇴진이 더욱 앞당겨지고 그 방식도 명예로운 퇴진이 아니라 당내 비판을 통한 사실상의 파면으로 바뀌었다.

후야오방 비판 모임 준비는 1987년 1월 4일에 시작되었다. 자오쯔양에 따르면, 그날 갑자기 덩샤오핑 집에서 회의가 개최되었다. 이 회의에는 덩, 천윈, 양상쿤, 보이보, 왕전, 펑전, 완리, 자오쯔양이 참석했다. 먼저 덩은 후야오방이 제출한 편지를 보여 주었다. 총서기로서 신중하지 못한 일처리, 4항 기본 원칙(사회주의의 길, 프롤레타리아 독재, 공산당의 영도, 마르크스-레닌주의와 마오쩌둥 사상) 견지와 부르주아 자유화 반대에서 나타난 문제점 등을 스스로 인정하고 사직을 요청한다는 내용이었다. 회의 참석자들은 후야오방의 사직에 동의했고, 반대 의견은 없었다.

이후 덩샤오핑은 후야오방을 대신하여 공산당 13차 당대회 이전까지 당무를 주관할 '5인 소조'를 구성했다. 자오쯔양, 완리, 후치리, 보이보, 양상쿤이 그 구성원이다. 이 중에서 보이보는 천윈의 대리인, 양상쿤은 덩의 대리인 성격을 띠고 있었다. 또한 덩은 '부드러운 방식'으로 후야오방 문제를 처리할 것을 제안했다. 우선, 후야오방이 총서기직에서는 물러나지만 정치국 상무위원직은 유지하도록 해서 국내외의 파장을 줄인다. 또한, 중앙고문위가 주체가 되어 민주생활회(民主生活會: 당 영도간부들이 참여하여 비판과 자기비판 하는 모임)를 개최하여 후야오방의 잘못을 비판하고 충고한다. 마지막으로, 중앙위원회 전체회의의 형식이 아니라 정치국 확대회의의 형식으로 후야오방의 사직 수락을 선포한다. 이것도 역시 후야오방 퇴진의 충격을 최소화하기 위한 조치였다. 이처럼 후야오방의 퇴진을 위한 '각본'은 이미 원로들에 의해 사전에 준비되었다.

후야오방을 비판하기 위한 민주생활회는 1987년 1월 10일부터 15일까지 6일 동안 열렸다. 회의는 중앙고문위 명의로 소집되었고, 원로 중 하나인 보이보가 주관했다. 참석자는 중앙고문위 상무위원, 정치국원, 서기처 서기, 국무원 국무위원, 전국인대 부위원장과 전국정협 부주석, 중앙군위 각 부서장, 공산당 중앙 각 부서 책임자다. 덩샤오핑, 천윈, 리셴녠은 회의에 참석하지 않았다. 다른 자료에 의하면, 참석자는 정치국원과 혁명 원로 등 모두 17명이었고, 원로들이 회의를 주도했다.[32]

참고로 후야오방 비판 회의가 개최되기 3일 전인 1987년 1월 7일에 5인 소조는 예비회의를 개최했다. 이 회의에서는 덩샤오핑의 지시에 따라 "회의 분위기를 가급적 부드럽게 한다."는 방침을 재확인했다. 또한 자오쯔양은 회의 하루 전인 1월 9일 밤에 후야오방의 집에 방문하여 이런 방침과, 이후에도 후가 정치국 상무위원을 계속 유지할 수 있도록 허용한다는 결정을 알려 주었다.[33] 그러나 실제로 비판 회의는 이렇게 '부드럽게' 진행되지 않았다. 후야오방은 비판 회의 기간 내내 고통스러운 치욕감을 느꼈다. 보수파의 비판은 후가 총서기직 사퇴서를 미리 제출한 것을 후회했을 정도로 매서웠다.

　6일 동안의 민주생활회가 끝나고 1987년 1월 16일에 정치국 확대회의가 개최되었다. 이번에는 덩샤오핑과 천윈도 참석했다. 덩은 토론을 금지했고, 천윈만 간단히 발언했다. 이후 준비된 「중국공산당 중앙 정치국 확대회의 공보(公報)」가 거수 방식으로 통과되었다. 「공보」는 후야오방의 과오와 네 가지 결정 사항을 담고 있다. 첫째, 후야오방의 총서기 직무 사직 요청을 수용한다. 둘째, 자오쯔양을 총서기 대리로 추천 및 선출한다. 셋째, 이상의 두 가지 사항에 대하여 다음 중앙위원회에 추인을 요청한다. 넷째, 후야오방은 정치국원 및 정치국 상위위원의 직무를 계속 보유한다.[34]

　이후에 「중앙 19호」 문건이 비공개로 하달되면서 후야오방 청산은 완료되었다. 「중앙 19호」 문건에는 경제 업무에서 후야오방이 범한 중대한 잘못에 대한 지적, 1987년 1월 2일 후야오방이 덩샤오핑에게 보낸 사직 요청 편지, 민주생활회 중 1월 10일에 후야오방이 발표한 「자기 검토」와 15일에 발표한 「나의 입장(表態)」이 들어 있다. 이런 일련의 과정에 대해 후야오방은 훗날 "치욕스러운 일"이었다고 회상했다. 한마디로 "민주생활회가 이와 같은 방식으로 개최되어 자신을 매장할 줄은 생각지도 못했다."는 것이다. 그래서 만약 이럴 줄 알았다면, 공산당 총서기 사직서를 제출하지 않았을 것이라고 했다.[35]

　위에서 살펴본 것처럼, 후야오방의 총서기 실각은 처음부터 끝까지 혁명 원로들이 주도했다. 당시에 혁명 원로들은 모두 공식 지위를 갖고 있었기 때문에 그들이 이렇게 한 것이 완전히 불법적 행위였다고 말할 수는 없다. 그러나 총서기의 면직을 중앙위원회가 아니라 정치국 확대회의에서 결정한 것, 그것도 원로들의 사전 결정에 따라 그렇게 한 것은 절차상 분명히 잘못이었다.

(2) 공산당 13차 당대회의 지도부 선출(1987년)

공산당 13차 당대회의 인선에서는 크게 두 가지 문제가 중요했다. 하나는 혁명 원로의 퇴진이다. 다른 하나는 정치국 상무위원 선출이다. 실제로 이 두 문제는 서로 연결되어 있었다. 덩샤오핑, 천원, 리셴녠 등 원로가 정치국 상무위원회를 차지하고 있고, 그래서 이들이 은퇴하지 않는 한 새로운 지도자가 충원될 수 없었기 때문이다. 그런데 원로 퇴진과 상무위원회 인선은 덩을 제외하고는 그 누구도 처리할 수 없었다. 이런 이유로 이 두 가지 인선은 덩이 직접 나서서 원로들 간의 이견을 조정하고 결정하는 방식으로 이루어졌다.[36] 이처럼 이번 인선도 원로 정치가 주도했다.

먼저, 덩샤오핑은 원로들이 정치국과 정치국 상무위원회에서 모두 물러날 것을 주장했다. 또한 일부 원로는 당·정·군의 공식 지위에서 완전히 은퇴(全退)하고, 일부 원로는 그 직위에 남아서 새로운 지도부를 보좌하는 부분적인 은퇴(半退)를 제안했다. 예를 들어, 덩은 중앙군위 주석, 천원은 중앙고문위 주임, 리셴녠은 전국정협 주석, 양상쿤은 국가 주석을 맡는다. 반면 나머지 원로, 예를 들어 덩잉차오, 펑전, 왕전 등은 당·정·군의 공식 직위에서 은퇴한다. 덩의 의도는 젊은 지도자에게 기회를 주어 개혁 개방을 더욱 힘차게 추진하고자 하는 것이었다.

이런 덩샤오핑의 제안을 천윈, 리셴녠, 펑전 등은 처음에는 수용하지 않았다. 그러나 덩은 입장을 바꾸지 않았고, 보이보가 덩을 대신해서 원로들 사이를 왔다 갔다 하면서 절충해 나갔다. 1987년 7월 3일 천윈이 드디어 덩의 제안을 수용했다. 그러자 나머지 원로들도 수용할 수밖에 없었다. 이후 7월 7일 덩의 집에서 개최된 '5인 소조'(후야오방의 퇴진 이후 임시로 총서기 직무를 집단적으로 대행한 자오쯔양, 완리, 후치리, 보이보, 양상쿤) 회의에서 원로의 거취 문제가 확정되었다.[37]

그런데 혁명 원로들은 정치국 상무위원회에서는 물러나더라도 정치적 영향력을 계속 행사하기 위하여 보완책을 마련했다. 덩샤오핑이 "중대 문제에 대해서는 여전히 의견을 묻고 최종 결정을 내린다."는 비밀 방침이 공산당 13기 중앙위원회 1차 전체회의(13기 1중전회)에서 결정된 것이다. 물론 덩이 중대 문제를 결정할 때에는 천윈 및 리셴녠과 논의해야 한다.[38] 또한 정치국 및 정치국 상무위원회가 개최될 때에는 덩을 대신하여 양상쿤, 천윈과 리셴녠을 대신하여 보이보가 배석(列席: 발언권은 있으나 투표권은 없음)할 수 있다는 결정이 추가되었다.[39] 이런 '비밀 결정'은 보이보가 제안하고 덩이 수용한 것인데, 아마도 원로들의 의견을 취합한 제안으로 보인다. 이런 결정의 결과 덩, 그리고 부분적으로는 천윈과 리셴녠이 공산당의 중대 정책에 대한 최종 결정권을 확보하게 되었다. 이로써 이중 정치 구조가 완성되었다.

이처럼 덩샤오핑의 '특수 지위'를 인정한 것은, 다른 각도에서 보면 최고 통치 엘리트 간의 통합과 단결을 유지하기 위한 공산당의 고육지책으로 볼 수 있다. 집단지도는 주요 정책과 인사 문제를 둘러싸고 정치 엘리트 간에 대립과 갈등이 발생하면 교착 상태에 빠질 위험이 있다. 이런 위험에 대비하여 한 명의 최고 지도자에게 최종 결정권을 부여하여 문제를 해결하자는 것이다. 덩이 장쩌민을 '제3 세대' 지도자의 '핵심(核心)'으로 명명한 것도 이 때문이다. 이런 이유로 『톈안먼 페이퍼』를 편찬한 네이선(Andrew J. Nathan) 교수는, 마오쩌둥이나 덩샤오핑 등 최고 지도자가 초헌법적인 성격을 갖고 있기는 했으나 거기에 정당성이 없었다고는 말할 수 없다고 평가했다.[40]

한편 정치국 상무위원회 구성도 1987년 7월 7일의 '5인 소조' 회의에서 결정되었다. 원래 정치국 상무위원회는 7인, 즉 자오쯔양, 리펑, 차오스, 야오이린, 후치리, 완리, 톈지윈으로 구성할 예정이었다. 그런데 공산당 13차 당대회의 전체 인선을 책임지고 있던 '7인 소조'(보이보, 양상쿤, 왕전, 야오이린, 쑹런충(宋任窮), 우슈취안(伍修權), 가오양(高揚)으로 구성되고, 보이보가 주도)가 완리와 톈지윈은 정치국 상무위원으로 적절하지 않다는 의견을 제시했다. '7인 소조' 조원을 겸직하고 있던 야오이린이 그날 개최된 '5인 소조' 회의에서 갑자기 이런 '7인 소조'의 의견을 전달한 것이다.

이런 상황에서, 덩샤오핑은 완리와 텐지윈을 정치국 상무위원에서 제외하기로 결정했다. 이 문제를 더 논의할 시간이 없다고 판단했기 때문이다. 이렇게 해서 정치국 상무위원은 7인이 아니라 5인으로 최종 확정되었다. 자오쯔양이 보기에, 완리와 텐지윈은 '보수파의 책략'으로 정치국 상무위원에서 제외되었다. 완리와 텐지윈은 자오쯔양을 지지하는 개혁파 지도자이기 때문에 보수파는 이들의 정치국 상무위원회 진입을 반대했던 것이다.⁴¹⁾ 만약 이때 이 두 사람이 정치국 상무위원이 되었다면 톈안먼 사건에서 자오쯔양이 그렇게 심하게 고립되지는 않았을 것이다. 자오쯔양을 지지하는 정치국 상무위원이 다수파가 되었을 것이기 때문이다. 물론 이렇다고 해서 정치국 상무위원회가 덩을 포함한 원로들의 결정을 뒤집을 수는 없었다.

국가 주석, 국무원 총리, 전국인대 위원장 인선도 7월 7일 '5인 소조' 회의에서 결정되었다. 덩샤오핑은 양상쿤을 국가 주석으로 확정했고, 완리를 전국인대 위원장에 임명하자고 제안했다. 그런데 정치국 상무위원 선정에서 보았듯이 완리는 다른 원로들의 불신을 받고 있는 상황이라 덩은 완리에게 특별한 지시를 내렸다. 즉 원로들의 집을 일일이 방문해 자기비판을 하면서 양해를 구하라는 것이다. 완리는 덩의 지시를 따랐고, 결국 전국인대 위원장이 되었다.⁴²⁾ 이처럼 인선은 덩이 주도했지만 원로들의 동의를 얻지 못하면 임명할 수 없었다. 즉 원로 간에는 집단지도 규범이 작동하고 있었다.

총리 인선은 오랫동안 고민하다가 리펑으로 최종 결정되었다.

천원과 리셴녠이 지지한 결과였다. 우려도 있었다. 리펑이 경제 업무를 잘 모를 뿐만 아니라 경제 개혁 경험도 없었기 때문이다. 그러나 대안이 없어 리펑으로 결정되었다. 예를 들어, 야오이린이 추천되었으나 몸이 허약하고 재정과 무역 업무를 주로 담당했던 까닭에 경험에도 한계가 있어 덩샤오핑이 반대했다. 또한 완리도 추천되었는데, 원로들이 반감을 갖고 있고 나이가 너무 많은 것이 문제가 되었다.

경제를 잘 모르는 리펑을 총리로 임명하는 대신 보완책이 마련되었다. 자오쯔양이 총서기가 된 이후에도 경제 업무를 계속 담당한다는 것이다. 이에 따라 중앙 재경 영도소조 조장을 총리인 리펑이 아니라 총서기인 자오쯔양이 맡게 되었다.[43] 이로써 총서기가 중앙 재경 영도소조의 조장을 맡는 관행이 만들어졌다. 역할 분담 면에서 보면, 총서기가 아니라 총리가 경제를 주관하고, 그래서 재경 영도소조의 조장은 총리가 맡는 것이 타당하다. 그러나 리펑의 개인적인 사정으로 인해 이렇게 결정된 것이다. 이후에 장쩌민, 후진타오, 시진핑도 이런 관행을 따라 재경 영도소조의 조장을 맡았다.

위에서 살펴보았듯이, 공산당 13차 당대회(1987년)의 지도부 인선도 완전히 혁명 원로, 그중에서도 특히 덩샤오핑이 주도했다. 이 과정에서 공식 기구인 정치국 상무위원회와 정치국은 원로들이 사전에 결정한 사항을 추인하는 '고무도장(橡皮圖章)'에 불과했다.

(3) 자오쯔양의 실각과 장쩌민 총서기 선임(1989년)

톈안먼 사건과 관련된 주요 정책과 인사 문제는 혁명 원로들이 결정했다.[44] 예컨대 1989년 4월 25일 회의에서 덩샤오핑은 원로들의 의견에 기초하여 학생 운동의 성격을 "계획적이고 조직적인 동란(動亂)"으로 규정했고, 이것은 4월 26일 《인민일보》 사설(「4·26 사설」)로 발표되었다. 이는 공산당이 학생 운동을 어떻게 처리할 것인지를 결정하는 매우 중요한 규정이었다. 이런 성격 규정을 근거로 덩은 계엄령을 선포하고 학생 운동을 무력으로 진압했던 것이다.

또한 덩샤오핑은 1989년 5월 17일에 개최된 원로 회의에서 원로들의 의견에 기초하여, 또한 중앙군위 주석의 권한으로 계엄령을 최종 결정했다. 총서기와 정치국 상무위원의 인선도 마찬가지였다. 같은 해 5월 21일의 원로 회의는 자오쯔양과 후치리의 직무를 정지시켰고, 5월 28일 원로 회의는 장쩌민을 총서기, 리루이환과 쑹핑을 새로운 정치국 상무위원으로 결정했다. 이처럼 원로 정치에서 먼저 결정이 이루어진 다음에 공산당 내의 절차를 통해 공식 정책으로 확정되었다.

먼저 자오쯔양의 실각 과정을 살펴보자. 톈안먼 민주화 운동이 종반에 접어들 무렵인 1989년 5월 21일(참고로 자오쯔양은 회의 날짜가 5월 20일이라고 적었다.)에 중요한 원로 회의가 개최되었다.[45] 여기에는 '8대 원로' 모두가 참석했다.

먼저, 자오쯔양 사퇴 문제가 논의되었다. 자오쯔양은 심각한 정치 문제가 있기 때문에 더 이상 총서기직을 맡을 수 없다는 결정이 내려졌다. 그는 학생 운동을 동란으로 인정하지 않았고 무력 진압에 소극적이었다. 또한 자오쯔양은 고르바초프와의 회담에서 덩샤오핑의 '특수 지위,' 즉 덩이 중요 문제에서 최종 결정권을 갖는다는 당의 내부 결의를 폭로하여 덩을 "팔아먹었다." 특히 공산당 총서기로서 계엄령 선포 대회에 불참해 공산당의 분열을 조장한 것은 큰 잘못이다.[46]

다음으로, 후임 인선 문제가 논의되었다. 덩샤오핑과 천윈 등 원로들은 신임 총서기와 정치국 상무위원의 인선 기준을 제시한 후에 각자가 생각하는 후보를 추천했다. 천윈과 리셴녠은 장쩌민을 총서기로 추천했고, 왕전은 리펑을 추천했다.[47] 반면 양상쿤은 차오스를 추천했고, 펑전은 완리를 추천했다. 이어서 천윈은 쑹핑을 정치국 상무위원으로 추천했다. 덩은 톈진시 당서기 리루이환을 정치국 상무위원으로 추천했다.[48]

최종적으로 회의는 자오쯔양과 후치리의 직무를 정지하고, 추후에 중앙위원회가 이를 공식 확정하도록 한다고 결정했다.[49] 이 결정에 따라 1989년 5월 22일부터 자오쯔양과 후치리의 직무는 정지되었다. 물론 자오쯔양은 이런 사실을 전혀 알지 못했다.[50] 또한 인선과 관련하여, 덩샤오핑은 장쩌민을 총서기로 추천한다는 리셴녠의 제안을 나중에 다시 논의하여 정치국에 정식으로 제안하자고 말했다. 이처럼 공산당 총서기 및 정치국 상무위원의 임면은 중앙위원회의 고유한 권한인데도 원로들이 그 권한을 행사했다.

자오쯔양을 대신할 총서기를 확정하기 위해 1989년 5월 27일

저녁에 덩샤오핑 집에서 원로 회의가 다시 개최되었다. 이때에도 '8대 원로'가 전원 참석했다. 먼저, 덩이 후계자 선정 기준을 발표했다. "개혁 개방을 굳건히 추진할 수 있는 사람"이 바로 그것이다.⁵¹⁾ 이후 그는 장쩌민을 총서기로 추천했다. 이미 천윈 및 리셴녠과 사전에 논의했다는 말도 잊지 않았다. 천윈은 이에 동의했고, 여기에 더해 쑹핑을 정치국 상무위원으로 추천했다. 양상쿤은 덩을 대신하여 리루이환을 정치국 상무위원으로 추천했다. 왕전은 간단하게 동의를 표시했다. "너희 세 사람(덩·천윈·리셴녠)이 동의했으면 정해졌다. 나는 장쩌민을 잘 모르지만, 샤오핑 동지의 눈은 틀리지 않는다고 믿는다." 다른 원로들도 발언을 통해 덩의 견해에 동의를 표시했다.

이런 혁명 원로들의 논의를 종합하여 덩샤오핑이 최종 결정을 발표했다. 장쩌민, 리펑, 차오스, 야오이린, 쑹핑, 리루이환을 정치국 상무위원에 임명한다. 장쩌민을 공산당 총서기로 결정한다. 같은 해 5월 29일에는 리펑 주재로 정치국 상무위원회 간담회가 개최되었다. 어제 원로 회의에서 논의된 새로운 정치국 상무위원의 인선을 추인하기 위해서였다. 예상대로 원로 회의의 인선안은 그대로 통과되었다.

이렇게 인선이 확정되자 덩샤오핑은 그 내용을 당사자에게 직접 통보했다. 먼저, 1989년 5월 30일에 상하이에 있던 장쩌민은 갑자기 호출을 받고 베이징으로 왔다. 양상쿤과 원자바오(당시 공산당 중앙 판공청 주임)의 준비 하에 장쩌민은 천윈과 리셴녠(30일), 덩샤오핑(31일)을 모두 만났다.⁵²⁾ 참고로 리펑 일기에는 장쩌민이 5월

31일에 베이징에 도착하여 6월 1일에 덩을 만나 보았다고 기록하고 있다.[53] 이렇게 하여 원로들에 의해 장쩌민은 총서기로 선임되어 중앙 정치에 공식 등장할 수 있었다.

흥미로운 사실은 장쩌민이 1989년 5월 27일 원로 회의에서 사실상 총서기로 선임되었지만 톈안먼 민주화 운동을 진압하기 위해 결정된 계엄령과 관련된 어떤 공개적인 활동에도 모습을 드러내지 않았다는 것이다. 그 이유에 대해서는 두 가지 다른 해석이 있다. 하나는 신임 총서기에게 좋은 이미지를 만들어 주기 위한 혁명 원로들의 배려였다. 다른 하나는 법적 절차를 준수하기 위해서였다. 장쩌민은 중앙위원회를 통해 총서기로 공식 선출된 것이 아니기 때문에 정치국 상무위원이 참여하는 활동에 참여할 자격이 없었다는 것이다.[54] 두 가지 이유 모두 일리가 있다.

그런데 리펑에 따르면, 장쩌민 본인이 정식으로 총서기에 선임되기 전에는 회의에 참석하지 않겠다고 말했고 다른 사람들이 이를 존중해 주었다고 한다. 장쩌민은 법과 절차에 따라 업무를 처리하는 것을 선호했던 것이다. 또한 이는 후야오방의 총서기 사퇴와 자오쯔양 선임 과정에 대한 반성에서 나온 것이기도 하다. 후야오방 면직 이후 절차상 문제가 있었다는 당내 비판이 제기되었기 때문이다. 1989년 6월 15일 신임 정치국 상무위원회의 비공식 회의에서 장쩌민은 이 문제를 제기했다. 그렇지만 이때, 즉 6월 15일부터 장쩌민은 총서기로서 정치국 상무위원회 등 관련 회의를 주재하기 시작했다. 단, 명칭은 '비공식' 회의라고 불렀다.[55]

이런 정지 작업을 마친 후에 공산당은 정치국과 중앙위원회를 소집하여 지금까지의 상황을 공식화했다. 먼저, 1989년 6월 19일부터 21일까지 3일 동안 정치국 확대회의가 개최되었다.[56] 이는 중앙위원회의 준비 모임으로, 정치국원 외에도 대부분의 혁명 원로들이 참석했다. 의제는 장쩌민, 쑹핑, 리루이환의 정치국 상무위원 인선과, 후치리 등 자오쯔양과 관련된 인사들의 청산이다. 그런데 이에 대한 방침은 이미 원로들이 결정했기 때문에 회의는 요식 행위에 지나지 않았다. 예상대로 회의는 제출된 인사 관련 안건을 모두 통과시켰다.

이후 1989년 6월 23일부터 24일까지 이틀 동안 공산당 13기 중앙위원회 4차 전체회의(13기 4중전회)가 개최되었다. 이 회의는 정치국 확대회의의 결정 내용을 추인하는 형식적인 모임이어서 덩샤오핑과 천윈 등 원로들은 참석하지 않았다. 먼저, 「반당(反黨) 반사회주의 동란 중에 자오쯔양 동지가 범한 오류에 대한 보고」가 심의 통과되었다.[57] 이어서 인선이 공식 추인되었다. 장쩌민을 총서기로 임명하고, 장쩌민·쑹핑·리루이환을 정치국 상무위원, 리루이환과 딩관건(丁關根)을 서기처 서기로 임명한다. 반면 자오쯔양과 관련된 후치리, 루이싱원(芮杏文), 옌밍푸(閻明復)의 모든 직위를 면직한다.[58]

4. 이중 정치 구조에서의 원로지배

덩샤오핑 시대의 엘리트 정치는 마오쩌둥 시대의 엘리트 정치와는 분명히 달랐다. 이는 기본적으로 덩의 지위가 마오의 지위와 달랐기 때문에 나타난 현상이다. 즉 덩은 마오처럼 다른 혁명 원로들을 압도할 수 있는 개인 권위(카리스마)를 갖고 있지 못했기 때문에 다른 원로들과 협의하면서 주요 정책과 인사 문제를 결정해야만 했던 것이다. 또한 이는 덩이 개혁 개방을 추진하면서 공산당 조직과 운영의 제도화가 진행되었기 때문에 나타난 현상이다. 공산당 중앙 서기처와 판공청, 각종 영도소조와 같은 공산당의 주요 기구가 회복되고, 당대회와 중앙위원회 등 회의가 정기적으로 개최되면서 엘리트 정치가 전과는 달라지기 시작했다는 것이다.

따라서 덩샤오핑 시대의 엘리트 정치를 '이중 정치 구조 속의 원로지배'라고 말할 수 있다. 당시의 엘리트 정치는 비공식 정치(원로 정치)와 공식 정치가 혼합된 이중의 정치 체제였고, 이 속에서 소수의 혁명 원로들이 주요 정책과 인사 문제에 대한 실제 권력을 행사하는 원로지배라는 것이다. 만약 혁명 원로가 정치 권력을 행사하는 비공식 정치만을 강조하고 공산당 조직과 운영이 제도화되면서 나타난 공식 정치를 놓친다면, 이는 당시의 엘리트 정치를 완전하게 이해하지 못하는 것이다.

이중 정치 구조는 공산당 12차 당대회(1982년)에서 시작하여 13차 당대회(1987년)에서 절정에 달했다가 14차 당대회(1992년)에서 해소되기 시작했다. 우리는 이를 몇 가지 사례를 통해 확인할 수 있었다. 1987년 1월 후야오방 총서기 사퇴 결정, 1987년 공산당 13차 당대회의 지도부 인선, 1989년 5~6월 자오쯔양 총서기 파면과 장쩌민 총서기 선임이 대표적인 사례다. 이 책에서는 살펴보지 않았지만 주요 정책, 예를 들어, 당정 분리를 핵심으로 하는 정치 개혁의 등장과 폐기, 국영 기업의 개혁이나 연해 지역의 대외 개방과 같은 경제 정책의 결정과 집행도 대부분 원로 정치가 결정하고 공식 정치가 집행하는 방식으로 이루어졌다.

'이중 정치 구조 속의 원로지배'는 1997년 공산당 15차 당대회에서 완전히 사라졌다. 그동안 주요한 혁명 원로들이 사망하거나 병으로 활동을 중단하면서 이들이 주도했던 원로 정치라는 비공식 정치가 사라졌기 때문이다. 대신 공산당과 국가의 주요 직위를 차지한 장쩌민을 중심으로 하는 '제3 세대' 지도자와 후진타오를 중심으로 하는 '제4 세대' 지도자가 국가 법률과 공산당 규정(黨規)에 입각하여 주요 정책과 인사 문제를 결정하는 공식 정치의 시대가 본격화되었다. 동시에 이를 통해 새로운 엘리트 정치 체제인 집단지도가 등장했다.

왼쪽: 징강산에서 마오쩌둥(뒷줄 오른쪽에서 세 번째)**과 린뱌오**(앞줄 오른쪽에서 첫 번째)
(1936년)

오른쪽: 마오쩌둥과 그의 세 번째 부인 허쯔전
(1930년대)

린뱌오는 여러 지도자 중에서도 학생을 자처하기로 특히 유명했다. 1930년대 징강산(井岡山) 근거지 시기부터 린은 마오의 충실한 학생으로 시종일관 마오의 입장을 지지하고 충성을 다했다. 그 결과 1956년 공산당 8차 당대회가 개최될 무렵에 사람들은 린을 '군대 내 마오의 최고 학생'으로 인정했다.

마오와 허쯔전(賀子珍)은 징강산에서 처음 만나 1928년 결혼하였다. 그녀는 1938년 옌안(延安)을 떠나기까지 마오와의 사이에 여섯 명의 자식을 두었으나 그 중 셋을 잃었고, 대장정 기간 동안 폭격으로 심각한 부상을 입기도 하였다.

위: 대장정 중의 마오쩌둥
아래: 대장정에 참여한 소년 홍군들
(1934~1935년)

1934년 시작된 대장정은 마오쩌둥의 지도하에 1935년 10월 세 개의 주력 부대인 홍일방면군, 홍이방면군, 홍사방면군이 산시성에 결집함으로써 성공적으로 끝났다. 1934년 10월 장시성 루이진을 출발할 당시에 8만 6,000명이었던 홍군의 규모는 1년 동안의 대정정을 거치면서 약 4만 명으로 줄어들었다. 이로부터 옌안시대(1935~1948년)가 본격적으로 시작되었다.

위: 옌안에서 저우언라이, 마오쩌둥, 보구
(왼쪽부터)
아래: 마오쩌둥과 캉성
(1930년대)

최초의 정풍 운동은 옌안에서 1941년부터 1945년까지 약 4년 동안 사상 교육 운동의 형태로 전개되었다. 마오쩌둥은 자신의 권력 기반이 다져졌다고 판단하자 공산당을 자신의 사상으로 완전히 개조하고, 이를 통해 확고부동한 최고 지도자로서의 지위를 확립할 목적으로 경쟁 세력을 청산하는 정풍 운동을 추진했다. 경쟁 세력은 크게 두 개 파로 나눌 수 있는데, 하나는 왕밍을 대표로 하는 '소련 유학파' 혹은 '국제파'다. 교조주의 세력이라고도 한다. 보구는 여기 포함된다. 다른 하나는 저우언라이를 중심으로 하는 '경험주의' 세력이다. 캉성은 마오의 '대변인'이자 '칼잡이'로서 정풍 운동의 실행을 주도했다.

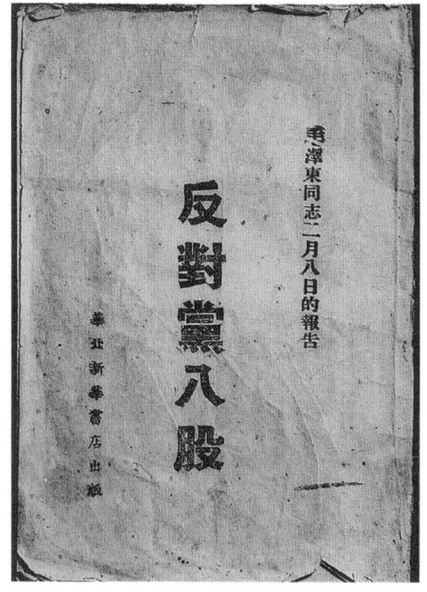

위: 옌안문예좌담회 (1942년 5월)
아래: 마오쩌둥이 작성한 「당팔고 반대 보고서」(1942년 2월 8일)

옌안문예좌담회는 옌안 정풍 운동의 일환으로, 지식인과 예술가들을 대상으로 '정치가 예술에 우선한다.'는 기준을 제시하였다. 또한 일반 당원들을 대상으로 학습과 토론을 통해 교조주의와 경험주의, 종파주의, '당팔고(黨八股)'라는 세 가지 잘못된 사상 풍조를 비판할 것을 요구되었다. '당팔고'는 구체적인 내용과 명확한 대상 없이 상투적인 말, 허세 부리기, 겁주기 등으로 일관하는 당정 간부의 글을 일컫는데, 여기서 '팔고'는 명(明)·청(淸) 시대 과거 시험 답안지를 작성할 때 사용되었던 글쓰기 방식을 말한다. 중국의 현실에 대한 이해 없이 마르크스-레닌주의와 혁명 이론만 앞세우는 당정 간부를 비판하는 것이다.

베이징 톈안먼 광장에서 중화인민공화국 중앙인민정부 성립을 선포하는 마오쩌둥
(1949년 10월 1일)

마오쩌둥과 덩샤오핑은 개인 권위, 즉 명성과 인맥에 입각하여 통치했던 카리스마적 지도자였다. 따라서 이들은 개인 권위를 통해서 세 가지 권력원을 획득할 수 있었다. 이들은 사회주의 혁명을 성공시킨 혁명 원로이며 새로운 국가를 세운 건국의 아버지라는 명성이 있었다. 또한 이들은 혁명과 건국 과정에서 형성한 광범위한 인맥이 있었다. 따라서 이들이 군 통수권을 행사하고 이념적 권위를 갖는 것은 너무나 자연스러웠다. 특히 이들은 특정 파벌의 지지가 필요 없는 초당파적 지도자였다.

마오쩌둥과 마오안잉

마오쩌둥의 아들 마오안잉(毛岸英)은 20대의 나이로 1950년 한국전쟁에 참전하였다가 전사하였다. 마오는 국가 수립 과정에서 아들을 포함하여 가족 여섯 명을 희생하면서 혁명에 헌신한 모범적인 혁명가였다. 그의 압도적 지위는 혁명의 성공과 국가 수립 과정에서 마오가 그 어떤 사람보다 많은 기여와 희생을 했다는 사실을 다른 정치 지도자와 국민이 인정함으로써 만들어졌다.

중공대표단으로 소련 모스크바를 방문한 류샤오치와 가오강
(1949년)

건국 이후 1956년 이전까지 엘리트 정치에서 옌안 체제의 개편 과정 중 일어난 '가오강 사건'은 매우 중요하다. 가오강은 류샤오치의 권력을 제한하려는 마오의 조치에 대해, '류샤오치 타도 연맹'을 구축하고 린뱌오, 펑더화이, 덩샤오핑 등 고위 지도자와 접촉하는 것으로 반응하였다. 이런 행위는 파벌 투쟁을 불러올 수 있으며, 특히 가오강은 군대에도 영향력이 있었기에, 마오는 이를 묵과할 수 없었다. 결국 가오강은 반당 활동을 한 혐의로 당적을 박탈당하였고, 자살로 생을 마감하였다.

공산당 8차 당대회 주석단상무위원(13인) **캉성, 둥비우, 펑전, 천윈, 저우언라이, 마오쩌둥, 류샤오치, 주더, 펑더화이, 린보취, 장원톈** (왼쪽부터) (린뱌오와 덩샤오핑은 사진에 없음.) (1956년 9월)

공산당 8차 당대회는 1945년 7차 당대회 이후 11년만에 열린 큰 행사로, 건국 이후 경험을 총괄하고 새로운 지도부를 구성하기 위해 열렸다. 이 행사에서 각 지도자가 맡은 임무에 따라 '1-2선 체제'의 확립을 알 수 있다. 당대회 개회사를 맡은 마오는 2선 지도자로서 공산당과 국가 방향을 제시하고, 정치국 업무 보고를 맡은 류샤오치는 공산당을 총괄하며, 공산당 「당헌」 수정 보고를 맡은 덩샤오핑은 당의 실무를 총괄하며, 「제2차 5개년(1958-62년) 경제 발전 계획」의 보고를 맡은 저우언라이는 정부 관리를 맡았다.

소련 모스크바에서 열린 세계 공산당 및 노동당 대회에 참석한 마오쩌둥과 덩샤오핑
(1957년 11월)

당시 소련 공산당 서기장 흐루쇼프는 향후 15년 후 소련이 미국을 추월할 것이라고 선포했다. 이를 들은 마오는 다음과 같이 선언했다. "흐루쇼프가 우리에게 말하기를 15년후에 소련이 미국을 추월할 수 있다고 했다. 우리도 말할 수 있다. 15년 후에 영국을 쫓아가거나 영국을 추월할 수 있다." 마오가 카리스마적 권위를 이용하여 권력을 독점하고 권한을 자의적으로 행사한 대표적인 사례인 대약진운동의 대표 구호 "10년 내에 영국을 추월하고, 15년 내에 미국을 추월하자!"는 이렇게 탄생했다.

반우파투쟁 대중 행진
(1957년)

마오쩌둥의 일인지배는 1957년 이후 전과는 다른 방식으로 발전했다. 한마디로 말해, 마오가 권력을 운영하는 방식이 '협의적 방식'에서 '독재적 방식'으로 변화되었던 것이다. 이렇게 되면서 마오의 일인지배는 이전 시기의 건강한 모습을 상실했다.

마오쩌둥의 이와 같은 '독재적 방식'의 권력 행사는 이 시기에 발생한 주요한 사건을 통해 확인할 수 있다. 1958년에 시작되어 1960년에 끝난 대약진운동, 1959년 7-8월에 개최된 루산 회의와 펑더화이 '반당 집단'의 처벌, 그리고 그 후 전개된 '반우경 투쟁,' 마지막으로 1963년부터 1966년 상반기까지 '수정주의' 청산을 위해 주로 농촌에서 전개된 '사회주의 교육운동,' 일명 '사청 운동'이 대표적이다. 이것은 문화대혁명으로 이어졌다.

반우파투쟁 비판대회에서 고통스러워하고 있는 장보쥔
(1957년)

1949년부터 1956년까지 마오쩌둥은 협의적으로 권력을 운영하였다. 이 기간 동안 마오는 집단지도와 민주 토론을 비교적 잘 지켰으며 정통적이고 주류적인 입장을 유지함으로써 공산당의 단결을 이끌었다. 이러한 배경에서 잠시나마 1956년 백화제방·백가쟁명 운동(일명 쌍백운동)과 같은 사상의 자유를 허하는 일도 가능했다. 그러나 1957년부터 상황은 완전히 바뀌었다. 쌍백운동에 대한 반격으로 시작된 반우파투쟁은 수십만 명의 지식인에게 고통을 주었다. 마오는 반우파투쟁을 통해 대중의 호응을 얻는 동시에 반대세력을 효과적으로 억누르고, 독재적 권력 운영 방식을 강화하였다.

대약진운동 (1958~1960년)
왼쪽 위: 삼면홍기 구호를 들고 행진 중인 대중
왼쪽 아래: 철강 생산을 위해 각 가정의 고철을 모아 운반하는 모습
오른쪽 위: 인민공사 식당의 식사 시간
오른쪽 아래: '식당을 잘 운영하면 생산 열기가 높아진다'는 구호의 선전물

1958년 마오는 대약진운동을 천명하며 삼면홍기, 즉 총노선, 대약진운동, 인민공사를 사회주의 혁명 기본 노선으로 제창한다. 이에 각 마을의 인민공사 뒤뜰마다 토법고로, 즉 원시적 형태의 용광로가 설치되었고 각 가정의 고철을 모아 철강 생산량을 높이고자 하였다. 또한 인민공사 운영 식당에서 모두가 공동으로 식사를 하였다.

루산회의(1959년 7~8월)
왼쪽 위: 문화대혁명 당시 홍위병들에 의해 끌려나온 펑더화이
왼쪽 아래: '삼반분자(三反分子)' 팻말을 건 장원텐과 펑더화이
오른쪽 위: '반혁명수정주의분자' 팻말을 목에 건 황커청
오른쪽 아래: 저우샤오저우는 문화대혁명 당시 박해를 이기지 못하고 음독자살로 생을 마감하였다.

1959년의 루산 회의는 마오쩌둥 시기 엘리트 정치에서 하나의 전환점이었다. 펑더화이를 비롯하여 동료들을 근거도 없이 숙청함으로써 '독재자 마오쩌둥'이 등장했음을 알리는 신호탄이었다. 펑더화이는 1959년 루산 회의에서 대약진운동에서 마오의 과오를 비판하였다가 저우샤오저우, 황커청, 장원텐 등과 함께 '반당집단'으로 몰려 숙청당하여 지방으로 좌천되었다. 이들은 이후 문화대혁명에서 가장 먼저 표적이 되었다.

사회주의 교육 운동(1963~1966년)
위: '사류분자(四類分子)'로 분류되어 구류 중인 사람들
아래: '부농(富農)'이라 비판 받고 있는 두 농민

1963년부터 1966년까지 진행된 사회주의 교육 운동, 즉 사청운동을 둘러싸고 마오쩌둥과 류샤오치의 충돌이 공개적으로 표출되었다. 사청(四淸)은 농촌과 도시 모두에서 정치, 경제, 조직, 사상 등 네 가지 분야에서 깨끗이 정리한다는 의미로, 수정주의를 배격하고 계급투쟁을 전개하였다. 이 과정에서 많은 이들이 수정주의 분자로 몰려 희생되었다.

7,000인 대회에 참석한 저우언라이, 천윈, 류샤오치, 마오쩌둥, 덩샤오핑, 펑전(왼쪽부터) (1962년)

마오는 1962년 '7,000인 대회'에서 이미 1선 지도자들에 대한 불신을 느꼈다. 7,000인 대회에서 류샤오치를 비롯한 다수의 지방 지도자들은 대약진운동으로 인한 피해 상황이 심각하다고 평가했다. 특히 류는 인재가 주요 원인이라는 "천재 30퍼센트(三分天災), 인재 70퍼센트(七分人禍)"론을 주장했는데, 이는 마오의 심기를 매우 불편하게 만들었다. 사회주의 교육 운동 시기를 거치며 이들에 대한 마오의 불만은 더욱 늘어났고, 이에 수정주의를 청산하고 1선의 당권파를 척결하기 위해 문화대혁명을 발동해야 한다는 결심을 굳히게 되었다.

톈안먼 광장에 모인 홍위병들 사이로 카 퍼레이드 중인 마오쩌둥
(1966년 8월)

문화대혁명은 많은 기존 연구가 지적하듯이, 대약진운동(1958-60년)과 마찬가지로 마오쩌둥이 아니었으면 불가능한 일이었다. 문혁의 시작과 전개, 대중과 군 동원, 저항 세력과 이탈 세력 처단, 새로운 권력 기구의 설립과 폐지, 당·정·군 내의 '당권파' 제거 등 모든 일이 마오의 지시에 의해, 혹은 마오의 인가를 받아 진행되었다.

1966년 「5·16 통지」후 열린 '펑전, 루딩이, 뤄루이칭, 양상쿤 타도 대회'의 모습
(1966년 5월 23일)

문화대혁명은 1966년 5월 정치국 확대회의에서 통과된 「중국 공산당 중앙위원회 통지」, 일명 「5·16 통지」로부터 시작되었다. 이는 크게 두 가지의 내용을 담고 있다. 하나는 문혁의 성격과 내용에 대한 규정이다. 이에 따르면, 문혁은 전면적인 계급 투쟁이고, 타도 대상은 자산계급 학술 권위다. 또 다른 하나는 '중앙 문혁 소조'의 설치다. 마오는 1964년 펑전을 조장으로 설치했던 '문화혁명 5인 소조'를 해체하고 고문 캉성, 조장 천보다, 부조장 장칭, 장춘차오 등을 중심으로 한 중앙 문혁 소조를 새로 설치하였다. 이 과정에서 펑전, 루딩이, 뤄루이칭, 양상쿤은 반당분자로 몰려 고초를 겪었다.

베이징시 혁명 위원회 성립 대회에 참석한 저우언라이, 장칭, 천보다, 캉성, 장춘차오, 왕리, 양청우, 야오원위안, 치번우, 관펑.
(왼쪽부터)
(1967년 4월)

1966년 8월 공산당 8기 11중전회에서 통과된 「16조」 이후 공산당 지도부 구성은 다음과 같은 변화를 겪었다. 첫째, 린뱌오가 류사오치를 대신하여 권력 2위에 올랐고, 동시에 마오의 후계자가 되었다. 둘째, 1956년 공산당 8차 당대회에서 등장했던 '1-2선 체제'가 사라졌다. 대신 모든 권력이 마오에게 집중되고, 마오는 중앙 문혁 소조를 통해 권력을 행사할 수 있게 되었다. 셋째, 류사오치와 덩샤오핑은 정치국 상무위원으로 재선되었지만 실제로는 업무에서 배제되었다. 이후에 정치국은 린뱌오가 주재했고, 정부는 저우언라이가 관리했다.

마오에게 홍위병 완장을 채워 주는 홍위병 학생 지도자 송빈빈
(1966년 8월 18일)

홍위병이 전국적으로 확산된 것은 1966년 8월 18일에 베이징에서 개최된 '무산계급 문화대혁명 경축 대회'를 통해서였다. 이 대회에는 베이징과 지방에서 온 100만 명의 홍위병이 참석했다. 이때 마오는 홍위병 학생들처럼 군복을 입고 완장을 찼다. 또한 마오는 주석단에 등장하여 홍위병 지도자를 접견했다. 마오의 이런 모습은 홍위병이 "정식으로 정치 무대"에 등장했음을 의미한다. 이후 홍위병의 붉은 물결은 3년 동안 전국을 휩쓸었다.

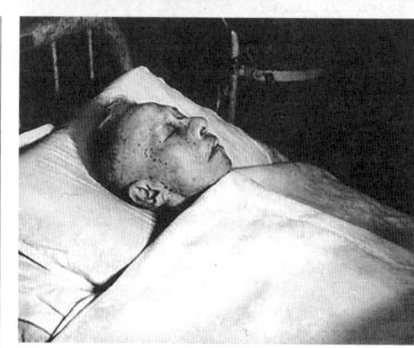

류샤오치와 그의 아내 왕광메이

마오는 문혁을 지속하기 위해 어쩔 수 없이 군 원로들에게 양보해야 했고, 그래서 군에 대한 타격을 중지시키고 비판을 류와 소수의 지정된 목표에 집중하도록 했다. 그 일환으로 홍위병들에게 류의 공개 비판을 허용했다. 숙청된 류와 그의 부인 왕광메이는 홍위병의 비판 대회에 불려나가 혹독한 고초를 겪었다. 그 후 제대로 치료받지 못한 류는 1969년에 감옥에서 사망했다.

문화대혁명 시기 혁명의 이름으로 많은 인명 피해가 발생하였고 문화재의 파괴가 자행되었다.

공산당 9차 당대회장으로 들어서는 마오쩌둥과 린뱌오
(1969년 4월)

공산당 9차 당대회에서 린뱌오가 마오쩌둥의 후계자임을 「당헌」에 명시했다. 이런 점에서 9차 당대회의 최대 수혜자는 린뱌오였다. 다만 그것은 불과 3년을 넘기지 못하고 린뱌오 본인뿐만 아니라 전 가족에게 비극을 불러온 '불행의 씨앗'이 되었다.

린뱌오와 그 일가족이 탔던 비행기의 추락한 잔해

1971년 9월 13일, 린뱌오 가족이 탄 비행기가 추락하여 전원 사망하였다. 일명 '9·13 사건'이다. 대부분 혁명 원로들은 이 사건이 일어나기 전까지는 마오쩌둥을 믿고 존중했기 때문에 문혁이 많은 문제를 일으켰지만 여전히 그에 대한 판단을 유보하고 언급을 회피했다. 그러나 이후, 이들은 문혁에 대해 더욱 회의적으로 생각하게 되었고, 공개적으로 문혁을 비판하기 시작했다. 일반 국민들 역시 마찬가지였다. 마오가 꿈꿨던 문혁은 이때 사실상 끝났다고 할 수 있다.

왕훙원과 마오쩌둥, 저우언라이
(1973년)

린뱌오 사건 이후 가장 큰 수혜자였던 저우언라이는 공산당 10차 당대회를 거치며 마오의 견제를 받았고, 새롭게 상하이 인민공사 출신의 왕훙원이 후계자로 결정되었다. 왕은 당 부주석, 정치국 위원, 정치국 상무위원에 선출되어, 신세대 노동자 출신 지도자로서 마오의 기대를 한 몸에 받았다. 그러나 마오는 곧 왕이 장칭, 장춘차오, 야오원위안과 함께 '사인방'을 결성했다는 사실을 알고는 그에 대한 기대를 접고, 대신 덩샤오핑을 후계자로 고려하기 시작했다.

재판정에 선 '사인방' 장춘차오, 왕훙원, 야오원위안, 장칭 (왼쪽부터)
(1981년)

마오쩌둥은 후계자로 덩샤오핑 대신 화궈펑을 지목하며, 그가 사인방과 힘을 합쳐 자신의 혁명 유지를 이어주리라 기대했다. 그러나 화궈펑은 마오의 사망 직후인 1976년 10월 6일에 장칭, 장춘차오, 야오원위안, 왕훙원 등 사인방을 전격 체포했다. 이는 마오의 신임을 배신한 행위였지만, 이후 대규모 선전을 통해 정당화했다. 이들이 체포됨으로써 문혁은 대단원의 막을 내렸다. 이로써 마오쩌둥 시대도 종말을 고했다.

새로운 공식 정치 지도자들의 등장
왼쪽 위: 후야오방과 자오쯔양
왼쪽 아래: 후치리, 차오스, 왕자오궈
오른쪽 위: 완리, 하오젠슈 (왼쪽부터)
오른쪽 아래: 위추리, 덩리췬, 시중쉰

공산당 12차 당대회에서는 당·정·군의 실무를 담당하는 공식 정치의 지도자들이 후야오방과 자오쯔양을 제외하고 모두 11인으로 구성된 서기처에 배치되었다. 완리, 시중쉰 덩리췬, 위추리, 후치리, 야오이린, 차오스 등이 바로 이들이다. 이 중에서 하오젠슈는 여성이면서 동시에 47세로 최연소 정치국 후보 위원이었다. 차오스도 59세로 53세인 후치리와 함께 신세대 지도자로 발탁되었다. 이렇게 구성된 서기처는 총서기인 후야오방이 주도했다.

위: '8대 원로' 덩샤오핑, 천윈, 양상쿤, 보이보,
(윗줄 왼쪽부터) 펑전, 리셴녠, 왕전, 덩잉차오
(아랫줄 왼쪽부터)
아래: 공산당 11기 3중전회의 지도부 천윈,
덩샤오핑, 화궈펑, 예젠잉, 왕둥싱 (왼쪽부터)
(1978년)

덩샤오핑 시대에는 사회주의 혁명과 건국을 주도했던 혁명 원로들이 엘리트 정치를 주도하는 원로지배가 나타났다. 이들은 1978년 공산당 11기 3중전회를 기점으로 마오쩌둥 시대의 '프롤레타리아 독재 하의 계속혁명' 노선, 일명 문화대혁명 노선을 과감히 폐기했다. 대신 혁명 원로들은 '사회주의 현대화 건설'을 새로운 당 노선으로 결정하고, 이를 실천하기 위해 사유화, 시장화, 개방화, 분권화를 요지로 삼은 '개혁 개방' 정책을 본격적으로 추진하기 시작했다.

후야오방의 실각
(1986~1987년)
위: 후야오방과 덩샤오핑
아래: 1986년 상하이시에서 일어난 학생 운동

후야오방의 퇴진은 이미 1986년 여름 베이다이허 회의 때에 원로들 사이에서 결정되었다. 처음에는 1987년 가을 개최 예정인 공산당 13차 당대회에서 모양새 있게 그의 직무를 총서기에서 중앙고문위 주임으로 교체할 예정이었다. 그런데 1986년 12월~1987년 1월에 발생한 학생 운동으로 인해 원래 예정된 퇴진은 더욱 앞당겨지고 그 방식도 당내 비판을 통한 불명예스러운 파면으로 바뀌었다.

공산당 13차 당대회의 지도부 자오쯔양, 리펑, 차오스, 후치리, 야오이린 (왼쪽부터)
(1987년 11월 2일)

공산당 12차 당대회(1982년)에서 형성된 이중 정치 구조는 13차 당대회에서 완성되었다. 혁명 원로는 사실상의 공산당 최고 권력 기구인 정치국 상무위원회에서 은퇴하고, 자오쯔양, 리펑, 차오스, 후치리, 야오이린 등 공식 정치의 지도자들이 이를 구성했다. 대신 원로 정치의 주요 지도자들인 덩샤오핑, 천윈, 리셴녠, 양상쿤은 다른 조직의 최고 책임자가 되었고, 이들을 제외한 다른 원로들은 모두 공식 직위에서 물러났다.

톈안먼 사건
(1989년)

톈안먼 사건과 관련된 주요 정책과 인사 문제는 혁명 원로들이 결정했다. 예컨대 1989년 4월 25일 회의에서 덩샤오핑은 원로들의 의견에 기초하여 학생 운동의 성격을 "계획적이고 조직적인 동란(動亂)"으로 규정했다. 이를 근거로 덩은 계엄령을 선포하고 학생 운동을 무력으로 진압했던 것이다.

톈안먼의 학생들에게 이야기하는 자오쯔양
(1989년 5월)

1989년 5월 21일 8대 원로가 모두 모인 회의에서 자오쯔양에게 정치 문제가 있다고 논의되었고 그에 따라 사퇴가 결정되었다. 그는 학생 운동을 동란으로 인정하지 않았고 무력 진압에 소극적이었다. 특히 공산당 총서기로서 계엄령 선포 대회에 불참해 공산당의 분열을 조장한 것은 큰 잘못이다.

공산당 13기 4중전회 양상쿤 국가 주석(왼쪽에서 네 번째)**과 중앙정치국 상무위원**(6인) **쑹핑, 야오이린, 차오스, 장쩌민, 리펑, 리루이환**
(왼쪽부터)
(1989년 6월)

공산당 13기 중앙위원회 4차 전체회의(13기 4중전회)에서 「반당(反黨) 반사회주의 동란 중에 자오쯔양 동지가 범한 오류에 대한 보고」가 심의 통과되었다. 이어서 인선이 공식 추인되었다. 장쩌민을 총서기로 임명하고, 장쩌민, 쑹핑, 리루이환을 정치국 상무위원, 리루이환과 딩관건을 서기처 서기로 임명한다. 반면 자오쯔양과 관련된 후치리, 루이싱원, 옌밍푸의 모든 직위를 면직한다.

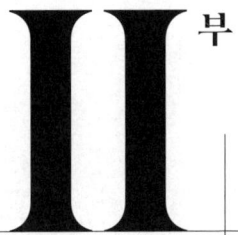

덩샤오핑 이후의 엘리트 정치 I: 집단지도와 권력 운영

7장 집단지도의 등장
8장 집단지도와 파벌 정치
9장 집단지도의 실제

7장 | 집단지도의 등장

 장쩌민 시기(1992~2002년)와 후진타오 시기(2002~2012년)에 들어 중국의 엘리트 정치는 커다란 변화를 겪었다. 그 결과 달라진 엘리트 정치의 양상은 마오쩌둥 시대(1949~1976년)와 덩샤오핑 시대(1978-1992년)와 분명히 구별된다. 앞에서 자세히 검토했듯이, 마오 시대에는 마오가 전권을 행사하는 일인지배, 덩 시대에는 혁명 원로들이 실권을 행사하는 원로지배가 엘리트 정치의 주된 유형이었다.
 구체적으로 장쩌민과 후진타오 시기의 엘리트 정치에서는 두 가지 새로운 특징이 나타났다. 첫째, 집단지도(集體領導, collective leadership)가 등장했다. 이는 최고 지도자 개인이나 그가 이끄는 하나의 파벌이 아니라, 여러 명의 지도자들 혹은 그들을 중심으로 형성된 여러 파벌이 정치 권력을 나누어 갖는 엘리트 정치 체제를 말한다. 둘째, 최고 통치 엘리트 간에, 혹은 여러 파벌 간에 협의와 타협을 통해 주요 정책과 인사 문제를 결정하는 당내 민주주의(黨內

民主, intra-party democracy)가 등장했다. 이는 공산당의 민주적 운영을 의미하고, 그래서 다른 말로는 엘리트 민주주의(elite democracy)의 확대라고 한다.

한편 장쩌민 시기 이후에 등장한 집단지도는 공산당의 여러 가지 권력 기구 중에서 정치국 상무위원회와 정치국을 중심으로 운영된다. 규정상으로는 공산당 전국대표대회(당대회)와 중앙위원회가 이들의 상급 기관으로서 최고 권력을 행사하지만, 일상적인 정치 과정에서는 이 두 기관이 중요한 역할을 담당하지 못한다. 단적으로 당대회는 5년에 1회, 중앙위원회는 1년에 1~2회만 개최될 뿐이다. 따라서 짧은 개회 기간 동안이 아니면 이들 기구는 가진 권한을 행사할 수 없다. 대신 일상 정치에서는 정치국과 정치국 상무위원회가 이들 기구의 주요 권한을 행사한다.

그런데 정치국 상무위원회와 정치국을 중심으로 집단지도가 실제로 작동되기 위해서는 두 가지 조건이 필요하다. 첫째, 집단 지도를 명문화한 원칙(原則)과 공식 규정(規定, rule)이 확정되어야 한다. 만약 이런 원칙과 공식 규정이 없다면, 정치국 상무위원회와 정치국은 특정 지도자나 파벌이 자의적으로 운영할 가능성이 높고, 그렇게 되면 집단지도는 불가능하다. 둘째, 정치국 상무위원회와 정치국이 명실상부한 최고 권력 기구가 될 수 있도록 당정 기구의 현직 책임자들로 구성되어야 한다. 집단지도의 원칙과 공식 규정이 있다고 해서 권력 기구가 집단지도 방식으로 운영되는 것은 결코 아니다. 덩샤오핑 시대의 엘리트 정치가 이를 잘 보여 준다. 당시에 혁명 원로들은 공직 직위도 없이 실권을 행사하여 집단지도의 원칙과 공산당의 당규는 유명무실했다.

이 장에서는 이처럼 집단지도를 뒷받침해 주는 두 가지 중요한 제도인 정치국과 정치국 상무위원회의 운영과 구성에 대한 규칙을 살펴보려고 한다. 이를 통해 우리는 집단지도의 운영 규칙은 무엇이고, 실제 정치 과정에서 그것이 어떻게 작동하고 있는지를 이해할 수 있을 것이다. 또한 이를 분석함으로써 정치국과 정치국 상무위원회가 실제로 어떻게 구성되었는지를 자세히 이해할 수 있을 것이다. 이 외에도 다른 비공식 규범(norm), 예컨대 정치국원과 정치국 상무위원의 연령 규범과 임기 규범, 이들에 대한 민주 추천제 규범 등이 있는데, 이에 대해서는 뒤에서 다시 검토할 것이다.

이러한 분석은 두 가지 면에서 의의가 있다. 먼저, 집단지도 그 자체에 대한 이해를 높이는 데 도움을 줄 수 있다. 정치국 상무위원회와 정치국의 활동은 대외에 공개되지 않는 것이 일반적이다. 후진타오 시기 들어 정치국 회의의 공식 결과가 관영 언론을 통해 발표되면서 정치국에 대한 이해가 전보다 높아졌다. 그러나 이 권력 기구들이 일상적으로 어떻게 의제를 선정하여 공식 논의를 진행하고, 어떤 절차와 과정을 거쳐 정책을 결정하는지 등은 여전히 베일에 싸여 있다.

그 결과 중국의 엘리트 정치가 집단지도로 운영되고 있다고는 하지만, 실제로 이에 대해 우리가 아는 내용은 많지 않다. 이 문제는 특히 국내 학계와 언론계에서 두드러진다. 예를 들어, 1987년에 공산당 중앙은 정치국과 정치국 상무위원회의 업무 규칙을 외부에 공개하지 않는 '내부 규정'으로 제정하여 현재까지 준수하고 있다. 그런데 이를 제대로 알고 있는 연구자는 많지 않다. 그러다 보니 특정 지도자가 실각하거나 어떤 색다른 정책이 등장하면 그것을 총서기 개인의 결정으로 간주하거나 이전투구(泥田鬪狗)식 파벌 투쟁의 결과물로 이해한다.

또한 일부 연구자와 언론이 시진핑 시기(2012년~현재)에 들어 집단 지도가 쇠퇴하고 시진핑의 '일인지배'가 등장하고 있다고 주장하는데, 이 장은 이 문제를 판단하는 데에도 도움이 될 것이다. 일인지배와 집단지도는 완전히 다른 방식으로 운영된다. 앞에서 자세히 살펴보았듯이, 마오쩌둥 시대의 일인지배에서 마오는 당규와 법률을 무시하고 독자적으로 권력을 행사했다. 반면 집단지도에서는 공산당 총서기라고 할지라도 당규와 법률을 무시할 수 없다. 더욱이 총서기는 권력 자체도 정치국 상무위원들과 공유해야만 한다. 이들이 이렇게 할 수밖에 없는 것은 집단지도의 원칙과 공식 규정이 작동하기 때문이다. 만약 시진핑 시기에도 집단지도의 원칙과 공식 규정이 작동하고 있다면(나는 그렇다고 판단하는데), 시진핑의 '일인지배'가 등장했다고 말할 수 없다.

이 장에서는 먼저 집단지도가 등장한 배경을 간략히 살펴볼 것이다. 이를 위해서는 몇 가지 조건이 갖추어져야만 하는데, 장쩌민 시기에 들어 이런 조건이 갖추어졌다. 이어서 정치국 상무위원회와 정치국의 업무 규칙과 실제 운영을 살펴볼 것이다. 집단지도는 공식 규정이 존재해야만 운영될 수 있다. 마오 시대의 일인지배나 덩 시대의 원로지배에서는 공식 규정이 필요 없었고, 설사 있다고 해도 지켜지지 않았다. 그러나 집단지도는 다르다. 따라서 이런 규정이 무엇이고, 그것이 어떤 면에서 집단지도를 가능하게 만들었는지 살펴보아야 한다. 마지막으로 정치국 상무위원회와 정치국이 최고 권력 기구로 작동하기 위해 필요한 구성 규범과 실제 상황을 살펴볼 것이다.

1. 장쩌민과 후진타오 시기의 집단지도

장쩌민 시기에 들어 엘리트 정치는 점차 제도화되고 안정화되는 추세를 보였다.[1)] 장쩌민 집권 I기(1989~1996년)는 과도기였다. 장쩌민은 1989년 톈안먼 사건과 자오쯔양의 실각이라는 정치적 혼란 속에서 공산당 총서기와 중앙 군사위원회(중앙군위) 주석에 임명되었고, 이후 경쟁자를 제거하여 최고 지도자가 될 수 있었다. 이런 과도기를 거쳐 장쩌민 집권 2기(1997~2002년)에 들어 엘리트 정치는 더욱 안정되었다. 2002년 공산당 16차 당대회에서 장쩌민을 중심으로 하는 '제3 세대' 지도자에서 후진타오를 중심으로 하는 '제4 세대' 지도자로 권력이 평화롭고 순조롭게 이양된 사실은 이를 잘 보여 준다.

이렇게 변화된 엘리트 정치는 앞에서 말한 두 가지 특징을 보인다. 첫째, 복수의 최고 지도자 또는 파벌이 권력을 공유하는 집단 지도가 등장했다. 다시 말해, 덩샤오핑을 마지막으로 카리스마적 지도자가 퇴진하면서 특정 개인이나 파벌이 정치 권력을 독점하는 현상이 사라졌다. 예를 들어 장쩌민 시기에는 장쩌민을 중심으로 한 상하이방이 주도 세력이었지만, 이들이 정치 권력을 독점할 수는 없었다. 그 결과 장쩌민 집권 1기에는 장쩌민(총서기)-차오스(전국인표 위원장)-리펑(국무원 총리)의 삼두 체제, 집권 2기에는 장쩌민(총서기)-리펑(전국인대 위원장)의 이원 체제가 형성되었다. 후진타오 시기(2002~2012년)에 들어서는 공청단파(후진타오)와 상하이방(장쩌민)-태자당(쩡칭훙) 연합 세력이 중앙과 지방에서 권력을 나누어 가졌다.

둘째, 첫 번째 특징의 결과로, 최고 지도자들이 협의와 타협을 통해 주요 정책과 인사 문제를 결정하는 당내 민주주의 혹은 엘리트 민주주의가 확대되었다. 이렇게 되면서 권력 승계가 평화롭게 안정적으로 진행되었고, 공산당 노선 및 정책 결정도 마찬가지였다. 예를 들어, 2002년 공산당 정치국 상무위원회의 인선 과정에서는 최대 세력인 상하이방이 다수(9인 중 6인)를 차지하고 다른 세력이 일정한 지분을 인정받는 형태로 타협이 이루어졌다. 2004년 9월 장쩌민의 중앙군위 주석 사임과 후진타오의 승계, 2006년 9월 천량위(陳良宇) 상하이 당서기 퇴진과 2007년 3월 시진핑(習近平) 당서기 임명 등은 후진타오 세력과 쩡칭훙 세력 간의 타협을 통해 이루어졌다.

후진타오 시기의 엘리트 정치는 장쩌민 시기의 집단지도를 더욱 발전시켰다. 크게 두 가지 요인이 작용한 결과다. 우선, 후진타오 시기에 공산당은 당내 민주주의를 중요한 정치 개혁의 하나로 추진했다. 이에 따라 엘리트 정치에서도 집단지도가 더욱 공고해졌다. 이를 단적으로 보여 주는 것이 바로 2002년 공산당 16차 당대회에서 당내 민주주의 확대가 공산당의 중요한 정치 개혁 방침으로 결정된 사실이다. 특히 이때에는 '당내 민주주의를 통한 인민 민주주의의 견인' 방침이 확정되었다.

그런데 이보다 더욱 중요한 것은, 파벌 정치의 역학 관계가 변화한 사실이다. 한마디로 후진타오 시기에는 장쩌민 시기에 비해 총서기의 권한이 더욱 약화되면서 주요 파벌 간에 세력 균형(balance of power)이 좀 더 철저하게 이루어졌다. 그 결과 집단지도와 당내 민주주의가 발전했던 것이다. 구체적으로 파벌 관계에서는 장쩌민과 쩡칭훙의 세력(즉 상하이방과 태자당)을 한편으로 하고, 후진타오 세력(즉 공청단파)을 다른 한편으로 하는 세력 균형이 중앙과 지방 모두에서 이루어졌다. 이런 파벌 간 세력 균형에서 후진타오는 장쩌민보다 미약한 권력을 행사할 수 있을 뿐이었다.

2. 집단지도의 등장 배경

장쩌민 시기와 후진타오 시기에 들어 엘리트 정치에서 집단지도가 등장할 수 있었던 배경으로는 크게 네 가지를 들 수 있다. 이 중에서 첫째는 공산당이 새로운 정책을 추진한 결과였고, 나머지 세 가지는 의도하지 않은 자연스러운 현상이었다.

(1) 공산당의 제도화

먼저, 1990년대 들어 공산당이 추진한 당 조직과 운영의 제도화가 집단지도의 등장에 기여했다. 집단지도와 공산당의 제도화는 밀접한 관계가 있고, 실제로 그 두 가지가 함께 추진되었다. 여기서 공산당의 제도화(institutionalization)란 공산당 전국대표대회(당대회), 중앙위원회, 정치국, 정치국 상무위원회 등 주요 권력 기구가 「당헌(黨章)」과 당규(黨規)에 따라 조직되고 운영되는 과정과 결과를 가리킨다. 공산당의 제도화는 1980년대에는 문화대혁명(1966~1976년/문혁)의 피해를 극복하여 공산당을 정상화할 목적으로, 이후에는 공산당이 안정적이고 효율적으로 권력을 장악하고 운영할 목적으로 추진되었다.

집단지도는 이와 같은 공산당 조직과 운영의 제도화가 어느 정도 이루어져야만 등장할 수 있었다. 공산당 조직이 파괴되고 운영이 정지된 문혁 시기에는 마오쩌둥 개인 숭배와 '사인방'의 권력 농단이 발생하면서 마오의 일인지배가 확립되었다는 사실이 이를 반증한다. 동시에 집단지도는 공산당의 제도화를 통해서만 제대로 보장될 수 있다. 집단지도와 관련된 주요 규정이 공산당의 결정을 통해 공식 제도로 확정된 이후에 안정적으로 운영될 수 있다는 것이다. 공산당 당대회, 중앙위원회, 정치국, 정치국 상무위원회의 구성과 권한, 주요 정책 결정 과정 등에 대한 당규의 제정과 집행이 대표적이다.

[표7-1] 공산당 「당헌」과 당규의 제정 및 수정 상황

연도		건(%)	소계(%)
1970년대	1979~1980	9(2.4)	9(2.4)
1980년대	1981~1985	26(7.1)	74(20.1)
	1986~1990	48(13)	
1990년대	1991~1995	53(14.4)	177(48.0)
	1996~2000	124(33.6)	
2000년대	2001~2005	79(21.4)	109(29.5)
	2006~2007	30(8.1)	
총계			369(100)

〈출처〉 조영남, 『중국의 법치와 정치개혁』(파주: 창비, 2012), p. 135.

이를 잘 보여 주는 것이, 장쩌민 집권 시기에 해당하는 1990년대에 공산당 조직과 운영의 제도화를 위해 다른 시기에 비해 더욱 많은 당규가 제정되었다는 사실이다. 표 7-1에 따르면, 1990년대에는 모두 177건의 당규가 제정되어, 총 369건 중에서 48퍼센트를 차지했다. 이는 1979년에서 2007년까지 약 30년 동안에 제정된 전체 당규의 약 반이 1990년대 10년 동안에 제정되었다는 것을 의미한다. 특히 「공산당 당원 권리 보장 조례」(1994년), 「공산당 지방조직 선거 업무 조례」(1994년), 「공산당 지방위원회 업무 조례」(1996년)는

공산당의 집단지도 발전에 기여한 것으로 평가된다.

같은 맥락에서 1997년 공산당 15차 당대회에서 의법치국(依法治國, 법에 의거한 국가 통치) 방침, 2002년 공산당 16차 당대회에서 의법집정(依法執政, 법에 의거한 집권) 방침이 결정된 것도 공산당 조직과 운영의 제도화에 크게 기여했다. 의법치국과 의법집정은 한마디로 말해 국가 통치의 법제화(法制化) 정책이다. 이에 따라 공산당의 국가 통치는 이전의 인치(人治)와 정책에 의한 통치(依靠政策治國)에서 법과 제도에 의한 통치(依靠法律制度治國)로 변화하게 되었다. 이것이 공산당 조직과 운영의 제도화와 밀접히 연관되고, 동시에 이를 촉진했다는 사실은 말할 필요도 없다.[2]

(2) 혁명 원로의 퇴진, 파벌 투쟁의 변화와 단결 유지

한편 장쩌민 시기 들어 집단지도가 확대된 것은 공산당의 제도화 노력과 별개로 자연스러운 정치 변화로 인한 의도하지 않은 결과이기도 했다. 여기서는 먼저 마오쩌둥이나 덩샤오핑 같은 카리스마적 지도자의 퇴진과 함께 어느 특정 개인이나 파벌이 다른 경쟁자나 파벌을 물리적으로 제거할 수 없게 된 상황을 들 수 있다. 다시 말해 절대 권력자가 없는 상황에서 주요 지도자와 이들이 이끄는 파벌은 서로를 인정하고 타협하는 일종의 신사협정(code of civility)을 게임의 규칙으로 인정할 수밖에 없었던 것이다. 이것이 집단지도 등장과 당내 민주주의 확대에 기여했다. 실제로 황징(Jing Huang)의 연구에 따르면, 1949년 이후 중국 정치에서 카리스마적 지도자의 퇴진과 함께 독재 또는 헤게모니가 약화될 때 파벌 간에 타협이 가능했고, 그로 인해 엘리트 정치가 안정되는 현상이 나타났다.[3]

또한 장쩌민 시기에 들어 파벌과 파벌 투쟁의 성격이 변화한 점을 들 수 있다.[4] 마오쩌둥 시대에 파벌은 주로 이념(ideology)과 노선 대립을 기반으로 형성되었고, 파벌 투쟁은 승자 독식(winner-takes-all)의 원리에 따라 생사를 건 투쟁으로 격렬하게 전개되었다. 문혁 시기의 대규모 숙청이 이를 잘 보여 준다. 덩샤오핑 시대에는 개혁파나 보수파와 같은 명칭이 보여 주듯이 파벌은 주로 정책 차이로 형성되었고, 파벌 투쟁은 전보다는 덜 격렬했지만 여전히 치열했다. 후야오방과 자오쯔양의 실각은 이를 잘 보여 준다.[5]

그런데 장쩌민 시기의 파벌은 이런 이념 및 노선 대립이나 정책 차이가 아니라 그 외 다양한 원인으로 형성되었다. 칭화대학 출신의 정치 엘리트를 지칭하는 칭화방(淸華幇)이나 베이징대학 출신을 지칭하는 베이다방(北大幇)과 같은 학연(學緣), 상하이방, 베이징방, 간쑤방(甘肅幇)과 같이 특정 지역에서 함께 일한 경험으로 생긴 지연(地緣), 공청단파와 같은 특정 단체 활동 경험, 태자당(혁명 원로의 자제)과 같은 혈연(血緣)이 대표적인 파벌 형성 원인이었다.[6]

이처럼 파벌 형성 원인이 다양해진 것은 1992년 공산당 14차 당대회에서 '사회주의 시장경제론'이 당 노선으로 결정되면서 지도부 내에 개혁 개방에 대한 합의가 이루어져, 지도자 간에 이념 대립이나 정책 차이가 크게 부각되지 않게 된 결과였다. 그래서 최근의 파벌 투쟁은 중앙과 지방의 요직을 어떻게 배분할 것인가를 놓고 벌어지는 '자리다툼'의 성격을 강하게 띠고 있다.[7] 이렇게 되면서 파벌 투쟁은 생사를 건 투쟁이 아니라 소수파에게도 일정한 몫(자리)을 배정하도록 타협하고 흥정하는 거래로 변했다. 그 결과 정치 지도자들 간, 파벌 간에 협의와 타협이 가능해졌다.

마지막으로 공산당 지도자들은 정치적 단결을 유지해야 한다는 데 공감했고, 이것이 집단지도 발전에 큰 역할을 담당했다. 1989년 6월의 톈안먼 사건과 1991년의 소련 붕괴 이후, 중국에서는 "안정이 모든 것에 우선한다(穩定壓倒一切)."는 덩샤오핑의 원칙이 널리 수용되었다. 국내외의 여러 사건을 겪으면서 정치 안정 없이는 아무것도 할 수 없다는 것을 모두가 인정했기 때문이다. 특히 1990년대 중반 이후 노동자와 농민 등 개혁 개방의 피해 계층(집단)이 형성되고 이들의 조직적 저항 규모와 빈도가 증가하면서 공산당 지도자들은 일종의 위기의식을 느끼게 되었다.[8]

그런데 사회 안정을 유지하기 위해서는 정치 안정이 필수적이고, 중국과 같은 공산당 일당 체제에서는 당의 통합과 단결이 정치 안정의 핵심이었다. 덩샤오핑이 말했듯이, 만약 중국에서 정치적으로 문제가 생긴다면 그것은 공산당이 분열할 경우였다. 1989년의 톈안먼 민주화 운동이 이를 잘 보여 주었다. 이런 공산당 지도자들의 위기의식과 단결 강조가 파벌 투쟁 악화를 방지하는 데 중요한 역할을 담당했다. 이에 따라 파벌 간에 권력을 공유하고 주요 정책은 협의와 타협을 통해 해결하는 규범이 형성될 수 있었다.

3. 집단지도의 원칙

집단지도를 규정하는 가장 중요한 원칙은 '집단지도와 개인 분담 책임의 상호 결합 원칙'이다. 이것이 「당헌」에 최초로 명문화된 것은 1956년에 개최된 공산당 8차 당대회에서였다. 1956년 2월 소련 공산당은 20차 당대회를 개최했고, 여기서 흐루쇼프가 스탈린의 독재와 개인 숭배를 신랄히 비판했다. 이 영향을 받아 중국 공산당도 6개월 후에 개최된 8차 당대회에서 「당헌」을 수정해 집단지도 원칙을 분명히 규정했다. 이때 수정된 「당헌」은 "당의 어떤 조직도 모두 집단지도와 개인 분담 책임의 상호 결합 원칙을 엄격히 준수해야 한다."라고 명시했다. 이렇게 하여 집단지도 원칙이 만들어졌다.[9]

이것은 1980년에 제정된 「당내 정치생활 준칙」에도 그대로 이어졌다.[10]

집단지도는 당 지도의 가장 높은 원칙 중 하나다. 중앙부터 기층까지 각급 당의 위원회는 모두 이 원칙에 따라 집단지도와 개인 분담 책임의 결합 제도를 실행해야 한다. 당의 노선·방침·정책과 관련된 큰 일, 중대한 사업 업무의 배치, 간부의 중요한 임면·조정·처리, 군중 이익 방면의 중요한 문제, 상급 지도기관이 규정한 당 위원회가 결정해야 하는 문제는 마땅히 상황에 따라 당의 위원회나 상무위원회, 혹은 서기처(書記處)나 당조(黨組)가 집단 토론을 통해 결정해야 하며, 개인이 독단할 수 없다. (……)

집단지도의 견지는 개인의 역할을 낮추거나 부정하는 것이 아닙니다. 집단지도는 반드시 개인 분담 책임과 결합해야 한다. 각 지도자 성원의 구체적인 임무를 명확히 규정해야 하고, 일을 할 때에는 관리하는 사람이 있고, 전문적으로 책임을 지는 사람이 있어야 한다. 크고 작은 모든 일을 당 위원회에서 토론할 필요는 없다.[11]

집단지도와 개인 분담 책임의 상호 결합 원칙은 1982년 공산당 12차 당대회에서 새롭게 제정된「당헌」에도 그대로 명시되었다. 이에 따르면, "당의 각급 위원회는 집단지도와 개인 분담 책임의 상호 결합 제도를 실행한다. 무릇 중대한 문제에 속하는 것은 모두 당 위원회가 민주적으로 토론하여 결정한다."[12]

이에 대해 정치국원을 역임한 리톄잉(李鐵映)은 다음과 같이 설명했다. 집단지도란 "공산당 위원회가 중대한 문제를 결정할 때, 반드시 집단 토론을 거쳐 충분히 민주주의를 발양하고, 소수는 다수에 복종하는 원칙에 따라 표결로 결정하며, 개인이 독단적으로 결정할 수 없다."라는 의미다. 반면 개인 분담 책임은 "공산당 위원회의 집단지도를 견지한다는 전제 하에, 당 위원회의 개별 구성원이 당 위원회 결정을 관철 및 실시하고 당 위원회의 기타 일상 업무를 분담하며 그 분담 사항에 상응하는 책임을 명확히한다."라는 의미다.[13]

장쩌민 시기에 들어서도 집단지도 원칙은 계속 강조되었다. 예를 들어, 1996년 1월에 장쩌민 총서기는 '삼중일대(三重一大: 세 가지 중한 것과 한 가지 큰 것)'는 반드시 집단지도의 방식으로 결정해야 한다고 강조했다. 중요 정책 결정, 중요 간부 임면, 중요 프로젝트(項目)의 배정('삼중')과, 대규모 자금의 사용('일대')이 바로 그것이다. 1997년에는 장쩌민이 집단지도에 대한 16자 방침을 제시했다. 즉 '집단지도(集體領導), 민주 집중(民主集中), 개별 숙의(個別醞釀), 회의 결정(會議決定)'이다.[14] 이처럼 집단지도와 개인 분담 책임의 상호 결합 원칙은 현재까지도 집단지도의 원칙으로 존중되고 있다.

4. 정치국 상무위원회의 업무 규칙

집단지도 원칙이 현실에서 실현되기 위해서는 이를 뒷받침하는 당규가 있어야만 한다. 그리고 이 당규는 세 가지 요소에 대한 명확한 규정을 포함해야만 한다. 첫째는 각 권력 기구의 회의 개최에 대한 규정이다. 둘째는 각 권력 기구의 권한과 책임 범위를 명시한 규정이다. 셋째는 각 권력 기구가 주요 정책을 결정하는 절차와 이견(異見)을 처리하는 방안에 대한 규정이다.[15] 만약 이런 세 가지 사항에 대한 명확한 규정이 없다면, 집단지도 원칙은 현실에서 유명무실한 구호로 그칠 것이다.

실제로 공산당은 집단지도 원칙을 실현하기 위해 구체적인 당규를 제정했다. 1987년 11월 정치국 회의에서 통과된 세 가지 업무 규칙(工作規則), 즉「13기 중앙 정치국 상무위원회 업무 규칙(시행(試行))」,「13기 중앙 정치국 업무 규칙(시행)」,「13기 중앙 서기처 업무 규칙(시행)」이다. 이후에도 이들 권력 기구에 대한 업무 규칙은 제정되었다. 2002년 12월 정치국이 제정한「16기 중앙 정치국 업무 규칙」이 대표적이다.[16)] 그런데 문제는 이런 규칙이 '내규(內規)'로, 공산당 외부에는 공포되지 않았다는 점이었다. 다행히도 일부 중국 연구자들이 이 규칙을 외부에 알림으로써 우리가 이에 대해 알 수 있게 되었다.[17)]

「13기 중앙 정치국 상무위원회 업무 규칙」은 정치국 상무위원회의 직권(職權), 회의, 운영에 대한 상세한 내용을 포함하고 있다. 이「상무위원회 업무 규칙」에 따르면, 정치국 상무위원회의 직권은 모두 여섯 가지다. 첫째, 정치국에 정책 의견을 제시한다. 구체적으로, 공산당의 전국대표대회와 중앙위원회가 확정한 노선·방침·정책에 근거하여, 전체(全局) 업무와 관련된 방침 및 정책성 문제에 대해 연구하고 의견을 제출하여 중앙 정치국이 심의하도록 제안한다. 둘째, 정치국이 제정한 방침 및 정책을 조직적으로 실시하는 책임을 진다. 셋째, 일상적으로 중앙 기구가 제기한 문제를 결정하고 제시한다. 구체적으로, 중앙 기율검사위원회(중앙기위), 중앙 군사위원회(중앙군위), 전국인민대표대회(전국인대) 상무위원회 당조(黨組)와 국무원이 제출한 정책성 문제에 대해 상무위원회가 정책을 결정하고 제시할 책임이 있다.

넷째, 장관급(省部級正職) 인사에 대해서는 추천권, 차관급(省部級副職) 인사에 대해서는 임면권을 행사한다. 먼저 장관급 인사인 공산당 중앙 각 부서의 부장(部長), 각 성·자치구·직할시 당 위원회의 서기(書記), 국가기관의 각 부(部) 및 위원회(委員會)의 부장과 주임(主任), 각 성·자치구·직할시의 성장(省長)·주석(主席)·시장(市長)의 인선을 심의 및 제출하여 중앙 정치국이 회의에서 토론 결정하도록 제안한다. 또한 차관급 인사인 공산당 중앙 각 부의 부(副)부장, 각 성·자치구·직할시 당 위원회의 부(副)서기, 공산당 상무위원회의 위원 직무의 임면(任免)에 대한 비준을 책임진다. 그밖에 국가기관 각 부 및 위원회의 부부장과 부주임, 각 성·자치구·직할시의 부성장·부주석·부시장 인선의 제청(提名)을 비준한다. 다섯째, 중대한 돌발 사건에 대해 제때에 상응하는 결정을 내리고 아울러 공산당 중앙 명의로 문건을 발표할 권한이 있다. 여섯째, 정치국 상무위원회는 정치국에 책임을 지고, 업무를 보고하며, 감독을 받는다.

또한 「상무위원회 업무 규칙」에 따르면 정치국 상무위원회는 일반적으로 주 1회 회의를 개최한다. 회의의 개최 및 운영과 관련해서는 총서기의 권한이 특히 중요하다. 이 「규칙」에 따르면, 총서기는 주로 정치국 및 정치국 상무위원회의 회의와 관련된 권한을 행사한다. 이는 「당헌」에 규정된 총서기의 임무, 즉 "중앙위원회 총서기는 중앙 정치국 회의와 정치국 상무위원회 회의를 소집할 책임이 있고, 중앙 서기처의 업무(工作)를 주재(主持)한다."를 좀 더 상세하게 규정한 것이다.[18] 이런 점에서 총서기는 마오쩌둥 시대의 당 주석과는 지위와 역할에서 큰 차이가 있다.

구체적으로 총서기는 모두 네 가지 권한을 행사한다. 첫째, 회의의 의제를 확정한다. 총서기 부재 시에는 임시로 다른 정치국 상무위원에 위임하여 의제를 확정할 수 있다. 토론 문건은 서기처나 관련 부서(部門)가 준비한다. 둘째, 회의를 주재한다. 총서기 부재 시에는 다른 위원에게 회의 주재를 위임할 수 있다. 셋째, 회의 요약문(紀要)에 서명하여 정치국원에 배포한다. 넷째, 문건을 서명 배포한다. 정치국 상무위원회가 통과시키거나 정치국 상무위원이 돌려 읽기를 통해 확정한 문건은 총서기 혹은 총서기가 위임한 정치국 상무위원이 검토하여 서명한 후에 배포한다.

마지막으로, 「규칙」은 정치국 상무위원회가 민주 집중제(民主集中制, democratic centralism)와 집단지도를 실행한다고 명시하고 있다.

정치국 상무위원 개인은 정치국 상무위원회가 결정할 중대한 문제를 결정할 권한이 없고, 정치국 상무위원회의 집단 결정을 변경할 권한도 없다. 어떤 [정치국] 상무위원도 반드시 집단의 결정을 집행해야 하고, 만약 다른 의견이 있으면 [정치국] 상무위원회 내부에 제기하여 토론할 수 있고, 다시 결정되지 않는다면 정치국 상무위원회의 결정에 위반하는 어떤 활동도 해서는 안 된다. 정치국 상무위원이 공산당 중앙을 대표하여 발표하는 중요한 연설(講話), 중요한 글(文章)은 사전에 정치국 상무위원회의 토론을 거쳐 통과되거나, 혹은 돌려 읽기를 한 후에 동의를 얻어야 하며, 어떤 것은 정치국의 비준을 요청해야 한다. 중대한 문제에 영향을 미치는 연설 혹은 글을 개인이 발표할 때에는 발표 전에 응당 일정한 비준 절차를 밟아야 한다. 정치국 상무위원이 참관·시찰·회의 참가 및 기타 활동 시, 업무 지도에 대한 개인의 의견을 발표할 수 있지만, 그것이 정치국 상무위원회를 대표하지는 않는다.[19]

한편 정치국뿐만 아니라 정치국 상무위원회도 중요한 안건의 경우 총서기나 일부 원로가 아니라 전체가 토론한 이후에 표결을 통해 결정하도록 했다. 예컨대 세계무역기구(WTO) 가입 여부를 논의할 때, 정치국 상무위원회는 이 문제를 표결로 최종 결정했다. 당시 리펑 총리는 일부 반미 성향 원로들과 고위 관료들의 입장을 대변하여 중국의 WTO 가입을 반대했다. 또한 1993년부터 1997년까지 국무원 총리로서 외사 영도소조의 조장을 맡았던 그는 중앙 외사 영도소조 조장 직위를 활용하여 중국의 WTO 교섭을 방해하기도 했다.(참고로 리펑이 총리에서 물러난 이후에는 총서기(당시에는 장쩌민)가 외사 영도소조 조장을 맡는 것이 관례가 되었고, 이는 시진핑까지 이어지고 있다.) 반면 장쩌민 총서기와 주룽지 국무원 부총리는 중국의 WTO 가입을 주장했다. 이를 통해 수출을 촉진할 수 있고, 더 많은 외국 직접투자(FDI)를 유치할 수 있으며, 국유 기업 개혁을 유도할 수 있다는 근거에서였다. 그러나 리펑은 자신의 뜻을 굽히지 않았고, 결국 표결을 통해 중국의 WTO 가입을 결정했다. 1999년 정치국 상무위원회의 표결 결과는 찬성 6 대 반대 1(리펑)이었다.[20] 이런 결정에 근거하여 중국은 2001년에 WTO에 가입했다.

5. 정치국의 업무 규칙

다음으로 1987년에 제정된 「13기 중앙 정치국 업무 규칙」을 살펴보자. 이 역시 정치국의 직권과 회의에 대해 명확히 규정했다.

먼저, 정치국의 직권은 모두 여섯 가지다. 첫째, 중요한 정책을 결정하고 공산당 명의로 공표한다. 구체적으로, 공산당의 전국대표대회와 중앙위원회가 확정한 노선·방침·정책에 의거하여, 전체 업무와 관련된 방침 및 정책성 문건을 토론하고 결정하여 공산당 중앙의 명의로 반포할 수 있다. 둘째, 정치국 상무위원회의 업무 보고를 청취 및 심의한다. 셋째, 중앙기위, 중앙군위, 전국인대 상무위원회 당조, 국무원이 제기한 중대 사항을 심의할 책임이 있다.

넷째, 장관급 고위 간부에 대한 인사권을 행사한다. 구체적으로, 장관급 인사인 공산당 중앙 각 부의 부장, 각 성·자치구·직할시 당 위원회의 서기 직무의 임면 및 비준을 책임진다. 각 국가 기관 각 부의 부장 및 위원회의 주임, 각 성·자치구·직할시의 성장·주석·시장 직무의 임면 제청을 심의 비준한다. 다섯째, 중앙위원회 전체회의의 소집을 책임지는데, 매년 1~2차례 소집한다. 여섯째, 중앙위원회에 책임을 지고, 업무를 보고하며, 감독을 받는다.

또한 이 「규칙」에 따르면 정치국 회의는 원칙적으로 매월 1회 소집된다. 정치국이 문제를 결정할 때에는 소수는 다수에 복종한다는 다수결 원칙에 의거하여 표결한다. 표결은 무기명 방식, 거수 방식, 기타 방식을 채택할 수 있다. 중요한 간부의 임면 혹은 제청 때에는 마땅히 순차적으로 표결해야 한다. 표결 결과는 회의 주재자, 즉 총서기나 그가 위임한 사람이 즉시 공포한다. 마지막으로 정치국은 민주 집중제와 집단지도의 원칙을 실행한다. 정치국은 매년 1회 민주생활회(民主生活會)를 개최하여 정치국원 간에 비판과 자기비판을 진행한다.

이상의 업무 규칙 분석을 통해 총서기, 정치국 상무위원회, 정치국의 권한(직권)을 확인할 수 있다. 이를 정리한 것이 표 7-2다.

[표7-2] 공산당 총서기, 정치국 상무위원회, 정치국의 권한과 운영

분류	인사권	정책 결정권	회의와 의결 방식
총서기	· 정치국 상무위원회가 인사 문제를 결정할 때 영향력 행사* · 일부 차관급(省部級副職) 인사의 임면**	중앙 문건 배포	· 회의 의제 확정 · 회의 주재 · 회의 요약문 배포
정치국 상무위원회	차관급(省部級副職) 임면: 중앙 각 부·위원회의 부장·부주임, 성·자치구·직할시의 당 부서기 및 부성장·부주석·부시장	· 일상의 중대한 정책 결정과 긴급 사무 처리 · 정치국이 결정한 방침 및 정책 집행	· 주 1회 회의 개최 · 합의 도달 노력 · 표결 시 다수결 원칙
정치국	장관급(省部級正職) 임면: 중앙 각 부·위원회의 부장·주임, 성·자치구·직할시의 당서기와 성장·주석·시장	일상적이지 않고 긴급하지 않은 전국적 성격의 문제에 대한 방침 및 정책 결정	· 월 1회 회의 개최 · 합의 도달 노력 · 표결 시 다수결 원칙

〈출처〉 위 업무 규칙의 내용을 필자가 정리; * Hongyi Harry Lai, "External Policymaking under Hu Jintao: Multiple Players and Emerging Leadership," *Issues & Studies*, Vol. 41, No. 3 (September 2005), p. 214; 楊中美, 『新紅太陽: 中國第五代領袖』(臺北: 時報文化, 2008), pp 31-33; ** Willy Wo-Lap Lam, *The Era of Jiang Zemin* (Singapore: Prentice-Hall, 1999), p. 366; 寇健文, 『中共菁英政治的演變』, p. 327.

그렇다면 정치국 회의는 실제로 얼마나 자주 열렸을까? 정치국 상무위원회의 회의 개최는 중국 언론이 거의 보도하지 않기 때문에 통계를 작성할 수 없다.[21] 반면 정치국 회의는 후진타오 시기부터 중국 언론이 보도하여 통계를 작성할 수 있다. 표 7-3은 이를 정리한 것이다.

[표7-3] 공산당 정치국 회의의 개최 현황(2002~2017년)

공산당 당대회 기수	연도: 개최 회수	총 회수	빈도수
16기(2002~2007)*	2002: 3	55	1.09개월에 1회
	2003: 9		
	2004: 10		
	2005: 10		
	2006: 12		
	2007: 11		
17기(2007~2012)*	2007: 2	46	1.30개월에 1회
	2008: 11		
	2009: 9		
	2010: 11		
	2011: 8		
	2012: 5		
18기(2012~2017)**	2012: 2	48	1.04개월에 1회
	2013: 10		
	2014: 10		
	2015: 13		
	2016: 13		

〈출처〉 *Alice Miller, "Politburo Processes under Xi Jiniping," *China Leadership Monitor*, No. 47 (Summer 2015); ** 胡鞍鋼·楊竺松, 『創新中國集體領導體制』(北京: 中信出版集團, 2017), pp. 157-161.

이에 따르면, 후진타오 집권 시기에 해당하는 공산당 16기 (1992~1997년)와 17기(1997~2002년)에는 각각 1.09개월에 1회와 1.30개월에 1회 정치국 회의가 열렸다. 시진핑 집권 시기에 해당하는 공산당 18기(2012~2017년)에는 1.04개월에 1회씩 열렸다.[22] 이는 정치국 회의가 「13기 중앙 정치국 업무 규칙」의 규정대로 매월 1회 개최되었음을 보여 준다. 이를 통해 우리는 이 「업무 규칙」에 규정된 다른 조항도 준수되었을 가능성이 높다고 추론할 수 있다.

한편 정치국의 실제 운영과 관련하여, 밀러(H. Lyman Miller) 박사는 1989년 당시 정치국원이던 후차오무(胡喬木)가 미국을 방문했을 때 인터뷰를 했다. 이 인터뷰 내용을 통해 우리는 정치국이 실제로 어떻게 운영되었는지를 엿볼 수 있다.

1. 정치국은 '투표 기계'가 아니다. 즉 투표를 통해 다수파를 형성하여 정책을 결정하지 않는다. 대신 집단 토론을 통해 합의에 이른 다음에 결정한다. 구성원의 찬성 혹은 반대 정도를 보기 위해 예비 투표를 하는 경우는 있다.

2. 총서기가 회의를 주재하고 의제를 정한다. 정치국원이 회의에서 토론할 수 있도록 각 회의의 의제는 관련 자료와 함께 사전에 회람된다.

3. 모임에서 정치국은 의제별로 토론한다. 첫 발언자는 대개 의제를 제안한 사람이다. 논의 내용은 회람된 문건을 통해 이미 다들 알고 있다.

4. 다음으로 그 주제에 대해 알거나 경험한 사람이 발언한다. 그런 사람이 근거 있는 의견을 제시할 수 있기 때문이다.

5. 다음으로 의제에 의문을 제기하거나 반대 견해를 가진 사람이 발언한다.

6. 다음으로 찬성하는 사람이 보충 설명하면서 반대하거나 혹은 문제를 제기하는 사람을 설득한다.

7. 총서기가 발언한다. 일반적으로 총서기는 찬성 발언을 하는데, 그가 이미 동의해서 의제가 상정되었기 때문이다. 총서기의 의견은 다른 사람들의 의견보다 매우 중요하다.

8. 마지막으로 총서기가 표결을 제안한다. 먼저, 찬성자가 거수한다. 다음으로 반대자가 거수한다. 만약 표결이 만장일치 혹은 반대자가 두셋 정도면 안건은 채택된다. 회의 후에 찬성한 사람들이 반대자의 의문을 해소하기 위해 계속 노력한다.

9. 만약 표결할 때 만장일치 혹은 압도적 다수가 형성되지 않으면 결정이 연기된다. 연기 여부는 단순히 숫자에 의해 결정되는 것이 아니라, 소수 반대자의 의견이 얼마나 강한지, 또한 반대자가 어떤 책임을 맡고 있는지에 달려 있다. 즉 반대자가 그 쟁점과 직접적으로 관련된 업무를 맡고 있다면 그들의 의견은 매우 중요하다. 정치국은 정치국이지 단순한 '투표 기계'는 아니다.[23]

이를 보면, 정치국이 「13기 중앙 정치국 업무 규칙」이 규정한 대로 운영되고 있다는 사실을 확인할 수 있다. 또한 정치국 운영은 후진타오 시기나 덩샤오핑 시대나 큰 차이가 없었다. 이는 언론에 보도되는 정치국 회의에 대한 기사를 통해 확인할 수 있다.[24]

6. 권력 기구의 구성: 정치국 상무위원회와 정치국

정치국 상무위원회와 정치국이 집단지도 방식으로 운영되기 위해서는 이 기구들이 실권을 가진 각 권력 기구의 현직 책임자로 구성되어야 한다. 두 가지 이유가 있다. 첫째, 집단지도는 공식 직무를 수행하는 통치 엘리트가 실권을 보유하고, 이들이 미리 정해진 규칙에 따라 권한을 행사하는 엘리트 정치 체제다. 만약 혁명 원로나 은퇴한 정치 원로가 실권을 행사하면서 정치국 상무위원회와 정치국이 무기력한 조직으로 전락한다면 집단지도는 성립할 수 없다. 따라서 정치국 상무위원회와 정치국은 권력 기구의 현직 책임자(대표)로 구성되어 실권을 행사해야 한다.

둘째, 집단지도는 집단지도와 개인 분담 책임의 상호 결합 원칙에 따라 운영되기에 여기서는 집단만이 아니라 개인도 중요한 행위 주체다. 정치 지도자 개인이 역할을 분담하고 책임을 지기 위해서는 동시에 권한도 갖고 있어야 한다. 권한 없는 역할 분담과 책임은 있을 수 없기 때문이다. 혁명 원로가 정치 무대에서 퇴장한 상황에서 권한을 행사하는 통치 엘리트는 주요 권력 기구의 현직 책임자다. 이처럼 집단지도의 원칙을 실현하기 위해서도 정치국 상무위원회와 정치국은 각 권력 기구의 현직 책임자로 구성되어야 한다.

실제 구성 상황을 보면, 1992년 공산당 14차 당대회 이후 정치국 상무위원회와 정치국은 공산당, 국무원(정부), 전국인대(의회), 중국 인민정치협상회의 전국위원회(전국정협: 통일 전선 조직), 군(인민해방군), 주요 지방의 대표(당서기)로 구성되었다.

(1) 정치국 상무위원회의 구성 규범

먼저 정치국 상무위원회의 구성 상황을 살펴보자. 표 7-4는 역대 정치국 상무위원회의 구성 상황을 정리한 것이다. 이에 따르면, 덩샤오핑 시대에 해당하는 공산당 12차(1982년) 및 13차(1987년) 당대회에서는 정치국 상무위원회가 주요 권력 기구의 책임자로 구성되지 않았다. 즉 두 경우 모두 전국인대 위원장과 전국정협 주석이 빠졌다. 앞에서 살펴보았듯이 덩샤오핑 시대에는 집단지도가 아니라 원로지배가 유지되었다. 이에 따라 정치국 상무위원회가 각 권력 기관의 책임자로 구성되어 실권을 행사하는 권력 기구가 될 필요는 없었다.

[표7-4] 공산당 12차 당대회 이후 정치국 상무위원회의 구성 상황(겸직 제외)

당대회 기수 (년)	총 수	공산당 총서기	국무원 총리	전국 인대 위원장	전국 정협 주석	중앙 기위 서기	서기처 상무 서기	국무원 부총리	중앙 군위 (부)주석	국가 주석	정법위 서기	이념 선전 담당
12차 (1982)	6	○	○			○			○/○	○		
13차 (1987)	5	○	○			○	○	○				
14차 (1992)	7	○	○	○	○		○	○	○			
15차 (1997)	7	○	○	○	○		○	○				
16차 (2002)*	9	○	○	○	○	○	○	○	△		○	○
17차 (2007)	9	○	○	○	○	○	○	○			○	○
18차 (2012)	7	○	○	○	○	○	○	○				
19차 (2017)	7	○	○	○	○	○	○	○				

〈해설〉 공산당 14차 당대회(1992년) 이후에는 총서기가 국가 주석과 중앙군위 주석을 겸직하기 때문에 별도로 국가 주석과 중앙군위 주석을 선출하지 않았다. 또한 총서기 후계자로 선출된 후진타오와 시진핑은 중앙군위 부주석을 겸직했다. * 공산당 16차 당대회(2002년)에서는 장쩌민이 중앙군위 주석에 선출되었고, 2년 뒤에야 후진타오에게 그 직위를 넘겨주었다. 그래서 세모(△)로 표시했다.
〈출처〉 中共中央組織部·中共中央黨史硏究室,『中國共産黨歷屆中央委員大辭典 1921-2003』(北京: 中共黨史出版社, 2004), pp. 1223, 1227, 1231, 1235, 1239; 조영남,『21세기 중국이 가는 길』(파주: 나남, 2009), pp. 107-108; 조영남,『중국의 꿈: 시진핑 리더십과 중국의 미래』(서울: 민음사, 2013), pp. 93-95; 조영남,「엘리트 정치」, 조영남 책임 편집,『시진핑 사상과 중국의 미래: 중국공산당 제19차 전국대표대회 분석』(서울: 지식공작소, 2018), p. 42.

반면 장쩌민 집권 시기가 시작되는 1992년 공산당 14차 당대회 이후 정치국 상무위원회는 주요 권력 기구의 현직 책임자로 구성되었다. 예를 들어, 공산당 14차 당대회에서는 정치국 상무위원회가 공산당 총서기(장쩌민: 국가 주석과 중앙군위 주석 겸직), 국무원 총리(리펑), 전국인대 위원장(차오스), 전국정협 주석(리루이환), 국무원 상무 부총리(주룽지), 중앙군위 부주석(류화칭), 서기처 상무 서기(후진타오)로 구성되었다. 공산당 15차 당대회(1997년)에서는 공산당 총서기(장쩌민), 국무원 총리(주룽지), 전국인대 위원장(리펑), 전국정협 주석(리루이환), 서기처 상무 서기(후진타오), 중앙기위 서기(웨이젠싱), 국무원 상무 부총리(리란칭)로 구성되었다. 공산당 16차(2002년), 17차(2007년), 18차(2012년), 19차(2017년) 당대회에서도 마찬가지였다.

이처럼 공산당 14차 당대회(1992년) 이후 정치국 상무위원회는 소위 '5대 권력 기구'의 책임자인 공산당 총서기, 국무원 총리, 전국인대 위원장, 전국정협 주석, 중앙기위 서기를 필수 구성 요소로 하고, 여기에 서기처 상무 서기와 국무원 상무 부총리가 추가되었다. 참고로 공산당 15차 당대회(1997년) 때부터는 현역 군인이 배제되면서 정치국 상무위원회는 모두 민간 정치 지도자로 구성되었다. 단 총서기가 중앙군위 주석을 겸직하는 것이 일반적이기 때문에 정치국 상무위원회에서는 총서기가 군을 대표한다. 이렇게 되면서 정치국 상무위원회는 주요 정치 지도자 개인들이 모이는 '명망가 기구'가 아니라, 주요 권력 기구의 현직 책임자가 모이는 '대표 기구'가 되어 명실상부한 최고 권력 기관이 될 수 있었다.[25]

동시에 각각의 정치국 상무위원은 각 권력 기구를 대표하여 고유한 권한을 행사하기 시작했다. 예를 들어, 총서기는 공산당 중앙을 대표하여 전체 개혁의 방향과 주요 경제 정책, 당무(黨務)와 인사, 외교와 군사(중앙군위 주석을 겸직하면서 갖게 된 업무)를 담당한다. 반면 총리는 행정과 경제 관리, 전국인대 위원장은 입법과 감독, 전국정협 주석은 통일전선 업무(민주당파와 대중 조직, 소수민족·종교·화교 등), 중앙기위 서기는 당 규율과 당내 감독을 담당한다.[26] 이런 구성과 개인 간의 권한 분담을 통해 정치국 상무위원회는 집단 결정과 개인 분담 책임의 상호 결합 원칙을 실현할 수 있게 된 것이다.

그런데 정치국 상무위원회의 규모(위원 수)는 공식 규정이나 비공식 규범으로도 정해진 것이 없다. 표 7-5가 보여 주듯이, 개혁기 정치국 상무위원회의 규모는 최소 5인(1987년 13차 당대회)에서 최대 9인(2002년 16차 당대회와 2007년 17차 당대회), 그리고 가장 많은 빈도(총 4회)로는 7인으로 구성되었다. 이 중에서 1987년 공산당 13차 당대회에서 정치국 상무위원회가 5인으로 구성된 이유는 보수파의 '농간'으로 완리(萬里)와 톈지윈(田紀雲)이 배제되었기 때문이다. 다시 말해, 원래는 7인제로 계획되었다.[27]

반면 후진타오 시기에 9인으로 상무위원회를 구성한 데 대해서는 두 가지 다른 해석이 존재한다. 퇴임하는 장쩌민이 후진타오를 견제하기 위해 상하이방을 대거 충원하면서 9인제가 되었다는 주장이 있다. 총서기인 후진타오와 총리인 원자바오는 모두 그가 선택한 지도자가 아니였고, 따라서 이들이 그의 방침에 반하는 정책을 추진할 가능성이 있었다. 이를 방지하기 위해 장쩌민은 상하이방을 많이 넣으려고 해 정원을 7인에서 9인으로 늘렸다는 것이다.[28]

반면 정치국 상무위원회가 효율적이고 효과적으로 주요 정책과 인사 문제를 결정하기 위해 주요 업무 영역을 대표하는 지도자를 모두 충원하다 보니 9인제가 되었다는 주장도 있다. 이에 따르면 9인제가 7인제보다 영역을 더 세분화하여 지도자를 선임할 수 있으므로 7인제보다 더 효율적이고 효과적인 체제라는 것이다.[29] 그러나 두 번째 주장은 설득력이 떨어진다. 시진핑 시기에 들어 9인제가 7인제로 다시 돌아간 것이 이를 잘 보여 준다.

(2) 정치국의 구성 규범

한편 정치국의 구성 상황도 공산당 13차 당대회(1987년) 이후 비슷한 추세를 보이기 시작했고, 이는 공산당 14차 당대회(1992년) 이후에는 고정되었다. 정치국은 공산당, 국무원, 전국인대, 지방, 인민해방군에 일정 수를 배정한다는 것이다.[30] 표 7-5에 잘 나와 있다.

[표7-5] 공산당 12차 당대회 이후 정치국 구성 상황

당대회 기수	총수	공산당	국가	전국인대	지방	군
12차(1982년)	28	6	9	2	1	10
13차(1987년)	18	5	6	1	4	2
14차(1992년)	21	5	7	3	6	2
15차(1997년)	24	6	9	3	4	2
16차(2002년)	25	7	8	2	6	2
17차(2007년)	25	9	6	2	6	2
18차(2012년)	25	8	7	2	6	2
19차(2017년)	25	8	7	2	6	2
14차 이후의 평균	24.0	7.0	7.4	2.4	5.6	2.0

〈분류〉 '공산당'은 총서기, 서기처 서기, 중앙 부서 책임자(예: 조직부장과 선전부장), 중앙기위

서기 등 지칭; '국가'는 국무원의 총리·부총리·국무위원, 국가 주석과 부주석, 전국정협 주석 등 지칭; '전국인대'는 전국인대의 위원장과 부위원장 지칭; '지방'은 성급 당위원회 서기 지칭; '군'은 중앙군위의 주석과 부주석 지칭.
〈해설〉 겸직의 경우에는 주요 직위로 계산한다. 예를 들어, 공산당 총서기가 국가 주석과 중앙군위 주석을 겸직할 경우, 주요 직위인 총서기로 계산한다.
〈출처〉 中共中央組織部·中共中央黨史研究室, 『中國共産黨歷屆中央委員大辭典 1921-2003』(北京: 中共黨史出版社, 2004), pp. 1231, 1235, 1239; 조영남, 『21세기 중국이 가는 길』(파주: 나남, 2009), pp. 107-108; 조영남, 『중국의 꿈: 시진핑 리더십과 중국의 미래』(서울: 민음사, 2013), pp. 93-95; 조영남, 「엘리트 정치」, 조영남 책임 편집, 『시진핑 사상과 중국의 미래: 중국공산당 제19차 전국대표대회 분석』(서울: 지식공작소, 2018), pp. 43-44.

표에 따르면, 장쩌민 집권 시기가 시작되는 공산당 14차 당대회 이후 정치국 구성에서 '국가 기관 대표'는 평균 7.4인으로 가장 많은 비중을 차지했다. 다음이 '공산당 대표'로 평균 7인이며, '지방 대표'는 평균 5.6인으로 그 다음이다. 지방 중에는 베이징, 톈진, 상하이, 충칭 등 4대 직할시의 당서기가 정치국원에 선임되는 것이 관례가 되었다. 전국인대와 인민해방군에도 각각 2.4인과 2인의 정치국원이 배정되었다. 특히 군의 경우 두 명의 현역 장성인 중앙군위 부주석을 정치국에 배정함으로써 정치국 상무위원회에서 현역 군인이 배제된 상황을 보완했다.

정치국을 이렇게 구성하는 이유는 집단지도가 유지될 수 있도록 하기 위해서다. 공산당의 당대회(5년에 1회)와 중앙위원회(1년에 1~2회)가 폐회 중일 때에는 정치국이 '중공 중앙'의 역할을 대신하는 최고의 권력 기관이다. 따라서 특정 지도자나 파벌, 혹은 특정 기관이나 중앙이 다수파가 되어 '중공 중앙'의 정책을 좌지우지하지 못하도록 방지하는 것이 매우 중요하다. 또한 이는 총서기의 전횡을 막기 위한 방책이기도 하다. 앞에서 보았듯이, 장관급 이상의 인사나 주요 정책은 반드시 정치국에서 집단적으로 심의 결정해 확정된다. 따라서 총서기가 정치국에 다수파를 확보하여 인사와 정책을 자신의 뜻대로 결정하는 전횡을 방지하기 위해서는 정치국을 다양한 요소로 구성하는 것이 필요하다.

참고로 약 200명의 정(正)위원과 투표권이 없는 약 150명의 후보 위원으로 이루어진 공산당 중앙위원회도 1997년 공산당 15차 당대회 이후에는 구성 규범이 만들어졌다. 전국의 31개 성·자치구·직할시의 당 서기와 성장·주석·시장은 중앙위원(정위원과 후보 위원 포함. 이하도 동일하다.)에 선임된다. 그 결과 각 2명씩 약 62명의 중앙위원이 지방 대표로 충원되어, 이들이 전체 중앙위원의 약 30퍼센트를 차지한다. 또한 정위원의 20퍼센트에 달하는 약 40명, 만약 후보 위원까지 포함하면 전체 위원의 15~20퍼센트인 약 60명의 자리가 인민해방군에 할당된다.[31] 이처럼 중앙위원회에서는 지방과 군이 최대 지분을 갖는다(이 둘을 합하면 중앙위원의 50퍼센트가 된다).

그 밖에도 중앙위원회 위원 자리는 공산당 중앙 및 국무원의 부서 책임자(부장과 주임), 주요 대중 단체, 예컨대 노동조합연합회(總工會), 부녀자연합회(婦聯), 공상업연합회(工商聯), 공산주의청년단(共靑團)의 지도부에도 일정 수가 할당된다. 이와 같은 구성 규범을 준수함으로써 중앙위원회는 중앙과 지방, 주요 기관과 단체의 대표를 모두 포괄하는 공산당의 대표 기관이 될 수 있었다.

7. 집단지도: 정치 제도화의 산물

집단지도는 일정한 조건 하에서만 운영될 수 있다. 마오쩌둥과 덩샤오핑 시대에는 이런 조건이 갖추어지지 않았기 때문에 일인지배와 원로지배가 운영되었던 것이다. 반면 장쩌민 시기에 들어 이런 조건이 갖추어지면서 집단지도가 등장할 수 있었다. 이런 점에서 장쩌민 시기는 엘리트 정치의 제도화와 함께 집단지도가 등장한 매우 중요한 시기라고 평가할 수 있다.

집단지도는 무엇보다 공산당의 각종 회의와 기구가 정상적으로 작동하고, 그런 작동을 뒷받침해 줄 법적 제도적 장치가 갖추어져야 운영될 수 있다. 즉 집단지도의 원칙이 확립되고, 이를 현실적으로 보장하는 정치국 상무위원회와 정치국의 업무 규칙이 제정되고 집행되어야 한다는 것이다. 이것이 모두 장쩌민 시기에 이루어졌다. 1990년대에 들어와 집단지도 원칙이 강조되고, 1987년 제정된 정치국 상무위원회와 정치국의 업무 규칙이 지켜지게 되었을 뿐더러 새로운 상황에 맞추어 다양한 당규가 대규모로 제정되었던 것이다.

또한 개인적 명성과 인맥에 근거하여 카리스마적 리더십을 행사하는 혁명 원로들이 사망하거나 질병으로 정치 무대에서 사라져야 한다. 이들이 존재하는 한 각종 법률과 제도는 무시되고, 공식 권력 기구는 제대로 역할을 할 수 없기 때문이다. 대신 오로지 공식 직위에 근거한 권한을 법과 제도에 입각하여 행사하는 새로운 통치 엘리트들이 등장해야만 집단지도가 운영될 수 있다. 새로운 통치 엘리트들은 카리스마적 리더십이 없기 때문에 서로를 인정하고 협력할 수밖에 없기 때문이다. 이것도 장쩌민 집권 I기(1992~1997년)에 이루어졌다.

그 밖에도 정치국 상무위원회와 정치국이 최고 권력 기구로서 주요 정책을 결정하고 인사 문제를 처리할 수 있도록 실제적인 권위와 대표성을 가져야 한다. 마오쩌둥 시대와 덩샤오핑 시대에는 혁명 원로들이 최고 권력을 행사했기 때문에 이들 기구는 마오와 덩이 결정한 사항을 추인하는 '고무도장'에 가까웠다. 말 그대로 엘리트 정치는 일인지배와 원로지배로 운영되었던 것이다. 그러나 혁명 원로가 역사 속으로 사라지면서 정치국 상무위원회와 정치국이 당·정·군과 각 지역을 대표하는 최고의 권력 기구 대표로 구성되었다. 이로써 집단지도가 등장하여 운영될 수 있는 마지막 조건이 갖추어졌다.

이런 점에서 보면 집단지도는 10여 년에 걸친 다양한 정치 개혁을 통해 중국 정치가 점진적으로 제도화되면서 비로소 등장한 새로운 엘리트 정치 체제라고 말할 수 있다. 다만 모든 정치 제도가 그렇듯이 집단지도도 과거의 관습과 규범에서 벗어날 수 없는 한계를 가졌다. 또한 집단지도는 단선적으로 발전한 것이 아니라, 우여곡절을 겪으면서 전진과 후퇴를 반복하며 점점 완전해지는 방식으로 발전했다. 이런 면에서 집단지도를 제대로 이해하기 위해서는 공식 규정뿐만 아니라 비공식 규범, 그리고 과거로부터 이어져 내려온 각종 관행을 살펴보아야 한다. 파벌 정치가 대표적이다. 이에 대해서는 다음 장에서 자세히 살펴보자.

8장 | 집단지도와 파벌 정치

앞 장에서는 정치국 상무위원회와 정치국의 「업무 규칙」을 중심으로 집단지도의 공식 규정(規定, rule)을 살펴보았다. 그런데 집단지도에는 공식 규정 이외에도 비공식 규범(規範, norm)이 영향을 미친다. 어떤 면에서 보면 '보이는 규칙'인 공식 규정보다 '보이지 않는 규칙'인 비공식 규범이 더 중요하다고 말할 수 있다. 그래서 엘리트 정치를 이해할 때에는 이 두 가지를 모두 종합해서 보지 않으면 안 된다.

이런 비공식 규범 중에서 가장 중요한 것이 정치국 상무위원회를 구성하는 총서기와 다른 상무위원 간의 권력 관계다. 마오쩌둥 시대의 엘리트 정치를 일인지배, 덩샤오핑 시대의 엘리트 정치를 원로지배라고 부르는 이유는, 최고 정치 권력을 행사하는 주체가 마오쩌둥이거나 덩샤오핑을 포함한 혁명 원로이기 때문이다. 다시 말해 최고 지도자와 나머지 통치 엘리트 간의 권력 관계가 어떤가에 따라 달리 부르는 것이다. 집단지도는 말 그대로 당·정·군의 권력 기관을 대표하는 현직 책임자들이 정치국 상무위원회와 정치국을 구성하여, 집단지도의 원칙과 규정에 따라 권력을 행사하는 엘리트 정치 체제다. 이는 총서기와 나머지 정치국 상무위원 간의 권력 관계에서 총서기가 '압도적 지위'에 있지 않다는 사실을 말한다. 따라서 실제로 이들 간의 권력 관계가 이러한지 살펴보아야 한다.

또한 총서기가 자신의 권력을 강화하기 위해 정치국 상무위원회와 정치국 이외에 서기처, 중앙 판공청(辦公廳), 영도소조(領導小組, leading small group) 등을 어떻게 선택적으로 활용하는지도 매우 중요하다. 문제는 이에 대해 「당헌」이나 어떤 당규도 명확히 규정하고 있지 않다는 점이다. 따라서 이는 상황과 조건에 따라, 즉 누가 총서기를 맡고 그가 어떤 리더십을 행사하느냐에 따라 달라진다. 예를 들어, 덩샤오핑 시대에 후야오방 총서기는 서기처를 중심으로 권력을 행사하면서 국무원 총리인 자오쯔양의 권한을 일부 침범하기도 했다. 그래서 공산당은 후야오방의 실각 이후 서기처의 위상을 격하시켰다. 따라서 이를 세밀히 검토해야 집단지도의 실제 모습을 이해할 수 있다.

마지막으로 파벌과 파벌 정치를 살펴보아야 한다. 흔히 중국의 엘리트 정치 하면 파벌과 파벌 투쟁을 떠올린다. 보수파와 개혁파, 상하이방(上海幇: 상하이 출신 지도자)과 베이징방(北京幇: 베이징 출신 지도자), 태자당(太子黨: 혁명 원로의 자제들)과 공청단파(共靑團派: 공산주의 청년단 출신의 지도자)가 대표적인 파벌로 거론되고, 이들 간의 권력 투쟁이 엘리트 정치를 주도한다고 이해되었다. 예를 들어, 1987년 1월 후야오방의 퇴진과 1989년 6월 자오쯔양의 숙청은 파벌 투쟁의 산물, 또는 파벌 투쟁과 밀접히 연관된 현상으로 평가되었다. 그 결과 중국 정치를 연구하는 국내외 학계에서 1970년대와 1980년대는 파벌주의(factionalism) 혹은 파벌 정치(factional politics)의 관점에서 엘리트 정치를 분석하는 것이 주류를 이루었다.[1]

이 장에서는 위에서 말한 다양한 비공식 규범과 실제 상황을 자세히 살펴보려고 한다.

1. 총서기와 정치국 상무위원 간의 권력 관계: 총서기의 '핵심' 칭호

공산당 「당헌」에 따르면, 총서기의 역할은 간단하다. 총서기는 "정치국 회의와 정치국 상무위원회 회의를 소집할 책임이 있고, 중앙 서기처의 업무를 주재한다." 앞에서 자세히 살펴본 「13기 중앙 정치국 상무위원회 업무 규칙」은 총서기의 역할을 좀 더 세밀히 규정하고 있다. 즉 총서기는 회의 의제의 확정, 회의의 주재, 회의 요약문의 배포, 문건의 서명 배포를 책임진다. 또한 관례상 총서기는 인사 문제를 결정할 때 다른 정치국 상무위원보다 더 큰 발언권을 행사한다. 또한 총서기는 자신의 추종 세력을 차관급(省部級副職) 직위에 임명할 수도 있다. 그 밖에도 총서기는 역할 분담에서 공산당을 대표하여 개혁 개방과 주요 경제 정책, 외교와 군사, 당무에 대한 권한을 행사한다.

카리스마적 지도자로서 마오쩌둥과 덩샤오핑은 공식 직위와 관계없이 세 가지 최고 권한을 행사했다. 첫째는 정책 결정권이고, 둘째는 인사권과 후계자 지명권이며, 셋째는 군 통수권이었다.[2] 그리고 이런 권한은 공산당의 내부 결정으로 합법화되었다. 마오쩌둥의 경우, 1943년 3월에 개최된 정치국 회의에서 "서기처 회의(당시 최고 권력 기구)가 토론하는 문제는 주석(즉 마오쩌둥 자신)이 최후 결정권을 갖는다."는 방침을 결정했다.[3] 이와 비슷하게 덩샤오핑의 최고 권한 행사도 1987년 공산당 13기 중앙위원회 1차 전체회의(13기 1중전회)의 비밀 결정을 통해 승인되었다. 즉 덩샤오핑이 "중대 문제에 대해서는 여전히 의견을 묻고 최종 결정을 내린다."라는 것이다.[4]

(1) 공산당 주석과 총서기의 차이

공산당의 최고 지도자로서 공산당 중앙위원회 주석(主席, Chairman/당 주석)과 총서기(總書記, General secretary)는 지위와 권력 면에서 큰 차이가 있다. 이는 1954년에 비서장(秘書長)이 신설되고, 그것이 1956년 공산당 8차 당대회에서 총서기로 명칭이 변경될 때 분명해졌다.

먼저 마오쩌둥 시대의 당 주석은 공산당의 위계적 제도를 초월한 존재인 반면, 총서기는 위계적 제도 내에서 상층을 차지하는 존재에 불과하다.[5] 다시 말해, 당시의 당 주석은 당상(黨上)의 지도자고, 총서기는 당내(黨內)의 지도자다. 개혁기의 총서기도 이런 지위에서 벗어나지 않는다. 즉 총서기는 「당헌」의 규정처럼 정치국 및 정치국 상무위원회의 회의를 소집하고 서기처의 업무를 주관하는 직위일 뿐이다. 권한과 관련하여, 마오쩌둥 시대의 당 주석은 공산당의 주요 정책과 인사 문제를 최종 결정하는 직위, 혹은 '최후 결정권'을 갖는 지위다. 반면 개혁기의 총서기는 주요 정책과 인사 문제를 결정할 때 다른 정치국 상무위원처럼 단지 하나의 표결권을 행사할 뿐이다.[6]

이런 이유로 1982년 공산당 12차 당대회에서 마오쩌둥과 같은 독재자가 다시 출현하는 것을 방지하기 위해 공산당의 최고 직위였던 당 주석이 폐지되고 대신 총서기가 신설되었다. 또한 이런 이유로 권력 강화를 노렸던 장쩌민은 1997년 공산당 15차 당대회에서 당 주석의 부활을 고려했다가 반대에 부딪쳐 폐기해야만 했다.[7] 2017년 공산당 19차 당대회를 앞두고 시진핑이 자신의 권력을 강화하기 위해 당 주석제를 부활시키려 한다는 소문이 떠돌았지만, 실제로 그렇게 되지는 않았다.[8]

이처럼 개혁기의 공산당 총서기는 마오쩌둥 시대의 당 주석과는 완전히 다른 권한을 행사하며, 다른 정치국 상무위원의 지위와 비교했을 때에도 '압도적 지위'에 있지 않다. 총서기는 말 그대로 중앙 서기처의 서기들을 총괄 관리하는 '총(總)' 서기고, 정치국 상무위원회와 정치국의 회의를 주재하고 관리하는 총 '서기(書記)'일 뿐이다. 그래서 총서기를 한국어로 번역하면 '당 대표'가 아니라

'사무총장'이 적절하다. 이처럼 지위와 권한 면에서 보면, 현재 공산당에는 '당 대표'가 없고 그를 대신하여 '사무총장'이 당을 이끌고 있다고 말할 수 있다.

이런 이유로 총서기와 다른 정치국 상무위원 간의 관계를 '동급자 중 일인자'(first among equals)라고 부른다. 원래 이 말은 영국의 의원내각제에서 총리(Prime Minister)와 내각을 구성하는 장관(Ministers) 간의 관계를 지칭하는 것이다. 의원내각제에서 총리와 장관은 모두 의원(PM: Parliamentary Member)이라는 면에서는 '동급자'다. 그런데 총리는 장관의 임면을 제청하고, 내각 회의를 주재하며, 대외적으로 내각을 대표하기 때문에 '일인자'라고 한다. 정치국 상무위원회에서 총서기의 지위는 다른 정치국 상무위원과 '동급'이면서 동시에 당을 대표하는 '지도자'라는 면에서 영국 내각에서 총리의 지위와 비슷하다고 해서 이 말이 사용된다.

(2) '핵심' 칭호: 의미와 실제 권한

여기서 검토해야 하는 문제는, 장쩌민과 시진핑은 '핵심(核心, core)' 칭호를 얻은 반면 후진타오는 그렇지 못했다는 점이다. 다시 말해 총서기 외에 핵심 칭호를 얻는 것이 총서기와 다른 정치국 상무위원 간의 실제 권력 관계에서 어떤 의미를 갖느냐 하는 문제를 검토해야 한다. 만약 핵심 칭호를 얻은 총서기가 이전의 당 주석과 같은 권한을 행사한다면, 집단지도가 운영된다고 말할 수 없다. 앞에서 보았듯이 당 주석은 총서기와 달리 주요 정책과 인사 문제에서 '최후 결정권'을 갖기 때문이다. 만약 그렇지 않다면, 핵심 칭호가 총서기에게 어떤 권한을 부여하는지를 규명해야 한다.

1989년 6월 톈안먼 민주화 운동 과정에서 장쩌민을 총서기로 임명하기로 결정한 이후 덩샤오핑은 장쩌민에게 '제3 세대' 지도자의 핵심이라는 칭호를 부여했다. 덩에 따르면, '제1 세대'에서는 마오쩌둥, '제2 세대'에서는 자신, '제3 세대'에서는 장쩌민이 핵심이라는 것이다. 덩은 "어떤 지도 집단(領導集體)도 모두 하나의 핵심이 있어야 하며, 핵심 지도자(領導)가 없으면 의지할 수 없다."라는 말로 그 이유를 설명했다. 이처럼 덩이 핵심 칭호를 부여한 것은 상하이 당서기 출신으로 중앙 정치 무대에서 권력 기반이 허약한 장쩌민의 권위를 높여 주기 위해서였다.[9] 이와 비슷하게 2016년 10월 공산당 18기 중앙위원회 6차 전체회의(18기 6중전회)에서 시진핑에게 핵심 칭호가 부여되었다. 반면 장쩌민은 후진타오를 '반장(班長)'으로 불렀다.[10]

중국 학자들의 연구에 따르면 핵심이라는 칭호는 세 가지 의미로 사용되었다. 첫째는 '핵심 역량'이다. 1954년 9월 1기 전국인대 1차 회의에서 마오쩌둥은 "우리 사업을 영도하는 핵심 역량은 중국 공산당이다."라고 말했다. 여기서 핵심은 공산당을 가리킨다. 둘째는 '영도 핵심'이다. 1982년 후차오무가「당헌」개정안을 설명하면서, "우리 당 전부의 일상 공작의 영도 핵심은 중앙 정치국 상무위원회다."라고 말했다. 여기서 핵심은 정치국 상무위원회를 가리킨다. 셋째는 '핵심 영수(領袖)'다. "당의 영도 핵심은 집단(集體) 중의 핵심 인물, 즉 당의 영수다."라고 말할 때, 이 핵심은 최고 지도자인 마오쩌둥, 덩샤오핑, 장쩌민, 후진타오, 시진핑을 가리킨다.[11] 또한 이들에 따르면 집단지도에서도 핵심은 필요하다. 정책은 정치국 상무위원의 의견을 모아 결정되는데, 정책 집행을 책임지고 추진하기 위해서는 '반장'이 필요하기 때문이다.[12]

한편 2016년 10월 공산당 18기 6중전회에서 시진핑에게 핵심 칭호를 부여했을 때 이를 설명한 공산당 중앙 판공청 조사연구국 부국장 덩마오성(鄧茂生)은 핵심의 의미를 더 구체적으로 해석했다. '핵심'은 정치국 상무위원 간에 의견이 일치하지 않을 때 이를 "집중 및 종합"하는 역할을 담당한다는 것이다. 이에 따르면 핵심은 정치국 상무위원회가 정책을 결정할 때 '총괄 조정의 권한'을 행사하는 지위를 의미한다. 또한 그는 핵심이 집단지도나 당내 민주주의를 부정하는 것이 아니라 "당 중앙의 권위"를 강화하기 위한 조치라고 주장했다.[13]

다른 학자들도 이와 비슷하게 주장한다. 중국 엘리트 정치의 권위자인 퓨스미스(Joseph Fewsmith) 교수에 따르면, 장쩌민에게 부여된 핵심 칭호는 "공식 권위와 비공식 권위의 결합으로, 그 지도자(즉 장쩌민—인용자)를 공산당 쟁점의 최종 조정자(final arbiter of Party issues)로 만드는 것"이다. "중국에서는 이를 탁자를 두드려(拍板子) 토론을 끝내는 능력으로 묘사한다."[14] 이런 해석은 앞에서 살펴본 덩마오성의 해석과 같은 것이다.

비슷하게 안치영 교수에 따르면, 핵심은 집단지도를 전제로 한 개념으로 "권력의 분할로 인하여 의사 결정의 지체나 지도력의 통일성 부재 등의 문제가 발생할 수 있기 때문에, 그러한 문제를 보완하기 위한 구심점의 필요성을 '핵심'으로 표현하였던 것이다." 그래서 "핵심의 위상과 역할이 집단지도에서의 조정자보다는 크지만, 집단지도에 의해서 규정된다는 점에서 절대적 권위자(예를 들어, 마오쩌둥—인용자)보다는 작은 그 사이의 일정한 지점에 위치하는 정치적 강자라는 것을 의미한다."[15] 유상철 기자의 핵심에 대한 해석도 이와 유사하다.[16]

이상에서 살펴본 것처럼, 핵심 칭호를 얻었다고 해서 공산당 총서기가 마오쩌둥 시대의 당 주석처럼 집단지도를 부정할 정도의 막강한 권한을 행사할 수 있는 것은 결코 아니다. 대신 집단지도를 전제로 그 문제점, 즉 정책 결정의 지연과 정책 집행의 약화를 보완하기 위해 총서기에게 핵심 칭호를 부여했다. 핵심 칭호를 얻은 총서기는 「당헌」과 당규가 규정한 총서기의 일반적인 권한 이외에 정책 결정의 '최종 조정자(final arbiter)'와 '정책의 집행자(enforcer of implementation)'로서의 권한을 행사할 수 있다.

동시에 핵심 칭호는 특수한 상황에서 총서기의 권위를 강화하기 위한 고육지책이었다는 점을 기억해야 한다. 1989년 톈안먼 사건 이후 비상 시국을 수습하기 위해 총서기에 임명된 장쩌민은 중앙 정치 무대에서 권력 기반이 허약했기 때문에 그의 권위를 강화하기 위해 덩샤오핑이 핵심 칭호를 부여했다. 후진타오 집권 2기(2007~2012년)의 정치적 혼란과 사회 경제적 문제를 해결하기 위해 공산당 중앙과 총서기 개인의 권위를 강화할 필요가 있었고, 이를 위해 공산당 중앙의 권한을 강화하는 조치와 함께 시진핑에게 핵심 칭호가 부여되었다. 이런 면에서 핵심 칭호는 일종의 '비상 조치'라고 할 수 있다.

2. 총서기의 통치 스타일과 권력 기구의 활용

집단지도는 주로 정치국 상무위원회와 정치국을 중심으로 이루어진다. 그런데 이외에도 다른 주요 기구가 엘리트 정치에서 중요한 역할을 담당한다. 정치국 상무위원회와 정치국을 보좌하는 사무 기구인 중앙 서기처, 총서기의 비서실 및 비서실장 역할을 담당하는 중앙 판공청과 판공청 주임, 공산당 중앙과 국가 기구의 여러 부서 사이에 위치하여 주요 정책 의견을 조정하고 결정된 정책의 집행을 감독하는 의사 조정 기구인 영도소조와 각종 위원회가 대표적이다.

공산당 총서기는 이들 다양한 기구를 선택적으로 활용하여 자신의 권력 기반을 공고히 다질 수 있다. 또한 총서기는 이들 기구를 재구성하여 자신이 주도하는 정책이 좀 더 힘 있게 추진될 수 있도록 정치 체제를 조정할 수도 있다. 반대로 이를 잘 하지 못하면 주요 정책이 제대로 결정되지도 않고, 설사 결정된 정책이라고 해도 제대로 집행되지 않을 수 있다. 따라서 각 시기별로 집단지도가 실제로 어떻게 운영되는지를 이해하기 위해서는, 총서기들이 이들 기구를 어떻게 선택적으로 활용했는지를 세밀히 검토해야 한다.

(1) 장쩌민의 통치 스타일

장쩌민의 통치 방식과 정책을 분석한 램(Willy Wo-Lap Lam) 교수는 장쩌민을 "권력의 화신"으로 묘사한다. 그는 1994년 무렵 혁명 원로들이 사망과 질병으로 정치 무대에서 퇴장하자 여러 가지 조치를 총동원하여 모든 권력을 거머쥐려 애썼다는 것이다.

먼저, 장쩌민은 공산당 중앙 부서 중에서 서기처가 아니라 판공청을 강화했다. 이는 서기처가 총서기 개인이 아니라 정치국 상무위원회와 정치국을 보좌하는 사무 기구인 반면, 판공청은 주로 총서기 개인을 보좌하는 직속 기구이기 때문이다. 구체적으로 장쩌민은 오른팔인 쩡칭훙(曾慶紅)을 판공청 주임으로 임명했다. 임명 직후 쩡칭훙은 판공청 직원을 기존의 100여 명에서 300여 명으로 확대했다. 동시에 그때까지 서기처가 담당하던 정책 준비, 문건 발행과 관리 등을 판공청으로 이관했다.

또한 장쩌민은 공산당 중앙 산하에 있는 여러 가지 영도소조를 강화하여 국무원이 아니라 공산당 중앙이 주도하는, 궁극적으로는 자신이 주도하는 정책 결정 기제를 수립했다. 이는 여러 가지의 영도소조 중에서 특히 중앙 재경(財經) 영도소조에서 분명하게 나타났다. 앞에서 보았듯이, 자오쯔양이 총서기가 된 이후 재경 영도소조는 국무원 총리가 아니라 총서기가 조장을 맡았다. 이 때문에 총서기가 이를 활용하여 권력을 강화할 수 있게 된 것이다. 실제로 장쩌민은 재정 영도소조의 역할을 확대했고, 그 결과 국무원 총리가 담당하던 경제 관리에도 장쩌민이 영향력을 행사할 수 있었다. 어떤 면에서 보면 경제 개혁의 주도권을 장쩌민이 장악했다고 평가할 수 있다. 중국의 세계무역기구(WTO) 가입 협상과 가입은 이를 잘 보여 준다.

지방의 당정 간부에 대한 통제와 관리도 강화했다. 장쩌민은 1995년에 성급(省級: 성·자치구·직할시) 공산당 위원회에 중심조(中心組)를 설치하여 이들이 공산당 중앙과 자신에게 충성하도록 유도했다. 같은 해에 소련의 국가보안위원회(KGB)와 비슷한 안전 조사조(安全調查組)를 신설하여 고급 간부들의 충성 여부를 점검했다. 또한 당정 간부들의 책임제를 강화하고 '삼강(三講)', 즉 학습(學習), 정치(政治), 바른 태도(正氣)를 강조하는 정풍 운동(1999~2000년)을 전개하면서 중앙과 지방의 당정 간부가 자신에게 어떤 생각을 갖고 있는지 태도를 표명할 것(表態)을 요구했다. 이는 일종의 충성 서약을 강제한 것이다.

이런 조치 후에 장쩌민은 마오쩌둥을 흉내 내어 자신의 권위를 높이는 개인 숭배 활동을 전개했다. 이에 대해 전국인대 위원장이었던 차오스와 연금 상태에 있던 자오쯔양은 장쩌민의 권력 강화 시도를 비판하고, 그의 '핵심' 칭호 폐지를 요구했다. 그러나 이런 정치 원로들의 비판은 소수의 목소리에 그쳤다. 장쩌민은 이런 비판을 무시하고 집권 2기(1997~2002년)에 들어 권력 기반을 더욱 확고히 다져 갔다. 그 결과 모두의 예상을 깨고 장쩌민은 2002년 공산

당 16차 당대회에서 중앙군위 주석에 세 번째로 취임할 정도로 강력한 총서기가 되었다.[17]

(2) 후진타오의 통치 스타일

반면 후진타오는 장쩌민과는 상당히 다른 통치 스타일을 보여주었다. 요컨대 그는 장쩌민 시기에 시작된 엘리트 정치의 제도화와 개방화를 위해 전보다 더욱 많은 노력을 기울였다. 예를 들어, 공산당 정치국 회의를 정기적으로 개최하고, 그 회의 의제와 결과를 국가 언론사인 신화사(新華社)를 통해 대외에 공개했다. 장쩌민 시기 정치국 회의에 대한 언론 보도가 없었던 것과는 큰 대조를 이루었다.

또한 후진타오는 총서기의 권한을 축소하고 대신 국무원 총리, 전국인대 위원장, 전국정협 주석 등 국가 기관 대표들의 의견과 결정을 존중했다. 이에 따라 정책 결정 과정은 전보다 더욱 민주적으로 바뀌었다. 특히 그는 당내 민주주의를 정치 개혁의 핵심 의제로 추진했고, 그 일환으로 정치국 상무위원회와 정치국의 집단지도를 강화했다. 후진타오 정권을 '후진타오-원자바오 체제(胡溫體制)'라고 부르는 것은 이 때문이었다.[18] 반면 '장쩌민-주룽지 체제'나 '시진핑-리커창 체제'라는 말은 사용되지 않는다.

그렇다면 후진타오는 왜 장쩌민과 다른 통치 스타일을 보였을까? 개인적인 성향이 통치 스타일의 차이를 불러왔을 것이다. 앞에서 말했듯이, 장쩌민은 야심이 크고, 사람들 앞에서 자랑하기를 좋아했으며, 권력에 대해 마오쩌둥만큼 강한 집착을 보였다. 그것이 통치 스타일에 반영되어 권력 집중과 통제, 파벌 정치(상하이방)의 강화와 개인 숭배로 표출되었다. 반면 후진타오는 극기와 절제, 자기 통제와 겸손이 몸에 뱄고, 그것이 통치 스타일에도 그대로 나타났다. 특히 그는 자신을 강조하는 것을 혐오해서 '제4 세대' 지도자의 '핵심'으로 불리는 것도 거절했다고 한다. 더욱이 그는 어떤 종류의 개인 숭배도 시도하지 않았다.[19]

다른 한편 후진타오가 그렇게 한 것은 그럴 수밖에 없었던 상황 때문이기도 했다. 2002년 공산당 16차 당대회에서 장쩌민으로부터 권력을 이양받았지만 후진타오가 총서기로서 실권을 행사할 수 있었던 것은 아니었다. 정치국 상무위원회가 7인제에서 9인제로 확대되면서 정책 결정이 더욱 느려지고 어려워졌다. 더욱이 정치국 상무위원회에서 상하이방이 절대 다수(9인 중 6인)를 차지하면서 후진타오는 자신의 뜻대로 정국을 주도할 수 없었다. 특히 장쩌민이 중앙군위 주석을 이양하지 않은 것은 큰 문제였다. 그 결과 후진타오는 중요한 문제를 결정할 때에는 반드시 장쩌민에게 상의하고 가르침을 청하는 원칙을 유지할 수밖에 없었다.[20]

이런 상황에서 후진타오는 권력 기반을 강화하기 위한 나름의 조치를 취했던 것이다. 예를 들어, 후진타오는 상하이방이 장악한 정치국 상무위원회를 피해 정치국에서 주요 정책을 결정했다. 당시 정치국에는 상하이방뿐만 아니라 공청단파가 상당한 비중을 차지하고 있었기 때문에 후진타오가 정책을 결정할 때 불리하지만은 않았다. 그는 정치국의 의제와 회의 결과를 대외에 공포함으로써 정치국을 정책 결정의 핵심 기관으로 변화시켰다. 특히 군권을 장악했던 장쩌민의 권력 행사를 제한하기 위해 정치국에서 군 예산 등을 심의함으로써 장쩌민의 참여를 합법적으로 차단했다. 또한 후진타오는 법과 제도에 근거한 공식 정치를 강조함으로써 은퇴 후에도 영향력을 행사하려는 장쩌민과 그의 권력을 뒷받침하는 상하이방의 파벌 정치를 비판했다.

이처럼 후진타오의 정치국 강화, 법과 제도를 강조하는 공식 정치 활성화, 집단지도 제도화 추진 등은 정치 개혁이었지만 동시에 자신의 권력 기반을 강화하기 위한 조치이기도 했다.[21] 이는 엘리트 정치의 제도화가 권력 기구 내의 합의를 통해서뿐 아니라, 여러 파벌과 지도자 사이의 권력 투쟁을 통해 의도하지 않은 결과를 낳는 식으로도 이루어졌다는 사실을 보여 준다.

3. 시진핑의 '영도소조 정치'와 권력 집중

한편 시진핑은 후진타오보다는 장쩌민에 가까운 통치 스타일을 보여 주었다. 즉 시진핑은 권력 집중, 공산당 통제의 강화, 개인숭배 조장, 영도소조 강화 등의 행태를 보였다.[22] 이 중에서 특히 두드러진 특징은 영도소조 강화를 통해 공산당 중앙의 통제를 강화하고 이를 기반으로 총서기 개인으로 권력을 집중시키는 현상이 나타났다는 점이다. 그래서 시진핑 시기의 엘리트 정치를 권력 집중과 '영도소조 정치'로 규정하기도 한다.[23] 이에 따라 집단지도가 약화되는 현상이 나타났다.

원래 영도소조는 공산당의 최고 권력 기구인 정치국 상무위원회와 정치국, 그리고 당·정·군의 실무 부서 사이에 위치한 '의사 조정 기구(議事調協機構)'다. 이런 영도소조의 성격은 2007년 공산당 17차 당대회의 '정치 보고'에서 공식 결정되었다.[24] 한국과 미국의 정치 제도 중에서 영도소조와 비슷한 것으로는 국가 안전보장회의(National Security Council/NSC)가 있다. 국가 안전보장회의는 대통령을 의장으로 대통령 비서실장, 국무총리, 국방부 장관, 외교부 장관, 통일부 장관, 국가정보원 원장 등 외교 안보와 관련된 중앙 부서 책임자가 참여하는 일종의 태스크 포스(Task Force)다.

'의사 조정 기구'로서 영도소조의 임무는 크게 두 가지다. 하나는 정치국 상무위원회와 정치국이 심의할 주요 정책 의제를 사전에 조율하는 일이다. 예를 들어, 외교 문제는 외사 영도소조(현재는 외사위원회), 경제 문제는 재경 영도소조가 당·정·군의 관련 부서 간에 의견을 조율하여 정치국 상무위원회와 정치국이 심의할 내용을 마련한다. 다른 하나는 정치국 상무위원회와 정치국이 결정한 정책을 당·정·군의 각 기관과 부서가 제대로 집행하도록 감독하고 촉구하는 일이다.[25]

그동안 영도소조는 비공개로 운영되면서 조직, 구성, 활동이 제대로 알려지지 않았다. 이 때문에 엘리트 정치에서 영도소조가 중요하다는 사실에 대해서는 대부분의 학자들이 동의했지만, 실제 정치 과정에서 그것이 얼마나 중요한 역할을 수행하는지를 정확히 평가할 수는 없었다.[26] 다행히도 후진타오 시기에 들어 영도소조의 활동이 많이 공개되면서 이를 좀 더 잘 파악할 수 있게 되었다.

(1) 영도소조의 급증과 규모의 확대

그런데 시진핑 시기 들어 영도소조의 숫자가 급속히 증가했을 뿐만 아니라, 영도소조의 활동에 대한 중국 언론의 보도도 급격히 많아졌다. 이는 시진핑이 2012년 공산당 18차 당대회에서 총서기에 취임한 이후 영도소조 신설과 역할 확대로 권력 기반을 강화하려는 조치를 취했기 때문이라 말할 수 있다. 예를 들어, 시진핑은 2016년 5월까지 모두 12개 영도소조의 조장을 맡았다.[27] 이를 정리한 것이 표 8-1이다.

[표8-1] 공산당 18차 당대회(2012년) 전후의 영도소조 증가 규모

	18차 당대회 이전	18차 당대회 이후 신설	총계
공산당 중앙 소속	18	8	26
국가 소속	36	21	57
총계	54	29	83

〈출처〉 Christopher K. Johnson, Scott Kennedy, Mingda Qiu, "Xi's Signature Governance Innovation: The Rise of Leading Small Group," October 17, 2017, *CSIS*, http://www.csis.org (검색일: 2017. 11. 15).

표 8-1에 따르면, 공산당 18차 당대회(2012년) 이전까지 영도소조는 모두 54개였다. 이 중에서 공산당 중앙 소속이 18개였고, 국가

(주로 국무원) 소속이 36개였다. 그런데 18차 당대회 이후 중앙 소속 8개와 국가 소속 21개, 모두 29개의 영도소조가 신설되었다. 그 결과 2017년 9월 현재 모두 83개의 영도소조가 있다. 이 중 공산당 중앙 소속은 26개, 국가 소속은 57개다. 즉 시진핑 정부 들어 2017년 9월까지 모두 29개를 신설하여 35퍼센트의 증가율을 보인 것이다. 이는 전체 영도소조의 3분의 1이 시진핑 집권 이후 5년 동안 신설되었음을 보여 주며, 영도소조가 시진핑 시기 들어 급격히 증가한 양상을 확인시켜 준다.

[표8-2] 시진핑 시기 공산당 중앙의 주요 영도소조 (2018년 10월 기준)

명칭	조장(주임)/부조장(부주임)/위원	비고
중앙 개혁위원회	시진핑/리커창, 왕후닝, 한정	신설/위원회 승격
중앙 국가안전위원회	시진핑/리커창, 리잔수	신설※
중앙 네트워크 안전 및 정보화위원회	시진핑/리커창	신설/위원회 승격
중앙군위 국방 및 군대 개혁위원회	시진핑/na	신설
중앙 국가감찰위원회	양샤오두/na	신설
중앙 의법치국위원회	시진핑/리커창, 리잔수, 왕후닝	신설
중앙 심계위원회	시진핑/리커창, 자오러지	신설
중앙 군민융합(軍民融合) 발전위원회	시진핑/리커창, 왕후닝*	신설
중앙 교육업무 영도소조	na	신설
중앙 외사공작위원회	시진핑/리커창/왕치산	위원회 승격※※
중앙 대만공작 영도소조	시진핑/na	
중앙 재정위원회	시진핑/리커창/왕후닝, 한정	위원회 승격
홍콩·마카오 공작 조정소조(協調小組)	한정/na	
신장(新疆) 공작 조정소조	리잔수/na**	

티베트(西藏) 공작 조정소조	리잔수/na**	
선전 및 사상 공작 영도소조	왕후닝/na***	
당건설 공작 영도소조	왕후닝/na***	
순시공작(巡視工作) 영도소조	자오러지/na	
반부패 조정소조	자오러지/na	
징진지(京津冀) 협력발전 영도소조	한정/na****	신설
일대일로(一帶一路) 건설 영도소조	한정/na****	신설
농촌 공작 영도소조	리커창/na	
인재 공작 영도소조	na	
문화개혁 공작 영도소조	na	
중앙 정법위원회	귀성쿤(郭聲琨)/na	
사법개혁 영도소조	귀성쿤/na	신설
중앙 및 국가기구 공작위원회	na	재조직
중앙 기구편제위원회	리커창/na	

〈해설〉* 중앙 군민융합 발전위원회 개최 보도는 2018년 3월 2일에 있었던 것으로, 당시에는 아직 인사 교체가 이루어지지 않아 장가오리도 포함되었다; ** 전임자는 장더장 전국인대 위원장이었는데, 리잔수가 이를 승계한다는 전제로 작성했다; *** 전임자는 류윈산 서기처 상무서기였는데, 왕후닝이 이를 승계한다는 전제로 작성했다; **** 전임자는 장가오리 국무원 부총리였는데, 한정이 이를 승계한다는 전제로 작성했다; ※ 신설은 시진핑 시기에 들어 신설된 영도소조 혹은 위원회를 가리킨다; ※※ 위원회 승격은 2018년 3월 13기 전국인대 1차 회의에서 영도소조에서 위원회로 승격된 것을 가리킨다.

〈출처〉조영남, 「시진핑 '일인지배'가 등장하고 있는가?」, 《국제·지역연구》24권 3호 (2015년 가을호), p. 137; "中共中央印發「深化黨和國家機構改革方案」," 《人民網》(2018. 3. 22.), http:// www.people.com.cn (검색일: 2018년 3월 22일); "習近平: 眞抓實幹堅定實施軍民融合發展戰略 開創新時代軍民融合深度發展新局面," 《新華網》(2018. 3. 2.), http://www.xinhuanet.com (검색일: 2018년 3월 5일); "加強和改善黨對全面深化改革統籌領導 緊密結合深化機構改革推動改革工作," 《人民網》(2018. 3. 29.), http://www.people.com.cn (검색일: 2018년 3월 29일); "加強黨中央對經濟工作的集中統一領導 打好決勝全面建成小康社會三大攻堅戰," 《人民網》(2018. 4. 3.), http://www.people.com.cn (검색일: 2018년 4월 3일); "全面貫徹落實總體國家安全觀 開創新時代國家安全工作新局面," 《人民網》(2018. 4. 18.), http://www.people.com.cn (검색일: 2018년 4월 18일); "透視中共首次外事會議 外交大變局下的'李王'角色," 《多維新聞網》(2018. 5. 15.), http://www.dwnews.com (검색일: 2018년 5월 16일); "加強黨對審計工作," 《求是理論網》(2018. 5. 2.), http://www.qstheory.cn (검색일: 2018년 5월 28일); "習近平: 加強黨對全面依法治國的集中統一領導 更好發揮法治固根本穩預期利長遠的保障作用," 《人民網》(2018. 8. 25.), http://www.people.com.cn (검색일: 2018년 8월 25일).

표 8-2는 주요 영도소조 및 위원회를 정리한 것이다. 이 중에서 특히 중요한 것이 중앙 전면 심화 개혁위원회(中央全面深化改革委員會: 2013년 12월 영도소조로 신설, 2018년 3월 위원회로 승격), 중앙 국가 안전위원회(中央國家安全委員會: 2014년 1월 신설), 중앙 네트워크 안전 및 정보화위원회(中央網絡安全和信息化委員會: 2014년 2월 영도소조로 신설, 2018년 3월 위원회로 승격), 중앙군위 심화 국방 및 군대 개혁위원회(中央軍委深化國防和軍隊改革委員會: 2014년 3월 영도소조로 신설, 2018년 3월 위원회로 승격)다.[28] 이와 같은 영도소조는 이전의 영도소조와는 달리 여러 분야를 포괄하고, 복수의 최고 지도자(정치국 상무위원)가 참여하는 대규모 영도소조라는 특징이 있다.

예를 들어, 2013년 12월 설립 당시 중앙 개혁 영도소조 산하에는 모두 여섯 개의 전문소조(專門小組)가 설치되었다. 문화 체제, 민주 법치, 기율 검사 체제, 당 건설 제도, 경제 체제와 생태 문명 체제, 사회 체제 개혁 전문소조가 그것이다. 이 영도소조의 구성원을 보면, 시진핑(총서기)이 조장, 리커창(총리), 류원산(당시 서기처 상무서기), 장가오리(당시 국무원 상무부총리)가 부조장을 맡고 판공실 주임은 왕후닝(당시 공산당 중앙 정책연구실 주임)이 맡았다. 여기에 당·정·군의 주요 책임자 43인이 조원으로 참여했다.[29] 마오쩌둥 시대와 개혁기를 불문하고 이렇게 방대하고 포괄적인 영도소조가 구성된 적은 없었다. 특히 7인의 정치국 상무위원 중에서 4인이 하나의 영도소조 구성원으로 참여하는 경우는 매우 드물다.

(2) '영도소조 정치'의 영향

대규모 영도소조의 등장은 시진핑의 권력을 강화했고 권력 기구 간의 권력 관계에 변화를 불러왔다. 우선, 총서기 시진핑으로 권력이 집중되었다. 시진핑은 「헌법」과 「당헌」이 보장하는 세 가지 직위인 공산당 총서기, 중앙군위 주석, 국가 주석 외에도 신설된 주요 영도소조의 조장(組長) 혹은 위원회의 주임(主任)을 독점함으로써 더욱 강력한 권한을 행사할 수 있게 된 것이다. 또한 본인이 조장을 맡은 영도소조나 주임을 맡은 위원회의 판공실 주임에 측근을 고용함으로써 영도소조에 대한 장악력을 높였다. 자신이 조장인 재경 영도소조의 판공실 주임에 경제 참모 류허(劉鶴)를 임명한 것이 대표적이다.[30]

또한 대규모 영도소조가 신설되면서 공산당 정치국 상무위원회와 정치국의 권한이 침해당하는 문제가 발생할 가능성이 있었다. 집단지도에서 가장 중요한 두 개의 권력 기구가 약화될 가능성이 있다는 것이다. 표 8-3은 정치국, 표 8-4는 중앙 개혁 영도소조가 2014년부터 2016년까지 3년 동안 개최한 회의 빈도와 각 회의에서 처리한 안건 수를 정리한 것이다.

[표8-3] 중앙 정치국의 회의 빈도와 안건 수

연도	회의 빈도(회)	안건 수(건)	회의 개최 빈도수 / 안건 수
2014	12	12	매월 1회 / 매 회의당 1건
2015	13	33	매월 1회 / 매 회의당 2.5건
2016	12	18	매월 1회 / 매 회의당 1.5건

〈해설〉 정치국이 심의하는 안건에는 대외로 알리지 않는 '기타 안건'이 있다. 이는 매우 민감한 주제이기 때문에 논의 자체를 비공개로 한다. 따라서 정치국이 심의하는 안건은 이 표에 나온 것보다 더 많다고 보아야 한다. 다만 '기타 안건'은 공개되지 않기 때문에 정확한 통계를 작성할 수 없다.
〈출처〉 胡鞍鋼·楊竺松, 『創新中國集體領導體制』(北京: 中信出版集團, 2017), pp. 157-163.

[표8-4] 중앙 개혁 영도소조의 회의 빈도와 안건 수

연도	회의 빈도(회)	안건 수(건)	회의 개최 빈도수 / 안건 수
2014	8	37	1.5개월 1회 / 매 회의당 4.6건
2015	11	65	매월 1회 / 매 회의당 5.9건
2016	11	96	매월 1회 / 매 회의당 8.7건

〈출처〉 조영남, 「2016년 중국 정치의 현황과 전망」, 국립외교원 중국연구센터, 『2016 중국 정세 보고』(서울: 역사공간, 2017), p. 26.

이 표들을 보면 2014년부터 2016년까지 3년 동안 정치국은 매월 1회 회의를 개최하여 회의당 한두 건의 안건을 처리했다.(비공개 안건은 통계를 작성할 수 없어 제외되었다.) 반면 중앙 개혁 영도소조는 매월 1회 회의를 개최하여 회의당 평균 6.4건의 안건을 처리했다. 정치국과 개혁 영도소조의 회의 빈도는 같았으나 공개된 안건을 기준으로 했을 때 개혁 영도소조가 처리하는 안건이 정치국이 처리하는 안건보다 더욱 광범위하고 수적으로 여섯 배나 많았다는 점이 문제다. 이런 사실은 정치국에서 심의해야 할 안건을 개혁 영도소조가 대신하거나, 정치국이 심의하기 전에 개혁 영도소조가 사실상 결정하여 정치국의 결정은 요식 행위로 전락할 가능성이 높다는 사실을 보여 준다.

(3) '영도소조 정치'의 등장 배경

그렇다면 시진핑은 왜 '영도소조 정치'를 추구하는 것일까? 크게 두 가지 원인을 생각해 볼 수 있다. 첫째는 개인의 권력을 강화하기 위해서다. 앞에서 설명했듯이, 영도소조에는 공산당 최고 지도자(정치국 상무위원)뿐만 아니라 당·정·군의 주요 책임자도 참여한다. 그래서 영도소조를 장악함으로써 시진핑은 당·정·군의 주요 정책 결정을 통제하는 효과를 거둘 수 있다. 이는 마치 지주회사를 통해 대규모 기업 집단을 통제하는 한국의 재벌 구조와 유사한 방식이라고 할 수 있다. 국내외 언론과 전문가들 중에는 이런 관점에서 영도소조 정치를 해석하는 경향이 있다. 이렇게 보면 영도소조 정치는 곧 시진핑이 일인지배를 구축하기 위한 수단이다.[31]

그러나 이런 해석만으로는 영도소조의 증가와 역할 강화를 설명할 수 없다. 영도소조 정치는 정치국 상무위원뿐만 아니라 정치국원도 동의해야만 가능하기 때문이다. 다시 말해 영도소조 정치는 최고 통치 엘리트의 동의 하에서만 추진되는 정치 개혁이다. 그렇다면 왜 최고 통치 엘리트들은 총서기인 시진핑 개인으로 권력이 집중될 가능성이 높은 영도소조 정치에 동의했을까? 그것은 중국이 당면한 문제가 매우 심각하고, 이를 해결하기 위해서는 공산당 중앙의 권위와 역할을 강화하는 것이 유일한 해결책이라는 데 통치 엘리트가 합의했기 때문이다.

시진핑에게 핵심 칭호를 부여한 것, 영도소조 정치에 동의한 것, 시진핑 집권 I기(2012~2017년) 5년 동안에 강력한 부패 척결 운동을 전개한 것, 당 규율을 엄격히 집행하고 이를 위반한 고위 당정 간부를 과감하게 처벌한 것 등은 모두 공산당 중앙의 권위와 역할을 강화하기 위한 조치였다. 이런 관점에서 보면, 시진핑 개인의 권력 강화는 이런 노력의 부산물, 즉 공산당 중앙과 당 규율 강화의 결과에 불과하다.

후진타오 집권 2기(2007~2012년)의 5년 동안에 공산당은 심각한 문제를 제대로 해결하지 못하는 무능력하고 비효율적인 모습을 보여 주었다. 개혁이 방향을 잃고 표류하고, 최고 지도부가 우왕좌왕하는 모습은 그중에서도 특히 심각한 문제였다. 필요한 정책이 정치국 상무위원회와 정치국에서 제때 결정되지 않으면서 개혁이 중단되거나 후퇴하는 현상이 비일비재했다. 어렵게 결정된 정책도 중난하이(中南海: 공산당 지도자들의 거주지면서 사무 지역)를 한 발만 벗어나면 제대로 집행되지 않았다. 국가 기관의 각 부서는 부서 이기주의에 빠져 공산당 중앙이 결정한 정책을 한없이 미루거나 집행하는 시늉만 했다.

지방은 지방대로 전국의 이익을 고려한 공산당 중앙의 정책은 제쳐두고 지방의 이익을 극대화하는 정책에만 몰두했다. 지방 보호주의가 난무한 것이다. '구룡치수(九龍治水),' 즉 '아홉 마리의 용이 물을 다스린다.'는 말은 남중국해와 동중국해 등 외교 안보 분야에서조차 여러 중앙 부서와 지방이 제각기 활동하는 현실을 풍자한다. 그 밖에도 당·정·군, 중앙과 지방 모두에서 당 규율 이완과 부패 문제가 더욱 심각해졌다. 이런 문제를 해결하기 위해 공산당 중앙의 권한과 역할을 강화했고, 그 결과로서 영도소조 정치가 나타났던 것이다.[32] 시진핑에게 '핵심' 칭호를 부여한 것도 같은 이유에서였다.

이상에서 살펴본 것처럼, 장쩌민, 후진타오, 시진핑은 각기 다른 통치 스타일을 보여 주었다. 또한 이들은 여러 가지 권력 기구를 선택적으로 활용하여 자신의 권력 기반을 강화했다. 이런 모습은 아직도 엘리트 정치가 제도화되지 않았다는 사실을 보여 준다. 동시에 이것은 엘리트 정치의 제도화가 최고 지도자의 통치 스타일에 따라, 또한 여러 파벌 간의 활동과 경쟁, 즉 파벌 정치를 통해 서서히 이루어졌다는 점을 시사한다.

4. 파벌 정치의 의미와 배경

파벌(宗派/派系, faction)은, 특정한 지도자와 추종자 간에 충성(loyalty)과 호혜(favor)의 교환으로 맺어진 개인적인 관계망(personal network)을 가리킨다. 다른 말로, 파벌은 정치적인 목적을 위한 후견인-수혜자(patron-client) 관계다. 그리고 파벌주의(factionalism) 혹은 파벌 정치(factional politics)는 이런 파벌이 정치적인 목적을 달성하기 위해 실제로 동원될 때 나타나는 정치 현상을 가리킨다.[33] 파벌과 파벌 정치는 전 세계 모든 국가의 정치에서 나타나는 일반적인 현상이다. 개발도상국의 권위주의 정치뿐만 아니라, 일본과 같은 민주주의 정치에서도 파벌과 파벌 정치는 무시할 수 없는 엘리트 정치의 중요한 요소다.

그런데 개혁기 중국의 엘리트 정치에서는 파벌과 파벌 정치가 다른 어떤 국가에서보다 보편적이고 중요한 역할을 담당했다. 파벌주의의 관점에서 엘리트 정치를 분석하는 연구가 성행한 것도 그 때문이다.

(1) 파벌 정치: 비공식 정치

파벌 정치는 비공식 정치(informal politics)를 특징으로 한다. 혹은 파벌 정치는 비공식 정치의 핵심이다.[34] 앞에서 말했듯이, 파벌은 특정 지도자와 추종자 간에 충성과 호혜의 교환으로 맺어진 개인적인 관계망이고, 그것이 권력의 장악과 운영 등 정치적인 목적에 동원될 때 파벌 정치가 나타난다. 이처럼 파벌 정치는 공식적인 법과 제도가 아니라 개인적인 관계망에 근거하기 때문에 비공식 정치라고 부른다. 반면 정치 엘리트들이 공식적인 법과 제도에 근거하여 정치 활동을 전개할 때 우리는 그것을 공식 정치(formal politics)라고 부른다.[35] 이런 점에서 엘리트 정치의 제도화는 비공식 정치(즉 파벌 정치)에서 공식 정치로의 변화를 의미한다.

엘리트 정치가 제도화하면서 공식 정치가 더욱 중요해지고, 비공식 정치인 파벌 정치는 상대적으로 중요성이 감소했다. 그러나 파벌 정치는 없어지거나 사라지지 않았고, 현재도 공식 정치 속에서 여전히 중요한 요소로 작용하고 있다. 그 이유는 간단하다. 개혁기에 들어 혁명적 정당성이 쇠퇴하고, 사회주의 이념의 설득력과 동원 능력이 약화되었다. 그 결과 정치 엘리트들은 어떤 정책을 추진하기 위해서, 또한 자신에게 주어진 권한을 제대로 행사하기 위해서 개인적인 권력과 관계망을 굳건히 다져야만 했던 것이다.[36]

또한 비공식 정치는 개혁 개방의 추진에도 도움이 되었다. 파벌 정치는 정치 지도자 간의 개인적인 관계망에 기초함으로써 공산당과 정부의 관료 조직에 얽매이지 않고 신속하게 정보를 전달하고, 정책 결정과 집행을 촉진할 수 있기 때문이다.[37] 그래서 퓨스미스(Joseph Fewsmith) 교수는 엘리트 정치의 제도화가 진행되어 공식 정치가 점점 더 중요해졌지만, 비공식 정치도 여전히 중요한 역할을 담당한다는 의미에서 '유사 공식화(quasi-formalization)'라는 개념을 제시했다.[38] 즉 엘리트 정치는 공식 정치가 주도하지만 아직 완전하지 않다는 것이다.

(2) 파벌 정치의 등장 배경

그렇다면 중국의 엘리트 정치에서 파벌 정치는 왜 발생했고, 또한 왜 그렇게 중요한 역할을 담당할까? 파이(Lucian W. Pye) 교수는 파벌주의를 중국 문화의 내재적 요소로 본다. 그에 따르면, 파벌의 기초는 서로 편안한 감정을 느끼고, 서로 신뢰하며, 공동의 적을 갖고 있다고 믿는 관리들의 권력 결집이다. 파벌을 밀착시키는 아교는 '관시 정신(spirit of guanxi)'이다. 이는 권위를 존중하고 권위로부터 보호 받으려는, 중국 문화에 고유한 귀속감이 작동한 결과이기도 하다. 그러나 파벌의 실제 동기는 개인적인 출세 보장과 권력 보호다. 이렇기 때문에 파벌은 특정 정책이나 이데올로기를 추구하지 않는다. 또한 파벌은 평등한 구조가 아니라 피라미드식의 위계적 형태를 갖추고 있다. 이 속에서 파벌 구성원은 특정한 지도자(즉 파벌 보스)에 의존한다.[39] 따라서 현재의 중국 문화가 남아 있는 한 파벌은 계속 존재할 것이다.

반면 황징 교수는 파벌주의를 공산당 정치의 내재적 요소로 본다. 즉 파벌주의는 중국 문화에서 기인하는 것이 아니라, 중국 정치 체제가 필요로 하기 때문에 존재한다는 것이다. 중국 정치는 네 가지 특징을 갖고 있다. 첫째, 권력은 위계적 구조에서 개별 지도자에게 부여된다. 둘째, 공산당은 이익 표현의 모든 법적 수단을 독점한다. 셋째, 정책 작성을 위한 공식 절차가 도입된 적이 없다. 넷째, 군(軍)이 정치에 자주 개입한다. 이런 중국 정치에서 파벌은 중요한 역할을 담당한다. 정치 동료 간의 의사소통을 위한 배타적인 통로가 되고, 특수한 개별 이익의 분출구가 되며, 이들 세력의 지휘 체계가 된다. 따라서 중국 정치가 이런 특징을 갖고 있는 한 파벌주의는 존재할 수밖에 없고, 그 중요성도 여전히 계속된다.[40]

이런 주장은 별도로 하더라도, 현재 중국에는 최고 지도자 선출에 객관적인 기준과 투명하고 공정한 절차가 갖추어져 있지 않기 때문에 파벌주의는 지속될 것이다. 지금까지 인선 기준으로는 연령, 능력, 경험, 업적, 당성(충성도), 청렴도 등이 제시되었다. 그런데 이 중에서 연령을 제외한 나머지는 객관적인 기준이 되기에는 한계가 있다. 또한 이런 기준을 그대로 적용할 경우에도 이를 충족시키는 최고 지도자 후보군은 매우 많다. 결국 최고 지도자 선발 과정에서는 비공식적이고 개인적인 관계인 파벌이 작용할 수밖에 없다. 이런 면에서 공산당 최고 권력 기구의 인사가 파벌별로 배분된다는 점은 이해할 수 있다.

그런데 좀 더 포괄적으로 보면, 파벌과 파벌 정치는 공산당 일당 체제의 제도적 결함 때문에 필연적으로 발생할 수밖에 없다. 먼저, 당·정·군의 중요한 통치 기구의 권한과 직책을 명확히 규정한 국가 법률이나 당규가 부족하다. 또한 주요 정치 지도자의 정치적 권위와 정책 결정의 문제를 해결할 수 있는 확립된 규범도 아직 부족하다.[41] 따라서 권력 승계와 지도부 선출, 주요 정책을 결정할 때마다 최고 통치 엘리트들은 자신의 입장을 관철시키기 위해 개인적인 관계망(인맥), 즉 파벌을 동원할 수밖에 없다. 이로 인해 비공식 정치는 여전히 중요한 역할을 하게 된다.

권력 승계는 파벌 정치의 필연성을 단적으로 보여 준다. 예를 들어, 화궈펑의 실각은 파벌이라는 비공식 권력에 의해 뒷받침되지 않는 공식 권위가 얼마나 취약한지를 잘 보여 주었다. 그는 마오쩌둥에 의해 후계자로 지명된 이후 '사인방'을 구속하는 궁정 쿠데타를 주도하고 문혁의 종결을 공식 선언함으로써 국민들의 광범위한 지지를 받았다. 혁명 원로 중에서는 예젠잉이 그를 마오의 후계자로 옹립하기 위해 많은 노력을 기울였다. 뿐만 아니라 화궈펑은 공산당의 공식 절차를 통해 공산당 주석, 중앙군위 주석, 국무원 총리의 직위를 한 손에 거머쥐었다. 중국 현대사에서 이 세 가지 공식 직위를 겸직한 사람은 화궈펑이 유일하다. 마오도 공산당 주석과 중앙군위 주석을 겸직했지만, 국무원 총리는 저우언라이가 차지했다. 그러나 화궈펑은 카리스마적 리더십을 보유한 덩샤오핑에 의해 권력에서 쫓겨날 수밖에 없었다.[42]

후야오방과 자오쯔양도 마찬가지였다. 이 두 사람은 공산당 총서기로서 법률적으로는 공산당의 최고 지도자였지만 실제로는 혁명원로들의 '비서실장'에 불과했다. 그래서 학생 운동 처리 문제를 놓고 혁명 원로들과 의견이 충돌했을 때, 이들은 총서기 직위에서 쫓겨날 수밖에 없었다. 모두 자신의 추종 세력(파벌)을 형성하여 권력 기반을 다지지 못한 결과였다. 물론 당시의 원로지배라는 엘리트 정치에서 후야오방과 자오쯔양이 자신의 파벌을 구축한다는 것은 거의 불가능한 일이었다. 실제로 같은 개혁파로 간주되었던 후야오방과 자오쯔양은 사적으로 만나 정책을 상의한 적이 없다고 한다. 그럴 경우 '파벌'을 구성하여 활동한다는 의심을 살 수 있었기 때문이다.

반면 장쩌민, 후진타오, 시진핑은 이런 사실을 잘 알고 있었기 때문에 총서기가 된 후 권력 기반을 공고히 하기 위해 자파 세력을 중앙과 지방의 요직에 등용했다. 장쩌민이 주도하는 상하이방, 후진타오가 주도하는 공청단파, 시진핑의 '시진핑 세력'은 이렇게 해서 형성된 파벌이었다. 이처럼 카리스마적 리더십의 시대가 가면서 통치 엘리트들은 정치적 지지가 필요하고, 민주주의가 실행되지 않는 상황에서는 파벌의 지지에 호소할 수밖에 없다.[43] 이처럼 엘리트 정치에서 파벌과 파벌 정치는 중국 정치 체제의 결함으로 인해 계속 존재한다.

(3) 집단지도와 파벌 정치

집단지도에서도 파벌과 파벌 정치는 매우 중요하다. 이는 크게 세 가지 측면에서 살펴볼 수 있다. 먼저, 파벌과 파벌 정치는 최고 권력 기구를 구성할 때 세력을 분배하는 하나의 기준으로 작용한다. 이는 「당헌」이나 당규가 규정한 것은 아니지만 실제 엘리트 정치에서는 중요한 비공식 규범으로 작동하고 있다. 단적으로, 공산당 총서기와 국무원 총리는 하나의 파벌이 독점할 수 없다.

예를 들어 장쩌민 시기의 경우, 집권 I기(1992~1997년)에는 총서기가 장쩌민(상하이방)인 반면 총리는 리펑(베이징방)이었다. 집권 2기(1997~2002년)에는 총서기가 장쩌민(상하이방)이었지만 총리는 주룽지였다. 주룽지는 상하이 당서기를 역임했지만 장쩌민을 견제하기 위해 덩샤오핑이 1991년에 부총리로 등용한 인물이다. 즉 주룽지는 상하이방이 아니다. 후진타오 시기의 경우, 총서기는 후진타오(공청단파)였지만 총리는 원자바오였다. 원자바오가 비록 후진타오와 밀접한 협력 관계를 유지했지만 공청단파는 아니었다. 시진핑 시기의 경우, 총서기는 시진핑(태자당)이지만 총리는 리커창(공청단파)이다.

정치국 상무위원회와 정치국을 구성할 때에도 파벌과 파벌 정치는 중요한 하나의 기준으로 작용한다. 즉 이 두 개의 권력 기구에서 어떤 하나의 파벌이 자리를 독점하는 것은 허용되지 않는다. 대개 집권 세력의 파벌이 다수파를 형성하고, 경쟁하는 세력의 파벌이 소수파를 형성하는 것이 일반적이다. 다만 공산당 총서기의 권력과 시기에 따라서는 다른 파벌 구성을 보이기도 한다.

예를 들어 장쩌민 시기에 집권 1기(1992~1997년)에는 덩샤오핑 등 혁명 원로들이 정치국 상무위원회와 정치국의 구성을 주도했기 때문에 상하이방이 다수파를 형성하지 못했다. 그러나 집권 2기(1997~2002년)에는 상하이방이 이 두 권력 기구에서 다수파가 되었다. 이는 후진타오 집권기에도 이어졌다. 즉 집권 1기(2002~2007년)에 정치국 상무위원회에서 상하이방은 공청단파를 누르고 다수파가 되었고, 정치국에서는 공청단파와 호각지세를 이루었다. 이런 형세가 집권 2기(2008~2012년)까지 이어졌다. 그만큼 장쩌민의 권력이 막강했던 것이다.

마지막으로 중국의 엘리트 정치는 파벌 정치라는 비공식 정치와, 법과 제도에 근거한 공식 정치 간의 상호 작용 속에서 발전해왔다. 다시 말해, 엘리트 정치의 제도화는 파벌 정치가 단초를 연 경우가 많았고, 시간이 가면서 그렇게 시작된 제도화가 더욱 견고해지면서 공식 정치의 중요한 구성 요소가 되었다는 것이다. 이는 중국에서 엘리트 정치의 제도화가 왜 시작되었고 어떤 과정을 거쳐 발전했는가를 이해하는 데 매우 중요한 관점이다. 따라서 집단지도와 파벌 정치 혹은 공식 정치와 비공식 정치를 대립적으로 보거나 완전히 상호 대체하는 것으로 이해하는 것은 잘못이다.

예를 들어, 정치국 상무위원과 정치국원의 취임 나이를 제한하는 연령제(年齡制, age limit)는 장쩌민과 차오스, 장쩌민과 리루이환

간의 파벌 투쟁에서 비롯되었다. 공산당 15차 당대회(1997년)에 도입된 '70세 규범', 공산당 16차 당대회(2002년)에 도입된 '68세 규범'이 바로 그것이다. 또한 소수의 정치 원로와 최고 지도자들이 정치국 상무위원과 정치국원을 결정하는 방식에서 중앙위원을 포함하는 약 400인의 통치 엘리트가 인선에 참여하는 방식인 민주 추천제(民主推薦制)가 도입된 것도 파벌 투쟁 때문이었다. 따라서 집단지도는 공식 정치와 비공식 정치 간의 상호작용 속에서 발전했다는 사실을 기억해야 한다. 이에 대해서는 뒤에서 자세히 살펴볼 것이다.

5. 파벌 정치의 변화와 주의사항

그런데 엘리트 정치를 바라볼 때, 파벌 정치의 연속성과 함께 변화에도 주목해야 한다. 일부 학자들은 파벌 정치의 연속성에만 주목하여 마오쩌둥 시대와 덩샤오핑 시대에 적용했던 파벌 정치의 관점으로 덩샤오핑 이후 시대의 파벌 정치를 분석하는 경향이 있다. 이럴 경우에는 장쩌민과 후진타오 시기에 들어와 변화한 엘리트 정치의 실상을 제대로 보지 못하는 잘못을 범할 수 있다. 따라서 파벌과 파벌 정치라는 용어를 사용해도 그 내용은 다를 수 있기 때문에 덩샤오핑 이후 시대를 분석할 때에는 주의해야 한다.

(1) 파벌 정치의 성격 변화

먼저 장쩌민과 후진타오 시기에 들어와서 파벌과 파벌 투쟁의 성격이 크게 바뀌었다.[44] 마오쩌둥 시대의 파벌은 주로 노선 대립과 이념 투쟁으로 형성되었고, 파벌 투쟁은 승자 독식(winer-takes-all)의 원리에 따라 격렬하게 전개되었다. 문혁 시기에 마오쩌둥이 자신의 이념과 정책에 반대하는 류샤오치, 덩샤오핑, 펑전 등을 '주자파(走資派: 자본주의 길을 가는 사람)'로 몰아 숙청한 사례는 이를 잘 보여 준다. 당시에는 최고위급 지도자뿐만 아니라 그와 연루된 수많은 당정 간부들이 숙청을 당했다.

이에 비해 덩샤오핑 시대에는 파벌이 주로 개혁 개방을 어떻게 추진할 것인가를 둘러싼 정책 차이로 인해 형성되었다. 덩샤오핑, 후야오방, 자오쯔양 등을 중심으로 한 개혁파, 천윈과 리셴녠, 리펑 등을 중심으로 한 보수파로 파벌을 분류하는 것이 이를 잘 보여 준다. 또한 파벌 투쟁은 마오쩌둥 시대처럼 생사를 건 투쟁으로 전개되지 않았다. 예컨대 덩 시대에는 파벌 투쟁의 결과 대규모로 숙청되어 죽임을 당한 사례가 없다. 다만 파벌 투쟁의 결과 공식 직위를 잃는 경우는 종종 있었다. 후야오방과 자오쯔양의 실각이 좋은 예다.

그런데 장쩌민과 후진타오 시기 들어 파벌은 이념 대립이나 정책 차이가 아니라 다른 요인으로 형성되었다. 칭화대학 출신자인 칭화방과 베이징대학 출신자인 베이다방처럼 같은 학교 출신이라는 학연, 상하이방, 베이징방, 간쑤방(甘肅幇)처럼 동향이나 같은 근무지 출신이라는 지연, 공청단파처럼 같은 소속 기관 출신, 혹은 태자당처럼 부모들 간의 긴밀한 관계나 친인척 관계라는 혈연이 그것이다. 이에 따라 파벌의 응집력은 그렇게 강하지 못했다. 동시에 이로

인해 파벌을 정책 성향으로 구분하는 것은 더욱 어렵게 되었다.[45]

여기에 더해 파벌 형성 기제가 중복됨으로 인해 파벌의 경계선이 불분명해지고, 각 파벌 간의 관계가 단순히 대립적이지만은 않은 경우도 많이 있었다.[46] 예를 들어, 후진타오 시기 정치국원이었던 리위안차오(李源潮)나 류옌둥(劉延東)처럼 공청단파 출신이면서 동시에 태자당인 경우도 있다.

마지막으로 파벌 투쟁은 노선과 정책 투쟁보다는 자리 분배를 둘러싼 각 세력 간 경쟁이라는 성격이 강하기 때문에 협상과 타협을 통해 문제를 해결할 수 있는 여지가 많았다. 즉 승자 독식이 아니라 모두가 승자가 되는 게임 규칙(win-win rule)이 작동할 수 있다는 것이다. 그래서 파벌 투쟁의 강도가 전보다 훨씬 약화되었다.

(2) 자리다툼을 위한 집단으로서의 파벌

그 밖에도 개혁기의 엘리트 정치를 파벌과 파벌 정치의 관점에서 바라볼 때에는 몇 가지 주의할 사항이 있다.

먼저, 파벌을 특정한 정치적 성향 혹은 정책 방향과 연결시켜 이해하는 것은 주의해야 한다. 실제로 일부 학자들은 파벌을 정책 성향과 연계시켜 파악한다. 예를 들어, 리청(Cheng Li) 박사에 따르면, 태자당과 상하이방은 엘리트 연합(elite coalition)으로 정치적으로는 보수적이며, 정책적으로는 연해 지역의 이익을 대변하여 경제 성장 우선을 강조한다. 이런 이유로 장쩌민 시기에는 '삼개대표(三個代表) 중요 사상'이 등장하여 사영 기업가의 입당을 합법화했고,

경제 정책에서도 경제 성장 일변도의 성향이 강하게 나타났다. 반면 공청단파는 일종의 민중 연합(popular coalition)으로 정치적으로는 개혁적이며, 정책적으로는 개혁 개방에서 소외된 내륙 지역의 이익을 대변하여 분배 우선을 강조한다. 후진타오 정부가 '과학적 발전관'을 국정 방침으로 추진한 것은 이를 잘 보여 준다.[47]

그러나 이런 주장은 사실과 맞지 않는다. 예를 들어, 태자당의 대표적 인물 보시라이(薄熙來)는 동시에 두 모습을 보여 주었다. 먼저 랴오닝성 성장 시절에 그는 어느 지도자보다도 개혁적이고 개방적인 모습을 보였다. 그런데 충칭시 당서기 시절에는 과거 회귀적인 정치 행보와 보수적인 정책 성향을 보였다. 혁명 전통의 계승을 강조하고, 혁명 가요 부르기 운동을 주도한 것이 대표적이다. 공공 택지를 활용하여 서민에게 싼 값으로 주택을 공급하는 '충칭 모델(重慶模式)'을 선전한 것은 또 다른 사례다. 반면 공청단의 대표적인 인물인 왕양(汪洋)은 광둥성 당서기 시절에 개혁적이고 개방적인 정치 행보와 정책 성향을 보였다. 국무원 부총리 때에도 이런 성향은 바뀌지 않았다. 이와 같은 사례는 리청 박사의 분류와는 정반대의 양상이다.

한마디로, 파벌을 가지고 특정 지도자나 특정 세력의 정치적 및 정책적 성향을 구분하는 것은 사실을 왜곡할 수 있기 때문에 피해야 한다. 특히 이런 성향은 시진핑 시기 들어 더욱 뚜렷하게 나타난다. 시진핑이 임명한 측근들, 일명 '시진핑 세력'은 기존의 파벌과는 달리 특정한 유형(예를 들어, 태자당이나 공청단파)이 아니라, 모든 유형의 결합(즉 학연, 혈연, 지연의 결합)으로 만들어졌기 때문이다. 따라서 '시진핑 세력'을 엘리트 연합이나 민중 연합으로 부르는 것은 어불성설이다. 정리하면, 이때의 파벌은 '자리 분배를 위한 경쟁 집단'으로 이해해야지 '동일한 정치적 정책적 성향의 정치 집단'으로 보아서는 안 된다.

따라서 특정 개인이나 파벌의 정치 성향보다는 통치 엘리트 전체의 성격 변화에 주목하는 것이 엘리트 정치의 변화나 공산당의 정책 변화를 이해하는 데 도움이 된다. 예를 들어, 중국의 통치 엘리트는 기술 관료형(technocrats) 지도자에서 인문 사회형 지도자로 변화해 왔다. 장쩌민과 후진타오 시기는 '기술 관료의 전성시대'였다.[48] 그런데 2008년 2월 31개 성·자치구·직할시 지도자 270명(성장 31명과 부성장 239명)에게서는 새로운 경향이 나타났다. 즉 기술 관료 출신은 50명으로 전체의 18.5퍼센트에 불과한 반면, 인문 사회 계열 출신이 81.5퍼센트로 절대 다수를 차지했다.[49] 이는 10년 전인 1990년대 후반에 같은 직위의 지도자 중에서 기술 관료가 약 75퍼센트로 절대 다수를 차지했던 상황과 선명한 대조를 이룬다. 시진핑 시대에는 이런 성향이 더욱 분명해졌다.[50]

이처럼 중국의 통치 엘리트는 주어진 시대적 사명을 가장 잘 수행할 조건과 능력을 갖춘 사람들을 중심으로 충원되면서 주류 집단이 변화해 왔다. 이를 간단히 표현하면, 마오쩌둥 시대는 혁명간부(革命幹部, revolutionary cadres)가 주류였고, 덩샤오핑 시대부터 후진타오 집권 전기까지는 기술 관료형 지도자가 주류였다. 그러나 후진타오 집권 말기부터 시진핑 시기까지에는 인문 사회형 지도자가 주류로 등장했다. 앞으로도 이런 성향은 지속될 것이다.

(3) 파벌의 유동성

또한 덩샤오핑 시대에 특정 정치 세력을 보수파 혹은 개혁파로 분류하는 것은 그들의 이념 성향이나 정책 지향이 보수적 혹은 개혁적이라서 그렇게 부르는 것이지, 그들이 어떤 조직을 결성하여 집단적으로 활동했다는 것은 아니다. 마찬가지로 장쩌민 시기와 후진타오 시기에 특정 정치 세력을 상하이방, 공청단파, 태자당으로 분류하는 것은 이들의 활동 지역이나 기관, 혈연을 기초로 이름 붙인 것이지 실제로 어떤 모임을 결성하여 활동했기 때문은 아니다.

공산당은 마오쩌둥 시대나 개혁기 할 것 없이 사적인 친분에서건 정치적 목적에서건 당원이 조직을 결성하여 활동하는 것을 엄격히 금지했다. 이 때문에 공산당에는 '조직으로서의 파벌'은 존재할 수 없다. 실제로 중국 현대 정치사에서 특정 지도자나 정치 집단은 파벌을 조성한 혐의로 숙청되곤 했다. 1953~1954년의 가오강 사건, 1959년의 루산 회의와 펑더화이 반당 집단 사건이 대표적인 사례다. 그래서 커우젠원 교수는 민주 집중제와 함께 파벌 금지를 공산당의 양대 원칙이라고 주장한다.[51] 티위스 교수도 파벌 금지를 공산당의 핵심 규범이라고 강조한다.[52]

그 밖에도 파벌은 유동적일 수 있다. 같은 사람이 특정 분야나 정책에서는 보수파였다가 다른 분야나 정책에서는 개혁파가 될 수 있다는 것이다. 예를 들어, 장쩌민, 후진타오, 시진핑은 경제적으로는 시장경제와 대외 개방을 주장하는 개혁파지만, 정치적으로는 공산당 일당제를 굳건히 옹호하고 자유 민주주의를 비판하는 보수파다. 이는 덩샤오핑의 입장을 그대로 계승한 것이다. 반면 마오쩌둥은 정치적으로나 경제적으로나 철저한 보수파였다. 즉 그는 공산당 일당제와 계획경제를 시종일관 주장했고, 이를 실현하기 위해 대약진운동과 문화대혁명을 추동했다.

비슷하게 과거에는 보수파였지만 나중에 입장이 바뀌어 개혁파가 된 경우도 있다. 자오쯔양이 대표적이다. 그는 국무원 총리 시절에는 시장경제에도 회의적이고 정치적으로도 보수적인 성향을 보였다. 그러나 1987년 공산당 총서기에 선임된 이후에는 시장경제를 적극 지지하고 정치적으로도 개혁적인 성향을 보였다. 1987년 공산당 13차 당대회에서 '당정 분리(黨政分開)'를 핵심 내용으로 하는 정치 개혁 방안을 제시한 것이 이를 잘 보여 준다. 1989년 톈안먼 민주화 운동을 계기로 실각한 후에는 경제적으로는 철저한 시장경제, 정치적으로는 북유럽 방식의 사회 민주주의 도입을 주장하는 '민주 인사'로 바뀌었다.

경우에 따라서는 특정 지도자를 추종하면서 정책 지향이 바뀔 수도 있다. 이는 덩샤오핑 이후 시대에도 마찬가지다. 예컨대 장쩌민이 2004년 중앙군위 주석에서 물러난 이후, 쩡칭훙을 포함하여 상하이방의 주요 지도자들은 후진타오 총서기와 원자바오 총리에 협력적인 태도를 보였다. 상하이방의 일부 인사들이 시대의 대세를 좇아 입장을 바꾼 결과였다. 정리하면 파벌은 고정된 것이 아니다. 이는 파벌 구성원이 어떤 조직에 구속된 것이 아니기 때문에 가능한 일이다.

마지막으로 파벌 투쟁이 반드시 권력 투쟁을 의미하는 것도 아니다. 마오쩌둥 시대에는 주로 마오가 자신과 다른 견해를 가진 지도자를 '계급의 적'으로 규정하여 숙청했다. 문혁 시기에 류샤오치, 펑전, 덩샤오핑은 모두 그렇게 숙청당했다. 그러나 개혁기에는 상황이 변했다. 정책 차이로 구분되는 파벌들이 경쟁했지만, 서로를 제거하려고 시도한 것은 아니다. 덩샤오핑과 천윈 간의 관계가 그렇다. 천윈은 경제 정책과 관련하여 덩의 견해에 동의하지 않았지만, 덩을 정적(政敵)으로 생각하여 몰아내려고 시도한 적은 없다. 물론 그렇지 않은 경우도 있었다. 후야오방과 자오쯔양에 대한 보수파의 공격이 대표적이다. 베이징시 당서기였던 천시퉁(陳希同)에 대한 장쩌민의 공격, 상하이시 당서기였던 천량위(陳良宇)에 대한 후진타오의 공격도 역시 그런 성격을 띠고 있었다. 그러나 모든 파벌 투쟁이 권력 투쟁인 것은 아니었다.

6. 공식 정치와 비공식 정치가 엮어낸 집단지도

집단지도는 정치국 상무위원회를 구성하는 총서기와 다른 상무위원 간의 권력 관계가 원칙적으로 평등하고 실제 정책 결정에서 모두 동등한 한 표를 행사하는 엘리트 정치 체제다. 반면 일인지배는 마오쩌둥이 다른 정치 지도자를 압도하는 권력 관계에서 주요 권한을 독점적으로 행사하는 정치 체제다. 원로지배는 소수의 혁명 원로가 공식 직위를 가진 '제3 세대' 지도자보다 월등한 우위에 있는 권력 관계에서 주요 권한을 행사하는 정치 체제다. 그래서 일인지배에서는 공산당 최고 지도자를 당 주석으로 불렀고, 그 이후 시기에는 총서기로 불렀다. 총서기는 비록 공산당의 최고 지도자지만 당 주석이 행사하는 '최후 결정권'을 행사하지는 못한다. 특히 덩샤오핑 시대의 원로지배에서 총서기는 원로 정치의 '비서실장(秘書長)'에 불과했다.

장쩌민과 시진핑에게 '핵심' 칭호가 주어졌지만, 이것이 집단지도를 허물 정도로 총서기에게 막강한 권한을 부여한 것은 결코 아니다. 다시 말해, '핵심' 칭호도 총서기와 정치국 상무위원 간의 원칙적으로 평등한 권력 관계를 바꾸지는 못한다. 이것은 약해진 총서기의 권한을 강화해 비상 시국에 대처하겠다는 덩샤오핑의 책략에서 시작되어 시진핑에게까지 이어진, 집단지도의 보완 조치다. 원래 총서기는 중요 회의 주재와 서기처 업무 총괄이라는 두 가지 권한을 갖고 있다. 이제 '핵심' 칭호를 얻음으로써 장쩌민과 시진핑은 정책 결정의 최종 조정자와 정책 집행 촉진자로서의 권한을 추가로 갖게 된 것이다.

또한 집단지도는 총서기의 통치 스타일에 따라 조금씩 변형된 형태로 운영되고 있다. 장쩌민과 시진핑은 유사한 통치 스타일을 보였다. 그들은 권력 집중을 선호하고, 이를 실현하기 위해 영도소조를 강화하고, 개인 숭배를 조장하기까지 했다. 특히 시진핑 시기에 등장한 '영도소조 정치'는 이전에는 없었던 새로운 현상이다. 반면 후진타오는 정반대였다. 이는 후진타오가 처한 조건인 미약한 권력 기반과 파벌의 지지 부족 등을 만회하기 위한 전략이었다고 볼 수 있다. 예를 들어, 후진타오는 상하이방과 태자당이 주도하는 정치국 상무위원회 대신에 공청단파가 대거 포진하고 있는 정치국을 정책 결정의 핵심 기구로 선택했다. 퇴임한 장쩌민과 그 파벌이 정치에 개입하는 것을 최소화하기 위해 공식 정치와 당내 민주주의를 강화하려는 정책을 추진하기도 했다.

파벌 정치라는 비공식 정치도 집단지도가 발전하는 데 일정한 역할을 담당했다. 물론 앞 장에서 살펴보았듯이, 집단지도는 엘리트 정치의 제도화와 그것을 기반으로 등장하는 공식 정치의 발전 없이는 존재할 수 없다. 이런 점에서 집단지도와 공식 정치는 함께 간다. 그러나 실제 정치 현실은 공식 정치뿐만 아니라 비공식 정치도 존재하고, 엘리트 정치에서는 비공식 정치(즉 파벌 정치)가 여전히 공식 정치 못지않은 영향력을 행사한다. 이런 점에서 집단지도는 공식 정치와 비공식 정치의 상호 작용 속에 등장하여 발전했다고 말할 수 있다. 실제로 이것이 어떤 모습을 보이는지는 다음 장의 사례 분석을 통해 잘 이해할 수 있을 것이다.

9장   집단지도의 실제

 장쩌민 시기(1992~2002년)와 후진타오 시기(2002~2012년)에 집단지도가 실제로 어떻게 운영되었는가를 이해하기 위해서는 주요 정책과 인사 문제가 어떻게 결정되었는지를 살펴볼 필요가 있다. 이런 사례 분석을 통해 우리는 엘리트 정치의 제도화는 비공식 정치(파벌 정치)와 공식 정치가 상호 작용하면서 진행되었다는 사실을 이해할 수 있을 것이다. 또한 엘리트 정치에서 여러 파벌 간의 대립과 갈등을 통해 집단지도가 실제로 운영되고 있다는 사실도 확인할 수 있을 것이다.

 여기서는 세 가지 사례를 살펴보려고 한다. 이 세 가지 사례는 정치 개혁에서 중요한 조치였고, 엘리트 정치의 제도화와 안정화에 큰 기여를 했다고 평가할 수 있다. 첫째는 정치국 상무위원과 정치국원을 대상으로 한 연령제의 도입이다. 이것은 1997년 공산당 15차 당대회에서 '70세 규범'이 도입된 이후 2002년 공산당 16차 당대회에서 다시 '68세 규범'이 도입되면서 이루어졌다. 연령제는 임기제와 함께 집단지도의 발전에 매우 중요한 비공식 규범이다.

둘째는 정치국 상무위원과 정치국원을 좀 더 민주적으로 선출하기 위해 도입된 민주 추천제(民主推薦制)다. 이것은 2007년 공산당 17차 당대회에 처음 도입되어 정치국원을 선발하는 데 실행되었다. 이후 2012년 공산당 18차 당대회에서는 정치국원뿐만 아니라 정치국 상무위원을 선발하는 데도 사용되었다. 또한 이때 전국인대, 국무원, 전국정협의 지도부를 선출하는 데도 민주 추천제가 적용되었다. 이와 같은 민주 추천제가 어떻게 도입되었고, 어떤 과정을 거쳐 변형되어 사용되고 있는가를 살펴보려고 한다.

셋째는 장쩌민이 중앙 군사위원회(중앙군위) 주석을 사직하게 되는 과정과 결과다. 2002년 공산당 16차 당대회에서 장쩌민은 후진타오에게 공산당 총서기는 이양했지만 중앙군위 주석은 이양하지 않았다. 덩샤오핑이 자기에게 했던 그대로 '점진적 권력 이양' 방식을 선택한 것이다. 이에 따라 후진타오는 최고 지도자로서의 권한을 제대로 행사할 수 없었다. 장쩌민이 중앙군위 주석을 사직한 것은 그로부터 2년 뒤인 2004년 9월 공산당 16기 중앙위원회 4차 전체회의(16기 4중전회)에서였다. 이때 비로소 장쩌민에서 후진타오로 완전한 권력 승계가 이루어졌다. 이 과정을 자세히 살펴볼 것이다.

1. 연령제의 도입

중국의 최고 통치 엘리트, 즉 정치국 상무위원과 정치국원을 대상으로 하는 연령제는 순차적으로, 주요 지도자 간의 투쟁과 타협을 통해 비공식 규범의 형태로 도입되었다. 먼저 '70세 규범'이 1997년 공산당 15차 당대회에서 도입되었다. 이어서 '68세 규범'이 2002년 공산당 16차 당대회에서 등장했다. 이후 현재까지 '68세 규범'은 공산당 지도부의 인선 규범으로 유효하다.

(1) 연령제의 중요성

권위주의 국가의 엘리트 정치에서는 통치 엘리트의 정기적인 순환이 매우 중요하다. 이것이 권력 투쟁을 완화하고 정치 안정을 유지하는 데 필수적이기 때문이다. 만약 특정 대통령이 종신제로 집권한다면 다른 지도자나 파벌이 권력을 장악할 가능성이 낮고, 쿠데타나 다른 폭력적인 방식으로 권력을 찬탈하려고 시도할 가능성이 높다. 반면 대통령이 임기를 마친 후에는 물러나고 다른 지도자가 그 직위를 맡는다면, 폭력적인 권력 투쟁이 발생할 가능성은 낮다. 조금만 기다리면 자신에게도 차례가 오기 때문에 위험을 무릅쓰고 무리한 방법으로 권력을 찬탈할 이유가 없기 때문이다. 멕시코의 제도혁명당(Institutional Revolutionary Party)이 장기 집권을 유지한 중요 요인 중의 하나가 바로 이와 같은 통치 엘리트의 정기적인 순환이었다.[1]

또한 통치 엘리트의 정기적인 순환은 정치에 활력을 불어넣고, 집권 세력이 변화하는 국내외의 상황에 능동적으로 대처하기 위해서도 필요하다. 특히 중국처럼 개혁 개방을 공산당의 핵심 노선으로 결정하여 추진할 경우에는 시장경제와 대외 개방을 지도할 수 있는, 교육 수준이 높으며 전문 지식을 보유한 유능한 통치 엘리트를 충원하는 것이 매우 중요하다. 혁명 원로는 개혁 개방을 추진할 능력과 전문 지식이 부족하기 때문이다. 이를 위해서는 정기적으로 기존의 통치 엘리트가 물러나고 새로운 엘리트가 충원되어야 한다.

통치 엘리트의 정기적인 순환을 위해서는 두 가지 조건이 필요하다. 첫째는 임기제 시행이다. 중국의 경우, 1982년에 새로운「헌법」이 제정되면서 국가 기관 책임자에 대한 임기 규정이 신설되었다. 그 결과 국가 주석, 전국인대 위원장, 국무원 총리, 전국정협 주석은 1회만 연임(즉 10년)할 수 있다. 단「헌법」규정에는 "국가 중앙군위 주석"에 대한 규정이 없다. 사실 "국가 중앙군위"는 공산당 산하의 "중앙군위"와 같은 조직이고, 군은 국가가 아니라 공산당의 지도(領導)를 받기 때문에「헌법」에 임기 규정을 두는 것이 어색하기는 하다. 참고로 국가 주석은 2018년 3월에 열린 13기 전국인대 1차 회의에서「헌법」이 개정되어 연임 제한 규정이 폐지되었다.

이를 이어 2006년에「당정 영도간부 직무 임기 임시(暫行) 규정」이 제정되면서 공산당 총서기와 중앙군위 주석을 제외한 모든 공산당과 국가 기관의 영도간부에 대해 '동직(同職) 2회 10년, 동급(同級) 15년 제한' 원칙이 수립되었다. "당정 영도간부는 동일 직위에 연속 2회의 임기에 도달하면 그 직위에 다시 추천, 제청(提名) 혹은 임명하지 않는다." 또한 "당정 간부는 동일 층위(層位)의 영도 직무에서 누적하여 15년에 도달하면 동일 층위 영도 직무에 다시 추천, 제청 혹은 임명하지 않는다."[2] 이런 과정을 거쳐 현재 공산당 총서기, 중앙군위 주석, 국가 주석을 제외한 모든 공산당과 국가의 직위에 임기제가 실행되고 있다.

둘째는 연령제 시행이다. 마오쩌둥 시대에는 직무가 종신제였다. 그래서 최고 통치 엘리트들은 건강 이상이나 정치적인 문제가 아니면 죽을 때까지 직위에 남아 있었다. 마오와 저우언라이도 1976년에 사망함으로써 각각 공산당 주석(중앙군위 주석 겸직)과 국무원 총리에서 물러났다. 개혁기에 들어 연령제가 도입되어야 한다는 주장이 공감을 얻었다. 덩샤오핑이 이를 주도했다. 개혁 개방을 추진하기 위해서는 젊고 유능한 통치 엘리트가 필요했기 때문이다. 예를 들어, 그는 1987년 공산당 13차 당대회에서 혁명 원로 전원이 정치국 상무위원회와 정치국에서 물러날 것을 제안했고, 실제로 그렇게 되었다. 단 덩이 중앙군위 주석, 천윈이 중앙 고문위 주임, 리셴녠이 전국정협 주석, 양상쿤이 국가 주석을 맡음으로써 이들의 은퇴는 반쪽짜리로 끝났다.[3]

그러나 혁명 원로가 아닌 장차관급(省部級) 간부의 퇴임 연령은 1982년에 공산당 중앙이 「퇴임 규정」을 제정하면서 모두에게 일괄적으로 적용되었다. 이에 따르면, 장관급(省部級正職)은 65세, 차관급(省部級副職)은 60세를 정년으로 한다. 다만 상황과 조건에 따라 개별적인 퇴임 연령은 조정할 수 있다. 예를 들어, 장관급으로 65세의 퇴임 연령에 도달했지만 신체가 건강하고 업무상 필요하면 퇴임을 2~3년 미룰 수 있다. 이런「퇴임 규정」에 따라 1980년대에 나이가 든 장차관급 고위 간부가 대규모로 퇴임하고, 이들을 대신하여 학력 수준이 높고 전문 지식도 갖춘 새로운 간부가 충원되었다.

혁명 원로를 포함한 모든 당정 간부에게 연령제가 일괄적으로 적용된 것은 장쩌민 시기에 들어와서다. 이때에는 대부분의 혁명 원로들이 나이가 들어 사망했거나 활동을 중지했기 때문에 이것이 가능했다. 예를 들어, 1997년 공산당 15차 당대회를 앞두고 중앙위원에게는 '65세 원칙'이 적용되었다. 연임하는 중앙위원 후보자는 장관급은 65세, 차관급은 60세 이하만 추천하고, 신임 중앙위원 후보자는 62세 이하만 추천하라는 지시가 하달되었던 것이다. 이후에 중앙과 지방의 모든 장관급 간부는 65세, 차관급 간부는 60세가 정년이 되는 연령제가 확립되었다. 다만 새로운 임기를 시작해야 하는 시점에서 볼 때, 만약 현직 부장(部長)이나 성장(省長)이 63세면 유임하고, 64세 이상이면 일선에서 물러나 의회(즉 전국인대와 지방인대)나 통일전선 조직(즉 전국정협과 지방정협)과 같은 한직(閒職)에 발령하는 조치가 취해졌다.4)

(2) '70세 규범': 공산당 15차 당대회(1997년)

그런데 정치국 상무위원을 대상으로 하는 연령제는 1997년 공산당 15차 당대회를 준비하는 과정에서 결의되었고, 실제 집행은 당대회 기간에 이루어졌다. 그것도 총서기 장쩌민과 그 경쟁자인 전국인대 위원장 차오스 사이 권력 투쟁의 결과로 도입되었다. '70세 규범'이 그것이다.

주룽지 당시 국무원 부총리의 설명에 의하면, '70세 규범'은 1997년 5월에 열린 정치국 상무위원회 회의와 그해 8월에 열린 정치국 회의에서 "결의"되었다. "원칙상 당 지도자(領導)는 임기가 되어 교체할 때, 70세를 넘으면 은퇴한다. 단 특수한 상황, 특별한 시기 및 전략상의 요구가 있을 때, 개별 지도자는 예외로 한다."라는 것이다.[5] 이처럼 '70세 규범'은 최고 엘리트 간의 합의에 따른 자율적인 조치였지 강제 규정은 아니었다.

한편 '70세 규범'에 대해 당시 정치국 상무위원이면서 국가 부주석이었던 후진타오는 1998년 3월 전국인대 대표단 당위원회 회의에서 다음과 같이 설명했다.

> 공산당은 총서기, 국가 주석, 전국인대 위원장, 국무원 총리, 전국정협 주석, 중앙군위 주석과 부주석에 대한 연령 제한을 정하지 않았다. 단지 전체 업무에 영향을 미치지 않는 전제 하에 자원(自願)하여 퇴진한다는 합의(共識)가 형성되었다.[6]

이처럼 공산당 15차 당대회(1997년) 직전에 '70세 규범'이 정치 엘리트 사이에 "결의"는 되었지만, 그것은 "강제 조항"이 아니라 "자율적 조치"일 뿐이었다. 이런 상황에서 공산당 15차 당대회가 다가

오면서 70세가 넘은 지도자들 중에서 누가 물러나고 누가 남을 것인가를 두고 치열한 눈치작전과 권력 투쟁이 전개되었다. 이에는 중앙군위 부주석인 류화칭(劉華淸, 81세), 중앙군위 판공청 주임인 양바이빙(楊白冰, 77세), 전국인대 위원장인 차오스(喬石, 73세), 공산당 총서기이면서 중앙군위 주석 및 국가 주석인 장쩌민(71세), 국무원 부총리인 저우자화(鄒家華, 71세)가 포함되었다.

구체적으로 당시에 인선 관련 핵심 쟁점은 세 가지였다. 첫째, 차오스의 퇴진 문제다. 국무원 총리를 연임한 리펑(李鵬)은 「헌법」 규정에 따라 총리 자리에서 물러나야만 했다. 이런 상황에서 리펑은 전국인대 위원장직을 원했는데, 이를 위해서는 차오스가 은퇴해야만 했던 것이다. 둘째는 정치국 상무위원을 7인에서 9인으로 확대하는 문제다. 장쩌민은 상하이방을 증원하려고 9인제 정치국 상무위원회를 주장했다. 셋째는 인민해방군 대표의 정치국 상무위원 할당 문제다. 즉 류화칭 후임으로 군 대표를 선출할지, 아니면 민간 정치인으로 대체할지가 쟁점이었다.

이에 대한 장쩌민의 구상은 분명했다. 9인제 정치국 상무위원회의 도입을 전제로, 첫째, 차오스를 퇴임시키고 그 자리에 리펑을 앉힌다. 만약 차오스가 퇴임을 거부하면 공산당 주석제를 부활하여 자신이 주석, 리펑이 부주석에 취임한다. 둘째, 덩샤오핑이 임명한 류화칭을 퇴임시키고, 대신 자기 세력인 츠하오톈(遲浩田, 당시 국방장관)과 장완녠(張萬年, 당시 중앙군위 부주석)을 정치국 상무위원에 임명한다. 셋째, 상하이방인 우방궈(吳邦國, 당시 국무원 부총리)와 덩관건(丁關根, 당시 공산당 중앙 선전부장)을 정치국 상무위원에 임명한다. 이에 대해 리펑은 동의했지만, 차오스와 류화칭은 반대했다. 또한 다른 정치국 상무위원이었던 리루이환, 주룽지, 후진타오도 미온적인 태도를 보였다. 그 결과 공산당 15차 당대회 직전까지도 정치국 상무위원회의 인선이 매듭지어지지 않았다.[7]

결국 공산당 15차 당대회 개회 기간에 혁명 원로도 참석하는 정치국 확대회의가 개최되어 인선이 완료되었다. 먼저, 장쩌민이 70세 이상은 전원 퇴임하자고 선제적으로 제안했다. 당대회 대표들이 최고 지도부의 연소화를 원한다고 주장하면서, 이번에 자신도 퇴임하겠다고 선언했다. 이에 혁명 원로인 보이보(薄一波, 89세)가 중재자로 나섰다. 공산당은 연소화뿐만 아니라 정치 안정도 필요하고, 장쩌민은 그해 10월에 미국을 방문할 예정이니 유임되어야 한다는 것이었다. 또한 장쩌민은 '제3 세대' 지도자의 '핵심'이고, 새로운 지도부는 아직 안정되지 않았기 때문에도 유임이 필요하다고 주장했다. 그래서 보이보는 장쩌민을 제외한 모든 70세 이상의 지도자들이 모범을 보이기 위해 전원 퇴진하자는 수정안을 제안했다. 갑자기 허를 찔린 차오스와 다른 70세 이상자들은 보이보의 사직 제안을 수용할 수밖에 없었다.

물론 반대급부로 장쩌민도 양보를 해야만 했다. 첫째, 자신이 70세가 넘었는데도 유임하는 조건으로 5년 후 개최될 공산당 16차 당대회(2002년)에서는 모든 직위에서 물러날 것에 동의한다. 둘째, 차오스와 류화칭이 반대하는 9인제 정치국 상무위원회를 포기한다. 셋째, 자신이 추천한 4인의 정치국 상무위원 후보인 우방궈, 츠하오톈, 장완녠, 딩관건도 포기한다. 넷째, 차오스가 물러난 정치국 상무위원 자리에는 차오스가 추천한 웨이젠싱(尉健行)을 임명한다. 다섯째, 류화칭의 자리는 국무원 부총리인 리란칭(李嵐淸)으로 대체하고, 자신이 추천한 군 대표인 츠하오톈과 장완녠은 정치국 상무위원이 아니라 정치국원으로 선임한다.[8] 이처럼 파벌 간의 타협이 이루어져 '70세 규범'이 도입되었다.

(3) '68세 규범': 공산당 16차 당대회(2002년)

2002년 공산당 16차 당대회에서 '68세 규범'이 도입된 것도 비슷한 과정을 통해서였다. 당시 68세에 달한 전국정협 주석 리루이환을 퇴임시키기 위한 조치로서 '68세 규범'이 도입된 것이다. '70세 규범'을 적용하면 장쩌민, 리펑, 주룽지는 은퇴해야 하지만, 68세인 리루이환은 '제3 세대' 지도자 중 유일하게 정치국 상무위원에 남아 전국인대 위원장직을 맡을 수 있다. 이렇게 되면 장쩌민이 은퇴 이후에도 정치 주도권을 장악하는 데 장애가 될 가능성이 컸다. 특히 리루이환은 사사건건 장쩌민과 대립했기 때문에 장쩌민의 고민이 클 수밖에 없었다. 결국 리루이환도 동반 은퇴시키는 것이 필요했고, 이를 위해서는 '70세 규범'이 아니라 '68세 규범'을 내세울 필요가 있었다. 리는 당시 68세였기 때문이다.

공산당 16차 당대회(2002년)를 앞두고, 장쩌민은 두 가지 작업을 동시에 추진했다. 하나는 자신을 포함한 정치국 상무위원 전원의 퇴임이다. 여기에는 당연히 리루이환도 포함된다. 다른 하나는 자신의 중앙군위 주석 유임이다. 뒤의 작업은 공산당 15차 당대회(1997년)에서 혁명 원로와 다른 정치국 상무위원에게 5년 후에는 모든 직위에서 물러날 것이라고 약속한 일이 있어 추진이 쉽지 않은 상황이었다.

먼저 장쩌민은 2001년 7~8월에 열린 베이다이허 회의에서 완전한 세대 교체를 위한 분위기 조성에 나섰다. 그 결과 이 회의에서 리루이환은 조기에 퇴진하겠다고 선언했다. 또한 2001년 여름 유럽연합(EU) 정상회의에 참석 중이던 주룽지도 퇴임하겠다고 선언했다. 같은 해 9월 북한을 방문 중이던 장쩌민도 모두 퇴임할 것이라고 말하면서 약간의 여운을 남겼다. "우리는 하루에 15~16시간 정도 일할 만큼 정신이 멀쩡하지만, 우리의 은퇴는 이미 결정되었다." 이렇게 해서 정치국 상무위원의 전원 퇴임 분위기는 형성되었다.

한편 장쩌민은 정치국 상무위원은 그만두지만 중앙군위 주석은 유임하기 위해 고군분투했다. 먼저 2002년 1월부터 자신의 유임을 주장하는 여론을 조성했다. 지방 지도자와 군 지도부가 정치 안정을 위해 장이 유임해야 한다고 주장한 것이다. 특히 군 지도부는 장이 중앙군위 주석뿐만 아니라 공산당 총서기도 유임해야 한다고 주장했다. 그러나 반대 주장도 만만치 않았다. 예를 들어, 2002년 7~8월의 베이다이허 회의에서 보이보는 정치국 상무위원회에 편지를 보내 덩샤오핑이 주장한 종신제 폐지를 지지한다고 밝혔다. 이는 간접적으로 장쩌민의 퇴진을 압박하며 5년 전에 한 약속을 지키라고 경고한 것이었다.

결국 인선 문제는 공산당 16차 당대회 직전인 2002년 10월에 개최된 정치국 회의에서 확정되었다. 이 회의에서 장쩌민은 리루이환의 퇴진을 기정사실화했다. 리가 조기에 퇴진하겠다고 선언했는데, 이는 당의 활력을 위해 좋은 일이라는 것이다. 장쩌민의 오른팔인 쩡칭훙은 리루이환의 '생활 문제'를 보여 주는 증거를 수집하여 제시했다. 리의 형이 부패했고, 여배우와 염문설이 있다는 것이다. 이는 리에게 모욕을 주어 퇴진시키려는 전략이었다. 이런 과정을 거쳐 리의 퇴임은 확정되었고, 장쩌민 측근으로 당시 베이징시 당 서기였던 자칭린(賈慶林)이 전국정협 주석의 후임으로 결정되었다. 이렇게 해서 결정된 '68세 규범'은 현재까지 중앙군위 주석과 국가주석(부주석)을 제외한 전 직위에 적용되고 있다.

마지막으로 공산당 16차 당대회 직후에 개최된 정치국 확대회의에서 장쩌민의 중앙군위 주석 유임이 결정되었다. '대만(臺灣) 문제'의 복잡성 등으로 연륜 있는 지도자가 필요하다는 근거에서였다.[9] 이렇게 해서 장쩌민은 연령 제한에서 다시 한번 예외가 되었다. 이 무렵에 장쩌민은 자신이 5년 전 혁명 원로 및 다른 정치국 상무위원과 했던 약속을 무시할 수 있을 정도로 권력이 강대해졌던 것이다.

참고로 공산당 16차 당대회(2002년)에서는 장쩌민이 5년 전에 주장했던 9인제 정치국 상무위원회 제도가 도입되었다. 이는 장쩌민의 권력이 강해졌다는 사실을 보여 주는 또 다른 증거다. 최대 수혜자는 상하이방이었고, 최대 피해자는 후진타오 신임 총서기였다. 물론 9인제는 각 파벌에게 자리를 배분함으로써 파벌 투쟁의 격화를 방지한 측면도 있었지만, 이는 상하이방을 충원하기 위한 정략적 색채가 농후한 조치였다.

또한 공산당 16차 당대회 준비 과정에서는 공산당 중앙위원에 대한 연령 기준이 더욱 엄격하게 적용되었다. 먼저 연임하는 중앙위원은 64세 이하로 제한했다. 또한 신임 중앙위원의 경우, 장관급은 62세 이하, 차관급은 57세 이하로 제한했다.[10]

이상에서 살펴보았듯이, 모든 당정 간부를 대상으로 하는 임기제는 당내의 합의를 통해 비교적 순조롭게 집행되었다. 또한 장차관급(省部級) 이하의 당정 간부에게 적용되는 연령제도 일괄 도입되어 전체 대상에 철저하게 적용되었다. 이런 점에서 임기제와 장차관급 이하를 대상으로 하는 연령제는 파벌 정치와는 직접적인 관계가 없이 도입된 제도라고 말할 수 있다. 동시에 이는 엘리트 정치의 안정에 필요한 제도가 통치 엘리트의 합의를 통해 이루어졌다는 사실을 보여 준다.

그러나 정치국 상무위원이나 정치국원과 같은 최고 통치 엘리트에 적용되는 연령제는 결코 그렇지 않았다. 공산당 15차 당대회(1997년)에 도입된 '70세 규범,' 16차 당대회(2002년)에 도입된 '68세 규범'은 모두 장쩌민을 중심으로 하는 상하이방이 경쟁 세력인 차오스와 리루이환을 퇴임시키려는 정략적 차원에서 도입한 제도였다. 그러나 도입 과정이야 어쨌든 '68세 규범'은 현재까지도 중앙군위 주석과 국가 주석(부주석)을 제외한 모든 공산당 및 국가 직위에 적용되어 엘리트 정치의 안정에 기여하고 있다. 이처럼 파벌 투쟁이라는 비공식 정치는 종종 엘리트 정치의 제도화를 초래하고, 이를 통해 공식 정치가 더욱 발전하게 되었다.[11]

2. 민주 추천제 도입

덩샤오핑 시대의 원로지배에서는 혁명 원로들이 협의하여 정치국 상무위원과 정치국원을 결정했다. 실제로는 덩샤오핑, 천윈, 리셴녠 3인이 결정하면 다른 혁명 원로들이 동의하는 방식으로 인사 문제가 결정되었다. 공산당의 공식 권력 기구인 정치국 상무위원회나 정치국은 혁명 원로들이 결정한 내용을 추인하는 '고무도장(橡皮圖章)'에 불과했다. 공산당 12차 당대회(1982년), 13차 당대회(1987년), 14차 당대회(1992년)의 인선은 모두 이렇게 결정되었다.[12]

그런데 2007년 공산당 17차 당대회를 준비하면서 민주 추천제가 도입되었다. 민주 추천제는 혁명 원로나 공산당 총서기 등 소수의 최고 지도자가 아니라, 공산당 중앙위원을 비롯한 350~400인 정도의 고위 통치 엘리트가 일종의 선거인단이 되어 미리 준비된 약 200인의 예비 후보 중에서 정치국 상무위원과 정치국원을 추천하는 제도를 말한다.

당시까지 정치국 상무위원이나 정치국원과 같은 최고 통치 엘리트의 선임은 소수의 혁명 원로 혹은 정치 원로와 정치국 상무위원들의 전유물이었다. 공식적인 후보 명단은 정치국에서 추인되고, 최종적으로는 그 명단이 중앙위원회에 제출되어 선거를 통해 확정된다. 그러나 실제 인선은 덩샤오핑 시대에는 혁명 원로들, 장쩌민 시기에는 정치 원로와 정치국 상무위원들이 밀실에서 결정했다. 따라서 당시까지는 중앙위원급이 정치국 상무위원과 정치국원의 인선에 직접 참여한다는 것은 생각하기 어려운 일이었다. 이런 상황에서 민주 추천제가 도입된 것이다.

재미있는 점은, 민주 추천제가 정치국 상무위원과 정치국원을 대상으로 하는 연령제처럼 파벌 정치라는 권력 투쟁의 산물이었다는 사실이다. 여러 파벌 간의 치열한 내부 경쟁과 약한 총서기(즉 후진타오)를 배경으로, 또한 이런 중대한 문제가 교착 상태에 빠져 최종 결정을 할 수 없을 때 조정해 줄 수 있는 덩샤오핑과 같은 카리스마적 리더십을 가진 지도자가 사라진 상황에서, 후계자를 선정하는 새로운 제도로서 민주 추천제가 도입되었다. 만약 후진타오 세력과 장쩌민 세력 간에 타협을 통해 이 문제를 해결할 수 있었으면 민주 추천제는 도입되지 않았을 것이다. 이들 간의 파벌 투쟁이 격렬했고, 그 결과 어떤 결론도 내릴 수 없게 된 상황에 이르러 쩡칭훙은 새로운 제도를 도입하여 돌파구로 삼고자 했던 것이다.

구체적으로, 공산당 17차 당대회(2007년)에서는 후진타오의 뒤를 잇는 총서기 후보가 결정되어야만 했다. 연령 규정에 따라 여러 후보 중에서 보시라이는 당시에 이미 58세여서 최종 후보군에서 제외되었다. 결국 최종 후보는 시진핑(당시 54세)과 리커창(당시 52세)으로 압축되었다. 장쩌민 입장에서 보면, 리커창은 후진타오 계열(즉 공청단파)로서 그가 총서기가 되면 상하이방과 태자당의 영향력이 약화될 것이 우려되었다. 따라서 어떻게 하면 시진핑을 총서기 후보로 선출할 것인가를 고민하게 되었다. 가장 좋은 그림은 시진핑을 총서기 후보, 리커창을 총리 후보로 결정하는 것이다. 그러나 당시에는 이 문제를 장쩌민이나 특정 파벌이 독단적으로 결정할 수는 없었다.

　이때 장쩌민의 오른팔인 쩡칭훙이 민주 추천제를 도입하자고 주장했다.[13] 민주 추천제는 이미 지방에서 공산당과 국가 기관의 지도자를 선발할 때 널리 사용되고 있던 민주적 인선 제도의 하나였다. 예를 들면 이런 식이다. 어느 지역의 공산당 서기와 부서기, 지방 정부의 시장과 부시장, 지방 인민대표대회(지방인대)의 주임과 부주임 등의 지도자는 '공산당의 간부 관리(黨管幹部)' 원칙에 따라 상급 공산당 위원회가 결정한다. 이때 상급 당위원회의 조직부는 먼저 조사와 검토를 통해 예비 후보 명단을 작성한다. 이후 상급 조직부는 해당 기관의 당정 간부들에게 예비 후보를 대상으로 추천 투표(일종의 선호도 조사)를 실시하도록 지시한다. 마지막으로 상급 조직부는 투표 결과를 중요한 선발 근거로 삼아 최종 후보 명단을 작성하여 상급 당위원회에 제출한다. 이렇게 제출된 명단에 따라 지도자가 결정된다.[14] 이것을 공산당 중앙의 최고 통치 엘리트를 선발하는 데도 사용하자고 쩡칭훙이 제안했던 것이다.

민주 추천제는 두 가지 방식으로 실행된다. 첫째는 투표 방식이다. 이는 민주 추천 회의를 소집하여 350~400인의 중앙위원과 정치 원로로 구성된 선거인단이 사전에 준비된 약 200인의 예비 후보를 대상으로 '추천 투표(推薦票)'를 실시하는 방식이다. '추천 투표'라는 부르는 이유는, 「당헌」에 따르면 정치국 상무위원과 정치국원은 중앙위원이 선출하기 때문에 이들은 단지 최종 후보를 추천하는 투표를 한다는 의미다. 둘째는 면담 방식이다. 이는 총서기를 비롯한 현직 정치국 상무위원이 350~400인의 중앙위원 및 정치 원로들과 개별 면담을 진행하고, 이를 통해 약 200인의 예비 후보 중에서 최종 후보를 추천받는 방식이다.[15] 첫째 방식은 공산당 17차 (2007년), 18차(2012년) 당대회를 준비하면서, 둘째 방식은 공산당 19차 당대회(2017년)를 준비하면서 실시되었다.

(1) '투표 방식'의 민주 추천제

먼저 투표 방식으로 실시된 민주 추천제를 살펴보자. 공산당 17차 당대회를 앞둔 2007년 6월 25일 베이징의 중앙당교에서는 공산당 제16기 중앙위원, 혁명 원로와 정치 원로 등 400여 명이 참석하는 '당원 영도간부 회의(黨員領導幹部會議)'가 개최되었다. 이들은 정치국 상무위원회가 사전에 제출한 200명의 정치국원 '예비 후보'를 대상으로 '추천 투표'를 실시했다.

이때 후진타오는 인선 기준으로 세 가지를 제시했다. 첫째는 당성(黨性), 즉 공산당 이념의 충실한 집행 정도와 공산당 중앙과의 일치 정도다. 둘째는 능력·경험·업적과 군중과의 관계다. 셋째는 업무 태도(工作作風)와 청렴도다. 투표 결과는 시진핑이 압도적인 표 차로 1위를 차지했고, 리커창(李克强)이 2위였다. 그 뒤를 허궈창(賀國强)과 저우융캉이 이었다.

민주 추천 회의를 개최한 이후에도 후계자를 확정하기 위한 작업은 계속되었다. 당시 쩡칭훙은 후계자의 기준으로 다섯 가지를 제시했다. 첫째, 나이는 45~55세, 둘째, 후보와 가족이 부패하지 않았을 것, 셋째, 후보가 정치 경력에서 시험을 거쳤고 공산당 15차 및 16차 당대회의 결정 사항을 충실히 집행했을 것, 넷째, 후보가 국가 미래에 열망이 있을 것, 다섯째, 후보가 공산당 내외에서 받아들여질 것이 그것이다. 이후 정치국은 12회의 토론 및 평가를 거쳐 리커창, 왕양(汪洋), 링지화(令計劃), 시진핑, 리위안차오(李源潮) 등 5인을 최종 후보로 확정했다. 이후 완리, 장쩌민, 쑹핑, 차오스, 류화칭 등 정치 원로들의 의견을 청취했는데, 이들은 모두 시진핑을 선호했다.[16)]

그런데 민주 추천 과정에서 시진핑이 총서기 후보로 선출된 것이 단지 장쩌민과 쩡칭훙의 '농간' 때문이라고 오해해서는 안 된다. 당시 시진핑은 리커창뿐만 아니라 다른 어떤 차세대 지도자에 견주어도 두드러지게 이름이 알려져 있었고, 통치 엘리트들로부터도 많은 지지를 받고 있었다. 이를 잘 보여 주는 것이 2006년 천량위(陳良宇) 상하이시 당서기가 부패 혐의로 실각한 이후 그 후임자를 물색하는 과정에서 실시된 상하이시 지역의 '추천 투표' 결과였다. 공산당 중앙 조직부는 2007년 1월에 상하이시에서 2,000여 명의 당정 간부 중에서 임의로 추출한 400명의 당정 간부를 대상으로 '추천 투표'를 실시했다. 누가 차기 상하이시 당서기로 적합한가를 묻는 조사였다. 결과는 시진핑이 가장 높은 평가를 받았다. 이를 근거로 공산당 중앙은 2007년 3월에 시진핑을 상하이시 당서기로 임명했다.[17] 이처럼 이 무렵 시진핑은 이미 유력한 차기 지도자로 인정받고 있었다.

이렇게 도입된 투표 방식의 민주 추천제는 2012년 공산당 18차 당대회를 준비하는 과정에서 확대 실시되었다. 우선, 2012년 5월 중순에 중앙위원 등 모두 370여 명의 최고위급 당정 간부가 참여하는 '당원 영도간부 회의'가 개최되었다.[18] 여기서는 세 가지 사항이 처리되었다. 첫째, '민주 추천'이 실시되었다. 정치국이 제시한 200인의 '초보 예비 후보'를 대상으로 참가자들은 두 종류의 '민주 추천표'를 행사했다. 하나는 정치국 상무위원의 후보 명단(5인) 추천이고, 다른 하나는 신임 정치국원 후보 명단(10~15인) 추천이다.

둘째, 정치국 상무위원회의 규모를 9인에서 7인으로 축소하는 문제가 논의되었다. 7인제를 도입하면 정치국 상무위원회가 좀 더 효율적으로 정책을 결정할 수 있고, 동시에 과도하게 비대해진 정법위원회(政法委員會) 서기의 권한도 축소할 수 있다는 것이 그 근거였다. 실제로 공산당 18차 당대회 이후 7인제가 복원되고 정법위원회 서기는 정치국 상무위원이 아니라 정치국원이 맡게 되었다. 셋째, 기타 당내 민주주의의 확대와 관련된 다양한 의견 수렴이 있었다.

이어서 정치국은 민주 추천 과정에서 다수표를 얻은 후보자를 중심으로 '후보 명단'을 작성하여 정치 원로들의 의견을 청취하는 절차에 들어갔다. 이는 8월 초순에 개최된 베이다이허 회의에서 집중적으로 이루어졌다.[19] 그런데 이때에는 정치국 상무위원의 선임을 놓고 의견이 통일되지 않아 확정된 명단을 작성하지 못했다. 그래서 당대회 개최 일자를 일찍 발표하지 못했던 것이다. 이후 몇 차례의 비공식 협상을 통해 인선안이 확정되었고, 이것이 2012년 10월 22일에 개최된 정치국 회의에서 승인되었다.[20] 이런 공식 승인 이후에도 인선안을 놓고 설왕설래가 계속되었고, 그 과정에서 일부 조정이 이루어지기도 했다.[21]

공산당 18차 당대회(2012년)의 인선 기준도 공산당 17차 당대회 준비 과정에서 제기된 것과 같았다. 우선 정치국 상무위원은 67세 이하라는 연령 기준 외에, 정치국원은 장관급(正部級) 이상의 직책을 역임했어야 하고, 정치국 상무위원은 정치국원을 역임했어야 한다는 경력 조건이 제시되었다. 네 가지의 '주관적 조건'도 제시되었다. 첫째는 정치 조건이다. 정치가 견실하고, 중국 특색의 사회주의 기치를 높이 들고, 덩샤오핑 이론과 삼개대표 사상을 견지하며, 과학적 발전관을 깊이 관철하고, 당의 노선·방침·정책의 관철을 견지하며, 당 중앙과 고도의 일치를 유지하는 것이다. 둘째는 능력과 경험이다. 지도 능력이 강하고, 실천 경험이 풍부하며, 정확한 정치 업적의 관점을 갖고 있고, 업적이 특출하며, 당원 및 군중을 옹호하는 것이다. 셋째는 당 운영의 민주적 자세다. 민주 집중제를 선도적으로 집행하고, 단결을 잘하고, 수용성이 좋으며, 당 중앙과의 단결 통일을 스스로 깨달아 옹호하는 것이다. 넷째는 태도와 청렴도다. 당성(黨性) 원칙이 강하고, 사상 태도와 업무 태도가 굳건하고, 스스로 청렴하며, 당 내외에 좋은 이미지를 갖고 있는 것이다.[22]

한편 공산당 18차 당대회(2012년)를 준비하면서 실행된 민주 추천제는 전국인대 위원장과 부위원장, 전국정협 주석과 부주석, 국무원 지도자(부총리와 국무위원)의 추천에도 사용되었다. 이처럼 민주 추천제는 처음에 지방의 당정 간부를 선발하는 제도에서 시작하여 공산당의 최고위급 지도자를 선발하는 제도로 확대 적용되고 다시 전체 국가 기관의 최고 지도자를 선발하는 제도로 확대되었다. 이는 후진타오 시기에 결정된 정치 개혁 방침인 '당내 민주주의를 통한 인민 민주주의 견인' 방침이 실행된 대표적인 사례라고 할 수 있다. 이처럼 민주 추천제를 통해 당정의 최고 지도자 집단은 엘리트 집단의 동의를 얻어야만 선출될 수 있다는 중요한 관행이 만들어졌다.[23]

(2) '면담 방식'의 민주 추천제

그런데 지난 10년 동안 잘 사용된 투표 방식의 민주 추천제가 2017년 공산당 19차 당대회 준비 과정에서 면담 방식의 민주 추천제로 바뀌었다. 투표 방식과 면담 방식의 차이는 단 한 가지다. 투표 방식에서는 약 350~400인의 선거인단(정치 원로와 중앙위원으로 구성)이 정치국 상무위원회가 제시한 약 200인의 후보를 대상으로

'추천 투표'를 실시하는 데 비해, 면담 방식에서는 동일한 규모의 선거인단이 투표 대신에 '면담'을 통해 약 200인의 후보 중에서 정식 후보를 추천한다는 것이다.

중국의 공식 설명에 따르면, 면담 방식의 구체적인 절차와 내용은 다음과 같다.[24] 2017년 4월 24일 정치국 상무위원회는 「19기 중앙 영도 기구 인선의 심의 업무 및 면담 조사 절차에 대한 방안」을 통과시키고, 시진핑의 직접 지도 하에 면담 조사와 인선 심의에 들어갔다. 이때부터 6월 말까지 시진핑과 정치국 상무위원은 "일정한 범위" 내의 인사를 대상으로 "중앙 영도 기구," 즉 정치국원과 정치국 상무위원의 후보를 추천 받기 위한 면담을 진행했다.

먼저 시진핑은 "현임 당 및 국가 지도자, 중앙군위 위원, 당내 원로" 등 모두 57인을 면담하여 후보 추천에 대한 의견을 청취했다. 나머지 6인의 정치국 상무위원은 중앙과 지방의 장관급(省部級正職) 고위급 간부, 군의 전구(戰區) 책임자, 공산당 18기 중앙위원 등 모두 258인을 직접 면담하여 후보 추천에 대한 의견을 청취했다. 비슷하게 중앙군위 지도자, 즉 중앙군위 주석인 시진핑과 부주석인 판창룽(范長龍)과 쉬치량(許其亮)도 군의 주요 책임자 32인을 대상으로 후보 추천을 받기 위한 면담을 진행했다. 종합하면 모두 347인이 후보 추천에 참여했는데, 이는 중앙위원과 정치 원로를 합한 규모와 대체로 일치한다. 추천에 참여한 인사의 규모는 이전의 '투표 방식'을 실시할 때와 같았다는 것이다.

추천을 위한 면담에 참여한 사람들에게는 모두 세 종류의 자료가 주어졌다. 「면담 조사 관련 절차」, 「현임 당 및 국가 영도간부 명부」, 「장관급 당원 영도간부 명부」가 그것이다. 첫째는 후보 추천과 관련된 규정과 절차를 설명하는 자료다. 둘째와 셋째는 피추천 대상자(pool)에 대한 인사 자료다. 면담 장소는 베이징의 중난하이(中南海: 공산당 지도자의 거주지면서 사무 지역)였고, 면담 시간은 충분했다고 한다. 면담 대상자들은 절차에 따라 자료를 읽고 누구를 추천할지 의견을 제시했다.

이렇게 해서 추천된 인사를 대상으로 정치국 상무위원회와 정치국은 후보들에 대한 심의를 진행했다. 물론 이들이 후보를 심의할 때에는 중앙 조직부의 조사 자료를 참고했다. 이렇게 해서 후보에 대한 목록이 만들어졌고, 2017년 9월 25일 정치국 상무위원회는 심의를 거쳐 「19기 중앙 영도 기구 구성원의 인선 방안」을 통과시켰다. 이후 중앙 기율검사위원회(중앙기위)와 중앙 조직부는 이들 명단을 심의 토론하고, 그 결과를 정치국 상무위원회에 서면 보고했다. 비슷하게 중앙군위도 19기 중앙군위 인선 방안을 심의 토론하고, 그 결과를 정치국 상무위원회에 서면 보고했다. 일종의 인사 검증 작업을 진행한 것이다. 마지막으로 2017년 9월 29일 정치국은 「19기 중앙 영도 기구 인선 건의 명단」을 심의 통과했다. 이로써 인선안이 확정되었고, 그것은 공산당 19기 중앙위원회 1차 전체회의(19기 1중전회)에서 통과되었다.

그렇다면 민주 추천제의 실행 방식과 관련하여 왜 투표 방식이 폐지되고 면담 방식이 도입되었을까? 공산당의 공식 설명에 의하면, 크게 두 가지 이유가 있었다고 한다. 첫째는 민주 추천 회의를 개최하여 후보자 추천을 위한 투표를 실시할 때 선거인단이 후보에 대한 충분한 이해 없이 "인정표(人情票)"나 "관시표(關係票)"를 던지는 경향이 강했다는 것이다. 앞에서 말했듯이, 350~400인의 선거인단은 공산당 중앙 조직부가 사전에 준비한 약 200인의 '건의 명단'(장관급 인사)을 대상으로 정치국원과 정치국 상무위원을 추천하는 투표를 실시했다. 그런데 이들이 '건의 명단'에 들어 있는 200인에 대해 잘 모르기 때문에 자신이 아는 사람 혹은 인연이 있는 사람에게 투표했다는 것이다. 이렇게 되면서 민주 추천제가 후보 추천 기제로서의 역할을 제대로 수행하지 못했고, 그 결과 자질이 떨어지는 인사들이 추천되는 일이 발생했다.

둘째는 이것보다 더욱 심각한 문제인데, 저우융캉(周永康), 쑨정차이(孫政才), 링지화(令計劃) 등 "정치적 야심가와 음모가들"이 민주 추천제의 투표 방식을 이용하여 서로 결탁하여 득표 활동을 전개하고, 뇌물로 표를 사는 등의 불법적이고 반당적인 활동을 전개했다는 것이다. 이를 보충이나 하듯이, 중앙기위의 업무 보고는 "저우융캉, 쑨정차이, 링지화 등이 당의 정치 규율과 정치 규범을 엄중하게 위반했고, 정치적 야심이 팽창하여 음모 활동을 전개했다."고 지적했다.[25] 또한 당대회 기간에 대표단이 '정치 보고'를 심의할 때, 중앙 증권감독위원회 주석인 류스위(劉士余)는 쑨정차이가 이미 구속된 보시라이(薄熙來), 저우융캉, 링지화, 쉬차이허우(徐才厚), 궈보슝(郭伯雄)과 함께 "당내 높은 지위에서 강력한 권력을 가지고 매우 탐

욕스럽고 부패했을 뿐만 아니라, 당권을 찬탈하기 위한 음모를 전개하여 우리를 서늘하게 했다."고 지적했다.[26] 이는 모두 이들이 민주 추천제의 투표 방식을 이용하여 정치국 상무위원이 되려고 조직적으로 결탁했다는 사실을 보여 준다.

사실 후진타오 정부와 시진핑 정부가 보시라이, 저우융캉, 링지화 등 고위급 지도자를 구속할 때부터 다양한 소문이 난무했다. 이들이 권력을 장악하기 위해 쿠데타를 모의하다가 발각되어 구속되었다느니, 혹은 이들이 시진핑을 암살하려고 시도했다가 실패했다느니 하는 추측성 보도가 국내외 언론을 통해 흘러나왔던 것이다.[27] 다만 실제로 이들의 정권 찬탈 음모가 있었는지, 있었다면 그것이 구체적으로 무엇이었는지에 대해서는 추측만 있었지 중국 당국에 의해 공식적으로 확인된 바가 없었다.

그런데 공산당 19차 당대회에서 있었던 공산당 중앙 기구 인선 과정에 대한 설명과 중앙기위의 업무 보고를 통해 이들의 "정권 찬탈 음모"가 구체적으로 무엇을 의미했는지를 일부 확인할 수 있다. 보시라이, 링지화, 쑨정차이가 투표 방식의 민주 추천제를 이용하여, 다시 말해 중앙위원과 정치 원로를 대상으로 조직적으로 득표 활동을 전개하여 다수표를 얻어 정치국 상무위원이 되려고 획책했던 것이다. 중국 당국은 이를 두고 "정권 찬탈 음모"라고 비판했다.

이상에서 살펴보았듯이, 민주 추천제는 파벌 정치의 산물로 시작해서 지난 15년 동안 실시된 인선 제도다. 실제로 민주 추천제가 정치국 상무위원과 정치국원을 선발하는 과정에서 어느 정도의 영향력을 행사했는지를 현재로서는 확인할 수 없다. 그래서 일부 해외 학자와 언론에서는 이를 무시하는 경향이 있다. 그러나 중앙위원급의 통치 엘리트가 정치국 상무위원과 정치국원의 인선에 참여할 수 있는 합법적인 통로가 마련되고, 그것이 실제로 15년 동안 실시되었다는 것은 매우 중요한 의의가 있다. 이처럼 민주 추천제는 처음에는 파벌 정치의 산물로 시작되었지만 시간이 가면서 생명력을 가져 엘리트 정치의 제도화와 안정화에 기여했다.

3. 장쩌민의 중앙군위 주석 사직

2002년 공산당 16차 당대회에서 장쩌민은 후진타오에게 공산당 총서기직을 이양했지만 중앙군위 주석직은 이양하지 않았다. 이로 인해 권력의 법적 중심인 후진타오와 실제 중심인 장쩌민이 분리되는 현상, 혹은 국가 주석인 후진타오와 중앙군위 주석인 장쩌민이 공존하는 '두 주석 체제'가 등장했다. 불완전한 권력 이양이었던 것이다. 권력 이양은 2년 뒤에 개최된 공산당 16기 4중전회에서 장쩌민이 중앙군위 주석에서 사임하면서 완료되었다.

(1) 후진타오의 충성과 장쩌민의 중앙군위 주석 유임

장쩌민 집권 기간에 후진타오는 장쩌민의 권력 기반을 강화하기에 많은 노력을 기울였다. 이는 장쩌민의 신뢰와 지지를 얻어 자신의 후계 지위를 공고히하려고 한 계산에 따른 것으로 볼 수 있다. 다음 장에서 살펴볼 '후계자의 딜레마'로 인해 후진타오는 후계자 지위를 유지하기 위해 현직자인 장쩌민에게 적극 협력할 수밖에 없었다. 자신을 선택한 사람은 장쩌민이 아니라 덩샤오핑이었다지만, 그래도 마찬가지였다. 특히 1997년에 덩샤오핑이 사망함으로써 사실상 원로 정치가 종결된 상황, 또한 자신을 선택한 최고의 후원자가 사라진 상황에서 후진타오에게는 선택의 여지가 없었다.

예를 들어, 후진타오는 1995년 베이징시 당서기 천시퉁(陳希同)을 부패 혐의로 처벌할 때 결정적인 역할을 담당했다. 후진타오의 도움은 장쩌민에 대한 후진타오의 충성을 확인시켜 주는 계기가 되었고, 이를 통해 후진타오와 장쩌민 사이에는 진지한 협력 관계가 구축되었다. 후진타오를 연구한 한 학자의 말처럼, "천시퉁의 제거는 장쩌민의 중요한 승리인데, 후진타오에게도 이는 그와 장쩌민 간의 정치 관계를 공고히해 주었다." 이뿐만이 아니었다. 2000년 장쩌민이 삼개대표 이론을 처음 제기했을 때 후진타오는 쩡칭훙과 함께 이를 선전하는 데 적극적인 역할을 했다. 『장쩌민 문선(文選)』을 편집하기 위한 편집조가 설치되었을 때에도 후진타오는 딩관건과 함께 주도적으로 참여했다.[28]

그러나 후진타오의 이런 충성스러운 협조에도 불구하고 장쩌민은 공산당 16차 당대회(2002년)에서 중앙군위 주석을 이양하기를 거부했다. 중앙군위 주석을 통해 후진타오 총서기를 사실상 통제하는 '태상왕(太上王)'이 되고자 했던 것이다. 이는 덩샤오핑이 장쩌민의 권력 기반을 다지기 위해 공산당 총서기, 중앙군위 주석, 국가 주석을 몰아 주었던 것, 동시에 장쩌민에게 당시에는 사용되지 않았던 '핵심(核心)' 칭호를 만들어 부여했던 것과는 큰 차이가 있었다. 다만 장쩌민의 유임이 전혀 근거가 없었던 것은 아니다. 군이 장쩌민의 유임을 강력히 요구했던 것이다. 군 지도부는 아직도 후진타오를 군 통수권자로서 믿을 수 없었다.[29]

그렇다고 장쩌민의 처사에 대해 당정 간부들의 불만이 없었던 것 또한 아니었다. 구체적으로 16차 당대회(2002년) 다음 해에 개최된 10기 전국인대 1차 회의에서 국가 주석, 국가 중앙군위 주석,[30] 국무원 총리, 전국인대 위원장, 전국정협 주석에 대한 투표가 실시되었다. 그런데 국가 중앙군위 주석 투표에서 장쩌민은 92.5퍼센트라는 상대적으로 낮은 찬성률로 선출되었다(찬성 2,726표, 반대 98표, 기권 122표). 이때 후진타오는 국가 주석 투표에서 99.8퍼센트의 찬성률(찬성 2,937표, 반대 4표, 기권 3표), 원자바오(溫家寶)는 국무원 총리 투표에서 99.4퍼센트의 찬성률(찬성 2,906표, 반대 3표, 기권 16표), 우방궈(吳邦國)는 전국인대 위원장 투표에서 98.9퍼센트의 찬성률(찬성 2,981표, 반대 20표, 기권 12표)로 선출되었다. 이는 장쩌민이 중앙군위 주석에 유임하는 데 반대하는 분위기가 있었다는 사실을 보여 준다.[31]

(2) 후진타오의 대응: '공동화 전략'

공산당 16차 당대회(2002년)에서 총서기가 된 후진타오는 권력 기반이 취약했다. 인적 측면에서, 중앙군위와 정치국 상무위원회뿐만 아니라 국무원 지도부도 상하이방이 다수파였고, 후진타오의 공청단파는 소수였다. 장쩌민의 사상적 영향이 계속됨으로써 정책 측면에서도 후진타오는 많은 제약을 안고 출범했다. 장쩌민의 통치 이념인 '삼개대표 중요 사상'이 공산당 16차 당대회에서는 「당헌」에 삽입되어 공산당의 지도 이념이 되었고, 2004년 3월 10기 전국인대 2차 회의에서는 「헌법」에 추가되어 국가의 통치 이념이 되었던 것이다. 이처럼 이제 막 총서기가 된 후진타오의 앞날에는 장쩌민이라는 먹구름이 검게 드리워져 있었다.

권력 기반이 취약한 후진타오 총서기가 집권 초기부터 상하이방과의 대립을 무릅쓰면서 이들의 정책을 정면에서 비판하는 것은 바람직하지 않았다. 대신 후진타오는 장쩌민의 권위를 인정하면서 자신의 공식 직위를 활용하여 권력 기반을 강화하는 방식을 선택했다. 동시에 그는 장쩌민 시기의 정책을 형식적으로는 계승하면서 그 내용은 자신의 것으로 바꾸는 공동화(空洞化, hollowing out) 전략을 추진했다. 그 결과 후진타오는 명시적으로 장쩌민의 권위에 도전하지 않았지만, 공식 권한을 최대한 활용하여 공산당과 정부의 실제 권력을 점진적으로 장악해 나갔다.

① 공청단파 등용과 영역 확대

먼저, 공청단파를 요직에 등용하기 시작했다. 공산당 16차 당대회 당시 공청단파로는 왕자오궈(王兆國) 전국인대 부위원장, 류윈산(劉雲山) 공산당 중앙 선전부장, 자춘왕(賈春旺) 최고인민검찰원장, 장푸선(張福森) 국무원 사법부장, 두칭린(杜青林) 국무원 농업부장, 리커창(李克強) 허난성 성장이 있었다. 여기에 더해, 2003~2004년에는 류위푸(劉玉浦) 광둥성 공산당 부서기, 장바오순(張寶順) 산시성(山西省) 성장, 양찡(楊晶) 네이멍구 자치구 주석, 양융마오(楊永茂) 산시성(陝西省) 공산당 부서기, 추안탕(傳堂) 칭하이성(青海省) 성장 등이 장차관급 고위직에 진출했다.[32]

또한 후진타오는 집권 후 1년 무렵부터 공산당 중앙 외사 영도소조와 대만 공작 영도소조의 조장을 맡아 외교 및 대만 업무를 주도했다. 장쩌민 주석의 고유 영역인 군대와 관련해서도 후진타오는 중앙군위 부주석의 직위를 이용하여 정치국 회의에서 국방 및 군대에 대한 자신의 견해를 피력했다. 특히 후진타오는 국방 예산을 정치국에서 심의함으로써 당직에서 물러나 정치국 회의에 참여할 수 없는 장쩌민의 영향을 배제하려고 시도했다. 그밖에도 그는 장쩌민이 부재한 상황에서 단독으로 군사 훈련을 참관하기도 했다.

후진타오는 인사 문제에서도 권한을 행사하기 시작했다. 예를 들어, 2003년 4월 정치국 회의에서 장쩌민과의 사전 협의 없이 사스(SARS: severe acute respiratory syndrome, 중증 급성 호흡기 증후군)를 은폐하고 통제하는 데 실패한 책임을 물어 장원캉(張文康) 국무원 위생부장과 멍쉐농(孟學農) 베이징 시장의 해임을 제기하고 관철시켰다. 장원캉 위생부장은 장쩌민의 담당의사 출신으로 상하이방 인사였다.

② '신(新) 삼민주의' 제기

정책과 관련해서도 후진타오는 유사한 방식을 사용했다. 겉으로는 장쩌민의 정책을 계승하되 속으로는 그 내용을 변형하는 방식, 또는 형식은 계승하되 내용은 자신의 것으로 채우는 전략을 구사했던 것이다. 삼개대표 이론의 계승과 변형은 대표적인 사례다. 삼개대표 이론이 「당헌」에 삽입되는 과정에서 후진타오는 적극 협조했고, 이를 전 당원과 국민에게 선전하는 활동에서도 마찬가지였다. 예를 들어, 공산당은 2003년 6월 '삼개대표 학습 운동'을 대대적으로 전개했는데, 후진타오는 2003년 7월 1일 삼개대표 토론회의 담화 등을 통해 삼개대표 이론의 중요성을 역설했다.

그런데 주의할 것은 삼개대표 이론의 강조점이 바뀌었다는 사실이다. 장쩌민 시기에는 삼개대표 이론 중에서 선진 생산력 발전과 선진 문화, 그리고 이것을 주도하는 선진 세력(사영 기업가 포함)이 강조되었다면, 후진타오 시기에서는 인민의 이익 대표가 강조되었다. 후진타오는 삼개대표 이론을 자기 방식으로 해석했던 것이다. "공익을 위해 당을 운영하고(立黨爲公), 국민을 위해 정치를 하는 것(執政爲民)"이 "삼개대표의 본질"이라고 규정했다. 또한 그는 "권력은 인민을 위해 쓰고(權威民所用), 인정은 인민을 위해 쏟고(情爲民所係), 이익은 인민을 위해 도모해야 한다(利爲民所謀)."고 주장했다. 이것은 후진타오의 '신 삼민주의(新三民主義)'로 불리면서 사실상 장쩌민의 삼개대표 이론을 대체하기에 이르렀다.

③ 2004년: 후진타오와 장쩌민 간의 대결

2004년에 들어서는 후진타오 세력과 장쩌민 세력 간의 대립과 갈등이 본격화되었다. 핵심 쟁점은 장쩌민이 중앙군위 주석을 이양할지 여부였다.[33]

먼저, 거시경제 정책을 둘러싸고 양 세력 간에 갈등이 악화되었다. 2004년 들어 전국적으로 경기 과열 현상이 더욱 심해졌다. 이 문제를 해결하기 위해 2004년 7월에 정치국 회의가 소집되었다. 이 때 천량위 상하이시 당서기는 원자바오 총리가 주장하는 긴축 정책을 비판했다. 상하이는 뉴욕이나 런던 등과 경쟁해야 하고 이를 위해서는 더 빠른 발전이 필요하며 따라서 긴축 정책은 따를 수 없다고 주장했다. 그러나 논쟁 결과 원자바오 총리의 주장이 관철되어, 정치국은 거시경제 통제 정책은 필요하고 시의적절하다는 결정을 내렸다. 이런 방침에 입각하여 2004년 7월 25일에 국무원은 대외 투자에 대한 통제와 개선 내용을 담은「국무원의 투자 체제 개혁 결정」을 하달했다.

참고로 천량위 당서기는 2006년 상하이 사회보장 기금을 전용한 혐의로 구속되어 중형을 선고 받았다. 겉으로는 부패 혐의였지만 실제로는 후진타오와 원자바오의 권력에 저항한 '괘씸죄'로 처벌 받은 것이다. 후진타오는 상하이방의 핵심인 천량위를 처벌함으로써 총서기의 입지를 다질 수 있었다. 천량위의 후임으로 상하이시 당서기에 임명된 사람이 바로 시진핑이다. 2004년 장쩌민의 중앙군위 주석 사임과 함께 2006년 천량위 당서기가 구속된 이후 상하이방은 세력이 급속도로 약화되었다. 2007년 황쥐(黃菊) 정치국 상무위원의 사망은 상하이방의 몰락을 더욱 촉진했다.

재미있는 사실은, 경제 정책 논쟁 과정에 상하이방 출신의 정치국 상무위원이 분열되어 일부는 후진타오와 원자바오를 지지했다는 사실이다. 장쩌민, 쩡칭훙, 우방궈는 의견을 표시하지 않거나 침묵한 반면, 자칭린과 황쥐는 원자바오의 거시경제 통제 정책을 지지했던 것이다. 이런 과정과 결과를 놓고 커우젠원 교수는 이렇게 평가했다. "장쩌민의 적자(嫡子)들이 정치국 상무위원회의 다수를 차지해서 후진타오와 원자바오의 시정(施政)을 견제할 것이라는 외부의 추측은 타파되었다. 후와 원은 총서기와 국무원 총리의 직위가 갖는 우세를 이용해서 합종연횡하면서 권력 공고화의 목표를 달성했다."[34)]

이후 후진타오와 장쩌민 사이에 중앙군위 주석 쟁탈전이 본격적으로 전개되었다. 그해 가을에 열릴 공산당 16기 중앙위원회 4차 전체회의(16기 4중전회)에서 이 문제가 논의될 것이었기 때문이다. 장쩌민은 먼저 인민해방군 내에서 삼개대표 이론의 해석권을 회복하려고 시도했다. 2004년 7월에 그는 "삼개대표 중요 사상의 기본은 모두 마르크스주의의 기본이다," "삼개대표 중요 사상의 학습과 관철은 현실과 밀접히 결합해야 하고, 현실 문제를 해결해야 한다," "현재는 특히 진실함(眞字)에 노력해야 하고, 진실로 성실해야 한다."라고 주장했다. 이는 후진타오의 '신 삼민주의'가 마르크스주의에 맞지 않는다고 비판한 것이다. 그해 8월에는 『장쩌민 국방 및 군대 건설 사상 학습 요강(綱要)』이 출간되었다. 《해방군보(解放軍報)》는 이를 옹호하는 사설을 발표했다. 군은 "장쩌민의 국방 및 군대 건설 사상으로 지휘해야 한다."라는 것이다.

후진타오의 대응도 만만치 않았다. 2004년 7월에 덩샤오핑 탄생 100주년을 기념하는 활동을 대대적으로 전개하면서, 후진타오는 덩의 지위를 매우 강조했다. 개혁 개방의 '총설계사'는 장쩌민이 아니라 덩샤오핑임을 국민에게 확인시키기 위해서였다. 특히 이 기간 동안에는 덩이 1989년 11월에 중앙군위 주석을 사퇴하면서 공산당 중앙에 보냈던 편지가 대중 매체를 통해 계속 보도되었다. 후진타오는 이런 활동을 통해 자신이 덩이 지명한 정통 후계자임을 부각시켰다. 동시에 덩의 지위를 강조함으로써 상대적으로 장쩌민의 역사적 지위를 낮추려고 시도했다. 특히 덩이 장쩌민에게 중앙군위 주석을 물려주었던 사실을 강조함으로써 이제 장쩌민도 덩처럼 해야 한다고 은근히 종용했다.

후진타오의 덩샤오핑 탄생 100주년 활동을 놓고, 상하이방 지도자들은 다양한 반응을 보였다. 우방궈, 리창춘(李長春), 허궈창, 쩡페이옌(曾培炎) 등은 덩을 칭찬한 후진타오의 발언을 지지했다. 동시에 '후진타오 동지를 총서기로 하는 당 중앙'이라는 표현도 사용했다. 대세에 편승하여 후진타오의 편에 섰던 것이다. 반면 장쩌민을 포함한 다른 상하이방은 덩샤오핑 탄생 100주년에 대해 아무런 의견도 발표하지 않았다. 침묵을 통해 후진타오에게 불만 혹은 반대를 표시한 것이다.

인민해방군 내의 의견도 공산당 16기 4중전회가 다가오면서 분화되었다. 예를 들어, 장쩌민의 충실한 장군인 궈보슝 중앙군위 부주석 겸 정치국원, 쉬차이허우 중앙군위 위원 겸 서기처 서기는 장쩌민의 국방 및 군대 건설 사상을 강조하면서 장쩌민의 유임을 지지했다. 반면 차오강촨(曹剛川) 중앙군위 부주석 겸 정치국원은 공개적으로 후진타오를 지지했다. 예를 들어, 그는 "후진타오 동지를 총서기로 하는 당 중앙 주위에 긴밀히 단결하자!"라는 슬로건을 제창했다. 참고로 궈보슝과 쉬차이허우는 시진핑 시기에 들어 왕치산이 강력하게 추진한 부패 척결 운동의 결과로 역사 이래 최초로 중앙군위 부주석 출신으로 부패 혐의로 구속되는 치욕을 당했다.

드디어 공산당 16기 4중전회가 2004년 9월에 개최되었다. 이때 공산당의 통치 능력(執政能力)을 강화하자는 결정이 통과되었다. 동시에 중앙군위 지도부에 대한 조정이 결정되었다. 장쩌민이 중앙군위 주석에서 물러나고 대신 후진타오가 그 자리를 승계한다는 결정이 통과된 것이다. 이때 장쩌민 유임을 지지했던 쉬차이허우는 중앙군위 부주석으로 승진하여 궈보슝과 차오강촨 뒤에 위치했다. 장쩌민의 노력에도 불구하고 사임 압력이 너무 강했고, 그래서 장은 어쩔 수 없이 사임해야만 했던 것이다. 장은 정치국에 보내는 편지에서 이렇게 주장했다. 즉 공산당 16차 당대회가 개최되기 전부터 자신은 사임을 주장했는데, 당 중앙이 특수한 상황을 이유로 허락하지 않아 어쩔 수 없이 직무를 맡았다. 그러면서도 자신은 계속 은퇴하기를 학수고대했다. 이제 신중한 숙고를 거쳐 다시 사직을 요

청하며, 대신 후진타오를 후임으로 추천한다.[35]

이런 결과에 대해 중국 연구자들은 "후진타오의 대승리"로 평가했다.[36] 이들에 따르면, 장쩌민의 퇴임은 중요한 함의가 있다. 첫째, 정치 엘리트에게 권력원(權力源)은 이제 '개인 권위'가 아니라 '직무 권력'이라는 사실을 분명히 인식시켰다. 둘째, 중앙군위 주석의 종신제가 폐지되고, 총서기가 중앙군위 주석과 국가 주석을 겸직하는 '3위 1체' 체제, 즉 한 사람이 세 직위를 맡는 체제가 관례가 되었다. 마지막으로 파벌 정치 면에서는 장쩌민의 영향력이 급속히 약화되면서 상하이방의 단결력이 와해되는 결과를 가져왔다.[37]

4. 파벌 투쟁의 산물이 파벌 정치를 제약하다

장차관급 이하의 당정 간부를 대상으로 하는 연령제는 정치국 상무위원회와 정치국의 심의를 거쳐 도입되었고, 집행도 비교적 철저하게 이루어졌다. 이런 공식 규정을 결정하는 당사자인 정치국 상무위원과 정치국원은 영향을 받지 않기 때문에 가능했던 일이다. 그러나 연령제가 정치국 상무위원과 정치국원에게도 적용될 경우에는 이야기가 달라진다. 스스로 자기 목에 방울을 다는 고양이는 없기 때문이다. 이런 이유로 이들을 대상으로 하는 연령제는 최고 지도자의 의지에 따라 탄력적으로 적용되었다. 공산당 13차 당대회(1987년)에서 덩샤오핑 주도로 혁명 원로들이 전원 정치국 상무위원회와 정치국에서 퇴임한 것이 대표 사례다. 단 이때에도 일부 혁명 원로들은 당정 기관의 요직에 남아 있었다. 덩이 중앙군위 주석에 남은 것이 대표적이다.

정치국 상무위원과 정치국원을 대상으로 하는 연령제는 결국 파벌 투쟁의 산물로 도입되었다. 정치 권력을 장악한 최고 지도자와 집권 세력(파벌)이 퇴임시키고자 하는 반대편 지도자의 연령에 맞추어 기준을 만들어 적용했던 것이다. 공산당 15차 당대회(1997년)에 도입된 '70세 규범'은 71세이던 차오스 전국인대 위원장을 겨냥했고, 공산당 16차 당대회(2002년)에 도입된 '68세 규범'은 68세이던 리루이환 전국정협 주석을 겨냥했다. 그러나 이렇게 도입된 '68세 규범'은 정치국 상무위원과 정치국원을 대상으로 철저히 집행되고 있다. 70세인 왕치산이 2018년 3월 13기 전국인대 1차 회의에서 국가 부주석에 취임했지만, 그도 그 전해 공산당 19차 당대회(2017년)에서는 정치국 상무위원과 정치국원에서 퇴임했다. 즉 '68세 규범'은 국가직(國家職)은 몰라도 당직(黨職)에서는 아직도 철저히 준수되고 있다는 것이다.

민주 추천제도 후진타오가 정치 개혁의 핵심 정책으로 추진한 당내 민주주의 확대 정책으로 각광을 받았다. 지방에서 실시되던 민주적인 인사 제도를 중앙에도 적용한다는 명분에서였다. 그러나 그 속을 들여다보면, 이것도 파벌 투쟁의 산물로 도입되었다는 사실을 확인할 수 있다. 후진타오 세력과 장쩌민 세력은 시진핑과 리커창 중에서 누구를 총서기 후보로 결정할 것인지를 놓고 경쟁을 벌였지만 끝내 합의에 이르지 못했다. 그래서 쩡칭훙이 이 제도를 제안했고, 후진타오 세력이 동의하면서 민주 추천제가 실시되었다. 이유야 어쨌든 이렇게 도입된 민주 추천제는 비록 실시 방식은 바뀌었어도 15년째 실행되고 있다.

장쩌민이 중앙군위 주석을 후진타오에게 넘겨주는 과정도 그렇게 순탄한 것은 아니었다. 그렇다고 양 세력이 사생결단의 자세로 권력 투쟁을 전개하지는 않았다. 어떤 면에서 보면, 이는 집단지도가 실제로 작동하고 있다는 사실을 보여 주는 사례라고 할 수 있다. 장쩌민은 덩샤오핑의 선례라는 명분과 당·정·군의 권력 기구에서 다수파를 점하고 있다는 실력에 입각하여 혁명 원로와 많은 당정 간부들의 반대를 무릅쓰고 중앙군위 주석에 세 번째 취임했다. 그리고 시간이 지나도 물러날 생각을 하지 않았다.

이런 장쩌민의 움직임에 대해 후진타오는 공산당 총서기라는 공식 직위를 이용하여 권력 기반을 다져 나갔다. 장쩌민의 상하이방에 대응하기 위해 자파 세력인 공청단파를 등용했다. 장쩌민의 통치 이념인 삼개대표 중요 사상을 자기 방식으로 해석하면서 이념적 권위도 확대했다. 이런 노력을 기반으로 후진타오 세력은 2004년 가을 공산당 16기 4중전회에서 총력전을 전개했다. 결국 장쩌민은 퇴임해야만 했다. 이는 파벌 간의 경쟁과 함께 타협을 보여 주는 사례다. 이를 통해 엘리트 정치는 안정을 찾을 수 있었다.

베이다이허에서 휴식을 즐기고 있는 덩샤오핑
(1987년)

공산당 지도자들은 정치적 단결을 유지해야 한다는 데 공감했고, 이것이 집단지도 발전에 큰 역할을 담당했다. 1989년 6월의 톈안먼 사건과 1991년의 소련 붕괴 이후, 중국에서는 "안정이 모든 것에 우선한다(穩定壓倒一切)."는 덩샤오핑의 원칙이 널리 수용되었다. 국내외의 여러 사건을 겪으면서 정치 안정 없이는 아무것도 할 수 없다는 것을 모두가 인정했기 때문이다.

공산당 14차 당대회 정치국 상무위원(7인)
**장쩌민, 리펑, 차오스, 리루이환, 주룽지,
류화칭, 후진타오** (왼쪽부터)
(1992년)

공산당 14차 당대회 이후 정치국 상무위원회는 소위 '5대 권력 기구'의 책임자인 공산당 총서기, 국무원 총리, 전국인대 위원장, 전국정협 주석, 중앙기위 서기를 필수 구성 요소로 하고, 여기에 서기처 상무 서기와 국무원 상무 부총리가 추가되었다. 이렇게 되면서 정치국 상무위원회는 주요 정치 지도자 개인들이 모이는 '명망가 기구'가 아니라, 주요 권력 기구의 현직 책임자가 모이는 '대표 기구'가 되어 명실상부한 최고 권력 기관이 될 수 있었다.

후진타오와 원자바오
(2011년 중국 공산당 창건 90주년 행사)

후진타오는 장쩌민과 매우 다른 통치 스타일을 보여줬다. 그는 엘리트 정치의 제도화와 개방화를 위해 전보다 더욱 많은 노력을 기울였다. 또한 총서기의 권한을 축소하고 대신 국가 기관 대표들의 의견과 결정을 존중했다. 특히 당내 민주주의를 정치 개혁의 핵심 의제로 추진했고, 그 일환으로 정치국 상무위원회와 정치국의 집단지도를 강화했다. 후진타오 정권을 '후진타오–원자바오 체제(胡溫體制)'라고 부르는 것은 이 때문이다.

공산당 18차 당대회 교체된 지도부(7인)
장가오리, 류윈산, 장더장, 시진핑, 리커창,
위정성 , 왕치산 (왼쪽부터)
(2012년)

한편 시진핑은 후진타오보다는 장쩌민에 가까운 통치 스타일을 보여 주었다. 즉 시진핑은 권력 집중, 공산당 통제의 강화, 개인숭배 조장, 영도소조 강화 등의 행태를 보였다. 이 중에서 특히 두드러진 특징은 영도소조 강화를 통해 공산당 중앙의 통제를 강화하고 이를 기반으로 총서기 개인으로 권력을 집중시키는 현상이 나타났다는 점이다.

공산당 16기 6중전회 참석한 정치국 상무위원(9인) 뤄간, 우관정, 쩡칭훙, 원자바오, 후진타오, 우방궈, 자칭린, 황쥐, 리창춘
(왼쪽부터)
(2002년)

중국의 엘리트 정치는 파벌 정치라는 비공식 정치와, 법과 제도에 근거한 공식 정치 간의 상호작용 속에서 발전해왔다. 예를 들어, 정치국 상무위원과 정치국원의 취임 나이를 제한하는 연령제는 장쩌민과 차오스, 장쩌민과 리루이환 간의 파벌 투쟁에서 비롯되었다. 공산당 15차 당대회(1997년)에 도입된 '70세 규범', 공산당 16차 당대회(2002년)에 도입된 '68세 규범'이 바로 그것이다.

공산당 16기 4중전회의 장쩌민과 후진타오
(2004년)

2002년 공산당 16차 당대회에서 장쩌민은 후진타오에게 공산당 총서기직을 이양했지만 중앙군위 주석직은 이양하지 않았다. 이로 인해 권력의 법적 중심인 후진타오와 실제 중심인 장쩌민이 분리되는 현상, 혹은 국가 주석인 후진타오와 중앙군위 주석인 장쩌민이 공존하는 '두 주석 체제'가 등장했다. 2년 뒤에 개최된 공산당 16기 4중전회에서 장쩌민이 중앙군위 주석에서 사임하면서 권력 이양이 완료되었다.

공산당 17기 1중전회 참석한 정치국 상무위원(9인) **저우융캉, 리커창, 리창춘, 원자바오, 후진타오, 우방궈, 자칭린, 시진핑, 허궈창** (왼쪽부터)
(2007년)

2007년 공산당 17차 당대회를 준비하면서 민주 추천제가 도입되었다. 재미있는 점은, 이 역시 연령제와 같이 파벌 정치라는 권력 투쟁의 산물이었다는 사실이다. 민주 추천제는 여러 파벌 간의 치열한 내부 경쟁과 약한 총서기(즉 후진타오)를 배경으로, 또한 덩샤오핑과 같은 카리스마적 리더십을 가진 지도자가 사라진 상황에서, 후계자를 선정하는 새로운 제도였다.

체포된 전(前) 충칭시 당 서기 보시라이
(2013년 9월)

사실 후진타오 정부와 시진핑 정부가 보시라이, 저우융캉, 링지화 등 고위급 지도자를 구속할 때부터 다양한 소문이 난무했다. 중국 당국의 공식 보고에 따르면, 보시라이, 링지화, 쑨정차이가 투표 방식의 민주 추천제를 이용하여, 다시 말해 중앙위원과 정치 원로를 대상으로 조직적으로 득표 활동을 전개하여 다수표를 얻어 정치국 상무위원이 되려고 획책했던 것이다. 중국 당국은 이를 두고 "정권 찬탈 음모"라고 비판했다.

III부

덩샤오핑 이후의 엘리트 정치 2: 집단지도와 권력 승계

10장 권력 승계의 규칙
11장 평화롭고 안정적인 권력 승계

III

10장 | 권력 승계의 규칙

민주주의 국가와 비교할 때, 중국과 같은 공산당 일당제 국가에서는 권력 승계가 최대의 정치적 약점 중의 하나로 지적된다. 자유롭고 경쟁적인 선거처럼 평화롭게 안정적으로 권력을 승계하는 정치 제도가 사회주의 국가에는 없기 때문이다. 이로 인해 권력이 승계될 때마다 정도의 차이는 있지만 통치 엘리트 간에 권력 투쟁이 발생하고 정치적 불안정이 초래된다. 특히 권력 투쟁은 사상 투쟁과 과거 청산을 동반하는 경우가 많고, 그 결과 많은 정치 엘리트가 숙청되기도 한다. 붕괴 전의 소련과 동유럽 사회주의 국가들, 마오쩌둥 시대의 중국, 그리고 북한의 사례는 이를 잘 보여 준다.[1] 오직 베트남에서만 이러한 심각한 권력 승계의 문제가 없었다.[2]

따라서 엘리트 정치의 안정을 위해서는 무엇보다 권력 승계의 제도화가 필요하다. 반대로 권력 승계의 제도화를 달성해야만 엘리트 정치의 안정을 이룩할 수 있다. 마오쩌둥의 일인지배나 혁명 원로의 원로지배와는 달리, 집단지도는 여러 지도자와 파벌이 권력 승계 문제를 처리해야 하기 때문에 전과는 다른 새로운 규범을 만들고 실행해야만 한다. 만약 집단지도가 권력 승계의 문제를 제대로 처리하지 못한다면, 집단지도는 유지될 수 없다. 이런 점에서 권력 승계의 제도화는 집단지도와 밀접한 관계가 있다.

1. 권력 승계의 어려움

권력 승계가 어려운 이유는 크게 두 가지 문제 때문이다. 첫째는 현직자와 후계자 사이에 정치 노선 및 정책 차이가 발생할 가능성이다. 후계자가 권력 승계 이후에 현직자의 노선과 정책을 그대로 계승한다는 보장은 없다. 그래서 현직자는 권력을 넘겨준 후 자신의 정치적 유산이 무시되거나 축소될 가능성을 걱정한다. 이런 이유로 현직자는 후계자를 늘 의심의 눈초리로 보고, 만약 다른 노선과 정책을 추구할 가능성이 있다고 판단되면 후계자를 교체한다.

또한 이와 같은 이유로 현직자는 자신의 정치적 유산을 공고히 하고, 후계자가 권력 승계 이후에도 이를 함부로 바꿀 수 없도록 하기 위해 「헌법」과 「당헌」을 수정하여 자신의 업적을 명시하는 방법을 사용한다. 2002년 공산당 16차 당대회에서 장쩌민의 삼개대표 중요 사상, 2012년 18차 당대회에서 후진타오의 과학적 발전관, 2017년 19차 당대회에서 '시진핑 사상'이 「당헌」에 삽입된 것은 이

때문이었다.[3]

둘째 문제는 후계자의 딜레마(successor's dilemma)다. 후계자는 권력을 최종적으로 승계 받기 전까지는 자신을 선택해 준 현직자의 적극적인 지지와 신뢰를 얻어야만 한다. 동시에 후계자는 현직자가 은퇴할 경우를 대비해서 독자적인 권력 기반 구축에 노력해야 한다. 그렇게 하지 않으면 권력 승계 후 경쟁 세력의 도전에 직면할 위험이 있기 때문이다. 그런데 후계자가 권력 기반을 마련하려 하면 현직자는 심각한 위협을 느끼고, 경우에 따라서는 그것을 배신 행위로 간주하여 후계자를 교체한다.

이처럼 미래의 권력을 강화하기 위한 후계자의 노력은 현 단계에서 절실히 필요한 현직자의 지지와 신뢰를 잃게 만들 위험이 있다. 반면 현직자의 신뢰와 지지에만 의존하여 미래의 상황에 대비하지 않을 경우 승계 이후 권력 기반이 취약해져 권력을 제대로 행사할 수 없게 될 가능성이 있다. 이것이 후계자의 딜레마다.[4] 이 때문에 후계자는 가급적 빨리 권력을 승계 받기를 원하고, 만약 현직자가 권력 이양에 미온적일 경우 양자 사이에 갈등이 발생할 수 있다. 1985~1987년 덩샤오핑과 후야오방 사이에, 1989년 덩과 자오쯔양 사이에 이런 갈등이 발생했다.

그래서 붕괴 전의 소련과 동유럽 사회주의 국가들, 그리고 마오쩌둥 시대의 중국에서는 권력 승계 위기설이 하나의 정설로 받아들여졌다. 즉 사회주의 국가에서는 권력 승계가 일어날 때마다 정치 체제가 마비되거나 정치적 혼란이 초래되는 경향이 있다는 것이다. 예를 들어, 소련의 경우 1953년 스탈린 사후에 흐루쇼프가 스탈린 격하 운동과 소련 공산당의 노선 변경을 시도했고, 이로 인해 정치적 혼란이 발생했다. 중국의 경우에도 마오쩌둥 사후에 '사인방'이 체포되고, 몇 년 후에는 마오가 지명한 후계자인 화궈펑이 권좌에서 물러났다. 권력 승계 과정에서 발생한 정치적 혼란을 극복하는 과정에서 새로운 정책이 등장하기도 하고, 과거 회귀적인 정책이 등장하기도 한다.[5] 중국의 경우에는 덩이 권력을 잡으면서 개혁개방이 추진되었다.

그런데 덩샤오핑 이후 시대의 중국에서는 권력 승계의 제도화가 추진되었고, 이것이 안정적이고 평화로운 권력 승계를 가능하게 만들었다.[6] 즉 중국에는 권력 승계 위기설이 더 이상 존재하지 않는다는 것이다. 장쩌민을 중심으로 하는 '제3 세대' 지도자에서 후진타오를 중심으로 하는 '제4 세대' 지도자로, 다시 후진타오에서 시진핑을 중심으로 하는 '제5 세대' 지도자로의 평화롭고 안정적인 권력 승계는 이를 잘 보여 준다. 이런 점에서 중국은 베트남과 함께 소련 및 동유럽 국가들과는 달리 집단지도를 구축함으로써 엘리트 정치의 안정화에 성공한 드문 사례라고 평가할 수 있다.[7]

2. 권력 승계의 규칙

1992년 공산당 14차 당대회 이후 한 세대에서 다음 세대로 권력을 이양하는 권력 승계, 그리고 정치국 상무위원회와 정치국을 중심으로 한 권력 기구의 공정한 구성 등에 관해 몇 가지 규칙이 만들어졌다. 이 중에는「헌법」제정이나「당헌」및 당규 제정을 통해 확정된 공식 규정도 있지만, 그렇지 않은 비공식 규범도 있다. 비공식 규범은 처음에 우연히 혹은 임시방편으로 등장한 이후에 계속 준수되면서 하나의 관행으로 굳어진 것이다. 따라서 이번에 이런 규범이 지켜졌다고 해서 다음에도 그것이 지켜진다는 보장은 없다. 다만 앞선 세대들이 규범을 지켰기 때문에 이번 세대들도 그것을 쉽게 폐기하지 못할 뿐이다.

권력 승계와 관련된 공식 규정과 비공식 규범에는 여러 가지가 있다. 그중 가장 대표적인 것이 바로 연령제, 임기제, 후계자 사전 선임제, 민주 추천제, 권력 기구의 공정한 구성, 점진적 집단 승계의 규범이다.[8] 아래에서는 이것을 하나씩 살펴보려고 한다. 다만 일부 내용은 앞 장들에서 자세히 살펴보았기 때문에 여기서는 간단하게 짚고 넘어갈 것이다.

(1) 연령제

첫째는 연령제 규범이다. 7장에서 자세히 살펴보았듯이, 정치국 상무위원회와 정치국을 대상으로 한 최초의 연령 규범은 '70세 규범'이었다. 이것은 1997년 공산당 15차 당대회에서 장쩌민 총서기와 혁명 원로인 보이보가 경쟁자인 차오스 전국인대 위원장을 퇴임시키기 위해 도입한 규범이다. 이에 따르면 70세 이상인 정치국 상무위원과 정치국원은 모두 퇴임해야 한다. 단 장쩌민은 특수한 필요성으로 인해 예외로 인정받아 당시 '70세 규범'은 엄격히 적용되지 않았다. 그러나 전체적으로 보면 공산당 16차 당대회(2002년) 이후 70세를 넘은 공산당 지도자는 당직(黨職)에서 모두 퇴임했고, 중앙 군사위원회(중앙군위) 주석도 장쩌민이 2004년 9월에 퇴임하면서 17차 당대회(2007년) 이후에는 70세 이상의 현직자가 없다.

그래프 10-1은 이를 잘 보여 준다.

[그래프10-1] 정치국 상무위원, 정치국원, 중앙군위 위원 중 70세 이상 상황

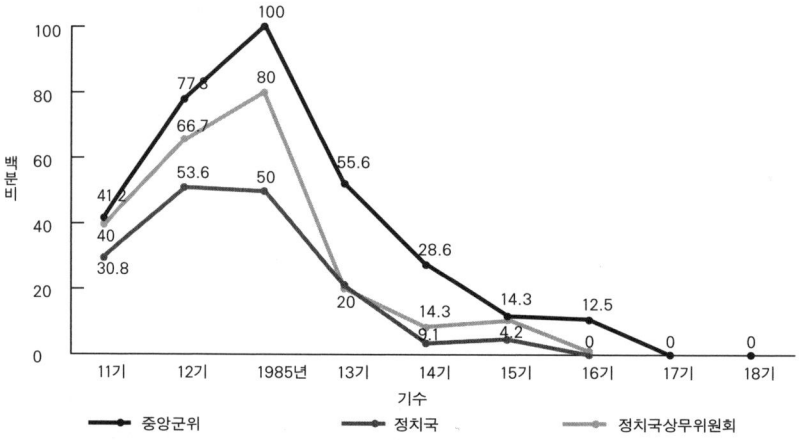

〈출처〉寇健文, 『中共菁英政治的演變: 制度化與權力轉移 1978-2010』(臺北: 五南圖書出版社, 2011), p. 276.
〈해설〉 "11기"는 공산당 11차 당대회(1977년), "12기"는 12차 당대회(1982년), "1985년"은 1985년에 개최된 공산당 전국대표회의, "13기"는 13차 당대회(1987년), "14기"는 14차 당대회(1992년), "15기"는 15차 당대회(1997년), "16기"는 16차 당대회(2002년), "17기"는 17차 당대회(2007년), "18기"는 18차 당대회(2012년)에 구성된 지도부를 말한다. 그래프 10-2와 그래프 10-3도 같다.

이후 2002년 공산당 16차 당대회에 도입된 것이 '68세 규범'으로, 이는 현재에도 유효한 규범이다. 이에 따르면 68세 이상자는 정치국 상무위원과 정치국원에 새로이 취임할 수 없다. 이 규정도 역시 장쩌민이 '제3 세대' 지도자로 아직 70세가 넘지 않은 리루이환 전국정협 주석을 퇴임시키기 위해 도입한 규범이었다. '68세 규범'에 따라 당시 68세이던 리루이환을 포함하여 68세 이상인 정치국 상무위원과 정치국원은 모두 퇴임했다. 장쩌민은 당시에 76세에 달해 정치국 상무위원과 정치국원에서는 물러났지만 중앙군위 주석에서는 물러나지 않았다. 중앙군위 직위에는 연령제가 적용되지 않았기 때문에 가능했던 일이다. 이렇게 해서 정치국 상무위원과 정치국원의 평균 연령이 점차로 젊어졌다. 그래프 10-2는 이를 잘 보여 준다.

[그래프10-2] 정치국 상무위원과 정치국원의 선출 시 평균 연령

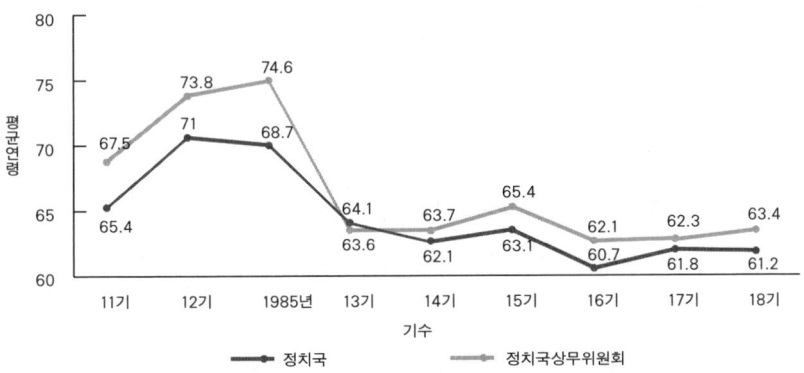

〈출처〉寇健文, 『中共菁英政治的演變』, p. 278.

연령제는 최고위급 지도자뿐만 아니라 중앙위원급 혹은 장차관급 지도자에도 적용되었다. 단 그 적용 방식이 달랐다. 정치국 상무위원회와 정치국의 연령제는 최고 지도자들의 협의와 타협을 통해 탄력적으로 적용되었다. 반면 장차관급(省部級) 당정 간부의 연령제는 공산당 중앙의 통지(通知) 등 명문화된 규정을 통해 철저하게 실행되었다.

예를 들어, '70세 규범'이 등장한 공산당 15차 당대회(1997년)에서 중앙위원에 대한 연령제는 공산당 중앙이 통지를 하달하는 방식으로 엄격히 적용되었다. 이에 따르면, 신임 중앙위원은 62세 이하의 인사를 추천하고, 연임 중앙위원은 장관급(省部級正職)은 65세, 차관급(省部級副職)은 60세 이상의 인사를 추천하지 말라는 방침이 하달되었다. '68세 규범'이 등장한 공산당 16차 당대회(2002년)에서는 신임 중앙위원의 경우 장관급은 62세 이하, 차관급은 57세 이하의 인사를 추천하고, 연임 중앙위원의 경우는 64세 이하의 인사를 추천하라는 통지가 하달되었다.[9]

(2) 임기제

둘째는 임기제 규범이다. 임기제는 연령제와 함께 종신제를 폐지하여 정치 엘리트의 권력 퇴출 기제를 마련했다는 점에서 매우 중요한 규범이다. 연령제와 임기제가 실행됨으로써 통치 엘리트들은 세대 간에 평화롭고 안정적으로 권력을 이양 및 승계할 수 있게 되었고, 신구 엘리트의 정기적인 교체를 통해 엘리트의 원활한 순환이 가능해졌다. 이는 결국 엘리트 정치의 안정화, 특히 집단지도의 안정화로 이어졌다. 이런 점에서 권력 승계와 관련된 규정에서는 연령제와 임기제가 가장 중요하다.

임기제는 엘리트 정치에서 두 가지 역할을 수행한다. 하나는 통치 엘리트의 종신제를 금지해 공직자의 노쇠화를 방지하는 것이다. 중국이 개혁 개방에 성공할 수 있었던 주요한 요인 중의 하나는, 임기제를 실시함으로써 10년 주기로 젊고 학력 수준이 높으며 유능한 새로운 통치 엘리트가 충원되었다는 점이다. 다른 하나는 현직 지도자의 임기를 보장함으로써 안정적인 권한 행사가 가능하게 된 점이다. 중앙과 지방의 당정 간부는 법률과 당규에 따라 임기가 보장됨으로 인해 신체적 박해나 직위의 불안감 없이 소신껏 업무를 수행할 수 있게 된 것이다.

국가 기관의 임기제는 1982년에 제정된 「헌법」(소위 「82헌법」)에서 최초로 명시되었다. 이 「헌법」에 따르면, 5년 임기의 국가 주석과 부주석, 전국인대 상무위원회 위원장과 부위원장, 국무원 총리와 부총리. 전국정협 주석과 부주석 등 국가 기관의 지도자를 포함한 모든 공직자는 1회만 연임(총 10년)이 허용된다. 이처럼 국가 기관 지도자의 임기제는 개혁 초기부터 법률로, 그것도 최고 권위의 「헌법」 제정을 통해 명시했다. 단 중앙군위 주석과 부주석 등 군에는 1회 연임 제한의 규정이 적용되지 않았다. 이는 중앙군위에 연령제가 적용되지 않는 것과 같은 맥락이다. 또한 2018년 3월 13기 전국인대 1차 회의에서 「헌법」이 수정되면서 국가 주석의 연임 제한 규정이 삭제되었다. 이에 따라 국가 주석은 중앙군위 주석처럼 임기제가 적용되지 않는다.

공산당의 권력 기구에 대한 임기제는 당규 제정을 통해 실시되었다. 2006년에 「당정 영도간부 직무 임기 임시 규정」이 그것이다. 이 규정에 의해 '동직(同職) 2회 10년, 동급(同級) 15년 제한' 원칙이 수립되었다. 즉 "당정 영도간부는 동일 직위에 연속 2회(10년 — 인용자)의 임기에 도달하면 그 직위에 다시 추천, 제청(提名) 혹은 임명하지 않는다." 또한 "당정 간부는 동일 층위(層位)의 영도직무에 누적하여 15년에 도달하면, 동일 층위 영도직무에 다시 추천, 제청 혹은 임명하지 않는다."[10] 이 규정은 중앙과 지방의 모든 공산당과 국가 기관의 직위에 적용된다. 단 공산당 총서기와 중앙군위 주석에는 이 규정이 적용되지 않는다.[11] 이렇게 해서 총서기와 중앙군위 주석을 제외한 모든 당정 기관에 대한 임기제가 실행되게 되었다.

임기제의 엄격한 적용은 실제 통계를 통해 확인할 수 있다. 그래프 10-3에 따르면 총서기와 정치국 상무위원의 경우 2002년 공산당 14차 당대회 이후에는 모두 5년의 임기를 채우고 물러났다. 정치국 위원도 병이나 정치적 이유(주로 부패 혐의)로 임기를 채우지 못한 한두 명을 제외하고는 전반적으로 주어진 임기를 채우고 은퇴하는 것이 관례가 되었다.

[그래프10-3] 공산당 당대회 기수별 임기 만기율

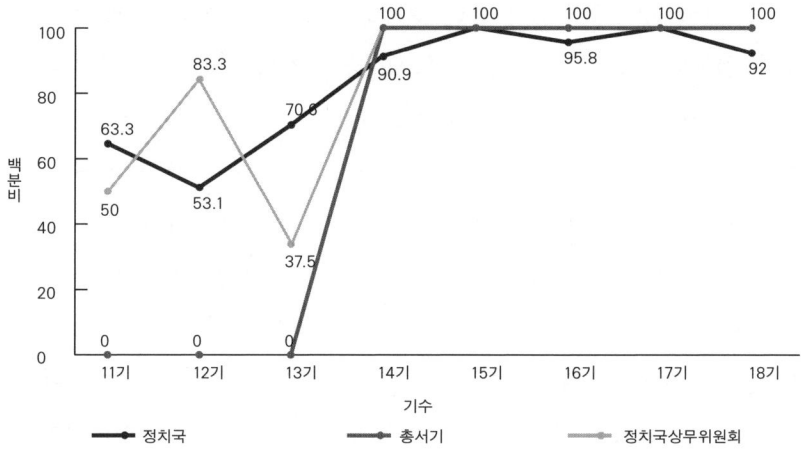

〈출처〉 寇健文, 『中共菁英政治的演變』, p. 286.

　다만 새로운 총서기의 등장 이후 경쟁 파벌의 일부 당정 간부가 부패 혐의로 구속되는 것은 임기제가 여전히 완전하지 않다는 점을 보여 준다. 장쩌민 시기의 베이징시 당서기 천시퉁(베이징방), 후진타오 시기의 상하이시 당서기 천량위(상하이방)와 충칭시 당서기 보시라이(태자당), 시진핑 시기의 공산당 중앙 판공청 주임 링지화(공청단파)가 대표적이다. 정치국 상무위원 겸 정법위원회 서기 저우융캉(석유방), 중앙군위 부주석 쉬차이허우와 궈보슝은 퇴임 후에 부패 혐의로 처벌된 것이기 때문에, 다시 말해 현직자가 아니었기 때문에 임기제와는 상관이 없다.

(3) 권력 기구의 공정한 구성과 세력 균형의 규범

셋째는 권력 기구의 공정한 구성에 대한 규범이다. 7장에서 자세히 살펴보았듯이, 정치국 상무위원회는 소위 '5대 권력 기구'인 공산당 중앙, 국무원, 전국인대, 전국정협, 중앙 기율검사위원회(중앙기위)의 책임자로 구성된다. 구체적으로 공산당 총서기(중앙군위 주석 겸직)와 서기처 상무 서기 등 공산당 중앙 대표 2인, 국무원 총리와 상무 부총리 등 국무원 대표 2인, 전국인대 위원장 1인, 전국정협 주석 1인, 중앙기위 서기 1인 등 모두 7인은 당연직으로 정치국 상무위원에 선임된다. 이 규범은 1992년 공산당 14차 당대회에 등장하여 지금까지 지켜지고 있다.[12] 또한 정치국 상무위원회에는 지금까지 소수민족 출신 지도자나 여성이 선임된 적이 없다. 이런 점에서 공산당 최고 권력 기구는 여성과 소수민족에게는 여전히 닫혀 있다고 말할 수 있다.

이와 비슷하게, 공산당 13차 당대회(1987년) 이후, 정치국도 당정 기구의 안배와 지역 안배의 원칙에 의해 각각의 기관 및 지역에 일정 수 이상의 위원을 배정한다. 구체적으로 중앙의 경우, 공산당 중앙 부서의 책임자(예를 들어, 조직부장, 선전부장, 정법위원회 서기) 외에 총 4인의 국무원 부총리 중에서 상임 부총리를 제외한 3인(상임 부총리는 정치국 상무위원에 선임), 전국인대 부위원장 1~2인, 중앙군위 부주석 2인을 포함해야 한다. 지방의 경우, 4대 직할시(베이징, 톈진, 상하이, 충칭)의 당서기, 경제 규모가 큰 성(예를 들어, 광둥이나 저장)의 당서기, 소수민족 자치구(예를 들어, 신장자치구)의 당서기가 정치국원에 선임된다. 이는 당정 관계에서는 공산당, 중앙-지방 관계에서는 중앙이 최고 권력 기구를 독점하는 현상을 방지하기 위한 규범이다. 정치국 상무위원회와는 달리 정치국원에는 여성과 소수 민족이 포함되는 경우가 있다.

넷째는 세력 균형의 규범이다. 공산당「당헌」과 당규에 따르면, 공산당 내외를 불문하고 어떤 종류의 파벌도 절대 허용될 수 없다. 이는 마오쩌둥 시대도 그렇고 개혁기에도 마찬가지다. 그러나 현실에서는 다양한 종류의 파벌이 존재하는 것이 사실이다. 덩샤오핑 시대에는 덩샤오핑이 주도하는 개혁파와 천윈이 주도하는 보수파가 경쟁했다. 장쩌민 시기에는 상하이방(上海幇)과 태자당(太子黨)의 연합 세력이 권력을 장악했고, 베이징방(리펑과 천시퉁)과 간쑤방(차오스 전국인대 위원장) 등 기타 세력이 이들과 경쟁했다. 후진타오 시기에는 공청단파(共青團派)가 집권 세력이었지만, 상하이방과 태자당의 강한 견제를 받았다. 현실에서 집단지도가 운영되기 위해서는 이처럼 실제로 존재하는 다양한 파벌에게 일정 정도의 자리를 허용해야만 한다. 세력 균형의 규범은 이렇게 해서 등장했다.

이에 따르면, 최고 권력 기구인 정치국 상무위원회와 정치국은 특정 정치 세력 혹은 파벌이 독점할 수 없다. 이에 따라 이들 기구를 구성할 때에는 태자당, 공청단파, 상하이방과 같은 주요 정치 세력에게 일정한 지분을 보장해야 한다. 특히 공산당 총서기와 국무원 총리는 하나의 정치 세력이 독점할 수 없다. 예를 들어, 태자당이 공산당 총서기를 차지하면 공청단파가 국무원 총리를 차지한다. 시진핑 시기에 시진핑 총서기(태자당)와 리커창 총리(공청단파)를 안배한 것은 이를 잘 보여 준다. 이런 세력 균형의 규범을 두고 리청(Cheng Li) 박사는 공산당 내에는 엘리트 연합(상하이방과 태자당)과 민중 연합(공청단파)이라는 두 개의 파벌이 존재하고, 이들 간에 세력 균형이 유지되고 있다는 조금은 과장된 주장을 제기하기도 했다.[13]

(4) 후계자 사전 선임과 민주 추천제

다섯째는 후계자 사전 선임 규범이다. 1992년 공산당 14차 당대회에서 장쩌민이 총서기에 선출될 때, 중앙위원이었던 후진타오는 정치국 상무위원에 발탁되었다. 이는 덩샤오핑의 결정이었다. 장쩌민 시기에 차기 후계자 선정을 둘러싸고 권력 투쟁이 발생할 것을 우려하여, 다시 말해 차기 후계자를 미리 결정해 엘리트 정치의 안정을 도모하기 위하여 덩이 천윈, 리셴녠 등 원로들과 협의하여 후진타오를 차기 후계자로 결정했던 것이다.

이때 차기 후계자는 공산당 중앙위원에서 정치국원을 거치지 않고 바로 정치국 상무위원으로 승진하는 '월급 승진(越級晉昇)'의 관행이 만들어졌다. 시진핑과 리커창도 이런 관행에 따라 2007년 공산당 17차 당대회에서 중앙위원에서 바로 정치국 상무위원에 선임되었다. 동시에 이때 처음으로 차기 후계자는 임기 시작 10년 전에 선임되는 규범이 만들어졌다. 일부 학자와 언론은 이를 두고 '격대지정(隔代指定)', 즉 한 세대를 뛰어넘는 후계자 지정이라고 불렀다.

그런데 2002년 공산당 16차 당대회에서 10년 전에 차기 후계자를 지명하는 격대 지정의 관행이 깨졌다. 이 관행에 따르자면 후진타오가 총서기에 선출될 때 차기 후계자 선임이 이루어져야 한다. 당시 후계자 기준은 두 가지였다. 하나는 연령 기준으로 54세 미만일 것, 다른 하나는 직급 기준으로 장관급(省部級) 직위의 경험이 있을 것이다. 해당자는 모두 세 명이었다. 랴오닝성(遼寧省) 성장 보시라이(당시 53세), 푸젠성(福建省) 성장 시진핑(당시 49세), 허난성(河南省) 성장 리커창(당시 47세)이 바로 그들이다.

당시 장쩌민은 보시라이를 선호했다. 공산당 15차 당대회(1997년)에서 차오스 전국인대 위원장을 퇴임시키는 데 보시라이의 아버지인 보이보가 큰 역할을 했기 때문에 장쩌민은 '은혜'를 갚기 위해 보시라이를 지지했던 것이다. 그러나 다른 지도자들은 보시라이 지명을 반대했고, 이를 알게 된 장쩌민은 후진타오와 원자바오 등 차기 지도자에게 후계자 선임권을 넘겨주자고 주장했다. 이 주장이 받아들여져 격대 지정의 관행이 깨진 것이다.[14] 대신 후계자는 5년 전에 선임되는 관행이 공산당 17차 당대회(2007년)에서 도입되었다.

앞 장에서 살펴보았듯이, 공산당 16차 당대회(2002년)에서는 장쩌민이 리펑과 함께 정치국 상무위원과 정치국원 인선에 개입하면서 원래의 계획이 큰 차질을 빚었다. 이 과정에서 '68세 규범'도 등장했다. 당시 정치국 상무위원 후보는 7인으로, 후진타오, 리루이환, 원자바오, 우방궈, 쩡칭훙, 뤄간(羅幹), 리창춘이었다. 그런데 장쩌민이 '68세 규범'을 들어 리루이환을 빼고, 대신 상하이방인 우관정, 자칭린, 황쥐를 추가했다. 이렇게 되면서 7인제가 9인제 정치국 상무위원회로 바뀌었다.

    동시에 공산당 16차 당대회(2002년)를 준비하면서 장쩌민은 차기 후계자로 거론되던 시진핑과 리커창을 정치국원에 선임하자는 제안도 반대했다. 장쩌민은 자신을 마지막으로 지도자의 세대 구분은 더 이상 없다고 주장했다. 따라서 '제4 세대'나 '제5 세대'의 지도자도 없기 때문에 '제5 세대' 지도자를 육성해야 하는 계획도 없다는 논리를 제기했다. 이렇게 해서 공산당 16차 당대회에서는 시진핑과 리커창이 정치국 상무위원은커녕 정치국원에도 선발되지 못했다.[15]

    2007년 공산당 17차 당대회(2007년)에서는 후계자 사전 선임 규범에 따라 시진핑이 총서기 후보, 리커창이 국무원 총리 후보로 선출되었다. 앞에서 말했듯이, 후진타오도 이 규범에 따라 1992년 공산당 14차 당대회에서 정치국 상무위원에 선출되어 서기처 상무 서기·국가 부주석·중앙군위 부주석의 업무를 10년 동안 수행하고, 2002년 공산당 16차 당대회에서 총서기, 다음 해 전국인대 회의에서 국가 주석, 그리고 2004년 공산당 16기 4중전회에서 중앙군위 주석에 선출되었다. 비슷하게 공산당 17차 당대회(2007년)에서 정치국 상무위원에 선출된 시진핑은 서기처 상무 서기·국가 부주석·중앙군위 부주석의 업무, 리커창은 국무원 부총리의 업무를 5년 동안 수행한 다음, 2012년 공산당 18차 당대회에서 시진핑이 총서기·중앙군위 주석, 다음 해 전국인대 회의에서 시진핑은 국가 주석, 리커창은 국무원 총리에 선출되었다.

여섯째는 최고 지도자 추천과 관련된 규범으로, 민주 추천제(民主推薦制)이다. 9장의 사례 분석에서 자세히 보았듯이, 민주 추천제는 2007년 공산당 17차 당대회를 준비하는 과정에서 도입되었다. 민주 추천제는 혁명 원로나 총서기 등 소수의 최고 지도자가 아니라 중앙위원을 비롯한 350~400인 정도의 고위 통치 엘리트가 정치국 상무위원과 정치국원을 선출하는 제도를 말한다. 이는 최고 통치 엘리트인 정치국원과 정치국 상무위원을 선발하는 과정에 중앙위원이 참여했다는 점에서 매우 중요한 의의가 있었다. 당내 민주주의의 확대를 보여 주는 대표적인 사례이기 때문이다.

민주 추천제를 실행하는 구체적인 방법으로는 두 가지가 있는데, 하나는 투표 방식이고, 다른 하나는 면담 방식이다.[16] 앞의 것은 후진타오 시기에 해당하는 공산당 17차(2007년), 18차(2012년) 당대회 준비 과정에서 실행되었다. 후자는 시진핑 시기에 해당하는 공산당 19차 당대회(2017년) 준비 과정에서 새롭게 도입되었다. 어떤 것을 사용하든 중국의 최고 통치 엘리트인 정치국 상무위원과 정치국원을 선발하는 데 중앙위원급 지도자들이 직접 참여한다는 점은 같다. 후보 추천 방식이 투표인가 아니면 면담인가의 차이가 있을 뿐이다.

(5) 점진적 집단 승계

마지막으로 덩샤오핑 이후 시대의 권력 승계에 나타난 특징으로 점진적 집단 승계를 들 수 있다.

① 집단 승계

먼저, 권력 승계는 '개인'이 아니라 '집단'으로 이루어진다. 마오쩌둥 시대에는 그렇지 않았다. 마오는 자신의 권력을 계승할 후계자로 개인을 선발했던 것이다. 순차적으로 마오가 류샤오치(劉少奇), 린뱌오(林彪), 왕훙원(王洪文), 덩샤오핑, 화궈펑을 후계자로 고려 혹은 지명한 것은 이를 잘 보여 준다.

그런데 개혁기에 들어서는 그렇지 않았다. '집단'으로 권력을 승계한다는 방침은 1982년 공산당 12차 당대회에서 중앙 서기처가 신설되면서 본격적으로 시도되었다. 정치국 상무위원회 및 정치국과는 달리, 서기처는 비교적 젊은 차세대 지도자들로 구성되었다. 또한 서기처는 주요 문제를 민주적인 회의를 통해 결정하도록 규정했다. 이를 통해 서기처가 집단적으로 권력을 승계하는 준비 기구가 되도록 만들었다. 그러나 이런 구상은 1987년 공산당 13차 당대회에서 서기처가 정치국 상무위원회와 정치국의 단순한 사무 기구로 전락하면서 무산되었다.[17]

그런데 1990년대에 들어 연령제와 임기제가 도입되면서 집단적인 권력 승계가 본격화되었다. 이에 따라 권력 승계는 특정 개인이 아니라, 장쩌민을 중심으로 하는 '제3 세대' 지도자(1920~1930년대 출생자)에서 후진타오를 중심으로 하는 '제4 세대' 지도자(1940년대 출생자)로, 다시 '제4 세대' 지도자에서 시진핑을 중심으로 하는 '제5 세대' 지도자(1950년대 출생자)로 이어졌다. 이처럼 중앙 단위와 지방 단위 모두에서 10년을 주기로 세대별로 집단적인 권력 승계가 이루어진다. 참고로 당정 기관의 임기는 5년이고, 보통은 연임하기 때문에 10년 주기로 권력 승계가 이루어지는 것이다. 집단적인 권력 승계는 집단지도와 함께 추진되었고, 이를 통해 권력 집중의 위험성은 분산되고, 권력 승계 방식은 더욱 제도화되었다.[18]

② 점진적 권력 승계

또한 권력 승계는 점진적인 방식으로 이루어졌다. 이는 정치국 상무위원회와 정치국에만 해당되는 것이 아니라, 중앙과 지방의 모든 당정 기구에도 적용되는 규범이다. 한마디로 말해, 정치국 상무위원회와 정치국은 낙하산 인사가 아니라, 중앙위원(혹은 장관급 지도자)→정치국원→정치국 상무위원으로 차례로 단계를 밟아 승진한 인사로 구성된다는 것이다. 단, 차기 후계자로 선발된 지도자는 예외였다. 앞에서 살펴보았듯이 후진타오, 시진핑, 리커창은 차기 후계자로 선발되어 중앙위원에서 정치국원을 거치지 않고 곧바로 정치국 상무위원으로, 직급을 뛰어넘는 승진 즉 월급(越級) 승진의 혜택을 누렸다.

[표10-1] 공산당 당대회 기수별 월급 승진 상황

	정치국원을 거치지 않고 정치국 상무위원이 된 경우							
	11기	12기	13기	14기	15기	16기	17기	18기
월급 수	2	2	0	3	2	1	3	0
총 수*	8	6	8	7	7	9	9	7
%	25.0	33.3	0.0	42.9	28.6	11.1	33.3	0.0
	중앙위원을 거치지 않고 정치국원이 된 경우							
	11기	12기	13기	14기	15기	16기	17기	18기
월급 수	7	4	0	1	1	1	0	0
총 수**	31	33	18	23	24	25	25	25
%	22.6	12.1	0.0	4.3	4.2	4.0	0.0	0.0
	장관급을 거치지 않고 정치국원이 된 경우							
	11기	12기	13기	14기	15기	16기	17기	18기
월급 수	10	7	0	0	0	0	0	0
총 수**	31	33	18	23	24	25	25	25
%	32.3	21.2	0.0	0.0	0.0	0.0	0.0	0.0

〈해설〉* 정치국 상무위원 총수를 말한다; ** 정치국원 총수를 말한다.
〈출처〉寇健文,『中共菁英政治的演變』, p. 298.

이는 통계를 통해 확인할 수 있다. 표 10-1에 따르면, 공산당 16차 당대회(2002년) 이후 정치국 상무위원회와 정치국의 월급 승진은 급격히 축소되었다.

먼저, 정치국 상무위원회를 살펴보면, 공산당 14차 당대회(1992년)에서는 7인의 정치국 상무위원 중에서 3인이 월급 승진한 경우로, 전체의 42.9퍼센트를 차지했다. 이 중에서 후진타오와 주룽지는 총서기와 총리로 양성하기 위해 덩샤오핑이 특별히 발탁한 경우로, 월급 승진이 허용되는 사례였다. 반면 류화칭은 장쩌민의 군권을 안정화시키기 위한 조치였다. 이런 점에서 보면 실제 월급 승진은 1인(류화칭)뿐이었다.

공산당 16차 당대회(2002년)에서는 9인의 정치국 상무위원 중에서 단지 1인(쩡칭훙)이 월급 승진한 경우로, 전체의 11.1퍼센트였다. 당시에 그는 정치국 후보 위원에서 정치국 위원을 거치지 않고 정치국 상무위원이 되었다. 공산당 17차 당대회(2007년)에서는 9인의 정치국 상무위원 중에서 2인(시진핑과 리커창)이 월급 승진하여, 전체의 22.2퍼센트를 차지했다. 그런데 시진핑과 리커창은 각각 총서기 및 총리 후보로 선출된 경우였다. 이런 경우는 예외가 인정되었기 때문에 월급 승진은 사실상 없었다고 할 수 있다.

정치국원 선임에서도 비슷한 특징을 발견할 수 있다. 표 10-1에 따르면, 중앙위원을 거치지 않고 정치국원에 진입한 경우는 공산당 11차 당대회(1977년)에는 31인의 정치국원 중에서 7인으로 전체의 22.6퍼센트였다. 그런데 공산당 13차 당대회(1987년)에서는 월급 승진이 없었고, 14차 당대회(1992년)에서는 1인(탄샤오원), 15차(1997년)와 16차(2002년) 당대회에서는 각각 1인(쩡칭훙)뿐이었다. 이처럼 공산당 13차 당대회 이후에는 대부분의 정치국원이 중앙위원을 거쳐 승진했다고 말할 수 있다.

장관급 직위를 경험하지 않고 바로 정치국원이 된 경우도 마찬가지다. 공산당 11차(1977년) 당대회에서는 31인의 정치국원 중에서 10인이 그런 사람으로 전체의 32.3퍼센트를 차지했다. 그러나 공산당 13차 당대회(1987년)부터 17차 당대회(2007년)까지는 그런

월급 승진자가 없었다. 이상의 통계를 통해 우리는 정치국 상무위원과 정치국원이 점진적으로 승진한다는 사실을 확인할 수 있다.

3. 권력 승계 제도화의 한계

그러나 지금까지 진행된 권력 승계의 제도화는 한계를 갖고 있다. 따라서 권력 승계의 규칙을 분석할 때에는 이런 한계에 대해 분명하게 인식해야 한다. 만약 그렇지 않으면 엘리트 정치의 제도화를 과장할 수 있기 때문이다. 단적으로 말해, 지금까지 실행된 다양한 권력 승계의 비공식 규범은 새로운 총서기가 등장하거나, 최고 통치 엘리트들이 합의하면 언제든지 바뀔 수 있다. 이런 점에서 권력 승계의 제도화는 불가역적이지 않다. 따라서 엘리트 정치의 제도화는 현재도 진행 중인 유동적인 상태다.

(1) 비공식 규범의 한계

먼저 권력 승계와 관련된 대부분의 제도는 통치 엘리트 간의 합의를 통해 관행으로 지속되는 규범 혹은 비공식 제도이지, 법률(당규 포함)로 확정되어 집행되는 공식 규정 혹은 공식 제도가 아니라는 문제가 있다. 이로 인해 인선 과정은 여전히 낮은 투명성과 공식성 결여라는 두 가지의 문제를 해결하지 못하고 있다. 최고 지도자 집단의 선발 과정이 형식적인 절차만 공개됨으로 인해 권력 승계는 여전히 밀실 협상으로 이루어진다는 인상을 주고, 이로 인해 지금까지 진행된 제도화의 의의는 반감된다. 여기에 더해 인선 규범은 법률로 확정되기 전까지는 언제든지 바뀔 수 있기 때문에 안정성이 떨어진다.[19]

예를 들어, 2007년 공산당 17차 당대회에서 도입된 민주 추천제는 중앙위원이 정치국원 선출에 참여한 최초의 사건이라는 점에서 큰 의의가 있다. 그런데 이 제도는 분명한 한계가 있었다. 이때에는 200인의 후보군에 포함되지 않은 14인이 정치국원에 최종 선발되는 일이 벌어졌던 것이다. 이들 14인의 정치국원은 민주 추천회의 이후에 정치국원과 정치 원로들 사이에서 진행된 협의를 통해 추가로 선발되었다. 이처럼 후보군에도 포함되지 않은 사람들이 정치국원에 최종 선발된 것은 문제가 있다.

또한 민주 추천제는 선거 결과가 외부로 공포되지 않아 투표가 지도부 인선에 실제로 얼마나 큰 비중을 갖는지 알 수 없다는 문제가 있다. 이로 인해 투표의 의미 혹은 중요성이 떨어지는 문제가 발생한다.[20] 그러나 무엇보다 심각한 문제는, 이 제도가 당규로 확정되어 있지 않으므로 구체적인 실행 방식이 얼마든지 바뀔 수 있다는 점이다. 실제로 시진핑 시기에 들어 개최된 공산당 19차 당대회(2017년)에서 민주 추천제가 투표 방식에서 면담 방식으로 바뀌면서 민주적인 특징이 반감되었다.[21]

(2) 중앙군위 주석의 제외

중앙군위 주석의 승계 방식에 대해서는 명확한 규정이 없을 뿐만 아니라, 예측 가능한 관행도 아직 형성되지 않았다는 점이 심각한 문제다.[22] 우선, 이에 대한 법률 및 당규의 규정이 없다. 앞에서 살펴보았듯이, 2006년에 제정된「당정 영도간부 직무 임기 임시 규정」에 의하면, 공산당 중앙, 전국인대 상무위원회, 국무원, 전국정협, 현급(縣級) 이상의 공산당·정부·법원·검찰 지도자 등 당정의 지도자들에게는 '2회 유임 제한' 규정이 적용된다. 이에 따라 이들은 동일한 직책에서 2회 10년까지만 연임할 수 있다. 그런데 이 규정에는 중앙군위가 포함되지 않는다. 연령제 규범인 '68세 규범'도 중앙군위에는 적용되지 않는다. 이 때문에 중앙군위 주석은 종신제도 가능하다.

이처럼 중앙군위 주석직의 승계에 대해서는 명확한 법률 및 당규의 규정이 없기 때문에 실제 권력 승계에서는 선례가 중요하다. 그런데 장쩌민은 총서기를 후진타오에게 이양한 이후에도 약 2년 동안 중앙군위 주석을 유지함으로써 총서기와 중앙군위 주석을 분리해서 이양하는 선례를 남겼다. 따라서 총서기 및 중앙군위 주석을 포함한 전체 권력 이양에는 두 가지 방식이 가능하게 되었다. 하나는 덩샤오핑과 장쩌민이 실행한 '점진적 이양 방식'이다. 다른 하나는 공산당 18차 당대회(2012년) 이전에는 시도된 적이 없는 '전면적 이양 방식'이다. 이 방식은 후진타오가 18차 당대회에서 두 직위를 동시에 시진핑에게 이양함으로써 최초로 등장했다.

여기에 더해 '공산당' 중앙군위 주석과 '국가' 중앙군위 주석의 이양 시기가 달라 법률적으로 권력 공백이 발생할 수 있다는 문제가 있다. 이 때문에 중앙군위 주석의 이양 문제는 더욱 복잡해진다. 예를 들어, 2012년 10월 공산당 18차 당대회에서 후진타오가 시진핑에게 '공산당' 중앙군위 주석을 이양했지만, 2013년 3월 12기 전국인대 1차 회의가 개최되기 전까지 후진타오는 여전히 '국가' 중앙군위 주석이었다.

그렇다면 '누가 진정한 중앙군위 주석인가?'라는 질문이 제기될 수 있다. 중국에서는 공산당이 국가보다 상위에 있기 때문에 실제로는(de facto) 이런 문제가 제기되지 않겠지만, 법적으로는(de jure) 얼마든지 제기될 수 있다. 해결 방법은 전국인대 회의까지 '공산당' 중앙군위 주석직을 유지하다가 '국가' 중앙군위 주석직의 사임과 함께 동시에 이양하는 것이다.

(3) 퇴임한 정치 원로의 정치 개입

한편 인선의 제도화와 관련하여 짚고 넘어가야 할 것이 바로 퇴임한 정치 원로(주로 전임 정치국 상무위원을 가리킨다.)의 정치 개입 문제다.[23] 공산당 17차 당대회(2007년)를 준비하면서 공산당은 퇴임한 정치 원로가 주요 정책과 인사 문제를 결정하는 과정에 합법적으로 참여할 수 있도록 보장했다.[24] 2007년 6월 중앙당교에서 개최된 '당원 영도간부 회의'와 베이다이허 회의의 재개는 이를 상징적으로 보여 준다. 이는 이전부터의 관행을 공식화한 것으로 볼 수 있으며 장쩌민의 정치 개입이 대표적인 사례다. 장쩌민의 인선 개입 정도와 영향력은 공산당 18차 당대회(2012년)에서도 여전했다고 알려져 있다.

퇴임한 정치 원로의 정치 개입에는 긍정적인 면과 부정적인 면이 모두 있다. 긍정적인 면은, 파벌 간에 지도자 선출이나 정책 결정을 둘러싸고 격렬한 대립이 발생하여 결정 자체가 불가능한 상황에 봉착할 때 정치 원로가 개입하여 조정할 수 있다는 점이다. 덩샤오핑 사망 이후 최종 결정권을 행사할 수 있는 카리스마적 지도자가 없는 상황에서 이들의 역할은 어느 정도 필요한 것처럼 보인다. 비유하자면 이는 태국 정치에서 국왕이 수행하는 역할과 비슷한 것이라고 할 수 있다.

그러나 부정적인 면이 더욱 큰 것이 사실이다. 무엇보다 퇴임한 정치 원로들의 정치 개입으로 인해 임기제가 무색해졌다. 이렇게 되면 공식적으로는 은퇴하지만 실제로는 은퇴하지 않는 것이 되기 때문이다. 또한 지도자 인선과 정책 결정의 과정이 '비공식화' 되는 문제가 발생한다. 이렇게 되면 공산당과 국가의 공식 제도가 무의미해진다. 더욱이 이들의 정치 개입으로 지도자 인선과 정책 결정 과정이 복잡해지고 길어지면서 타협과 조정이 더욱 어려워질 수 있다. 이런 현상은 공산당 18차 당대회(2012년)에서 실제로 나타났다. 결국 퇴임한 정치 원로의 정치 개입을 계속 허용할 경우, 엘리트 정치의 제도화는 분명한 한계를 벗어나지 못할 것이다.

그런데 시진핑 시기에 들어 은퇴한 정치 원로의 정치 개입은 급속히 축소되었다. 이는 거의 전적으로 후진타오의 공로라고 할 수 있다. 후진타오는 장쩌민과는 달리 공산당 18차 당대회(2012년)에서 시진핑에게 공산당 총서기와 중앙군위 주석을 동시에 이양했고, 다음 해에 열린 전국인대 회의에서 국가 주석도 이양했다. 이때 그는 공산당 내부 회의에서 두 가지 사항을 지적했다. 첫째, 정치 원로들은 은퇴 후에 정치에 관여해서는 안 된다. 둘째, 권력 승계에서 직위 이양에 예외를 두어서는 안 된다. 이는 총서기와 국가 주석은 후진타오에게 이양했지만 중앙군위 주석은 이양하지 않았던 장쩌민을 비판한 것이었다.

이어서 후진타오는 중난하이에 있는 장쩌민의 개인 사무실을 폐쇄했다. 이때 허궈창도 후진타오의 요청으로 중앙기위 서기에서 퇴임하면서 동시에 중난하이에 있던 개인 사무실을 닫았다. 그 밖에도 후진타오는 은퇴 후에 정치에 일절 관여하지 않겠다고 공개적으로 선언했다. 마지막으로 당정의 공개 행사에서 호명 순서를 변경할 것을 요청했다. 장쩌민의 경우에는 은퇴 후에도 주요 당정 행사에서 정치국 상무위원 뒤 정치국원 앞에 호명되었는데, 후진타오는 자신을 정치국원 뒤에 호명해 줄 것을 요청했다.[25] 실제로 후진타오는 은퇴 후에 이런 약속을 지켰다. 이렇게 해서 퇴임한 정치 원로의 정치 개입이 대폭 축소되었다.

4. 아킬레스건의 보완?

권력 승계는 중국을 포함한 모든 사회주의 국가에 극복하기 힘든 과제처럼 보였다. 이를 해결하는 방법은 두 가지다. 하나는 정치 민주화, 즉 다당제와 경쟁 선거 제도를 도입하는 방법이다. 그러나 이를 위해서는 공산당이 일당 독재를 포기해야 하기 때문에 자발적으로는 절대로 수용할 수 없는 방법이다. 다른 하나는 공산당 일당제를 유지하면서 권력 승계에 대한 공식 규정과 비공식 규범을 만들어 집행하는 방법이다. 중국은 이 방법을 선택했다. 그 결과 베트남과 더불어 중국만이 집단지도라는 새로운 엘리트 정치 체제를 수립하여 권력 승계의 문제를 극복할 수 있었다.

권력 승계의 규범에는 여러 가지가 있다. 가장 중요한 규범으로 연령제와 임기제가 있다. 임기제는 1982년 「헌법」과 2006년 「당정 영도간부 직무 임기 임시 규정」의 제정을 통해 공산당 총서기와 중앙군위 주석을 제외한 당·정·군의 모든 간부들에게 적용되었다. 다만 2018년 3월 13기 전국인대 1차 회의에서 「헌법」이 개정되어 국가 주석은 임기제의 적용을 받지 않게 되었다. 연령제와 비교했을 때, 임기제는 상대적으로 쉽게 도입되어 실시되고 있다고 평가할 수 있다. 그러나 연령제, 즉 '70세 규범'과 '68세 규범'은 파벌 투쟁의 산물로 등장하여 현재까지 정치국 상무위원을 포함한 공산당 최고 통치 엘리트에게 적용되고 있다. 단 연령제에서도 중앙군위 주석은 예외다. 전체적으로 볼 때, 연령제와 임기제가 실행되면서 신구 통치 엘리트 간에 평화롭고 안정적인 권력 승계가 가능하게 되었다.

권력 기구의 공정한 구성과 세력 균형의 규범도 집단지도 유지에 매우 중요한 역할을 담당한다. 정치국 상무위원회와 정치국이 당·정·군의 최고 기관을 대표하는 현직 책임자로 구성되지 않으면 집단지도는 유지될 수 없다. 마찬가지로 최고 권력 기구가 파벌 간의 안배를 통해 구성되지 않으면 역시 집단지도는 유지될 수 없다. 그럴 경우에는 집단지도가 아니라 일인지배나 원로지배가 될 것이다.

후계자 사전 선임과 민주 추천제도 안정적인 집단지도 유지에 도움을 줄 수 있는 규범이다. 물론 이 두 규범은 연령제나 임기제만큼 중요한 규범은 아니다. 따라서 이 두 규범이 없어도 집단지도는 유지될 수 있다. 다만 집단지도의 안정성이 떨어질 수 있고, 엘리트 민주주의의 성격도 약화될 수 있다. 사전에 후계자가 선임되면 파벌 투쟁의 격화를 방지할 수 있고, 훈련된 최고 지도자를 배양할 수 있다. 이런 면에서 후계자의 사전 선임 규범은 집단지도의 안정성을 높일 수 있다. 또한 민주 추천제는 중앙위원도 정치국 상무위원과 정치국원 선발에 참여할 수 있도록 하는 제도로 당내 민주주의 혹은 엘리트 민주주의의 확대에 기여한다. 점진적 집단 승계 규범은 덩샤오핑 시대에 도입되어 현재도 실행되고 있다. 이것도 엘리트 정치의 안정화에 크게 기여하고 있다.

그러나 권력 승계의 제도화를 과장해서는 안 된다. 지금까지 우리가 살펴본 규범은 법률로 확정된 공식 규정이 아니기 때문에 쉽게 바뀔 수 있다. 안정성이 떨어진다는 얘기다. 더욱이 여러 권력 기관 중에서 가장 중요한 공산당 총서기와 중앙군위가 연령제와 임기제 규범에서 제외된 것은 큰 문제다. 이는 엘리트 정치의 제도화에 커다란 구멍이 있다는 것을 의미하기 때문이다. 퇴임한 정치 원로가 현실 정치에 개입하는 문제도 아직 남아 있다. 다만 후진타오의 노력으로 시진핑 시기에 들어서 이 문제가 해결될 전기를 마련했다.

11장 | 평화롭고 안정적인 권력 승계

앞 장에서는 권력 승계의 다양한 규칙, 그중에서도 특히 비공식 규범을 살펴보았다. 연령제, 임기제, 후계자 사전 선임제, 민주 추천제, 권력 기구의 공정한 구성과 세력 균형, 점진적 집단 승계의 규범이 바로 그것이다. 그런데 규칙은 그 자체도 중요하지만 더 중요한 것은 그것이 현실에서 제대로 지켜져야 한다는 점이다. 따라서 권력 승계의 여러 규칙들을 살펴본 다음에는 실제 사례 분석을 통해 그것이 어떻게 등장하여 실시되고 있는가를 검토해야 한다. 이 장에서 하려는 것이 바로 이것이다.

먼저, 장쩌민에서 후진타오로 권력이 승계된 2002년의 공산당 16차 당대회를 살펴볼 것이다. 다음으로 후진타오에서 시진핑으로 권력이 승계된 2012년의 공산당 18차 당대회를 자세히 살펴볼 것이다. 마지막으로 시진핑 집권기에 진행된 공산당 19차 당대회(2017년)도 살펴볼 것이다. 이때 이전의 권력 승계 규범이 일부 변경되는 현상이 나타나면서 논란이 발생했기 때문이다.

1. 장쩌민에서 후진타오로: 공산당 16차 당대회(2002년)

장쩌민에서 후진타오로의 권력 승계는 사실상 두 차례에 걸쳐 점진적으로 이루어졌다. 먼저 공산당 총서기는 2002년 11월에 개최된 공산당 16차 당대회에서 이양되었다. 그러나 중앙군위 주석은 2004년 9월에 개최된 공산당 16기 중앙위원회 4차 전체회의(16기 4중전회)에서 이양되었고 이로써 권력 승계가 공식적으로 완료되었다. 중앙군위 주석 승계는 7장에서 자세히 살펴보았기 때문에 여기서는 공산당 16차 당대회만을 검토할 것이다.

(1) 단계적 권력 이양: 총서기와 중앙군위 주석의 분리 이양

공산당 16차 당대회의 인선에서는 장쩌민 시기의 특징, 즉 덩샤오핑 시대의 원로지배에서 집단지도로 넘어가는 과도기적 특징이 나타났다. 장쩌민이 집단지도에서 총서기 개인의 우월한 지위를 이용하여 엘리트 정치의 비공식 규범을 어기는 일이 발생한 것이다. 또한 장쩌민은 인선 결정에서 다른 정치 지도자나 파벌보다 더 큰 영향력을 행사했다. 이는 크게 장쩌민이 중앙군위 주석에 유임된 점, 상하이방이 공산당 및 국무원 지도부의 다수를 점한 사실을 통해 확인할 수 있다.

이런 과도기적 특징은 장쩌민 집권의 특수성으로 인해 나타났다.[1) 구체적으로 장쩌민은 1989년 6월 톈안먼 사건 이후 공산당 총서기에 선임되어 2002년 11월 16차 당대회에서 사임할 때까지 약 13년 동안, 만약 중앙군위 주석을 기준으로 하면 2004년 9월까지 약 15년 동안 최고 권좌에 있었다. 이런 장기 집권으로 인해 장쩌민은 광범위한 개인적인 관계망을 구축하여 권력 기반을 공고히 할 수 있었고, 이를 기반으로 집단지도에서 우월한 지위를 차지할 수 있었다. 상하이방의 대규모 등용을 통한 친위 세력 형성, 베이징시 당서기 천시퉁(陳希同)의 숙청과 리펑의 약화를 통한 베이징방의 무력화, 차오스 등 간쑤방의 퇴진 등은 이를 보여 주는 대표적인 사례다.

또한 이러한 긴 통치 기간 동안 장쩌민은 뛰어난 업적을 통해 비록 덩샤오핑 정도는 아니더라도 일정한 개인적 명성과 권위를 확보할 수 있었다. 1989년 톈안먼 사건 이후의 심각한 정치적 불안정 극복, 1991년 소련 및 사회주의권의 붕괴에 따른 국제 정세 변화와 미국 등 서방 세력의 압박에 대한 성공적인 대응, 1990년대의 급속한 경제 성장과 국민 생활 수준 향상, 1997~1998년 아시아 경제 위기 극복과 지역 강대국(major regional power)으로의 부상, 2001년 세계무역기구(WTO) 가입과 국제적 지위 제고 등, 장쩌민 집권 기간에 중국은 국내외로 눈부시게 발전했다.

이와 같은 장쩌민의 특별한 지위는 공산당 16차 당대회(2002년)의 인선에 잘 드러난다. 먼저, 장쩌민은 1997년 공산당 15차 당대회에서 비공식 규범으로 만들어진 '70세 규범'과 상관없이 76세의 나

이에 중앙군위 주석에 다시 취임했다. 이후 2004년 9월 공산당 16기 4중전회에서 중앙군위 주석을 사임할 때까지 사실상 최고 지도자의 지위는 2년 동안 계속되었다. 근거는 덩샤오핑의 선례였다. 덩샤오핑은 1987년 11월 공산당 13차 당대회에서 정치국 상무위원에서는 물러나면서도 중앙군위 주석은 유지했고, 이는 1989년 11월까지 2년 동안 지속되었다.

그런데 중국에서 공산당 총서기와 중앙군위 주석이 일치하지 않을 경우 후자가 권력의 중심에 있다고 간주된다. 후진타오 시기 초기에는 후진타오가 명목상으로는 최고 지도자였지만 실제로는 장쩌민이 최고 지도자였다. 이렇게 되면서 후진타오 국가 주석과 장쩌민 중앙군위 주석이 함께하는 '두 주석(兩個主席) 체제'가 형성되었다. 이는 권력의 법적 중심인 후진타오와 실제 중심인 장쩌민이 따로 있어 두 개의 권력 중심이 존재함을 의미한다. 이처럼 공산당 16차 당대회에서는 권력 승계가 불완전하게 이루어졌고, 이것이 권력 승계의 최대 문제점이었다.[2]

이와 같은 불완전한 권력 승계는 장쩌민의 개인 권위가 강력했기 때문에, 동시에 그의 추종 세력이 이를 적극 지지했기 때문에 가능했던 것이다. 예를 들어, 1999년에 후진타오, 류화칭, 장완녠, 딩관건 등 많은 정치 엘리트가 장쩌민에게 공산당 총서기 및 중앙군위 주석을 계속 맡으라고 건의했다. 2000년 여름에 개최된 베이다이허 회의에서는 주룽지 당시 총리가 장쩌민의 중앙군위 주석 유임을 지지하는 발언을 했다. 그 후 2001년과 2002년, 공산당 16차 당대회 직전까지 인민해방군의 지도자들이 장쩌민의 유임을 지속적으로 요청했다.³⁾ 이런 요구는 장쩌민의 유임을 정당화하는 역할을 했다.

흥미로운 것은, 공산당 16차 당대회(2002년)를 준비하면서 일부 혁명 원로들이 장쩌민의 완전한 퇴진을 요구했는데 장쩌민이 이를 묵살했다는 점이다. 구체적으로 2002년 7~8월 베이다이허 회의에서 보이보는 정치국에 편지를 보내는 형식으로 장쩌민의 완전한 퇴진을 요구했다. 공산당 15차 당대회(1997년)에서 차오스를 퇴임시키면서 장쩌민이 했던 약속, 즉 5년 후에는 모든 직위에서 물러나겠다는 약속을 지키라는 요구였다. 또한 완리, 차오스, 쑹핑 등 정치 원로들도 장쩌민과 관련된 당정 지도자들에게 편지를 쓰는 방식으로 장쩌민이 공산당 총서기와 중앙군위 주석에서 모두 물러날 것을 요구했다. 후진타오를 중심으로 한 새로운 지도부가 힘 있게 공산당과 국가를 운영하기 위해서는 '제3 세대' 지도부가 완전히 퇴진해야 한다는 이유에서였다.⁴⁾ 그러나 장쩌민은 이런 요구를 묵살하고 중앙군위 주석에 남았다.

이는 두 가지 사실을 말해 준다. 하나는 정치 원로가 여전히 존재했고, 이들은 공산당 총서기와 중앙군위 주석 선출과 같은 중요한 문제를 결정할 때에는 발언권을 행사했다는 사실이다. 다른 하나는 장쩌민의 권력이 이들의 요구를 무시해도 좋을 만큼 강력했다는 사실이다. 반대로 말하면, 이때의 정치 원로들은 1980년대의 혁명 원로들과 달리 주요 지도자의 인선과 정책 결정에서 결정적인 영향력을 행사할 수 없었다는 것이다. 동시에 이는 공식 정치가 비공식 정치를 어느 정도 통제할 수 있었다는 사실을 보여 준다.

(2) 연령제 준수와 '기술 관료 시대'의 지속

공산당 16차 당대회(2002년)에서는 모두 356명의 중앙위원(정위원 198명, 후보 위원 158명), 25명의 정치국원(후보 위원 1명 포함), 9명의 정치국 상무위원, 8명의 중앙군위 구성원(주석·부주석, 위원)이 선출되었다. 이런 인사 교체는 장쩌민을 중심으로 하는 '제3 세대' 지도자가 퇴진하고, 후진타오를 중심으로 하는 '제4 세대' 지도자가 전면에 등장했다는 점에서 정치 엘리트의 세대 교체가 이루어졌다는 의의가 있었다.[5]

[표11-1] 정치국 상무위원회(9인) (2002년 기준)

이름	연령	전직	현직	비고
후진타오(胡錦濤)	60	국가 부주석/중앙군위 부주석	국가 주석/총서기/중앙군위 주석	연임
우방궈(吳邦國)	61	국무원 부총리	전국인대 상무위원회 위원장	신임
원자바오(溫家寶)	60	국무원 부총리	국무원 총리	신임
자칭린(賈慶林)	62	베이징시 서기	전국정협 주석	신임
쩡칭훙(曾慶紅)	63	서기처 서기/공산당 조직부장	국가부주석	신임
황쥐(黃菊)	64	상하이시 서기	국무원 부총리	신임
우관정(吳官正)	64	산둥성 서기	기율검사위 서기	신임
리창춘(李長春)	58	광둥성 서기	이념·선전 담당	신임
뤄간(羅幹)	67	정법위원회 서기	좌동	신임

〈출처〉 필자 작성

[표11-2] 정치국(25인)(2002년 기준)(정치국 상무위원 포함)

이름	연령	전직	현직	비고
왕러촨(王樂泉)	58	신장자치구 당서기	좌동	신임
왕자오궈(王兆國)	61	전국정협 부주석	전국인대 상무위원회 부위원장	신임
후이량위(回良玉)	58	장쑤성 당서기	국무원 농업담당 부총리	신임
류치(劉淇)	60	베이징시 부서기	베이징시 당서기	신임
류윈산(劉雲山)	55	공산당 선전부장	좌동/서기처 서기	신임
우이(吳儀)	64	국무원 대외경제합작부 부장	국무원 부총리	신임
장리창(張立昌)	63	텐진시 서기	좌동	신임
장더장(張德江)	56	저장성 당서기	광둥성 당서기	신임
천량위(陳良宇)	56	상하이시 부서기	상하이시 당서기	신임
저우융캉(周永康)	60	쓰촨성 당서기	국무원 공안부장/서기처 서기	신임
위정성(俞正聲)	57	후베이성 당서기	좌동	신임
허궈창(賀國強)	59	충칭시 당서기	공산당 조직부장/서기처 서기	신임
궈보슝(郭伯雄)	60	중앙 군사위원회 부주석	좌동	신임
차오강촨(曹剛川)	67	인민해방군 총장비부 부장	중앙 군사위원회 부주석	신임
쩡페이옌(曾培炎)	64	국가발전계획위원회 주임	국무원 부총리	신임
왕강(王剛)	60	중앙직속기관공작위 서기	좌동/서기처 서기	후보

〈출처〉 필자 작성

이는 비교적 전면적인 인사 교체가 있었다는 것을 의미한다. 예를 들어, 공산당 정치국 상무위원과 정치국원은 각각 88퍼센트와 60퍼센트가 교체되었고, 중앙군위 위원은 장쩌민과 후진타오를 제외한 6인이 공산당 16차 당대회를 전후해서 모두 교체되었다. 다만 국무원은 28개의 부서 중 14인만이 교체됨으로써 과반수의 인사 변동에 그쳤다. 이를 통해, 공산당 지도부와 국무원 지도부의 교체가 조금 다른 방식으로 이루어진다는 사실을 확인할 수 있다.[6]

또한 연령제는 충실히 지켜졌다. 이번 당대회에서 새롭게 등장한 '68세 규범'에 따라 정치국 상무위원과 정치국원 중에서 68세 이상자는 모두 퇴임했다. 핵심 쟁점이 되었던 리루이환 전국정협 주석이 대표적이다. 그 결과 당정 지도자의 평균 연령이 전반적으로 낮아졌다. 예를 들어, 정치국원의 평균 연령은 60.7세로 공산당 15차 당대회(1997년)의 63.1세보다 2.4세 낮아졌다(표 11-2 참고). 국무원 구성원, 즉 총리·부총리·국무위원·부장(주임)의 평균 연령도 58.7세로 전보다 0.6세 낮아졌다.[7]

동시에 비교적 젊은 정치 지도자가 등장하면서 이들의 학력도 전보다 높아지는 특징이 나타났다. 예를 들어, 공산당 중앙위원 중 전문대학 이상의 학력 소지자는 98.6퍼센트로 이전보다 6.2퍼센트 증가했다. 또한 국무원 및 중앙군위 구성원은 전원이 대학을 졸업했다. 특히 28인의 국무원 부장과 주임 중에 석사 학위 소지자가 11명, 박사 학위 소지자가 2명이나 있었다.[8]

장쩌민을 중심으로 하는 '제3 세대' 지도자처럼 후진타오를 중심으로 하는 '제4 세대' 지도자에서도 '기술 관료형 지도자(technocrats)'라는 특징이 이어졌다. 이들은 대학에서 이공계를 전공하고, 전문 기술직(engineering)에서 오랫동안 근무한 이후 고위직에 오른 정치 지도자다. 구체적으로 살펴보면, 공산당의 경우, 정치국 상무위원 9인 전원이 기술 관료 출신이다. 또한 25인의 정치국원 중에서 군 인사 2인과 교육 배경이 불명확한 3인을 제외한 20인 중 기술 관료 출신은 17인으로 전체의 85퍼센트를 차지했다. 국무원의 경우, 28개 부서의 책임자인 부장과 주임 중에서 최종 학력과 경력이 분명한 25인 중 기술 관료 출신은 14인으로 전체의 56퍼센트를 차지했다.

기술 관료 출신의 정치 엘리트는 1980년대 초부터 덩샤오핑과 후야오방이 간부 세대 교체 프로젝트를 실시하면서 등장할 수 있었다. 이 프로젝트에 의해 1986년까지 전국적으로 약 140만 명의 혁명 간부 출신 지도자가 현직에서 물러났고, 46만 9,000명의 젊고 유능한 기술 관료가 그 자리를 차지했다. 이후에도 기술 관료를 우대하는 차세대 엘리트 육성 및 충원 프로젝트는 계속되었다. 그 결과 1997년에 국무원의 부장과 주임, 성(省) 공산당 서기와 성장 등 장관급 당정 간부 중에서 기술 관료 출신이 차지하는 비율이 70퍼센트를 넘었다.[9] 이번 인사도 기존의 인사 정책을 그대로 계승한 결과라고 할 수 있다.

[표11-3] 장관급 및 중앙위원급에서 기술관료의 비중 변화(1982~2002년)

당대회(연도)	장관		성 당서기		성장·시장·주석		중앙위원	
	수	%	수	%	수	%	수	%
12차(1982년)	1	2	0	0	0	0	4	2
13차(1987년)	17	45	7	25	8	33	34	26
15차(1997년)	28	70	23	74	24	77	100	52
16차(2002년)	15	52	13	42	16	52	89	46

〈출처〉 Cheng Li and Lynn White, "The Sixteenth Central Committee of the Chinese Communist Party: Emerging Patterns of Power Sharing," Lowell Dittmer and Guoli Liu (eds.), *China's Deep Reform: Domestic Politics in Transition* (Lanham: Rowman & Littlefield, 2006), p. 100.

　그러나 주의할 점이 있다. 중앙위원급 혹은 장관급 통치 엘리트에서는 기술 관료의 쇠퇴 현상이 이미 나타나기 시작했다. 표 11-3이 보여 주듯이, 1997년 공산당 15차 당대회에서는 기술 관료가 국무원 책임자(장관)의 70퍼센트, 성 당서기의 74퍼센트, 성장·시장·주석의 77퍼센트를 차지하고 있었다. 다시 말해 5년 전에는 장관급 고위 간부의 평균 73.6퍼센트가 기술 관료였다. 그런데 2002년 공산당 16차 당대회에서는 그 비율이 각각 52퍼센트, 42퍼센트, 52퍼센트로 대폭 축소되었다(평균은 48.7퍼센트). 이는 정치국 상무위원회와 정치국에서는 '기술 관료 전성시대'가 여전하지만, 그 아래 직급인 중앙위원급 혹은 장관급에서는 그 시대가 이미 저물기 시작했다는 사실을 보여 준다.
　마지막으로 이번 권력 승계에서는 후계자 사전 선임제가 장쩌민의 반대로 실현되지 않았다. 민주 추천제도 아직 도입되지 않았다. 따라서 엘리트 정치의 권력 승계 규범, 그리고 집단지도의 실질적인 운영 사례는 정치국 상무위원회 및 정치국과 같은 권력 기구의 구성을 중심으로 살펴볼 수 있다.

(3) 권력 기구 구성의 규범

다음으로 정치국 상무위원회와 정치국을 중심으로 파벌 간의 권력 분배를 살펴보자. 공산당 16차 당대회에서는 장쩌민의 상하이방이 당·정·군의 고위직 중 다수를 차지했다. 물론 그렇다고 공청단파가 정치국 상무위원회와 정치국에 진출하지 못했다는 것은 결코 아니다.

먼저 정치국 상무위원회를 보면, 전체 9인의 상무위원 중 쩡칭훙, 우방궈, 황쥐, 자칭린, 리창춘, 우관정 등 상하이방이 최소 6인이었다. 반면 공청단파는 후진타오 본인을 제외하고는 없었다.[10] 원자바오 총리는 비록 공청단파는 아니었지만 후진타오에게 우호적인 편이었고, 실제로 이후에 후진타오와 적극적으로 협력하는 모습을 보여 주었다. 그래서 일부 언론과 학자들은 막 출범한 후진타오 정부를 '후진타오-원자바오 신체제(胡溫新政)'라고 부르기도 했다.

국무원 지도부인 총리·부총리·국무위원 등 10인의 지도자 중에서도 상하이시에서 근무했거나 장쩌민의 후원을 받았던 상하이방은 황쥐, 쩡페이옌, 후이량위, 화젠민, 천즈리 등 최소 5인이었다. 마지막으로 인민해방군 지도부의 경우, 중앙군위 주석을 맡고 있는 장쩌민이 군 인선에 지대한 영향을 행사했기 때문에 후진타오를 제외한 중앙군위 구성원 모두를 장쩌민의 사람으로 보아도 문제가 없다.

　이와 같이 공산당, 국무원, 인민해방군의 지도부 인선을 보면, 상하이방이 후진타오 세력과 권력을 나누어가졌다기보다는 압도적으로 다수파가 되어 권력을 장악했다고 말하는 것이 사실에 가깝다. 이런 면에서 공산당 16차 당대회의 인선은 집단지도의 구성이라는 점에서는 부족함이 있다. 결국 후진타오는 공청단파 출신의 총서기로서 권력을 승계했지만, 상하이방과 태자당에 둘러싸여 집권 초기에는 총서기로서의 권한을 제대로 행사하기가 쉽지 않았다. 이런 상황은 권력 공고화를 통해 몇 년 후에는 조금씩 극복된다. 이에 대해서는 IV부에서 자세히 살펴볼 것이다.

　또한 권력 기구의 구성에서 상하이방과 태자당이 압도적인 다수파를 차지했다는 사실은 장쩌민 시기의 과도기적 특징을 보여 주는 또 다른 사례라고 할 수 있다. 즉 오랜 집권을 통해 장쩌민의 권력이 강력해지면서 상하이방과 태자당을 중심으로 권력 기관의 자리를 배분할 수 있었던 것이다. 이런 상황은 2004년 9월 장쩌민의 중앙군위 주석 사임 이후 개선되기 시작하여, 2007년 공산당 17차 당대회에서는 후진타오가 정국의 주도권을 잡으면서 변화되었다.

2. 후진타오에서 시진핑으로: 공산당 18차 당대회(2012년)

　공산당 18차 당대회(2012년)의 권력 승계 과정과 결과는 공산당

17차 당대회(2007년) 때와 비슷하다. 그래서 엘리트 정치의 제도화는 계속되었다고 평가할 수 있다.[11]

(1) 전면적 권력 이양: 총서기와 중앙군위 주석의 동시 이양

후진타오에서 시진핑으로의 권력 승계는 2012년 공산당 18차 당대회에서 이루어졌다. 이번 권력 승계에서 최대 관심은 후진타오가 공산당 총서기와 함께 중앙군위 주석을 동시에 이양할지 여부였다. 후진타오에서 시진핑으로의 실질적인 권력 승계 여부, 그리고 새로운 권력 승계 규범의 형성 여부는 바로 이것으로 결정되기 때문이었다. 결과는 후진타오의 완전한 퇴진이었다.

이로써 후진타오에 의해 '전면적 권력 이양'이라는 새로운 권력 승계 방식이 등장했다. 동시에 이로 인해 후진타오 집권 초기에 나타났던 '두 주석 체제,' 즉 중앙군위 주석인 장쩌민과 국가 주석인 후진타오가 분리되는 현상이 이번에는 나타나지 않았다. 이로써 국정 운영에서 혼선이 빚어질 가능성이 대폭 낮아졌다. 이는 엘리트 정치의 제도화에 크게 기여한 것이다.

이와 관련하여《인민일보》는 후진타오가 "자발적으로(主動)" 중앙군위 직위를 이양했다는 점을 강조했다. 2012년 11월 16일 중앙군위 주석을 승계 받은 시진핑은 중앙군위 확대회의를 개최했고, 이 자리에는 시진핑과 함께 후진타오가 참석했다. 후진타오의 연설 이후, 시진핑은 후진타오의 업적을 대대적으로 칭송했다. 특히 시진핑은 후진타오가 "당·국가·군 업무의 발전이라는 대국적인 고려에서 자발적으로 공산당 중앙 총서기와 중앙군위 주석의 직무를 다시 맡지 않겠다고 제기했다."라는 점을 제일 먼저 강조했다. 그러면서 후진타오가 "전당의 지혜를 모아 창립한 과학적 발전관"이 "마르크스·레닌주의, 마오쩌둥 사상, 덩샤오핑 이론, 삼개대표 중요 사상과 함께 당이 장기적으로 견지해야 하는 지도 사상이 되었다."라는 점을 상기시켰다.[12] 이는 시진핑이 후진타오 앞에서 그의 정책인 과학적 발전관을 계승하겠다는 의지를 공개적으로 밝힌 것이다.

(2) 민주 추천제의 확대

공산당 17차 당대회(2007년)에서 도입된 민주 추천제가 18차 당대회(2012년)에서는 확대 실시되었다. 정치국원뿐만 아니라 정치국 상무위원에도, 또한 전국인대와 국무원 등 다른 국가 기관의 지도자 선발에도 적용된 것이다. 이런 점에서 공산당 18차 당대회는 엘리트 정치의 권력 승계 면에서 가장 민주적인 회의로 기록될 것이다. 이에 대해서는 앞 장에서 자세히 살펴보았기 때문에 여기서는 생략한다.

(3) 연령제의 역할 변화 가능성

한편 정치국 상무위원과 정치국원을 중심으로 연령 규정을 살펴보면, 공산당 16차 당대회(2002년)에 도입된 '68세 규범'이 이번에도 철저하게 지켜졌다. 그 결과 정치국 상무위원과 정치국원 중에서 68세 이상자는 모두 은퇴했다.

[표11-4] 정치국 상무위원회(7인) (2012년 12월)

이름	연령	전직	현직	비고
시진핑(習近平)	59	서기처 서기/상무위원	국가 주석/총서기/중앙군위 주석	유임
리커창(李克强)	57	국무원 부총리/상무위원	국무원 총리	유임
장더장(張德江)	66	국무원 부총리/정치국원	전국인대 상무위원회 위원장	신임
위정성(俞正聲)	67	상하이 당서기/정치국원	전국정협 주석	신임
류윈산(劉雲山)	65	선전부장/서기처 서기/정치국원	서기처 상무 서기	신임
왕치산(王岐山)	64	국무원 부총리/정치국원	중앙 기율검사위원회 서기	신임
장가오리(張高麗)	66	텐진시 당서기/정치국원	국무원 부총리	신임

〈출처〉 필자 작성

[표11-5] 정치국(25인) (2012년 12월)(7인의 정치국 상무위원 포함)

이름	연령	전직	현직	비고
궈진룽(郭金龍)	65	베이징시 당서기	베이징시 당서기	신임
한정(韓正)	58	상하이시 시장	상하이시 당서기	신임
쑨춘란(孫春蘭)(여)	62	푸젠성 당서기	텐진시 당서기	신임
쑨정차이(孫政才)	49	지린성 당서기	충칭시 당서기	신임
후춘화(胡春華)	49	네이멍구자치구 당서기	광둥성 당서기	신임
장춘셴(張春賢)	59	신장자치구 당서기	신장자치구 당서기	신임
자오러지(趙樂際)	55	산시(陝西)성 당서기	공산당 조직부장	신임
류치바오(劉奇葆)	59	쓰촨성 당서기	공산당 선전부장	신임
류옌둥(劉延東)	67	공산당 통전부장	국무원 부총리	유임
왕양(汪洋)	57	광둥성 당서기	국무원 부총리	유임

마카이(馬凱)	66	국무원 국무위원	국무원 부총리	신임
왕후닝(王滬寧)	57	공산당 정책연구실 주임	공산당 정책연구실 주임	신임
리위안차오(李源潮)	62	조직부장/서기처 서기	국가 부주석	유임
리젠궈(李建國)	66	전국인대 부위원장	전국인대 부위원장	신임
판창룽(范長龍)	65	지난군구 사령관	중앙군위 부주석	신임
쉬치량(許其亮)	62	인민해방군 공군사령관	중앙군위 부주석	신임
멍젠주(孟建柱)	65	국무원 공안부장	중앙 정법위원회 서기	신임
리잔수(栗戰書)	62	중앙 판공청 부주임	판공청 주임/서기처 서기	신임

〈출처〉 필자 작성

　그런데 공산당 18차 당대회에서는 '68세 규범'이 장기 집권의 '방지 기제'에서 권력 유임의 '보장 기제'로 변화하고 있는 특징이 나타났다. 연령 규정이 구세대 지도자의 퇴진을 촉진하는 것이 아니라, 오히려 신세대 지도자의 진입을 가로막는 역(逆) 작용을 했다는 것이다. 이번 당대회에서 후진타오와 원자바오 등 '제4 세대' 지도자는 모두 연령 제한에 걸려 퇴임하는 것이 당연했다.

　그런데 정치국원을 1회 역임한 '4.5세대,' 즉 1940년대에 출생한 60대 중반의 지도자는 연령 제한에 걸리지 않기 때문에 권력 남용과 부정부패, 가족의 비리 등 특별한 정치적인 문제가 없는 한 유임을 막을 수가 없었다. 이것이 이번에 '제4 세대' 지도자에서 '제5 세대' 지도자로의 완전한 권력 승계가 이루어지지 않은 중요한 하나의 이유였다. 예를 들어, 정치국 상무위원 자리를 놓고 치열한 경쟁이 벌어지면서 태자당과 상하이방이 연장자 우선(seniority)의 규범을 제시하면서 리위안차오와 왕양을 정치국 상무위원에 선임하자는 후진타오 세력의 요구를 반대했을 수도 있다.

　이와 관련하여 로이터 통신(Reuters)의 보도는 매우 흥미로운 사실을 알려 준다. 이에 따르면, 정치국 상무위원 인선 과정에서 정치국원과 장쩌민, 리펑(李鵬) 등 정치 원로는 모두 10여 차례에 걸쳐 비공개 회의를 가졌다. 회의를 거듭했는데도 의견이 좁혀지지 않아 결국 '추천 투표'를 실시했고, 이를 통해 리위안차오, 왕양, 류옌둥이 후보에서 제외되고 대신 위정성이 포함되었다. 이들의 탈락에는 이유가 있었다고 한다. 예를 들어, 왕양은 보시라이를 지지하는 당내 좌파 세력을 자극하지 않기 위해, 류옌둥은 여성이 정치국 상무위원이 된 전례가 없어서, 리위안차오는 정치 원로들의 인사 추천 요구를 무시하는 경향이 있어서 반대에 부딪쳤다. 그런데 이와 함께 연장자 우선의 원칙이 매우 중요한 역할을 했다.[13)] 위정성(67세)이 최종적으로 정치국 상무위원에 선임될 수 있었던 건 바로 그가 최고령자였다는 이유 덕이었다.

　이런 이유로 정치국 상무위원을 대상으로 보면, 이번에는 세대별 권력 승계가 제대로 이루어지지 않은 특징을 보여 준다. 다시 말해, 권력 승계는 '제4 세대'에서 '4.5세대'(1940년대 후반 출생자) 및 '제5 세대'(1950년대 출생자)로 이루어졌다는 것이다. 그래서 완전한 '제5 세대'로의 권력 승계는 2017년 공산당 19차 당대회에서 이루어졌다. 어찌 보면 이번 사례는 권력 승계를 꼭 세대별로 나누어 볼 필요가 없음을 보여 준 것일 수도 있다. 단적으로 '제4 세대'와 '제5

세대'는 분명히 다르지만, '4.5세대'와 '5세대' 사이에는 무슨 커다란 차이가 있다고 단정적으로 말할 수 없다.

반면 장관급(省部級) 당정 지도자인 당서기(31인)와 성장·주석·시장(31인) 차원에서는 '제5 세대'로의 세대 교체가 분명하게 이루어졌다. 구체적으로, 이들에 대한 인사 교체가 완료된 2013년 3월을 기준으로 볼 때, 성급 단위 지도자들의 평균 연령은 57.5세였다. 한편 공산당 18기 중앙위원(205인)도 '제5 세대'로의 세대 교체가 완전히 이루어졌다. 이들은 평균 56.1세로서 장관급 당정 지도자보다 약 1.4세나 적었다.[14]

장관급 지도자 중에서 '제6 세대'로 볼 수 있는 1960년대 출생자도 이번 당대회를 통해 모두 8인이나 등장했다. 광둥성 당서기 후춘화(49세), 충칭시 당서기 쑨정차이(49세), 허베이성(河北省) 성장 장칭웨이(張慶偉: 51세), 푸젠성(福建省) 성장 쑤수린(蘇樹林: 51세), 구이저우성(貴州省) 성장 천민얼(陳敏爾: 52세), 신장자치구 주석 누얼 바이커리(努爾 百克力: 51세), 칭하이성(靑海省) 성장 하오펑(郝鵬: 52세), 헤이룽장성(黑龍江省) 성장 루하오(陸昊: 45세, 최연소)가 이들이다.[15]

이 중에서 후춘화와 쑨정차이는 정치국원으로 선임되었기 때문에 '제6 세대'의 선두 주자로 우뚝 설 수 있었다. 그러나 시진핑 시기에 들어 쑨정차이는 보시라이의 뒤를 이어 부패와 심각한 당 규율 위반 혐의로 낙마하면서 차세대 후계자의 지위에서 탈락했다. 그를 대신하여 '시진핑 세력'의 선두 주자인 천민얼이 충칭시 덩서기 겸 정치국원에 선임되면서 '새로운 별'로 부상했다. 이렇게 하여 공청단파 출신의 후춘화(현재 국무원 부총리)와 '시진핑 세력' 출신의 천민얼이 차기 총서기 및 총리의 자리를 위해 경쟁하는 후보가 되었다. 참고로 2017년 공산당 19차 당대회에서 '시진핑 세력'의 하나인 딩쉐샹(丁薛祥)이 공산당 중앙 판공청 주임 겸 정치국원에 선임되면서 후계자 경쟁에 가세했다.

(4) 권력 기구의 공정한 구성 규범

파벌 정치라는 면에서 보면, 정치국 상무위원에서는 태자당과 상하이방이 절대 다수를 차지했다. 시진핑을 포함하면 7인 중 6인이 상하이방이다. 공청단파는 리커창 총리가 유일했다. 이런 점에서 시진핑 집권 I기(2012~2017년)는 최소한 정치국 상무위원회를 놓고 보면 태자당과 상하이방의 세상이라고 할 수 있다.

그러나 정치국원을 놓고 보면, 태자당과 상하이방, 공청단파, 기타 세력이 비교적 균형을 잘 이루고 있다. 특히 2017년 공산당 19차 당대회에서 '4.5세대'가 전부 퇴진하기 때문에, 5년 후에는 왕양, 류치바오, 리위안차오 등 공청단파가 다수파가 될 수도 있었다. 여기에는 '제6세대'의 선두 주자인 후춘화도 포함된다.

(5) 기술 관료형 지도자에서 인문 사회형 지도자로

새로 구성된 권력 기구 구성원의 학력과 경력을 보면, '기술 관료형 지도자'에서 '인문 사회형 지도자'로의 전환이 거의 완료되었다고 평가할 수 있다. 총 7인의 정치국 상무위원 중에서 대학 전공이 이공계인 사람은 시진핑과 위정성 두 사람뿐이다. 그런데 시진핑은 졸업 후의 업무가 전문 기술직이 아니었을 뿐만 아니라, 대학원에서 사회과학(정치학)을 전공해 법학 박사 학위를 받았기 때문에 기술 관료형 지도자로 분류할 수 없다. 반면 위정성은 하얼빈 군사공정학원 미사일 공정과를 졸업하고, 허베이성(河北省) 장자커우(張家口) 무선전기(無綫電) 6공장, 제4 기계 공업부 소속 연구소 등 적문 기술직에 종사했으므로 기술 관료형 지도자로 볼 수 있다.

참고로 2013년 3월 기준으로, 총 62인의 성·자치구·직할시의 당서기(31인)와 성장·주석·시장(31인) 중에서 42인이 대학에서 인문 사회 계열을 전공한 사람으로 전체의 67.7퍼센트가 인문 사회형 지도자로 분류할 수 있다. 총 62인 중에서 박사 학위 보유자는 모두 10인으로 전체의 16.4퍼센트다.[16] 이와 비슷하게, 205인의 중앙위원 중에서 대학에서 이공계를 전공한 사람은 10.2퍼센트에 불과한 반면 인문사회형 지도자가 약 90퍼센트를 차지했다. 이 중에서 경제관리, 법학, 정치학이 가장 많은 비중을 차지했다.[17] 이런 추세는 2007년 공산당 17차 당대회부터 이미 뚜렷하게 나타나기 시작했다.[18] 이런 점에서 공산당 18차 당대회(2012년)는 '기술 관료 전성시대'가 공식적으로 종료했음을 알리는 행사였다.

(6) 시진핑의 굳건한 권력 기반

마지막으로, 시진핑의 권력 기반은 장쩌민 및 후진타오의 집권 초기와 비교했을 때 매우 공고하다고 평가할 수 있다. 우선 정치국 상무위원의 분포에서 태자당과 상하이방이 절대 다수로, 시진핑 본인을 포함하여 총 7인 중에서 6인이나 되었다. 또한 퇴임 후 후진타오는 정치에 개입하지 않을 가능성이 높았다. 후진타오 본인이 중앙군위 주석까지 이양하고, 비공개 회의에서 정치 원로의 정치 개입을 반대하는 주장을 펼친 이상 최대한 현실 정치에 개입하지 않을 것이기 때문이었다.

거기에다 시진핑은 여러 가지 이유, 예를 들어, 혁명 원로인 아버지 시중쉰의 인맥, 칭화대학 졸업 후 국방부 장관 겅뱌오(耿飚)의 부관을 역임한 것, 이후에도 지속적으로 군 관련 업무를 수행한 사실이며 부인 펑리위안(彭麗媛) 여사의 군 문화선전대 경력 등으로 인해 인민해방군과 밀접한 관계를 유지해 왔다. 이것이 그의 군내 지지 기반 확대에 큰 도움을 주었다. 총서기에 막 취임한 지도자, 또한 중앙군위 주석을 겸직하게 된 총서기에게 군의 지지는 그 무엇과도 바꿀 수 없는 강력한 권력 기반이라고 할 수 있다. 시진핑이 집권 1기(2012~2017년) 5년 동안에 쉬차이허우나 궈보슝과 같은 전임 중앙군위 부주석뿐만 아니라 100여 명이 넘은 현역 군 장성들을 부패 혐의와 당 규율 위반 혐의로 처벌할 수 있었던 것, 2015년 말부터 전면적인 군 개혁을 추진할 수 있었던 것은 이와 같은 군내 막강한 지지 기반이라는 배경이 있었기 때문이다.

마지막으로, 7인제 정치국 상무위원회는 시진핑이 지도력을 발휘하는 데 9인제 상무위원회보다 유리했다. 시진핑이 주요 정책과 인사 문제를 결정할 때, 다른 정치국 상무위원을 설득하고 합의를 도출하는 데는 작은 규모가 상대적으로 유리하기 때문이다. 이런 점에서 후진타오 총서기가 물러나면서 9인제 상무위원회를 7인제 상무위원회로 바꾼 것은 시진핑에게 준 커다란 선물 중의 하나였다. 이처럼 퇴임하는 후진타오는 장쩌민과 다른 모습을 보여 주었다.

3. 시진핑 시기의 변화? 공산당 19차 당대회(2017년)

2017년 10월에 개최된 공산당 19차 당대회는 시진핑이 집권 2기(2017~2022년)를 맞이하여 권력 기반을 더욱 공고히 다진 당대회로 평가된다. 실제로 이번 당대회에서 '시진핑 신시대 중국 특색의 사회주의 사상'('시진핑 사상'으로 약칭)이 「당헌」에 삽입되는 등 시진핑의 권위를 높이는 몇 가지 조치가 있었다. 이와 함께 시진핑의 권력을 강화하기 위해 공산당 지도부의 인선에서 기존의 인선 규범을 지키지 않았다는 주장이 제기되었다. 이는 집단지도의 유지와 관련하여 매우 중요한 의미를 갖기 때문에 세밀히 분석할 필요가 있다.[19]

결론적으로 말하면, 연령 규범, 권력 기구의 공정한 구성과 세력 균형의 규범은 철저하게 지켜진 반면, 후계자 사전 선임 규범은 지켜지지 않았다. 또한 민주 추천제는 투표 방식에서 면담 방식으로 실시 방식이 변화했다. 이런 점에서 이번 당대회는 권력 승계와 관련된 기존 규범을 파괴했다기보다는 준수하는 경향이 강했다고 평가할 수 있다.

(1) 연령제 준수

연령 규범으로 '68세 규범'은 철저하게 준수되었다. 그 결과 정치국 상무위원회와 정치국에서 68세 이상자는 모두 예외 없이 퇴임했다. 이와 관련하여 가장 중요한 사례가 바로 왕치산의 퇴임이다. 69세에 달한 왕치산의 퇴임 여부는 이번 인선에서 최대 쟁점이었다. 많은 언론과 학자들은 왕치산의 유임을 위해 '68세 규범'이 깨질 것으로 예측했다. 실제로 공산당 중앙 판공청 조사연구국 부국장인 덩마오성(鄧茂生)은 2016년 10월 30일 공산당 18기 중앙위원회 6차 전체회의(18기 6중전회) 후에 가진 기자회견에서 '68세 규범'이 "민간의 이야기"라고 주장하면서 공산당 19차 당대회에서는 이 규범이 변경될 수 있음을 암시했다.[20]

왕치산이 퇴임한 이유로는 몇 가지를 생각해 볼 수 있다. 먼저, 시진핑의 권력이 당내 반발을 무릅쓰면서 연령제를 무시할 정도로 강력하지 않다는 점이다. 종신제를 폐지하기 위해 도입된 연령제와 임기제는 개혁기 정치 개혁의 최대 성과였다. 이를 통해 안정적이고 평화로운 권력 승계가 가능해졌고, 엘리트 정치도 안정화될 수 있었기 때문이다. 따라서 시진핑을 포함한 어떤 지도자라도 특정인을 위해 이런 규정을 어기기란 당내 반발을 고려할 때 결코 쉽지 않은 상황이었다.

또한 시진핑 정부는 의법치국(依法治國: 법에 의거한 국가 통치) 방침을 강조하면서 부패 척결 등 악폐 청산을 강력하게 추진해 왔다. '68세 규범'은 법률이 아니라 규범이지만 공산당 내에서는 오래된 규범이 법률적 성격을 갖기 때문에 쉽게 어길 수 없다. 특히 왕치산은 법과 제도에 근거한 부패 척결을 강조했기 때문에 자신을 위해 연령 규범을 변경하는 위인설관(爲人設官)의 조치는 스스로도 용납되지 않았을 것이다. 만약 이렇게 한다면 자신이 쌓아 온 명성이 크게 훼손될 것이기 때문이다. 이런 이유로 왕치산이 퇴임을 원했을 가능성이 있다.

참고로 국가 직책에서는 '68세 규범'이 지켜지지 않았다. 2018년 3월에 개최된 13기 전국인민대표대회(전국인대) 1차 회의에서 왕치산이 국가 부주석에 임명된 것이다. 덩샤오핑 시대에는 고령의 공산당 지도자 혹은 비공산당원인 명망가가 국가 부주석에 임명되는 경우가 많았다. 국가 부주석이 명예직에 불과했기 때문이다. 1993년부터 1998년까지 국가 부주석을 역임한 룽이런(榮毅仁, 1916~2005년)이 대표적이다. 그는 중국을 대표하는 기업가이자 행정가였다.

[표11-6] 정치국 상무위원회(7인) (2017년 10월)

이름	연령	전직	현직	비고
시진핑(習近平)	64	총서기/국가 주석/중앙군위 주석	좌동	유임
리커창(李克强)	62	정치국 상무위원/국무원 총리	좌동	유임
리잔수(栗戰書)	67	정치국원/중앙 판공청 주임	전국인대 위원장	신임
왕양(汪洋)	62	정치국원/국무원 부총리	전국정협 주석	신임
왕후닝(王滬寧)	62	정치국원/중앙 정책연구실 주임	중앙 서기처 상무서기	신임
자오러지(趙樂際)	60	정치국원/조직부 부장	중앙기위 서기	신임
한정(韓正)	63	정치국원/상하이시 당서기	국무원 상무부총리	신임

〈출처〉 필자 작성

[표11-7] 정치국(25인) (2017년 10월)(7인의 정치국 상무위원 포함)

이름	연령	전직	현직	비고
딩쉐샹(丁薛祥)	55	중앙 판공청 부주임	중앙 판공청 주임	신임
왕천(王晨)	67	전국인대 부위원장	좌동	신임
류허(劉鶴)	65	중앙 재경영도조 판공실 주임/국가발전위원회 부주임	국무원 부총리	신임
쉬치량(許其亮)	67	중앙군위 부주석	좌동	연임
쑨춘란(孫春蘭)(여)	67	중앙 통전부 부장	좌동	연임
리시(李希)	61	랴오닝성 당서기	광둥성 당서기	신임
리창(李强)	58	장쑤성 당서기	상하이시 당서기	신임
리훙중(李鴻忠))	61	텐진시 당서기	텐진시 당서기	신임
양제츠(楊潔篪)	67	국무원 국무위원	국무원 부총리	신임
양샤오두(楊曉渡)	64	중앙기위 부서기/감찰부장	좌동	신임
장유샤(張又俠)	67	중앙군위 위원	중앙군위 부주석	신임
천시(陳希)	64	중앙 조직부 상무부부장	중앙 조직부 부장	신임
천취안궈(陳全國)	62	신장자치구 당서기	신장자치구 당서기	신임
천민얼(陳敏爾)	57	충칭시 당서기	충칭시 당서기	신임
후춘화(胡春華)	54	광둥성 당서기	국무원 부총리	연임
궈성쿤(郭聲琨)	63	국무원 국무위원/공안부장	정법위원회 서기	신임
황쿤밍(黃坤明)	61	중앙 선전부 상무부부장	중앙 선전부 부장	신임
차이치(蔡奇)	62	베이징시 당서기	베이징시 당서기	신임

〈출처〉 필자 작성

그러나 덩샤오핑 이후 시대에는 그렇지 않았다. 국가 부주석은 차기 총서기로 선정된 후계자의 '훈련용' 직책으로 바뀌었다. 후진타오와 시진핑의 사례가 이를 보여 준다. 또한 국가 부주석은 아직 퇴직 연령에 도달하지 않은 지도자가 맡아 실무적인 업무를 담당하는 직책으로 바뀌었다. 쩡칭훙과 리위안차오의 사례가 그랬다. 이에 비해 정치국 상무위원에서 퇴임한 왕치산이 국가 부주석을 맡은 것은 아주 이례적이다. 이처럼 '68세 규범'이 주로 공산당 직위를 대상으로 적용되는 규범으로, 국가 기관에는 이것이 적용되지 않는 방식으로 실행될 가능성도 있다. 정치국 상무위원회나 정치국과 같은 당직(黨職)에는 이것이 철저하게 적용되지만, 국가 주석이나 부주석과 같은 국가직, 그리고 중앙군위 주석에는 이것이 적용되지 않는다는 것이다.

한편 이번 정치국원 인선에서 세 명의 정치국원이 68세가 되지 않았는데도 물러나는 일이 발생했다. 이는 연령제가 갖고 있는 임기 보장의 성격이 사실상 사라졌다는 것을 의미한다. 국가 부주석 리위안차오(李源潮: 67세), 전 공산당 중앙 선전부 부장 류치바오(劉奇葆: 64세), 중앙 당 건설 영도소조 부조장 장춘셴(張春賢: 64세)이 바로 이들이다. 이 중에서 류치바오와 장춘셴은 중앙위원에 선출됨으로써 당정의 주요 직위에서 활동할 수 있는 여지가 남아 있지만, 리위안차오는 중앙위원에도 선발되지 않았기 때문에 정치에서 은퇴해야 한다.

'68세 규범'이 도입된 이후 정치국원이 퇴임 연령인 68세에 도달하지 않았는데도 퇴임한 경우는 전에 딱 한 번 있었다. 공산당 16차 당대회(2002년)에서 당시 66세이던 리톄잉(李鐵映)이 정치국원에서 퇴임한 것이다. 리테잉은 16차 당대회 당시 이미 정치국원을 3회 역임했기에 만약 정치국 상무위원으로 승진하지 못하면 은퇴해야 할 상황이었다. 2006년에 당규로 제정된 「당정 영도간부 직무 임기 임시 규정」이 실제로는 이미 이때부터 적용되어, '동일 직위 2회(10년), 동일 직급 15년'의 원칙에 따라야 했던 것이다. 그러나 리위안차오는 정치국원을 2회 역임했기 때문에 아직 '동일 직급 15년'의 제한에 도달하지 않아 한 번은 더 역임할 수 있는 상황인데 정치국에서 물러났다.

여기에는 다양한 원인이 작용했을 것이다. 국가 부주석에 선출될 예정이었던 왕치산을 위해 자리를 비워 준 측면이 있다. 이 경우 리위안차오가 공직에 남으려면 국가 주석으로 승진해야 하는데, 이는 총서기인 시진핑이 겸직하고 있기 때문에 가능하지 않았다. 아니면 정치국 상무위원으로 승진해야 하는데, 이것도 가능하지 않았다. 만약 리위안차오가 정치국 상무위원으로 승진할 수 있었다면 2012년 공산당 18차 당대회에서 벌써 그렇게 했을 것이다. 이제는 다른 사람들이 정치국 상무위원으로 승진해야 하기 때문에 리위안차오에게 남은 자리는 더 이상 없었던 것이다.

그러나 류치바오와 장춘셴의 사례는 매우 이례적이다. 1989년 톈안먼 사건 이후 정치적인 이유로, 즉 자오쯔양과 같은 편에 서서 민주화 운동의 무력 진압에 미온적이었다는 이유로 정치국 상무위원에서 중앙위원으로 강등된 후치리의 사례는 있었다. 하지만 이 두 사람에게는 특별한 정치적인 이유도 없었다. 이들이 왜 정치국원에 선임되지 못했는지에 대해서는 공식 설명이 없었지만, 그 이유를 유추해 볼 수는 있다. 한마디로 지난 5년 동안 이들이 보여 준 능력과 성과에 문제가 있었기 때문에 정치국원에서 탈락했다는 것이다.

예를 들어, 류치바오는 공산당 중앙 선전부장으로써 선전부의 업무를 제대로 수행하지 못했다는 비판을 받아 왔다. 여론 통제의 수단이 진부하고, 시진핑의 생각을 제대로 실행하지 못했으며, 이데올로기 선전과 이론 혁신 면에서도 부족했다는 것이다. 신장자치구 당서기였던 장춘셴도 업무 수행과 관련하여 비판을 받았다. 그는 최연소 장관급 지도자라는 영예를 안고 2010년 신장자치구의 당서기에 임명되어 정치국원이 되는 영예를 얻었다. 그런데 신장 지역에서 테러 활동과 시위가 이어지면서 장춘셴의 "유약한 정책"에 대한 비판이 제기되었다. 그 결과 장춘셴은 2016년 8월 신장자치구 당서기에서 물러나야만 했고, 이후에 상대적으로 덜 중요한 중앙 당 건설 영도소조 부조장에 임명되었다.[21]

어쨌든 현직 정치국원이 부패 혐의나 당 규율 위반 등 정치적인 문제가 없는 상황에서 무능 혹은 업적 부족으로 중앙위원으로 강등된 것은 엘리트 정치에서 매우 중요한 의미가 있다. 이는 2015년 7월에 제정된 「영도간부의 승진 및 강등 규정(試行)」이 정치국원에게도 적용되었다는 사실을 보여 주기 때문이다. 실제로 이 규정이 제정된 이후 20여 명의 장차관급 고위 간부가 강등되었다.[22] 이처럼 이번 조치는 연령제가 최고 통치 엘리트의 경우에라도 더 이상 직위를 자동적으로 보장하는 기제로 작동하지는 않는다는 점을 보여 준다.

(2) 권력 기구 구성 및 세력 균형 규범의 준수

권력 기구의 공정한 구성 규범도 지켜졌다. 먼저, 정치국 상무위원회는 전처럼 공산당(시진핑과 왕후닝), 국무원(리커창과 한정), 전국인대(리잔수), 전국정협(왕양), 중앙기위(자오러지)의 수장들로 구성되었다. 이를 통해 공산당 중앙이 주요 정책을 결정할 때에 주요 당정 기구의 의견이 반영될 수 있는 체제가 유지되었다. 또한 이를 통해 주요 당정 기구의 책임자에게 일정한 권한을 인정해 주는 일종의 권력 분산 체제도 유지되었다. 이는 정치국의 구성도 마찬가지다. 예를 들어, 정치국원 중에는 4대 직할시 당서기인 베이징의 차이치, 톈진의 리훙중, 상하이의 리창, 충칭의 천민얼과 함께 광둥성의 리시와 신장자치구의 천취안궈 당서기가 선출되었다. 또한 전과 마찬가지로 중앙군위 부주석인 쉬치량과 장유샤가 정치국원에 선임되었다.

정치국원 인선과 관련하여 특이 사항이 있다면 중앙 기율검사위원회(중앙기위) 주석(자오러지) 외에 중앙기위 부주석(양샤오두)이 정치국원에 선임된 사실이다. 이는 2018년 3월 13기 전국인대 1차 회의에서 공식 결정된 국가 감찰위원회(국가감찰위) 주임을 위한 배려였다. 당시에는 공포되지 않았지만, 양샤오두가 국가감찰위 주임에 내정되었던 것이다. 참고로 「헌법」 규정에 따르면 국가감찰위는 국무원보다는 낮지만 최고인민법원과 최고인민검찰원보다는 지위가 높은 국가 기관이다. 동시에 국가감찰위는 중앙기위와 함께 운영된다. 즉 공산당 중앙군위와 국가 중앙군위처럼 '두 개의 명패(兩個牌子), 하나의 조직(一套人馬)' 체제로 운영된다는 것이다. 이처럼 국가감찰위의 지위가 높기 때문에 그 수장을 정치국원에 선임하는 것이 필요했다. 반면 국가감찰위보다 지위가 낮은 최고인민법원 및 최고인민검찰원의 원장은 정치국원에 선임되지 않는 것이 관례다.

한편 전문 외교 관료 출신인 양제츠(楊潔篪)가 이번 당대회에서 정치국원에 선임되었다. 그러나 이는 전례가 없는 일은 아니다. 이전에 첸치천(錢其琛) 국무원 부총리도 정치국원에 선임된 적이 있었다. 양제츠가 외교부 수장으로서는 14년 만에 정치국원에 선임된 것은 업적이 인정받았다는 뜻이다. 실제로 그는 '신형(新型) 국제 관계'의 수립 등 시진핑 정부의 중요 외교 정책을 입안했을 뿐만 아니라 외교 분야에서 '시진핑 사상'을 만들고 선전하는 데에도 중요한 역할을 수행한 것으로 평가된다.[23]

세력 균형의 규범도 준수되었다. 먼저, 정치국 상무위원회는 '시진핑 세력'(시진핑, 리잔수, 자오러지), 공청단파(리커창, 왕양), 상하이방(한정), 무당파(왕후닝: 상하이방으로 분류할 수도 있음) 등 주요 정치 세력을 대표하는 지도자로 구성되어 세력 균형이 유지되었다. 어떤 면에서 보면 2012년 공산당 18차 당대회 때보다 이번이 더욱 세력 균형의 규범에 맞게 정치국 상무위원회가 구성되었다고 평가할 수 있다. 그때에는 7인의 정치국 상무위원 중 리커창을 제외한 나머지 6인은 모두 시진핑과 관련이 있는 광의의 '시진핑 세력'이었기 때문이다.[24] 따라서 정치국 상무위원회가 주요 정책과 인사 문제를 결정할 때 여러 세력이 협의와 타협을 통해 합의를 이루어야만 하는 상황이 만들어졌다. 물론 그 과정에서 총서기인 시진핑의 발언권이 가장 강할 것이다.

정치국의 경우에는 정치국 상무위원 7인을 포함하여 모두 25인 중에서 시진핑 세력이 13인을 차지하여 다수파가 되었다. 이로써 향후 정치국이 주요 정책 및 인사 문제를 결정할 때에는 시진핑 세력이 주도할 가능성이 높아졌다. 그러나 시진핑 세력이 다수파라고 해서 다른 정치 세력을 완전히 무시할 수 있는 것은 아니다. 실제로 공산당 17차(2007년), 18차(2012년) 당대회 이후에도 정치국의 세력 분포는 이와 유사한 형태를 보였다. 당시에도 상하이방과 태자당의 연합 세력이 다수파를 형성했지만 공청단파도 일정한 규모를 형성했기 때문에 어느 정도 세력 균형이 유지되었다.[25]

(3) 후계자 사전 선임 무산

그런데 공산당 19차 당대회(2017년)에서는 후계자 사전 선임의 규범이 지켜지지 않았다. 이번 당대회에서 광둥성 당서기 후춘화와 충칭시 당서기 천민얼이 정치국 상무위원에 선임될 것으로 예측되었는데, 실제로는 그렇게 되지 않았다는 것이다. 이것이 이번 지도자 인선에서 가장 중요한 특징이다.

물론 후계자 선임 과정이 이번 당대회로 완전히 끝난 것은 아니다. 정치국원에 유임된 후춘화는 여전히 가장 유력한 후보자고, 그가 국무원 부총리로서 능력을 입증한다면 차기 지도자가 될 가능성이 높다. 또한 이번에 정치국원이 된 천민얼과 딩쉐샹 중앙 판공청 주임에게는 차기 지도자로 성장할 기회가 주어졌다. 이 때문에 향후 이들 간의 후계 경쟁은 더욱 치열하게 전개될 것이다. 이런 면에서 후계자 선정 과정은 계속되고 있다고 볼 수 있다.

이번에 '제6 세대' 지도자가 정치국 상무위원회에 선임되지 않은 이유는 몇 가지를 생각해 볼 수 있다. 먼저, 시진핑이 권력을 강화하려는 의지가 작용했을 수 있다. 시진핑의 입장에서 보았을 때, 천민얼과 같은 자파 세력이 총서기 후보로 선임될 경우에는 전혀 문제가 없지만 그렇지 않을 경우에는 권력 누수(lame duck) 현상이 나타날 수 있다. 예컨대 후춘화를 중심으로 공청단파가 세력을 결집하여 시진핑 세력과 경쟁하는 상황이 발생할 수도 있다. 따라서 만약 후계자 선정을 주도할 수 없다면 후계자 선정을 미루는 것이 시진핑의 권력 유지 및 강화에 도움이 된다. 이런 면에서 보면 이번 결과는 시진핑의 권력 강화에 도움이 되는 일이다.

또한 후계자를 사전에 선임하는 과정에서 폐단이 나타났기 때문에 정치 엘리트들이 합의하여 이를 폐지했을 가능성도 있다. 공산당의 공식 설명에 따르면 이번에 '제6 세대' 지도자를 정치국 상무위원에 선임하지 않은 이유가 바로 이것이다. 이런 폐단으로는 후계자의 보신주의와 교만한 태도, 후보자가 느끼는 과도한 압력과 반대파의 공격으로 인한 불필요한 갈등, 더 좋은 후계자가 선정될 가능성의 차단 등이 지적되었다.[26] 이런 지적은 일리가 있는 것이기 때문에, 공산당 지도자들이 후계자 사전 선임 제도를 바꾸기로 합의했을 가능성이 있다.

그 밖에도 현재까지 거론되는 '제6 세대' 지도자들이 자질이 부족하고 업적이 뛰어나지 못하기 때문일 수도 있다. 예를 들어, 후춘화는 경험은 많지만 혁신 정신이 부족하고, 업적이 특별히 뛰어나지는 않은 것으로 평가되었다. 특히 그는 차기 지도자가 되기 위해 지나치게 신중하게만 행동하는 보신주의 행태를 보인 측면이 있다. 반대로 천민얼은 과감성이 있고 진취적이지만, 경험과 업적이 부족한 것이 흠으로 지적되었다. 천민얼은 아직 검증된 지도자가 아니라는 것이다. 이런 상황에서 차기 후계자를 선임하기보다는 좀 더 많은 후보자들에게 기회를 주어 경쟁을 유도하고, 5년 후에 이들의 능력과 업적을 보고 후계자를 최종 선정하는 것이 합리적인 방안이 될 수 있다는 것이다.[27]

마지막으로 2022년에 개최 예정인 공산당 20차 당대회에서 시진핑이 중앙군위 주석 및 국가 주석에 이어 공산당 총서기도 연임할 계획으로 총서기 후계자를 선출하지 않았을 수도 있다. 만약 이렇게 된다면 최고 지도자의 경우에는 "제5 세대" 지도자(1950년대 출생자)에서 "제6 세대" 지도자(1960년대 출생자)로 권력 승계가 이루어지 않는다는 것을 의미한다. 실제로 이렇게 된다면 이는 엘리트 정치에서 매우 커다란 사건으로 기록될 것이다. 이렇게 될 가능성이 전혀 없는 것은 아니지만, 실제로 이런 일이 일어날지는 두고 보아야 할 것이다.

이유가 어찌되었든 후계자기 지명되지 않음으로 해서 시진핑의 권력은 더욱 강화되었다. 일반적으로 집권 2기를 맞는 총서기는 집권 1기 때보다 권력이 더욱 강화되는 경향이 있다. 시진핑은 몇 가지 이유로 인해 더욱 그럴 것인데, 그중 하나가 바로 후계자가 선정되지 않았다는 점이다. 시진핑은 5년 후 후계자를 선정할 때까지 권력 누수 없이 권력을 행사할 수 있다. 또한 '제6 세대' 지도자들이 후계자로 선정되기 위해 충성 경쟁을 전개할 것이기 때문에 시진핑은 상대적으로 쉽게 이들을 통제할 수 있고, 궁극적으로는 차기 지도자의 선정을 주도할 가능성이 높아졌다.[28]

(4) 민주 추천제 방식 변화

7장에서 자세히 살펴보았듯이, 공산당 19차 당대회에서는 정치국원 및 정치국 상무위원의 인선과 관련된 민주 추천제가 변형된 방식으로 실시되었다. 공산당 17차(2007년), 18차(2012년) 당대회에서 실시되었던 투표 방식이 폐지되고 대신 면담 방식(談話調硏方式)이 도입된 것이다. 이런 민주 추천제 실시 방식의 변화는 시진핑의 권력 강화에 유리하게 작용했다.

먼저, 투표 방식이 폐지되면서 중앙위원(후보 위원 포함)과 정치 원로들은 무기명 비밀투표를 통해 자신의 생각을 자유롭게 표출할 기회를 잃었다. 대신 이들은 시진핑 및 정치국 상무위원과의 면담을 통해 자신의 의견을 말해야 하는 '곤혹스러운 상황'에 직면했다.

이런 상황에서 과연 이들이 시진핑 혹은 시진핑 세력의 의사에 반하는 인사를 정치국원과 정치국 상무위원에 추천하기는 쉽지 않았을 것이다. 중국의 공식 보도는 이들이 자유롭게 자신의 의견을 말할 수 있었다고 하지만, 비밀이 보장되지 않는 상황에서 그렇게 했을 가능성은 높지 않다. 따라서 전체적으로 보면 시진핑에게 유리한 방향으로 후보가 추천되었을 가능성이 높다.

또한 정치국 상무위원과 정치국원이 후보 명단을 심의하는 과정에서도 시진핑의 의견이 반영되었을 가능성이 있다. 투표 방식에서는 객관적인 투표 결과가 있기 때문에 득표 순위를 무시하면서 총서기가 자신의 의사를 강요하기는 쉽지 않았다. 실제로 2007년 5월에 실시된 민주 추천 회의의 투표에서 시진핑이 가장 많은 표를 얻었기 때문에 후진타오는 자신이 선호하던 리커창 대신에 시진핑을 총서기 후보로 추천할 수밖에 없었다. 그러나 면담을 통해 수집된 자료는 수치로 객관화할 수 있는 것이 아니기 때문에 인사 문제에서 최대 발언권을 보유한 총서기가 자신의 선호에 맞게 후보자를 조정할 수 있는 여지가 생겼다. 다만 시진핑도 면담 조사를 통해 확인된 중앙위원과 정치 원로의 의견을 무시할 수 없기 때문에 정치국 상무위원과 정치국원을 결정할 때 세력 균형을 고려할 수밖에 없었을 것이다.

그러나 민주 추천제의 실시 방식이 바뀌었다고 시진핑의 인사권이 다른 총서기들보다 월등히 강력해졌다고 말할 수는 없다. 이는 시진핑이 자신의 권력 강화를 위해 추진했다고 하는 몇 가지 조치들이 최종적으로는 실현되지 않았다는 사실을 통해 확인할 수 있다.

먼저, 앞에서 보았듯이, 왕치산이 '68세 규범'에 따라 퇴임하고, 자오러지가 중앙기위 서기에 선임되었다. 자오러지도 시진핑과 가까운 인물이지만 정치적 업적이나 영향력 면에서 보았을 때에는 왕치산에 크게 미치지 못한다. 원래 시진핑은 왕치산의 유임을 강력히 원했다고 한다. 결국 왕치산이 정치국 상무위원에서 퇴임하면서 보완책이 필요했다. 그것이 바로 왕치산을 국가 부주석에 임명하는 것이었다.

또한 시진핑이 효율적인 정책 결정을 위해 선호했다는 정치국 상무위원회의 규모 축소, 즉 7인제에서 5인제로의 축소도 이루어지지 않았다. 그밖에도 시진핑은 자신의 권력을 강화할 의도로 공산당 총서기제를 폐지하고 대신 당 주석제를 도입하려고 시도했는데, 결과적으로는 그렇게 되지 않았다. 다만 시진핑이 실제로 이런 조치들을 실현할 생각이 있었는지, 만약 있었다면 이를 위해 얼마나 강력한 의지를 갖고 추진했는지를 현재로서는 확인할 방법이 없다. 따라서 이에 대한 평가는 신중해야 한다.

4. 평화롭고 안정적인 권력 승계

장쩌민에서 후진타오로의 권력 승계, 다시 후진타오에서 시진핑으로의 권력 승계는 세계 사회주의 정치 역사에서 보기 드물게 평화롭게 안정적으로 이루어졌다. 이로써 중국은 베트남과 함께 사회주의 정치 교과서를 다시 쓰게 만들 만한 업적을 달성했다. 이것은 10장에서 살펴본 권력 승계의 규칙이 현실 정치에서 계속 지켜졌기에 가능했던 일이다. 공산당 16차(2002년)와 18차(2012년) 당대회는 이런 사실을 잘 보여 준다. 또한 공산당 19차 당대회(2017년)를 검토함으로써 시진핑 시기에 들어 집단지도의 중요한 규범이 붕괴되고 대신 시진핑 일인지배가 등장하고 있다는 주장이 사실이 아님을 확인할 수 있었다.

권력 승계의 규범은, 일부는 원래 모습 그대로, 일부는 개선된 형태로, 일부는 변화된 형태로 계승되었다. 예를 들어, 장쩌민은 후진타오에게 총서기와 중앙군위 주석을 분리하여 이양함으로써 덩샤오핑이 시작한 점진적 권력 이양 방식을 이어 갔다. 그러나 후진타오는 당대회에서 시진핑에게 두 직위를 동시에 이양함으로써 전면적 권력 이양이라는 새로운 방식을 만들었다. 이는 분명한 개선이다. 다만 전면적 권력 이양 방식이 2022년에 개최 예정인 공산당 20차 당대회에서도 그대로 계승될지, 아니면 이전의 방식으로 되돌아갈지는 단정적으로 말할 수 없다.

권력 기구의 공정한 구성과 세력 균형의 규범도 비교적 충실히 지켜졌다. 비록 정치국 상무위원회와 정치국의 구성에서 집권 세력인 '시진핑 세력'이 다수를 차지하고 경쟁 세력인 공청단파가 소수를 차지하는 방식으로 지켜졌지만 말이다. 특히 공산당 총서기와 국무원 총리는 하나의 파벌이 독점하지 않는다는 규범, 정치국 상무위원회나 정치국과 같은 권력 기구의 구성원은 여러 기관과 중앙 및 지방에 고루 안배해야 한다는 규범은 철저하게 준수되었다. 정치국 상무위원과 정치국원을 대상으로 하는 임기제도 철저히 준수되었다.

다만 연령제가 중앙군위를 제외한 당정의 모든 직위에 적용되는 규범이라고 본다면 약간의 변화가 있었다. 공산당 19차 당대회(2017년)에서 69세의 나이로 당직(黨職)에서 물러난 왕치산이 다음 해에 70세의 나이로 국가 부주석에 취임한 것이다. 이는 중앙군위 주석과 함께 국가 주석 및 부주석도 '68세 규범'이 적용되지 않는다는 사실을 보여 주었다. 만약 처음부터 국가 주석 및 부주석이 중앙군위 주석처럼 연령제의 적용을 받지 않는 직위였다면 변화가 없었다고 할 수 있다. 만약 그렇지 않다면 이는 큰 변화라고 할 수 있다.

이것은 2018년 3월 13기 전국인대 1차 회의에서 「헌법」 수정을 통해 국가 주석의 연임 제한 규정이 삭제된 것과도 연관이 있다고 판단된다. 공산당 총서기, 국가 주석, 중앙군위 주석이라는 당·정·군의 최고 직위의 경우 임기제가 적용되지 않을 뿐만 아니라 연령제마저도 '융통성 있게' 적용하기로 통치 엘리트들이 합의했다는 사실을 보여 주기 때문이다. 공산당 총서기와 중앙군위 주석은 처음부터 임기제의 적용을 받지 않았기 때문에, 또한 중앙군위 주석과 국가 주석은 이제 연령제의 제한도 받지 않기 때문에 논리적으로는 최소한 중앙군위 주석과 국가 주석은 죽을 때까지 할 수 있다. 여기에다 공산당 총서기마저도 연령제를 '융통성 있게' 적용하면,

즉 총서기도 '68세 규범'의 예외로 인정하면, 세 직위 모두 종신제가 가능하다. 시진핑이 2022년에 개최 예정인 공산당 20차 당대회에서의 권력 연장을 염두에 두고 이런 조치를 취했는지는 시간만이 답해 줄 것이다.

민주 추천제 실행 방식에도 변화가 있었다. 즉 후진타오 시기(2002~2012년) 10년 동안에는 투표 방식이 사용되다가 시진핑 시기에 들어 면담 방식으로 바뀌었다. 당내 민주주의 실현이라는 측면에서 보면, 투표에서 면담으로 실행 방식이 바뀐 것은 퇴보다. 일종의 선거인단을 구성하는 중앙위원과 정치 원로들의 참여는 여전히 보장하지만 그들이 의견을 자유롭게 표현할 수 있는 기회가 축소되기 때문이다. 동시에 면담 방식은 총서기인 시진핑의 인사 권한을 강화할 가능성이 있기 때문에 당내 민주주의의 확대 면에서도 퇴보다. 다만 권력 집중을 도모했다고 알려진 시진핑이 민주 추천제를 완전히 폐지하지 못한 것은, 집단지도가 여전히 작동하고 있다는 사실을 보여 준다.

권력 승계의 중요한 규범인 후계자의 사전 선임이 시진핑 시기에 들어와 중단된 것은 커다란 변화다. 후계자 사전 선임은, 후계자의 결정을 둘러싸고 벌어질 수 있는 권력 투쟁과 지도부 분열을 방지하기 위해 덩샤오핑에 의해 도입된 방안이었다. 동시에 이는 후계자를 훈련시키기 위한 방안이기도 했다. 그래서 덩샤오핑 시기에는 10년 전(후진타오의 경우), 장쩌민 시기 이후에는 5년 전(시진핑의 경우)에 후계자를 결정했던 것이다. 그런데 공산당 19차 당대회에서는 후계자 사전 선임이 중단되었다. '제6 세대' 지도자(1960년생) 중에서 그 누구도 정치국 상무위원이 되지 못함으로 인해 공산당 20차 당대회(2022년 개최 예정)에서 누가 공산당 총서기가 되고 국무원 총리가 될지가 결정되지 않았다는 것이다. 후계자 사전 선임의 규범이 파괴된 사실이 이후의 엘리트 정치에 어떤 영향을 미칠지에 대해서는 주의 깊은 관찰이 필요하다.

중국 공산당 16차 당대회
(2002년)

공산당 16차 당대회의 인선에서는 장쩌민 시기의 특징, 즉 덩샤오핑 시대의 원로지배에서 집단지도로 넘어가는 과도기적 특징이 나타났다. 장쩌민이 집단지도에서 총서기 개인의 우월한 지위를 이용하여 엘리트 정치의 비공식 규범을 어기는 일이 발생한 것이다. 또한 장쩌민은 인선 결정에서 다른 정치 지도자나 파벌보다 더 큰 영향력을 행사했다. 이는 크게 장쩌민이 중앙군위 주석에 유임된 점, 상하이방이 공산당 및 국무원 지도부의 다수를 점한 사실을 통해 확인할 수 있다.

중국 공산당 18차 당대회
(2012년)

후진타오에서 시진핑으로의 권력 승계는 2012년 공산당 18차 당대회에서 이루어졌다. 후진타오는 산당 총서기와 함께 중앙군위 주석을 동시에 이양하고, 완전히 퇴진하였다. 이로써 후진타오에 의해 '전면적 권력 이양'이라는 새로운 권력 승계 방식이 등장했는데, 후진타오 집권 초기에 나타났던 '두 주석 체제,' 즉 중앙군위 주석인 장쩌민과 국가 주석인 후진타오가 분리되는 현상이 이번에는 나타나지 않았다. 국정 운영에서 혼선이 빚어질 가능성이 대폭 낮아진 것이다. 이는 엘리트 정치의 제도화에 크게 기여하였다.

'시진핑 신시대 중국 특색의 사회주의 사상'을 선전하고 있는 간판

2017년 10월에 개최된 공산당 19차 당대회는 시진핑이 집권 2기(2017~2022년)를 맞이하여 권력 기반을 더욱 공고히 다지는 당대회로 평가된다. 이번 당대회에서는 '시진핑 신시대 중국 특색의 사회주의 사상'이 「당헌」에 삽입되는 등 시진핑의 권위를 높이는 몇 가지 조치가 있었다. 연령 규범, 권력 기구의 공정한 구성과 세력 균형의 규범은 철저하게 지켜진 반면, 후계자 사전 선임 규범은 지켜지지 않았다. 또한 민주 추천제는 투표 방식에서 면담 방식으로 실시 방식이 변화했다. 이런 점에서 이번 당대회는 권력 승계와 관련된 기존 규범을 파괴했다기보다는 준수하는 경향이 강했다.

IV부

덩샤오핑 이후의 엘리트 정치 3:
집단지도와 권력 공고화

12장   권력 공고화의 내용과 전략
13장   권력 공고화의 실제

12장 | 권력 공고화의 내용과 전략

1. 총서기의 반란?

1989년 6월 톈안먼 민주화 운동이 끝난 이후 장쩌민(江澤民) 상하이시 당서기가 공산당 총서기로 선임되었을 때, 대부분의 중국 전문가와 해외 언론은 이를 "충격"으로 받아들였다. 동시에 이들은 장쩌민이 권력 기반이 취약하기 때문에 정치적으로 생존할 수 없을 것으로 전망했다. 그가 상대해야 할 인물들, 예를 들어 정치국 상무위원 야오이린(姚依林), 리펑(李鵬), 차오스(喬石)가 그보다 막강한 권력 기반을 갖춘 거물들이었기 때문이다. 결국 장은 얼굴마담 혹은 과도기 인물로서 화궈펑(華國鋒)이 그랬듯이 머지않아 권력에서 밀려날 것이라는 평가가 중론이었다.[1]

그러나 1994년부터 상황이 바뀌기 시작했다. 이 무렵 리셴녠(李先念), 후차오무(胡喬木), 천윈(陳雲) 등 보수파 원로들이 사망했고, 덩샤오핑(鄧小平)도 병으로 활동을 중단하면서 "장쩌민 시기"가 열린 것이다. 특히 그해에 개최된 공산당 14기 중앙위원회 4차 전체회의(14기 4중전회)는 장쩌민에게 의미 있는 행사였다. 이 회의에서 그의 '핵심(核心)' 칭호, 즉 1989년 6월 덩샤오핑이 장쩌민의 정치적 권위를 높이기 위해 수여한 칭호가 다시 한번 승인을 받았다. 또한 상하이방(上海幇)의 핵심 인물인 황쥐(黃菊) 상하이시 당서기가 정치국원, 우방궈(吳邦國) 전 상하이시 당서기와 장춘원(姜春運) 산둥성 당서기가 서기처 서기로 임명되면서 장쩌민의 권력이 전보다 더욱 공고해졌다.[2]

이를 배경으로 1997년에 개최된 공산당 15차 당대회는 장쩌민이라는 "새로운 황제의 등극"을 알리는 축하 행사로 평가되었다. 이때 경쟁자였던 차오스가 은퇴했고, 쩡칭훙(曾慶紅), 황쥐, 쉬쾅디(徐匡迪), 천즈리(陳至立), 쩡페이옌(增培炎), 화젠민(華建敏), 딩관건(丁関根) 등 상하이방 인사들이 정치국이나 서기처 등의 핵심 권력 기구에 충원되었다. 덩샤오핑의 '애장(愛將)'이었던 류화칭(劉華清)과 장전(張震)이 은퇴하고, 대신 장쩌민이 선발한 장완녠(張萬年)과 츠하오톈(遲浩田)이 중앙 군사위원회(중앙군위) 부주석에 임명되면서 군 장악도 더욱 공고해졌다. 이제 장쩌민이 최고 지도자라는 사실에 대해 더 이상 의심하는 사람은 없었다.[3]

이와 같은 장쩌민의 빠른 권력 공고화 과정과 결과를 두고 저명한 중국 정치 연구자인 바움(Richard Baum) 교수는 장쩌민의 미래에 대해 중국 전문가들이 모두 잘못 예측했다고 고백했다.[4] 더 나아가 일부 연구자들은 당시 장쩌민에 대한 선전이 마오쩌둥과 덩샤오핑을 능가하고 있고, 그의 권력이 아직은 덩의 권위에는 미치지 못하지만 권력의 통제 영역 면에서는 덩보다 훨씬 넓다는 평가를 내놓았다.[5]

2002년 공산당 16차 당대회 이후 후진타오(胡錦濤)가 총서기로 선출되었을 때, 그는 국내외로 알려지지 않은 정치 지도자였다. 그래서 해외 언론에서는 "후가 누구야?(Who's Hu?)"라는 말장난이 유행했다.[6] 이런 이유로 당시 공산당 16차 당대회를 분석한 대부분의 중국 전문가들은 향후에 후진타오가 총서기로서 제대로 역할을 할 수 없을 것으로 전망했다. 장쩌민이 중앙군위 주석을 이양하지 않았고, 정치국 상무위원의 절대 다수가 상하이방이었을 뿐만 아니라, 중앙과 지방의 주요 부서를 상하이방이 장악하고 있었기 때문이다.[7]

그런데 2004년에 들어 후진타오에 대한 평가가 변화하기 시작했다. 먼저 물러날 것 같지 않던 장쩌민이 중앙군위 주석에서 은퇴하면서 후진타오가 군권을 장악했다. 그 결과 2005년부터 후진타오는 자신의 이름으로 군사 사상(軍事思想)을 제시할 수 있었다.[8] 또한 당시에 후진타오와 원자바오는 거시경제 정책을 둘러싸고 상하이방과 대립했는데, 후와 원이 주도하는 긴축 정책이 최종 결정되면서 승리자가 되었다. 상하이방의 핵심 인물이던 자칭린(賈慶林), 황쥐 등이 후진타오 편에 섰던 것이다. 그해 9월에 개최된 공산당 16기 중앙위원회 4차 전체회의(16기 4중전회)는 그래서 "후진타오의 대승리"로 평가되었다.⁹⁾ 후진타오의 약점으로 평가되던 외교와 군사 분야에서도 후의 권력은 공고화되었다.¹⁰⁾ 반면 장쩌민의 권력은 급격히 약화되었고, 상하이방의 응집력과 영향력도 마찬가지였다.¹¹⁾

시진핑(習近平)의 권력 공고화는 이보다 더욱 빠르게 진행되었다. 2012년 공산당 18차 당대회에 대한 분석에서 이미 지적했듯이, 처음부터 시진핑의 권력 기반은 장쩌민과 후진타오의 권력 기반보다 공고했다.¹²⁾ 이를 바탕으로 시진핑은 총서기의 권한을 확대했다. 단적으로 2017년 1월을 기준으로 시진핑은 모두 12개의 직위를 보유하고 있었다. 여기에는 「헌법」 및 「당헌」이 규정한 직위(공산당 총서기, 중앙군위 주석, 국가 주석)와 각종 영도소조(領導小組)의 직위가 포함된다.¹³⁾

그 결과 집권 3년차인 2014년에 들어서면서 일부 전문가와 언론은 시진핑으로 권력이 집중되면서 집단지도가 약화되고 시진핑의 '일인지배'가 등장하고 있다고 주장했다.¹⁴⁾ 물론 아직 다수의 학자들은 집단지도가 유지되고 있고, 앞으로도 그럴 가능성이 높다고 본다.¹⁵⁾ 그러나 이런 논의가 제기된 것 자체가 시진핑의 권력 공고화가 매우 빠르게 진행되었다는 사실을 보여 준다.

그렇다면 중국의 공산당 총서기들은 어떻게 그렇게 빨리 권력을 공고히하여 총서기로서의 권한을 행사할 수 있었을까? 특히 장쩌민과 후진타오는 권력 기반이 매우 취약하여 총서기로서의 권한을 제대로 행사할 수 없을 것이라는 전망이 주류였는데, 어떻게 이런 전망이 무색하게 되었을까? 학계에서는 덩샤오핑 이후 시대에 세 번의 권력 교체가 평화적이고 안정적으로 이루어지면서 '권력 승계의 제도화'가 이루어졌다고 보는 견해가 주류를 이루고 있다.[16] 이와 비슷하게, 권력 기반이 취약한 정치 지도자가 총서기에 선임된 후에 일정한 절차와 과정을 통해 권력 기반을 다져 안정적으로 권력을 행사하는 '권력 공고화의 제도화'가 이루어진 것은 아닐까?

이와 같은 질문에 답하기 위해 이 장과 다음 장에서는 두 가지를 살펴볼 것이다. 먼저, 중국 정치에서 정치 지도자들이 행사하는 권력과 그런 권력을 공고하게 만들기 위한 전략을 살펴볼 것이다. 마오쩌둥 시대부터 현재까지 최고 지도자는 바뀌었지만, 최고 지도자가 되기 위해서 가져야 하는 권력원(權力源)은 변함이 없다. 또한 그런 권력원은 공식 직위를 갖는다고 해서 그냥 주어지는 것이 아니기 때문에 최고 지도자는 권력원을 장악하기 위해 특정한 전략을 구사해야만 한다. 다음으로 이를 기반으로 장쩌민, 후진타오, 시진핑이 어떻게 권력을 공고화했는지를 구체적으로 비교 분석할 것이다.

지금까지의 연구는 주로 개별 지도자에 초점을 맞추어 그들의 권력 공고화 과정을 분석했다. 기존 연구의 결론은 비슷하다. 공산당 총서기들은 비록 초기에 권력 기반이 취약할지라도 일정한 시간이 지난 후에는 권력 공고화에 성공하여 총서기로서의 권한을 행사할 수 있게 되었다는 것이다. 특히 기존 연구는 이런 과정에서 특정 지도자의 권력이 매우 빠르게 공고해지는 현상에 놀라면서 그런 현상을 과장하는 경향이 있다. 권력 공고화 이후 장쩌민과 시진핑의 권력이 전임자를 능가한다는 주장이 대표적이다. 이는 기존 연구가 주로 지도자를 개별적으로 분석했기 때문에 나타나는 현상이다. 만약 이들을 종합적으로 비교 분석하면 권력 공고화는 특정 지도자만의 현상이 아니라 누구에게나 적용되는 보편적인 현상임을 알 수 있다.

이처럼 이 장은 엘리트 정치가 어떻게 변화했는가를 이해하는 데에 큰 도움을 줄 수 있다. 마오쩌둥과 덩샤오핑은 개인적 명성과 인맥에 힘입어 최고 지도자로서의 권한을 행사할 수 있었다. 반면 장쩌민, 후진타오, 시진핑 등 덩샤오핑 이후 시대의 지도자들은 공산당 총서기와 국무원 총리 등 공식 권위에 입각하여 권한을 행사해야만 한다.[17] 양자의 차이는 분명하다. 주요 정책과 인사 문제를 결정할 때 마오와 덩은 독자적으로 결정할 수 있었지만, 장쩌민 이후의 총서기는 다른 지도자와 반드시 상의해야 한다는 것이다.[18]

그래서 마오쩌둥이나 덩샤오핑과 다르게 직무 권력을 행사해야 하는 장쩌민, 후진타오, 시진핑과 같은 개혁기 지도자에게는 권력 공고화가 매우 중요하다. 중국 정치에서는 직무가 곧바로 권력을 가져다 주지 않기 때문이다. 화궈펑, 후야오방(胡耀邦), 자오쯔양(趙紫陽)의 실각은 이를 잘 보여 준다. 따라서 이들 총서기가 어떻게 권력을 공고히 하였는지에 대한 분석은 개혁기에 변화된 엘리트 정치를 이해하는 데 새로운 지평을 열어 줄 수 있다.

동시에 이 장은 최근에 진행되고 있는 시진핑의 권력 강화 현상,

혹은 시진핑 '일인지배'의 등장 문제를 평가하는 기초를 제공할 수 있다. 일부 언론과 학자들은 시진핑을 전임자와는 다른 강력한 권력자 혹은 '절대 권력'의 행사자로 보는 경향이 있다. 이는 2017년 10월에 개최된 공산당 19차 당대회 이후에 더욱 강화되었다. 그러나 사실은 그렇지 않다. 11장에서 이미 살펴보았듯이, 공산당 19차 당대회에서 권력 승계와 관련된 규정과 규범은 비교적 충실하게 지켜졌다.

시진핑의 권력 공고화 과정을 살펴보아도 우리는 같은 결론을 얻을 수 있다. 시진핑이 권력 공고화를 위해 걸어온 길은 장쩌민과 후진타오가 걸어온 길과 크게 다르지 않다는 것이다. 물론 권력 공고화 이후 이들이 권력을 실제로 어떻게 행사했는지에 대한 세밀한 분석이 필요한 것을 사실이다. 이를 통해 권력의 집중도를 평가할 수 있기 때문이다. 이에 대해서는 11장에서 부분적으로 살펴보았다.

2. 세 가지 권력원

정치란 공적이고 권위적인 정책 결정(policy-making)을 둘러싸고 벌어지는 개인 및 정치 집단 간의 다양한 활동과 그 결과라고 정의할 수 있다.[19] 따라서 정치 지도자의 가장 주요한 권력은 이런 정책 결정권을 행사하는 일이다. 동시에 정치 지도자는 이런 정책 결정권을 행사할 수 있는 사람을 선정하고, 그들에게 일정한 권한을 부여할 수 있는 권력을 행사한다. 소위 인사권을 행사한다는 것이다.

중국에서도 최고 지도자는 정책 결정권과 인사권을 행사한다.[20] 그렇다면 이런 권력을 행사하기 위해서 총서기는 어떤 권력원을 장악해야 하는가?

중국의 엘리트 정치에서 최고 지도자가 권력을 행사하기 위해서는 권력원을 장악해야 한다. 권력 공고화(power consolidation)란, 정치 지도자가 권력원을 확보하여 직위에 상응하는 권력을 행사할 수 있게 되는 과정과 결과를 의미한다. 이는 마오쩌둥, 덩샤오핑, 장쩌민, 후진타오, 시진핑 모두에게 해당한다. 개혁기에도 사회 경제적으로는 큰 변화가 있었지만 공산당 일당제라는 정치 체제는 '근본적으로' 변한 것이 없다. 따라서 마오 시기와 개혁기 모두에 엘리트 정치가 작동하는 원리는 비슷하다.

결론적으로 말하면, 중국에서 최고 지도자가 되기 위해서는 군 통수권, 이념적 권위(ideological authority), 개인적인 관계망(personal networks) 혹은 파벌(faction)을 장악해야 한다. 그 밖에도 국민이나 특정 집단, 예컨대 노동자, 농민, 지식인의 지지 역시 최고 지도자의 중요한 권력원이지만 앞서 말한 세 가지와 비교했을 때에는 상대적으로 덜 중요하다. 중국은 민주주의 국가가 아니라 공산당 일당제 국가이기 때문이다. 마오쩌둥의 신임을 얻고 자신을 잘 선전하여 국민들로부터 광범위한 지지를 받았던 화궈펑이 덩샤오핑 세력에 의해 권력에서 축출된 것이나, 대학생과 지식인의 지지를 받았지만 보수파 원로들에 의해 총서기에서 물러나야만 했던 후야오방의 사례는 이를 잘 증명한다.

(1) 군 통수권

중국에서 가장 중요한 권력원은 군 통수권이다. 1927년 8월 7일, 공산당은 후베이성(湖北省) 한커우(漢口)에서 긴급 회의를 개최하여 자신들이 주도한 도시 봉기와 농촌 폭동이 왜 실패했는지를 논의했다. 이때 마오쩌둥은 무장 투쟁의 중요성을 역설했다. "전당(全黨)은 군사(軍事)에 매우 주의해야 하고, 정권(政權)은 반드시 총구에서 취득한다." 마오가 이때 주장한 말이다. 이때부터 '정권은 총구에서 나온다(槍桿子裏面出政權).'라는 말이 유행했고, 이는 군사력의 중요성을 강조하는 격언이 되었다.

이 말이 보여 주듯이, 중국에서는 군 통수권을 가진 자가 '실질적인' 최고 권력자가 된다. 이를 공식 직위 면에서 말하면 공산당 총서기가 아니라 중앙군위 주석이 실질적인 최고 지도자라는 것이다. 이런 이유에서 마오쩌둥은 류샤오치(劉少奇)에게 국가 주석을 물려주었지만 중앙군위 주석은 공산당 중앙위원회 주석(당 주석)과 함께 죽을 때까지 유지했다.

덩샤오핑도 마찬가지였다. 1987년 공산당 13차 당대회에서 덩은 당정의 모든 직위에서 물러났지만 중앙군위 주석직은 유지했다. 또한 덩은 1989년 11월에 장쩌민에게 중앙군위 주석을 물려주면서도 실질적인 군 통수권은 심복들을 통해 유지할 수 있었다. 그의 '친밀한 전우'이자 심복인 양상쿤(楊尙昆)을 중앙군위 제1 부주석에 임명한 것이다. 더욱이 덩의 애장인 류화칭(劉華淸)이 중앙군위 판공청 부비서장에서 부주석으로 승진했고, 양상쿤의 이복동생인 양바이빙(楊白冰)도 중앙군위 판공청 비서장 겸 서기처 서기로 임명되어 중앙군위의 일상 업무를 주관했다.[21] 덩이 장쩌민과 리펑 등 보수파 지도자들을 압박하기 위해 1992년 1~2월 광둥성 지역으로 시찰을 나갈 때 다른 사람은 제쳐두고 양상쿤만을 대동한 데에는 큰 의미가 있었다. 장쩌민이 아니라 덩이 군을 지휘하고 있음을 대내외에 보여 주는 것이기 때문이다.[22]

사실 마오쩌둥과 덩샤오핑이 다른 혁명가들보다 우월한 지위에서 커다란 권력을 행사할 수 있었던 것은, 이들이 공산당의 최고 지도자이면서 동시에 인민해방군의 통수권자였기 때문이었다. 다시 말해, 최고 지도자들 중에서 마오와 덩만이 공산당과 군 모두를 지배할 수 있는 지도자였다. 예를 들어, 마오 시대에 류샤오치는 이인자였지만 군내에서는 명성이나 인맥 면에서 마오에게 상대가 되지 못했다. 혁명 과정에서 류가 군을 통솔했던 경험이 없기 때문이다. 이로 인해 그는 문화대혁명(1966~1976년) 시기 마오에게 숙청당해 감옥에서 비참한 최후를 맞이하도록 제대로 저항 한번 하지 못했다.

덩샤오핑 시대의 천윈도 이와 유사했다. 천윈은 혁명기와 마오쩌둥 시대에 덩보다 먼저 공산당 정치국과 서기처에 진입했다. 그래서 당내 지위 면에서는 천윈이 덩보다 높았다. 덩도 이 점을 높이 평가해 천윈의 지위와 권위를 무시하지 않았다. 그러나 군내의 명성과 인맥 면에서 보면 천윈은 덩의 상대가 되지 못했다. 천윈은 류샤오치처럼 상하이와 같은 '백구(白區)'에서 활동한 경험은 있지만 전장에서 군을 통솔해 본 경험은 없었기 때문이다. 그가 개혁 노선을 둘러싸고 덩과 대립했지만 끝내 덩을 최고 지도자로 인정할 수밖에 없었던 배경에는 바로 이런 사실이 놓여 있다.[23]

장쩌민도 덩샤오핑을 모방하여 순차적인 권력 이양을 꿈꾸면서 원로 정치를 이어갈 생각이었다. 2002년 공산당 16차 당대회에서 후진타오에게 공산당 총서기를 이양하면서 중앙군위 주석을 2년 동안 유지한 것은 이 때문이다. 당시 중국 전문가와 해외 언론은 이를 불완전한 권력 이양으로 평가했고, 당시의 권력 구조를 "두 주석 체제," 즉 법적 권력의 중심인 후진타오 국가 주석과 실제 권력의 중심인 장쩌민 중앙군위 주석의 체제라고 불렀다. 이런 상황에서 실질적인 최고 권력자는 공산당 총서기인 후진타오가 아니라 중앙군위 주석인 장쩌민이었다. 결국 장쩌민이 중앙군위 주석을 넘긴 2004년 9월 공산당 16기 중앙위원회 4차 전체회의(16기 4중전회)에서 실질적인 권력 승계가 이루어졌다.[24]

그런데 덩샤오핑 이후 시대에는 공산당 총서기가 중앙군위 주석을 겸직하는 것이 관례가 되었기 때문에 군 통수권 행사 여부가 총서기의 권력 공고화와 관련하여 결정적인 요소는 아니다(단 장쩌민이 2년 동안 중앙군위 주석을 연장한 경우는 예외다). 다시 말해 군 출신의 중앙군위 부주석이나 다른 민간인 지도자가 군 통수권을 가진 총서기에게 도전할 수는 없다. 따라서 권력 공고화와 관련하여 이를 별도로 분석할 필요는 없다.

그러나 총서기가 중앙군위 주석으로서 명목상이 아닌 '실질적인' 군 통수권자가 되기 위한 조치, 다시 말해 군의 충성을 확보하여 군이 자신의 정책을 실제로 집행하게 만드는 일은 필요하다. 이를 위해서는 군 장성을 승진시키고, 군 예산을 보장하며, 공산당과 정부 내에서 군의 입장과 이익을 대변하기 위해 노력해야만 한다. 이는 장쩌민, 후진타오, 시진핑 모두에 해당되는 일이다. 이런 이유로 세 사람이 군을 실질적으로 얼마나 장악했는지에 대해서는 별도의 논의가 필요하다. 이에 대해서는 상반된 평가, 즉 민간인 출신의 최고 지도자는 군을 실질적으로 통솔할 수 없었다는 주장과 그렇지 않다는 주장이 있기 때문이다.[25]

(2) 이념적 권위

군 통수권 다음으로 중요한 것이 이념적 권위다. 혁명과 국가 건설 과정에서 최고 지도자는 새로운 혁명 철학과 사상을 수립한 사상가이자, 마르크스-레닌주의와 중국의 현실을 결합하여 올바른 혁명과 건설 노선을 제시하는 이론가여야만 했다. 마오쩌둥은 이 점을 특히 강조했다. 공산당의 중요 지도자는 당의 이념적 및 이론적 권위를 가져야 한다는 것이다.[26] 그래서 사회주의 혁명과 국가 건설 과정은 치열한 노선 투쟁을 동반했고, 그 과정에서 마오의 노선이 올바르다고 판명되면서 마오가 최고 지도자로 군림할 수 있었다.

이런 면에서 1945년 공산당 7차 당대회에서「당헌」수정을 통해 마오쩌둥 사상이 공산당의 공식 지도 이념으로 결정된 것은 큰 의미가 있다. 이제 마오의 권위가 확립되어 누구도 감히 도전할 수 없게 되었기 때문이다. 만약 1921년 공산당 창당 시점부터 계산하면 24년, 1935년 1월의 쭌이 회의(遵義會議) 이후 마오가 홍군의 지휘권을 장악한 때부터 계산하면 10년 만에 마오 사상이 공산당의 지도 이념으로 확립된 것이다.

덩샤오핑 시대에도 이념적 권위는 중요했다. 덩과 천윈 등 혁명 원로들은 화궈펑의 이념적 권위를 붕괴시키는 과정을 통해 개혁 개방의 추진에 필요한 새로운 정권을 수립할 수 있었다. 바로 '진리 표준 논쟁'이 그것이다. 마오의 계승자임을 자처하면서 마오의 지시를 충실히 집행해야 함을 주장하는 '양개범시(兩個凡是: 두 가지 무릇)'에 대해, 덩 진영은 '실천이 진리 검증의 유일한 기준'임을 내세워 양개범시를 비판했다. 지식인뿐 아니라 당·정·군의 주요 지도자들이 화궈펑의 '범시파(凡是派)'를 비판하고 덩의 '실천파(實踐派)'를 지지하면서 화궈펑의 이념적 권위는 급속히 약화되었고, 이것은 결국 그의 사퇴로 이어졌다.[27]

개혁 초기에 덩샤오핑의 이념적 권위는 확고하지 못했다. 오히려 경제 정책만을 놓고 본다면 천윈의 이념적 권위가 덩보다 높았다. 그로 인해 덩이 주도하는 개혁 개방은 천윈을 중심으로 하는 보수파의 끊임없는 공세에 시달려야만 했다. 소위 보수파 대 개혁파 간의 이론 투쟁이 전개된 것이다. 이로 인해 개혁 개방은 추진과 중단을 반복하는 고난을 겪어야만 했다. 이 문제는 덩샤오핑 이론이 공식 지도 이념으로 결정됨으로써 해소되었다. 1992년 공산당 14차 당대회에서 '중국 특색의 사회주의 이론'이 지도 이념으로 채택되고, 그것이 1997년 공산당 15차 당대회에서 '덩샤오핑 이론'으로 명명됨으로써 덩의 이념적 권위가 확립되었다. 만약 1978년 공산당 11기 3중전회부터 계산하면 14년 만에 덩 이론이 공식 지도 이념이 된 것이다.

덩샤오핑 이후 시대의 지도자에게도 이념적 권위는 매우 중요했다. 어떤 면에서 보면, 이들은 새로운 지도 이념의 수립에 더욱 커다란 의욕을 보였다. 이들에게는 마오쩌둥이나 덩샤오핑이 보유했던 카리스마적 지도력이 없었고, 그래서 권위를 높이기 위해서는 자신의 통치 이념을 공산당의 지도 이념으로 만드는 것이 더욱 절실했기 때문이다.[28] 2002년 공산당 16차 당대회에서 당의 지도 이념이 된 '삼개대표(三個代表) 중요 사상,' 2012년 공산당 18차 당대회에서 당의 지도 이념이 된 '과학적 발전관'은 이념적 권위를 수립하기 위해 장쩌민과 후진타오가 노력한 결과물이다.[29] 장의 경우 1989년 총서기가 된 시점부터 계산하면 13년, 후는 총서기가 된 2002년부터 계산하면 10년 만에 자신의 지도 이념을 갖게 된 것이다. 단 이들의 경우 자신의 이름을 「당헌」에 명시하지는 못했다.

시진핑의 경우도 2014년부터 자신의 통치 이념을 공산당의 지도 이념으로 만들기 위해 본격적으로 노력했다. 그것은 2017년 공산당 19차 당대회에서 결실을 맺었다. 그의 통치 이념이 '시진핑 신시대 중국 특색의 사회주의 사상'('시진핑 사상'으로 약칭)이라는 명칭으로 「당헌」에 삽입된 것이다. 시진핑은 총서기가 된 지 5년 만에 자신의 이름을 딴 지도 이념을 갖게 되었다. 이는 전임자보다 시간적으로 더욱 빠를 뿐만 아니라, 마오쩌둥 사상이나 덩샤오핑 이론처럼 자신의 이름을 딴 지도 이념('시진핑 사상')을 갖게 되었다는 점에서 더욱 권위 있는 일이다.

(3) 파벌의 지지

최고 지도자의 세 번째 권력원은 지지 세력 혹은 파벌이다. 어느 조직에서나 인사권은 권력자가 조직을 통제하는 가장 중요한 수단이면서 동시에 권력 그 자체다. 이는 국가와 같은 정치 조직이나, 기업과 같은 경제 조직 모두에 해당된다. 중국도 예외는 아니다. 특히 장쩌민, 후진타오, 시진핑 등 덩샤오핑 이후 시대의 지도자들에게는 중앙과 지방의 요직에 자파 세력을 충원해야만 하는 절박한 이유가 있다. 총서기라는 직위만으로는 최고 지도자의 권력을 유지할 수 없기 때문이다. 후야오방과 자오쯔양의 몰락은 이를 잘 보여준다. 그들은 원로 정치 시대의 총서기로서 독자적인 파벌을 형성할 수 없었다. 그들을 지지하는 대학생과 지식인 집단은 권력 유지에 결코 도움이 되지 않았다.

1945년 공산당 7차 당대회에서 이념적 권위를 확립한 이후, 마오쩌둥은 권력 행사를 위해 특정한 파벌을 형성할 필요가 없었다. 대신 자신이 필요로 하는 인물들을 공산당, 정부, 군에 임명하여 자신의 노선과 방침을 따르도록 만들 수 있었다. 만약 자신이 임명한 사람이 마음에 들지 않으면 쉽게 바꿀 수 있었다. 공식 후계자를 류샤오치, 린뱌오(林彪), 화궈펑으로 바꾼 일, 1959년 루산 회의(廬山會議)에서 펑더화이(彭德懷) 등을 비판하고 숙청한 일, 문혁을 수행하기 위해 장칭(江靑)을 비롯한 '사인방(四人幇)'을 등용하고 반대파를 '주자파(走資派)'로 몰아 숙청한 일은 이런 사실을 잘 보여 준다. 이런 점에서 마오는 특정 파벌의 지도자로서 권력을 행사한 것이 아니라, 모든 파벌 혹은 파벌을 초월하여 권력을 행사한 진정한 일인 지배자였다고 말할 수 있다.

덩샤오핑은 마오쩌둥만큼은 아니었지만 상당한 정도로 인사권을 행사할 수 있었고, 이를 통해 구축한 광범위한 인적 관계망, 소위 '개혁파'를 동원하여 개혁 개방을 추진할 수 있었다. 1979년부터 1982년 공산당 12차 당대회까지 3년 동안 후야오방(당시 공산당 조직부장)을 공산당 총서기, 자오쯔양(당시 쓰촨성 당서기)을 국무원 총리, 완리(萬里: 당시 안후이성 당서기)를 국무원 부총리, 시중쉰(習仲勛: 당시 광둥성 당서기)을 전국인민대표대회(전국인대) 부위원장, 후치리(胡啓立: 당시 톈진시 당서기)를 공산당 중앙 판공청 주임에 임명한 일은 대표적인 사례다.

1991년에는 덩샤오핑이 장쩌민과 리펑을 견제하기 위해 주룽지(朱鎔基) 당시 상하이시 당서기를 부총리에 임명하고, 자오쯔양과 함께 실각했던 후치리 등을 다시 등용한 것은 또 다른 인사권 행사의 사례다.[30] 단 덩은 마오와 달리 정치국 상무위원이나 총서기와 같은 중요한 인사를 결정할 때에는 천윈이나 리셴녠 등 주요 혁명 원로들과 반드시 상의해야만 했다. 다시 말해 아무리 덩이라도 원로 중 다수가 반대하면 자신의 뜻대로 인사 문제를 결정할 수 없었다.

장쩌민, 후진타오, 시진핑은 총서기라는 직위가 부여한 권한에 입각하여 인사권을 행사하고, 이를 통해 지지 세력을 결집할 수 있다. 총서기는 정치국 상무위원 간의 역할 분담(分工)에서 공산당 업무(黨務), 군사와 외교(대만 포함), 개혁 전체의 지도(領導)라는 고유한 권한을 갖고 있다. 인사권은 공산당 업무의 중요한 내용이다.[31] 이런 점에서 총서기가 되면 다른 정치국 상무위원보다 우월한 지위에서 인사 문제를 결정할 때 영향력을 행사할 수 있다. 다만 정치국 상무위원회가 집단지도로 운영되면서 총서기가 인사권을 독점할 수는 없다. 예컨대 차기 정치국원 후보와 정치국 상무위원 후보를 결정할 때에는 현임 정치국원뿐만 아니라 정치 원로들과도 반드시 상의해야만 한다.

특히 공산당 총서기와 국무원 총리는 정치국 상무위원회가 차관급(省部級副職) 인사, 예컨대 공산당 중앙 부서의 부(副)부장, 국무원 부서의 부부장 혹은 부주임, 지방 성급 단위의 당 부서기나 부성장 등을 결정할 때에는 커다란 영향력을 행사할 수 있다.[32] 총서기와 총리가 자신의 지지 세력을 형성하여 주요 정책을 제대로 집행할 수 있도록 독자적인 인사권을 일부 허용하는 관행이 작동하고 있는 것이다. 이런 이유로 장쩌민, 후진타오, 시진핑은 총서기가 된 직후부터 중앙과 지방의 차관급 직위에 자신의 측근을 기용할 수 있었다. 총서기의 인사 범위는 시간이 가면서 더욱 확대되고, 그 결과 자신을 지지하는 파벌을 형성할 수 있었다. 장쩌민의 상하이방, 후진타오의 공청단파, 시진핑의 '시진핑 세력'은 이렇게 해서 등장했다.

인사 문제 중에서 가장 중요한 것은 자파 세력을 차기 권력의 후계자인 공산당 총서기와 국무원 총리, 이 중에서도 특히 총서기에 선임하는 일이었다. 이는 현임 총서기에게도 매우 어려운 일이었다. 예를 들어, 장쩌민의 후계자인 후진타오는 장이 아니라 덩샤오핑이 결정했기 때문에 장의 영향력은 제한적이었다. 그가 후진타오를 견제하기 위해 정치국 상무위원을 7인에서 9인으로 늘리고, 이를 상하이방으로 충원한 일은 잘 알려진 사실이다.[33] 2007년 공산당 17차 당대회부터는 민주 추천제라는 새로운 후보 추천 제도가 도입되면서 장쩌민, 후진타오, 시진핑이 후계자 선정에 미칠 수 있는 영향의 폭이 더욱 축소되었다.[34]

3. 정풍 운동과 권력 공고화

정풍 운동(整風運動, rectification campaign)은 당정 간부의 업무 태도와 사업 풍토를 개선하기 위해 공산당 중앙이 전 조직과 당원을 대상으로 학습과 상호 비판 활동을 전개하는 일종의 공산당 정화 운동이다. 그런데 정풍 운동은 최고 지도자가 자신의 권력을 공고화하는 데에도 큰 역할을 담당한다. 이는 마오쩌둥과 덩샤오핑뿐만 아니라 장쩌민, 후진타오, 시진핑 모두에게 해당된다.

이런 면에서 정풍 운동은 두 가지 성격을 갖는 정치 활동이라고 평가할 수 있다. 즉 한편으로 정풍 운동은 공산당의 내적 통합을 높이고 공산당의 이미지를 개선하기 위한 정치 운동이다. 다른 한편으로 정풍 운동은 막 권좌에 오른 최고 지도자의 권위를 제고하기 위해 추진되는 권력 공고화 운동이다.

(1) 옌안(延安) 정풍 운동

최초의 정풍 운동은 옌안에서 1941년부터 1945년까지 약 4년 동안 사상 교육 운동의 형태로 전개되었다. 공산당과 중국 학자들의 연구에 따르면, 당시에 두 가지 이유로 정풍 운동이 추진되었다.

첫째는 '왕밍(王明) 좌경 노선'의 청산이다. 1931년에 소련의 막강한 지원을 등에 업고 중국 공산당의 '대리 서기'에 선임된 왕밍은 소련의 경험에 입각한 프롤레타리아 혁명 노선을 주장했다. 국민당이 점령하고 있는 대도시, 일명 '백구(白區)'에서 '진공 노선(進攻路線)'을 주창한 것이 대표적이다. 이 노선은 공산당 조직의 붕괴와 당원의 감소라는 재앙을 불러왔다. 반면 마오쩌둥은 혁명 근거지 설립과 농촌의 도시 포위 전략을 주장했다. 1935년 1월의 쭌이 회의 이후 마오쩌둥 노선이 주류가 되었지만, 왕밍 노선은 여전히 영향력을 발휘했다. 단적으로 왕밍은 1940년 3월에 『중공은 더욱 볼셰비키처럼 되기 위해 투쟁해야 한다』(1931년 초판)를 다시 출판하면서 자신의 노선이 정당했음을 주장했다.

둘째는 신입 당원의 의식 제고다. 공산당이 대장정을 끝내고 옌안에 도착한 지 1년 뒤인 1936년 말에 전체 당원은 고작 4만 명에 불과했다. 그런데 이후 4년이 지난 1940년에는 당원이 80만 명으로, 20배나 폭증했다. 여기서 폭증한 신입 당원은 대부분 농민 출신이었다. 이들은 마르크스-레닌주의와 중국 혁명에 대한 인식이 부족했다. 그 결과 신입 당원들은 왕밍의 급진 노선을 추종하는 경향이 강했다.35) 다시 말해, 급증한 신입 당원이 왕밍 노선이 생존하는 토양이 되었던 것이다. 따라서 마오쩌둥이 주도하는 공산당의 입장에서 보면, 이 두 가지 문제를 동시에 해결하지 않으면 올바른 혁명 노선의 수립은 기대할 수 없었다.

그런데 옌안 정풍 운동의 실제 목적은 이런 '공식' 주장보다는 좀 더 권력 지향적이고 당파적이었다. 마오쩌둥은 자신의 권력 기반이 다져졌다고 판단하자 공산당을 자신의 사상으로 완전히 개조하고, 이를 통해 확고부동한 최고 지도자로서의 지위를 확립할 목적으로 정풍 운동을 추진했던 것이다. 이를 위해 마오는 캉성(康生), 런비스(任弼時), 천윈(陳雲), 리푸춘(李富春), 가오강(高崗) 등 자신의 세력을 최대한 동원했다. 특히 캉성은 마오의 '대변인'이자 '칼잡이'로서 정풍 운동의 실행을 주도했다. 또한 마오의 정풍 운동에는 류샤오치와 그의 세력인 펑전(彭眞), 안쯔원(安子文) 등이 적극 참여했다. 한마디로 정풍 운동은 마오 세력과 류 세력이 연합하여 경쟁 세력을 청산한 정치 운동이었다.

이런 목적을 달성하기 위해서는 마오쩌둥과 경쟁했던 두 개의 정치 세력을 일소해야만 했다. 하나는 왕밍을 대표로 하는 '소련 유학파' 혹은 '국제파(國際派)'다. 여기에는 왕밍 외에도 보구(博古), 장원톈(張聞天), 왕자샹(王稼祥) 등이 포함된다. 이들은 스탈린과 코민테른(Comintern)의 지지를 등에 업고 1931년부터 1935년 쭌이 회의 전까지 당권을 장악했고, 그 후에도 마오의 권위에 도전했다. 마오는 이들을 마르크스-레닌주의 이론과 러시아 혁명 경험을 중국에 그대로 적용하려는 '교조주의(敎條主義)' 혹은 '주관주의(主觀主義)' 집단이라고 비판했다.

다른 하나는 저우언라이를 중심으로 하는 '경험주의' 세력이다. 여기에는 저우 외에 주더(朱德), 펑더화이(彭德懷), 류보청(劉伯承), 예젠잉(葉劍英) 등 홍군의 장군들이 속한다. 이들은 혁명 원로로서 공산당과 홍군 내에 높은 명망과 권위를 갖고 있었고, 이를 이용하여 마오쩌둥의 독재적인 권력 행사에 비판적인 태도를 견지했다. 마오는 이들이 교조주의 세력과 협력하여 자신과 류샤오치의 "정확한 노선"을 비판하고 방해함으로써 혁명에 큰 해악을 끼쳤다고 신랄하게 비판했다.

왕밍을 중심으로 하는 '교조주의' 세력과 저우언라이를 중심으로 하는 '경험주의' 세력에 대한 마오쩌둥과 류샤오치의 비판은 3년 동안 격렬하게 전개되었다. 이들은 개별적으로 '자기 검토서'를 작성하여 제출했을 뿐만 아니라, 크고 작은 모임에서 여러 차례에 걸쳐 공개적으로 자기비판을 해야만 했다. 이들에 대한 마오의 공격은 1943년 12월 무렵에 가서야 비로소 완화되었다. 이때 코민테른의 전 지도자인 디미트로프(Georgi Dimitrov)가 개인 명의의 전신(電信)을 보내 왕밍과 저우언라이를 공산당에서 퇴출(즉 당적 제명)시키지 말 것을 요구했던 것이다. 이는 스탈린의 의중이 담긴 메시지였

기 때문에 마오도 무시할 수 없었다.[36]

옌안 정풍 운동은 3단계로 나누어 진행되었다. 1단계는 1941년 5월부터 1942년 2월까지 10개월 동안 약 120명의 최고위급 지도자를 대상으로 전개되었다. 이들은 마르크스-레닌주의 원전과 공산당의 각종 정책 문건을 학습하면서 노선 문제를 집중적으로 토론했다. 이를 배경으로 1941년 9월 정치국 확대회의를 개최하여 1931~1933년의 '왕밍 좌경 노선'은 단지 정책상의 잘못이 아니라 정치 노선상의 잘못이라는 결론에 합의했다. 공산당은 이를 통해 최고위급 지도자 사이에 사상 분열을 해소하고 인식을 통일할 수 있었다. 동시에 마오쩌둥을 조장으로 하는 중앙 학습연구조(學習研究組)를 구성하여 당정 간부를 대상으로 하는 전면적인 학습 운동을 전개하기로 결정했다.

2단계는 1942년 2월부터 1943년 10월까지 1년 8개월 동안 일반 당원을 대상으로 전개되었다. 당원들은 학습과 토론을 통해 당시 유행하던 세 가지 잘못된 사상 풍조를 비판할 것을 요구받았다. 첫째는 중국의 객관적인 현실을 무시하고 마르크스-레닌주의 이론만 앞세우는 교조주의, 특히 '왕밍 좌경 노선'이다. 여기에는 또한 저우언라이로 대표되는 '경험주의'도 포함된다. 둘째는 당내 통일과 단결을 방해하고 특정 지역이나 집단만을 내세우는 종파주의(宗派主義)다. 혁명 근거지에 기초한 게릴라 전술은 공산당 중앙의 통일된 지도를 어렵게 만들었다. 반면 각 지역을 중심으로 생각하고 활동하는 지역주의는 시간이 가면서 강화되었다. 종파주의 비판은 이를 겨냥한 것이었다.

셋째는 상급 공산당 조직과 고위 당정 간부가 보고문이나 지시문을 작성할 때 상투적인 말, 허세 부리기, 겁주기 등으로 일관하여 내용도 없고 명확한 대상도 없게 되어 버리는 소위 '당팔고(黨八股)'다. 여기서 '팔고'는 명(明)·청(淸) 시대 과거 시험 답안지를 작성할 때 사용되었던 글쓰기 방식(文體)을 말한다. 이런 '당팔고'는 중국의 현실은 제대로 이해하지 못하면서 마르크스-레닌주의와 혁명 이론만 앞세우는 당정 간부에게서 두드러지게 나타났다. 이와 같은 세 가지 비판 대상 중에서 핵심은 교조주의, 특히 '왕밍 좌경 노선'이었다.

3단계는 1943년 10월부터 1945년 4월까지 1년 6개월 동안 전개된 역사 문제 토론이다. 이는 주로 고위 당정 간부를 중심으로 '왕밍 좌경 노선'의 역사를 비판하는 내용으로 전개되었다. 역사 문제 토론은 공산당 6기 중앙위원회 7차 전체회의(6기 7중전회)에서 「약간의 역사 문제 결의」가 통과되면서 일단락되었다. 「역사 결의」는 혁명 과정에서 마오쩌둥이 수행한 역할과 지도적 지위를 높이 평가했다. 공산당의 평가에 의하면, "「역사 결의」의 통과는 옌안 정풍 운동이 승리로 끝났다는 표시"다.[37)]

옌안 정풍 운동의 절차와 방식은 이후의 다른 정풍 운동에도 그대로 적용되었다. 첫째는 정풍 운동 문건의 학습이다. 마르크스-레닌주의 원전, 마오쩌둥의 주요 연설문과 저작, 공산당의 정책 문건 등이 주요 학습 자료다. 둘째는 개별 당원들의 자기 조사(검토)와 그 결과를 정리한 '검토서(檢討書)' 작성이다. 이때에는 당원 개인의 사상과 활동을 해당 지역 및 단위의 업무와 관련하여 체계적으로 조사하고 비판적으로 검토해야 한다. 그리고 그렇게 조사 검토한 내용을 '검토서'에 자세히 정리해야 한다.

셋째는 당원 상호 간의 비판과 자기비판이다. 민주생활회(영도 간부의 경우)나 조직생활회(일반 당원)가 개최되면, 개별 당원은 조사 검토한 내용을 토대로 먼저 자기비판을 진행한다. 이후 당원 간에 상호 비판이 뒤따른다. 비판과 자기비판을 할 때에는 잘못된 사상과 행위의 구체적인 내용을 분명히 지적하고, 그것이 발생한 원인도 규명해야 한다. 넷째는 인식 제고와 경험 총괄이다. 이는 정리 단계로, 개별 당원의 사상 인식을 통일하고, 이를 토대로 당성(黨性)을 강화하여 업무에 더욱 매진할 수 있도록 결의를 다진다.[38]

한편 옌안 정풍 운동은 간부 심사(審査幹部/審幹)라는 인적 쇄신 운동과 함께 진행되었다. 중국의 공식 자료에 의하면 정풍 운동과 간부 심사는 원래 별도로 계획되었다. 그러나 결과적으로는 둘이 하나의 운동으로 전개되었다. 간부 심사를 시작한 것은 캉성이었다. 그는 공산당 중앙 사회부 부장 겸 중앙정보부 부장을 맡고 있었다. 그런데 1942년 5~6월 무렵에 캉성은 옌안에 국민당 간첩(特務)이 대규모로 활동한다고 주장했다.

캉성의 이런 주장은 사실 마오쩌둥의 지시에 따른 것이었다. 정풍 운동을 통해 마오의 최고 권위를 확립하기 위해서는 단순한 학습과 비판만으로는 부족했다. 그래서 마오의 뜻에 따르지 않거나 공산당의 방침에서 벗어난 간부에 대한 엄격한 심사와 숙청이 필요했다. 이를 위해서는 간부들에게 공포 분위기를 조성하는 것도 필요하다고 마오는 판단했다. 이런 이유로 마오는 정풍 운동과 함께 간부 심사를 진행하도록 캉성에게 지시했던 것이다.[39]

캉성의 주장과 마오쩌둥의 지시를 배경으로 '내부 간첩 색출(清查內奸)'을 위한 간부 심사와 전 당원이 참여하는 '간첩 반대 투쟁(反特務鬪爭)'이 전개되었다. 이를 주도하기 위한 지도 기구로 류샤오치와 캉성이 중심이 된 '중공 간첩 반대 투쟁위원회(中共反內奸鬪爭委員會)'가 구성되었다. 그 결과 불과 보름 만에 1,400명이 넘는 '특무분자(特務分子)'가 색출되었다. 그 과정에서 불법 체포와 감금, 고문, 허위 자백 등의 많은 문제가 발생했다. 1945년 마오쩌둥이 간부 심사 운동에서 발생한 문제를 일부 인정하고 형식적이었지만 사과─"운동이 지나쳐서 일부 동지에게 억울한 일을 당하게 했다."─를 하면서 인적 쇄신 운동은 일단락되었다.[40]

옌안 정풍 운동은 1945년 4월에 개최된 공산당 7차 당대회에서 마오쩌둥의 권위가 확립되면서 대단원의 막을 내렸다. 공산당 7차 당대회에서는 마오가 발표한 '신(新) 민주주의 강령'이 통과되었고, 군중 노선과 민주 집중제도 강조되었다. 그러나 핵심은 「당헌」 수정을 통해 마오쩌둥 사상이 공산당의 지도 이념으로 확정된 일이다. 「당헌」 수정 설명에 따르면, "마오쩌둥 사상은 마르크스-레닌주의의 이론과 중국 혁명의 실천이 통일된 사상이며, 중국의 공산주의고 마르크스주의다." 또한 "마오쩌둥 사상은 중국 인민의 완전한 혁명 건설 이론이다."[41] 이로써 마오는 군 통수권에 이어 이념적 권위까지 확보하면서 누구도 도전할 수 없는 최고 지도자가 될 수 있었다. 이는 옌안 정풍 운동이 있었기 때문에 가능한 일이었다.

중국 혁명사에서 옌안 정풍 운동은 소련과 동유럽 사회주의 국가에는 없는 "중국 공산당의 위대한 창조"로 평가된다.[42] 이런 평가의 결과 정풍 운동은 이후에도 공산당의 쇄신과 최고 지도자의 권위를 확립하기 위한 정치 운동으로 활용될 수 있었다.

(2) 개혁기의 정풍 운동

개혁기에도 정풍 운동은 이름과 내용을 바꾸면서 계속되었다. 예를 들어, 1983년부터 1986년까지 3년 동안 문혁의 잔존 세력을 청산하기 위한 정당 운동(整黨運動)이 대대적으로 전개되었다. 핵심은 '삼종인(三種人),' 즉 문혁 시기에 린뱌오와 사인방을 추종했던 사람, 파벌 사상이 엄중한 사람, 각종 파괴 활동을 일삼았던 사람을 청산하는 일이다. 사실 1976년에서 1978년까지 2년 동안 사인방 비판 운동을 전개하면서 40만 명의 삼종인을 청산했는데, 다시 인적 쇄신 운동을 단행한 것이다.

정당 운동은 1단계로 중앙과 성급 단위, 2단계로 지급(地級: 한국의 천안시처럼 구(區)가 있는 규모가 큰 도시) 및 현급(縣級: 한국의 군(郡)에 해당하는 단위), 3단계로 기층 단위로 하향식으로 전개되었다. 이를 위해 후야오방을 책임자로 하는 '중앙 정당 공작 지도위원회'가 설립되었다. 정당 운동의 결과 33,896명의 당원이 제명되고,

90,069명이 등록 거부되었으며, 145,456명이 등록 유보되었다. 당규와 행정 처분 등 각종 징계를 받은 당원은 184,071명이다. 특히 현급 이상의 영도간부 중에서 약 50퍼센트가 정당 운동을 통해 정리되었다.[43] 개혁파들은 정당 운동을 통해 문혁을 주도했던 상당수의 영도간부를 청산할 수 있었다.

　덩샤오핑 이후 시대에도 정풍 운동은 계속되었다. 이때에도 정풍 운동은 전처럼 두 가지 목적이 있었다. 첫째는 공산당에 대한 인민의 이미지 제고다. 둘째는 신임 총서기에 대한 당정 간부의 충성심 유도다. 여기에는 반대 세력에 대한 청산도 포함된다. 장쩌민 시기의 '삼강(三講: 세 가지 강조)' 활동, 후진타오 시기의 '공산당 선진성(先進性) 유지' 활동, 시진핑 시기의 '군중 노선 교육 실천'이 대표적이다.

　또한 개혁기의 정풍 운동은 부패 척결(反腐敗) 운동과 함께 진행되었다. 동시에 이때 주요 정적들이 부패 혐의로 숙청되었다. 예를 들어, 장쩌민은 1993년부터 1998년까지 5년 동안 부패 척결 운동을 대대적으로 전개했다. 그 과정에서 1995년에 베이징 당서기 천시퉁(陳希同)이 부패 혐의로 구속되었다. 천시퉁은 리펑과 함께 베이징방(北京帮)을 대표하는 지도자로, 장쩌민의 권위에 공공연하게 도전한 것으로 유명했다. 천시퉁의 처벌 이후 베이징방은 급속히 위축되었다.

　후진타오도 2003년부터 부패 척결 운동을 대대적으로 전개했고, 2006년에는 상하이 당서기 천량위(陳良宇)를 부패 혐의로 구속했다. 천량위는 상하이방의 핵심 인물로, 후진타오와 원자바오가 추진하는 긴축 정책에 정면으로 반대했다. 시진핑 정부가 2013년부터 5년 동안 강력하게 추진한 부패 척결 운동은 국내외로 잘 알려져 있다. 그 과정에서 저우융캉(周永康) 전 정치국 상무위원 겸 정법위원회 서기, 링지화(令計劃) 전 정치국원 겸 중앙 판공청 주임, 궈보슝(郭伯雄)과 쉬차이허우(徐才厚) 전 중앙군위 부주석, 쑨정차이(孫政才) 충칭시 당서기가 구속된 것은 유명하다.

4. 권력 기반은 공고화되어야 한다

중국 정치에서 최고 권력자가 되기 위해서는 세 가지 권력원을 장악해야 한다. 군 통수권, 이념적 권위, 지지 세력(즉 파벌)이 바로 그것이다. 이와 같은 세 가지 권력원은 공산당 총서기나 국무원 총리와 같은 공식 직위를 맡는다고 해서 자동적으로 주어지는 것이 아니다. 따라서 최고 지도자가 되기 위해서는 이 세 권력원을 장악하기 위한 전략을 성공적으로 구사해야 한다. 권력 공고화가 필요하다는 것이다. 문제는 어떻게 권력원을 획득하여 권력 기반을 공고히 할 것인가이다.

마오쩌둥과 덩샤오핑은 개인 권위, 즉 명성과 인맥에 입각하여 통치했던 카리스마적 지도자였다. 따라서 이들은 개인 권위를 통해서 세 가지 권력원을 획득할 수 있었다. 이들은 사회주의 혁명을 성공시킨 혁명 원로이며 새로운 국가를 세운 건국의 아버지라는 명성이 있었다. 또한 이들은 혁명과 건국 과정에서 형성한 광범위한 인맥이 있었다. 따라서 이들이 군 통수권을 행사하고 이념적 권위를 갖는 것은 너무나 자연스러웠다. 특히 이들은 특정 파벌의 지지가 필요 없는 초당파적 지도자였다. 덩을 개혁파 지도자라고 부르는 것은 그가 개혁파를 대표한다는 의미이지, 그가 개혁파만의 지도자였다는 의미는 아니다. 천윈의 보수파조차 그를 최고 지도자로 인정했다.

그러나 장쩌민, 후진타오, 시진핑과 같은 덩샤오핑 이후 시대의 지도자는 상황이 완전히 다르다. 이들에게는 마오나 덩이 가졌던 개인 권위가 없다. 따라서 이들이 총서기로서 권한을 행사하기 위해서는 반드시 권력 기반을 공고히 다져야 한다. 화궈펑, 후야오방, 자오쯔양의 사례가 보여 주듯이, 총서기 직위(후야오방과 자오쯔양의 경우), 심지어 중앙군위 직위(화궈펑의 경우)조차도 이들의 권력 유지와 행사를 보장할 수 없었다. 그래서 장쩌민, 후진타오, 시진핑은 권력 공고화에 노력했고, 그 결과 총서기의 권한을 행사할 수 있었다. 개혁기의 엘리트 정치를 이해하기 위해서는 반드시 권력 공고화를 검토해야 한다고 하는 이유가 바로 이것이다.

정풍 운동과 부패 척결 운동은 지금까지 효과가 증명된 가장 유효한 권력 공고화 전략이다. 그 원형은 옌안 정풍 운동이었다. 이를 이어 마오쩌둥 시대에는 다양한 종류의 정풍 운동이 계속 전개되었다. 반우파(反右派) 투쟁(1957~1958년), 반우경(反右傾) 투쟁

(1959~1960년), 사회주의 교육 운동(1963~1966년), 문혁(1966~1976년)이 대표적이다. 개혁기에도 정풍 운동은 끝나지 않았다. 다만 명칭과 내용만 바뀌었을 뿐이다. 한편으로 정풍 운동은 공산당의 자정 활동으로, 당의 응집력을 높이고 대외 이미지를 개선하는 수단으로 사용되었다. 다른 한편으로 정풍 운동은 막 최고 직위에 오른 새로운 지도자가 자신의 권력 기반을 다지는 수단으로 활용되었다. 1983년의 정당 운동, 1998년의 삼강 활동과 삼개대표 교육 활동(장쩌민 시기), 2005년의 선진성 교육 활동과 2008년의 과학적 발전관 활동(후진타오 시기), 2013년의 군중 노선 활동(시진핑 시기)이 대표적인 사례이다. 이는 각각 문혁 주도 세력 숙청, 장쩌민, 후진타오, 시진핑의 권력 공고화에 중요한 역할을 수행했다.

13장 | 권력 공고화의 실제

앞 장에서는 권력 공고화의 내용인 군 통수권, 이념적 권위, 파벌 지지의 확보, 그리고 이를 위한 전략인 정풍 운동과 부패 척결 운동에 대해 살펴보았다. 이 장에서는 장쩌민, 후진타오, 시진핑이 실제로 어떻게 권력을 공고화했는지를 자세히 분석할 것이다. 이를 통해 우리는 취약한 권력 기반에서 취임한 총서기들이 어떻게 주어진 권한을 제대로 행사하는 총서기로 변화했는지를 이해할 수 있을 것이다.

장쩌민, 후진타오, 시진핑의 권력 공고화는 크게 세 가지 측면에서 살펴볼 수 있다. 첫째는 자파 세력(파벌)의 충원, 둘째는 정풍 운동과 부패 척결 운동의 전개, 셋째는 이념적 권위를 확보하기 위한 교육과 선전이다. 이 세 가지는 대개 순차적으로 진행되었다. 총서기가 된 직후 먼저 자파 세력을 중요 직위에 충원하여 권력 기반을 다진다. 다음에 이들을 동원하여 정풍 운동과 부패 척결 운동을 추진하여 반대 세력을 제압하고 총서기의 권위를 강화한다. 마지막으로 이런 성과를 기초로 이론적 권위를 수립하기 위한 교육과 선전에 매진한다.

1. 장쩌민의 권력 공고화

1992년 공산당 14차 당대회 이후 장쩌민은 자파 세력(상하이방) 충원, 정풍 운동과 부패 척결 운동 추진, 이념적 권위를 확보하기 위한 교육과 선전을 순서대로 진행했다. 그중 상하이방의 충원은 대개 1994~1995년 사이에 기본적으로 완료되었다. 또한 1993년부터 1998년까지 5년 동안 장쩌민은 부패 척결 운동을 추진했고, 이를 이어 1998년부터 약 2년 동안 '삼강 교육 활동'이라는 정풍 운동을 전개했다. 마지막으로 2000년 2월에 삼개대표 이론을 최초로 제기한 이후 '삼개대표 교육 활동'을 전개했다. 그 결과 2002년 공산당 16차 당대회에서 삼개대표 이론이 공산당의 지도 이념으로 확정되었다.

(1) 상하이방의 등장

장쩌민은 1994년 공산당 14기 4중전회를 기점으로 1995년까지 30여 명, 1990년대 말까지는 50여 명의 상하이방 인사를 중앙의 주요 당정 기관에 임명했다. 선전 분야에서는 딩관건(丁關根)을 공산당 중앙 선전부 부장(部長)에, 저우루이진(周瑞金)을 《인민일보(人民日報)》 부편집장에 임명했다. 조직 분야에서는 장취안징(張全景)을 공산당 중앙 조직부 부장에 임명했다. 당무와 정책 분야에는 쩡칭훙과 양더중(楊德中)을 각각 공산당 중앙 판공청 주임과 부주임, 왕후닝(王滬寧)을 중앙 정책실 정치조(政治組) 조장, 류지(劉吉)를 중국사회과학원 부원장에 임명했다.

신변 경호와 군 계통에서는 유시구이(由喜貴)를 중앙 판공청 부주임 겸 중앙 경위국(中央警衛局) 국장, 자팅안(賈廷安)을 중앙군위 판공청 부주임 겸 중앙군위 주석 판공실(主席辦公室) 주임, 바중탄(巴忠倓)을 인민 무장경찰부대 대장에 임명했다. 그 밖에도 쩡페이옌(曾培炎)을 국가 계획위원회 부주임 겸 재경 영도소조 판공실 부주임(재경 영도소조 조장은 장쩌민), 런젠신(任建新)을 중앙 정법위원회 서기에 임명했다.[1]

장쩌민은 중앙뿐만 아니라 지방의 성 당서기와 성장(시장·주석)에도 상하이방을 대거 충원했다. 단적으로 1997년 공산당 15차 당대회가 개최되기 직전에 11명의 공산당 성위원회 서기를 새로 임명했는데, 이들 다수가 바로 상하이방이거나 장쩌민과 관련이 있는 사람들이었다. 비슷하게 2002년 공산당 16차 당대회 직전에도 대규모로 인사를 단행하여 상하이방의 다수를 지방 책임자로 임명했다. 퇴임하는 총서기가 이런 식으로 자파 세력을 확대하는 것은 전례가 없는 일이었다. 이는 퇴임 이후에도 영향력을 유지하려는 장쩌민의 책략이었다고 할 수 있다.[2]

장쩌민은 인민해방군에 대한 인사 조치를 통해서도 권력 기반을 다져 갔다. 예를 들어, 1993년 6월 중앙군위 주석에 취임한 이후 처음으로 여섯 명에게 상장(上將: 3성 장군으로 군 최고 계급) 계급을 수여했다. 이는 1988년 10월 군의 계급 제도가 복구되어 17인에게 상장 계급이 수여된 이후 두 번째였다. 장쩌민은 또 1994년 6월에도 19인에게 상장 계급을 수여했고, 이후 평균 2년에 한 번씩 상장 계급을 수여했다.[3)] 이런 과정을 통해 인민해방군에는 '장쩌민의 장군'이 늘어 갔고, 동시에 군내에서 장쩌민의 권위도 높아져 갔다.

(2) '삼강' 운동과 부패 척결

장쩌민은 1995년 11월에 베이징을 시찰했다. 이때 천시퉁의 부패 사건이 보여 준 심각한 기강 해이 문제를 바로잡기 위해서 영도 간부는 '삼강(三講: 세 가지 강조),' 즉 학습(學習), 정치(政治), 바른 태도(正氣)를 강조해야 한다고 역설했다.[4)] '학습 강조'는, 영도간부가 마르크스-레닌주의, 마오쩌둥 사상, 덩샤오핑 이론뿐만 아니라 역사, 경제, 과학 기술, 세계 상황 등도 체계적이고 광범위하게 학습해야 한다는 의미다. '정치 강조'는 공산당 노선과 규율을 철저히 준수해야 한다는 의미다. '바른 태도 강조'는 '인민을 위해 복무한다.'라는 공산당의 대의를 지켜야 한다는 의미다.

그런데 이때에는 장쩌민이 '삼강'을 실현하기 위한 방법으로 정풍 운동을 추진하지 못했다. 그렇게 하기에는 아직 힘이 부족했던 것이다. 차오스와 리루이환이 이를 장쩌민의 개인 숭배 행위로

간주하여 반대했고, 장쩌민이 이를 극복할 수 없었다.[5]

① '삼강' 운동의 전개

그런데 1997년 공산당 15차 당대회 이후에는 상황이 바뀌었다. 우선 간쑤방의 우두머리인 차오스가 은퇴했다. 또한 중앙의 요직에 상하이방이 대거 충원되면서 장쩌민의 권력 기반이 강화되었다. 더욱이 천시통의 부패 사건을 계기로 부패 문제를 해결하지 않으면 "망당망국(亡黨亡國)의 위기"에 직면할 수 있다는 공감대가 당내에 형성되었다. 특히 쑹핑(宋平) 등 정치 원로들이 앞장서서 부패 문제를 해결해야 한다고 강조했다.

이런 변화된 상황을 배경으로 쩡칭훙은 1998년 10월에 중앙 서기처 명의로 부패 해결과 '잘못된 사업 풍토(不正之風)'를 바로잡는다는 목표에서 현처급(縣處級: 현·시·구) 이상의 영도간부(領導幹部)를 대상으로 하는 '삼강 교육 활동'을 전개할 것을 제안했다. 정치국 회의에서 이 제안이 통과되면서 그해 11월 공산당 중앙은 「삼강(학습·정치·정기)을 주요 내용으로 하는 당성(黨性) 당풍(黨風) 교육의 의견」을 하달했다.

「의견」에 따르면, 정풍 운동의 기간은 1999년부터 2000년까지 2년이다. 참여 대상은 현처급 이상의 영도간부로 약 70만 명이다. 삼강 교육 활동은 2단계로 나누어 전개된다. 1단계에는 중앙 기관과 성급 단위의 장차관급(省部級) 간부가 참여한다. 2단계에는 그 아래 단위인 지급·시급·현급 단위의 영도간부가 참여한다.

또한 삼강 교육 활동은 네 단계로 나누어 진행된다. 첫째는 사상 발동과 학습이다. 학습 자료는 마오쩌둥, 덩샤오핑, 장쩌민의 당풍에 대한 글, 「영도간부 청렴 규정」 등 주요 당규(黨規)다. 둘째는 자기 검토와 의견 청취다. 각 영도간부는 '자기 검토서'를 작성한 다음에 동급 및 하급 단위의 영도간부에게 배포하여 의견을 청취해야 한다. 셋째는 사상 교류와 비판이다. 각 단위에서는 영도간부가 참석하는 민주생활회(民主生活會)를 개최하여 비판과 자기비판을 전개한다. 넷째는 문제 시정과 성과 공고화다. 각 간부는 지적된 문제를 시정하고 그 결과를 상부에 보고해야 한다.[6] 삼강 교육 활동은 실제로 이런 절차와 방법으로 진행되었고, 2000년 12월에 총결 대회를 끝으로 막을 내렸다.[7]

실제 활동을 보면, 삼강 교육 활동은 후진타오, 쩡칭훙, 웨이젠싱(尉健行)이 주도했다. 반면 다른 정치국 상무위원은 소극적인 태도로 일관했다. 특히 리루이환, 리펑, 주룽지가 그랬다. 이들은 삼강 교육 활동이 장쩌민의 권위를 강화하기 위한 정치 운동에 불과하다고 폄하했다. 또한 이런 식의 운동을 통해서는 부패 문제를 해결할 수 없다고 주장했다. 다만 후진타오, 웨이젠싱, 리란칭(李嵐清) 등 3인의 정치국 상무위원이 지지를 표명했고, 우방궈, 자칭린, 황쥐, 리창춘, 우관정 등 상하이방 출신의 정치국원도 지지를 표시했기 때문에 공개적으로 반대하지는 않았다. 반면 톈지윈(田紀雲), 차오스, 장전, 덩리췬(鄧力群) 등 일부 원로는 공개적이고 직접적으로 비판했다. 한마디로 이는 장쩌민이 마오 및 덩과 같은 반열에 올라가려고 하는

개인 숭배 운동에 불과하다는 것이다.[8)]

장쩌민의 권위는 삼강 교육 활동을 통해 전보다 높아졌다. 이 운동 기간 동안에 당원들은 부패 청산, 업무 태도(黨風)와 관련된 마오쩌둥, 덩샤오핑의 저작과 함께 장쩌민의 글도 같은 비중으로 학습했다. 당시 학습 문건은 45편이었는데, 마오·덩·장의 저작이 각각 3분의 1씩을 차지했다. 또한 장쩌민은 중앙과 지방의 장관급 당정 간부에 대한 자료를 확보함으로써 이들을 통제할 수 있게 되었다. 예를 들어, 장관급 고위 간부들이 작성한 '자기 검토서'와 이에 대한 비판 및 자기비판 보고서는 중앙 서기처로 보내졌고, 후진타오와 쩡칭훙이 관리하는 서기처는 이를 검토함으로써 모든 장관급 당정 간부들의 장점과 약점을 파악할 수 있었다.[9)] 삼강 교육 활동 이후 장쩌민의 권력 공고화는 사실상 완료되었다고 평가할 수 있다.

② 부패 척결 운동

한편 장쩌민 시기에 공산당은 부패 척결 정책을 지속적으로 추진했다. 부패 척결이 공산당의 주요 정책으로 등장한 것은 1986~1987년 학생 운동 이후의 일이었다. 당시 대학생들은 학내 문제 해결과 함께 고위 당정 간부, 특히 태자당(太子黨: 혁명 원로의 자제들)의 부패 척결을 내걸고 십여 개의 대도시에서 가두 시위를 벌였다. 이후 공산당은 5년 동안 부패 척결 운동을 전개했다. 1989년 6월 톈안먼 사건 이후에도 공산당의 부패 척결 정책은 계속되었다.

장쩌민도 공산당 14차 당대회(1992년) 이후 5년 동안 중앙이 주도하는 부패 척결 운동을 추진했다. 내용은 크게 세 가지였다. 첫째, 영도간부들은 당내 모임인 민주생활회를 개최하여 비판과 자기비판을 진행하고, 이를 통해 문제점을 해결한다. 둘째, 중요한 부패 사건에 대해서는 철저하게 조사하여 처벌한다. 셋째, 주민 생활과 밀접한 당정의 잘못된 사업 풍토를 해결한다.

이번 부패 척결 운동의 방법은 마오쩌둥 시대의 군중 동원과는 다른 제도화된 방식을 사용했다. 우선 운동은 중앙에서 지방으로 하향식으로 진행한다. 이를 위해 중앙과 지방 각 단위에 영도소조를 구성하여 부패 척결 운동을 지도한다. 또한 군중의 참여, 예를 들어 당정 간부의 부패에 대한 제보를 유도하기 위해 부패 신고 전화와 방문 접수처를 설치한다.[10] 1997년 공산당 15차 당대회 이후에도 5년 동안 유사한 방식으로 부패 척결 운동이 전개되었다.

표 13-1은 장쩌민 시기의 부패 척결 운동을 통해 처벌 받은 당원을 정리한 것이다. 이 중에서 형사 처벌된 영도간부(현급 이상의 고위 간부)를 살펴보면, 부패 척결 운동은 매년 강도가 높아졌다고 볼 수 있다. 예를 들어, 국장급(地廳級)은 1987~1992년 연평균 238명에서 1993~1997년 연평균 335명과 1998~2002년 484명으로 100여 명씩 증가했다. 과장급(縣處級)은 연평균 3,222명에서 4,059명과 5,799명으로 역시 약 1,000명씩 증가했다. 다만 장관급(省部級)은 예외로, 연평균 22명에서 16명으로 줄었다가 다시 20명으로 증가했다. 1987~1992년에 처벌당한 이가 연평균 22명으로 비교적 많았던 것은 1989년 6월 톈안먼 민주화 운동과 관련이 있다. 즉 공산당

은 민주화 운동 이후 분노한 민심을 달래고 악화된 당의 이미지 개선을 위해 고위급 부패 사범을 상대적으로 많이 처벌했던 것이다.

[표13-1] 부패 척결 운동의 결과(1987~2002년)

시기	조사 받은 당원(인)	처벌 받은 당원(인)		
1987~1992년 부패 척결 운동	875,000	규율 처분	733,543	
		제명	154,289	
		형사 처벌된 영도간부	장관급(省部級)	110
			국장급(地廳級)	1,430
			과장급(縣處級)	16,108
1993~1997년 부패 척결 운동	731,000	규율 처분	669,300	
		제명	121,500	
		형사 처벌된 영도간부	장관급	78
			국장급	1,673
			과장급	20,295
1998~2002년 부패 척결 운동*	861,917	규율 처분	846,150	
		제명	137,711	
		형사 처벌된 영도간부	장관급	98
			국장급	2,422
			과장급	28,996

〈출처〉 Young Nam Cho, "Implementation of Anticorruption Policies in Reform-Era China: The Case of the 1993-97 Anticorruption Struggle," *Issues & Studies*, Vol. 37, No. 1 (January/February 2001), p. 65; *「中共中央紀律檢査委員會向黨的第十六次全國代表大會的工作報告」, 新華月報 編, 『十六大以來黨和國家重要文獻選編上(I)』(北京: 人民出版社, 2005), p. 52.

장쩌민의 부패 척결 정책에 대해 대부분의 중국 전문가와 해외 언론은 부정적으로 평가했다. 장쩌민 정부는 이번의 부패 척결 운동이 마오쩌둥 시대의 대중 운동 방식을 탈피했다고 보았지만, 해외 전문가와 언론을 다르게 보았다. 여전히 운동 방식의 부패 척결 운동이 이루어졌고, 이런 운동 방식으로는 부패 문제를 해결할 수 없다는 것이다. 또한 실제로 부패 척결 운동의 결과를 보면, 전 사회적으로 부정부패가 만연해 있고 이에 대한 국민의 불만이 팽배한 상황에 비하여 부패 혐의로 처벌 받은 고위 당정 간부는 그렇게 많지 않다는 것이다.[11]

그러나 권력 공고화의 측면에서 보면 장쩌민은 성과를 거두었다. 베이징 당서기 천시퉁을 구속함으로써 베이징방을 제압했고, 다른 세력에게도 강력한 경고를 보낼 수 있었다. 또한 서우두강철(首都鋼鐵)의 회장인 저우관우(周冠五)를 사퇴시키고, 그의 아들인 저우베이팡(周北方)을 구속함으로써 장쩌민이 최고 권력자임을 보여주었다. 저우관우는 덩샤오핑과 친한 사이였고, 저우베이팡의 비리는 덩의 장남인 덩푸팡(鄧樸方)과 관련된 것으로 알려졌다. 이 사건을 통해 장쩌민은 이제 덩샤오핑 가족도 조사할 수 있을 정도로 힘이 있다는 사실을 증명했던 것이다. 마지막으로 대형 부패 사건을 처리함으로써 장쩌민에 대한 국민의 지지는 증가했고, 이에 따라 장쩌민의 권위는 더욱 높아졌다.[12]

(3) '삼개대표 중요 사상'의 결정

삼개대표 중요 사상은 21세기에 들어 변화된 공산당의 임무와 성격을 새롭게 규정한 이론이다. 이에 따르면, 공산당은 이제 세 가지를 대표해야 한다. 첫째는 선진(先進) 생산력의 발전 요구다. 둘째는 선진 문화의 전진 방향이다. 셋째는 가장 광범위한 인민의 근본

이익이다.[13] 이 셋째는 공산당이 늘 주장해 왔던 것이라 새로울 것이 없다. 따라서 삼개대표 중요 사상의 핵심은 첫째와 둘째다. 이는 장쩌민이 변화된 시대 상황을 반영하여 만든 '장쩌민 이론'이라고 할 수 있다.

1989년 6월 공산당 총서기에 선임된 장쩌민은 덩샤오핑의 '전면적인 개혁론'을 지지하는 개혁파라기보다 천원의 '제한적인 개혁론'을 지지하는 보수파였다. 이는 당연한 일이었다. 그를 총서기로 추천한 원로는 덩이 아니라 천원과 리셴녠이었기 때문이다. 더욱이 당시는 보수화의 물결이 압도하는 시기였다. 1989년 톈안먼 사건 이후 중국 정치는 급속히 보수화되었고, 동유럽 사회주의 국가와 소련의 붕괴는 이런 보수적 경향을 더욱 강화시켰다. 장쩌민도 당시의 분위기에 압도당했다. 이런 경향은 1992년 1~2월 덩의 남순강화 이후 바뀌었다. 그리고 이때 만약 덩의 개혁 요구를 계속 거절하면 총서기직을 유지하지도 못할 수 있다고 판단한 장쩌민은 보수파에서 개혁파로 급선회했다. 그 결과 1992년 공산당 14차 당대회에서 '사회주의 시장경제론'이 당 노선으로 채택되면서 개혁은 살아났다.[14]

이런 이유로 장쩌민은 덩샤오핑의 남순 강화 이후에는 자신의 이론 수립보다 덩의 이론을 공산당의 지도 이념으로 만드는 일에 주력했다. 이는 두 단계를 거쳐 이루어졌다. 먼저 1992년 공산당 14차 당대회에서 '중국 특색의 사회주의 건설 이론'이 확립되었다고 선언되었다. 또한 「당헌」이 개정되어 '중국 특색의 사회주의 건설 이론'이 마르크스-레닌주의, 마오쩌둥 사상과 함께 "우리나라 사회주의 사업의 부단한 전진을 인도하는 지침(指針)"으로 결정되었다.¹⁵⁾ 이어서 1997년 공산당 15차 당대회에서 '중국 특색의 사회주의 건설 이론'을 '덩샤오핑 이론'으로 개명하여 공산당의 지도 이념으로 결정했다. 「당헌」을 수정하여 "중국 공산당은 마르크스-레닌주의, 마오쩌둥 사상, 덩샤오핑 이론을 자기의 행동 지침으로 삼는다."고 명시했던 것이다.¹⁶⁾ 이후 장쩌민은 자신의 이론 창시에 주력했다.

삼개대표 이론의 공산당 지도 이념화는 장쩌민의 권위 수립을 위해 오랫동안 추진된 일련의 노력이 완성되었음을 의미한다. 그 전사(前史)는 앞에서 살펴본 '삼강' 활동으로 거슬러 올라간다. 이 활동 이후에도 장쩌민은 이론적 권위를 강화하기 위한 노력을 계속했다. 예를 들어, 당시 공산당 정치국원이며 중앙 선전부 부장이었던 딩관건은 장쩌민의 개인 권위를 강화하고자 2000년 여름 무렵 '장쩌민을 핵심으로 하는 제3 세대 지도자의 10대 업적'을 편찬하는 작업을 추진했다. 그런데 보이보, 완리, 양바이빙(楊白冰), 왕한빈(王漢斌) 등 정치 원로들이 이를 장쩌민 개인 숭배 작업이자 덩샤오핑 이론을 대체하려는 시도라고 비판하면서 반대했다. 결국 편찬 작업은 포기할 수밖에 없었다.¹⁷⁾

한편 1998~1999년 무렵에 쩡칭훙의 주도로 왕후닝, 텅원성(滕文生: 중앙 정책실 부주임), 화젠민(재경 영도소조 판공실 주임) 등이 '장쩌민 이론'을 만들기 위한 준비 작업에 들어갔다. 이들은 다양한 공산당 전문가와 이론 전문가들의 의견을 청취하고, 반복적인 토론과 회의를 거쳐 마오쩌둥 사상과 덩샤오핑 이론에 기초하면서도 21세기의 변화된 시대 상황을 제대로 반영할 수 있는 새로운 이론을 만들기 위해 노력했다.[18] 그 결과물이 바로 삼개대표 이론이었다.[19] 이제 이를 대외에 공포하고, 전 당적이고 전 국가적으로 선전 및 교육하는 일만 남았다.

드디어 때가 왔다. 2000년 2월 25일 광둥성을 시찰할 때, 장쩌민은 삼개대표 이론을 최초로 제기했다. 내용은 간단하다. 공산당은 변화된 시대 상황에 맞게 세 가지, 즉 선진 생산력의 발전 요구, 선진 문화의 전진 방향, 가장 광범위한 인민의 근본 이익을 대표해야 한다는 것이다.[20] 공산당 기관지인 《인민일보》는 곧바로 선전 작업에 들어갔다. 2000년 3월 1일부터 연속해서 장쩌민의 삼개대표 이론을 높이 평가하는 전문가의 글과 사설을 실었던 것이다.[21]

이어서 장쩌민은 같은 해 5월에 한 상하이와 저장성 시찰에서도 삼개대표 이론을 주장했다.[22] 역시 《인민일보》는 삼개대표 이론을 "전면적으로 당 건설을 강화하는 위대한 강령"이라고 소개하는 사설을 게재했다.[23] 이후 이를 종합하여 삼개대표 이론을 체계적으로 소개하는 책자를 2000년 6월에 발간하여 전국에 배포했다.[24]

2001년에 들어서도 삼개대표 이론에 대한 선전은 계속되었다. 예를 들어, 그해 2월에 《인민일보》는 장쩌민의 삼개대표 발표 1주년을 기념하여 사설을 발표했다. 이 사설은 전 당원이 삼개대표 이론을 학습해야 한다고 역설했다.[25] 이런 사전 준비 작업을 거친 후에 장쩌민은 2001년 7월 1일 공산당 창당 80주년 기념식 축사를 통해 삼개대표 이론을 공식화했다.[26] 창당 80주년 기념은 공산당에게 매우 중요한 행사인데, 이를 선택하여 삼개대표 이론을 발표함으로써 장쩌민은 이제 이 이론이 공산당의 이론이 되었음을 선언한 것이다.

이때 공산당 내외에 포진하고 있던 '좌파(左派) 세력'의 반발이 만만치 않았다. 이 이론이 갖는 현실적 의의는 여러 가지인데, 그 중 핵심은 사영 기업가의 입당을 허용하는 것이었다. 사영 기업가는 과학 기술자처럼 '선진 생산력'을 대표하는 집단으로 인정되었기 때문이다. 1989년 일부 사영 기업가들이 톈안먼 민주화 운동에 참여한 이후 공산당은 이들의 입당을 공식적으로 금지했다. 이제 장쩌민의 삼개대표 이론이 발표됨으로써 이런 금지 결정은 정당성이 사라졌다. 반면 좌파 이론가들은 과거나 지금이나 사영 기업가는 착취계급으로 노동자 계급의 적이기 때문에 절대로 공산당 입당을 허용해서는 안 된다고 주장했다.

더 나아가 이들은 장쩌민이 전당적 논의도 없이 자기 멋대로 이런 중요한 결정을 내린 절차적 오류를 범했다고 주장했다. 특히 '좌파 대왕'으로 불리던 덩리췬(鄧力群)은 17인의 다른 정치 원로 및 이론가들과 함께 공개 서한을 통해 장쩌민의 80주년 창당 기념일 연설을 비판했다. 이는 "이론적 혁신이 아니라 중대한 수정이며, 당의 학설과 당의 기본 성질을 근본적으로 변경하는 중대한 당헌 및 당규, 당의 조직 원칙 위반"이라는 것이다.[27] 장쩌민은 《진리의 추구(真理的追求)》와 《중류(中流)》 등 좌파를 대변하는 잡지를 폐간하는 조치로 이들을 억압했다.

2000년 2월 장쩌민이 삼개대표 이론을 제기한 이후 이를 기정사실로 하기 위한 교육과 선전 활동이 전국적으로 전개되었다. 후진타오는 이를 적극 지지하고 추진했다.[28] 구체적으로 2000년 11월 공산당 중앙 판공청은 「농촌의 '삼개대표' 중요 사상의 학습 및 교육 활동 전개에 관한 의견」을 하달했다. 이에 따르면 2001과 2002년 2년 동안 전국의 농촌 지역을 중심으로 삼개대표 학습 및 교육 활동이 전개된다. 중점 대상은 현급 및 기층 단위의 당정 간부들이다. 방법은 정풍 운동과 같다. 즉 관련 문건 학습, 자기 검토와 '검토서' 작성, 비판과 자기비판 전개, 정리와 성과 공고화 순서로 진행한다.[29]

실제 전개 과정을 보면, 후진타오와 딩관건은 선전과 교육 활동의 전국적인 지도를 책임졌다. 쩡칭훙은 이를 주도하는 임시 조직인 '전국 농촌 삼개대표 중요 사상 학습 및 교육 활동 연계회의 영도소조'의 조장을 맡았다.[30] 이 영도소조의 지도에 따라 각 성·시·현 등 지방 단위에도 영도소조가 만들어졌고, 이들의 지도 하에 삼개대표 학습 및 교육 활동이 본격적으로 추진되었다. 이를 감독하기 위해 중앙의 감독조가 전국에 파견되었다. 삼개대표 활동은 2002년 6월에 개최된 총결 대회를 끝으로 막을 내렸다. 당시 후진타오의 총결 보고에 따르면, 전국적으로 약 1,500만 명의 당정 간부들이 이 활동에 참여했고, 이를 통해 사상 인식의 제고, 사업 태

도의 개선, 조직의 개선, 농촌의 안정 등 커다란 성과를 거두었다고 한다.[31]

이런 노력의 결과 2002년 공산당 16차 당대회에서 삼개대표 중요 사상은 마르크스-레닌주의, 마오쩌둥 사상, 덩샤오핑 이론과 함께 공산당의 지도 이념이 될 수 있었다. 드디어 '장쩌민 이론'이 확립된 것이다. 단 장쩌민이라는 이름이 「당헌」에 들어가지는 못했다. 이는 장쩌민에게 매우 아쉬운 일이지만, 일부 정치 원로와 정치국 상무위원의 반대로 뜻을 굽힐 수밖에 없었다.

또한 삼개대표 이론이 지도 이념이 되면서 공산당의 성격도 바뀌었다. 공산당 16차 당대회(2002년)에 개정된 「당헌」이 새롭게 규정하고 있듯이, 공산당은 이제 "중국 노동자 계급의 선봉대이며 동시에 중국 인민과 중화 민족의 선봉대"가 된 것이다.[32] 다시 말해, 공산당은 이전의 노동자·농민·지식인 등 인민의 이익을 대변하는 '계급 정당'에서 국민 전체를 대표하는 '국민 정당(catch-all party)'으로 변화했다. 물론 공산당은 이런 사실을 인정하지 않는다.

이처럼 장쩌민은 마오쩌둥이나 덩샤오핑과는 달리 상하이방의 장기간에 걸친 지속적인 노력과 다른 정치 세력들의 동의 하에서만 자신의 이론을 공산당의 공식 지도 이념으로 만들 수 있었다. 그것도 자신의 이름은 빼고 말이다.

2. 후진타오의 권력 공고화

중국 전문가와 해외 언론은, 후진타오가 권력 기반이 매우 취약하여 총서기로서의 권한을 제대로 행사하지 못할 것으로 전망했고, 실제로 그렇게 되었다고 평가하는 경향이 있다. 그러나 실제 상황을 세밀히 분석해 보면, 이런 평가가 조금 과장되었다는 사실을 발견할 수 있다. 후진타오도 장쩌민과 비슷한 방식으로 권력을 공고화했고, 그 결과 2004년 하반기부터는 총서기로서 권한을 행사할 수 있었다. 다만 후진타오는 특정 개인이 주도하는 엘리트 정치보다는 집단지도를 선호하는 경향으로 총서기 역할이 두드러지지 않았던 것이 사실이다.

(1) 공청단파의 등장

후진타오가 총서기 후보로 중앙 정계에 등장한 것은 1992년 공산당 14차 당대회에서였다. 그는 덩샤오핑에 의해 선발되어 중앙위원에서 정치국 상무위원으로 두 단계 승진했던 것이다. 당내 보직은 중앙 서기처 상무 서기와 중앙당교 교장으로 주로 공산당 업무(黨務)를 담당했다. 후진타오가 중앙당교 교장을 맡았다는 점은 매우 중요하다. 중앙당교는 주로 국장급(地廳級) 이상의 영도간부를 교육하는 곳으로, 중앙당교 교장은 이들과 밀접한 관계를 형성할 수 있기 때문이다. 실제로 후진타오는 1997년 무렵부터, 즉 그가 정치국 상무위원이 된 지 5년이 지난 무렵부터는 자신의 권한을 이용하여 공청단 출신의 간부를 중앙과 지방의 요직에 충원하기 시작했다.³³⁾ 이렇게 해서 상하이방의 뒤를 이어 공청단파가 경쟁 파벌로 등장할 수 있었다.

먼저, 2002년 공산당 16차 당대회 직후에 후진타오는 총서기의 직위를 이용하여 모두 35인의 공청단파 간부를 중앙과 지방의 장차관급 직위에 임명했다. 구체적으로 살펴보면, 중앙 당정 기관에 7인의 공청단파가 충원되었다. 선웨웨(瀋躍躍) 공산당 중앙 조직부 부부장, 우아이잉(吳愛英) 국무원 사법부 부장, 리쉐쥐(李學擧)와 리리궈(李立國) 국무원 민정부 부부장, 류펑(劉鵬) 국무원 국가체육총국 국장, 차이우(蔡武) 국무원 신문판공실 주임 등이 바로 이들이다.

또한 당시에 새롭게 임명된 19인의 성급 공산당 위원회의 당서기 중에서 7인이 공청단파였다. 리커창(李克强: 랴오닝성), 리위안차오(李源潮: 장쑤성), 첸윈루(錢運錄: 헤이룽장성), 왕양(汪洋: 충칭시), 장바오순(張寶順: 산시(山西)성), 장칭리(張慶梨: 티베트자치구), 류치바오(劉奇葆: 광시자치구)가 바로 그들이다. 마지막으로 당시 새로 선임된 23인의 성장(시장·주석) 중에서 8인이 공청단파 출신이었다.³⁴⁾

그 결과 후진타오의 집권과 함께 공산당 중앙위원 중에서 공청단파의 비율이 급격히 증가했다. 표 13-2는 역대 공산당 중앙위원(후보 위원 포함) 중에서 공청단파의 규모와 비율을 보여 준다. 이에 따르면, 공청단파 중앙위원은 후진타오가 총서기에 선출된 2002년 16차 당대회 때부터 급증했다. 즉 장쩌민 집권 1기와 집권 2기에 해당하는 공산당 14기(1992~1997년), 15기(1997~2002년) 중앙위원 중에서 공청단파 비율은 각각 9퍼센트(23명과 34명)에 불과했는데, 후진타오 집권 1기인 16기(2002~2007년)에는 16퍼센트(58명), 후진타오 집권 2기인 17기(2007~2012년)에는 22퍼센트(82명)로 급증했다. 이렇게 되면서 공산당 16차 당대회 때부터는 중앙위원 내에서의 세력 분포만을 놓고 볼 때 공청단파가 최대 규모의 파벌이 되었다.

[표13-2] 장쩌민과 후진타오 시기 중앙위원 중 공청단파의 변화 상황

	14기 중앙위원 (1992~1997년)		15기 중앙위원 (1997~2002년)		16기 중앙위원 (2002~2007년)		17기 중앙위원* (2007~2012년)	
	정	후보	정	후보	정	후보	정	후보
공청단파(명)	11	12	15	19	24	34	41	41
총인원수(명)	189	130	193	151	197	158	204	167
비율(%)	6	9	8	13	12	22	20	26
총수(명)/총비율(%)	23/9		34/9		58/16		82/22	

〈출처〉 寇健文, 「胡錦濤時代團系幹部的崛起: 派系考量vs.幹部輸送的組織任務」, 《遠景基金會季刊》 8卷 4期(2007.10), p. 69; * Bo Zhiyue, *China's Elite Politics: Governance and Democratization* (Singapore: World Scientific, 2010), p. 148.

물론 공청단 출신의 공산당 중앙위원을 모두 후진타오 세력 혹은 후진타오 지지자로 볼 수는 없다. 한 연구에 의하면, 공청단파는 크게 세 집단으로 나눌 수 있다. 첫째는 1982년부터 1985년까지 후진타오가 공청단 제1 서기로 근무할 때 함께 공청단 중앙 부서에 근무했던 사람들이다. 왕자오궈(王兆國), 쑹더푸(宋德福), 리위안차오, 링지화(令計劃), 류옌둥(劉延東)이 이에 해당한다. 둘째는 그가 공청단 중앙에 근무한 기간에 지방의 성급 단위(성·자치구·직할시)의 공청단에 근무한 사람들이다. 왕러촨(王樂泉), 황화화(黃華華), 두칭린(杜靑林), 왕양, 우아이잉이 이에 해당한다. 셋째는 그가 공청단 업무를 그만둔 이후에 공청단에 근무한 사람들이다. 리잔수(栗戰書), 한정(韓正), 양징(楊晶), 저우창(周强), 후춘화(胡春華)가 이에 해당한다.35)

이 중에서 첫째와 둘째 집단은 후진타오와 밀접한 관계를 맺었지만, 셋째 집단은 반드시 그렇다고 볼 수는 없다. 또한 첫째와 둘째 집단 중에서도 개인적인 이유로 후진타오와 가깝지 않은 사람들도 있다. 그러나 전체적으로 보면, 공청단 출신의 중앙위원이 후진타오와 일정 정도 관계가 있었던 것은 사실이다.

또한 2002년 공산당 16차 당대회 이후 중앙위원 중에 공청단파가 급속히 증가한 것이 반드시 후진타오의 노력 때문이었다고 볼 수만도 없다. 기존 연구가 보여 주듯이 공청단 출신의 간부들은 일반 당정 간부들보다 10년 정도 빠르게 승진할 수 있었고, 그래서 중앙위원도 더 빠르게 될 수 있었다. 이런 이유로 공청단은 과거에 고속 승진을 원하는 정치 지망생에게 좋은 기회를 제공하는 '출세의 사다리' 역할을 했다.36) 단 시진핑 시기에 들어서는 이런 관행이 폐지되면서 고속 승진이 불가능해졌다. 따라서 후진타오 시기에는 후진타오의 적극적인 지원이 없었어도 공청단 출신의 당정 간부들이 중앙위원에 빠르게 진입했을 가능성이 있다. 그러나 특정 시기, 즉 후진타오가 총서기에 선출된 공산당 16차 당대회(2002년) 무렵부터 공청단 출신의 중앙위원이 급격히 증가한 것은 후진타오의 역할과 무관하지 않다.

[표13-3] 공청단파 장차관급 인사의 증가 비교: 2002년과 2006년

단위: 명(人)

중앙 부서 부장/부부장		2002년		2006년	
중앙 부서 부장/부부장	공산당	10	30	15	40
	국무원	20		25	
성 서기/성장	서기	3	6	9	17(1인 겸직)
	성장	3		9	
성 부서기/부성장	부서기	33	47	32	59
	부성장	14		27	

〈출처〉 寇健文,「胡錦濤時代團系幹部的崛起: 派系考量vs.幹部輸送的組織任務」,《遠景基金會季刊》 8卷 4期(2007.10), pp. 71-72, 73-74.

공청단파의 빠른 증가는 공산당과 정부의 중앙 부서뿐만 아니라 지방의 당정 기관에도 해당되었다. 표 13-3은 2002년과 2006년 두 시기에 공청단파가 중앙과 지방의 장차관급에서 차지하는 규모를 비교한 것이다. 이를 살펴보아도 후진타오 시기에 들어 공청단파 지도자가 중앙과 지방 모두에서 급증했다는 사실을 확인할 수 있다.

예를 들어, 표 13-3에 따르면, 중앙 부서(공산당과 국무원)의 경우, 공청단파 출신의 장차관급 인사는 2002년 30명이었는데, 2006년에는 40명으로 증가했다. 성급 단위의 당서기와 성장도 2002년에는 6명에 불과했지만 2006년에는 17명으로 급증했다. 비슷하게 성급 단위의 부(副)서기와 부성장도 2002년 47명에서 2006년 59명으로 증가했다. 이는 후진타오가 공청단파 지도자를 중앙과 지방의 요직에 충원하려고 노력한 결과가 아니고는 설명하기 어렵다. 이처럼, 후진타오는 권력 기반을 굳건하게 만들기 위해 중앙과 지방의 요직에 공청단파를 대규모로 충원했다. 그 결과 시간이 가면서 공청단파는 중앙위원 중에서는 규모가 가장 큰 파벌로 성장했다.

[표13-4] 후진타오 시기 중앙위원 중 각 파벌의 분포 변화

단위: 명(人)

	16기 중앙위원 (2002~2007년)		17기 중앙위원 (2007~2012년)	
상하이방	정위원 13	17	정위원 8	9
	후보 위원 4		후보 위원 1	
태자당	정위원 15	20	정위원 22	26
	후보 위원 5		후보 위원 4	
공청단파*	정위원 24	57	정위원 41	82
	후보 위원 33		후보 위원 41	

⟨출처⟩ Bo Zhiyue, *China's Elite Politics: Political Transition and Power Balancing* (Singapore: World Scientific, 2007), p. 141p. 151, p. 183; Bo Zhiyue, *China's Elite Politics: Governance and Democratization* (Singapore: World Scientific, 2010), pp. 135, 139, 148.
⟨설명⟩ * 공산당 17기 중앙위원 통계가 표 13-2에는 58인인 데 비해 여기는 57인이다. 이는 표 13-2와 표 13-4가 1인을 달리 분류한 결과다. 필자는 현재 이들이 사용한 원 자료(low data)를 갖고 있지 않기 때문에 어느 통계가 정확한지 검증할 수 없다.

반면 장쩌민의 상하이방은 후진타오 시기(2002~2012년)에 들어 중앙위원회의 내에서 급속히 쇠락했다. 표 13-4는 이를 잘 보여 준다. 이에 따르면, 후진타오 집권 1기인 공산당 16기(2002~2007년) 중앙위원 중에 상하이방은 17명이었는데, 후진타오 집권 2기인 17기

(2007~2012년) 중앙위원 중에서는 9명으로 급격히 줄었다. 같은 기간 공청단파는 57명에서 82명으로 급증했다. 참고로 태자당은 장쩌민 시기와 후진타오 시기에 모두 여전히 중요한 정치 집단으로 존재했다. 즉 같은 기간에 태자당 출신의 중앙위원은 각각 20명과 26명으로 약간 증가했다. 다만 태자당은 상하이방이나 공청단파처럼 응집력이 강하다고 볼 수 없다. 또한 태자당은 상하이방이나 공청단파와 일부 겹치기 때문에 독립된 파벌로 보기에 무리가 있다.

그런데 중앙과 지방의 요직에 공청단파가 대규모로 충원되었다고 해서, 또한 중앙위원 중에서 공청단파가 최대 파벌로 등장했다고 해서 후진타오가 총서기로서 권력을 마음대로 행사할 수 있었던 것은 아니다. 후진타오는 비록 수적으로는 최대 파벌의 지도자였지만, 권력의 집중도와 강도 면에서는 결코 그렇지 않았다. 결정적으로 공산당 16차 당대회(2002년)에서 선출된 9인의 정치국 상무위원 중에서 최소 6인(쩡칭훙, 우방궈, 황쥐, 자칭린, 리창춘, 우관정)이 상하이방이었다. 이런 이유로 후진타오는 집권 1기(2002~2007년)에는 원자바오 총리와의 연대를 통해, 2004년에 장쩌민이 중앙군위 주석을 사퇴한 이후에는 원자바오 및 쩡칭훙과의 협력을 통해 권력을 운영할 수밖에 없었다.

국가 기구에서도 비슷한 상황이었다. 먼저, 공산당 16차 당대회(2002년) 이후 국무원의 지도부(총리·부총리·국무위원)를 구성하는 10인의 지도자 중에 상하이방은 최소 5인(황쥐, 쩡페이옌, 후이량위, 화젠민, 천즈리)이었다. 이처럼 상하이방은 국무원 내에서도 다수파로서 원자바오 총리를 견제할 수 있는 세를 형성했다. 군 지도부의 경우, 장쩌민이 중앙군위 주석에 유임되면서 '장쩌민의 장군'으로 채워졌다. 따라서 군내에는 후진타오의 세력이 없었다고 보아도 무방하다.[37]

후진타오에게 다행스러웠던 점은, 2007년 공산당 17차 당대회 이후 이런 상황이 개선되었다는 사실이다. 먼저 2004년 장쩌민이 중앙군위 주석에서 물러나면서 후진타오가 군 지도부에 대한 인사권을 행사할 수 있게 되었다. 또한 정치국 상무위원회와 정치국의 세력 분포에 변화가 생겼다. 9인의 정치국 상무위원 중에 리커창이 가세하면서 후진타오 세력은 3인(후진타오, 원자바오, 리커창)으로 증가했다. 또한 25인의 정치국원 중 공청단파는 8인(왕러촨, 왕자오궈, 류원산, 류옌둥, 리커창, 리위안차오, 왕양, 후진타오)으로 상하이방-태자당 연합의 9인과 호각지세를 이루었다. 특히 공산당의 주요 부서인 중앙 판공청 주임(링지화), 조직부 부장(리위안차오), 선전부 부장(류원산)에 공청단파가 임명된 것은 큰 의미가 있었다.[38]

이렇게 하여 빠르게 보면 2004년 하반기 무렵부터,[39] 늦게 보아도 2007년 공산당 17차 당대회 이후부터 후진타오는 총서기로서의 권한을 행사할 정도로 권력을 공고히하는 데 성공했다. 이런 점에서 후진타오는 일반적으로 평가하는 것처럼 그렇게 허약한 총서기는 아니었다.

(2) '선진성 교육 활동'과 부패 척결

후진타오 집권 10년 동안에는 두 번의 대규모 정풍 운동이 전개되었다. 첫째는 2005년부터 2006년까지 진행된 '삼개대표 중요 사상을 주요 내용으로 하는 공산당원 선진성(先進性) 유지 교육 활동'(약칭으로 '선진성 교육 활동')이다. 둘째는 2008년부터 2009년까지 진행된 '과학적 발전관 학습 실천 활동'이다. 선진성 교육 활동이 있기 전에 2003년 6월부터 1년 반 동안 '삼개대표 중요 사상 학습 활동'이 전국적으로 전개되었다.[40]

① 선진성 교육 활동

선진성 교육 활동은 2002년 공산당 16차 당대회에서 결정되었다. 주된 이유는 공산당 간부의 사상과 태도에 심각한 문제가 있다는 사실이 드러났기 때문이다. 2000년 상반기에 공산당 중앙 조직부는 전국적으로 30만 명의 당원을 대상으로 실태 조사를 실시했는데, 그 결과는 "충격적"이었다. 일반 당원뿐만 아니라 영도간부들도 당 규율을 위반하고 사익을 추구하는 행위가 보편적으로 나타났고, 사회주의 이념에 대한 확신이나 당원으로서의 사명감이 매우 낮았다.[41] 이 문제를 해결하지 못하면 공산당의 장기 집권에 큰 문제가 발생할 수 있다는 위기의식이 공산당 지도부 내에 팽배했다.

그래서 2003년에 일부 지역과 당정 기관을 대상으로 정풍 운동이 시험적으로 실시되었다. 이런 경험을 토대로 구체적인 계획을 작성하여 2004년 10월에 공산당 중앙 명의로「선진성 교육 활동의 실행에 대한 통지」를 전국에 하달했다. 이에 따르면, 정풍 운동은 2005년 1월부터 2006년 6월까지 1년 6개월 동안 3단계로 나뉘어 전개된다. 1단계는 2005년 1월부터 6월까지로 중앙과 지방의 현급(縣級: 한국의 시·군·구 단위) 이상의 당정 기관과 사업 단위를 대상으로 전개된다. 2단계는 2005년 7월부터 12월까지로 도시 지역의 기층 단위인 가도판사처(街道辦事處)를 대상으로 전개된다. 3단계는 2006년 1월부터 6월까지 농촌 지역의 기층 단위인 향(鄕)·진(鎭)을 대상으로 전개된다.

선진성 교육 활동의 방법은 앞에서 살펴본 삼강 활동과 유사하다. 먼저 집중 학습이 실시된다. 학습은 중앙당교(中央黨校)와 지방의 각급 당교를 적극 활용하는 방식으로, 또한 각급 당위원회는 자체적인 학습 모임을 개최하는 방식으로 진행된다. 학습 기간은 3개월 정도다. 다음으로 분석과 평가다. 모든 당원은 학습한 내용에 기초하여 자신의 사상과 활동에 대한 '자기 검토서'를 작성해야 한다. 이를 토대로 영도간부들은 민주생활회, 일반 당원들은 조직생활회를 개최하여 비판과 자기비판을 전개한다. 마지막으로 개선과 향상이다. 당원 개인과 조직은 제기된 문제점을 해결하기 위한 방안을 제출하고, 그것을 집행한 후에 그 결과를 상부에 보고한다. 한편 이를 위해 중앙에는 '공산당원 선진성 유지 교육 활동 영도소조,' 당정 기관과 지방의 당위원회에는 유사한 지도 조직이 설치된다.[42]

선진성 교육 활동의 실제 전개 상황을 보면, 전국적으로 모두 7,080만 명의 당원과 350만 개의 공산당 조직이 참여했다. 정풍 운동 과정에서 13만 개의 새로운 공산당 조직(예를 들어, 당 지부위원회)이 건설되었고, 그동안 활동이 중지되었거나 미진했던 15만 6,000개의 당 조직이 개선되었다. 또한 이 기간 동안 약 300만 명의 각종 당 조직의 책임자에 대한 집중 교육이 진행되었다. 마지막으로 이번 정풍 운동에서는 모두 44,738명의 당원이 제명되었다.[43] 종합하면 이번 정풍 운동을 통해 공산당 중앙의 권위가 높아지고 기강 해이 등 공산당 간부와 조직의 문제점이 일부 해결되었다. 또한 그 과정에서 후진타오의 권위가 높아졌다. 이제 그가 '당 중앙'을 대표하는 지도자이기 때문이다.

② 과학적 발전관 학습 실천 운동

과학적 발전관 학습 실천 운동은 2007년 공산당 17차 당대회에서 결정되었다. 이번 당대회에서는 「당헌」 수정을 통해 '후진타오 이론'이라고 할 수 있는 과학적 발전관이 공산당의 지도 이념으로 결정되었다. 이를 계기로 2008년 9월부터 2010년 1월까지 약 1년 6개월 동안 전 당원과 조직이 과학적 발전관을 학습하고 실천하는 정풍 운동이 대대적으로 전개되었다. 이는 개별 당원과 공산당 조직이 새로운 당 지도 이념으로 채택된 과학적 발전관을 이해하고 실천하도록 강제하기 위한 운동이었다. 한마디로 말해, 후진타오의 권위를 높이기 위한 정치 운동이었던 것이다.

먼저 2008년 2월부터 8월까지 중앙과 지방의 23개 당정 기관 및 지역을 대상으로 정풍 운동이 시험적으로 실시되었다. 이런 경험을 토대로 세부안이 마련되어 2008년 9월 정풍 운동이 전국적으로 실시되었다. 이번에도 정풍 운동은 3단계로 나뉘어 전개된다. 1단계로 2008년 9월부터 2009년 2월까지 중앙 당정 기관과 지방의 성·자치주·직할시 당정 기관을 대상으로 정풍 운동이 전개된다. 2단계로 2009년 3월부터 2009년 8월까지 지방의 시(市)·현(縣) 당정 기관을 대상으로, 3단계로 2009년 9월부터 2010년 2월까지 지방의 향(鄉)·진(鎭) 당정 기관을 대상으로 운동이 전개된다.

정풍 운동 실행 방법도 이전과 같았다. 먼저, 집중 학습과 조사가 진행된다. 이때 과학적 발전관과 관련된 공산당의 정책 문건과 후진타오의 연설이 주요 교재로 사용된다. 다음으로, 당원의 사상과 활동에 대한 분석과 검토가 이루어진다. 이때 민주생활회(영도간부) 혹은 조직생활회(일반 당원)가 개최되어 비판과 자기비판이 진행된다. 마지막으로, 시정과 집행이 있다. 이 단계에서는 제기된 문제가 해결된다. 한편 정풍 운동의 지도 기구로 중앙에 '과학적 발전관 심화 학습 실천 활동 영도소조'가 설치되어 시진핑(정치국 상무위원 겸 서기처 상무 서기)이 조장, 리위안차오(정치국원 겸 조직부장)가 부조장을 맡았다.⁴⁴⁾ 지방에도 유사한 지도 조직이 설치되었다.

엄격한 의미의 정풍 운동은 이것으로 끝났지만, 유사한 학습 운동은 이후에도 계속되었다. 예를 들어, 2010년 2월부터 2012년 12월까지 '학습형 정당 건설 조직 활동'이 전개되었다. 이 기간 동안에 과학적 발전관에 대한 학습과 실천뿐만 아니라, '사회주의 핵심 가치 체계'를 학습하고 실천하는 운동이 전개되었다. '당의 선진성'

과 함께 '당의 순결성(純潔性)'을 유지해야 한다는 슬로건이 이때 제기되었다. 또한 과학적 발전관의 학습 실천 활동을 계승하여 2010년 하반기부터 2012년 공산당 18차 당대회 개최 전까지 '선진 창조와 우수 쟁취 활동'이 전개되었다.[45]

③ 부패 척결 운동

후진타오 정부도 전임 정부처럼 공산당 16차 당대회가 끝난 다음 해인 2003년부터 부패 척결 운동을 추진했다.[46] 다만 추진 방식은 장쩌민 시기와는 조금 달라서, 제도 개선을 통한 예방에 초점이 맞추어졌다. 예를 들어, 2003년 12월에 「공산당 당내 감독 조례」가 제정되었다. 참고로 당내 법규의 제정 통계를 보면 2001년부터 2007년까지 모두 109건이 제정되었는데, 이 중 부패 척결과 관련된 규정이 53건으로 전체의 49퍼센트를 차지했다.[47] 이는 공산당이 법규 제정을 통해 부패 예방에 많은 노력을 기울였음을 보여 준다.

이밖에도 2003년에 공산당 중앙 기율검사위원회(중앙기위)와 국무원 감찰부(監察部)의 권한을 강화하기 위해 지도 체제가 조정되었다. 공산당 조직, 국가 기관, 사회 단체, 국유 기업 등에 설치된 기율 검사조의 지도 체제를 이전의 이중 지도(雙重領導), 즉 상급의 기율검사위원회와 동급의 공산당 위원회가 동시에 지도하는 방식에서 수직 지도(垂直領導), 즉 상급의 기율검사위원회만 지도하는 방식으로 바꾸었다. 이는 감독 과정에서 발생하는 동급 당정 기관의 개입을 막기 위한 조치였다. 다만 각 지방의 기율검사위원회에는 이중 지도가 유지되었다. 여기에 더해 2007년 9월에는 고위 당정 간부의 부패를 단속하는 국가 부패예방국(腐敗豫防局)이 신설되었다.

2009년에는 '중앙 순시(巡視) 업무 영도소조'가 설립되고, 순시 제도를 법적으로 뒷받침하는 「공산당 순시 업무 조례」가 제정되었다. 이에 따라 지난 10여 년 동안 법적 근거 없이 임시로 운영되던 순시 제도가 법적인 근거를 갖게 되었다. 동시에 이를 지도하는 새로운 지도 기구인 순시 영도소조가 만들어지면서 좀 더 강력하게 추진될 수 있게 되었다. 실제로 후진타오 시기에는 매년 10여 개의 중앙 순시조(조장은 장차관급)가 전국에 파견되어 고위 당정 간부에 대한 감독을 일상적으로 진행했다. 시진핑 시대에 들어 감독 수단으로 확고하게 자리 잡은 순시 제도는 이처럼 후진타오 시기에 토대를 닦은 덕분에 가능했다.

후진타오 시기의 부패 척결 정책이 얼마나 강도 높게 진행되었는지를 보기 위해서는 처벌 받은 당정 간부에 대한 통계 자료가 있어야 한다. 그러나 유감스럽게 그런 자료를 구할 수가 없다. 2007년 공산당 17차 당대회 때부터 중앙기위의 업무 보고에서 이에 대한 상세한 통계가 생략되었기 때문이다. 전체적으로 보면, 부패 척결의 강도는 그렇게 높지 않았다고 판단된다. 예를 들어, 중국 언론에 보도된 내용만을 취합하여 분석한 중국의 한 연구에 따르면, 2003년부터 2011년까지 9년 동안 모두 72인(연평균 8인)의 장차관급 고위 간부가 부패 혐의로 처벌되었다. 이 중에서 장관급은 17인, 차관급은 51인, 군 장성은 3인이었다. 이는 장쩌민 집권 10년(1992~2002년) 동안 모두 176인(연평균 17.6인)의 장차관급 고위 간부가 처벌된 것에 비해 반도 안 되는 수치다(표 13-1). 물론 2003년에는 13인, 2007년에는 14인의 장차관급 고위 간부가 처벌된 적도 있으나 전체적으로 보면 처벌은 작은 규모로 이루어졌다.[48]

후진타오의 부패 척결이 미약했던 데에는 여러 가지 원인이 작용했다. 장쩌민의 상하이방이 자파 세력을 보호하기 위해 후진타오의 부패 척결 정책에 반대했을 가능성이 있다. 더 중요한 이유는 '비상 상황'이 연속적으로 발생하면서 부패 척결이 정책의 우선순위에서 밀렸다는 사실이다. 예를 들어, 2008년 베이징 올림픽의 성공적인 개최는 공산당의 최대 과제였고, 이를 위해 모든 역량을 집중해야만 했다. 그런데 2008년 3~4월에는 소수민족 지역에서 대규모 시위가 발생했고, 그해 5월에는 쓰촨성에서 수십만 명의 사상자를 낸 리히터 규모 8.0의 강진이 발생했다. 또한 2008년 하반기에는 세계 금융 위기가 발생하면서 후진타오는 당내외의 모든 수단을 동원하여 경제 위기 극복에 총력을 기울여야만 했다. 이런 이유로 2008년부터 부패 척결 운동은 흐지부지되고 말았던 것이다.

반면 부패 척결 운동을 통해 후진타오의 권위에 도전하는 경쟁 세력을 제거하고, 다른 고위 당정 간부에게도 강력한 경고의 메시지를 전달하는 목적은 달성한 것으로 보인다. 2007년 상하이시 당서기 천량위가 구속된 것은 이를 잘 보여 준다. 천량위는 상하이방의 대표 인물로, 2004년부터 국무원이 추진한 긴축 정책에 강력히 반발하면서 중앙의 권위(즉 후진타오의 권위)에 도전했다.[49] 후진타오가 이를 부패 혐의로 구속함으로써 중앙의 권위를 회복할 수 있었다. 이 사건으로 상하이방이 붕괴한 것은 아니지만, 2004년 장쩌민의 중앙군위 주석 사퇴에 더하여 이로 인해 상하이방이 더욱 위축된 것은 분명한 사실이다.

(3) '과학적 발전관'의 결정

덩샤오핑 시대와 장쩌민 시기에 중국은 경제 성장 최우선 전략을 추진했다. 반면 후진타오 정부는 민생(民生) 개선과 지역 불균형, 환경 악화, 빈부 격차를 해결할 새로운 발전 전략을 모색했다. 소위 '종합적이고 조화로우며 지속 가능한 발전관'이 바로 그것이다.[50] 후진타오는 이를 '과학적 발전관(科學發展觀)'으로 부르면서 공산당의 지도 이념으로 만들기 위해 노력했다. 실제로 2003년 무렵부터 《인민일보》의 인터넷 사이트인 인민망(人民網)은 이를 '후진타오의 중요 사상'으로 부르면 선전하기 시작했다.[51]

그 결과 2007년 공산당 17차 당대회에서 후진타오의 통치 이념인 과학적 발전관이 「당헌」에 게재됨으로써 사실상 공산당의 지도 이념이 되었다. 다만 이때에는 다른 지도 이념과 동급으로 인정받지는 못했다. 그를 위해서는 다시 5년을 기다려야만 했다. 즉 2012년 공산당 18차 당대회에서 「당헌」 수정을 통해 과학적 발전관은 마르크스-레닌주의, 마오쩌둥 사상, 덩샤오핑 이론, 삼개대표 중요 사상과 같은 급의 지도 이념으로 결정되었다.

① '후진타오 이론': 조화사회론과 과학적 발전관

한편 후진타오가 과학적 발전관과 함께 제기했던 '조화사회론(和諧社會論)'은 공산당 18차 당대회(2012년)에서 공산당의 지도 이념으로 인정받지 못했다. 사실 조화사회론은 2002년 공산당 16차 당대회에서 결정된 발전 전략, 즉 2002년부터 2020년까지 약 20년 동안 중국은 "전면적 소강 사회(全面的小康社會)를 건설한다."는 '소강사회론'과는 분명히 다른 개념이었다. 이런 면에서 우리는 조화사회론을 '후진타오 이론'이라고 부를 수 있다.

그래서 후진타오의 입장에서 보면, 조화사회론이 공산당의 지도 이념으로 공식 결정되고, 과학적 발전관은 그 구성 요소로 편입되는 것이 이상적이었다. 이럴 경우 조화사회론은 중국이 추구하는 목표(즉 조화 사회)와 그것을 달성하는 방법(즉 과학적 발전관)을 모두 포괄할 수 있기 때문이다. 이렇게 되면 국내적으로는 조화사회론과 과학적 발전관, 대외적으로는 '조화세계론'(和諧世界論)과 '평화발전론'(和平發展論)이 서로 어우러지는 완전한 '후진타오 이론'이 탄생할 수 있었다. 후진타오 집권 1기(2002~2007년)에 과학적 발전관과 조화사회론이 제기되는 과정을 보면, 후진타오는 조화사회론을 중심으로 한 자신의 이론을 창시할 의도가 있었다는 사실을 알 수 있다.

먼저, 과학적 발전관의 제기 과정을 살펴보자. 후진타오가 이 용어를 처음 사용한 것은 2003년 8월 말에서 9월 초까지 장시성(江西省)을 시찰할 때였다. 또한 2003년 10월 공산당 16기 중앙위원회 3차 전체회의(16기 3중전회)에서 통과된 문건에서는 경제 체제 개혁의 지도 사상 및 원칙으로 "사람을 근본으로 하고 전면적이고 협조적이며 지속 가능한 발전관"이 "다섯 가지 종합 고려(五個統籌)"와 함께 제시되었다. 그러나 이 문건에서는 아직 과학적 발전관이라는 용어가 사용되지 않았다. 당시에 "과학적"이란 말이 빠진 것은 공산당 지도부 내에 이를 반대하는 세력이 있었기 때문이다.[52]

한편 '조화(和諧)'라는 말이 공산당의 공식 문건에 처음 등장한 것은 2002년 공산당 16차 당대회에서 장쩌민이 발표한 공산당 중앙위원회 업무 보고(일명 '정치 보고')에서였다. 그러나 그것이 '사회주의 조화 사회 건설'이라는 명칭 하에 내용을 갖춘 개념으로 등장한 것은 2004년 9월 공산당 16기 중앙위원회 4차 전체회의(16기 4중전회)에서 통과된 「공산당 집권 능력 건설 강화의 결정」을 통해서였다. 여기에는 조화 사회 건설과 함께 과학적 발전관이라는 명칭이 공식 등장했다. 그런데 주의할 것은, 조화사회론이 하나의 독립된 항목으로 제시된 것에 비해, 과학적 발전관은 사회주의 시장경제론의 세부 항목으로 제시되었다는 점이다. 이는 조화사회론이 과학적 발전관보다 더 중시되었음을 의미한다.[53]

이후 조화사회론이 더욱 체계화된 모습으로 등장한 것은 2005년 2월 중앙당교에서 개최된 '장관급(省部級) 주요 영도간부의 사회주의 조화 사회 건설 능력 제고를 위한 연수반'에서 한 후진타오의 연설을 통해서였다. 여기서 후진타오는 사회주의 조화 사회 건설이 "중대 임무"로서 중앙 및 지방의 각급 공산당이 이를 "당면 임무"로 간주하고 추진할 것을 지시했다. 또한 이때에 처음으로 조화 사회 건설의 여섯 가지 지도 사상이 제기되었다. "민주와 법치, 공평과 정의, 성심과 우애, 충만(充滿)과 활력, 안정과 질서, 인간과 자연의 조화"가 바로 그것이다.[54]

이를 이어, 2005년 10월 공산당 16기 중앙위원회 5차 전체회의(16기 5중전회)에서 통과된「국민 경제 및 사회 발전 제11차 5개년(2006~2010년) 계획 제정에 대한 중공 중앙의 건의」에서는 과학적 발전관과 조화사회론이 각각 독립된 항목으로 언급되었다. 여기서 과학적 발전관은 주로 경제 발전 문제를 다루었고, 조화사회론은 사회 모순 및 사회 문제의 해결에 집중되었다. 또한 이들 간의 관계에서 조화 사회 건설이 과학적 발전의 "원칙" 중의 하나로 제시되었다.[55] 이는 조화사회론이 여전히 과학적 발전관보다 상위의 개념임을 보여 준다.

이후 2006년 10월의 공산당 16기 중앙위원회 6차 전체회의(16기 6중전회)에서 조화사회론이 단독 의제로 상정되어 토의되었다. 이는 후진타오 정부가 조화사회론을 매우 중시한다는 사실을 보여 준다. 일반적으로 중앙위원회 전체회의에서 단독으로 다루어지는 주제는 해당 시기에 공산당이 가장 중요시하는 정책이기 때문이다. 이때 채택된 문건, 즉「사회주의 조화 사회 건설의 몇 가지 중대 문제에 대한 중공 중앙의 결정」에서는 조화 사회의 성격, 여섯 가지 지도 사상, 2020년까지 달성해야 할 아홉 가지 주요 임무, 그리고 조화 사회 건설의 여섯 가지 원칙이 제시되었다.

그런데 주목할 점은, 이때 조화 사회 건설의 성격과 위상이 변화했다는 사실이다. 2005년 2월의 후진타오 연설에서는 조화 사회가 당장 추진해야 하는 "중대 문제"로 제기되었는데, 이때에는 공산당이 장기간에 걸쳐 이룩해야 할 "중대한 전략 임무"로 변한 것이다. 여기에 더해 조화사회론과 과학적 발전관 간의 관계에서, 과학적 발전관이 "이인위본(以人爲本: 국민을 기본으로 함), 개혁과 개방, 민주와 법치" 등과 함께 조화 사회 건설을 추진하는 데 준수해야 할 원칙 중 하나로 제시되었다.[56] 이는 양자 관계에 변화가 발생했음을 보여 준다. 과학적 발전관이 조화사회론의 상위 개념으로 지위가 상승한 것이다.

마지막으로, 2007년 6월 중앙당교에서 후진타오가 행한 연설(소위 '6·25 연설(講話)')에서는 과학적 발전관이 주로 논의되고, 조화사회론은 약간만 언급되었다. 이제는 과학적 발전관이 조화사회론의 상위 개념으로 확고하게 자리를 잡았던 것이다.[57]

② 조화사회론이 탈락한 이유

공산당의 내부 상황을 상세하게 알 수 없어 단정적으로 말할 수는 없지만, 이상의 검토를 통해 우리는 과학적 발전관이 3년 동안의 당내 토론과 조정을 거치면서 조화사회론의 하위 개념에서 상위 개념으로 위상이 높아졌음을 알 수 있다. 이는 조화사회론이 '후진타오 이론'으로서 공산당 지도 이념이 되는 것이 사실상 좌절되었음을 의미한다.

그 결과 2007년 공산당 17차 당대회의 「당헌」 개정에서는 조화

사회론이 아니라 과학적 발전관이 공산당의 지도 이념으로 결정되었다. 개정된 「당헌」에서 과학적 발전관이 "마르크스-레닌주의, 마오쩌둥 사상, 덩샤오핑 이론 및 삼개대표 중요 사상과 일맥상통하고, 시대와 함께 발전한 과학적인 이론이며, 우리나라 경제 및 사회 발전의 중요한 지도 방침이고, 중국 특색의 사회주의 발전에서 반드시 견지하고 관철해야 하는 중대한 전략 사상"으로 규정된 것이다.

반면 「당헌」에 조화 사회 건설은 사회주의 시장경제, 사회주의 민주정치, 사회주의 선진 문화 건설과 함께 공산당이 추구하는 네 가지 과제 중의 하나로만 언급되었다. 더 나아가 조화사회론의 내용도 이전에 제기되었던 많은 주장이 삭제되어 매우 빈약하게 서술되었고, 성격도 인민 내부 모순의 처리와 같이 사회 문제를 해결하기 위한 하나의 방침 정도로만 간주되었다. 이렇게 되면서 조화 사회 건설이 아니라 전면적 소강 사회 건설이 2020년까지 공산당이 추구할 목표로 유지될 수 있었다.[58]

이처럼 조화사회론이 아니라 과학적 발전관이 공산당 지도 이념으로 확정된 배경으로는 두 가지를 들 수 있다. 하나는 조화사회론 자체가 안고 있는 문제다. 조화사회론이 지도 이념이 되기에는 애매모호한 점이 있다. 예를 들어 조화 사회 건설의 여섯 가지 지도 사상 중에서 민주와 법치를 제외하고는 모두 추상적인 윤리 규범에 가깝기 때문에 그것을 구체적인 정책으로 만들어 집행하기가 쉽지 않다. 또한 조화 사회가 사회주의의 목표인 계급 없는 평등 사회 구현과 어떤 연관이 있는지도 분명하지 않다. 그 밖에도 조화 사회 건설이 전면적 소강 사회 건설, 그리고 과학적 발전관과 어떻게 논리적으로 연관되는지도 불분명하다.

다른 하나는 상하이방과 태자당의 반대다. 장쩌민과 쩡칭훙 세력의 입장에서 보면, 과학적 발전관이나 조화사회론이 공산당의 지도 이념이 되는 것은 좋지 않다. 중국에서는 지도 이념이 중요하고, 새로운 지도 이념을 창시한 지도자는 이론적 권위를 갖기 때문이다. 그런데 이들의 입장에서 보면, 조화사회론이 덩샤오핑 이론이나 삼개대표 중요 사상과 같은 반열에 드는 것은 더욱 찬성할 수 없었다. 왜냐하면 '후진타오 이론'인 조화사회론이 지도 이념이 되면 후진타오는 새로운 이념의 창시자가 되고, 이렇게 되면 그의 이론적 권위가 더욱 강화될 것이기 때문이다.

조화사회론과 비교했을 때, 균형 발전과 지속 가능한 발전을 핵심 내용으로 하는 과학적 발전관은 장쩌민과 쩡칭훙 세력도 수용할 수 있는 개념이었다. 우선, 과학적 발전관은 장쩌민 시기의 사회 및 경제 방침과 깊은 연관성이 있다. 지역 균형 발전 전략인 서부대개발(西部大開發) 정책이 1999년에 시작된 것이나, 2003년 제10기 전국인대 제1차 회의에서 행한 주룽지 총리의 정부 업무 보고에서 삼농(三農: 농업·농민·농촌) 문제 해결을 강조한 것이 이를 잘 보여 준다. 2006년 농업세 전면 폐지를 포함해 후진타오 정부가 추진한 농업 진흥 정책인 '사회주의 신(新) 농촌 건설'도 사실은 2000년에 안후이성(安徽省)에서 시험 실시했던 것을 전국으로 확대 실시한 데 불과하다. 따라서 과학적 발전관은 순수하게 후진타오 이론이라고 할 수 없고, 장쩌민과 쩡칭훙 세력도 상당한 '지분'을 주장할 수 있었다.

또한, 과학적 발전관은 수식어로 "과학적"이 붙었지만 분명히 "발전"을 "제일 임무"로 한다고 명시하고 있다. 따라서 경제 성장을 중시한다는 장쩌민과 쩡칭훙 세력도 이를 충분히 수용할 수 있었다. 그래서 과학적 발전관은 실제 적용 과정에서 "과학적"은 무시되고 "발전"만 강조될 가능성이 충분히 있었다. 이는 장쩌민 정책의 단절보다 계승 발전을 의미하는 것이었다.

실제로 후진타오 집권 시기의 상황을 보면, 여러 가지의 국내외 문제로 인해 과학적 발전관이라는 새로운 발전관을 제시했지만 그것을 원래 계획대로 추진하지는 못했다. 2008년 베이징 올림픽 준비, 2008년 하반기 세계 금융 위기 발생 등으로 인해 전국적으로 경제 부양책과 도시 건설에 초점을 맞춘 성장 정책을 추진할 수밖에 없었던 것이다. 그 결과 후진타오 집권 10년 동안 연평균 10.6퍼센트의 높은 경제 성장률을 기록했다. 이는 덩샤오핑 시대와 장쩌민 시기 등 지난 30여 년의 기간 중에서도 가장 빠른 성장이었다.

이상에서 보았듯이, 후진타오는 자신의 통치 이념인 조화사회론과 과학적 발전관, 이 중에서도 특히 조화사회론을 공산당의 지도 이념으로 만들기 위해 많은 노력을 기울였다. 최종적으로는 조화사회론이 아니라 과학적 발전관만이 공산당의 지도 이념으로 결정되었는데, 이는 조화사회론 자체의 이론적 한계와 함께 경쟁하는 파벌 세력의 반대 때문에 그렇게 된 것이다. 그러나 과학적 발전관이 공산당의 지도 이념이 되면서 후진타오의 이론적 권위는 더욱 높아졌다.

3. 시진핑의 권력 공고화

2012년 공산당 18차 당대회 이후 총서기로 선출된 시진핑은 전임 지도자들에 비해 더욱 빠르고 강력하게 권력 기반을 다져 나갔다. 이런 면에서 일부 중국 전문가와 언론들은 시진핑의 권력 강화를 예외로, 장쩌민이나 후진타오와는 근본적으로 다른 지도자로 간주하는 경향이 있다. 그런데 실제 권력 공고화 과정을 분석해 보면 시진핑도 전임 지도자들과 다르지 않다는 사실을 발견할 수 있다.

(1) '시진핑 세력'의 형성

시진핑도 총서기가 된 직후 자신의 인사권을 최대한 활용하여 자파 세력을 중앙과 지방의 요직에 충원했다. 공산당 19차 당대회(2017년) 이전에 중앙의 요직에 임명된 시진핑 세력을 살펴보면, 공산당 계통에는 리잔수(栗戰書) 중앙 판공청 주임, 딩쉐샹(丁薛祥) 시진핑 주석 판공실 주임, 황쿤밍(黃昆明) 중앙 선전부 부부장, 천시(陳希) 중앙 조직부 부부장, 천이신(陳一新) 개혁 영도소조 판공실 부주임, 허이팅(何毅亭) 중앙당교 부교장, 양샤오두(楊曉渡)와 리수레이(李書磊) 중앙기위 부서기가 있었다.

경제 분야에는 류허(劉鶴) 재경 영도소조 판공실 주임(재경 영도소조 조장은 시진핑)과 수귀쩡(舒國增) 부주임, 허리펑(何立峰) 국무원 국가 발전개혁위원회 부주임이 있었다. 공안(公安) 및 군 계통에는 차이치(蔡奇) 국가 안전위원회 위원(주임은 시진핑), 푸정화(傅政華)와 멍칭펑(孟慶豐) 국무원 국가안전부 부부장, 왕샤오훙(王小洪) 베이징시 공안국 국장, 중샤오쥔(鐘紹軍) 중앙군위 판공청 부주임이 있었다.[59] 이처럼 시진핑 집권 초기에는 주로 차관급(省部級副職) 직위에 자파 세력을 임명했다. 7장에서 살펴보았듯이, 총서기와 총리는 일정한 범위 내에서 차관급 직위에 자신의 사람을 임명하는 권한을 행사할 수 있기 때문이다.

그런데 재미있는 현상은, 시진핑에게는 특정한 파벌 혹은 동질적인 정치 집단이 없다는 사실이다. 그가 태자당인 것은 맞지만, 태자당은 응집력과 지향성 면에서 하나의 파벌이라고 하기에는 부족한 점이 많다. 실제로 시진핑은 총서기에 취임한 이후 태자당 출신만을 요직에 충원하지 않았다. 대신 고향 사람이나 같은 지역 출신, 같은 학교 출신, 같은 근무지 출신자를 충원했다. 그 결과 '시진핑 세력'은 상하이방(상하이 근무자 출신)이나 공청단파(공청단 근무자 출신)처럼 뚜렷한 하나의 집단이 아니라, 다양한 집단들로 구성된 연합체의 성격을 띠게 되었다.

편의상 '시진핑 세력'은 크게 세 집단으로 나눌 수 있다. 첫째는 아버지의 고향이고 본인이 하향(下鄕)한 경험이 있는 산시성(陝西省)에서 인연을 맺은 사람이다. 위정성(俞正聲)과 왕치산(王岐山)

이 대표적이다. 둘째는 같은 학교 및 거주지 출신자다. 류허, 천시가 이에 해당한다. 셋째는 같은 근무지 출신자다. 허베이성(河北省)에서 인연을 맺은 리잔수, 푸젠성(福建省) 근무 시절에 오랫동안 함께 일했던 허리펑·차이치·황쿤밍, 저장성(浙江省) 근무 시절의 측근이었던 천민얼(陳敏爾) 충칭시 당서기와 리창(李强) 장쑤성(江蘇省) 당서기, 상하이 근무 시절에 인연을 맺은 딩쉐샹이 대표적이다.[60]

우궈광(吳國光) 교수는 '시진핑 세력'을 더욱 상세하게 일곱 개의 집단으로 나누고 있다. 표 13-5는 이를 정리한 것이다. 이에 따르면, 가장 비중이 큰 것은 함께 일했던 사람들이다. 예를 들어, 시진핑은 푸젠성과 저장성에서 오랫동안 근무하면서 각각 성장과 당서기까지 승진했다. 이때 함께 일했던 사람들이 각각 10인(푸젠성)과 11인(저장성), 모두 21인으로 가장 많다. 또한 산시성(陝西省)에서 근무했거나 그곳이 고향인 사람도 7인이나 된다. 반면 허베이성(현 당서기로 근무)과 상하이시(시 당서기로 근무)에서는 근무한 시간이 짧아 이 지역 출신자는 각각 3인과 1인뿐이다.

[표13-5] '시진핑 세력'의 출신과 주요 인물(2019년 5월 현직 기준)

구분	인물	경력(전직)	현직	비고
태자당 (5인)	장유샤(張又俠)	중앙군위 위원	중앙군위 부주석	정치국원
	류허(劉鶴)	재경 영도소조 주임	국무원 부총리	정치국원
	리잔수(栗戰書)	공산당 판공청 주임	전국인대 위원장	상무위원
	왕치산(王岐山)	중앙기위 서기/상무위원	국가 부주석	
	부샤오린(布小林)	네이멍 당 통전부장	네이멍구자치구 주석	
산시(陝西)성 (7인)	리시(李希)	산시 옌안시 당서기	광둥성 당서기	정치국원
	장쥔하이(張俊海)	산시성 당 선전부장	지린성 당서기	
	왕둥펑(王東峰)	산시성 출신(고향)	허베이성 당서기	
	치위(奇玉)	산시성 출신(고향)	외교부 당조 서기	
	자오러지(趙樂際)	산시성 당서기	중앙기위 서기	상무위원
	왕천(王晨)	산시성 하향 경험	전국인대 부위원장	정치국원
	왕치산	산시성 하향 경험	국가 부주석	
칭화대학(3인)	천시(陳希)	칭화대 화공과	공산당 중앙 조직부장	정치국원
	후허핑(胡和平)	칭화대 수리과	산시성(陝西省) 당서기	
	천지닝(陳吉寧)	칭화대 토목환경공정과	베이징 시장	
허베이성(2인)	리잔수	허베이성 우지현 당서기	전국인대 위원장	상무위원
	양전우(楊振武)	허베이『인민일보』기자	전국인대 비서장	
푸젠성 (10인)	차이치(蔡奇)		베이징 당서기	정치국원
	황쿤밍(黃坤明)		공산당 중앙 선전부장	정치국원
	허리펑(何立峰)	푸젠성 샤먼시 재정국장	발전계획위 주임	
	류츠구이(劉賜貴)	푸젠성 해양어업국장	후난성 당서기	
	쑹타오(宋濤)		공산당 대외연락부 부장	
	좡룽원(庄龍文)		중앙 인터넷정보판공실 주임	
	왕샤오훙(王小紅)		공안부 상무 부부장	
	덩웨이핑(鄧衛平)		공안부 기위 서기	
	쉬간루(許甘露)		공안부 부부장	
	린루이(林銳)		공안부 부부장	

저장성 (11인)	천민얼(陳敏爾)	저장성 당 선전부장	충칭시 당서기	정치국원
	리창(李强)	저장성 당 비서장	상하이 당서기	정치국원
	샤바오룽(夏寶龍)	저장성 당 부서기	전국정협 부주석	
	천이신(陳一新)	저장성 당 부비서장	정법위원회 비서장	
	선하이슝(慎海雄)	신화사 저장 분사(分社)	중앙 TV총대(總臺) 대장	
	바인차오루(巴音抄錄)	저장 닝포시 당서기	지린성 당서기	
	류치(劉奇)	저장 원저우시 당서기	장시성 당서기	
	잉융(應勇)	저장성 당 부서기	상하이 시장	
	궁정(龔正)		산둥성 성장	
	탕이쥔(唐一軍)	저장 닝포시 당 부서기	랴오닝성 성장	
	러우양성(樓陽生)	저장 리수이시 당서기	산시성(山西省) 당서기	
상하이시(1인)	딩쉐샹(丁薛祥)	상하이시 당 비서장	공산당 판공청 주임	정치국원

〈출처〉「吳國光: 剖析習時代中共權威主義下的精英更替」,《多維新聞》2019年 5月22日, http://news.dwnews.com (검색일: 2019년 5월 23일); http://news.dwnews.com (검색일: 2019년 5월 23일); Guoguang Wu, "The King's Men and Others: Emerging Political Elites under Xi Jinping," *China Leadership Monitor*, No. 60 (Summer 2019).

한편 시진핑의 자기 세력 충원은 이후에도 계속되었다. 표 13-6은 2016년 1월부터 2017년 7월까지 인사 변동된 장차관급 인사 67인의 파벌 성향을 분석한 것이다. 이에 따르면, 총 67인 중에서 31인(46.3퍼센트)이 시진핑 세력으로 분류될 수 있다. 이는 시진핑이 2017년 10월 공산당 19차 당대회를 앞두고 중앙과 지방의 장차관급 인사를 교체하면서 대규모로 자파 세력을 충원했음을 보여준다.

[표13-6] 시진핑 세력의 확장 상황: 장차관급 인사(2016년 1월~2017년 7월)

		시진핑 인사		시진핑 측근 인사*		소계
중앙	공산당 부장/부부장	2	8	1	3	11
	국무원 부장/부부장	6		2		
지방(省)	당서기/부서기	6	9	3	11	20
	성장/부성장	3		8		
소계			17		14	31

〈출처〉 Nectar Gan, "What to expect from Xi Jinping's Communist Party congress power play," *South China Morning Post*, 7 Augus, 2017, http://www.scmp.com (검색일: 2017년 8월 7일).
〈해설〉 *: 시진핑의 핵심 인물인 왕치산(중앙기위 서기), 리잔수(중앙 판공청 주임), 자오러지(중앙 조직부장), 천시(중앙 조직부 부주임), 류허(재경 영도소조 판공실 주임)의 측근 인사를 말한다.

    이는 다시 두 부류로 나눌 수 있다. 한 부류는 시진핑과 직접 인연이 있는 사람(17인)이다. 다른 한 부류는 시진핑의 핵심 측근과 인연이 있는 사람(14인)이다. 후자 중에서는 왕치산의 사람이 가장 많다. 한 언론의 보도에 따르면, 왕치산이 임명하거나 추천한 인사는 모두 10인이다. 여기에는 천원칭(陳文淸) 국무원 국가안전부 부장, 황수셴(黃樹賢) 국무원 민정부 부장, 추이펑(崔鵬)·샤오페이(肖培)·천샤오장(陳小江) 국무원 감찰부 부부장, 양샤오차오(楊曉超) 중앙기위 비서장, 린둬(林鐸) 간쑤성 당서기 등이 포함된다.[61]

    시진핑의 자파 세력 충원을 장쩌민 및 후진타오 시기와 비교하면 흥미로운 사실을 발견할 수 있다. 흔히 생각하는 것과는 달리, 시진핑보다는 후진타오가 더욱 적극적으로 자파 세력을 확대했다. 그 결과 중앙과 지방의 요직에 공청단파가 '시진핑 세력'보다 더욱 빠른 시간 안에 광범위하게 충원되었다. 공청단파의 충원을 보여 주는 표 13-3에 따르면, 2002년에 중앙과 지방의 장차관급 직위에 있던 공청단파는 모두 83명이었고, 2006년에는 그보다 훨씬 많은 106명으로 증가했다. 다만 이들 중에서 정치국 상무위원까지 오른 지도자는 없다는 한계가 있었다.

시진핑이 충원한 인사에 대한 포괄적인 자료가 없어 객관적으로 비교할 수는 없지만 지금까지 밝혀진 규모로 볼 때, '시진핑 세력'은 공청단파에 비해 규모가 훨씬 작다. 예를 들어 표 13-5는 차관급을 포함하지 않은 장관급 이상의 '시진핑 세력'을 정리한 것인데, 중복된 사람을 제외하면 모두 37명이다. 이를 보면, 시진핑 세력의 규모는 장쩌민 시기의 상하이방과 비슷하다고 할 수 있다. 앞에서 보았듯이, 상하이방 출신으로 장차관급 직위에 있던 사람은 1994년 무렵에는 30여 명, 1990년대 말에는 50여 명이었다.

(2) '군중 노선 활동'과 부패 척결 운동

시진핑도 전임 총서기와 마찬가지로 출범하자마자 정풍 운동을 시작했다. 이는 정풍 운동이 전 정부에서 이미 결정되었음을 의미한다. 예를 들어, 2012년 공산당 18차 당대회에서 퇴임하는 후진타오가 마지막으로 중앙위원회의 업무 보고(일명 '정치 보고')를 했는데, 이때 새로운 정풍 운동을 실시한다는 방침이 발표되었다. 이에 입각하여 2013년 봄부터 '군중 노선 교육 실천 활동'(약칭으로 '군중 노선 활동')이 본격적으로 전개되었다. 또한 이와 동시에 부패 척결 운동도 강력하게 추진되었다.

① 군중 노선 활동

공산당은 2013년 4월에 '사풍(四風: 네 가지 풍조)'인 형식주의, 관료주의, 향락주의, 사치 풍조를 근절하기 위한 군중 노선 활동을 1년 동안 전개한다고 발표했다. 운동의 목적은 '사풍'을 해결함으로써 공산당 규율을 강화하고, 이를 통해 대중과 밀접한 관계를 유지하여 공산당의 통치 정당성을 제고하는 것이다. 이를 위해서는 고위 당정 간부가 솔선수범해야 하기 때문에 현처급(縣處級: 중앙 부서는 한국의 과장급, 지방은 한국의 시장과 군수) 이상의 영도간부가 중점 대상으로 결정되었다.

이번 정풍 운동을 지도하기 위해 '중앙 당 군중 노선 교육 실천 활동 영도소조'가 결성되어, 류윈산(劉雲山: 당시 정치국 상무위원)이 조장, 자오러지(趙樂際: 당시 중앙 조직부 부장)와 자오훙주(趙洪祝: 당시 중앙기위 부서기)가 부조장을 맡았다. 또한 지방의 정풍 운동을 감독하기 위해 45개의 중앙 감독조가 파견되었다. 특이한 점은, 7인의 정치국 상무위원이 지역을 할당받아 직접 감독했다는 사실이다. 시진핑은 허베이성(河北省), 리커창은 광시성(廣西省), 장더장은 장쑤성(江蘇省), 위정성은 간쑤성(甘肅省), 류윈산은 저장성(浙江省), 왕치산은 헤이룽장성(黑龍江省), 장가오리는 쓰촨성(四川省)을 맡았다.[62]

추진 방식은 이전 정풍 운동과 같이 하향식으로 진행되었다. 1단계로 중앙의 당정 기관과 지방의 성급(省級) 당정 기관, 2단계로 성급 이하 단위가 정풍 운동을 진행한다. 절차도 전과 같이 세 개의 고리로 구성되었다. 첫째는 학습 교육과 의견 청취다. 이때 약 2개월에 걸쳐 집중 학습이 이루어지고, 간부 개인과 당정 기관의 문제점을 발견하기 위해 주민 의견을 청취한다. 둘째는 문제 파악과 비판이다. 이때 민주생활회를 개최하여 비판과 자기비판을 실시한다. 셋째는 문제 시정과 제도 수립이다. 이때에는 문제 해결 방안을 구체적으로 제시하고, 실제 해결 상황을 상부에 보고하고 공개 발표해야 한다.[63]

1단계 정풍 운동의 진행 상황을 보도한 중국 언론에 따르면, 이번에는 민주생활회가 매우 진지하게 개최된 것 같다. "진검승부를 한다." "얼굴이 붉어지고, 가슴이 뛰고, 진땀이 난다." 등의 표현이 그런 상황을 보여 준다. 예를 들어, 시진핑은 2013년 9월에 4일간 진행된 허베이성 공산당 위원회의 민주생활회에 직접 참여했다. 이때 민주생활회는 성위원회의 전체 업무에 대한 당서기의 검토 보고, 당위원회 성원 개인의 검토 보고, 당위원회 위원 간의 상호 비판과 자기비판, 중앙 감독조 조장의 평가, 시진핑의 평가 순으로 진행되었다. 다른 지역과 기관에서도 같은 방식으로 민주생활회가 개최되었다.[64]

2014년에는 1월부터 9월까지 9개월 동안 2단계 군중 노선 활동이 전개되었다. 2단계 운동의 중점 대상은 지방의 당정 간부였다. 공식 통계에 의하면, 1단계 운동에는 274개의 중앙 직속 국가 기관, 국유 기업, 군중 단체, 사업 단위와 100만 여개의 공산당 조직에서 모두 1,700만 명의 당원이 참여했다. 반면 2단계 운동에는 약 330만 개의 기층 공산당 조직에서 모두 약 6,900만 명의 당원이 참여했다. 또한 이번에도 7인의 정치국 상무위원이 1단계 운동에서 할당받은 각 지방을 직접 방문하여 정풍 운동을 지도했다. 예를 들어, 시진핑은 2014년 3월과 5월 두 차례에 걸쳐 허난성 란카오현(蘭考縣)을 방문했고, 두 번째 방문에서는 현 당위원회가 개최한 민주생활회에 직접 참여했다.[65]

1년 3개월에 걸쳐 진행된 군중 노선 활동에 대해 시진핑은 높이 평가했다. 또한 공산당은 통계로 성과를 발표했다. 예를 들어, 관료주의를 해소하는 차원에서 모두 13만 7,000건의 각종 인허가 항목이 취소되거나 사회에 이전되었다. 각종 회의와 문건도 각각 24.6퍼센트와 26.7퍼센트가 줄어 형식주의가 완화되었다. 관용차량은 11만 4,000대가 정리되었고, 당정 기관의 사무실 공간은 2,227만 평방미터가 축소되었으며, 출장 등에 쓰이던 당정 간부의 경비도 약 530억 위안(한화 약 9조 원)이 절약되는 등 사치 풍조 퇴치에도 성과가 있었다. 그 밖에도 도박과 관련된 당정 간부 7,162명, 10만 위안(한화 약 1,700만 원) 이상의 선물 수령자 2,550명, 준조세 등의 부당 징수자 8,519명, 기업 겸직 간부 6만 3,000명을 정리했다.[66]

군중 노선 활동 종결 이후, 공산당은 2015년 4월부터 영도간부를 대상으로 '삼엄삼실(三嚴三實)'(세 가지 엄격함과 세 가지 견실함) 운동을 전개했다. 영도간부들은 수신(修身), 권력 사용(用權), 자기 규율(律己)에 엄격해야 하고('3엄'), 일 도모(謀事), 창업(創業), 사람됨(做人)에서 견실해야 한다('3실')는 것이다. 그러나 이전 정풍 운동과 달리 이번에는 단계를 나누거나 종료 시점을 정하지 않고 일상적으로 실시한다. 방식은 이전과 같은 하향식으로, 공산당 중앙의 지도 하에 전국적으로 전개된다. 각 지역의 당 서기는 모범적으로 관련된 주제를 강의하고, 당원들은 민주생활회나 조직생활회를 활용하여 전문적으로 학습한다. 또한 학습과 문제 시정을 동시에 추진하여 당 규율을 엄격히하고 잘못된 행위를 바로잡는다.[67]

이를 이어 2016년에는 '양학일주(兩學一做: 두 가지 학습과 한 가지 되기)' 학습 교육 운동이 전개되었다. '양학(兩學)'은 「당헌」 및 당규와 시진핑 총서기의 연설 학습, '일주(一做)'는 이를 통해 당원 자격이 충분한 성실한 당원이 되는 것을 의미한다. 공산당 중앙 판공청은 이를 위해 2월에 실행 방안을 하달했다. 방식은 이전 운동과 같다. 학습 운동은 하향식으로 조직되며, 중앙 조직부가 주도하고 중앙기위, 중앙 선전부, 중앙당교가 협력하여 진행한다. 학습은 당소조나 당지부가 조직한 조직생활회나 기타 학습 모임에서 이루어진다. 마지막으로 자격에 미달하는 당원은 「당헌」과 당규에 따라 처리한다. 이번 운동이 이전 운동과 다른 점은 역시 시기를 정해 놓고 추진하는 단기 활동이 아니라, 일상적으로 전개하는 활동이라는 점이다.[68] 이 학습 운동은 2017년에도 진행되었다.

이처럼 시진핑은 후진타오와 마찬가지로 한 번의 대규모 정풍 운동과 연속적인 학습 운동을 매년 실시했다. 운동의 목적과 절차도 같았다. 단 시진핑의 정풍 운동이 훨씬 강력하게 추진되었다는 차이가 있다. 당정 간부들이 준수해야 하는 '8항(項) 규정'은 세부적인 기준과 내용으로 철저하게 집행되면서 4년 반 동안에 17만 건

(매일 평균 100건)의 위반 사항이 적발되었고, 관련자들이 처벌받았다.[69] '사풍' 해결을 위한 군중 노선 활동도 중앙부터 지방까지 매우 강력하게 추진되었다.[70] 특히 정풍 운동이 부패 척결과 함께 추진되면서 그 위력이 더욱 증가했다.

② 부패 척결

시진핑 정부의 부패 척결 운동은 역대 어느 정부보다 강력하게 전개되었다.[71] 이런 면에서 시진핑은 장쩌민이나 후진타오와 달리 부패 척결에 정권의 사활을 걸었다고 말할 수 있다. 또한 이로 인해 시진핑의 권력이 다른 어떤 총서기보다 강력하다는 평가를 얻게 되었다. 통계가 이를 뒷받침한다.

먼저 '국가급(國家級)' 지도자가 부패 혐의로 처벌되었다. 2012년 6월에는 쑤룽(蘇榮) 전국정협 부주석과 쉬차이허우 전 중앙군위 부주석, 저우융캉(周永康) 전 정치국 상무위원, 링지화(令計劃) 정치국원 겸 중앙 판공청 주임, 2015년에는 궈보슝 전 중앙군위 부주석이 부패 혐의로 처벌되었다. 이 중에서 저우융캉, 쉬차이허우, 궈보슝의 처벌은 "충격"에 가까웠다. 지금까지 현직(現職)이건 전직(前職)이건 정치국 상무위원과 중앙군위 부주석은 형사 처벌의 예외였기 때문이다. 시진핑 정부는 이들을 처벌함으로써 부패를 저지르면 누구든지 성역 없이 처벌된다는 선례를 남겼다.

강력한 부패 척결 정책은 장차관급(省部級) 고위 간부의 처벌 통계를 통해서도 확인된다. 2017년 10월 공산당 19차 당대회에서 발표된 중앙기위의 업무 보고에 따르면, 2012년에서 2016년까지 5년 동안 모두 440명의 장차관급 간부가 부패 혹은 당 규율 위반 혐의로 조사 및 처벌되었다. 이는 전체 약 3,000명인 장차관급 고위 간부 중 15퍼센트에 해당하는 큰 규모로, 매년 88명의 장차관급 간부가 조사 및 처벌된 셈이다.[72] 이 중에는 중앙위원 43명, 중앙기위 위원 9명이 포함되었다. 이를 장쩌민과 후진타오 시기와 비교하면 큰 차이가 난다. 당시 장차관급 중에서 부패 혐의로 처벌 받은 사람은 각각 연평균 17.6명(장쩌민 시기)과 8명(후진타오 시기)이었다. 즉 시진핑 시기의 처벌이 장쩌민 시기보다 5배, 후진타오 시기보다 11배나 많았다. 일반 당원과 공무원도 2013년 1월부터 2016년 12월까지 4년 동안 모두 119만 명이 부패 혐의로 처벌되었다. 해외로 도피한 부패 사범도 모두 3,000명이 본국에 소환되었다.[73]

또한 시진핑 시기의 부패 척결 운동은 후진타오 시기에 시작된 제도화된 감독의 특징이 더욱 강화되었다. 이를 보여 주는 것이 바로 중앙 순시조(巡視組)를 통한 부패 조사와 처벌이 일상화했다는 점이다. 실제로 부패 사건의 60~70퍼센트는 중앙 순시조의 조사를 통해 적발되었다.[74] 순시조는 일반적으로 조장(장차관급 1인), 부조장(2인), 그리고 수십 명의 조원(회계 등 감독에 필요한 분야의 전문가)으로 구성되어, 감독 지역이나 기관에 2개월 동안 상주하면서 감독을 진행한다. 순시조 제도는 후진타오 시기에 정착되지만 부패 척결 정책에 적극 활용된 것은 시진핑 정부에 들어서였다.

실제 진행 상황을 보면, 2013년에는 중앙 순시조의 감독이 2회에 걸쳐 모두 20개 지역(성급 단위인 성·자치구·직할시)을 감독했다. 그런데 2014년에는 3회에 걸쳐 40개 지역과 기관, 2015년에는 3회에 걸쳐 83개 지역과 기관, 2016년에는 3회에 걸쳐 103개 지역과 기관을 감독했다. 그 결과 중앙 순시조의 감독 대상인 성·자치구·직할시의 공산당 위원회, 중앙 당정 기관과 중앙이 관리하는 사회 조직의 당조(黨組), 중앙 국유 기업의 당조 등 277개의 대상 중에서 85퍼센트에 대한 감독이 완료되었다.[75] 그래프 13-1은 이를 정리한 것이다.

[그래프13-1] 시진핑 시기 중앙 순시조 활동

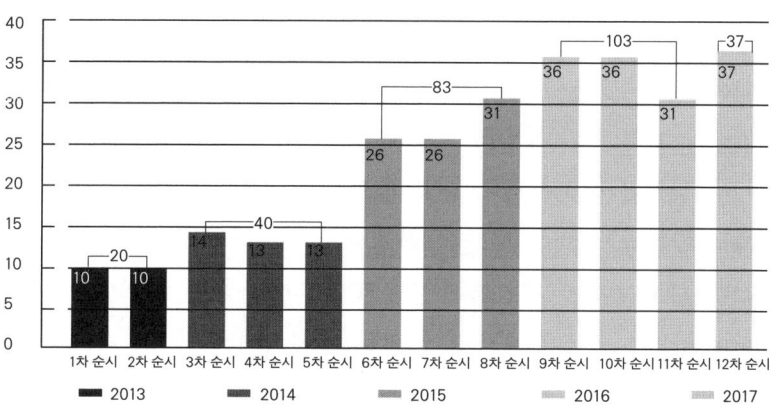

〈출처〉 조영남, 「2016년 중국 정치의 현황과 전망」, 국립외교원 중국연구센터, 『2016 중국정세보고』 (2017), p. 29.

이를 이어 2017년에는 12차 중앙 순시조 감독이 2월부터 6월까지 진행되었다. 이때에는 중앙이 관리하는 29개의 대학교, 국무원 빈곤퇴치판공청 등 중앙 기관과 국유 기업 4개, 네이멍구자치구 등 지방 4개 등 모두 37개가 감독 대상에 선정되었다. 이렇게 되면서 277개 감독 대상에 대한 감독이 100퍼센트 완료되었다.[76)] 이는 역사상 처음 있는 일이었다. 이 중에서 약 4분의 1은 두 번 이상의 순시조 감독을 받았다. 두 번째 순시조 감독은, 첫 번째 순시조 감독을 통해 적발된 문제가 제대로 해결되었는지를 직접 점검하기 위한 감독이었다.

이상에서 살펴보았듯이, 시진핑은 집권 원년부터 정풍 운동과 부패 척결 운동을 강도 높게 추진하면서 강력한 리더십을 보여 주었다. 이를 바탕으로 시진핑은 추진하고자 한 각종 개혁 정책을, 특히 군 개혁까지도 과감하게 추진할 수 있었다. 이런 사실은 시진핑에게 정풍 운동과 부패 척결 운동은 단순히 정적을 제거하는 수단을 넘어 개혁 반대 세력의 저항을 물리치는 수단이었음을 보여 준다.[77)] 그 결과 시진핑의 개혁 정책에 대해 특정 집단이나 지도자가 공개적으로 도전하는 모습은 현재까지 나타나지 않고 있다. 이는 장쩌민과 후진타오 시기와는 분명히 다른 모습이다. 장쩌민 시기에는 베이징시 당서기 천시퉁, 후진타오 시기에는 상하이시 당서기 천량위와 충칭시 당서기 보시라이가 총서기에 도전하는 모습을 보였다.

(3) '시진핑 사상'

시진핑도 후진타오처럼 자신의 통치 이념을 공산당의 지도 이념으로 만들기 위해 노력했다. 자신의 저서나 연설문 출간을 놓고 볼 때 시진핑은 전임자보다 더욱 적극적이었다. 이렇게 광범위하게 개인을 선전한 경우는 화귀펑 이후에 없었을 것이다. 참고로 화귀펑은 부족한 권위를 만회하기 위해 '화 주석 선전'을 중점 정책으로 결정하고, 각종 전기와 정책 문건을 대규모로 출간했다.[78]

예를 들어, 표 13-7은 2013년부터 2017년 8월까지 중국 내에서 시진핑과 관련하여 출판된 저작 목록을 정리한 것이다. 이것은 중국 아마존(亞馬遜, amazon.cn)에서 판매하는 도서만을 정리한 것이기 때문에 실제로는 이것보다 많을 것이다. 이에 따르면 조사 시점까지 모두 22권의 책이 출간되었다. 이 중에서 네 권은 시진핑 본인이 집필한 책이고, 다섯 권은 다른 사람이 쓴 책이다. 나머지 13권은 각종 주제에 대한 시진핑의 글이나 연설문을 편집한 책이다.

이 중에서 2014년에 외문출판사(外文出版社)에서 출판된 『시진핑, 국정을 말하다(習近平談治國理政)』가 가장 유명하다. 이 책은 2017년 7월까지 한국어를 포함하여 전 세계 21개 언어로 번역되어 160여 개 지역에서 642만 권이 발행되었다. 시진핑을 전 세계에 알리기 위해 국가 차원에서 노력한 결과였다. 2017년 11월에는 『시진핑, 국정을 말하다』 2권이 출간되어, 1권과 마찬가지로 각국 언어로 번역되어 세계에 보급되고 있다.

[표13-7] 시진핑 관련 저작 일람표(2013~2017년 8월)

분류	저작
본인 저작 (4권)	『幹在實處 走在前列: 推進浙江新發展的思考與實踐』(中央黨校出版社, 2013)
	『之江新語』(浙江人民出版社, 2013)
	『擺脫貧困』(福建人民出版社, 2014) (1992년 초판 발행)
	『知之深·愛之切』(河北人民出版社, 2015)
타인 저작 (5권)	『平易近人: 習近平的語言力量』(上海交通大學出版社, 2014)
	『習近平用典』(人民日報出版社 2015)
	『平易近人: 習近平的語言力量(軍事卷)』(上海交通大學出版社, 2017)
	『習近平講故事』(人民日報出版社, 2017)
	『習近平的七年知青歲月』(中共中央黨校出版社, 2017)
정책 연설 시리즈 (13권)	『習近平關於實現中華民族偉大復興的中國夢論述摘編』(中央文獻出版社, 2013)
	『習近平談治國理政』(外文出版社, 2014)
	『習近平關於全面深化改革論述摘編』(中央文獻出版社, 2014)
	『習近平關於協調推進"四个全面"戰略布局論述摘編』(中央文獻出版社, 2015)
	『習近平關於全面依法治國論述摘編』(中央文獻出版社, 2015)
	『習近平關於全面從嚴治黨論述摘編』(中央文獻出版社, 2016)
	『習近平關於全面建成小康社會論述摘編』(中央文獻出版社, 2016)
	『習近平關於科技創新論述摘編』(中央文獻出版社, 2016)
	『習近平總書記系列重要講話讀本』(人民出版社, 2016)
	『習近平關於嚴明黨的紀律和規矩論述摘編』(中央方正出版社, 2016)
	『習近平關於社會主義經濟建設論述摘編』(中央文獻出版社, 2017)
	『以習近平同志為核心的黨中央治國理政新理念新思想新戰略』(人民出版社, 2017)
	『習近平論強軍興軍』(解放軍出版社, 2017)

〈출처〉亞馬遜(amazon.cn)(www.amazon.cn)

① 사전 준비 작업(2013~2015년)

시진핑의 통치 이념을 공산당의 지도 이념으로 만들기 위한 노력은 2013년부터 시작되었고, 그것이 본격화된 것은 2015년이었다. '사개전면(四個全面: 네 가지 전면)'이 바로 그것이다. 이는 시진핑 정부가 달성하고자 하는 국정 목표, 이를 추진하는 방식, 이를 보장하고 지도하기 위한 방침을 담고 있다. 이 중에서 국정 목표를 표현한 것이 '전면적 소강 사회 완성'(첫 번째 '전면')이다. 이는 시진핑 정부가 설정한 '중국의 꿈(中國夢)'의 I단계 목표, 즉 2021년까지 2010년 국내총생산(GDP)과 주민 소득을 두 배로 높여 전면적 소강 사회를 완성한다는 목표를 말한다.

'중국의 꿈'이라는 국정 목표를 달성하기 위한 추진 방식을 표현한 것이 '전면적 개혁 심화'(두 번째 '전면')와 '전면적 의법치국(依法治國)'(세 번째 '전면')이다. 우선, '중국의 꿈'을 실현하기 위해 공산당은 전 영역에 걸쳐 전보다 더욱 깊숙하고 전면적인 개혁을 추진한다. 이런 전면적 개혁이 전과 다른 점은, 이를 위해 공산당과 국가가 철저하게 법치(法治)를 추진한다는 점이다. 참고로 여기서 말하는 의법치국은 싱가포르의 법치 경험을 참고하여 만들어진 정책이다.

마지막으로, 이런 모든 것을 보장하고 지도하는 방침이 '전면적 당 엄격 관리(從嚴治黨)'(네 번째 '전면')다. 이는 '공산당만이 당을 관리한다.'는 기본 방침을 재천명한 것이다. 동시에 이는 공산당이 정치적 민주화 등을 결코 추진하지 않겠다는 방침을 다시 천명한 것이기도 하다. 이것의 주된 내용은 엄격한 당 규율과 기강 확립을 통해 공산당 조직과 간부의 잘못된 업무 태도(作風)를 바로잡고, 공산당의 통치 능력을 강화하는 것이다.

시진핑의 '사개전면'은 2013년 말부터 2014년 말까지 1년 동안 과정을 밟아 점진적으로 등장했다. 먼저 2013년 11월의 공산당 18기 3중전회에서 '전면적 개혁 심화'가 등장했다. 이어서 1년 뒤인 2014년 10월 공산당 18기 4중전회에서 '전면적 의법치국'이 추가되었다. 또한 '군중 노선 교육 실천 운동'을 정리하는 대회가 같은 달에 개최되었는데 이때 시진핑이 '전면적 당 엄격 관리'를 발표했다. 마지막으로 그로부터 두 달 뒤인 2014년에 12월 장쑤성 시찰 때 시진핑은 이 네 가지 방침을 '사개전면'으로 종합했다.[79]

'사개전면'의 내용보다 더 중요한 것은 그것이 어떤 위상을 갖는가라는 점이다. 중국 언론과 공산당의 설명을 시간적으로 추적해보면, '사개전면'의 위상이 점차 높아지고 있음을 알 수 있다. 예를 들어, 2015년 3월 《광명일보》의 한 사설은 '사개전면'을 "국가 통치의 기본 전략"으로 규정했다. 또한 같은 해 6월 《광명일보》의 다른 사설은 '사개전면'을 "국가 거버넌스(治理)의 현대화를 추진하는 전략적 배치"로 규정했다. 이 두 사설의 표현은 조금씩 다르지만, '국가 통치의 기본 전략'이나 '국가 거버넌스의 전략적 배치'는 비슷한 의미를 갖고 있다. 이는 공산당의 공식 입장이 되었다.

2015년 10월에 들어 일부 언론은 '사개전면'의 위상을 더욱 높이기 시작했다. 예를 들어, 《중국사회과학보》에 실린 사설은 '사개전면'이 "중국 특색 사회주의 이론 체계의 중요한 구성 부분"이라고 주장했다. 동시에 '사개전면'은 중국이 '두 가지 100년,' 즉 2021년 공산당 창당 100주년과 2049년 중국 건국 100주년의 목표를 실현하기 위해 분투하는 데 필요한 "이론 지도(指導)와 실천 지침이 되고 있다."라고 주장했다. 또한 공산당 18기 5중전회(2015년)에서 통과된「국민 경제 및 사회 발전 제13차 5개년(2016~2020년) 계획 건의」는 '사개전면'이 마르크스·레닌주의, 마오쩌둥 사상, 덩샤오핑 이론, 삼개대표 중요 사상 등과 함께 향후 경제 및 사회 발전 계획을 이끌어갈 "지도 사상(指導思想)"이라고 규정했다.[80]

'사개전면'에 대한 이런 규정과 함께 시진핑은 이에 대한 학습 선전을 대대적으로 추진해 왔다. 특히 2016년에는 앞에서 살펴본 '양학일주' 학습 운동이 전개되면서 공산당원들은 시진핑 저서를 집중적으로 학습해야만 했다.

② '시진핑 사상'의 준비와 결정(2016~2017년)

그런데 2016년 10월 공산당 18기 6중전회가 끝났을 무렵부터 중국에서는 '시진핑 사상'이 공산당 19차 당대회에서 탄생할 것이라는 소문이 돌기 시작했다. 이 무렵부터 시진핑 세력은 시진핑의 통치 이념을 좀 더 대담하게 '시진핑 사상'으로 부르고, 그것을 공산당 19차 당대회에서 당의 지도 이념으로 만들기로 작정한 것이다.

2017년에 들어서는 이것이 고위 당정 간부들의 입을 통해 확인되었다. 예를 들어, 당시 공산당 중앙 판공청 주임인 리잔수(현 전국인대 위원장)는 2017년 2월 중앙 직속기관 공작회의에서 '시진핑 사상' 띄우기를 공식화했다. 그에 따르면, "시진핑의 일련의 연설은 이미 초보적으로 완전한 이론 체계를 형성했다." 이는 2017년 4월 30일에《인민일보》해외판의 새로운 매체인《학습소조》가 보도한 내용이다.[81] 리잔수가 이렇게 발언한 지 한 달 뒤인 2017년 3월에는 시진핑의 통치 이념을 정리한『시진핑 사상』이라는 책이 영국에서 출간되었다. 이때 최초로 시진핑의 통치 이념을 '시진핑 사상'으로 명명했다.[82]

이런 현상을 두고 해외 언론들은 공산당 19차 당대회에서 마오쩌둥 사상과 덩샤오핑 이론에 이어 '시진핑 사상'이 등장할 것으로 예측했다. 이렇게 되면 시진핑의 이념적 권위가 마오쩌둥 및 덩샤오핑에 버금가는 것이 된다.[83] 더 나아가 홍콩의 한 언론인은 이와 같은 시진핑 띄우기 현상을 비판하면서, 현재 중국은 문화대혁명 시대의 마오쩌둥 개인 숭배로 회귀하고 있다고 지적했다.[84]

이후에도 시진핑 측근들의 노력은 계속되었다. 2017년 6월에 공산당 중앙 직속 기관(中直機關)은 시진핑의 통치 이념을 학습한 소감을 언론에 발표하면서 "시진핑의 핵심 지위 수호가 당 중앙의 권위 수호"이고, 시진핑 연설은 "근본적인 지도 사상이고 이론 무기"이며, 공산당에 절대 충성하고, 중앙의 방침과 정책을 철저하게 관철할 것을 강조했다.[85] 같은 시점에 공산당 중앙 조직부 당 건설 연구소도 언론에 기고문을 보내 시진핑의 "공산당 건설 사상"을 철저히 학습하고 실천할 것을 강조했다.[86]

이어 같은 해 7월 15일에는 《당건연구(黨建研究)》라는 조직부 기관지가 '시진핑 사상'이라는 용어를 사용하여 시진핑의 통치 이념을 설명했다. 그러나 이 글은 인터넷판에서 곧 삭제되었다. 같은 날 양제츠 국무위원은 "시진핑 외교 사상"이라는 용어로 지난 5년 동안의 외교 정책을 개괄했다.[87] 또한 7월 17일에는 베이징시 당서기 차이치가 중국 최고위급 지도자 중에서는 처음으로 "시진핑 동지의 중요 사상"이라는 표현을 사용하여 시진핑의 통치 이념을 개괄했다.[88] 이처럼 시진핑 세력은 '시진핑 사상'이라는 용어를 만들어 확산시키기 위해 노력했다.

이상에서 살펴본 과정을 거쳐 공산당 19차 당대회(2017년)에서 「당헌」 개정을 통해 '시진핑 사상'이 공산당의 지도 이념으로 확정되었다. 그것도 장쩌민의 삼개대표 중요 사상이나 후진타오의 과학적 발전관과 같은 부분적 통치 이념이 아니라, 마오쩌둥 사상이나 덩샤오핑 이론과 같은 종합적인 통치 이념의 형태로 말이다. 특히 시진핑의 이름이 명시된 것은 시진핑의 이론적 권위 강화와 관련하여 의의가 있다.

4. 권력 공고화의 제도화

앞 장과 이번 장에서 우리는 권력 공고화의 내용이 무엇이고, 덩샤오핑 이후 시대의 지도자인 장쩌민, 후진타오, 시진핑이 어떻게 이를 추진했는지를 자세히 살펴보았다. 중국 정치에서 최고 지도자가 되기 위해서는 세 가지 권력원인 군 통수권, 이념적 권위, 파벌의 지지를 획득해야만 한다. 장쩌민, 후진타오, 시진핑은 비슷한 과정을 통해 이를 장악했다.

장쩌민의 권력 공고화 과정을 살펴보면, 세 가지 권력원을 장악하기 위해 치밀하고 체계적인 전략을 구사했음을 알 수 있다. 먼저, 장쩌민은 총서기의 권한이 주는 인사권을 최대한 활용하여 중앙과 지방의 요직에 자파 세력을 대규모로 충원했다. 이렇게 해서 상하이방이라는 파벌이 등장했다. 다음으로 그는 이들을 이용하여 부패 척결 운동과 삼강 활동을 추진함으로써 총서기의 권위를 높이고 반대파를 제압하는 데 성공했다. 마지막으로 이런 성과를 기반으로 이념적 권위를 갖기 위해 자신의 통치 이념인 삼개대표 중요 사상을 제기했다. 약 2년 동안의 전 당적 전 국민적인 삼개대표 선전과 교육 운동을 전개한 후, 여세를 몰아 2002년 공산당 16차 당대회에서 삼개대표 중요 사상을 공산당의 지도 이념으로 결정했다.

이처럼 장쩌민은 개혁기 지도자들의 권력 공고화 과정을 보여주는 전형을 만들었다. 순서대로 '자파 세력 충원 → 정풍 운동과 부패 척결 운동 전개 → 새로운 지도 이념 확정'이 바로 그것이다. 장쩌민은 이런 과정을 거쳐 '허약한' 총서기에서 '강력한' 총서기로 변신하는 데 성공했던 것이다.

후진타오도 이와 유사한 과정을 통해 권력 기반을 공고히 다졌다. 후진타오는 공산당 16차 당대회(2002년)에서 총서기에 선출된 직후부터 공청단 출신의 인사를 중앙과 지방의 요직에 대규모로 충원했다. 이렇게 해서 공청단파가 중요한 경쟁 파벌로 등장했다. 또한 그는 공청단파 지지자를 활용하여 삼개대표 활동이라는 정풍 운동을 전개하여 총서기의 권위를 높여 갔다. 동시에 부패 척결 운동을 통해서 국민의 지지를 얻고 공청단파와 경쟁 관계에 있던 상하이방도 약화시켰다. 마지막으로 과학적 발전관이라는 통치 이념을 제기하여 2007년 공산당 17차 당대회에서 지도 이념으로 승격시켰다. 이로써 후진타오는 이념적 권위도 확보했다. 이런 과정을 거친 결과 공산당 17차 당대회 이후 명실상부한 총서기로서 권한을 행사할 수 있었다.

시진핑도 마찬가지였다. 2012년 공산당 18차 당대회에서 총서기가 된 후 그는 자파 세력을 중앙과 지방의 요직에 충원했다. '시진핑 세력'에는 그와 같은 학교와 같은 지역 출신자, 같이 활동했던 사람들뿐만 아니라 핵심 측근(예를 들어 왕치산)의 사람도 포함되었다. 이후 시진핑은 이들을 활용하여 군중 노선 활동이라는 정풍 운동과 부패 척결 운동을 추진했다. 이를 통해 총서기의 권위를 높이고 자신이 주도하는 개혁에 반대하는 세력을 제압하는 데 성공했다. 특히 저우융캉 등 국가급 지도자를 처벌함으로써 막강한 권력을 보였다. 마지막으로 시진핑은 2015년 무렵부터 '중국의 꿈'과 '사개전면'을 지도 이념으로 만들기 위해 본격적으로 나섰다. 이런 노력은 2017년 공산당 19차 당대회에서 '시진핑 사상'이 「당헌」에 게재됨으로써 결실을 보았다.

이와 같은 분석을 통해 우리는 몇 가지 중요한 사실을 확인할 수 있다. 이는 개혁기에 변화된 엘리트 정치를 이해하는 데 매우 중요하다. 먼저, 덩샤오핑 이후 시대의 지도자들은 일정한 방법과 절차를 통해 권력을 공고화할 수 있고, 이를 통해 총서기로서의 권한을 행사할 수 있다. 비록 출범 초기에는 권력 기반이 취약하여 총서기로서의 권한을 제대로 행사할 것 같지 않던 지도자(예를 들어 장쩌민과 후진타오)도 일정한 시간이 지나면 권력 공고화를 통해 자신의 권한을 행사할 수 있게 된 것이다. 이런 면에서 개혁기에 권력 승계의 제도화가 이루어졌듯이, 권력 공고화의 제도화도 이루어졌다고 평가할 수 있다.

또한 '약한 총서기' 후진타오, '강한 총서기' 시진핑이라는 평가는 겉으로 드러난 일부 현상만을 강조하여 실제 상황을 과장하거나 왜곡하는 견해라고 할 수 있다. 위에서 살펴보았듯이, 지지 세력의 충원이나 자기 통치 이념의 공산당 지도 이념화라는 측면에서 보았을 때, 후진타오는 결코 '약한 총서기'가 아니었다. 그는 장쩌민이나 시진핑보다 더욱 빠르게 대규모로 자파 세력인 공청단파를 중앙과 지방의 요직에 충원했다. 그 결과 2002년 무렵부터는 공청단파가 최대의 파벌로 등장했다. 뿐만 아니라 후진타오는 집권 5년 만에 과학적 발전관이라는 자신의 통치 이념을 공산당의 지도 이념으로 승격시키는 데에도 성공했다. 다만 집권 1기에는 정치국 상무위원회와 정치국, 국무원, 중앙군위에서 소수파 지도자였기 때문에 다른 세력과의 협력을 통해 권한을 행사할 수밖에 없었다. 또한 국내외 상황으로 인해 정풍 운동과 부패 척결 운동을 계획대로 추진하지 못했다. 이런 이유로 '약한 총서기'라는 이미지가 만들어졌다.

마지막으로 시진핑의 권력을 과대평가하여 집단지도가 해체되고 일인지배가 등장했다고 주장하는 것은 타당하지 않다. 일부 중국 전문가와 언론은 시진핑을 장쩌민 및 후진타오와 비교 분석하지 않고 그에만 초점을 맞추어 모든 것을 시진핑 시기에만 나타난 현상으로 간주하는 경향이 있다. 그런데 위에서 보았듯이, 시진핑이 걸어온 권력 공고화 과정은 장쩌민 및 후진타오가 걸어왔던 길과 다르지 않다.

또한 시진핑이 추진한 권력 공고화의 내용, 즉 자파 세력 충원, 정풍 운동과 부패 척결 운동 실시, 자기 이념의 공산당 지도 이념화는 장쩌민과 후진타오가 추진한 내용과 다르지 않다. 이런 점에서 시진핑은 장쩌민, 후진타오와 같은 맥락에 있는 덩샤오핑 이후 지도자의 한 사람일 뿐이다. 다만 시진핑이 처한 유리한 국내외 상황으로 인해 그가 전임자보다 더욱 강력하게 정풍 운동과 부패 척결 운동을 추진했고, 그 결과 더 명확한 성과를 얻었던 것은 사실이다. 그러나 이는 '질적인 차이'라기보다는 '양적인 차이'에 불과하다. 최소한 공산당 19차 당대회(2017년)가 끝난 현재 시점에서 볼 때, 이는 변함 없는 사실이다.

'정권은 총구에서 나온다.'는 구호가 쓰인 선전물

중국에서 가장 중요한 권력원은 군 통수권이다. 마오쩌둥은 공산당 초기부터 무장 투쟁의 중요성을 역설했다. "전당(全黨)은 군사(軍事)에 매우 주의해야 하고, 정권(政權)은 반드시 총구에서 취득한다." 이때부터 '정권은 총구에서 나온다(槍桿子裏面出政權).'라는 말이 유행했고, 이는 군사력의 중요성을 강조하는 격언이 되었다. 이 말이 보여 주듯이, 중국에서는 군 통수권을 가진 자가 '실질적인' 최고 권력자가 된다. 이를 공식 직위 면에서 말하면 공산당 총서기가 아니라 중앙군위 주석이 실질적인 최고 지도자라는 것이다.

'덩샤오핑 이론'과 관련된 서적

개혁 초기에 덩샤오핑의 이념적 권위는 확고하지 못했다. 오히려 경제 정책만을 놓고 본다면 천윈의 이념적 권위가 덩보다 높았다. 그로 인해 덩이 주도하는 개혁 개방은 천윈을 중심으로 하는 보수파의 끊임없는 공세에 시달렸고, 개혁 개방은 추진과 중단을 반복하는 고난을 겪어야만 했다. 이 문제는 덩샤오핑 이론이 공식 지도 이념으로 결정됨으로써 해소되었다. 1992년 공산당 14차 당대회에서 '중국 특색의 사회주의 이론'이 지도 이념으로 채택되고, 그것이 1997년 공산당 15차 당대회에서 '덩샤오핑 이론'으로 명명됨으로써 덩의 이념적 권위가 확립되었다.

장쩌민의 '삼개대표'와 후진타오의 '과학적 발전관'

덩샤오핑 이후 시대의 지도자에게도 이념적 권위는 매우 중요했다. 이들에게는 마오쩌둥이나 덩샤오핑이 보유했던 카리스마적 지도력이 없었고, 그래서 권위를 높이기 위해서는 자신의 통치 이념을 공산당의 지도 이념으로 만드는 것이 더욱 절실했다. 2002년 당의 지도 이념이 된 '삼개대표(三個代表) 중요 사상,' 2012년 당의 지도 이념이 된 '과학적 발전관'은 이념적 권위를 수립하기 위해 장쩌민과 후진타오가 노력한 결과물이다. 단 이들은 자신의 이름을 「당헌」에 명시하지는 못했다.

'시진핑 사상' 관련 서적이 진열된 베이징의 서점
(2017년)

시진핑의 경우도 2014년부터 자신의 통치 이념을 공산당의 지도 이념으로 만들기 위해 본격적으로 노력했다. 그것은 2017년 공산당 19차 당대회에서 결실을 맺었다. 그의 통치 이념이 '시진핑 신시대 중국 특색의 사회주의 사상'이라는 명칭으로 「당헌」에 삽입된 것이다. 총서기가 된 지 5년 만으로 전임자에 비해 단기간이었을 뿐 아니라, 마오쩌둥이나 덩샤오핑처럼 자신의 이름을 딴 지도 이념을 갖게 되었다는 점에서 더욱 권위 있는 일이다.

시진핑 시기 부패척결운동으로 낙마한 고위급 지도자 저우융캉, 보시라이, 궈보슝, (윗줄 왼쪽부터) 쉬차이허우, 쑨정차이, 링지화 (아랫줄 왼쪽부터)의 사진을 보는 관람객
(18차 당대회 이후 5년간을 기념하는 전시, 2017년)

정풍 운동과 부패 척결 운동은 지금까지 효과가 증명된 가장 유효한 권력 공고화 전략이다. 이는 공산당의 자정 활동으로, 당의 응집력을 높이고 대외 이미지를 개선하는 수단으로 사용되는 한편, 막 최고 직위에 오른 새로운 지도자가 자신의 권력 기반을 다지는 수단으로 활용되었다. 이는 마오쩌둥 시기 옌안 정풍 운동에서부터, 장쩌민, 후진타오, 시진핑의 경우에도 마찬가지였다. 시진핑은 군중 노선 활동이라는 정풍 운동과 부패 척결 운동을 통해 총서기의 권위를 높이고 자신이 주도하는 개혁에 반대하는 세력을 제압하는 데 성공했다. 특히 저우융캉 등 국가급 지도자를 처벌함으로써 막강한 권력을 보였다.

14장 | 결론: 집단지도의 분화와 전망

　　중국의 엘리트 정치는 마오쩌둥 시대, 덩샤오핑 시대, 덩샤오핑 이후 시대에 각기 다른 유형을 보여 주었다. 마오 시대에는 마오의 일인지배, 덩 시대에는 혁명 원로의 원로지배, 덩 이후 시대에는 정치국 및 정치국 상무위원회의 집단지도가 그것이다. 그런데 이를 세밀히 분석해 보면 각 시기에 나타났던 집단지도 사이에도 차이가 있다는 사실을 발견할 수 있다. 예를 들어 장쩌민 시기 집단지도의 경우, 집권 1기(1992~1997년)와 집권 2기(1998~2002년)에 조금 다른 모습을 보였다. 집권 1기의 집단지도에 비해 집권 2기의 집단지도에서는 장쩌민에게 권력이 더욱 집중되는 현상이 나타났던 것이다.

　　후진타오 시기의 집단지도와 시진핑 시기의 집단지도를 비교하면 우리는 더욱 분명한 차이를 발견할 수 있다. 후진타오 시기의 집단지도에서는 후진타오가 비록 총서기였지만 최고 지도자로서 강력한 권한을 행사하는 모습이 나타나지 않았다. 이에 비해, 시진핑 시기에는 공산당 중앙뿐만 아니라 총서기 개인의 권력도 강화되는 특징이 나타났다. 그래서 일부 중국 전문가와 언론은 시진핑 시기에 들어 집단지도가 시진핑의 '일인지배'로 변화하고 있다고 주장하기까지 했다.

이런 상황은 우리에게 하나의 중요한 질문을 던진다. 덩샤오핑 이후 시대의 집단지도를 모두 같은 것으로 보아야 하는가? 장쩌민 시기 내에서도 집권 1기와 집권 2기가 조금씩 다르고, 후진타오 시기의 집단지도와 시진핑 시기의 집단지도는 뚜렷한 차이를 보이는데 이를 묶어 그냥 집단지도라고 규정하는 것이 타당한가? 만약 이런 식의 획일적인 규정이 타당하지 않다면, 어떤 기준에 따라 어떻게 집단지도를 구분할 수 있을까?

1. 집단지도의 분화: 분권형과 집권형

나는 중국의 지난 경험에 근거할 때 덩샤오핑 이후 시대의 집단지도를 두 가지 유형으로 나눌 수 있다고 생각한다. 첫째는 '분권형(分權型, decentralized)' 집단지도다. 장쩌민 시기의 경우에는 집권 1기, 후진타오 시기의 경우에는 전체 시기가 이 유형에 속한다. 둘째는 '집권형(集權型, centralized)' 집단지도다. 장쩌민 집권 2기와 시진핑 시기의 전체 시기가 이 유형에 해당한다. 분권형과 집권형을 구분하는 기준은 단 하나, 권력 집중도가 그것이다. 다시 말해, 집단지도에서 최고 지도자 개인에게 권력이 어느 정도로 집중되는지가 이를 나누는 기준이다. 이것은 실제 정치 과정에서 주로 공산당 총서기와 정치국 상무위원들 간의 권력 관계로 나타난다.

집단지도에서는 '원칙적으로' 총서기와 다른 지도자 간의 권력 관계가 평등하다. 공산당의 헌법인 「당헌」과, 비공개(내부) 당규인 「공산당 정치국 상무위원회 업무 규칙」과 「정치국 업무 규칙」은 이를 잘 보여 준다. 그러나 '실제적으로' 총서기와 다른 정치 지도자 간의 권력 관계가 평등하다고만은 할 수 없다. 분권형 집단지도에서는 총서기와 다른 지도자 간에 원칙적으로뿐 아니라 실제적으로도 평등한 권력 관계가 유지된다. 이 경우에 총서기는 '동급자 중 일인자'의 권한, 혹은 그보다 못한 권한을 행사하기도 한다. 후진타오 시기의 집단지도에서 후진타오가 그랬다.

반면 집권형 집단지도에서는 총서기와 다른 지도자 간의 권력 관계가 원칙적으로는 평등하지만 실제적으로는 그렇지 않다. 다시 말해, 총서기는 다른 정치국 상무위원보다 우월한 지위에서 더 많은 권력을 행사한다는 것이다. 장쩌민 시기의 집권 2기에 장쩌민이 이런 모습을 보여 주었다. 그는 톈안먼 사건과 사회주의권의 붕괴에 따른 정치적 및 사상적 혼란을 무난히 극복하면서 정치적 권위를 확보했다. 여기에 사회주의 시장경제론에 따라 개혁 개방을 성공적으로 추진하면서 국민의 생활 수준을 크게 향상시켰고 중국의 국제적 지위도 높였다. 이를 배경으로 장쩌민은 집권 2기에 다른 정치국 상무위원보다 우월한 지위에서 강력한 권한을 행사할 수 있었다. 이와 비슷하게, 시진핑 시기의 집권 I기에도 집권형 집단지도의 모습이 나타났다.

[표14-1] 집단지도의 유형 분류

구분	분권형 집단지도	집권형 집단지도
기준	· 총서기와 정치국 상무위원 간 권력 분산	· 총서기 개인에게 권력 집중
조건	· 정치 세력(파벌)의 미약한 지원 · 정국 주도권 상실과 리더십 위기 · 미약한 이념적 권위 · 굳건한 조직 체계의 지원 확보 실패	· 정치 세력(파벌)의 강력한 지원 · 정국 주도권 확보와 리더십 증명 · 강력한 이념적 권위 확보 · 굳건한 조직 체계의 지원 확보 성공
사례	· 장쩌민 집권 1기(1992~1997년) · 후진타오 집권 전체 시기(2002~2012년)	· 장쩌민 집권 2기(1997~2002년) · 시진핑 집권 전체 시기(2012년~현재)

〈출처〉 필자 작성

이처럼 총서기가 실제적으로 정치 권력을 얼마나 독점적으로 행사하느냐에 따라 집단지도가 분권형과 집권형으로 구분된다. 이 중에서 기본은 분권형이지만, 경우에 따라서는 집권형이 출현할 수 있다. 집권형이 나타나려면 몇 가지 조건이 충족되어야 한다. 첫째, 파벌의 강력한 지원을 받아야 한다. 이는 총서기가 자파 세력을 당·정·군의 요직에 얼마나 빠르게 대규모로 구축하여 정치적 지원을 받느냐에 따라 결정된다. 특히 정치국 상무위원회와 정치국에 자파 세력을 충원하는 것이 중요하다. 둘째, 정국을 주도하고, 이를 통해 최고 지도자로서의 리더십을 증명해야 한다. 이는 일반 당원과 국민의 지지를 획득하는 데 매우 중요한 조건이다. 셋째, 이념적 권위를 확보해야 한다. 이는 자신의 정책을 포괄할 뿐만 아니라 중국이 나아갈 미래의 비전을 제시하는 통치 이념으로써 획득할 수 있다. 넷째, 조직 체계의 지원이 있어야 한다. 이는 당·정·군의 조직 개편과 활용으로 권력 행사에 필요한 조직 체계를 강력하게 구축할 수 있는가 여부에 달려 있다.

표 14-1은 이를 정리한 것이다.

그렇다면 집단지도의 두 가지 유형과 마오쩌둥 시대의 일인지배 사이에는 어떤 연관성이 있을까? 2장에서 자세히 살펴보았듯이, 일인지배도 사실은 두 가지 유형이 있다. 하나는 '협의형'(혹은 협의적 방식) 일인지배이고, 다른 하나는 '독재형'(혹은 독재적 방식) 일인지배다. 이 두 가지는 1958년 대약진운동을 기준으로 나뉜다. 즉 1949년부터 1957년까지는 협의형 일인지배, 1958년부터 1976년 마오의 사망까지는 독재형 일인지배가 존재했다. 협의형에서는 마오가 비록 '압도적 지위'를 차지했지만, 공식 제도를 이용하여 동료들과의 협의를 통해 중요한 문제를 결정하는 모습을 보여 주었다. 반면 독재형에서는 공식 제도를 무시하고 자의적이고 독단적으로 문제를 결정하며, 이에 반대하는 동료를 숙청하는 모습을 보여 주었다.

마지막으로 집권형 집단지도와 협의형 일인지배는 권력의 집중도 면에서 근접한 거리에 있는 엘리트 정치 유형이다. 따라서 집권형 집단지도는 일정한 조건만 갖추어지면 협의형 일인지배로 바뀔 수 있다. 다시 말해 집권형 집단지도에서 권력이 더욱 총서기에 집중되어 총서기와 동료들 간의 관계가 주종 관계로 변화되면, 협의형 일인지배가 등장할 수도 있다는 것이다. 우리가 2022년에 개최 예정된 공산당 20차 당대회에 주목하는 이유는 이때 실제로 이런 변화가 일어날 수도 있기 때문이다. 만약 그때 시진핑이 '제6 세대' 지도자에게 중앙군위 주석과 국가 주석에 이어 공산당 총서기까지 이양하기를 거부한다면 협의형 일인지배가 등장할 가능성이 있다. 그러나 시진핑은 마오가 아니기 때문에 독재형 일인지배가 등장할 가능성은 없다.

표 14-2는 이상의 논의를 정리한 것이다.

[표14-2] 집단지도와 일인지배의 유형 비교

	집단지도		일인지배	
	분권형	집권형	협의형	독재형
공식 직위	공산당 총서기	공산당 총서기 ('핵심')	공산당 주석 ('압도적 지위')	공산당 주석 ('압도적 지위')
동료 관계	평등 관계	·원칙: 평등 관계 ·실제: 불평등 관계	주종 관계 (군신 관계)	주종 관계 (군신 관계)
권력 운영	·권력 분산 ·공식 제도 이용 ·집단적 행사	·권력 집중 ·공식 제도 이용 ·집단적 행사	·권력 집중 ·공식 제도 이용 ·집단적 행사	·권력 독점 ·공식 제도 무시 ·개인적 행사
사례	후진타오 시기	·장쩌민 집권 2기 ·시진핑 집권 시기	1949~1957년 기간	1958~1976년 기간

〈출처〉 필자 작성

2. 집단지도의 유형별 사례

장쩌민 집권 2기(1998~2002년)의 집권형 집단지도와 후진타오 시기(2002~2012년)의 분권형 집단지도를 비교 분석함으로써 분권형과 집권형의 차이를 엿볼 수 있다. 또한 여기에 시진핑 집권 1기(2012~2017년)의 집권형 집단지도를 살펴봄으로써 그 차이를 더욱 분명하게 파악할 수 있다.

(1) 장쩌민 집권 2기와 후진타오 시기의 집단지도: 집권형과 분권형

장쩌민 집권 2기와 후진타오 집권 시기의 집단지도는 분명한 차이를 보였다. 이런 점에서 장쩌민 집권 2기는 집권형 집단지도, 후진타오 집권 시기는 분권형 집단지도의 대표적인 사례라고 할 수 있다.

① 장쩌민 집권 2기의 집권형 집단지도

집권 1기(1992~1997년)에 장쩌민의 권력 기반은 그렇게 굳건하지 않았다. 그러나 5년 동안에 권력 공고화를 성공적으로 이룩함으로써 집권 2기(1998~2002년)에는 강력한 총서기가 되었다.

먼저, 상하이방이 중앙과 지방의 당·정·군 요직을 장악했다. 여기에 쩡칭훙이 주도하는 태자당 세력이 가세하면서 장쩌민은 확고한 지원 세력을 구축할 수 있었다. 또한 장쩌민은 정책 의제를 선점하여 강력하게 추진함으로써 국정을 주도할 수 있었다. 전방위적 대외 개방과 세계무역기구 가입(2001년), 국유 기업 개혁을 중심으로 하는 시장 개혁의 전면적 추진, 톈안먼 민주화 운동과 사회주의권의 붕괴 이후 본격화된 미국의 봉쇄를 돌파하고 국제적 지위를 제고하는 일, 사회주의 애국주의 교육 운동(1993~1997년)을 통한 민족주의 사상의 확산과 국민 통합, 아시아 금융 위기 극복 및 책임지는 강대국으로의 부상(1997~1998년), 군대의 이윤 추구 금지와 군사력 증강(1998년) 등 장쩌민은 숨 돌릴 틈 없이 정책 의제를 제시하고 추진함으로써 정국을 주도해 나갔다. 동시에 이를 통해 자신의 지도력을 과시할 수 있었다.

장쩌민은 또한 이념적 권위를 확보하기 위해 '삼강(三講)' 사상을 제기했고, 이를 이어 '삼개대표 중요 사상'이라는 통치 이념을 확정했다. 그러나 이는 덩샤오핑 이론을 대체할 수 있을 정도의 포괄적인 지도 이념은 아니라는 점에서 한계가 있었다. 마지막으로 장쩌민은 덩샤오핑이 부여한 '핵심' 칭호를 활용하여 당내 지위를 굳건히 다졌고, 중앙군위 주석 지위를 활용하여 정치 권력의 연장을 시도했다. 이 과정에서 일부 원로들의 반발이 있었지만, 장쩌민은 이를 충분히 극복할 수 있었다. 2002년 공산당 16차 당대회에서 중앙군위 주석에 세 번째로 취임한 것은 이를 잘 보여 준다.[1]

② 후진타오 시기의 분권형 집단지도

반면 후진타오는 집권 1기(2002~2007년)와 집권 2기(2007~2012년) 모두에서 분권형 집단지도의 전형을 보여 주었다. 우선, 장쩌민처럼 후진타오도 공청단파를 구축하여 상하이방-태자당 연합 세력과 경쟁했다. 공청단파를 중앙위원회와 정치국에 비교적 대규모로 충원함으로써 지지 기반을 구축하는 데는 성공했던 것이다. 그러나 정치국 상무위원회와 국무원 지도부 내에서는 상하이방-태자당 연합 세력이 절대 다수를 차지하고, 후진타오 세력은 소수 세력에 머물렀다. 이로 인해 후진타오는 총서기로서 제대로 권한을 행사할 수 없었다. 이를 극복하기 위해 정치 제도화와 당내 민주주의의 확대를 추진했지만, 권력 행사의 제약을 극복할 수는 없었다. 그 결과 후진타오는 '허약한 총서기'라는 불명예를 얻었다.

정책 의제의 선점과 정국 리더십 발휘에서도 후진타오는 한계를 보였다. 집권 초기에는 '과학적 발전관'에 입각하여 성장 위주의 기존 경제 정책이 초래한 부작용을 시정하려고 노력했다. 이를 통해 자신은 장쩌민과 분명히 다르다는 인식을 국민들에게 심어 주려고 했다. 그러나 2008년 베이징 올림픽을 준비하면서, 또한 2008년 하반기에 전 세계에 몰아닥친 금융 위기에 대응하기 위해서, 자신이 비판했던 경제 성장 최우선 정책으로 돌아가야만 했다. 그 결과 후진타오 집권 10년 동안 연평균 10.6퍼센트의 높은 성장률을 기록하면서 전임 정부보다 더욱 성장 지상주의적인 모습을 보여 주었다.

이와 같은 상황으로 인해 후진타오 정부의 국정 방침에는 대혼란이 발생했다. 단적으로 '과학적 발전관'은 「당헌」에 게재되어 공산당의 지도 이념이 되었지만, 현실에서는 흐지부지되고 말았다. 그 자리를 대신하여 이전 시기와 다를 바가 없는, 오히려 이전보다 더욱 강력한 경기 부양책이 등장했던 것이다. 그 과정에서 국유 기업의 문제는 계속 쌓여 갔고, 과잉 투자와 중복 투자 문제, 부동산 거품 문제는 심각한 수준에 도달했다. 대기 오염, 즉 스모그와 수질 오염 등 환경 문제도 계속 악화되었다. 지역 격차, 도농 격차, 빈부 격차 문제도 제대로 해결되지 않았다.

정치 개혁도 마찬가지였다. 후진타오는 집권 초기 '당내 민주주의를 통한 인민 민주주의 견인' 방침에 따라 다양한 민주적 정치 개혁을 의욕적으로 추진했다. 촌민위원회를 중심으로 한 기층 민주주의 확대, 향장(鄕長: 한국의 면장에 해당)과 진장(鎭長: 읍장에 해당) 등 기층 정권 수장의 직접 선거 실험, 공산당 기층위원회 서기의 직접 선거 실험, 의법치국과 의법행정 정책의 전면적 추진 등이 대표적이다. 지역적으로도 광동성을 필두로 한 연해 지역에서는 지역 특성에 맞는 다양한 혁신적인 정치 개혁이 추진되었다.

그러나 2003년부터 2005년까지 중앙아시아 일부 국가에서 발생한 '색깔 혁명(color revolution)'은 후진타오 정부에 충격을 주었다. '제3의 민주화 물결'을 통해 민주화로 이행하던 여러 개발도상국에서 권위주의 정부가 재등장했는데, 색깔 혁명은 이를 다시 민주주의로 이행하도록 만들기 위해 시민 단체들이 주도한 대규모 민주화 운동을 말한다. 한마디로 후진타오 정부는 중국 내에서 색깔 혁명이 일어나지 않도록 예방하기 위한 정책을 최우선적으로 추진했다. 예를 들어, 후진타오 정부는 2000년대 중반부터 시민사회와 인권 운동가를 강력히 탄압하기 시작했다. 언론과 인터넷 통제도 마찬가지로 강화되었다.

2008년에는 티베트 지역 등에서 대규모 소수민족 시위가 발생하면서, 동시에 쓰촨 대지진과 세계 금융 위기가 함께 밀어닥치면서 후진타오 정부는 정치적 보수화로 급선회했다. 여기에 더해 기득권 세력과 상하이방-태자당 연합 세력은 후진타오 정부의 정치 개혁과 부패 척결 정책을 사사건건 방해했다. 그 결과 다양한 정치 개혁은 중단되었고, 부패 척결 운동도 흐지부지되었다. 결국 국내외의 긴장된 상황과 반대 세력의 견제에 밀려 '허약한 총서기' 후진타오는 자신의 개혁 의제를 포기해야만 했던 것이다. 이로써 후진타오는 정치적 지도력을 보여 주는 데도 실패했다.

마지막으로 후진타오는 강력한 권력 행사를 뒷받침하는 조직 체계를 구축하는 데도 한계를 보였다. 장쩌민이 중앙군위 주석에 세 번째로 취임하면서 집권 초기부터 후진타오는 군에 대한 지휘권을 확보할 수 없었다. 정치국 상무위원회에서는 파벌 간의 권력 관계에서 열세여서 자신의 뜻대로 정국을 운영할 수 없었다. 특히 9인제 정치국 상무위원회가 도입되면서 효율적인 정책 결정은 더욱 어려워졌다. 여기에다 법과 절차를 중시하는 후진타오의 통치 스타일이 행보를 더욱 더디게 만들었다. 그 결과 당·정·군 모두에서 최고 지도자들의 일탈이 이어졌다. 보시라이, 저우융캉, 쉬차이허우, 궈보슝, 링지화의 권력 남용과 부패는 이를 잘 보여 준다.

(2) 시진핑 시기의 집권형 집단지도

시진핑은 후진타오와는 다르게 집권 I기(2012~2017년)부터 집권형 집단지도를 운영했다. 이는 시진핑이 집권 초기부터 집권형 집단지도에 필요한 조건을 만드는 데 성공했기에 가능했던 일이다.

① 시진핑 시기의 집권형 집단지도

먼저, 시진핑은 '시진핑 세력'을 굳건하게 구축했다. 시진핑은 자파 세력의 구축 과정에서 이전 시기와는 다른 특징을 보여 주었다. 공청단파, 상하이방, 태자당 등 기존 파벌 체제를 타파하고, 자신과 직간접적으로 연관이 있는 유능한 사람을 등용하여 권력 기반의 강화에 필요한 지원 세력을 구축하는 데 성공했던 것이다. 이는 명분과 실리를 모두 챙기는 전략이었다. 시진핑은 특정 파벌을 선호하지 않는 모습을 보임으로써 '파벌 금지'라는 공산당의 원칙에 충실한 것처럼 보였다. 또한 파벌과 상관없이 실력이 검증된 사람을 발탁함으로써 더욱 넓은 인재 풀과 자원망을 활용할 수 있었다.

또한 시진핑은 집권 초기부터 '중국의 꿈(中國夢)'이라는 장기 비전과 이를 실현하기 위한 개혁 과제를 선명하게 제시하면서 정국을 주도하는 데도 성공했다. 21세기에 접어들어 국민의 생활 문제 해결을 주요 목표로 하는 '전면적 소강 사회 완성'만으로는 공산당이 더 이상 통치의 정당성을 확보할 수 없었다. 이에 시진핑은 '중화 민족의 위대한 중흥'을 2049년까지 이룩하겠다는 '중국의 꿈'을 제시하고, 이를 위해 1978년에 덩샤오핑이 '제1의 개혁'을 추진했던 것처럼 자신도 '제2의 개혁'을 추진하겠다는 방침을 제시했다. 이로써 새로운 목표와 비전을 제시하는 데도 성공했던 것이다.

동시에 시진핑은 공산당의 고질적인 문제인 부정부패를 해결하기 위해 강력한 정풍 운동과 부패 척결 운동을 추진했다. 이를 통해 공산당 내에 팽배한 무기력감과 국민들 사이에 퍼져 가던 공산당에 대한 불신과 회의를 일소하는 데도 성공했다. 이런 정책이 통치 엘리트와 일반 국민들로부터 지지를 얻으면서 시진핑은 이를 바탕으로 더욱 과감하게 전면적인 군 개혁을 단행할 수 있었다. 군 개혁은 장쩌민이 집권 말기에 추진하려다가 육군의 반발과 저항에 부딪쳐 포기한 위험천만한 개혁이다. 이를 시진핑이 2015년 말부터 전격적으로 추진하면서 강력한 지도자라는 인상을 통치 엘리트와 국민 모두에게 심어 줄 수 있었다.

시진핑은 자신의 이름을 딴 지도 이념인 '시진핑 사상'을 「당헌」과 「헌법」에 삽입하는 데도 성공함으로써 이념적 권위도 확보했다. 시진핑 사상은 장쩌민의 삼개대표 중요 사상이나 후진타오의 과학적 발전관과 다른 지도 이념이다. 앞의 두 지도 이념이 특정 분야에 대한 내용만을 담고 있다면, 시진핑 사상은 정치, 경제, 사회, 문화 등 전 분야를 포괄할 뿐만 아니라, 향후 30년의 미래 비전도 함께 제시한다는 특징이 있다. 이런 점에서 시진핑 사상은 마오쩌둥 사상과 덩샤오핑 이론의 계보를 잇는 포괄적인 통치 이념이다. 이런 특징이 「당헌」에 시진핑의 이름을 넣은 것보다 더욱 중요하다.

마지막으로 시진핑은 강력한 조직 체계를 구축하는 데도 성공했다. 이는 장쩌민 및 후진타오 시기와는 다른 새로운 시도였다. 먼저, 공산당 중앙의 권위를 강화했다. 전에도 정풍 운동과 부패 척결 운동이 있었지만 성과는 그때뿐이었다. 그러나 시진핑은 달랐다. 전과는 다른 강력한 정풍 운동과 부패 척결 운동을 지속적으로 전개하여 공산당 중앙의 권위를 확립하는 데 성공했던 것이다. 그 결과 후진타오 시기에 유행했던 '구룡치수(九龍治水),' 즉 '아홉 마리의 용이 물을 관리한다.'와 같은 말이 더 이상 통용되지 않았다.

그 과정에서 시진핑은 '핵심' 지위를 얻었다. 이는 장쩌민이 덩샤오핑으로부터 '핵심' 칭호를 받은 것과는 성격이 다르다. 당시에 장쩌민은 아무런 업적도 없는 상태에서 부족한 권위를 보완하기 위해 덩샤오핑이 준 '핵심' 칭호를 그냥 받은 것뿐이었다. 따라서 장쩌민의 '핵심'은 내용이 없는 껍데기 칭호, 혹은 앞으로 내용을 채워 나가야만 하는 하나의 무거운 과제였다. 반면 시진핑은 자신의 힘으로 업적을 근거로 '핵심' 지위를 확보했다. 이를 통해 시진핑은 다른 정치국 상무위원보다 우월한 지위를 확보할 수 있었다.

또한 시진핑은 영도소조를 대규모로 신설하여 당·정·군을 종합적이고 체계적으로 지도할 수 있는 새로운 지도 체제를 구축했다. 그는 전면적이고 전방위적인 개혁을 추진한다는 명분으로 많은 영도소조를 신설하여 자신이 직접 조장이나 주임을 맡고, 요직에는 자파 세력을 충원했던 것이다. 이는 마오쩌둥의 지도 체제와는 정반대의 시도였다. 마오는 'I-2선 체제'를 수립하여 자신은 일상적인 업무에서 벗어나 거시적이고 장기적인 전략 구상에 몰두했다. 그러나 'I-2선 체제'는 결국 실패했고, 그 결과 엘리트 정치가 대혼란을 겪었다. 문화대혁명이 이를 단적으로 보여 준다. 시진핑은 이를 교훈 삼아 자신이 중요한 영역을 직접 지도하는 새로운 통치 체제를 구축했다.

마지막으로 시진핑은 강력한 정풍 운동과 부패 척결 운동을 전개함으로써 기득권 세력의 저항과 반대를 극복할 수 있었다. 이는 개혁 성공에 필수 불가결한 요소다. 마오쩌둥은 홍위병 학생과 조반파 노동자, 그 뒤에는 인민해방군을 동원하여 문혁을 추진하면서 'I선의 당권파'를 숙청할 수 있었다. 덩샤오핑은 혁명 원로로서의 권위를 이용하여 개혁 개방에 저항하는 세력을 제압할 수 있었다. 그러나 후진타오는 국유 기업 경영자(CEO), 당·정·군의 고위 간부와 장성, 태자당과 같은 기득권 세력의 저항을 극복하는 데 실패하여 개혁이 흐지부지되고 말았다.

시진핑은 이와 같은 후진타오의 전철을 밟지 않았다. 먼저, 시진핑은 강력한 정풍 운동과 부패 척결 운동을 통해 경쟁 세력이 자신의 정책에 반대할 수 없도록 만드는 데 성공했다. 경쟁 세력들은 정책에 반대하거나 저항하는 모습을 보이면 부패 세력으로 몰려 숙청될 수 있기 때문에 감히 저항할 엄두를 내지 못했다. 그 결과 시진핑의 각종 개혁 정책은 비교적 순조롭게 추진되었다. 또한 시진핑은 이를 통해 공산당 원로와 당원뿐만 아니라 국민들의 광범위한 지지를 획득할 수 있었다. '시 할아버지(習爺爺)'나 '시 삼촌(習叔叔)'

과 같은 친근한 호칭은 이렇게 해서 등장했다. 이와 같은 당원과 국민의 지지를 바탕으로 시진핑은 저항 세력을 더욱 강력하게 압박할 수 있었다.

② 집권형 집단지도의 등장 배경

그렇다면 시진핑은 후진타오와는 다르게 어떻게 집권 1기(2012~2017년)부터 집권형 집단지도를 운영할 수 있었을까? 나는 세 가지 요인이 영향을 미쳤다고 생각한다.

첫째, 시진핑은 집권 초기부터 장쩌민이나 후진타오와 달리 견고한 권력 기반을 갖추고 있었다. 이에 대해서는 이미 앞에서 자세히 설명했기 때문에 부연 설명이 필요 없다. 이를 배경으로 시진핑은 자신의 구상을 집권 초기부터 강력하게 추진할 수 있었던 것이다. 또한 장쩌민과 달리 후진타오는 퇴임 후에 정치에 일체 개입하지 않음으로써 시진핑에게 힘을 실어 주었다. 이런 점에서 시진핑의 강력한 권력 기반의 일부는 후진타오가 만들어 준 것이라고 말할 수 있다.

둘째, 중국의 통치 엘리트들은 후진타오 시기에 나타난 여러 가지 문제를 반드시 해결해야 한다는 공감대를 형성했다. 후진타오 집권 2기(2007~2010년)에는 공산당 중앙의 권위가 급격히 약화되었다. 그 결과 공산당과 정부의 각 부서뿐만 아니라 지방 세력의 자의적인 행동도 급격히 증가했다. 부정부패도 전보다 더욱 만연했다. 군대의 기강 해이는 특히 심각한 수준에 도달했다. 또한 후진타오가 의도했던 개혁이 중단되거나 지체되면서 환경 악화와 빈부 격차의 확대 등 사회 문제는 더욱 쌓여만 갔다. 그 결과 후진타오 집권 말기에는 이런 문제를 해결하지 않으면 공산당의 집권이 위태로울 수 있다는 위기의식이 당내에 팽배했다. 시진핑은 이런 위기의식을 바탕으로 개혁을 철저히 추진해야 한다, 그러기 위해서는 공산당 중앙의 권위와 총서기 개인의 권위를 동시에 강화해야 한다는 동의를 동료 지도자들로부터 얻을 수 있었다.

셋째, 공산당 18차 당대회(2012년)에 있었던 '제4 세대' 지도자에서 '제5 세대' 지도자로의 권력 승계 과정이 전과 달리 순조롭지 않았다. 전보다 더욱 심각한 엘리트의 분열이 발생했던 것이다. 이는 공산당 지도부의 위기의식을 더욱 부추기는 계기가 되었다. 권력 승계는 겉으로는 평화롭고 안정적인 것처럼 보였지만, 속으로는 그렇지 않았다. 일부 정치 세력이 시진핑으로 권력이 승계되는데 대해, 혹은 공산당 중앙의 권력 승계 조치에 대해 강력하게 반발했다는 흔적이 있다. 당내에서는 보시라이, 저우융캉, 링지화의 숙청, 군내에서는 쉬차이허우와 궈보슝의 숙청이 이를 잘 보여 준다.

이를 경험한 시진핑은 강력한 권력 기반을 구축하여 이들을 단호하게 처벌하지 않으면 총서기 노릇을 제대로 할 수 없을 것이라는 두려움에 휩싸였다. 동시에 공산당 중앙이 이 문제를 제대로 해결하지 못하면 공산당의 통합과 안정에 큰 문제가 발생할 수도 있다는 위기의식이 당내에 고조되었다. 이에 따라 시진핑은 집권 이후 부패 척결과 기율 강화 정책을 강력하게 추진했던 것이다. 공산당 중앙과 시진핑 개인의 권력 강화는 이를 위해 필요한 조치이자 그 결과였다. 시진핑이 이렇게 할 수 있었던 데에는 후진타오의 전폭적인 지지와 격려, 동료 지도자들의 동의가 있었다는 것은 말할 필요도 없다.

3. 집단지도의 전망

I장에서 자세히 살펴보았듯이 집단지도는 '과두제의 딜레마'라는 내적 모순을 안고 있다. 이로 인해 소련에서는 과두제로 시작한 엘리트 정치가 개인 독재(스탈린의 경우) 혹은 일인지배(나머지 지도자들)로 끝나는 상황이 반복해서 출현했다. 반면 베트남의 엘리트 정치는 혁명 과정뿐만 아니라 건국 이후에도 집단지도를 유지하고 발전시키는 데 성공했다. 이는 집단지도가 안정적으로 운영될 수 있는 엘리트 정치 체제라는 점을 증명한 것이다. 현재까지 중국의 엘리트 정치는 소련보다는 베트남의 경험에 가깝다. 1992년 공산당 14차 당대회부터 지금까지 30년 동안 집단지도가 안정적으로 잘 유지되었기 때문이다.

그러나 중국의 집단지도가 앞으로도 잘 운영될 것이라고는 누구도 장담할 수 없다. 집단지도의 취약성은 언제든지 현실화될 수 있고, 그것을 제대로 수습하지 못하면 일인지배로 역이행할 수도 있기 때문이다.

① 집단지도의 취약성

먼저, 공산당 총서기와 다른 정치국 상무위원 간의 권력 관계는 유동적이다. 이들의 권력 관계는 원론적인 차원에서는 평등하다. 또한 집단지도의 원칙이 「당헌」과 당규에 명문화되어 있기 때문에 원칙적으로 총서기의 압도적인 우위는 인정될 수 없다. 그러나 현실 정치에서는 평등한 권력 관계가 불평등한 관계로 바뀔 수 있다. 유동적인 권력 관계를 이용하여 총서기가 개인적인 권력욕에서건 아니면 다른 필요에 따라서건 권력 강화를 시도하면 말이다.

또한 집단지도가 실제로 운영될 때에는 과두제의 딜레마로 인해 '효율과 안정 간의 긴장'이 발생한다. 효율적인 정책 결정과 효과적인 정책 집행을 위해서는 총서기의 권한이 '어느 정도' 강화될 필요가 있다. 그러나 만약 총서기의 권한이 그 '어느 정도'를 넘어서 '너무' 강화되면 독재자가 출현하게 되고, 그렇게 되면 집단지도가 더 이상 유지될 수 없다. 그 결과 일인지배가 출현하면서 엘리트 정치는 불안정하고 예측 불가능한 상황에 빠질 수 있다. 이처럼 집단지도는 상황과 조건이 변함에 따라 효율과 안정 간에 강조점이 달라질 수 있고, 그때마다 긴장이 발생할 수 있다.

예를 들어, 시진핑 시기에는 집단지도의 효율과 안정 중에서 효율이 강조되는 상황이 도래했다. 후진타오 시기가 남긴 많은 문제를 해결하기 위해서는 효율적인 정책 결정과 집행이 필요하고, 이를 위해 공산당 중앙과 총서기 개인의 강력한 지도력이 필요하다는 인식이 확산된 결과였다. 그리고 만약 지금처럼 엘리트 정치에서 집단지도의 안정보다 일인지배의 효율이 더욱 중시되고 그 결과로 공산당 중앙과 총서기 개인의 권력이 계속 강화된다면, 집단지도는 분권형이 아니라 집권형으로 고착될 가능성이 높다.

또한 논리적으로는 집권형 집단지도가 어느 임계점을 넘으면 일인지배로 역이행하는 시점이 올 수도 있다. 이런 점에서 총서기 개인에게 권력이 고도로 집중된 집권형 집단지도와 1958년 이전 마오쩌둥의 '협의적 방식'의 일인지배는 그렇게 서로 먼 거리에 있는 엘리트 정치 체제가 아니다. I부에서 살펴보았듯이, 1958년 이전에 마오는 일인지배의 엘리트 정치에서 비록 '압도적 지위'를 가진 최고 지도자였지만 '협의적 방식'으로 권력을 운영함으로써 일인지배의 폐단을 막을 수 있었다. 그러나 1958년 무렵부터 '독재적 방식'으로 권력을 행사하기 시작했고, 마오의 일인지배는 개인 독재로 바뀌었다. 그 결과 중국은 대약진운동과 문혁이라는 대재앙을 맞았다.

집권형 집단지도의 고착화와 일인지배로의 변질은 공식 규정과 비공식 규범이 모두 바뀌면서 일어날 수 있다. 아니면 공식 규정은 바뀌지 않지만 비공식 규범이 바뀌면서 일어날 수 있다. 예를 들어, 공식 규정은 바뀌지 않아 원칙적인 차원에서 집단지도를 강조하지만, 현실에서는 최고 지도자의 강력한 지도력을 용인하는 새로운 비공식 규범이 등장하여 일인지배가 서서히 등장할 수 있다. 형식적으로 혹은 법적으로는 집단지도가 유지되지만, 내용적으로 혹은 실제적으로는 일인지배가 운영될 수 있다는 말이다.

그러나 공식 규정과 비공식 규범이 따로 노는 상황에서는 일인지배가 안정적으로 운영될 수 없다. 일인지배가 안정적으로 유지되려면 공식 규정을 수정해야만 한다. 그렇게 해야 일인지배가 통치 엘리트뿐만 아니라 일반 국민들로부터도 정당성을 획득할 수 있다. 이는 결코 쉬운 일이 아니다. 일인지배에 대한 반대가 공산당 내외로 강력하게 존재하기 때문이다. 통치 엘리트뿐만 아니라 일반 국민들도 '제2의 마오쩌둥'이 출현하여 중국에서 정치적 비극이 재현되는 것을 결코 원치 않는다. 결국 일인지배가 등장하더라도 공식 규정은 집단지도로 둔 상태로 비공식 규범을 이용하는 방식이 될 가능성이 높다. 이럴 경우 엘리트 정치는 불안정하게 될 것이다.

② 향후 전망

마지막으로 중국의 엘리트 정치가 향후 어떻게 변화할지 간단하게 살펴보자. 결론적으로 말하면, 현재의 집권형 집단지도가 유지될 가능성이 가장 높다. 다만 그 구체적인 형태가 어떻게 나타날지는 현재 상황에서는 단정적으로 이야기할 수 없다. 중국을 감싸고 있는 국내외 정세가 매우 유동적이고, 이에 따라 향후의 권력 구도가 끊임없이 요동칠 것이기 때문이다.

2022년에 개최 예정인 공산당 20차 당대회에서의 권력 승계를 중심으로, 세 가지 시나리오를 생각해 볼 수 있다. 첫째는 후진타오 방식의 답습이다. 이는 후진타오가 했던 대로 시진핑이 공산당 총서기, 국가 주석, 중앙군위 주석을 '제6 세대' 지도자에게 '모두 동시에' 이양하는 것이다. 둘째는 장쩌민 방식의 답습이다. 이는 공산당 총서기와 중앙군위 주석이 분리되어 이양되는 단계적 권력 이양 방식이다. 이 경우에는 시진핑이 중앙군위 주석과 국가 주석을 계속 맡고, 공산당 총서기와 국무원 총리를 '제6 세대' 지도자에게 이양할 것이다. 셋째는 시진핑이 국가 주석과 중앙군위 주석뿐만 아니라 공산당 총서기에도 다시 취임함으로써 권력 이양을 아예 하지 않는 것이다. 이는 기존의 권력 승계 규범이 무시되고 집단지도가 매우 위태롭게 되는 상황, 사실상 시진핑의 '일인지배'가 시작되는 상황을 의미한다.

이와 같은 세 가지 시나리오 중에서 현재 상황에서 보면 두 번째 시나리오가 가능성이 가장 높다고 판단된다. 이 책에서 자세히 살펴보았듯이, 중앙군위 주석은 처음부터 연임 제한 규정이 없다. 또한 국가 주석도 2018년 3월에 개최된 13기 전국인민대표대회(전국인대) 1차 회의에서 「헌법」 개정을 통해 연임 제한 규정이 삭제되었기 때문에 시진핑이 연임해도 법적으로 문제될 것이 없다. 이에 비해 세 번째 시나리오는 공산당 내외에 저항과 반발이 클 것이고, 이를 해소하려면 무리수를 두어야 하기 때문에 두 번째 시나리오에 비해 가능성이 낮다고 생각된다. 그러나 시진핑의 강력한 권력욕과 중국의 유동적인 정치 상황을 놓고 볼 때, 세 번째 시나리오도 충분히 가능성이 있다. 첫 번째 시나리오는 집단지도의 발전과 엘리트 정치의 안정을 위해서는 필요하지만, 지금까지 시진핑이 보여 준 행태를 놓고 볼 때 가능성이 그리 높아 보이지 않는다.

만약 두 번째 시나리오가 실현된다면, 2022년 공산당 20차 당대회 이후에는 시진핑이 최고 지도자로서 엘리트 정치를 주도하는 집권형 집단지도가 계속될 것이다. 구체적으로, 시진핑은 중앙군위 주석과 국가 주석의 신분으로 외정(外政), 즉 군사와 외교를 맡는다. 반면 일부 권력을 승계 받은 '제6 세대' 지도자들은 각각 공산당 총서기와 국무원 총리의 신분으로 내정(內政), 즉 정치와 경제를 맡는다. 이런 방식으로 시진핑과 '제6 세대' 지도자들 사이에 역할이 분담되는 권력 구도가 만들어진다. 이는 시진핑이 주도하는 집권형 집단지도이지 일인지배는 아니다. 비록 시진핑이 정권을 주도하지만 집단지도는 계속 유지되기 때문이다.

반면 세 번째 시나리오, 즉 시진핑이 권력 승계를 연기하고 당·정·군의 최고 직위에 다시 취임할 가능성은 두 번째 시나리오에 비해 낮은 것이 사실이다. 1992년 공산당 14차 당대회 이후 지금까지 30년 가까이 실행되어 온 집단지도는 나름의 합리성과 정당성을 갖고 있는 엘리트 정치 유형이기 때문이다. 그러나 시진핑은 중국이 처한 복잡한 국내외 상황을 제기하면서 세 번째 시나리오를 추진할 가능성이 충분히 있다. 그리고 만약 그것이 여의치 않을 경우에는 두 번째 시나리오를 추진할 것이다.

예를 들면 이런 식이다. 2015년 말에 시작된 군사 개혁을 성공적으로 완수하기 위해서는 뚜렷한 비전과 강력한 지도력을 갖춘 지도자가 필요하다. 2049년에 '중국의 꿈'을 성공적으로 달성하기 위해서도 역시 마찬가지다. 특히 경쟁이 더욱 치열해지는 국제 사회에서 미국의 견제를 뚫고 중국이 초강대국(superpower)으로 우뚝 서기 위해서는 시진핑만이 유일한 대안이다. 이런 논리를 내세우면서 시진핑은 권력 승계 연기(즉 세 번째 시나리오)를 역설할 것이다. 만약 이것이 어렵다고 판단되면, 중앙군위 주석과 국가 주석만 연임하는 방안(즉 두 번째 시나리오)을 설득할 것이다. 현재 상황에서 보면, 공산당 22차 당대회(2022년 예정)와 14기 전국인대 1차 회의(2023년 예정)에서 이런 논리가 수용될 가능성이 있다. 다만 그것이 두 번째 시나리오가 될지, 아니면 세 번째 시나리오가 될지는 현재로서는 단정적으로 말할 수 없다.

두 번째 시나리오가 실현되면, 집단지도의 공식 규정과 비공식 규범이 남아 있기 때문에 시진핑의 권력 행사는 여전히 제약을 받을 것이다. 그러나 이 경우에도 집권형 집단지도가 더욱 강화되면서 일인지배와 '멀지 않은 위치'에 놓이게 될 것이다. 세 번째 시나리오가 실현되면, 중국에 일인지배가 다시 등장할 것이다. 다만 시진핑은 마오쩌둥이 아니기 때문에 '독재적 방식'으로 엘리트 정치를 운영할 수는 없을 것이다. 실제로 중국의 엘리트 정치가 어떤 모습을 보여 줄지 함께 두고 보자.

주(註)

1 중국의 엘리트 정치

1) Cheng Li, *China's Leaders: The New Generation* (Lanham: Rowman & Littlefield, 2001), pp. 51-86; Chen Li and Lynn White, "The Sixteenth Central Committee of the Chinese Communist Party: Emerging Patterns and Power Sharing," Lowell Dittmer and Guoli Liu (eds.), *China's Deep Reform: Domestic Politics in Transition* (Lanham: Rowman & Littlefield, 2006), pp. 81-118.

2) Kenneth Lieberthal, *Governing China: From Revolution Through Reform* (New York: W.W.Norton & Company, 1995), pp. 184-192.

3) Frederick C. Teiwes, *Politics at Mao's Court: Gao Gang and Party Factionalism in the Early 1950s* (Republished) (London and New York: Routledge, 2015), pp. 152-153; 楊繼繩, 『墓碑: 1958-1962年中國大飢荒紀實(下)』(最新修訂本)(香港: 天地, 2015), pp. 876-877.

4) Jing Huang, *Factionalism in Chinese Communist Party* (New York: Cambridge University Press, 2000), pp. 421-425.

5) 후안강 교수는 집단지도를 다음과 같이 정의했다. "집단지도제(集體領導制)는

다수의 사람이 조성하는 정치국 상무위원회와 그 영도기제(領導機制)를 가리킨 다. 정치국 상무위원회는 공산당과 국가 기구의 다른 영도기관을 각각 대표하여 역할 분담과 합작(分工合作), 조정과 협력(協調協力)하는 집단지도제를 형성한 다." 胡鞍鋼,『中國集體領導體制』(北京: 中國人民大學出版社, 2013), p. 1. 이처 럼 후안강 교수는 집단지도를 기본적으로 정치국 상무위원회를 중심으로 운영 되는 권력 기제로 간주한다.

6) 寇健文,『中共菁英政治的演變: 制度化與權力轉移 1978-2010』(臺北: 五南圖書出 版社, 2011), p. 365; Suisheng Zhao, "The Structure of Authority and Decision-Making: A Theoretical Framework," Carol Lee Hamrin and Suisheng Zhao (eds.), *Decision-Making in Deng's China: Perspectives from Insiders* (Armonk: M.E. Sharpe, 1995), p. 236.

7) 高文謙,『晚年周恩來』(New York: 明鏡出版社, 2003), p. 112.

8) Jerry F. Hough and Merle Fainsod, *How the Soviet Union Is Governed* (Cambridge, Massachusetts: Harvard University Press, 1979), p. 473; Vadim Medish, *The Soviet Union* (Third Edition) (New Jersey: Prentice-Hall, 1987), pp. 102-104.

9) T.H. Rigby, "The Soviet Political Executive, 1917-1986," Archie Brown (ed.), *Political Leadership in the Soviet Union* (Indiana University Press, 1989), pp. 5-6.

10) Rigby, "The Soviet Political Executive, 1917-1986," pp. 19, 26-31.

11) T.H. Rigby, "The Soviet Leadership: Toward Self-Stabilizing Oligarchy?" *Soviet Studies*, No. 22 (October 1970), pp. 170-171; Myron Rush, "The Problem of Succession in Communist Regimes," *Journal of International Affairs*, Vol. 32, No. 2 (Fall/Winter 1978), p. 175; Robert A. Scalapino, "Legitimacy and Institutionalization in Asian Socialist Societies," Robert A. Scalapino, Seizaburo Sato, Jusuf Wanandi (eds.), *Asian Political Institutionalization* (Institute of East Asian Studies, University of California, Berkeley: 1986), pp. 85-86; Lowell Dittmer, "Informal Politics among the Chinese Communist Party Elite," Lowell Dittmer, Haruhiro Fukui, and Peter N.S. Lee (eds.), *Informal Politics in East Asia* (New York: Cambridge University Press, 2000), pp. 126-125.

12) Hough and Fainsol, *How the Soviet Union Is Governed*, pp. 474-475.

13) 고병철,「아시아 공산주의 사회의 정치 제도: 중국, 북한 및 베트남」, 김달중 ·

스칼라피노 공편, 『아시아 공산주의의 지속과 변화: 중국·북한·베트남』(서울: 법문사, 1989), pp. 133, 167; 이상숙, 「개혁·개방 시기 중국과 베트남의 정치 기구와 권력 구조 변화 비교」, 《북한학연구》 8권 1호(2012년 8월), pp. 116-117; Douglas Pike, "Informal Politics in Vietnam," Dittmer, Fukui, and Lee, *Informal Politics in East Asia*, p. 184; Yu-Shan Wu and Tsai-Wei Sun, "Four Faces of Vietnamese Communism: Small Countries' Institutional Choice Under Hegemony," *Communist and Post-Communist Studies*, Vol. 31, No. 4 (December 1998), p. 190; Frederick Z. Brown, "Vietnam's Tentative Transformation," Larry Diamond and Marc F. Plattner (eds.), *Democracy in East Asia* (Baltimore: Johns Hopkins University Press, 1998), pp. 184-198.

14) 이한우, 「베트남의 체제 변화와 21세기 발전 방향: 제9차 당대회 결과 분석」, 《국제지역연구》 5권 4호(2002년 1월), pp. 123-145; 이한우, 「베트남에서 개혁의 확대와 정치적 일원주의의 완화: 제10차 당대회 결과 분석」, 《신아세아》 14권 1호(2007년 봄), pp. 84-108; 이한우, 「베트남에서 점진적 개혁의 지속: 제10차 공산당대회 결과 분석」, 《동남아시아연구》 21권 3호(2011), pp. 105-138; David Koh, "Leadership Changes at the 10th Congress of the Vietnamese Communist Party," *Asian Survey*, Vol. 48, No. 4 (July/August 2008), pp. 650-672.

15) Douglas Pike, "Political Institutionalization in Vietnam," Scalapino, Sato, Wanandi, *Asian Political Institutionalization*, pp. 42-58.

16) Tang Tsou, *The Cultural Revolution and Post-Mao Reforms: A Historical Perspective* (Chicago: The University of Chicago Press, 1986), p. 105; Tang Tsou, "Chinese Politics at the Top: Factionalism or Informal Politics? Balance-of-Power Politics or a Game to Win All?" Jonathan Unger (ed.), *The Nature of Chinese Politics: From Mao to Jiang* (Armonk: M.E Sharpe, 2002), p. 110; Lowell Dittmer, "Modernizing Chinese Informal Politics," Jonathan Unger (ed.), *The Nature of Chinese Politics: From Mao to Jiang* (Armonk: M.E Sharpe, 2002), p. 22; Carol Lee Hamrin and Suisheng Zhao, "Introduction: Core Issues in Understanding the Decision Process," Carol Lee Hamrin and Suisheng Zhao (eds.), *Decision-Making in Deng's China: Perspectives from Insiders* (Armonk: M.E. Sharpe, 1995), pp. xxix-xxx.

2 마오쩌둥 시대의 일인지배

* 이 장의 일부 내용은 필자의 다음 논문을 수정 보완한 것이다. 조영남, 「중국 마오쩌둥 시대의 엘리트 정치」, 《중소 연구》 43권 2호(2019년 여름호).

1) 趙建民, 『中國決策: 領導人·結構·機制·過程』(臺中: 五南, 2014), p. 33.
2) Frederick C. Teiwes, *Leadership, Legitimacy, and Conflict in China: From a Charismatic Mao to the Politics of Succession* (Reissued) (London and New York: Routledge, 2018), pp. 5, 7, 11, 12, 24-25.
3) Frederick C. Teiwes and Warren Sun, *China's Road to Disaster: Mao, Central Politicians, and Provincial Leaders in the Unfolding of the Great Leap Forward, 1955-1959*, (Armonk: M.E. Sharpe, 1999), p. 83; 王年一, 『大動亂的年代: 文化大革命十年史』(鄭州: 河南人民出版社, 2005), pp. 11-14.
4) Frederick C. Teiwes, "Mao and His Lieutenants," *Australian Journal of Chinese Affairs*, No. 19/20 (January-July 1988), pp. 12-13, 26; Frederick C. Teiwes, *Politics at Mao's Court: Gao Gang and Party Factionalism in the Early 1950s* (Republished) (London and New York: Routledge, 2015), p. 17.
5) Jin Qiu, *The Culture of Power: The Lin Biao Incident in the Cultural Revolution* (Stanford: Stanford University Press, 1999), pp. 20-21, 203; Jing Huang, *Factionalism in Chinese Communist Party* (New York: Cambridge University Press, 2000), pp. 59-60; 高文謙, 『晚年周恩來』(New York: 明鏡出版社, 2003), p. 113.
6) 李銳, 『廬山會議實錄』(增訂本)(鄭州: 河南人民出版社, 1995), pp. 299-304.
7) 王年一, 『大動亂的年代』, pp. 19, 52, 80, 351.
8) 楊繼繩, 『墓碑: 1958-1962年中國大飢荒紀實(下)』(最新修訂本)(香港: 天地, 2015), p. 693.
9) Frederick C. Teiwes, *Politics and Purges in China: Rectification and the Decline of Party Norms, 1950-1965* (Second Edition) (Armonk: M.E. Sharpe, 1993), pp. lxii-lxvii.
10) Qiu, The Culture of Power, pp. 201-203. 다른 기록에서는 여덟 명의 가족이 혁명 과정에서 희생되었다고 한다. 리즈수이 저, 손풍삼 역, 『모택동의 사생활 2』

(서울: 고려원, 1995), p. 87.

11) 모리 가즈코 저, 이용빈 역,『현대 중국 정치: 글로벌 강대국의 초상』(파주: 한울아카데미, 2013), p. 90; Teiwes, *Leadership, Legitimacy, and Conflict in China*, p. 71; 鄭謙·張化,『毛澤東時代的中國3(1949-1976)』(北京: 中共黨史出版社, 2003), pp. 14-15.

12) 「中央機構調整及精簡決定」, 人民解放軍 國防大學 黨史黨建政工教研究室 編,『中央黨史教學參考資料』17冊(北京, 1985), pp. 344-346.

13) 陳麗鳳,『中國共產黨領導體制的歷史考察: 1921-2006』(上海: 上海人民出版社, 2008), pp. 121-124.

14) 楊繼繩,『墓碑: 1958-1962年中國大飢荒紀實(下)』, pp. 680-683; 王紹光·鄢一龍,『大智興邦: 中國如何制定五年規劃』(北京: 中國人民大學出版社, 2015), pp. 71-72.

15) 王紹光·鄢一龍,『大智興邦』, pp. 75-78.

16) 모리 가즈코,『현대 중국 정치』, p. 109; Teiwes, *Politics at Mao's Court*, p. 3; 楊繼繩,『墓碑: 1958-1962年中國大飢荒紀實(下)』, p. 1062.

17) 高文謙,『晚年周恩來』, p. 482; 필립 쇼트, 양현수 옮김,『마오쩌둥 2: 문화혁명의 붉은 황제(1937-1976)』(서울: 교양인, 2019), p. 275.

18) 趙建民,『中國決策』, pp. 44-45.

19) 鄭謙·張化,『毛澤東時代的中國3(1949-1976)』(北京: 中共黨史出版社, 2003), pp. 14-15.

20) 조영남,『개혁과 개방: 덩샤오핑 시대의 중국 1(1976-1982년)』(서울: 민음사, 2016), pp. 464-466.

21) Teiwes, *Politics and Purges in China*, pp. xlv-xlvi.

22) 李銳,『廬山會議實錄』, pp. 285-298.

23) 何蓬,『毛澤東時代的中國2(1949-1976)』(北京: 中共黨史出版社, 2003), pp. 326-328.

24) 케네스 리버설,「대약진운동과 옌안 지도부의 분열, 1958-1965」, 로드릭 맥파커 편, 김재관·정용해 역,『중국 현대정치사: 건국에서 세계화의 수용까

지(1949-2009)』(서울: 푸른길, 2012), pp. 211, 247; Teiwes, *Politics and Purges in China*, p. li; 何蓬,『毛澤東時代的中國2(1949-1976)』, pp. 350-353.
25) Teiwes, "Mao and His Lieutenants," pp. 19-20.
26) Roderick MacFaquhar and Michael Schoenhals, *Mao's Last Revolution* (Cambridge, Massachusetts: Belknap Press of Harvard University Press, 2006), p. 19.
27) 王年一,『大動亂的年代』, pp. 8-21.
28) 鄭謙・張化,『毛澤東時代的中國3(1949-1976)』, pp. 216, 227-228.
29) 리즈수이 저, 손풍삼 역,『모택동의 사생활2』, pp. 254-255.
30) 모리 가즈코,『현대 중국 정치』, pp. 315-321.
31) 趙建民,『中國決策』, pp. 34-35, 53.
32) 모리 가즈코,『현대 중국 정치』, pp. 321-322.
33) Huang, *Factionalism in Chinese Communist Party*, pp. 207-209.
34) 薄一波,『若干重大決策與事件的回顧(上)』(修訂本)(北京: 人民出版社, 1997), p. 319; Teiwes, *Politics at Mao's Court*, pp. 32, 116-117.
35) 趙建民,『中國決策』, pp. 51-57; Huang, *Factionalism in Chinese Communist Party*, pp. 12-15; Teiwes, *Leadership, Legitimacy, and Conflict in China*, pp. 29-31.
36) 王年一,『大動亂的年代』, p. 93.
37) 王年一,『大動亂的年代』, pp. 23-24; 趙建民,『中國決策』, pp. 51-57; Huang, *Factionalism in Chinese Communist Party*, pp. 12-15, 212-213; Teiwes, *Leadership, Legitimacy, and Conflict in China*, pp. 29-31.
38) 李銳,『廬山會議實錄』, pp. 299-304
39) 楊繼繩,『墓碑: 1958-1962年中國大飢荒紀實(下)』, p. 689.
40) Teiwes, "Mao and His Lieutenants," p. 63.
41) Huang, *Factionalism in Chinese Communist Party*, pp. 326-329.
42) Qiu, *The Culture of Power*, pp. 79-80
43) Teiwes and Sun, *China's Road to Disaster*, pp. 73-76.
44) Teiwes, *Politics at Mao's Court*, pp. 152-153.
45) 楊繼繩,『墓碑: 1958-1962年中國大飢荒紀實(下)』, pp. 876-877.

46) 리즈수이 저, 손풍삼 역, 『모택동의 사생활 I』(서울: 고려원, 1995), 206-207.
47) 리즈수이, 『모택동의 사생활 I』, pp. 206, 209.
48) 高文謙, 『晩年周恩來』, p. 83.
49) 李唯真, 『破解毛澤東晩年之謎』(新臺: INK, 2014), pp. 357-403.
50) 楊繼繩, 『墓碑: 1958-1962年中國大飢荒紀實(下)』, pp. 686, 698.
51) 楊繼繩, 『墓碑: 1958-1962年中國大飢荒紀實(下)』, pp. 877-878
52) 高華, 『紅太陽是怎樣升起的: 延安整風運動的來龍去脈』(香港: 中文大學出版社, 2000), p. 608.
53) 李銳, 『廬山會議實錄』, pp. 318-319.
54) 陳麗鳳, 『中國共産黨領導體制的歷史考察』, p. 215; Teiwes and Sun, *China's Road to Disaster*, pp. 88-94.
55) 楊繼繩, 『墓碑: 1958-1962年中國大飢荒紀實(下)』, p. 693.
56) Teiwes and Sun, *China's Road to Disaster*, pp. 79, 199-200
57) Qiu, *The Culture of Power*, pp. 203-204, 206-207.
58) Juan J. Linz, "Totalitarianism and Authoritarianism," Fred I. Greenstein and Nelson W. Polsby (eds.), *Handbook of Political Science Volume 3: Macropolitical Theory* (Reading: Addison-Wesley Publishing Company, 1975), pp. 175-411.
59) 조영남, 「중국의 정치개혁: 성과와 한계」, 이현정 책임 편집, 『개혁 중국: 변화와 지속』(파주: 한울아카데미, 2019), pp. 105-109; Tang Tsou, *The Cultural Revolution and Post-Mao Reform: A Historical Perspective* (Chicago: University of Chicago Press, 1986), pp. xxii-xxvi.
60) Linz, "Totalitarianism and Authoritarianism," pp. 191-192.

3 마오쩌둥 일인지배의 확립: 1935~1956년

1) 참고로 티위스 교수는 이를 다음과 같은 다섯 시기로 구분한다. 첫째는 1935~1943년으로, 마오 권력의 확장과 공고화 시기다. 둘째는 1943~1949

년으로, 혁명 투쟁의 조건 하에 마오의 도전 받지 않는 지도력 시기다. 셋째는 1949~1957년으로, 건국 이후 권력 초기로서 상대적 조화 유지 시기다. 넷째는 1958~1965년으로, 마오와 'I선' 지도자 간의 증가하는 긴장 시기다. 다섯째는 1965/1966~1976년으로, 문혁 10년 동안 지도력 재구성 시기다. Frederick C. Teiwes, "Mao and His Lieutenants," *Australian Journal of Chinese Affairs*, No. 19/20 (January~July 1988), p. 5.

2) 中共中央黨史資料徵集委員會 編, 『遵義會議文獻』(北京: 人民出版社, 2009), pp. 49, 51.

3) 鄧小平, 『鄧小平文獻: 3卷』(北京: 人民出版社, 1993), p. 309.

4) 高文謙, 『晚年周恩來』(New York: 明鏡出版社, 2003), pp. 53-54.

5) 中共中央黨史資料徵集委員會, 『遵義會議文獻』, pp. 139-140; 中共中央黨史研究室, 『中國共産黨歷史: 第1卷(1921-1949)上冊』(北京: 中央黨史出版社, 2011), pp. 382-389; 宋曉明 主編, 『中共黨建史: 1921-1949』(北京: 黨建讀物出版社, 1966), pp. 242-245.

6) 高文謙, 『晚年周恩來』, pp. 62-63.

7) 陳麗鳳, 『中國共産黨領導體制的歷史考察: 1921-2006』(上海: 上海人民出版社, 2008), pp. 121-122; 趙建民, 『中國決策: 領導人·結構·機制·過程』(臺中: 五南, 2014), pp. 40-42; Jing Huang, *Factionalism in Chinese Communist Party* (New York: Cambridge University Press, 2000), pp. 132-133; Teiwes, "Mao and His Lieutenants," pp. 7-9.

8) 本書編委會 編, 『中國共産黨歷次黨章彙編(1921-2012)』(北京: 中國方正出版社, 2012), p. 95.

9) 陳麗鳳, 『中國共産黨領導體制的歷史考察』, pp. 123-124; Teiwes, "Mao and His Lieutenants," pp. 7-9.

10) 안치영, 「마오쩌둥의 옌안 체제 재편과 가오강 사건」, 《서강인문논총》 44집 (2015년 12월), pp. 143-147; Huang, *Factionalism in Chinese Communist Party*, pp. 9-12, 135.

11) 안치영, 「마오쩌둥의 옌안 체제 재편과 가오강 사건」, pp. 143-147; 李銳, 『廬山

會議實錄』(增訂本)(鄭州: 河南人民出版社, 1995), p. 194.

12) 안치영, 「마오쩌둥의 옌안 체제 재편과 가오강 사건」, pp. 143-147; 龐松, 『毛澤東時代的中國I(1949-1976)』(北京: 中共黨史出版社, 2003), p. 432; Huang, *Factionalism in Chinese Communist Party*, p. 159.

13) Frederick C. Teiwes, *Politics at Mao's Court: Gao Gang and Party Factionalism in the Early 1950s* (Republished) (London and New York: Routledge, 2015), pp. 143-144; Huang, *Factionalism in Chinese Communist Party*, pp. 11, 160.

14) 조영남, 『개혁과 개방: 덩샤오핑 시대의 중국 I(1976-1982년)』, p. 398; 中國共產黨 中央委員會, 「關於建國以來黨的若干歷史問題的決議」, 中共中央文獻研究室, 『三中全會以來重要文獻選編(下)』(北京: 人民出版社, 1982), pp. 747-751.

15) 케네스 리버설, 「대약진운동과 옌안 지도부의 분열, 1958-1965」, 로드릭 맥파커 편, 김재관·정용해 역, 『중국 현대정치사: 건국에서 세계화의 수용까지 (1949-2009)』(서울: 푸른길, 2012), pp. 136-137; 趙建民, 『中國決策』, p. 42; 프레데릭 티위스, 「새로운 정권의 건립과 공고화, 1949-1957」, 맥파커, 『중국 현대정치사』, pp. 131-133.

16) Frederick C. Teiwes, *Leadership, Legitimacy, and Conflict in China: From a Charismatic Mao to the Politics of Succession* (Reissued) (London and New York: Routledge, 2018), pp. 100-101; Teiwes, "Mao and His Lieutenants," pp. 10-12.

17) 薄一波, 『若干重大決策與事件的回顧(上)』(修訂本)(北京: 人民出版社, 1997), pp. 43-44; 王波, 『毛澤東的艱難決策: 中國人民解放軍出兵朝鮮的決策過程』(北京: 社會科學出版社, 2002); Andrew Scobell, "Solders, Statesman, Strategic Culture, and China's 1950 Intervention in Korea," Suisheng Zhao (ed.), *Chinese Foreign Policy: Pragmatism and Strategic Behavior* (Armonk: M.E Sharpe, 2004), pp. 107-127.

18) Teiwes, *Politics at Mao's Court*, pp. 17-19.

19) 薄一波, 『若干重大決策與事件的回顧(上)』, pp. 124-136; 龐松, 『毛澤東時代的中國I(1949-1976)』, pp. 101-108.

20) 薄一波, 『若干重大決策與事件的回顧(上)』, pp. 292-298; 王紹光·鄢一龍, 『大智興邦: 中國如何制定五年規劃』(北京: 中國人民大學出版社, 2015), pp. 64-71.

21) 티위스,「새로운 정권의 건립과 공고화, 1949-1957」, pp. 68-72; 薄一波,『若干重大決策與事件的回顧(上)』, pp. 228-237; 龐松,『毛澤東時代的中國I(1949-1976)』, pp. 280-285.
22) 薄一波,『若干重大決策與事件的回顧(上)』, pp. 205-207; 龐松,『毛澤東時代的中國I(1949-1976)』, pp. 194-196.
23) 안치영,「마오쩌둥의 옌안 체제 재편과 가오강 사건」, p. 148.
24) Roderick MacFaquhar and Michael Schoenhals, *Mao's Last Revolution* (Cambridge, Massachusetts: Belknap Press of Harvard University Press, 2006), p. 156.
25) Teiwes, *Politics at Mao's Court*, p. 127.
26) 문건의 공식 명칭은「중앙 인민정부 계통의 각 부문이 중앙에 비준을 요청하는 보고 제도(請示報告制度)를 강화하고, 중앙이 정부 업무에 대한 영도를 강화하기 위한 결의(초안)」다. 龐松,『毛澤東時代的中國I(1949-1976)』, p. 431.
27) 안치영,「마오쩌둥의 옌안 체제 재편과 가오강 사건」, p. 149; Huang, *Factionalism in Chinese Communist Party*, p. 182; 薄一波,『若干重大決策與事件的回顧(上)』, pp. 318-319..
28) 안치영,「마오쩌둥의 옌안 체제 재편과 가오강 사건」, pp. 149-150; 모리 가즈코,『현대 중국 정치』, pp. 101-106.
29) Huang, *Factionalism in Chinese Communist Party*, pp. 197-204.
30) 안치영,「마오쩌둥의 옌안 체제 재편과 가오강 사건」, pp. 160-171; 龐松,『毛澤東時代的中國I(1949-1976)』, pp. 431-439; Teiwes, *Politics at Mao's Court*, pp. 36-38, 44, 51, 130, 142-147; Huang, *Factionalism in Chinese Communist Party*, pp. 11, 160, 196-204.
31) 何蓬,『毛澤東時代的中國2(1949-1976)』(北京: 中共黨史出版社, 2003), p. 22; 陳麗鳳,『中國共產黨領導體制的歷史考察』, p. 169.
32) 何蓬,『毛澤東時代的中國2(1949-1976)』, pp. 22-28; 薄一波,『若干重大決策與事件的回顧(上)』, pp. 566-573.
33) 何蓬,『毛澤東時代的中國2(1949-1976)』, pp. 71-73; Frederick C. Teiwes and Warren Sun, *China's Road to Disaster: Mao, Central Politicians, and Provincial Leaders in the Unfolding of*

the Great Leap Forward, 1955-1959(Armonk: M.E. Sharpe, 1999), pp. 66-70.
34) 薄一波, 『若干重大決策與事件的回顧(下)』(修訂本)(北京: 人民出版社, 1997), pp. 246-253.
35) 陳麗鳳, 『中國共産黨領導體制的歷史考察』, pp. 155-157.
36) Huang, *Factionalism in Chinese Communist Party*, p. 58.
37) 陳麗鳳, 『中國共産黨領導體制的歷史考察』, pp. 165-169.
38) 中共中央文獻硏究室 編, 『鄧小平年譜: 1904-1994(中)』(北京: 中央文獻出版社, 2009), pp. 776-777.
39) Huang, *Factionalism in Chinese Communist Party*, pp. 197-204.
40) Teiwes, *Politics at Mao's Court*, pp. 134-140; Huang, *Factionalism in Chinese Communist Party*, pp. 197-204.
41) 프레데릭 티위스, 「새로운 정권의 건립과 공고화, 1949-1957」, pp. 116-118.

4 마오쩌둥 일인지배의 발전: 1957~1965년

1) Roderick MacFaquhar, *Origins of the Cultural Revolution 1: Contradictions among the People 1956-57* (New York: Columbia University Press, 1974); Roderick MacFaquhar, *Origins of the Cultural Revolution 2: The Great Leap Forward 1958-60* (New York: Columbia University Press, 1983); Roderick MacFaquhar, *Origins of the Cultural Revolution 3: The Coming of the Cataclysm 1961-66* (New York: Columbia University Press, 1997).
2) 조영남, 『개혁과 개방: 덩샤오핑 시대의 중국 I(1976-1982년)』, pp. 398-399; 中國共産黨 中央委員會, 「關於建國以來黨的若干歷史問題的決議」, 中共中央文獻硏究室, 『三中全會以來重要文獻選編(下)』(北京: 人民出版社, 1982), pp. 751-757.
3) Frederick C. Teiwes, "Mao and His Lieutenants," *Australian Journal of Chinese Affairs*, No. 19/20 (January-July 1988), pp. 17-19; Frederick C. Teiwes, *Leadership, Legitimacy, and Conflict in China: From a Charismatic Mao to the Politics of Succession* (Reissued) (London and

New York: Routledge, 2018), pp. 29-31; Jing Huang, *Factionalism in Chinese Communist China* (New York: Cambridge University Press, 2000), p. 220.

4) 何蓬, 何蓬. 2003. 『毛澤東時代的中國2(1949-1976)』(北京: 中共黨史出版社, 2003), p. 13.

5) 毛澤東, 『毛澤東選集(第五卷)』(北京: 人民出版社, 1977), p. 285.

6) 薄一波, 『若干重大決策與事件的回顧(上)』(修訂本)(北京: 人民出版社, 1997), pp. 482-489.

7) 케네스 리버설, 「대약진운동과 옌안 지도부의 분열, 1958-1965」, 로드릭 맥파커 편, 김재관 · 정용해 역, 『중국 현대정치사: 건국에서 세계화의 수용까지(1949-2009)』(서울: 푸른길, 2012), pp. 143-144.

8) 薄一波, 『若干重大決策與事件的回顧(下)』(修訂本)(北京: 人民出版社, 1997), pp. 792-805; 楊繼繩, 『墓碑: 1958-1962年中國大飢荒紀實(下)』(最新修訂本)(香港: 天地, 2015), pp. 676, 1150.

9) 티위스 교수에 따르면 이들이 추진했던 '반모진' 정책은 크게 여섯 가지 내용으로 구성된다. ① 현실적인 지표(목표) 견지, ② 계획 업무 조정과 상품의 품질 강조, ③ 농업 생산 합작사 틀 내에서 농민의 사적 생산 범위 확대, ④ 제한적인 농촌 자유 시장 재건, ⑤ 농업 합작사 규모 축소, ⑥ 농업 합작사 간부들의 강제성을 띤 업무 지도 방식 비판. 프레데릭 티위스, 「새로운 정권의 건립과 공고화, 1949-1957」, 맥파커, 『중국 현대정치사』, p. 109.

10) Frederick C. Teiwes and Warren Sun, *China's Road to Disaster: Mao, Central Politicians, and Provincial Leaders in the Unfolding of the Great Leap Forward, 1955-1959* (Armonk: M.E. Sharpe, 1999), pp. 118-119; 리버설, 「대약진운동과 옌안 지도부의 분열, 1958-1965」, pp. 152-154; 楊繼繩, 『墓碑: 1958-1962年中國大飢荒紀實(下)』, p. 703.

11) 리버설, 「대약진운동과 옌안 지도부의 분열, 1958-1965」, pp. 150-151.

12) 楊繼繩, 『墓碑: 1958-1962年中國大飢荒紀實(下)』, p. 675.

13) 龐松, 『毛澤東時代的中國I(1949-1976)』, pp. 525. 참고로 농업 합작화(合作化)와 농업 집체화(集體化)도 의미가 다르다. 합작화는 개인 이익의 기초 위에서 협력하는 것으로, 사유제의 기초 위에서 상호 이익을 도모하는 방식이다. 반면

집체화는 개인의 이익을 박탈하고 공유제가 사유제를 대체한다. 이 구분에 따르면 호조사와 초급 합작사는 농업 합작화고, 고급 합작사는 농업 집체화다. 楊繼繩, 『墓碑: 1958-1962年中國大飢荒紀實(下)』, p. 706.

14) 龐松, 『毛澤東時代的中國1(1949-1976)』(北京: 中共黨史出版社, 2003), pp. 507-511.

15) 楊繼繩, 『墓碑: 1958-1962年中國大飢荒紀實(下)』, pp. 723-728.

16) 薄一波, 『若干重大決策與事件的回顧(下)』, pp. 774-775.

17) 楊繼繩, 『墓碑: 1958-1962年中國大飢荒紀實(下)』, pp. 723-728.

18) Frank Dikötter, *Mao's Great Famine: The History of China's Most Devastating Catastrophe, 1958-62* (London: Bloomsbury, 2010), p. x; 楊繼繩, 『墓碑: 1958-1962年中國大飢荒紀實(上)』(最新修訂本)(香港: 天地, 2015), p. 5.

19) 필립 쇼트, 양현수 옮김, 『마오쩌둥 2: 문화혁명의 붉은 황제(1937-1976)』(서울: 교양인, 2019), p. 281.

20) 李銳, 『廬山會議實錄』(增訂本)(鄭州: 河南人民出版社, 1995), pp. 324-335; 리버설, 「대약진운동과 옌안 지도부의 분열, 1958-1965」, pp. 165-168; Teiwes and Sun, *China's Road to Disaster*, pp. 182-184; Frederick C. Teiwes, *Politics and Purges in China: Rectification and the Decline of Party Norms, 1950-1965* (Second Edition) (Armonk: M.E. Sharpe, 1993), pp. lv-lvi; 니시무라 시게오·고쿠분 료세이 저, 이용빈 역, 『중국의 당과 국가: 정치 체제의 궤적』(파주: 한울아카데미, 2012), pp. 190-191; 何蓬, 『毛澤東時代的中國2(1949-1976)』, pp. 336-338; Jin Qiu, *The Culture of Power: The Lin Biao Incident in the Cultural Revolution* (Stanford: Stanford University Press, 1999), p. 30.

21) 李銳, 『廬山會議實錄』(增訂本), p. 14.

22) 李銳, 『廬山會議實錄』(增訂本), pp. 19-25; 薄一波, 『若干重大決策與事件的回顧(下)』, pp. 878-880; 楊繼繩, 『墓碑: 1958-1962年中國大飢荒紀實(下)』, pp. 850-851.

23) 彭德懷, 『彭德懷自述』(北京: 人民出版社, 1981), pp. 281-287.

24) 李銳, 『廬山會議實錄』(增訂本), pp. 128-142.

25) Qiu, *The Culture of Power*, pp. 50-52.

26) 薄一波,『若干重大決策與事件的回顧(下)』, pp. 888-889.
27) 薄一波,『若干重大決策與事件的回顧(下)』, pp. 889-890.
28) 李銳,『廬山會議實錄』(增訂本), pp. 177-210.
29) Frederick C. Teiwes, "Peng Dehuai and Mao Zedong," *Australian Journal of Chinese Affairs*, No. 16 (July 1986), pp. 85-87; Qiu, *The Culture of Power*, pp. 50-52.
30) 李銳,『廬山會議實錄』(增訂本), pp. 315-318; 薄一波,『若干重大決策與事件的回顧(下)』, pp. 892-896.
31) 모리 가즈코 저, 이용빈 역,『현대 중국 정치: 글로벌 강대국의 초상』(파주: 한울아카데미, 2013), pp. 75-78; 薄一波,『若干重大決策與事件的回顧(下)』, pp. 900-903; 何蓬,『毛澤東時代的中國2(1949-1976)』, pp. 153-159.
32) 薄一波,『若干重大決策與事件的回顧(下)』, pp. 1047, 1078-1079.
33) 楊繼繩,『墓碑: 1958-1962年中國大飢荒紀實(下)』, pp. 1110-1110.
34) 薄一波,『若干重大決策與事件的回顧(下)』, pp. 1057.
35) 何蓬,『毛澤東時代的中國2(1949-1976)』, pp. 382-383.
36) 조영남,『개혁과 개방: 덩샤오핑 시대의 중국 정치I(1976-1982년)』, pp. 100-106.
37) 薄一波,『若干重大決策與事件的回顧(下)』, pp. 1059.
38) 薄一波,『若干重大決策與事件的回顧(下)』, pp. 1059-1060.
39) 薄一波,『若干重大決策與事件的回顧(下)』, pp. 1060.
40) 薄一波,『若干重大決策與事件的回顧(下)』, pp. 1104-1139; 何蓬,『毛澤東時代的中國2(1949-1976)』, pp. 385-386.
41) 薄一波,『若干重大決策與事件的回顧(下)』, p. 1140.
42) 薄一波,『若干重大決策與事件的回顧(下)』, pp. 1144-1145.
43) 薄一波,『若干重大決策與事件的回顧(下)』, pp. 1149-1150.
44) 薄一波,『若干重大決策與事件的回顧(下)』, p. 1152.
45) 薄一波,『若干重大決策與事件的回顧(下)』, pp. 1171-1172.
46) Teiwes, *Politics and Purges in China*, pp. xli-xliv.
47) 薄一波,『若干重大決策與事件的回顧(下)』, pp. 1155, 1159-1161.

48) 薄一波, 『若干重大決策與事件的回顧(下)』, pp. 1164-1166.
49) 薄一波, 『若干重大決策與事件的回顧(下)』, pp. 1166-1168.
50) 薄一波, 『若干重大決策與事件的回顧(下)』, p. 1168.
51) 薄一波, 『若干重大決策與事件的回顧(下)』, pp. 1169-1170; 楊繼繩, 『墓碑: 1958-1962年中國大飢荒紀實(下)』, pp. 1134, 1144, 1147; Huang, *Factionalism in Chinese Communist Party*, pp. 254-256; Qiu, *The Culture of Power*, pp. 38-39; Teiwes, *Politics and Purges in China*, pp. xli-xliv.
52) 鄭謙 · 張化, 『毛澤東時代的中國3(1949-1976)』(北京: 中共黨史出版社, 2003), pp. 11, 26-29.
53) 薄一波, 『若干重大決策與事件的回顧(下)』, pp. 1174, 1186-1193.
54) 薄一波, 『若干重大決策與事件的回顧(下)』, pp. 1196-1197; 何蓬, 『毛澤東時代的中國2(1949-1976)』, p. 140; 鄭謙 · 張化, 『毛澤東時代的中國3(1949-1976)』, pp. 26-29.
55) 薄一波, 『若干重大決策與事件的回顧(下)』, pp. 1198-1202.
56) 王年一, 『大動亂的年代: 文化大革命十年史』(鄭州: 河南人民出版社, 2005), pp. 13-14; Qiu, *The Culture of Power*, pp. 55-77.

5 마오쩌둥 일인지배의 비극: 1966~1976년

1) 조영남, 『개혁과 개방: 덩샤오핑 시대의 중국 1(1976-1982년)』, p. 399. 문혁에 대한 한국어로 된 간단한 정리는 백승욱, 『문화대혁명: 중국 현대사의 트라우마』(파주: 살림, 2007)을 참고할 수 있다. 한국어로 된 문혁 연구사 정리는 안치영, 「문화대혁명 연구의 동향과 쟁점」, 백승욱 편, 『중국 노동자의 기억의 정치』(서울: 폴리테이아, 2007), pp. 34-77을 참고할 수 있다.
2) 王年一, 『大動亂的年代: 文化大革命十年史』(鄭州: 河南人民出版社, 2005), pp. 2, 273, 399.
3) 해리 하딩, 「위기에 처한 중국, 1966-1969」, 로드릭 맥파커 엮음. 김재관 · 정해

용 역, 『중국 현대정치사: 건국에서 세계화의 수용까지 1949-2009』(서울: 푸른길맥파커, 2012), pp. 223-224; 모리 가즈코 저, 이용빈 역, 『현대 중국 정치: 글로벌 강대국의 초상』(파주: 한울아카데미, 2013), pp. 81-82.

4) 王年一, 『大動亂的年代』, pp. 10-11.
5) 高文謙, 『晩年周恩來』(New York: 明鏡出版社, 2003), pp. 467-468.
6) 王年一, 『大動亂的年代』, pp. 20-21, 47, 233, 270, 544.
7) 鄭謙・張化, 『毛澤東時代的中國3(1949-1976)』(北京: 中共黨史出版社, 2003), p. 151.
8) 王年一, 『大動亂的年代』, pp. 45-46.
9) 王年一, 『大動亂的年代』, pp. 48-49.
10) 鄭謙・張化, 『毛澤東時代的中國3(1949-1976)』, pp. 64-65; 王年一, 『大動亂的年代』, p. 49.
11) 鄭謙・張化, 『毛澤東時代的中國3(1949-1976)』, pp. 70-71.
12) 王年一, 『大動亂的年代』, pp. 53-54.
13) 王年一, 『大動亂的年代』, pp. 104-109, 112.
14) 王年一, 『大動亂的年代』, pp. 104-109, 112.
15) Qiu Jin, *The Culture of Power: The Lin Biao Incident in the Cultural Revolution* (Stanford: Stanford University Press, 1999), pp. 79-80.
16) 王年一, 『大動亂的年代』, pp. 163-164.
17) 高文謙, 『晩年周恩來』, pp. 175-176; Roderick MacFaquhar and Michael Schoenhals, *Mao's Last Revolution* (Cambridge, Massachusetts: Belknap Press of Harvard University Press, 2006), p. 155.
18) 王年一, 『大動亂的年代』, pp. 144-154.
19) 로드릭 맥파커, 「마오의 후계와 마오주의의 종결, 1969-1982」, 맥파커, 『중국 현대정치사』, p. 61; 王年一, 『大動亂的年代』, p. 271.
20) 王年一, 『大動亂的年代』, pp. 174-175.
21) 王年一, 『大動亂的年代』, pp. 175-177.
22) 王年一, 『大動亂的年代』, p. 181.

23) 王年一, 『大動亂的年代』, pp. 181-182.
24) 王年一, 『大動亂的年代』, p. 182.
25) 王年一, 『大動亂的年代』, pp. 5-7; Qiu, *The Culture of Power*, pp. 72-75.
26) 鄭謙・張化, 『毛澤東時代的中國3(1949-1976)』, p. 56; Qiu, *The Culture of Power*, p. 77; 高文謙, 『晚年周恩來』, pp. 152, 156, 226.
27) 鄭謙・張化, 『毛澤東時代的中國3(1949-1976)』, p.101.
28) Lowell Dittmer, *Liu Shaoqi and the Cultural Revolution* (Revised Edition) (Armonk: M.E. Sharpe, 1998), pp. 126-128.
29) 鄭謙・張化, 『毛澤東時代的中國3(1949-1976)』, p.126.
30) 高文謙, 『晚年周恩來』, pp. 172-173.
31) 王年一, 『大動亂的年代』, pp. 187, 194; Qiu, *The Culture of Power*, pp. 53, 56, 58, 59, 104-105.
32) 鄭謙・張化, 『毛澤東時代的中國3(1949-1976)』, p.130.
33) 本書編委會 編, 『中國共産黨歷次黨章彙編(1921-2012)』(北京: 中國方正出版社, 2012), p. 271.
34) Jing Huang, *Factionalism in Chinese Communist China* (New York: Cambridge University Press, 2000), pp. 314-317.
35) 王年一, 『大動亂的年代』, pp. 267.
36) 本書編委會, 『中國共産黨歷次黨章彙編(1921-2012)』, p. 272.
37) Qiu, *The Culture of Power*, pp. 62, 71; 王年一, 『大動亂的年代』, p. 312; Huang, *Factionalism in Chinese Communist Party*, p. 294; Frederick C. Teiwes and Warren Sun, *China's Road to Disaster: Mao, Central Politicians, and Provincial Leaders in the Unfolding of the Great Leap Forward, 1955-1959* (Armonk: M.E. Sharpe, 1999), pp. 17-18.
38) 高文謙, 『晚年周恩來』, pp. 261-262.
39) Qiu, *The Culture of Power*, pp. 77-79.
40) Qiu, *The Culture of Power*, pp. 79-80.
41) 王年一, 『大動亂的年代』, pp. 312-313; 高文謙, 『晚年周恩來』, pp. 262-263. 참고로 린뱌오의 비서로서 『마오자완 기록(毛家灣紀實)』을 쓴 장윈성(張雲生)의

관찰에 의하면, 린뱌오는 두 가지 원칙을 고수했다고 한다. 첫째, 마오를 바싹 뒤쫓는다. 둘째, 말은 적고 간결하게 한다.

42) 해리 하딩, 「위기에 처한 중국, 1966-1969」, pp. 323-327.
43) 中共中央組織部·中共中央黨史硏究室 編, 『中國共産黨歷屆中央委員大辭典』(北京: 中共黨史出版社, 2004), p. 1202.
44) 해리 하딩, 「위기에 처한 중국, 1966-1969」, pp. 323-327; 中共中央組織部·中共中央黨史硏究室, 『中國共産黨歷屆中央委員大辭典』, pp. 1201-1202.
45) 中共中央組織部·中共中央黨史硏究室, 『中國共産黨歷屆中央委員大辭典』, p. 1204.
46) 맥파커, 「마오의 후계와 마오주의의 종결, 1969-1982」, pp. 360-362, 370-373.
47) Huang, *Factionalism in Chinese Communist Party*, pp. 318-319.
48) 맥파커, 「마오의 후계와 마오주의의 종결, 1969-1982」, pp. 362-270.
49) Huang, *Factionalism in Chinese Communist Party*, pp. 318-319; 高文謙, 『晚年周恩來』, pp. 281-282.
50) Qiu, *The Culture of Power*, p. 129; 王年一, 『大動亂的年代』, pp. 330-342; Teiwes and Sun, *China's Road to Disaster*, pp. 7-8.
51) 王年一, 『大動亂的年代』, pp. 330-342.
52) Qiu, *The Culture of Power*, pp. 129-130.
53) Qiu, *The Culture of Power*, pp. 122-128: Huang, *Factionalism in Chinese Communist Party*, pp. 320-324.
54) 문혁 시기 천보다의 활동과 사상에 대해서는 백승욱, 『중국 문화대혁명과 정치의 아포리아: 중앙 문혁소조 조장 천보다와 조반의 시대』(서울: 그린비, 2012)를 참고할 수 있다.
55) 王年一, 『大動亂的年代』, pp. 343-350.
56) 王年一, 『大動亂的年代』, pp. 356-359.
57) 王年一, 『大動亂的年代』, pp. 322-330.
58) 王年一, 『大動亂的年代』, pp. 351-354.
59) 王年一, 『大動亂的年代』, pp. 359-366; 高文謙, 『晚年周恩來』, pp. 305-355.

60) 기존 연구의 주장을 정리한 것으로 Frederick C. Teiwes and Warren Sun, *The Tragedy of Lin Biao: Riding the Tiger during the Cultural Revolution, 1966-1971* (Honolulu: University of Hawaii Press, 1996), pp. 6-7을 참고할 수 있다.
61) Qiu, *The Culture of Power*, pp. 195-199; Teiwes and Sun, *The Tragedy of Lin Biao*, pp. 7-8.
62) Huang, *Factionalism in Chinese Communist Party*, pp. 324-326; 王年一, 『大動亂的年代』, p. 369.
63) 本書編委會, 「中國共產黨歷次黨章彙編(1921-2012)』, pp. 277-282.
64) 中共中央組織部·中共中央黨史研究室, 『中國共產黨歷屆中央委員大辭典』, p. 1204.
65) 鄭謙·張化, 『毛澤東時代的中國3(1949-1976)』, pp. 323-328; 葉永烈, 『鄧小平改變中國1978:中國命運大轉折』(成都: 四川人民出版社, 2012), pp. 98-101; 맥파커, 「마오의 후계와 마오주의의 종결, 1969-1982」, p. 393.
66) Huang, *Factionalism in Chinese Communist Party*, pp. 330-334.
67) 高文謙, 『晩年周恩來』, pp. 471, 473, 502.
68) 조영남, 『개혁과 개방: 덩샤오핑 시대의 중국 I(1976-1982년)』, pp. 77-85; 程中原·夏杏珍, 『前奏: 鄧小平與1975年整頓』(北京: 人民出版社, 2013), pp. 7-32.
69) 조영남, 『개혁과 개방: 덩샤오핑 시대의 중국 I(1976-1982년)』, p. 240.
70) Huang, *Factionalism in Chinese Communist Party*, pp. 347-348.
71) 조영남, 『개혁과 개방: 덩샤오핑 시대의 중국 I(1976-1982년)』, pp. 250-252; 程中原·夏杏珍·劉倉, 『1976: 從四五運動到粉碎四人幫』(北京: 人民出版社, 2017), pp. 182-204.
72) Thomas Carothers, "The End of Transition Paradigm," *Journal of Democracy*, Vol. 13, No. 1 (January 2002), pp. 5-21; Georg Sorensen, *Democracy and Democratization: Progresses and Prospects in a Changing World* (Third Edition) (Boulder: Westview Press, 2008), pp. 55-78; Larry Diamond, *The Spirit of Democracy: The Struggle to Build Free Societies Through the World* (New York: Times Book, 2008), pp. 56-87.

6 덩샤오핑 시대의 원로지배

1) Susan L. Shirk, "The Delayed Institutionalization of Leadership Politics," Jonathan Unger (ed.), *The Nature of Chinese Politics: From Mao to Jiang* (Armonk: M.E Sharpe, 2002), p. 301.
2) Shirk, "The Delayed Institutionalization of Leadership Politics," p. 301.
3) Lowell Dittmer, "The Changing Form and Dynamics of Power Politics," Jonathan Unger (ed.), *The Nature of Chinese Politics: From Mao to Jiang* (Armonk: M.E Sharpe, 2002), pp. 223-224.
4) 이중 정치 구조에 대한 내용은 조영남, 『개혁과 개방: 덩샤오핑 시대의 중국 I(1976-1982년)』(서울: 민음사, 2016), pp. 488-502의 내용을 참고하여 정리한 것이다.
5) 寇健文, 『中共菁英政治的演變: 制度化與權力轉移 1978-2010』(臺北: 五南圖書出版社, 2011), p. 365; Suisheng Zhao, "The Structure of Authority and Decision-Making: A Theoretical Framework," Carol Lee Hamrin and Suisheng Zhao (eds.), *Decision-Making in Deng's China: Perspectives from Insiders* (Armonk: M.E. Sharpe, 1995), p. 236.
6) Zhao, "The Structure of Authority and Decision-Making," p. 235.
7) Joseph Fewsmith, *Elite Politics in Contemporary China* (Armonk: M.E. Sharpe, 2001), pp. 38-46; Tang Tsou, "Chinese Politics at the Top: Factionalism or Informal Politics? Balance-of-Power Politics or a Game to Win All?" Unger, *The Nature of Chinese Politics*, p. 157.
8) Fewsmith, *Elite Politics in Contemporary China*, pp. 36, 56; Tsou, "Chinese Politics at the Top," pp. 116-117.
9) 「關於黨內政治生活的若干準則」, 中共中央文獻研究室 編, 『三中全會以來重要文獻選編(上)』(北京: 人民出版社, 1982), pp. 384-403.
10) Shirk, "The Delayed Institutionalization of Leadership Politics," p. 301; Parris H. Chang, "Changing of the Guard," *China Journal*, No. 45 (July 2001), p. 36; Carol Lee

Hamrin and Suisheng Zhao, "Introduction: Core Issues in Understanding the Decision Process," Hamrin and Zhao, *Decision-Making in Deng's China*, p. xxx; Jing Huang, *Factionalism in Chinese Communist China* (New York: Cambridge University Press, 2000), pp. 421-422.

11) 샐리스베리는 마오쩌둥과 덩샤오핑을 "현대판 황제"로 불렀는데, 이 칭호는 마오에게는 맞지만 덩에게는 맞지 않는다. Harrison E. Salisbury, *The New Emperors: China in the Era of Mao and Deng* (New York: Curtis Brown, 1993).

12) 葉永烈, 『鄧小平改變中國 1978』(成都: 四川人民出版社, 2012) p. 464.

13) 조영남·안치영·구자선, 『중국의 민주주의: 공산당의 당내 민주 연구』(파주: 나남, 2011), p. 101; 楊繼繩, 『中國改革年代的政治鬪爭』(Hong Kong: Excellent Culture Press, 2004), p. 341.

14) 寇健文, 『中共菁英政治的演變』, p. 365; Zhao, "The Structure of Authority and Decision-Making," p. 236.

15) 蕭冬連, 『歷史的轉軌: 從撥亂反正到改革開放(1979-1981)』(香港: 香港中文大學, 2008), pp. 396-402.

16) 楊繼繩, 『中國改革年代的政治鬪爭』, pp. 170, 341-344.

17) 李銳, 「耀邦去世前的談話」, 《當代中國研究》2001年 4期 (http://www.modernchinastudies.org).

18) 楊繼繩, 『中國改革年代的政治鬪爭』, p. 344.

19) 中共中央組織部·中共中央黨史究究室, 『中國共產黨歷屆中央委員大辭典 1921-2003』(北京: 中共黨史出版社, 2004), pp. 1223-1224.

20) 鄧小平, 「設顧問委員會是廢除領導職務終身制的過渡辦法」, 『鄧小平文選: 第2卷』(第2版)(北京: 人民出版社, 1994), pp. 413-414.

21) 「中國共產黨黨章」, 中共中央文獻研究室 編, 『十二大以來重要文獻選編(上)』(北京: 人民出版社, 1986), p. 78.

22) 組織部·黨史研究室, 『中國共產黨歷屆中央委員大辭典 1921-2003』, p. 1224.

23) 陳麗鳳, 『中國共產黨領導體制的歷史考察: 1921-2006』(上海: 上海人民出版社, 2007), pp. 155-157.

24) 葉永烈,『鄧小平改變中國 1978』, pp. 96-98.
25) 蕭冬連,『歷史的轉軌』, p. 342.
26) 伍國友,『中華人民共和國史 1977-1991』(北京: 人民出版社, 2010), pp. 208-209.
27) 組織部·黨史研究室,『中國共產黨歷屆中央委員大辭典 1921-2003』, p. 1227.
28) 寇健文,『中共菁英政治的演變』, p. 175.
29) Lowell Dittmer, "Chinese Leadership Succession to the Fourth Generation," Gan Li and Xiaobo Hu (eds.), *China after Jiang* (Washington D.C.: Woodrow Wilson Center Press, 2003), p. 11.
30) 이 절과 다음 절의 내용은 조영남,『파벌과 투쟁: 덩샤오핑 시대의 중국 2 (1983-1987년)』(서울: 민음사, 2016), p. 172-194, 201-250의 내용을 참고로 정리한 것이다.
31) 자오쯔양 저, 바오푸 정리, 장윤미·이종화 역,『국가의 죄수: 자오쯔양 중국 공산당 총서기 최후의 비밀 회고록』(서울: 에버리치홀딩스, 2010), pp. 261-269.
32) 楊繼繩,『中國改革年代的政治鬪爭』, p. 329.
33) 자오쯔양,『국가의 죄수』, pp. 275-276.
34)「中共中央政治局擴大會議公報」, 中共中央文獻研究室 編,『十二大以來重要文獻選編(下)』(北京: 人民出版社, 1988), p. 1221.
35) 李銳,「耀邦去世前的談話」.
36) 자오쯔양,『국가의 죄수』, p. 325.
37) 자오쯔양,『국가의 죄수』, pp. 324-325.
38) 자오쯔양,『국가의 죄수』, p. 325.
39) Zhang Liang (compiled), Andrew J. Nathan and Perry Link (eds.), *The Tiananmen Papers* (New York: Public Affairs, 2001), p. xxix.
40) Zhang, The Tiananmen Papers, p. xxix.
41) 자오쯔양,『국가의 죄수』, pp. 325-326.
42) 자오쯔양,『국가의 죄수』, p. 327.
43) 자오쯔양,『국가의 죄수』, pp. 327-328.

44) 이 절은 조영남, 『톈안먼 사건: 덩샤오핑 시대의 중국 3(1988-1992년)』(서울: 민음사, 2016), pp. 163-189의 내용을 참고하여 정리했다.

45) 자오쯔양, 『국가의 죄수』, p. 92.

46) 張良, 『中國六四眞相(下)』, pp. 588-591.

47) 張良, 『中國六四眞相(下)』, pp. 591-595.

48) 張良, 『中國六四眞相(下)』, pp. 591-595.

49) 張良, 『中國六四眞相(下)』, pp. 595-596.

50) 자오쯔양, 『국가의 죄수』, pp. 93-94.

51) 張良, 『中國六四眞相(下)』, pp. 756-757.

52) 張良, 『中國六四眞相(下)』, pp. 824-825.

53) 李鵬, 『李鵬六四日記』, 5월 31일 일기.

54) 張良, 『中國六四眞相(下)』, p. 1003.

55) 李鵬, 『李鵬六四日記』(2004), 6월 9일, 15일 일기.

56) 張良, 『中國六四眞相(下)』, pp. 1009-1014; 李鵬, 『李鵬六四日記』(2004), 6월 19-21일 일기.

57) 이 글의 전문은 李鵬, 『李鵬六四日記』(2004), 6월 22일 일기에서만 볼 수 있다.

58) 「中國共産黨第十三屆中央委員會第四次全體會議公報」, 中共中央文獻硏究室, 『十三大以來重要文獻選編(中)』(北京: 人民出版社, 1992), pp. 543-546.

7 집단지도의 등장

* 이 장의 내용은 필자의 다음 논문을 수정 보완한 것이다. 조영남, 「중국 집단지도 체제의 제도분석」, 《국제지역연구》 28권 3호(가을호).

1) 이 내용은 조영남, 『21세기 중국이 가는 길』(파주: 나남, 2009), pp. 29-34를 수정 보완한 것이다.

2) 조영남, 『중국의 법치와 정치 개혁』(파주: 창비, 2012), pp. 113-151.

3) Jing Huang, *Factionalism in Chinese Communist Politics* (Cambridge: Cambridge University

Press, 2000), pp. 24-25, 425-428.

4) Lowell Dittmer, "Leadership Change and Chinese Political Development," Yun-han Chu, Chih-cheng Lo and Ramon H. Myers (eds.), *The New Chinese Leadership: Challenges and Opportunities after the 16th Party Congress* (Cambridge: Cambridge University Press, 2004), pp. 10-32: Lowell Dittmer and Yu-shan Wu, "Leadership Coalitions and Economic Transformation in Reform China: Revisiting the Political Business Cycle," Lowell Dittmer and Guoli Liu (eds.), *China's Deep Reform: Domestic Politics in Transition* (Lanham, Maryland: Rowman & Littlefield Publishers, 2006), pp. 49-80.

5) Huang, *Factionalism in Chinese Communist Politics*, pp. 424-425.

6) Cheng Li, *China's Leaders: The New Generation* (Lanham, Maryland: Rowman & Littlefield, 2001), pp. 15-17.

7) Dittmer, "Leadership Change and Chinese Political Development," p. 19.

8) Susan L. Shirk, *China: Fragile Superpower* (Oxford, London: Oxford University Press, 2007), pp. 6-7, 255, 269.

9) 陳麗鳳, 『中國共產黨領導體制的歷史考察: 1921-2006』(上海: 上海人民出版社, 2007), p. 169.

10) 伍國友, 『中華人民共和國史 1977-1991』(北京: 人民出版社, 2010), pp. 208-209; 蕭冬連, 『歷史的轉軌: 從撥亂反正到改革開放(1979-1981)』(香港: 香港中文大學, 2008), pp. 337-340.

11) 「關於黨內政治生活的若干準則」, 中共中央文獻研究室 編, 『三中全會以來重要文獻選編(上)』(北京: 人民出版社, 1982), p. 387.

12) 「中國共產黨黨章」, 中共中央文獻研究室 編, 『十二大以來重要文獻選編(上)』(北京: 人民出版社, 1986), pp. 73-74.

13) 寇健文, 『中共菁英政治的演變: 制度化與權力轉移 1978-2010』(臺北: 五南圖書出版社, 2011), p. 313.

14) 陳麗鳳, 『中國共產黨領導體制的歷史考察』, pp. 359-366; 寇健文, 『中共菁英政治的演變』, pp. 182-184.

15) 寇健文, 『中共菁英政治的演變』, pp. 314-315.

16) 胡鞍鋼,『中國集體領導體制』(北京: 中國人民大學出版社, 2013), p. 135; 寇健文,『中共菁英政治的演變』, pp. 206-210.
17) 이하의 내용은 다음을 근거로 작성하였다. 施九青・倪傢泰,『當代中國政治運行機制』(濟南: 山東人民出版社, 1993), pp. 538-540; 寇健文,『中共菁英政治的演變』, pp. 326-327.
18)『中國共產黨章程』(北京: 人民出版社, 2017), p. 39.
19) 施九青・倪傢泰,『當代中國政治運行機制』, p. 539.
20) Joseph Fewsmith, *China since Tiananmen: The Politics of Transition* (New York: Cambridge University Press, 2001), p. 224.
21) 참고로 샴보 교수는 장쩌민 시기에 정치국 상무위원회 회의가 최소한 매월 2회는 소집되었다고 주장한다. David Shambaugh, "The Dynamics of Elite Politics during the Jiang Era," *China Journal*, No. 45 (July 2001), p. 104.
22) 참고로 커우젠원 교수에 따르면, 2002년 11월부터 2010년 1월까지의 기간 동안에는 평균 1.05개월에 1회씩 정치국 회의가 개최되었다고 한다. 寇健文,『中共菁英政治的演變』, pp. 316-320.
23) H. Lyman Miller, "Hu Jintao and the Party Politburo," *China Leadership Monitor*, No. 9 (Spring 2004).
24) Lyman Miller, "More Already on Politburo Procedures Under Hu Jintao," *China Leadership Monitor*, No. 17 (Winter 2006).
25) 寇健文,『中共菁英政治的演變』, pp. 172-175, 331-332; 胡鞍鋼,『中國集體領導體制』(北京: 中國人民大學出版社, 2013), pp. 37, 61.
26) Hongyi Harry Lai, "External Policymaking under Hu Jintao: Multiple Players and Emerging Leadership," *Issues & Studies*, Vol. 41, No. 3 (September 2005), pp. 218-219; Willy Wo-Lap Lam, *Chinese Politics in the Hu Jintao Era: New Leaders, New Challenges* (Republished) (London and New York: Routledge, 2015), p. 161.
27) 조영남,『파벌과 투쟁: 덩샤오핑 시대의 중국 2(1983-1987년)』(서울: 민음사, 2016), pp. 214-215.
28) Lam, *Chinese Politics in the Hu Jintao Era*, pp. 16-18.

29) Alice Miller, "The Politburo Standing Committee under Hu Jintao," *China Leadership Monitor*, No. 35 (Fall 2011).
30) Alice Miller, "The Work System of the New Hu Leadership," *China Leadership Monitor*, No. 24 (Spring 2008); Alice Miller, "The Work System of the New Xi Jinping Leadership," *China Leadership Monitor*, No. 41 (Summer 2013).
31) Cheng Li and Lynn White, "The Army in the Succession to Deng Xiaoping: Familiar Fealties and Technocratic Trends," *Asian Survey*, Vol. 33, No. 8 (August 1993), pp. 93-95; 김태호, 「당·군 지도부 인사 개편의 내용과 성격」, 전성흥 편저, 『공산당의 진화와 중국의 향배: 제18차 당대회의 종합적 분석』(서울: 서강대학교출판부, 2013), p. 51.

8 집단지도와 파벌 정치

1) 김태호, 「중국의 정치 엘리트 연구」, 정재호 편, 『중국정치연구론: 영역, 쟁점, 방법 및 교류』(서울: 나남, 2000), 31-67쪽; Avery Goldstein, "Trend in the Study of Political Elites and Institutions in the PRC," *China Quarterly*, No. 139 (September 1994), pp. 703-713; Andrew J. Nathan, *China's Crisis: Dilemmas of Reform and Prospects for Democracy* (New York: Columbia University Press, 1990), Chapter 2와 3; Lucian W. Pye, *The Dynamics of Chinese Politics* (Cambridge, MA: O. G & H Publishers, 1981), Chapter 2; Tang Tsou, *The Cultural Revolution and Post-Mao Reforms: A Historical Perspective* (Chicago and London: The University of Chicago Press, 1986), Chapter 3; Jing Huang, *Factionalism in Chinese Communist Politics* (New York: Cambridge University Press, 2000), Chapter 7; Joseph Fewsmith, *Elite Politics in Contemporary China* (Armonk: M. E. Sharpe, 2001); Jonathan Unger (ed.), *The Nature of Chinese Politics: From Mao to Jiang* (Armonk: M.E. Sharpe, 2002).
2) Shiping Zheng, "The New Era in Chinese Elite Politics," *Issues & Studies*, Vol. 41, No. 1 (March 2005), p. 193; Carol Lee Hamrin and Suisheng Zhao, "Introduction: Core

Issues in Understanding the Decision Process," Carol Lee Hamrin and Suisheng Zhao (eds.), *Decision-Making in Deng's China: Perspectives from Insiders* (Armonk: M.E. Sharpe, 1995), pp. xxii-xxx; 楊中美,『新紅太陽: 中國第五代領袖』(臺北: 時報文化, 2008), p. 3.

3)「中央機構調整及精簡決定」, 中國人民解放軍 國防大學 黨史黨建政工研究室 編, 『中共黨史教學參考資料』17冊(北京: 1985), pp. 344-346; 陳麗鳳,『中國共產黨領導體制的歷史考察: 1921-2006』(上海: 上海人民出版社, 2008), p. 121-122.

4) 조영남,『파벌과 투쟁: 덩샤오핑 시대의 중국 2(1983-1987년)』(서울: 민음사, 2016), p. 212.

5) 케네스 리버설,「대약진운동과 옌안 지도부의 분열, 1958-1965」, 로드릭 맥파커 편, 김재관·정용해 역,『중국 현대정치사: 건국에서 세계화의 수용까지(1949-2009)』(서울: 푸른길, 2012), p. 179.

6) 조호길·리신팅,『중국의 정치 권력은 어떻게 유지되는가: 강력한 당-국가 체제와 엘리트 승계』(서울: 메디치, 2017), pp. 195, 221-222.

7) Bruce Gilley, *Tiger on the Brink: Jiang Zemin and Chinese New Elite* (Berkeley: University of California Press, 1998), pp. 305-306.

8) 조영남,「2017년 중국 정치의 현황과 전망: 공산당 19차 당대회를 중심으로」, 국립외교원 중국연구센터,『2017 중국 정세 보고』(서울: 역사공간, 2018), p. 13.

9) 조영남,『톈안먼 사건: 덩샤오핑 시대의 중국 3(1997-1992)』(서울: 민음사, 2016), p. 228.

10) Willy Wo-Lap Lam, *Chinese Politics in the Hu Jintao Era: New Leaders, New Challenges* (Republished) (London and New York: Routledge, 2015), pp. 15-16; Hongyi Lai, *The Domestic Sources of China's Foreign Policy: Regimes, leadership, priorities and process* (London: Routledge, 2010), p. 150. 이에 대해서는 다른 주장도 있다. 즉 후진타오에게도 핵심 칭호가 부여되었는데, 후진타오가 이를 거절했다는 것이다. 조영남,「2016년 중국 정치의 현황과 전망」, 국립외교원 중국연구센터,『2016 중국 정세 보고』(서울: 역사공간, 2017), p. 50.

11) 胡鞍鋼·楊竺松,『創新中國集體領導體制』(北京: 中信出版集團, 2017), p. 13.

1980년 11월 정치국 회의에서 후야오방은 "누가 (주석을) 맡든 원로 동지들이, 특히 샤오핑 동지가 우리 당의 영도 핵심 중의 핵심이다."라고 말했는데, 여기서도 핵심은 최고 지도자를 가리킨다. 안치영, 「중국 공산당 지도부에서 '핵심'의 의미와 시진핑의 정치적 지위」, 《중앙사론(中央史論)》 44집(2016년), p. 389.

12) 胡鞍鋼·楊竺松, 『創新中國集體領導體制』, pp. 35-36.
13) 조영남, 「2016년 중국 정치의 현황과 전망」, p. 48.
14) Joseph Fewsmith, *China since Tiananmen: The Politics of Transition* (New York: Cambridge University Press, 2001), pp. 162-163.
15) 안치영, 「중국 공산당 지도부에서 '핵심'의 의미와 시진핑의 정치적 지위」, pp. 393, 394, 397.
16) 유상철, 『2035 황제의 길: 시진핑의 강국 로드맵』(서울: 메디치, 2018), pp. 143-145.
17) Willy Wo-Lap Lam, *The Era of Jiang Zemin* (Singapore: Prentice Hall, 1999), pp. 33, 36-38, 86-94, 101-108, 283-289.
18) Hongyi Harry Lai, "External Policymaking under Hu Jintao: Multiple Players and Emerging Leadership," *Issues & Studies*, Vol. 41, No. 3 (September 2005), pp. 235-240; Lai, *The Domestic Sources of China's Foreign Policy*, pp. 134-135; Kerry Brown, *Hu Jintao: China's Silent Ruler* (Singapore: World Scientific, 2012), p. 51; Lam, *Chinese Politics in the Hu Jintao Era*, pp. 109-111; Zhengxu Wang. "Hu Jintao's Power Consolidation: Groups, Institutions, and Power Balance in China's Elite Politics," *Issues & Studies*, Vol. 42, No. 4 (December 2006), pp. 97-136; 趙建民, 『中國決策: 領導人·結構·機制·過程』(臺中: 五南, 2014), pp. 67, 125.
19) Brown, *Hu Jintao*, pp. xxv, 23-24.
20) 趙建民, 『中國決策』, p. 67; 楊中美 『新紅太陽: 中國第五代領袖』(臺北: 時報文化, 2008), pp. 31-33.
21) H. Lyman Miller, "Hu Jintao and the Party Politburo," *China Leadership Monitor*, No. 9 (Spring 2004).
22) 2018년 3월 13기 전국인대 1차 회의에서 일부 영도소조의 명칭이 위원회로 변

경되었고, 또한 영도소조의 역할을 하는 위원회가 신설되었다. 따라서 현재 중국에서는 유사한 성격의 기구를 영도소조와 위원회로 다르게 부르고 있다. 이 때문에 정확하게는 이들 기구를 '영도소조' 혹은 '위원회'로 불러야 한다. 그러나 이 책에서는 기존 관례대로 그냥 영도소조로 부르기로 한다. 단 여기서 말하는 영도소조에는 위원회의 명칭을 달고 영도소조의 기능을 수행하는 기구도 포함하고 있다는 사실을 기억해야 한다.

23) Christopher K. Johnson and Scott Kennedy, "China's Un-Separation of Powers: The Blurred Lines of Party and Government," July 24, 2015, *Foreign Affairs*, http://www.foreignaffairs.com (2018년 2월 26일 검색); Sangkuk Lee, "An Institutional Analysis of Xi Jinping's Centralization of Power," *Journal of Contemporary China*, Vol. 26, No. 105 (May 2017), pp. 325-336.

24) 周望, 『中國 "小組機制" 硏究』(天津: 天津人民出版社, 2010), p. 3.

25) 潘旭濤, 「領導小組裏的中國治理模式」, 《人民網》 2014년 3월 28일자, http://www.people.com.cn(2014년 3월 28일 검색).

26) Carol Lee Hamrin, "The Party Leadership System," Kenneth G. Lieberthal and David M. Lampton (eds.), *Bureaucracy, Politics, and Decision Making in Post-Mao China* (Berkeley: University of California Press, 1992), 95-124; Wei Li, *The Chinese Staff System: A Mechanism for Bureaucratic Control and Integration* (Berkeley: Institute of East Asia Studies, 1994), pp. 28-34; Michael D. Swaine, *The Role of the Chinese Military in National Security Policymaking* (Santa Monica: RAND, 1996), pp. 18-36; Lu Ning, *The Dynamics of Foreign-Policy Decision making in China* (Boulder: Westview Press, 1997); Taeho Kim, "Leading Small Groups: Managing All under Heaven," David M. Finkelstein and Maryanne Kivlehan (eds.), *China's Leadership in the 21st Century: The Rise of the Fourth Generation* (London: M.E. Sharpe, 2003), pp. 121-139; Alice L. Miller, "The CCP Central Committee's Leading Small Groups," *China Leadership Monitor* 26 (2008); Alice L. Miller, "More Already on the Central Committee's Leading Small Group," *China Leadership Monitor* 44 (2014); Sun Yun, *Chinese National Security Decision-Making: Process and Challenges* (Brookings Institution, 2013).

27) Cheng Li, *Chinese Politics in the Xi Jinping Era: Reassessing Collective Leadership* (Washington D.C.: Brookings Institution Press, 2016), PP. 12-13.
28) 조영남, 「시진핑 '일인지배'가 등장하고 있는가?」, 『국제지역연구』 24권 3호 (2015년 가을), pp. 136-137.
29) 조영남, 「2014년 중국 정치의 현황과 전망」, 국립외교원 중국연구센터, 『2014 중국 정세 보고』(서울: 역사공간, 2015), p. 18.
30) Wen-Hsuan Tsai (蔡文軒) and Wang Zhou (周望), "Controlled Fragmenting Authoritarianism: Operations of the Chinese Communist Party's 'Deliberation and Coordination Agencies' and Xi Jinping's Centralization Mechanism," Chinese Council of Advanced Policy Studies (中華民國高等政策研究協會), *The CCP 19th Congress: Prospects on Power Structure and Policies* (Taipei, Shangri-La's Far Eastern Plaza Hotel, November 15-16, 2017), pp. 92-114.
31) 유상철, 『2035 황제의 길』, pp. 140-142.
32) Johnson and Kennedy, "China's Un-Separation of Powers;" Lee, "An Institutional Analysis of Xi Jinping's Centralization of Power," pp. 325-336; Alice Miller, "The Trouble with Factions," *China Leadership Monitor*, No. 46 (Winter 2015); Zhengxu Wang and Jinhan Zeng, "Xi Jinping: The Game Changer of Chinese Elite Politics?" *Contemporary Politics*, Vol. 22, No. 4 (2016), pp. 469-486; Joseph Fewsmith, "The 19th Party Congress: Ringing in Xi Jinping's New Age," *China Leadership Monitor*, No. 55 (Winter 2018).
33) Nathan, *China's Crisis*, pp. 24-25; Pye, *The Dynamics of Chinese Politics*, p. 6. 참고로 탕쩌우(Tang Tsou) 교수는 파벌 대신 '비공식 집단(informal groups)'이라는 개념을 사용할 것을 주장했다. 파벌은 비공식 집단의 한 종류에 불과하다. 비공식 집단이 파벌과 다른 점은, 비공식 집단이 수행하는 역할과 정치 과정이 공식 역할과 직위로 얼마든지 변할 수 있고 실제로 그렇게 되었다는 점이다. 예를 들어, 문혁 시기에 문혁소조(文革小組)가 사적인 조직에서 시작하여 공식 기구로 발전하여 정치국과 정치국 상무위원회를 대체했다. 반면 파벌은 시종일관 비공식 집단일 뿐이다. Tang Tsou, *The Cultural Revolution and Post-Mao Reforms: A Historical*

Perspective (Chicago: The University of Chicago Press, 1986), pp. 97-98; Tang Tsou, "Chinese Politics at the Top: Factionalism or Informal Politics? Balance-of-Power Politics or a Game to Win All?" Unger, *The Nature of Chinese Politics*, pp. 105, 117.

34) Lowell Dittmer and Yu-shan Wu, "The Modernization of Factionalism in Chinese Politics," *World Politics*, Vol. 47, No. 4 (July 1995), p. 472.

35) 쩌우 교수에 따르면, 비공식 정치는 비공식 집단(즉 파벌)이 주도하는 것으로, "다른 형태의 비공식 관계와 네트워크를 갖고 있는 사람들 사이에서 일어나는 정치적 상호 작용"을 가리킨다. 이는 "주요 정책 이슈와 인사 교체를 놓고 정치집단이 벌이는 투쟁, 갈등, 경쟁에서 중요한 역할 혹은 핵심 역할을 담당한다." Tsou, *The Cultural Revolution and Post-Mao Reforms*, pp. 97-98; Tsou, "Chinese Politics at the Top: Factionalism or Informal Politics?" pp. 105, 117. 디트머와 우 교수는 이를 조금 다르게 구분한다. 이들에 따르면, 공식 정치는 목적 합리적(purpose-rational) 관계, 즉 다른 목적을 달성하기 위한 수단의 성격을 갖는 인간관계에 기초하여 권력(權力, official power)을 행사하는 정치다. 반면 비공식 정치는 가치 합리적(value-rational) 관계, 즉 관계 그 자체가 목적인 인간관계에 기초하여 실력(實力, informal power)을 행사하는 정치다. Dittmer and Wu, "The Modernization of Factionalism in Chinese Politics," pp. 470-474.

36) Joseph Fewsmith, "The Evolving Shape of Elite Politics," Unger, *The Nature of Chinese Politics*, pp. 268-269.

37) Joseph Fewsmith, *Elite Politics in Contemporary China* (Armonk: M.E. Sharpe, 2001), p. 57; Lowell Dittmer, "Reflections on Elite Informal Politics," Unger, *The Nature of Chinese Politics*, pp. 187-190.

38) Joseph Fewsmith, "Elite Politics," Joseph Fewsmith (ed.), *China Today, China Tomorrow: Domestic Politics, Economy, and Society* (Lanham: Rowman & Littlefield, 2010), p. 162.

39) Pye, *The Dynamics of Chinese Politics*, pp. 6, 8, 12, 21.

40) Huang, *Factionalism in Chinese Communist China*, pp. 6-7.

41) 寇健文, 『中共菁英政治的演變』, pp. 61-64.

42) 조영남, 『개혁과 개방: 덩샤오핑 시대의 중국 I(1976-1982년)』(서울: 민음사,

2016), pp. 239-482.

43) Zheng Yongnian, *The Chinese Communist Party as Organizational Emperor: Culture, Reproduction and Transformation* (London: Routledge, 2010), pp. 92-95.

44) Lowell Dittmer, "Chinese Factional Politics under Jiang Zemin," *Journal of East Asian Studies*, Vol. 3, No. 1 (January-April 2003), pp. 99-102; Lowell Dittmer and Yu-Shan Wu, "Leadership Coalitions and Economic Transformation in Reform China: Revisiting the Political Business Cycle," Lowell Dittmer and Guoli Liu (eds.), *China's Deep Reform: Domestic Politics in Transition* (Lanham: Rowman & Littlefield, 2006), pp. 72-76; Lowell Dittmer, "Modernizing Chinese Informal Politics," Unger, *The Nature of Chinese Politics*, pp. 34-35; Lowell Dittmer, "Chinese Leadership Succession to the Fourth Generation," Gan Li and Xiaobo Hu (eds.), *China after Jiang* (Washington D.C.: Woodrow Wilson Center Press, 2003), p. 33.

45) Hongyi Lai, *China's Governance Model: Flexibility and Durability of Pragmatic Authoritarianism* (London: Routledge, 2016), pp. 223-224.

46) Bo Zhiyue, *China's Elite Politics: Political Transition and Power Balancing* (Singapore: World Scientific, 2007), pp. 194-197.

47) 주장환, 「중국 제5세대 정치 엘리트: 행위자와 구조적 특성에 대한 분석」, 『국가전략』 제17권 3호 (2011년 가을), pp. 149-173; Cheng Li, "The Battle for China's Top Nine Leadership Posts," *Washington Quarterly*, No. 35, No. 1 (Winter 2011), pp. 131-145; Cheng Li, "Will China's 'Lost Generation' Find a Path to Democracy?" Cheng Li (ed.), *China's Changing Political Landscape: Prospects for Democracy* (Washington, D.C.: Brookings Institution Press, 2008), pp. 98-117.

48) Hong Yung Lee, *From Revolutionary Cadres to Party Technocrats in Socialist China* (Berkeley: University of California Press, 1991); Cheng Li, *China's Leaders: The New Generation* (Lanham: Rowman & Littlefield, 2001).

49) 「近8成省級行政領導擁有高學歷」, 《新華網》 2008년 2월 1일자, http://www.xinhuanet.com(2008년 2월 11일 검색).

50) 조영남, 『중국의 꿈』, pp. 103-104.

51) 寇健文,『中共菁英政治的演變』, pp. 61-64.
52) Frederick C. Teiwes, *Leadership, Legitimacy, and Conflict in China: From a Charismatic Mao to the Politics of Succession* (Reissued) (London and New York: Routledge, 2018), pp. 94-97.

9 집단지도의 실제

* 이 장의 일부 내용은 다음 논문에 발표되었다. 조영남, 「중국 엘리트 정치의 제도화 과정 분석」,《한국과 국제정치》35권 2호(2019년 여름), pp. 213-240.

1) Gabriel A. Almond, G. Bingham Powell, JR., Kaare Storm, and Russell J. Dalton (eds.), *Comparative Politics: A World View* (Updated 7th Edition) (New York: Longman, 2002), pp. 469-519.
2) 「黨政領導幹部職務任期暫行規定」(2006), 中共中央辦公廳法規室 外 編,『中國共產黨黨內法規選編』(北京: 法律出版社, 2009), pp. 321-322.
3) 조영남,『파벌과 투쟁: 덩샤오핑 시대의 중국 2(1983-1987년)』(서울: 민음사, 2016), pp. 211-217.
4) 寇健文,『中共菁英政治的演變: 制度化與權力轉移 1978-2010』(臺北: 五南圖書出版社, 2011), pp. 188-189, 194-195.
5) 寇健文,「中共與蘇共高層政治的演變: 軌跡動力與影響」, 徐斯儉・吳玉山 主編,『黨國蛻變: 中共政權的菁英與政策』(臺北: 五南, 2007), p. 107.
6) 寇健文,『中共菁英政治的演變』, p. 191.
7) Richard Baum, "The Fifteenth National Party Congress: Jiang Takes Command?" *China Quarterly*, No. 153 (March 1998), p. 150; David Shambaugh, "The Dynamics of Elite Politics during the Jiang Era," *China Journal*, No. 45 (July 2001), pp. 4-5, 9-11.
8) Baum, "The Fifteenth National Party Congress," pp. 150-152.
9) Lowell Dittmer, "Chinese Leadership Succession to the Fourth Generation," Gan Li and Xiaobo Hu (eds.), *China after Jiang* (Washington D.C.: Woodrow Wilson Center Press, 2003), pp. 25-29.

10) 寇健文,『中共菁英政治的演變』, pp. 196-200.
11) Hongyi Lai, *China's Governance Model: Flexibility and Durability of Pragmatic Authoritarianism* (London: Routledge, 2016), pp. 228-229.
12) 조영남,『개혁과 개방: 덩샤오핑 시대의 중국 1(1977-1982년)』(서울: 민음사, 2016), pp. 488-502; 조영남,『파벌과 투쟁』, pp. 210-225; 조영남,『톈안먼 사건: 덩샤오핑 시대의 중국 3(1997-1992)』(서울: 민음사, 2016), pp. 371-381.
13) Zhengxu Wang and Anastas Vangeli, "The Rules and Norms of Leadership Succession in China: From Deng Xiaoping to Xi Jinping and Beyond," *China Journal*, No. 76 (July 2016), pp. 35-36.
14)「黨政領導幹部選拔任用工作條」(2002. 7), 法律出版社 法規中心編,『中國共產黨黨內法規新編』(北京: 法律出版社, 2005), pp. 38-53.
15) 조호길·리신팅,『중국의 정치 권력은 어떻게 유지되는가: 강력한 당-국가 체제와 엘리트 승계』(서울: 메디치, 2017), pp. 147-153.
16) 劉思揚, 孫乘斌, 劉剛,「肩負起黨和人民的重托」,《人民網》2007년 10월 2일자, http://people.com.cn(2007년 10월 3일 검색); Zheng Yongnian and Chen Gang, "Xi Jinping's Rise and Political Implications," *China: An International Journal*, Vol. 7, No. 1 (March 2009), pp. 7-8.
17) Bo Zhiyue, *China's Elite Politics: Governance and Democratization* (Singapore: World Scientific, 2010), pp. 23-24.
18) 張宿堂,「黨的新一屆中央領導機構產生紀實」,《人民網》2012년 11월 15일자, http://www.people.com.cn(2012년 11월 16일 검색); Cary Huang, "Party polls 370 members on choice of top leaders," *South China Morning Post*, June 8, 2012, http://www.scmp.com(2012년 6월 8일 검색); Edward Wong and Jonathan Ansfield, "China's Communist Elders Take Backroom Intrigue Beachside," *The New York Times*, July 21, 2012, http://www.nytimes.com(2012년 7월 23일 검색); 宇文,「獨家: 十八大帷幕拉開 省部要員票選常委」,《多維新聞網》2012년 5월 11일자, http:www.dwnews.com(2012년 5월 16일 검색); 宇文,「中共票選十八的常委細節曝光 人數或9變7」,《多維新聞網》2012년 5월 15일자, http://www.dwnews.com(2012년 5월 16일

검색); 宇文, 「揭祕中共十八大中央政治局産生過程」, 《多維新聞網》2012년 6월 13일자, http://www.dwnews.com(2012년 8월 1일 검색).

19) Wang Xiangwei, "Horse trading under way in earnest," *South China Morning Post*, August 6, 2012, http://www.scmp.com(2012년 8월 6일 검색); Kathrin Hille, "China opens secret leadership conclave," *Financial Times*, http://www.ft.com(2012년 8월 6일 검색); Chris Buckley, "China considers downgrading domestic security tsar in next line-up," *Reuters*, August 29, 2012, http://www.reuters.com(2012년 8월 31일 검색); 穆堯, 「胡錦濤被弱化北戴河會議」, 《多維新聞網》2012년 8월 16일자, http://www.dwnesw.com(2012년 8월 17일 검색).

20) Benjamin Kang and Ben Blanchard, "China power brokers agree on preferred leadership-sources," *Reuters*, October 19, 2012, http://www.reuters.com (2012년 10월 20일 검색).

21) Shi Jiangtao, "Conservatives dominate latest line-up for new Communist Party leadership," *South China Morning Post*, November 2, 2012, http://www.scmp.com(2012년 11월 2일 검색); Wang Xiangwei, "Jiang outmaneuvers to sway Standing Committee line-up," *South China Morning Post*, November 13, 2012, http://www.scmp.com(2012년 11월 13일 검색); Edward Wong and Jonathan Ansfield, "Grabs for Power Behind Plan to Shrink Elite Circle," *The New York Times*, November 1, 2012, http://www.nytimes.com(2012년 11월 2일 검색).

22) 張宿堂, 「黨的新一屆中央領導機構産生紀實」; 宇文, 「揭祕中共十八大中央政治局産生過程」.

23) 조영남, 『21세기 중국이 가는 길』(파주: 나남, 2009), pp. 149-150; 조영남, 『중국의 꿈: 시진핑 리더십과 중국의 미래』(서울: 민음사, 2013), pp. 91-93.

24) "領航新時代的堅強領導集體"; "負責歷史責任重任 開創復興偉業: 新一屆中共中央委員會和中共中央紀律檢査委員會委誕生記," 《人民網》 2017년 10월 24일자, http://www.people.com.cn(2017년 10월 25일 검색).

25) 「十八屆中央紀律檢査委員會向中國共産黨十九次全國代表大會的工作報告」, 《人民網》2017년 10월 30일자, http://www.people.com.cn(2017년 10월 30일 검색).

26)「孫政才等六人密謀奪權 十八大前內幕遭揭」,《多維新聞網》2017년 10월 21일자, http://www.dwnews.com(2017년 10월 23일 검색); Wendy Wu and Choi Chi-yuk, "Coup plotters foiled: Xi Jinping fended off threat to save Communist Party," *South China Morning Post*, October 21, 2017, www.scmp.post(2017년 10월 20일 검색).
27) 조영남, 「2015년 중국 정치의 현황과 전망」, 국립외교원 중국연구센터, 『2015 중국정세보고』(서울: 역사공간, 2016), p. 61.
28) Richard Daniel Ewing, "Hu Jintao: The Making of a Chinese General Secretary," *China Quarterly*, No. 173 (March 2003), pp. 26-27.
29) Lampton, *Following the Leader*, p. 174; David Shambaugh, "The Changing of the Guard: China's New Military Leadership," Yun-han Chu, Chih-cheng Lo and Ramon H. Myers (eds.), *The New Chinese Leadership: Challenges and Opportunities after the 16th Party Congress* (New York: Cambridge University Press, 2004), p. 93-95.
30) 국가 중앙군위와 공산당 중앙군위는 명칭만 다를 뿐 구성과 조직은 완전히 일치한다. 그러나 법률적으로는 다른 기구이기 때문에 전국인대에서 국가 중앙군위 주석을 선출한다.
31) 宗海仁, 『曖昧的權力交接: 江澤民留任的幕後』(香港: 明鏡出版社, 2003), pp. 3-15. 참고로 장쩌민뿐만 아니라 그와 친한 상하이방의 찬성률이 전반적으로 낮았다. 예를 들어, 전국정협 주석 자칭린은 92.3퍼센트, 국무원 부총리 황쥐는 92.0퍼센트, 국가 부주석 쩡칭훙은 87.5퍼센트, 국무원 국무위원 천즈리는 87.8퍼센트, 저우샤오촨 인민은행장은 92.8퍼센트의 찬성률로 당선되었다.
32) 조영남, 『후진타오 시대의 중국 정치』(파주: 나남. 2006), pp. 166-167. 이하의 내용도 이 책 pp. 174-178을 참고하였다.
33) 이하의 내용은 寇健文, 『中共菁英政治的演變』, pp. 221-233의 내용을 참고하여 정리한 것이다.
34) 寇健文, 『中共菁英政治的演變』, p. 223.
35) 江澤民, 「請求辭去中共中央軍事委員會主席職務的信(2004年9月1日)」, 中共中央文獻研究室 編, 『十六大以來重要文獻選編(中)』(北京: 中央文獻出版社, 2006), pp. 200-201.

36) Zhengxu Wang, "Hu Jintao's Power Consolidation: Groups, Institutions, and Power Balance in China's Elite Politics," *Issues & Studies*, Vol. 42, No. 4 (December 2006), pp. 97-136.

37) 寇健文, 『中共菁英政治的演變』, pp. 231-233; Bo Zhiyue, *China's Elite Politics: Governance and Democratization* (Singapore: World Scientific, 2010), pp. 132-135; Hongyi Harry Lai, "External Policymaking under Hu Jintao: Multiple Players and Emerging Leadership," *Issues & Studies*, Vol. 41, No. 3 (September 2005), pp. 209-244.

10 권력 승계의 규칙

1) Myron Rush, "The Problem of Succession in Communist Regimes," *Journal of International Affairs*, Vol. 32, No. 2 (Fall/Winter 1978), pp. 169-179; Jerry F. Hough and Merle Fainsod, *How the Soviet Union Is Governed* (Cambridge, MA: Harvard Univeristy Press, 1979), pp. 573-575; Vadim Medish, *The Soviet Union* (Third Edition) (Englewood Cliffs: Prentice-Hall, 1987), pp. 104-106; Lowell Dittmer, "Informal Politics among the Chinese Communist Party Elite," Lowell Dittmer, Haruhiro Fukui, and Peter N.S. Lee (eds.), *Informal Politics in East Asia* (New York: Cambridge Univ. Press, 2000), pp. 130-132; Peter Nan-shong Lee, "The Informal Politics of Leadership Succession in Post-Mao China," Dittmer, Fukui, and Lee, *Informal Politics in East Asia*, pp. 165-182; Samuel S. Kim, "North Korean Informal Politics," Dittmer, Fukui, and Lee, *Informal Politics in East Asia*, pp. 248-254.

2) 고병철, 「아시아 공산주의 사회의 정치 제도화: 중국·북한 및 베트남」, 김달중·스칼라피노 공편, 『아시아 공산당주의의 지속과 변화: 중국·북한·베트남』(서울: 법문사, 1989), p. 134.

3) Hongyi Lai, *China's Governance Model: Flexibility and Durability of Pragmatic Authoritarianism* (London: Routledge, 2016), pp. 211-213, 223-224, 227.

4) Murray Scot Tanner, "Hu Jintao's Succession: Prospects and Challenges," David M.

Finkelstein and Maryanne Kivlehan (eds.), *China's Leadership in the 21st Century: The Rise of the Fourth Generation* (Armonk: M.E. Sharpe, 2003), pp. 46-47.

5) 조영남, 『후진타오 시대의 중국 정치』(파주: 나남, 2006), pp. 150-151.

6) 조영남, 『21세기 중국이 가는 길』(파주: 나남, 2009), pp. 107-110; 조영남, 『중국의 꿈: 시진핑 리더십과 중국의 미래』(서울: 민음사, 2013), pp. 91-93.

7) Yu-Shan Wu, "Jiang and After: Technocratic Rule, Generational Replacement and Mentor Politics," Yun-Han Chu, Chih-Cheng Lo and Ramon H. Myers (eds.), *The New Chinese Leadership: Challenges and Opportunities after the 16th Party Congress* (New York: Cambridge University Press, 2004), pp. 86-87; 寇健文, 「中共與蘇共高層政治的演變: 軌跡動力與影響」, 徐斯儉·吳玉山 主編, 『黨國蛻變: 中共政權的菁英與政策』(臺北: 五南, 2007), p. 95.

8) 조호길·리신팅, 『중국의 정치 권력은 어떻게 유지되는가: 강력한 당-국가 체제와 엘리트 승계』(서울: 메디치, 2017), pp. 214-217, 220-221; 寇健文, 『中共菁英政治的演變: 制度化與權力轉移 1978-2010』(臺北: 五南圖書出版社, 2011), pp. 269-305; Bo Zhiyue, *China's Elite Politics: Political Transition and Power Balancing* (Singapore: World Scientific, 2007), 55-64; Lai, *China's Governance Model*, pp. 215-218; Jinghan Zeng, "Institutionalization of the Authoritarian Leadership in China: A Power Succession System with Chinese Characteristics?" *Contemporary Politics*, Vol. 20, No. 3 (2014), pp. 299-307; Zhengxu Wang and Anastas Vangeli, "The Rules and Norms of Leadership Succession in China: From Deng Xiaoping to Xi Jinping and Beyond," *China Journal*, No. 76 (July 2016), pp. 30-32.

9) 寇健文, 『中共菁英政治的演變』, pp. 270-275.

10) 「黨政領導幹部職務任期暫行規定」(2006), 中共中央辦公廳法規室 外 編, 『中國共產黨黨内法規選編(2001-2007)』(北京: 法律出版社, 2009), pp. 321-322.

11) 이 규정은 "중국 공산당 중앙(中共中央), 전국인대 상무위원회, 국무원, 전국정협의 업무 부서와 업무 기구의 정직(正職) 지도(領導) 성원" 등에 적용된다고 명시하고 있다. 그런데 만약 공산당 총서기가 "중국 공산당 중앙의 업무 부서와 업무 기구의 정직 지도 성원"에 포함되는 것으로 해석하면, 총서기도 임기제의

규정을 적용받는다. 만약 그렇지 않다고 해석하면 총서기는 중앙군위 주석처럼 임기제의 규정을 적용받지 않는다. 라이(Hongyi Lai) 교수는 뒤의 해석을 주장한다. Lai, *China's Governance Model*, pp. 215-218. 실제로 1989년 6월 중앙위원회에서 총서기에 선출된 장쩌민은 1992년 공산당 14차 당대회, 1997년 15차 당대회에서도 총서기로 선출되어 총서기를 3회 역임했다. 그런데 1989년 6월의 총서기 선출은 자오쯔양의 잔여 임기를 채운 것이기 때문에, 이를 독립된 하나의 기수로 보아야 할지는 해석의 여지가 있다. 만약 이 해석이 타당하다면 임기제의 적용을 받지 않은 직위는 공산당 총서기와 중앙군위 주석이다.

12) 조영남,『톈안먼 사건: 덩샤오핑 시대의 중국 3(1988-1992년)』(서울: 민음사, 2016), pp. 374-375.

13) Cheng Li, "The End of the CCP's Resilient Authoritarianism? A Tripartite Assessment of Shifting Power in China," *China Quarterly*, No. 211 (September 2012), pp. 595-623; Cheng Li, "Will China's Lost Generation Find a Path to Democracy?" Cheng Li (ed.), *China's Changing Political Landscape: Prospects for Democracy* (Washington, D.C.: Brookings Institution Press, 2008), pp. 98-117; Cheng Li, "The New Bipartisanship within the Chinese Communist Party," *Orbis*, Vol. 49, No. 3 (Summer 2005), pp. 387-400.

14) Wang and Vangeli, "The Rules and Norms of Leadership Succession in China," pp. 34-35.

15) Bo, *China's Elite Politics: Political Transition and Power Balancing*, pp. 70-72.

16) 조호길·리신팅,『중국의 정치 권력은 어떻게 유지되는가』, pp. 147-153.

17) 조영남,『파벌과 투쟁: 덩샤오핑 시대의 중국 2(1983-1987년)』(서울: 민음사, 2016), pp. 456-462.

18) 조호길·리신팅,『중국의 정치 권력은 어떻게 유지되는가』, pp. 214-217.

19) Lai, *China's Governance Model*, p. 229.

20) Bo Zhiyue, *China's Elite Politics: Governance and Democratization*, p. 44.

21) 조영남,「엘리트 정치」, 조영남 책임 편집, 성균중국연구소 엮음,『시진핑 사상과 중국의 미래: 중국 공산당 제19차 전국대표대회 분석』(서울: 지식공작소,

2018), pp. 33-95.
22) 寇健文, 『中共菁英政治的演變』, pp. 373-375.
23) Zhengxu Wang, "Hu Jintao's Power Consolidation: Groups, Institutions, and Power Balance in China's Elite Politics," *Issues & Studies*, Vol. 42, No. 4 (December 2006), pp. 131-132.
24) 조영남, 『21세기 중국이 가는 길』, p. 130.
25) Lai, *China's Governance Model*, pp. 220-221.

11 평화롭고 안정적인 권력 승계

1) Zheng Yongnian, "The 16th National Congress of the Chinese Communist Party: Institutionalization of Succession Politics," Weixing Chen and Yang Zhong (eds.), *Leadership in a Changing China* (New York: Palgrave Macmillan, 2005), p. 23.
2) Bo Zhiyue, *China's Elite Politics: Political Transition and Power Balancing* (Singapore: World Scientific, 2007), pp. 37-40; Gang Lin, "Leadership Transition, Intra-Party Democracy, and Institution Building in China," Chen and Zhong, *Leadership in a Changing China*, p. 52; Suisheng Zhao, "The New Generation of Leadership and the Direction of Political Reform after the 16th Party Congress," Yun-han Chu, Chih-cheng Lo and Ramon H. Myers (eds.), *The New Chinese Leadership: Challenges and Opportunities after the 16th Party Congress* (New York: Cambridge University Press, 2004), pp. 57-60; Joseph Fewsmith, "The Sixteenth National Party Congress: The Succession that Didn't Happen," *China Quarterly*, No. 173 (March 2003), pp. 8-9, 15-16; Zheng, "The 16th National Congress of the Chinese Communist Party," pp. 18, 29; Richard Daniel Ewing, "Hu Jintao: The Making of a Chinese General Secretary," *China Quarterly*, No. 173 (March 2003), p. 34.
3) Lowell Dittmer, "Chinese Leadership Succession to the Fourth Generation," Gang Lin and Xiaobo Hu (eds.), *China after Jiang* (Washington D.C.: Woodrow Wilson Center

Press, 2003), pp. 25-28; Zheng, "The 16th National Congress of the Chinese Communist Party," pp. 25-28.

4) 宗海仁,『曖昧的權力交接: 江澤民留任的幕後』(香港: 明鏡出版社, 2003), p. 20; David M. Lampton, *Following the Leader: Ruling China, from Deng Xiaoping to Xi Jinping* (Berkeley: University of California Press, 2014), p. 174.

5) 이하의 내용은 조영남,『후진타오 시대의 중국 정치』(파주: 나남, 2006),pp. 137-148의 내용을 참고하여 정리한 것이다.

6) 전성흥,「중국 16차 당대회에 대한 서설적 평가: 주요 쟁점과 시각을 중심으로」, 《신아세아》제10권 제1호 (2003년 봄), p. 6.

7) 조영남,『후진타오 시대의 중국 정치』, p. 146.

8) 전성흥,「중국 16차 당대회에 대한 서설적 평가」, pp. 6-7.

9) Cheng Li, *China's Leaders: The New Generation* (Lanham: Rowman & Littlefield, 2001), pp. 35, 41.

10) Zheng, "The 16th National Congress of the Chinese Communist Party," p. 18.

11) 이하의 내용은 조영남,『중국의 꿈: 시진핑 리더십과 중국의 미래』(서울: 민음사, 2013), pp. 82-104의 내용을 참고하여 정리한 것이다.

12) 「胡錦濤習近平出席中央軍委擴大會議並發表重要講話」,《人民網》2012년 11월 18일자, http://www.people.com.cn(2012년 11월 18일 검색).

13) "China's backroom power brokers block reform candidates," *South China Morning Post*, November 21, 2012, http://www.scmp.com(2012년 11월 21일 검색).

14) 「中共中央領導集體實現新老交替」,《人民網》2012년 11월 14일자, http://www.people.com.cn(2012년 11월 15일 검색).

15) 「31省份黨政一把手平均57.5歲 七成擁有文科背景」,《新京報》2013년 4월 15일자,《人民網》, http://www.people.com.cn(2014년 4월 15일 검색).

16) 「31省份黨政一把手平均57.5歲 七成擁有文科背景」.

17) 「中共中央領導集體實現新老交替」.

18) 조영남,『21세기 중국이 가는 길』, p. 142.

19) 이하의 내용은 다음을 참고하여 정리한 것이다. 조영남,「엘리트 정치」, pp.

33-95; 조영남, 「2017년 중국 정치의 현황과 전망: 공산당 19차 당대회를 중심으로」, 국립외교원 중국연구센터 편, 『2017 중국 정세 보고』(서울: 역사공간, 2018), pp. 11-81.

20) 조영남, 「2016년 중국 정치의 현황과 전망」, 국립외교원 중국연구센터 편, 『2016 중국 정세 보고』(서울: 역사공간, 2017), pp. 11-85.

21) 「這三人未到齡退出政治局 引台媒揣測」, 《多維新聞網》 2017년 10월 25일자, http://www.dwnews.com(2017년 10월 25일 검색).

22) 「不進則退 從劉奇葆張春賢出局說起」, 《多維新聞網》 2017년 10월 25일자, http://www.dwnews.com(2017년 10월 26일 검색).

23) 「楊潔篪入局 錢其琛又一人」, 《多維新聞網》 2017년 10월 25일자, http://www.dwnews.com (2017년 10월 25일 검색).

24) 조영남, 『중국의 꿈』, pp. 101-102.

25) 조영남, 『21세기 중국이 가는 길』, pp. 111-112; 조영남, 『중국의 꿈』, pp. 101-102.

26) 「領航新時代的堅強領導集體: 黨的新一屆中央領導機構產生紀實」, 《人民網》 2017년 10월 26일자, http://www.people.com.cn(2017년 10월 26일 검색).

27) "Why China's Xi Jinping is unlikely to anoint a successor," *South China Morning Post*, October 20, 2017, http://www.scmp.com(2017년 10월 20일 검색); 「胡陳出常 中共?有接班人制度?」, 《多維新聞網》 2017년 10월 25일자, http://www.dwnews.com(2017년 10월 26일 검색); 「常委無黑馬 胡陳量新星落選的政治邏輯」, 《多維新聞網》 2017년 10월 26일자, http://www.dwnews.com(2017년 10월 27일 검색).

28) "What China's leadership reshuffle means for Xi Jingping's New Era," *South China Morning Post*, October 22, 2017, http://www.scmp.com(2017년 10월 23일 검색); Christ Buckley, "What It Could Mean if China's Leader Won't Name an Heir," *The New York Times*, October 23, 2017, http://www.nytimes.com(2017년 10월 24일 검색).

12 권력 공고화의 내용과 전략

* 12장과 13장은 필자가 이전에 발표했던 두 논문을 대폭 보완한 것이다. 조영남, 「중국 최고 지도자들의 권력 공고화: 장쩌민 사례」, 《중소 연구》 41권 3호 (2017년 가을), pp. 7-44; 조영남, 「중국 후진타오와 시진핑의 권력 공고화 비교」, 《국제·지역 연구》 26권 4호 (2017년 겨울호), pp. 1-35.

1) Bruce Gilley, *Tiger on the Brink: Jiang Zemin and Chinese New Elite* (Berkeley: University of California Press, 1998), p. 146; Parris H. Chang, "Changing of the Guard," *China Journal*, No. 45 (July 2001), p. 37; Li Cheng and Lynn White, "The Fifteenth Central Committee of the Chinese Communist Party: Full-fledged Technocratic Leadership with Partial Control by Jiang Zemin," *Asian Survey*, Vol. 38, No. 3 (March 1998), p. 231.

2) Joseph Fewsmith, *China Since Tiananmen: The Politics of Transition* (New York: Cambridge University Press, 2001), pp. 162-164; Willy Wo-Lap Lam, *China after Deng Xiaoping: The Power Struggle in Beijing since Tiananmen* (Singapore: John Wiley & Sons, 1995), p. 335; 寇健文, 『中共菁英政治的演變: 制度化與權力轉移 1978-2010』(臺北: 五南圖書出版社, 2011), pp. 182-184.

3) David Shambaugh, "The CCP's Fifteenth Congress: Technocrats in Command," *Issues & Studies*, Vol. 34, No. 1 (January 1998), pp. 1-37; Joseph Fewsmith, *Elite Politics in Contemporary China* (Armonk: M.E. Sharpe, 2001), pp. 71-74; 楊繼繩, 『中國改革年代的政治鬪爭』(Hong Kong: Excellent Culture Press, 2004), p. 504.

4) Richard Baum, "The Fifteenth National Party Congress: Jiang Takes Command?" *China Quarterly*, No. 153 (March 1998), pp. 141-156.

5) Paul Cavey, "Building a Power Base: Jiang Zemin and the Post-Deng Succession," *Issues & Studies*, Vol. 33, No. 11 (November 1997), p. 27; Willy Wo-Lap Lam, *The Era of Jiang Zemin* (Singapore: Prentice-Hall, 1999), pp. 32-38.

6) Kerry Brown, *Hu Jintao: China's Silent Ruler* (Singapore: World Scientific, 2012), p. xix.

7) Joseph Fewsmith, "The Sixteenth National Party Congress: The Succession that Didn't Happen," *China Quarterly*, No. 173 (March 2003), pp. 1-16; Zheng Yongnian,

"The 16th National Congress of the Chinese Communist Party: Institutionalization of Succession Politics," Weixing Chen and Yang Zhong (eds.), *Leadership in a Changing China* (New York: Palgrave, 2005), pp. 15-36; Yu-Shan Wu, "Jiang and After: Technocratic Rule, Generational Replacement and Mentor Politics," Yun-Han Chu, Chih-Cheng Lo and Ramon H. Myers (eds.), *The New Chinese Leadership: Challenges and Opportunities after the 16th Party Congress* (New York: Cambridge University Press, 2004), pp. 69-88; Suisheng Zhao, "The New Generation of Leadership and the Direction of Political Reform after the 16th Party Congress," Chu, Lo and Myers, *The New Chinese Leadership*, pp. 33-68; David Shambaugh, "The Changing of the Guard: China's New Military Leadership," Chu, Lo and Myers, *The New Chinese Leadership*, pp. 89-32; Richard Daniel Ewing, "Hu Jintao: The Making of a Chinese General Secretary," *China Quarterly*, No. 173 (March 2003), pp. 17-34.

8) Bo Zhiyue, *China's Elite Politics: Political Transition and Power Balancing* (Singapore: World Scientific, 2007), pp. 349-367.

9) 寇健文, 『中共菁英政治的演變』, pp. 221-231; Zhengxu Wang. "Hu Jintao's Power Consolidation: Groups, Institutions, and Power Balance in China's Elite Politics," *Issues & Studies*, Vol. 42, No. 4 (December 2006), pp. 97-136.

10) Hongyi Harry Lai, "External Policymaking under Hu Jintao: Multiple Players and Emerging Leadership," *Issues & Studies*, Vol. 41, No. 3 (September 2005), pp. 209-244.

11) Bo Zhiyue, *China's Elite Politics: Governance and Democratization* (Singapore: World Scientific, 2010), pp. 132-135.

12) 조영남, 『중국의 꿈: 시진핑 리더십과 중국의 미래』(서울: 민음사, 2013), p. 99.

13) Minnie Chan, "How Xi Jinping has taken on multiple roles and amassed unrivalled power in China," *South China Morning Post*, 27 January, 2017, http://www.scmp.com(2017년 2월 7일 검색).

14) Elizabeth Economy, "China's Imperial President," *Foreign Affairs*, Vol. 93, No. 6 (2014), pp. 80-91; Cary Huang, "Xi Jinping Wants to be Seen as on a Par with

Mao Zedong and Deng Xiaoping," *South China Morning Post*, August 23, 2014, http://www.scmp.com(2014년 8월 23일 검색); Chris Buckley, "Xi's Rapid Rise in China Presents Challenges to the U.S.," *The New York Times*, November 11, 2014, http://ww.nytimes.com(2014년 11월 12일 검색).

15) 양갑용, 「시진핑 시대 중앙 영도소조의 역할 변화 가능성 연구」, 《중국 연구》 60권(2014), pp. 341-373; 조영남, 「시진핑 '일인지배'가 등장하고 있는가?」, 《국제·지역 연구》 24권 3호(2015년 가을호), pp. 127-153; 이정남, 「시진핑 권력 강화와 중국 권위주의 체제의 변화: 경쟁적 독재에서 확립된 독재로의 전환인가?」, 《중소 연구》 41권 1호(2017년 봄), pp. 7-39; Cheng Li, *Chinese Politics in the Xi Jinping Era: Reassessing Collective Leadership* (Washington, D.C.: Brookings Institution Press, 2016), pp. 12-13; Zhengxu Wang and Jinhan Zeng, "Xi Jinping: The Game Changer of Chinese Elite Politics?" *Contemporary Politics*, Vol. 22, No. 4 (2016), pp. 469-486; Sangkuk Lee, "An Institutional Analysis of Xi Jinping's Centralization of Power," *Journal of Contemporary China*, Vol. 26, No. 105 (May 2017), pp. 325-336.

16) Shiping Zheng, "The New Era in Chinese Elite Politics," *Issues & Studies*, Vol. 41, No. 1 (March 2005), pp. 190-203; Zheng Yongnian and Chen Gang, "Xi Jinping's Rise and Political Implications," *China: An International Journal*, Vol. 7, No. 1 (March 2009), pp. 1-30; Jing Huang, "Institutionalization of Political Succession in China: Progress and Implications," Cheng Li (ed.), *China's Changing Political Landscape: Prospects for Democracy* (Washington, D.C.: Brookings Institution Press, 2008), pp. 80-97; Zheng Yongnian, *The Chinese Communist Party as Organizational Emperor: Culture, Reproduction and Transformation* (London: Routledge, 2010), pp 80-81; Jinghan Zeng, "Institutionalization of the Authoritarian Leadership in China: A Power Succession System with Chinese Characteristics?" *Contemporary Politics*, Vol. 20, No. 3 (2014), pp. 294-314; Zhengxu Wang and Anastas Vangeli, "The Rules and Norms of Leadership Succession in China: From Deng Xiaoping to Xi Jinping and Beyond," *China Journal*, No. 76 (July 2016), pp. 24-40.

17) Suisheng Zhao, "The Structure of Authority and Decision-Making: A Theoretical

Framework," Carol Lee Hamrin and Suisheng Zhao (eds.), *Decision-Making in Deng's China: Perspectives from Insiders* (Armonk: M.E. Sharpe, 1995), p. 236; 寇健文, 『中共菁英政治的演變』, pp. 364-366.

18) David M. Lampton, *Following the Leader: Ruling China, from Deng Xiaoping to Xi Jinping* (Berkeley: University of California Press, 2014), p. 65.

19) Gabriel A. Almond, G. Bingham Powell Jr., Kaare Strom, and Russell J. Dalton (eds.), *Comparative Politics Today: A World View* (Updated 7th Edition) (New York: Longman, 2002), pp. 3-4.

20) Yan Jiaqi, "The Nature of Chinese Authoritarianism," Carol Lee Hamrin and Suisheng Zhao (eds.), *Decision-Making in Deng's China: Perspectives from Insiders* (Armonk: M.E. Sharpe, 1995), pp. 6-7.

21) 「中國共產黨第十三屆中央委員會第五次全體會議公報」, 中共中央文獻研究室, 『十三大以來重要文獻選編(中)』(北京: 人民出版社, 1992), pp. 674-679.

22) 조영남, 『톈안먼 사건: 덩샤오핑 시대의 중국 3(1988-1992)』(서울: 민음사, 2016), pp. 339-341.

23) Jing Huang, *Factionalism in Chinese Communist China* (New York: Cambridge University Press, 2000), pp. 106, 136; Frederic C. Teiwes, "The Paradoxical Post-Mao Transition: From Obeying the Leader to 'Normal Politics'," Jonathan Unger (ed.), *The Nature of Chinese Politics: From Mao to Jiang* (Armonk: M.E Sharpe, 2002), pp. 66, 69.

24) 조영남, 『후진타오 시대의 중국 정치』(파주: 나남, 2006), pp. 165-168.

25) You Ji, "The Supreme Leader and the Military," Jonathan Unger (ed.), *The Nature of Chinese Politics: From Mao to Jiang* (Armonk: M.E. Sharpe, 2002), pp. 274-296; Lampton, Following the Leader, pp. 175-177.

26) Zheng Yongnian, "Power and Agenda: Jiang Zemin's New Political Initiatives at the CCP's Fifteenth Congress," *Issues & Studies*, Vol. 33, No. 11 (November 1997), p. 38.

27) 안치영, 『덩샤오핑 시대의 탄생: 중국의 역사 재평가와 개혁』(파주: 창비, 2013), pp. 165-184; 조영남, 『개혁과 개방: 덩샤오핑 시대의 중국 I(1976-1982)』(서울: 민음사, 2016), pp. 301-333.

28) Zheng, *The Chinese Communist Party*, pp. 83-86.
29) 후진타오의 과학적 발전관은 2007년 공산당 17차 당대회부터 사실상 당의 지도 이념으로 인정받았다. 「당헌」 개정을 통해 지난 5년간의 업적을 평가하면서 과학적 발전관이 당의 지도 이념이 되었다고 선언했기 때문이다. 단 이때에는 이것이 삼개대표 중요 사상과 같은 급의 지도 이념이 된 것은 아니었다. 그래서 「당헌」 수정을 통해 과학적 발전관을 삼개대표 중요 사상과 같은 급의 지도 이념으로 확정한 공산당 18차 당대회를 과학적 발전관이 당의 지도 이념이 된 시점으로 본다.
30) 조영남, 『개혁과 개방』, pp. 435-436, 489-492; 조영남, 『톈안먼 사건』, pp. 305-308.
31) Lai, "External Policymaking under Hu Jintao," p. 214.
32) Lam, *The Era of Jiang Zemin*, p. 366; 寇健文, 『中共菁英政治的演變』, p. 327.
33) 조영남, 『후진타오 시대의 중국 정치』, p. 147; Zhao, "The New Generation of Leadership and the Direction of Political Reform after the 16th Party Congress," p. 61; Zheng, "The 16th National Congress of the Chinese Communist Party," p. 18; Fewsmith, "The Sixteenth National Party Congress," pp. 8-9.
34) 조영남, 『21세기 중국이 가는 길』(파주: 나남, 2009), pp. 105-110; 조영남, 『중국의 꿈』, pp. 91-93.
35) 郭德宏 外 主編, 『黨和國家重大決策的歷程(第二卷)』(北京: 紅旗出版社, 1999), pp. 163-174; 宋曉明 主編, 『中國黨建史(1921-1949)』(北京: 黨建讀物出版社, 1996), pp. 340-342; 中共中央黨史研究室, 『中國共產黨歷史(上卷)』(北京: 人民出版社, 1991), pp. 609-617; 中共中央黨史研究室, 『中國共產黨歷史: 第一卷(1921-1949)下冊』(北京: 中共黨史出版社, 2011), pp. 614-615.
36) 高文謙, 『晚年周恩來』(New York: 明鏡出版社, 2003), pp. 77-82; 高華, 『紅太陽是怎樣升起的: 延安整風運動的來龍去脈』(香港: 中文大學出版社, 2000), pp. 303, 371, 463, 589-593.
37) 宋曉明, 『中國黨建史(1921-1949)』, pp. 348-351; 中共中央黨史研究室, 『中國共產黨歷史: 第一卷(1921-1949)下冊』, pp. 649-651.

38) 中共中央黨史研究室, 『中國共產黨的九十年: 新民主主義革命時期』(北京: 中共黨史出版社, 2016), pp. 247-253; 中共中央黨史研究室, 『中國共產黨歷史: 第一卷(1921-1949)下冊』, p. 619.

39) 高華, 『紅太陽是怎樣升起的』, pp. 461-470.

40) 宋曉明, 『中國黨建史(1921-1949)』, pp. 351-363; 中共中央黨史研究室, 『中國共產黨歷史: 第一卷(1921-1949)下冊』, pp. 622-624.; 高華, 『紅太陽是怎樣升起的』, p. 595.

41) 宋曉明, 『中國黨建史(1921-1949)』, pp. 367-375; 中共中央黨史研究室, 『中國共產黨歷史: 第一卷(1921-1949)下冊』, pp. 651-656; 中共中央黨史研究室, 『中國共產黨的九十年』, pp. 253-257; 共中央黨史研究室, 『中國共產黨歷史(上卷)』, pp. 644-648.

42) 劉吉 主編, 『中國共產黨七十年』(上海: 上海人民出版社, 1991), p. 368.

43) 조영남, 『파벌과 투쟁: 덩샤오핑 시대의 중국 2(1983-1987년)』(서울: 민음사, 2016), pp. 78-85.

13 권력 공고화의 실제

1) Willy Wo-Lap, *China after Deng Xiaoping: The Power Struggle in Beijing since Tiananmen* (Singapore: John Wiley & Sons, 1995), pp. 336-339; Willy Wo-Lap Lam, *The Era of Jiang Zemin* (Singapore: Prentice-Hall, 1999), p. 21; Bruce Gilley, *Tiger on the Brink: Jiang Zemin and Chinese New Elite* (Berkeley: University of California Press, 1998), pp. 198-200; Paul Cavey, "Building a Power Base: Jiang Zemin and the Post-Deng Succession," *Issues & Studies*, Vol. 33, No. 11 (November 1997), pp. 10-23.

2) Zheng Yongnian, "Power and Agenda: Jiang Zemin's New Political Initiatives at the CCP"s Fifteenth Congress," *Issues & Studies*, Vol. 33, No. 11 (November 1997), pp. 46-50; Willy Wo-Lap Lam, *Chinese Politics in the Hu Jintao Era: New Leaders, New Challenges* (Republished) (London and New York: Routledge, 2015), pp. 16-18.

3) 조영남, 『톈안먼 사건: 덩샤오핑 시대의 중국3(1988-1992)』(서울: 민음사, 2016), p. 380.
4) 江澤民, 『江澤民文選: 第一卷』(北京: 人民出版社, 2006), pp. 483-486.
5) 宗海仁, 『第四代』(香港: 明鏡出版社, 2002), p. 295.
6) 「中共中央關於在縣級以上黨政領導班子·領導幹部中深入開展以"講學習講政治講正氣"為主要內容的黨性黨風教育的意見」, 中共中央文獻研究室 編, 『十五大以來重要文獻選編(上)』(北京: 人民出版社, 2000), pp. 622-630.
7) 胡錦濤, 「總結和運用"三講"教育經驗, 努力開創黨建工作新局面」, 中共中央文獻研究室 編, 『十五大以來重要文獻選編(中)』(北京: 人民出版社, 2001), pp. 1499-1520; Andrew Mertha, "'Stressing Out': Cadre Calibration and Affective Proximity to the CCP in Reform-era China," *China Quarterly*, No. 229 (March 2017), pp. 64-85.
8) 宗海仁, 『朱鎔基在1999』(香港: 明鏡出版社, 2001), pp. 141-147, 153, 156-157; 宗海仁, 『第四代』, pp. 295, 297-298.
9) 宗海仁, 『朱鎔基在1999』, pp. 156-157; 宗海仁, 『第四代』, pp. 298-299.
10) Young Nam Cho, "Implementation of Anticorruption Policies in Reform-Era China: The Case of the 1993-97 Anticorruption Struggle," *Issues & Studies*, Vol. 37, No. 1 (January/February 2001), pp. 49-72.
11) Richard Baum, *Burying Mao: Chinese Politics in the Age of Deng Xiaoping* (Princeton: Princeton University Press, 1994), p. 380; Lam, *The Era of Jiang Zemin*, p. 145; Cho, "Implementation of Anticorruption Policies in Reform-Era China," pp. 66-70.
12) Baum, *Burying Mao*, pp. 385-387; Lam, *The Era of Jiang Zemin*, pp. 231-247; 寇健文, 『中共菁英政治的演變: 制度化與權力轉移 1978-2010』(臺北: 五南圖書出版社, 2011), pp. 184-185.
13) 이 절은 조영남, 『21세기 중국이 가는 길』(파주: 나남, 2009), pp. 128-132의 내용을 참고하여 정리했다.
14) 조영남, 『톈안먼 사건』, pp. 279-382.
15) 江澤民, 「加快改革開放和現代化建設步伐, 奪取有中國特色社會主義事業的更大勝利」, 中共中央文獻研究室 編, 『十四大以來重要文獻選編(上)』(北京: 人民出版社, 1996), pp. 1-47; 本書編委會 編, 『中國共產黨歷次黨章彙編(1921-2012)』 (北京: 中國方正出版社, 2012), p. 337.

16) 江澤民, 「加快改革開放和現代化建設步伐, 奪取有中國特色社會主義事業的更大勝利」, 中共中央文獻研究室, 『十五大以來重要文獻選編(上)』, pp. 1-51; 本書編委會, 『中國共產黨歷次黨章彙編(1921-2012)』, p. 373.

17) Lowell Dittmer, "Chinese Leadership Succession to the Fourth Generation," Gang Lin and Xiaobo Hu (eds.), *China after Jiang* (Washington, D.C.: Woodrow Wilson Center, 2003), pp. 25-28.

18) 宗海仁, 『第四代』, p. 299.

19) 삼개대표 이론에 대한 분석은 다음을 참고할 수 있다. Gang Lin, "Leadership Transition, Intra-Party Democracy, and Institution Building in China," Weixing Chen and Yang Zhong (eds.), *Leadership in A Changing China* (New York: Palgrave, 2005), pp. 37-55; Guoguang Wu, "From the July 1 Speech to the Sixteenth Party Congress: Ideology, Party Construction, and Leadership Transition," David M. Finkelstein and Maryanne Kivlehan (eds.), *China's Leadership in the 21st Century; The Rise of the Fourth Generation* (Armonk: M.E. Sharpe, 2003), pp. 167-185.

20) 江澤民, 『論"三個代表"』(北京: 中央文獻出版社, 2001), pp. 1-6.

21) 本書編輯組 編, 『新世紀黨的建設的偉大綱領: 學習江澤民同志七一講話對"三個代表"重要思想科學內涵的論述』(北京: 新華出版社, 2001), pp. 87-94.

22) 江澤民, 『論"三個代表"』, pp. 7-26.

23) 本書編輯組, 『新世紀黨的建設的偉大綱領』, pp. 77-80.

24) 本書編寫組, 『"三個代表"重要論述釋義』(北京: 中央文獻出版社, 2000).

25) 本書編輯組, 『新世紀黨的建設的偉大綱領』, pp. 74-76.

26) 江澤民, 『論"三個代表"』, pp. 143-185.

27) 馬立誠, 『交鋒三十年』(南京: 江蘇人民出版社, 2008), pp. 200-202.

28) 胡錦濤, 『胡錦濤文選(第1卷)』(北京: 人民出版社, 2016), pp. 322-433, 492-499.

29) 「中共中央辦公廳關於在農村開展'三個代表'重要思想學習教育活動的意見」, 中共中央文獻研究室, 『十五大以來重要文獻選編(中)』, pp. 1476-1487.
30) 曾慶紅, 『關於黨的建設工作(上)』(北京: 中央文獻出版社, 2010), pp. 128-142, 205-209.
31) 胡錦濤, 「全面貫徹'三個代表'重要思想, 進一步加強和改進農村基層組織建設」, 中共中央文獻研究室 編, 『十五大以來重要文獻選編(下)』(北京: 人民出版社, 2003), pp. 2419-2441.
32) 本書編委會, 『中國共產黨歷次黨章彙編(1921-2012)』, pp. 402-411.
33) Zhengxu Wang. "Hu Jintao's Power Consolidation: Groups, Institutions, and Power Balance in China's Elite Politics," *Issues & Studies*, Vol. 42, No. 4 (December 2006), pp. 105-106.
34) Bo Zhiyue, *China's Elite Politics: Political Transition and Power Balancing* (Singapore: World Scientific, 2007), pp. 393-397.
35) Wang. "Hu Jintao's Power Consolidation," pp. 105-106.
36) Chien-Wen Kou and Wen-Hsuan Tsai, "'Sprinting with Small Steps' Towards Promotion: Solutions for the Age Dilemma in the CCP Cadre Appointment System," *China Journal*, No. 71 (January 2014), pp. 153-171.
37) 조영남, 『후진타오 시대의 중국 정치』(파주: 나남, 2006), p. 147.
38) 조영남, 『21세기 중국이 가는 길』(파주: 나남, 2009), pp. 111-112; 寇健文, 『中共菁英政治的演變』, p. 243.
39) 조영남, 『후진타오 시대의 중국 정치』, p. 181.
40) 「中共中央關於在全黨興起學習貫徹'三個代表'重要思想新高潮的通知」, 新華月報 編, 『十六大以來黨和國家重要文獻選編上(I)』(北京: 人民出版社, 2005), pp. 154-163; 中共中央宣傳部, 『'三個代表'重要思想學習綱要』(北京: 學習出版社, 2003); Joseph Fewsmith, "Studying the Three Represents," *China Leadership Monitor*, No. 8 (October 2003).
41) 曾慶紅, 「在中央保持共產黨員先進性教育活動工作會議上的講話」, 中共中央文獻研究室 編, 『十六大以來重要文獻選編(中)』(北京: 中央文獻出版社, 2006), pp. 559-574; Joseph Fewsmith, "CCP Launches Campaign to Maintain the Advanced

Nature of Party Members," *China Leadership Monitor*, No. 13 (Winter 2005).

42) 「中共中央關於在全黨開展以實踐'三個代表'重要思想為主要內容的保持共產黨員先進性教育活動的意見」, 中共中央文獻研究室, 『十六大以來重要文獻選編(中)』, pp. 413-423.

43) David Shambaugh, *China's Communist Party: Atrophy and Adaptation* (Washington D.C.: Woodrow Wilson Center Press, 2008), p. 130.

44) 「中共中央關於在全黨開展深入學習實踐科學發展觀活動的意見」, 中共中央文獻研究室 編, 『十七大以來重要文獻選編(上)』(北京: 中央文獻出版社, 2009), pp. 534-564; 胡錦濤, 「在全黨開展深入學習實踐科學發展觀活動動員大會暨省部級主要領導幹部專題研討班上的講話」, 中共中央文獻研究室, 『十七大以來重要文獻選編(上)』, pp. 565-585; 習近平, 「以學習實踐活動為契機, 把貫徹落實科學發展觀提高到新水平」, 中共中央文獻研究室, 『十七大以來重要文獻選編(上)』, pp. 586-601; Alice Miller, "Leadership Presses Party Unity in Time of Economic Stress," *China Leadership Monitor*, No. 26 (Spring 2009).

45) 杜榕, 「十年求索路 創新映征程」, 《求實理論網》 2012년 10월 29일자, http://www.qstheory.cn(2012년 10월 30일 검색); 李志偉 謝文, 「黨的建設: 在改革創新中奮勇前行」, 《求實理論網》 2012년 10월 18일자, http://www.qstheory.cn(2012년 10월 30일 검색).

46) 戴南, 「十七大以來重防體系建設工作綜述」, 《求實理論網》 2012년 9월 18일자, http://www.qstheory.cn(2012년 9월 20일 검색); 「血肉聯係更緊密: 黨的十六大以來作風建設綜述」, 《新華網》 2012년 10월 16일자, http://news.xinhuanet.com (2012년 10월 16일 검색); 「中國鐵腕反腐敗十年路: 加强對權力運行監督」, 《新華網》 2012년 6월 23일자, http://news.xinhuanet.com(2012년 6월 23일 검색).

47) 中共中央辦公廳法規室 外 編, 『中國共產黨黨內法規選編(2001-2007)』(北京: 法律出版社, 2009).

48) 「72名落馬省部級官員調查: 8成蛇腐敗後仍獲晉升」, 《新浪網》 2012년 10월 16일자, http://news.sina.com.cn(2017년 8월 29일 검색); 조영남, 『후진타오 시대의 중국 정치』, p. 178.

49) Cheng Li, "Was the Shanghai Gang Shanghaied? The Fall of Chen Liangyu and the Survival of Jiang Zemin's Faction," *China Leadership Monitor*, No. 20 (February 2007).
50) 조영남, 『후진타오 시대의 중국 정치』, pp. 197-198.
51) Bo, *China's Elite Politics: Political Transition and Power Balancing*, pp. 261-273.
52) Bo, *China's Elite Politics: Political Transition and Power Balancing*, p. 268.
53) 中共中央,「中共中央關於加强黨的執政能力建設的決定」, 本書編寫組 編, 『'中共中央關於加强黨的執政能力建設的決定' 輔導讀本』(北京: 人民出版社, 2004), pp. 1-39.
54) 胡錦濤,「胡錦濤强調扎實做好工作大力促進社會和諧團結」,《新華網》2016년 10월 8일자, http://xinhuanet.com(2006년 10월 9일 검색).
55) 中共中央,「關於制定國民經濟和社會發展第15個5年規劃的建議」, 本書編寫組, 『輔導讀本』, pp. 1-36.
56) 中共中央,「關於構建社會主義和諧社會若干重大問題的決議」,《人民網》2006년 10월 19일자, http://people.com.cn(2006년 10월 20일 검색).
57) 胡錦濤,「胡錦濤在中央黨校發表重要講話」,《人民網》2007년 6월 25일자, http://people.com.cn(2007년 6월 26일 검색).
58) Cary Huang, "Congress Secures Hu Legacy," *South China Morning Post*, 22 October, 2007, http://www.scmp.com(2007년 10월 22일 검색); Ting Shi, "Hu up with Party Greats after It Adopts His Scientific Theory," *South China Morning Post*, 22 October, 2007, http://www.scmp.com(2007년 10월 23일 검색); Laurence Braham, "Scientific Harmony," *South China Morning Post*, 6 November, 2007, http://www.scmp.com(2007년 11월 6일 검색).
59) 신경진,「동향·친구·측근: 시진핑 인맥이 권력 장악」,《중앙일보》2015년 1월 12일자, http://www.joins.com(2015년 1월 12일 검색); Cary Huang, "Inside Xi Jinping's inner circle," *South China Morning Post*, 2 March, 2016, http://www.scmp.com(2016년 3월 3일 검색);「舊認同鄕同學 揭祕習近平的執政班底」,《多維新聞網》2015년 10월 2일자, http://www.dwnews.com(2015년 10월 5일 검색).
60) Cheng Li, *Chinese Politics in the Xi Jinping Era: Reassessing Collective Leadership* (Washington,

D.C.: Brookings Institution Press, 2016), pp. 301-349.

61) Jun Mai, "Why China's anti-graft watchdog is a stepping stone to higher office," *South China Morning Post*, 11 June, 2017, http://ww.scmp.com(2017년 6월 12일 검색).

62) 조영남, 「2013년 중국 정치의 현황과 향후 과제」, 국립외교원 중국연구센터, 『2013 중국 정세 보고』(서울: 역사공간, 2014), pp. 3-5.

63) 「中共中央關於在全黨深入開展黨的群衆路」育實踐活動的意見」, 中共中央文獻研究室 編, 『十八大以來重要文獻選編(上)』(北京: 中央文獻出版社, 2014), pp. 283-292.

64) 조영남, 「2013년 중국 정치의 현황과 향후 과제」, pp. 5-6.

65) 조영남, 「2014년 중국 정치의 현황과 전망」, 국립외교원 중국연구센터, 『2014 중국 정세 보고』(서울: 역사공간, 2015), pp. 25-26.

66) 조영남, 「2014년 중국 정치의 현황과 전망」, p. 27.

67) 조영남, 「2015년 중국 정치의 현황과 전망」, 국립외교원 중국연구센터, 『2015 중국 정세 보고』(서울: 역사공간, 2016), pp. 34-36.

68) 조영남, 「2016년 중국 정치의 현황과 전망」, 국립외교원 중국연구센터, 『2016 중국 정세 보고』(서울: 역사공간, 2017), pp. 43-44.

69) 「形成反腐敗鬪爭壓倒性態勢: 黨的十八大以來全面嚴治黨成就綜述」,《求是網》2017년 8월 17일자, http://www.qstheory.cn(2017년 8월 17일 검색).

70) Alice Miller, "The Road to the Third Plenum," *China Leadership Monitor*, No. 42 (October 2013); Jiangnan Zhu, Qi Zhang and Zhikuo Liu, "Eating, Drinking, and Power Signaling in Institutionalized Authoritarianism: China's Antiwaste Campaign Since 2012," *Journal of Contemporary China*, Vol. 26, No. 105 (May 2017), pp. 337-352.

71) Andrew Wedeman, "Xi Jinping's Tiger Hunt: Anti-Corruption Campaign or Factional Purge?" *Modern China Studies*, Vol. 24, No. 2 (2017), pp. 35-94.

72) 「十八屆中央紀律檢查委員會向中國共產黨十九次全國代表大會的工作報告」,《人民網》2017년 10월 30일자, http://www.people.com.cn(2017년 10월 30일 검색).

73) 「形成反腐敗鬪爭壓倒性態勢」.

74) 王岐山, 「巡視是黨內監督戰略性制度安排彰顯中國特色社會主義民主監督優勢」, 《人民網》2017년 7월 17일자, http://www.people.com.cn(2017년 7월 17일 검색).

75) 조영남, 「2016년 중국 정치의 현황과 전망」, 국립외교원 중국연구센터, 『2016 중국 정세 보고』(서울: 역사공간, 2017), p. 29.

76) 「中紀委解讀一屆任期内重要巡視全覆蓋如何實現」, 《人民網》2017년 6월 11일자, http://www.people.com.cn(2017년 6월 12일 검색).

77) 조영남, 「시진핑 '일인지배'가 등장하고 있는가?」, p. 143; Wang and Jinhan Zeng, "Xi Jinping: The Game Changer of Chinese Elite Politics?" pp. 474-475.

78) 조영남, 『개혁과 개방: 덩샤오핑 시대의 중국I(1976-1982)』(서울: 민음사, 2016), pp. 243-249.

79) 조영남, 「2015년 중국 정치의 현황과 전망」, pp. 17-18.

80) 조영남, 「2015년 중국 정치의 현황과 전망」, pp. 18-19.

81) Jun Mai, "Reading between the lines of Xi Jinping's political philosophy," *South China Morning Post*, 1 May, 2017, http://www.scmp.com (2017년 5월 2일 검색).

82) 「十九習思想如何正確標籤化的玄機」, 《多維新聞網網》2017년 9월 11일자, http://www.dwnews.com(2017년 9월 12일 검색).

83) Nectar Gan, "Being immortal: Xi Jinping's power play to reach the same status as Mao Zedong," *South China Morning Post*, 27 March, 2017, http://www.scmp.com(2017년 3월 28일 검색); Chun Han Wong, "China's Propaganda Machine Elevates Xi to Socialist Thinker-in-Chief," *Wall Street Journal*, June 1, 2017, https://www.wsj.com(2017년 5월 2일 검색); 「習近平思想的背後玄機」, 《多維新聞網網》2017년 3월 22일자, http://www.dwnews.com(2017년 3월 24일 검색).

84) 未普, 「中央各部向習近平集體表忠, 十九大保衛戰拉開序幕」, 《明鏡網》2017년 5월 3일자, http://www.mingjingnews.com (2017년 5월 4일 검색).

85) 「堅決維護以習近平同志爲核心的黨中央權威」, 《人民網》2017년 4월 24일자, http://www.people.com.cn(2017년 7월 1일 검색).

86) 中共中央組織部 黨建硏究所,「推進黨的建設的偉大工程的根本遵循: 深入學習貫徹習近平總書記黨建思想」,《人民網》2017년 6년 30일자, http://www.people.com.cn(2017년 7월 1일 검색).
87) 楊潔篪,「深入貫徹 習近平總書記外交思想 不斷譜寫中國特色大國外交新篇章」,《求是網》2017년 7월 15일자, http://www.people.com.cn(2017년 7월 17일 검색).
88)「解碼中共十九大: 習思想的中國要組成」,《多維新聞網網》2017년 9월 27일자, http://www.dwnews.com(2017년 9월 28일 검색).

14 결론: 집단지도의 분화와 전망

1) 참고로 장쩌민의 중앙군위 주석 취임은 첫 번째가 1992년 공산당 14차 당대회, 두 번째가 1997년 공산당 15차 당대회에서 있었다. 그 전인 1989년 11월에 중앙군위 주석에 취임했지만, 이는 덩샤오핑의 잔여 임기를 수행한 것으로 취임 횟수에는 포함하지 않는다.

중국의 엘리트 정치

마오쩌둥부터 시진핑까지

1판 1쇄 펴냄 2019년 9월 25일
1판 4쇄 펴냄 2025년 8월 11일

지은이　　조영남
발행인　　박근섭, 박상준
펴낸곳　　(주)민음사

출판등록　1966. 5. 19. (제16-490호)
주소　　　서울시 강남구 도산대로1길 62
　　　　　강남출판문화센터 5층 (06027)
대표전화　02-515-2000ㅡ팩시밀리 02-515-2007

www.minumsa.com

ⓒ 조영남, 2019. Printed in Seoul, Korea

ISBN 978-89-374-4396-1 (93340)

* 잘못 만들어진 책은 구입처에서 교환해 드립니다.